李顿调查团档案文献集

主编 张 生

《中央日报》报道与评论（中）

编者 屈胜飞 孙绪芹 颜桂珍

南京大学出版社

本书由

国家社会科学基金"抗日战争研究"专项工程
"国外有关中国抗日战争史料整理与研究之一：李顿调查团档案翻译与研究"（16KZD017）

教育部人文社会科学重点研究基地"南京大学中华民国史研究中心"
重大项目"战时中国社会"（19JJD770006）

南京大学人文基金

江苏省优势学科基金第三期

资助

编译委员会

主　编　张　生
副主编　郭昭昭　陈海懿　宋书强　屈胜飞　陈志刚

编译者　张　生　南京大学中华民国史研究中心教授
　　　　　王希亮　黑龙江省社会科学院历史研究所研究员
　　　　　郭昭昭　江苏科技大学马克思主义学院副教授
　　　　　陈志刚　西南大学历史文化学院副教授
　　　　　宋书强　中国药科大学马克思主义学院讲师
　　　　　屈胜飞　浙江工业大学马克思主义学院讲师
　　　　　陈海懿　南京大学历史学院助理研究员
　　　　　万秋阳　南京晓庄学院外国语学院日语系讲师
　　　　　殷昭鲁　鲁东大学马克思主义学院副教授
　　　　　孙洪军　江苏科技大学马克思主义学院副教授
　　　　　李英姿　江苏科技大学马克思主义学院副教授
　　　　　颜桂珍　浙江工业大学马克思主义学院副教授
　　　　　黄文凯　广西大学文学院副教授
　　　　　翟意安　南京大学历史学院讲师
　　　　　杨　骏　南京大学历史学院讲师
　　　　　向　明　江苏科技大学马克思主义学院讲师
　　　　　王小强　江苏科技大学马克思主义学院讲师
　　　　　郭　欣　中国药科大学马克思主义学院讲师
　　　　　赵飞飞　鲁东大学马克思主义学院讲师
　　　　　孙绪芹　南京体育学院休闲体育系讲师
　　　　　刘　齐　南京大学历史学院博士后
　　　　　徐一鸣　南京大学历史学院博士研究生

常国栋　南京大学历史学院博士研究生
苏　凯　南京大学历史学院博士研究生
马　瑞　南京大学历史学院博士研究生
菅先锋　南京大学历史学院博士研究生
吴佳佳　南京大学历史学院博士研究生
张圣东　日本明治大学文学研究科博士研究生
张一闻　日本明治大学文学研究科博士研究生
叶　磊　中山大学历史学系博士研究生
史鑫鑫　南京大学历史学院硕士研究生
李剑星　南京大学历史学院硕士研究生
马海天　南京大学历史学院硕士研究生
张雅婷　南京大学历史学院硕士研究生
杨师琪　南京大学历史学院硕士研究生
潘　健　南京大学历史学院硕士研究生
唐　杨　南京师范大学马克思主义学院硕士研究生
郝宝平　江苏科技大学马克思主义学院硕士研究生
陈梦玲　江苏科技大学马克思主义学院硕士研究生
张　任　江南大学马克思主义学院硕士研究生
黎纹丹　西南大学外国语学院硕士研究生
朱心怡　西南大学外国语学院硕士研究生
杨　溢　西南大学外国语学院硕士研究生
孙学良　西南大学外国语学院硕士研究生
孙　莹　西南大学外国语学院硕士研究生
费　凡　浙江师范大学人文学院硕士研究生
竺丽妮　浙江师范大学外国语学院硕士研究生
戴瑶瑶　浙江师范大学外国语学院硕士研究生
杨　越　西安电子科技大学
曹文博　浙江工业大学外国语学院
余松琦　西南大学含宏学院

序　言

中国历史的奥秘,深藏于大兴安岭两侧的广袤原野。

明治维新以来,日本企图步老牌帝国主义后尘,争夺所谓"生存空间";俄国自彼得大帝新政,不断东进,寻找阳光地带和不冻港。日俄竞争于中国东北,流血漂杵;日本逐步占得上风,九一八事变发生,中国面临亡国灭种的新危机。

日本侵华之际,世界已进入全球化的新时代,民族国家成为国际社会的主体,以国际条约体系规范各国的行为,以政治和外交手段解决彼此的分歧,是国际社会付出重大代价以后得出的共识。而法西斯、军国主义国家如德、意、日,昧于世界大势,穷兵黩武,以求一逞。以故意制造的借口,发动侵华战争,霸占中国东北百余万平方公里土地、数千万人民,是日本昭显于世的侵略事实。

国际联盟(League of Nations)应中国方面之吁请,派出国联调查团处理此事。1932年1月21日,国联调查团正式成立。调查团团长由英国人李顿爵士(The Rt. Hon. The Earl of Lytton)担任,故亦称李顿调查团(Lytton Commission)。除李顿外,美国代表为麦考益将军(Gen. McCoy),法国代表为亨利·克劳德将军(Gen. Claudel),德国代表为希尼博士(Dr. Schnee),意大利代表为马柯迪伯爵(H. E. Count Aldrovandi)。为显示在中日间不做左右袒,国联理事会还决定顾维钧作为顾问代表中国参加工作,吉田伊三郎代表日方。代表团秘书长为国联秘书处哈斯(Mr. Robert Haas)。代表团另有翻译、辅助人员。1932年9月4日,代表团完成报告书,签署于中国北平。报告书确认:第一,九一八事变之责任,完全在于日本,而不在中国;第二,伪满洲国政权非由真正及自然之独立运动所产生;第三,申明东三省为中国领土。日本为此恼羞成怒,退出国联,自绝于国际社会。

《李顿调查团档案文献集》就是反映李顿调查团组建、调查过程、调查结论、各方反应和影响的中、日等国相关资料的汇编，对于研究九一八事变和李顿调查团，具有重要的参考价值。

如何看待李顿调查团来东亚调查的来龙去脉？笔者认为应有三个维度的观照：

其一，在中国发现历史。

美国历史学家柯文提出的这一范式，相比"冲击—反应"模式，即从外部冲击观察中国历史的旧范式，自有其意义。近代以来，由条约体系加持的列强，对中国社会产生了巨大的影响。中国沿海通商口岸是中国最早接触西方世界的部分，在资本主义全球化的过程中得风气之先，所谓"西风东渐"，对中国旧有典章制度的影响无远弗届。近代中国在西方裹挟下步履踉跄，蹒跚竭蹶，自为事实。但如果把中国近代历史仅仅看成西方列强冲击之结果，在理论、方法和事实上，均为重大缺陷。

主要从中国内部，探寻历史演进的机制和规律，是柯文提出的范式的意义所在。

事实上，九一八事变发生、国联调查团来华前后，中国社会内部对此作出了剧烈的反应。在瑞士日内瓦所藏国联巨量档案文献中，中国各界通过电报、快邮代电、信函等形式具名或匿名送达代表团的呈文引人注目，集中表达了国难当头之时中华民族谴责日本侵略、要求国际社会主持公道、收回东北主权、确保永久和平的诉求，对代表团、国联和整个国际社会形成了巨大影响，显示了近代中国社会演进的内在动力。

东北各界身受亡国之痛，电函尤多。基层民众虽文化程度不高，所怀民族国家大义却毫不含糊。东北某兵工厂机器匠张光明致信代表团称："我是中华民国的公民，我不是'满洲国'人，我不拥护这国的伪组织。"高超尘说："不少日子以前，'满洲国家'即已成立了，但那完全是日本人的主使，强迫我辽地居民承认。街上的行人，日人随便问'您是哪国人'，你如说是'满洲人'便罢，如说是中国人，便行暴打以至死。"辽宁城西北大橡村国民小学校致函称："逐出日本军，打到[倒]'满洲国'，宁做战死鬼，不做亡国民。"陈子耕揭露说："自事变以后,日本恶势力已伸张入全东北,如每县的政事皆由日人权势下所掌握,复又收买警察、军人、政客等,以假托民意来欺骗世界人的耳目,硬说建设'满洲国'是中华人民的意思,强迫人民全出去游行,打着欢迎建设'新国家'的旗号……我誓死不忘我的中华祖国,敢说华人莫非至心不跳时、血停时,不然一定于[与]他们周旋。"小学生何子明来信说:"我小学生告诉您们'满洲国'成立我不赞成……有一天我在学校,日本人去了,教我们大家一齐说'大日本万岁',我们要不说他就杀我们,把我迫不得已的就说了。其中有一位七岁的小孩,他说'大中华万岁!打倒小日本!'日本人听了就立刻把那个小同学杀了,真叫我想起来就愁啊。"

经济地位和文化水平较高者,则向代表团分析日本侵占中国东北的深远危害。哈尔滨商民代表函称:"虽然,满洲吞并,恐不惟中国之不利。即各国之经济,亦将受其影响。世界二次大战,迫于眉睫矣。"中国国民党青年团哈尔滨市支部分析说:"查日本军阀向有一贯之对外积极侵略政策,吾人细玩以前田中义一之满蒙大陆政策,及最近本庄繁等上日本天皇之奏折,可以看出其对外一贯之积极侵略政策,即第一步占领满蒙,第二步并吞中国,第三步征服世界是也。……以今日之日本蕞尔岛国,世界各国尚且畏之如虎,而况并有三省之后版图增大数倍,恐不数年后,即将向世界各国进攻,有孰敢撄其锋镝乎?……勿徒视为亚洲人之事,无关痛痒,失国联之威信,而贻噬脐之后悔也。"

不惟东北民众,民族危亡激起了全中国人的爱国心。清华大学自治会1932年4月12日用英文致函代表团指出:中国面临巨大的困难,好似1806年的德国和1871年的法国,但就像"青年意大利"党人一样,青年人对国家的重建充满信心。日本的侵略,不仅危害了中国,也对世界和平形成严重威胁,青年人愿意为国家流尽"最后一滴血"。而国联也面临着建立以来最大的危机,对九一八事变的处理,将考验它处理全球问题的能力。公平和正义能否实现,将影响到人类的命运。他们向代表团严正提出"五点要求":1.日本从中国撤军;2.上海问题与东北问题一起解决;3.不承认日本侵略和用武力改变的现状;4.任何解决不得损害中国的领土和主权完整;5.日本必须对此事件的后果负责。南京海外华侨协会1932年3月16日致电代表团:日本进兵东三省和淞沪地区,"违反了国联盟约和《凯洛格—白里安公约》,扰乱了远东地区和世界的和平。

同时,日本一直在做虚假的宣传,竭力蒙蔽整个世界。我们诚挚地请求你们到现场来,亲眼看看日军对中国人民的生命财产进行怎样的恣意破坏。希望你们按照国际法及司法原则,对其进行制裁。如果你们不能完成这一使命,那么世界上将无任何公平正义可言。在这种情况下,为了民族的生存,我们将采取一切手段自卫,决不会向武力屈服。"

除了档案,中国当时的杂志、报纸,大量地报道了九一八事变和国联调查团相关情况,其关切的细致程度,说明了各界的高度投入。那些浸透着时人忧虑、带着鲜明时代特色的文字表明:九一八事变的发生,对当时的中国社会是一场精神洗礼,每个人都从东北沦陷中感受到切肤之痛。这种舆论和思想的汇合,极大地改变了此后中国社会各界的主要诉求,抗日图存成为压倒性的任务,每一种政治力量都必须对此作出回应。

其二,在世界发现中国历史。

以中国为本位,探讨中国历史的内生力量,是题中应有之义。但全球化以来,中国历史已经成为世界历史的一部分。仅仅依靠中国方面的资料,不利于我们以更加广阔的视野看待中国历史和"九一八"的历史。

事实上,奔赴世界各地"动手动脚找东西",已经成为中国学者深化中国近现代史,特别是抗战史研究的不二法门。比如,在中日历史问题中占据核心地位的南京大屠杀问题。除中国各地档案馆、图书馆外,中国学者深入美、德、英、日、俄、法、西、意、丹等国相关机构,系统全面地整理了加害者日方、受害者中方和第三方档案文献,发现了大量珍贵文献、图像资料,出版《南京大屠杀史料集》72卷。不仅证明了日军进行大屠杀的残酷性、蓄意性和计划性,也证明南京大屠杀早在发生之时,就引起了各国政府和社会舆论的关注;南京和东京两场审判,进行了繁复的质证,确保了程序和判决的正义;日方细致的粉饰,在中国人民和全世界正义人士的揭露下真相毕露。全球性的资料,不仅深化了历史研究,也为文学、社会学、心理学、新闻传播学、艺术学等跨学科方法进入相关研究提供基础;不仅摧毁了右翼的各种谬论,也迫使日本政府不敢公然否认南京大屠杀的发生和战争犯罪性质。

国际抗战资料,展现了中国抗战史的丰富侧面。如美国驻中国各地使领馆的报告,具体生动地记录了战时中国各区域的社会、政治、军事等各方面情形,对战时国共关系亦有颇有见地的分析;俄、美、日等国档案馆的细菌战资料,揭示了战时日本违反国际法研制细菌武器的规模和使用情况,记录了中国各地民众遭遇的重大伤亡和中国军民在当时条件下的应对,以及暗示了战后美国掩饰"死亡工厂"实情的目的;英美等国档案所反映的重庆大轰炸和日军对中国大中小城市的普遍的无差别轰炸,不仅记录了日本战争犯罪的普遍性,也彰显了战时中国全国军民同仇敌忾、不畏强暴的英勇气概。哈佛大学所藏费吴生档案、得克萨斯州州立大学奥斯汀分校所藏辛德贝格档案、曼彻斯特档案馆所藏田伯烈档案等则从个人角度凸显了中国抗战在"第三方"眼中的图景。

对于李顿调查团的研究,自莫能外。比如,除了前述中国各界给国联的呈文,最近在日内瓦"国联和联合国档案馆"中发现:调查团在日本与日本政要的谈话记录,在中国各地特别是在北平和九一八事变直接相关人士如张学良、王以哲、荣臻等人的谈话记录,调查团在东北实地调查、询问日军高层的记录,中共在"九一八"前后的活动,中国各界的陈情书,日本官方和东北伪组织人员、汉奸的表态,世界各国、各界的反应等。特别是张学良等人反复向代表团说明的九一八事变前夕东北军高层力避冲突的态度,王以哲、荣臻在"九一八"当晚与张学良的联系,北大营遭受日军进攻以后东北军的反应等情况,对于厘清九一八事变真相,有着不可取代的意义。

我们通过初步努力发现,李顿调查团成立前后,中方向国联提交了论证东北主权属于中国的篇幅巨大的系统性说帖,顾维钧、孟治、徐道邻等还用英文、德文进行著述。日方相应地提交了由日本旅美"学者"起草的说帖,其主攻点是中国的抗日运动、东北在张氏父子治下的惨淡、东北的"匪患",避而不谈柳条沟事件的蓄意性。日方资料表明,即使在九一八事变发生数月后,其关于"九一八"当晚情形的说辞仍然漏洞百出、逻辑混乱,在李顿询问时不能自圆其说。而欧美学者则向国联提供了第三方意见,如 *The Verdict of the League: China and Japan in Manchuria*(《国联的裁决:中日在满洲》),哈佛大学法学院教授曼利·哈德森(Manley O. Hudson)著;*Manchuria: Cradle of Conflict*(《满洲:冲突的策源地》),欧文·拉铁摩尔(Owen Lattimore)著;*The Manchuria Arena: An Australian View of the Far Eastern Conflict*(《满洲竞技场:远东冲突的澳洲视角》),卡特拉克(F.M. Cutlack)著;*The Tinder Box of Asia*(《亚洲的火药桶》),乔治·索科尔斯基(George E. Sokolsky,中文名索克斯)著;*The World's Danger Zone*(《世界的危险地带》),舍伍德·艾迪(Sherwood Eddy)著;等等,为国联理解中国东北问题提供了有益的视角。另外,收藏在美国斯坦福大学胡佛研究所的蒋介石日记等也反映了当时国民政府高层的态度和举措。

这次出版的资料中,收集了中国台湾地区的"国史馆"藏档,日本外务省藏档,国联和联合国档案馆 S 系列藏档等多卷档案。丰沛的资料说明,即使是李顿调查团这样过去在大学教材中只是以一两段话提出的问题,其实仍有海量的各种海外文献可资研究。

可以说,世界各地抗日档案和各种资料,不仅补充了中国方面的抗日资料,也弥补了"在中国发现历史"范式的不足,体现了历史唯物主义对历史研究全面性、客观性的要求,自然地延伸推导出"在世界发现中国历史"的新命题。把"中国的"和"世界的"结合起来,才能更深广、入微地揭示抗日战争史的内涵。

其三,在中国发现世界历史。

中国历史,是世界历史的重要组成部分;中国抗战,构成了第二次世界大战的东亚主战场。离开中国历史谈世界历史注定是不周全的。只有充分发掘中国历史的世界意义,世界史才能获得真正的全球史意义。

过往的抗战史国际化,说明了中国抗战的世界意义。研究发现,东北抗联资料不仅呈现了十四年抗战的艰苦过程,也说明了战时东北亚复杂的国际关系。日方资料中的"华北治安战""清乡作战"资料,从反面反映了八路军、新四军的顽强,其牵制大量日军的事实,从另一面说明中共敌后游击战所发挥的中流砥柱作用。1937 年 12 月 12 日在南京江面制造"巴纳号事件"的日军航空兵官兵,后来是制造"珍珠港事件"的主力之一,说明了中国抗战与太平洋战争的联系。参与制造九一八事变、华北事变和南京大屠杀的许多日军部队,后来在太平洋战场上被美澳等盟国军队消灭,说明了太平洋战场和中国战场的相互支持。中国军队在滇缅战场的作战和在越南等地的受降,中国对朝鲜、马来亚、越南等地游击战和抗日斗争的介入和帮助,说明了中国抗战对东亚、东南亚解放的意义和价值。对大后方英美军人、"工合"人士、新闻界和其他各界人士的研究,彰显了抗日统一战线的多重维度,等等。这对我们的研究富有启发性意义。

李顿调查团的相关资料表明,九一八事变及其后续发展,具有深刻的世界史含义。

麦金德1902年在英国皇家地理学会发表文章,提出"世界岛"的概念。麦金德认为,地球由两部分构成:由欧洲、亚洲、非洲组成的世界岛,是世界上面积最大、人口最多、最富饶的陆地组合。在"世界岛"的中央,是自伏尔加河到长江,自喜马拉雅山脉到北极的心脏地带,在世界史的发展中具有重要意义。其实,就世界近现代史而言,中国东北具有极其重要的地缘战略意义,堪称"世界之砧"——美国、俄罗斯、日本等这些当今世界的顶级力量,无不在中国东北及其周边地区倾注心力,影响世界大局。

今天看来,李顿调查团的组建,是国际社会运用国际规约积极调解大国冲突、维护当时既存的凡尔赛—华盛顿体系的一次尝试。参与各国均为当时世界强国,即为明证。

英国作为列强中在华条约利益最丰的国家,积极投入国联调查团的建立。张伯伦、麦克米伦等知名政治家均极愿加入代表团,甚至跟外交部官员暗通款曲,询问排名情况。李顿在中日间多地奔波,主导调查和报告书的起草,正是这一背景的反映。

美国作为国联非成员国,积极介入调查团,说明了美国对远东局势的关切,其态度和不承认日本用武力改变当时中国领土主权现状的"史汀生主义"是一致的。日美之间的紧张关系,一直延续到珍珠港事变发生。在日美最终谈判中,中国的领土和主权,仍然是美方的先决条件。可以说,九一八事变,从大历史的角度看,是改变日本和美国国运的大事。

苏联在国联未能采取强力措施制止日本侵略后,默认了伪满洲国的存在,后甚至通过对日条约加以承认,其对日本的忍让和妥协,延续到它对日本宣战。但日本关东军主力在苏联牵制下不敢贸然南下,影响了中国抗日战争的形态。

日本侵占中国东北,却始终得不到中国和国际主流社会的承认,乃不断扩大侵略,不仅影响了对苏备战,也使得其在"重庆政权之所以不投降,是因为有英美支持"的判断下，不断南进，最终自取灭亡。2015年8月14日，日本首相安倍晋三在战后70年讲话中承认："日本迷失了世界大局。满洲事变以及退出国际联盟——日本逐渐变成国际社会经过巨大灾难而建立起来的新的国际秩序的挑战者，前进的方向有错误，而走上了战争的道路。其结果，70年前，日本战败了。"从这个意义上说，九一八事变—李顿调查—退出国联，成为日本近代史的转折点。

亚马孙雨林的蝴蝶振动翅膀，可能在西太平洋引发一场风暴。发生在沈阳一个小地方的九一八事变，成为今天国际秩序的肇因。其故焉在？马克思和恩格斯在《德意志意识形态》中指出：在历史演进的过程中，人的"普遍交往"逐步发展起来，"狭隘地域性的个人为世界历史性的、真正普遍的个人所代替"。近代以来中国人民的历史，与世界历史共构而存续。

回望李顿调查团的历史，我仿佛感受到了太平洋洋底的咆哮呼啸前来，如同雷鸣。

是为序。

张　生
2019年10月

出版凡例

一、本文献集所选资料，原文中的人名、地名、别字、错字及不规范用字等，为尊重历史和文献原貌，均原文照录。因此而影响读者判断、引用之处，除个别需说明情况以脚注"译者按"或"编者按"形式标出外，别字、错字在其后以"[ ]"注明正字；增补的字，以"【 】"标明之；因原文献漫漶不清而缺字处，用"□"标识。

二、凡采用民国纪年或日本天皇年号纪年者等，为尊重历史和文献原貌，均原文照录。台湾地区的文献中涉及政治人物头衔和机构名称者，按有关规定处理，在页下一并说明。

三、所选资料均在起始处说明来源，或在文后标注其详细来源信息。

四、外文文献译文中，日本人名从西文文献译出者，保留其西文拼法，以便核对；其余外国人名，均在某专题或文件中第一次出现时标其西文拼法。不同时期形成的中文文献中涉及的外国人名、地名翻译差异较大，为尊重历史和文献原貌，一般不作改动。

五、所选文献经过前人编辑而加脚注注释者，以"原编辑者注"保留在页下。

六、所选资料中原有污蔑中国人民、美化日本侵略之词，或基于立场表达其看法之处，为尊重历史和文献原貌，不改动原文，或在页下特别说明，请读者加以鉴别。

本册说明

《中央日报》是中国国民党中央机关报，1928年2月1日创刊于上海，1929年2月1日迁往南京出版。九一八事变后，《中央日报》连续报道了日本侵华、中日交涉、国联对中日冲突的处理、日本退出国联以及各国政府、社会舆论的反应等，并相应地发表了诸多社论、来论等。将这些新闻资料汇编成册，就是一部日本侵华史，一部中国人民抗日斗争史，一部中国抗日外交史，集中反映了九一八事变后中国与国际社会风云变幻的历史。其中，《中央日报》关于李顿调查团的记载是这段历史的重要组成部分之一。

《中央日报》对于李顿调查团的组建、调查等过程，及其报告书的编制、公布、各界反应等，均进行了详细报道。本文献集不仅梳理了《中央日报》关于李顿调查团的直接报道，而且也整理了关于其活动背景的间接报道，便于人们能够准确了解李顿调查团的来龙去脉。故本文献集收录的《中央日报》时间期限为1931年9月19日至1933年3月31日，共分为上中下三册。

本册是中册，主要收录《中央日报》1932年6月16日至1932年11月20日所载的新闻报道、评论等，时间跨度始于李顿调查团准备二次赴日，止于1932年11月份国联理事会召开前夕。本册内容主要涵盖李顿调查团二次赴日情况，调查团报告书编制过程及其公布前后各方反应，中日与国联围绕调查团报告书的外交折冲。同时也收录了中日关于东北海关的交涉、日本承认伪满洲国及其前后各方反应等部分资料。

最后，需要说明的是：(1)"满洲"为中国东北旧称，除特指伪满洲国时加双引号以为否定之意外，余则依原文照录。(2)为与现代报纸体例相近，本册文献中的新闻抬头采用"【】"标识，这并非是增补的漏字，请读者留意。(3)因《中央日报》多数资料未加标点符号或分段落，编者根据其内容作了相应编辑，水平有限，难免有错误，敬希读者指正。

目 录

序　言 ·· 1
出版凡例 ·· 1
本册说明 ·· 1

1. 调查团下周赴日,李顿等正在整理文件 ·· 1
2. 顾罗昨由庐山返京,顾维钧即飞沪不日赴平,罗文干谈外交方针已定,汪院长等四人定今日返京 ·· 2
3. 汪院长等昨日返京,外交方针已决定并辟新财源,并电告宋子文促其返京复职 ·· 5
4. 政府将发表重要宣言,抗议日本承认伪组织 ··································· 7
5. 中日纠纷之解决,恃全国动员决心拼命,东事之严重已达极点 ·········· 7
6. 顾今日返京,与汪罗等商洽后即行赴平,日仍反对顾随调查团赴日 ······ 8
7. 社论:日本承认伪国之效力 ··· 9
8. 日本破坏我主权承认叛逆,政府发表正式宣言,我国不惜任何牺牲坚决反对,深信世界决不容日完成野心 ·· 10
9. 顾今晨飞京转平,八时半由沪启航在京不多停留,罗文干李济深将同行日内即返 ·· 12
10. 调查团定期赴日,各项调查材料整理已竣 ····································· 13
11. 罗文干谈日承认叛逆,伪组织原系日人一手造成,加以承认证实其侵略野心 ·· 13
12. 汪院长等昨晨飞平,下午三时已安抵北平,汪谈此行商整个抗日计划 ·· 14
13. 所谓满洲都督,日人在沈宣传其内部组织,对叛逆组织设促进游说团 ·· 18

1

14. 调查团报告书约九月中旬达国联,调查团将取道青岛再赴日本,英伦各界复注意东三省问题 ·· 18
15. 日承认东北伪组织,外部将提出严重抗议 ·························· 19
16. 汪罗等昨晤调查团,五国委员及哈斯等均出席,交换意见彼此均极为愉快,汪罗顾等发表重要谈话 ··· 20
17. 吉田向调查团拒顾,汪罗等再晤调查团讨论甚久,我声明顾不去亦不另派代表,汪罗宋定今晚乘车回京,调查团赴日行期将延缓 ············ 22
18. 最后消息 ·· 25
19. 日参谋总长赴东北,真崎奉命视察军事状况 ·························· 25
20. 国联十九委员会将讨论延长送达报告期限问题 ····················· 26
21. 内田访问西园寺,声言无论国联会态度如何,日本必依照预定计划进行 ·· 26
22. 调查团赴日延缓,顾维钧决不赴日,因日外相尚未就任调查团缓行,汪罗宋即将南来过鲁将晤韩冯 ·· 26
23. 郭泰祺对沪记者谈,二三日内来京下月初赴英 ····················· 28
24. 调查团否认外记者访马 ·· 28
25. 汪罗昨离平返京,在平对外交军事均有具体商决,宋子文与张续商财政今日启程,汪罗发表谈话顾无赴日本必要 ···························· 29
26. 国联大会定下周内举行,中日问题会明日开 ························ 30
27. 日人助叛逆破坏关税,宋财长再发声明,牛庄安东两关存款被逼提出,日人对大连关提出荒谬建议 ·· 30
28. 日要人欢宴美使,彼此表面上均侈谈和平 ···························· 31
29. 美报论调 ·· 32
30. 社论:伪国截留关税问题 ·· 32
31. 汪院长等昨晚返京,过济曾下车晤韩复榘未及晤冯,汪谈政府对东北义军不能坐视,罗表示对东关关税有应付方略 ··························· 34
32. 叛逆劫夺关税,罗向日抗议,同是并照会关系各使,照会原文今日可发表 ·· 38
33. 日参次真崎到沈,负对俄对华两使命,传此行与华北和平有关 ········ 39
34. 为大连海关事,财宋发表严正宣言,日人唆使叛逆破坏海关完整,完全违反辽东租借条约义务 ·· 39

35. 平分大连关税决不承认 ……………………………………………… 41
36. 日本准备承认叛逆,政府向各国警告,九国公约签字国将有表示,我代表团要求国联令日遵守决议案 ……………………………… 43
37. 梅乐和免日税司职,因福山违抗总税务司命令,今后偿外债将生严重困难 ……………………………………………………………… 43
38. 调查团廿八赴日,决定不再赴榆关视察 ……………………………… 45
39. 国联委会昨日开会 ……………………………………………………… 45
40. 平各界慰劳顾维钧,顾痛述东北惨况,希望奋起救三千万同胞 …… 45
41. 国联调查团注意,日承认伪组织事件,如果日政府实行承认叛逆,将认为破坏中国领土完整 …………………………………………… 47
42. 国联中日委会举行秘密会,提议廿九日召集全体会议,开会前希望双方勿趋严重 ………………………………………………………… 48
43. 福本免职后,日向我抗议,唆使叛逆另设海关 ……………………… 48
44. 东北海关全被劫夺,叛逆伪令移交大连海关存款,日人唆使叛逆破坏海关行政完整 ………………………………………………… 49
45. 国人勿放弃责任,外交须以实力为后盾,某要人昨对记者谈话 …… 50
46. 社论:打开外交难关 ………………………………………………… 51
47. 叛逆攫夺海关后,政府对日严重抗议,福本竟受伪令昨日起开征,日人假作态叛逆觍颜声明,叛徒强夺哈市海关各地海关均易帜 … 53
48. 调查团东渡,中日同意报告书延期 …………………………………… 56
49. 日人一想情愿,揣测调查报告内容,外部某要人辟谬妄 …………… 57
50. 日异想天开,竟欲以美承认伪组织为承认胡佛提案交换,美政府并不注意 ……………………………………………………………… 58
51. 叛逆劫夺海关,引起英国严切注意,英大使访日外次表示态度,西门称日本违反中日关税协定精神,日人霸占关署外部报告国联请制止 ……………………………………………………………… 59
52. 调查团昨晚离平,今晨到榆关搭车赴日 ……………………………… 60
53. 调查团抵榆关,何柱国陈述榆关情形 ………………………………… 60
54. 国联特别大会改期今日重行召集,欲使东事得一解决 ……………… 61
55. 调查团已抵沈阳,约四日可行抵东京 ………………………………… 61
56. 国联特别委员会今日在日内瓦开会 …………………………………… 62

57. 东北海关誓必收回,日方所传调解说绝不同意,哈尔滨满洲里关均遭强暴 ········· 62

58. 调查团离平东渡,四日早可行抵东京,顾维钧已中止前往 ········· 63

59. 叛逆强劫各海关,威吓海关各职员照旧供职,华籍职员全体均弃职避匿 ········· 64

60. 调查团报告决送达延期,颜惠庆复文声明,希望大会不令形势愈趋严重 ········· 65

61. 李顿晤鲜督 ········· 66

62. 调查团随员昨过京赴沪 ········· 66

63. 日将于国联大会前承认傀儡,斋藤荒木一度协议 ········· 67

64. 调查团昨由汉城赴日 ········· 67

65. 东北叛逆继续压迫东省各海关,安东关被强夺全体职员撤退,满洲里海关职员被强迫服务 ········· 67

66. 国联大会特会开会,通过延长调查团送达报告期,颜代表称延期危险中国不能负责 ········· 68

67. 社评:国联调查团延期报告 ········· 69

68. 调查团今日可抵日本 ········· 72

69. 汪罗宋郭在沪会商东北海关问题,对日本所提调解办法决拒绝,汪院长等昨晚离沪起程返京 ········· 72

70. 调查团昨抵东京,李顿过大阪发表声明书,努力目的专谋实现和平 ········· 74

71. 调查团今午晤斋藤,日承认伪组织违反九国公约,调查团今日晤内田将加劝告 ········· 75

72. 李顿爵士在日卧病,意代表暂代调查团主席,日报对调查团尚有愤激语 ········· 75

73. 日外次昨晨访斋藤,解释失言事 ········· 76

74. 调查团在日今日将晤荒木质问 ········· 76

75. 日政友会激烈分子函调查团,谓满洲既得权绝不放松,不久即将承认傀儡组织 ········· 77

76. 调查团定期会晤 ········· 77

77. 调查团员贝尔特由长春返平 ········· 78

78. 荒木声明荒谬绝伦,竟反对中国主权及于东三省,日本破坏中国领土行政完整 …… 78

79. 国联调查团最终报告书,八月底即可完成,内容分类之大要 …… 79

80. 社论:辟荒木之谬论 …… 80

81. 调查团定期返沪,各委员无来京意 …… 82

82. 蒋作宾昨访内田,蒋氏力辟日本不应承认傀儡 …… 83

83. 调查团昨晤内田,日人公然自认将承认傀儡,还说与九国公约并无抵触 …… 83

84. 国联大会改九月十八举行 …… 84

85. 西门误信日本声明,错认东三省仍门户开放 …… 84

86. 贝尔特返平 …… 85

87. 调查团即离日来华,对日意见相差甚远,昨与内田二次会晤颇多质问,内田表示东省永不归还中国 …… 85

88. 中日直接交涉不确,因日本毫无诚意无法谈起 …… 86

89. 调查团游览日光,明日启程取道青岛赴平,此行结果只日本朝野之冷遇 …… 86

90. 社评:日本当局告调查团者如此——调查团诸君将甘受蒙蔽乎? …… 87

91. 调查团今日来华,预定十九日抵青二十日抵平,李顿离日感不愉快愿即返平 …… 90

92. 险哉调查团,上次抵大连时,险遭鲜人暗杀 …… 92

93. 顾维钧昨返津,当晚乘国联专车赴青欢迎 …… 92

94. 所谓召开国际会议,解决东三省问题,我国在原则上可以不反对,但若叛逆派代表誓不承认 …… 93

95. 社评:调查团之建议 …… 93

96. 调查团今晨抵青岛,日报高唱承认傀儡脱离国联,各国注视远东局面异常危险 …… 96

97. 国联大会,因等待李顿报告书,改期九月廿六举行 …… 97

98. 调查团昨过青赴平,李顿因病改乘张飞机北上,英政府坚持尊重华府条约 …… 98

99. 国联全体大会同意展期 …… 99

100. 韩爱国团谋炸本庄内田,事发在大连被捕,炸弹亦为水壶形 …… 99

5

101. 日军部昨开会议，荒木报告日军攻热，所谓石本事件系日侵热借口，我军誓死抵抗已下最后决心，唐聚五部夺回新宾斩获甚多 …………… 100
102. 调查团昨返抵北平，李顿顾维钧先飞平李入医院，在平制报告书定八月底完成 …………… 102
103. 英国注意远东时局，但不愿单独从事实际干涉 …………… 105
104. 李顿病状经过良好，各团员正编制报告书 …………… 106
105. 调查团从事整理，十日后编制总报告书 …………… 106
106. 平某要人谈日侵热 …………… 107
107. 英人明了日本野心，对远东悲观，谓调查团报告未到前，即将重行引起纠纷 …………… 107
108. 调查团昨举行例会，李顿克劳斯均渐痊愈 …………… 108
109. 调查团报告书因李顿病须十月编竣 …………… 108
110. 李顿病愈即赴海滨，调查报告书八月初起草 …………… 109
111. 日本侵略引起危机，一意孤行绝难避免 …………… 109
112. 美报载调查团报告书内容，调查团称系猜测之辞 …………… 110
113. 国联大会与远东 …………… 110
114. 日派驻满全权事，我促世界严重注意，并电令蒋使向日政府抗议，史汀生宣称对远东事悉照历次宣言 …………… 119
115. 调查报告书即开始起草，八月底告成，法意两委及顾赴北戴河 …… 120
116. 日军侵热誓死抵抗，张学良电京朝阳近无变化，所谓石本事件传说益纷歧，调查团将派代表赴热调查 …………… 120
117. 内田康哉还强词夺理，蒋作宾请解释驻满特使，答称并非派驻任何政府 …………… 122
118. 调查团下月离华，报告书限八月底作竣，德意两委员赴北戴河 …… 123
119. 李顿病愈 …………… 123
120. 调查报告书二三日内开始起草，预定八月底可送出 …………… 124
121. 中国正式通告各国，注意日本特使驻东省，间接系并吞朝鲜故智 … 124
122. 调查团报告开始制作必如期完成，顾及德意两委昨返平 …………… 124
123. 封锁东北关，财宋昨召梅乐和等筹商，大连海关款汇至总税司 …… 125
124. 调查团报告已编制，因东北严重决如期寄到 …………… 126
125. 社评：日本今日之大陆政策 …………… 126

126. 各国认叛逆仍为中华一部分,调查团昨讨论傀儡地位,决定不承认其独立政权 ………………………………………………………………… 128

127. 调查报告书,李顿扶病出席讨论 ……………………………………… 128

128. 郭泰祺抵伦敦,郭谈中英关系,定九日晨呈递国书 ………………… 129

129. 调查团下月返欧,报告书正在编制中 ………………………………… 129

130. 郭泰祺谈日在东妄举,徒使东北淆乱势必失败,盼李顿报告获解决途径 …………………………………………………………………… 130

131. 梅乐和昨发表宣言,详述各关被占情形 ……………………………… 131

132. 罗文干呈请辞职,体气素羸请准免去本兼各职 ……………………… 131

133. 调查团未请俄发照,仅向莫斯科探询,李顿希望如此 ……………… 132

134. 最后消息 ………………………………………………………………… 132

135. 国联代表,日内阁已任命 ……………………………………………… 133

136. 世界注视调查报告,史汀生演说引起重大影响,国联中人已发生深刻印象 …………………………………………………………………… 133

137. 远东问题之分析 ………………………………………………………… 135

138. 调查团报告书外传内容系属推测,结论部分尚未着手 …………… 144

139. 各省民众电请调查团编公正报告,将暴日种种罪恶详陈国联,以有效方法撤退东北日军 ………………………………………………… 145

140. 日驻美大使访晤史汀王,史声明反对日本侵华,将竭力拥护和平公约 ………………………………………………………………………… 145

141. 日本政府承认傀儡形势复紧,昨日临时阁议提出讨论,安达主张立即承认傀儡 ………………………………………………………………… 146

142. 国府昨日命令,顾维钧任驻法公使,钱永铭呈辞法使照准,音隽明因公获罪准予特赦 ………………………………………………………… 147

143. 日首相目无国联,承认伪组织正在准备中 …………………………… 147

144. 日参谋部讨论对东北策略 ……………………………………………… 148

145. 调查团赶制报告书,加开例会备月底完成,英团体观察国联措置 … 148

146. 为史汀生演说,赫礼欧宣言全文,非战公约应具强制性质,对签字国具无限约束力 ………………………………………………………… 149

147. 日军侵占下傀儡组织之伪仕版,叛逆汉奸尽是傀儡,操实权者均系日人 ……………………………………………………………………… 150

7

148. 史汀生演词全文,非战公约此约将与美国永久政策,唤起世界制裁侵略国家 ………………………………………………………… 152

149. 史汀生致谢赫礼欧,美法两国意见相同,证明非战公约足保障和平 ………………………………………………………… 158

150. 英国朝野对胡佛演说之印象,国际联锁观念在美渐臻发达 ……… 158

151. 武藤赴东省,国联示忧虑,认中日争执愈趋严重,日向国联解释反起反感 ………………………………………………………… 159

152. 国府令派颜顾郭出席国联会,顾维钧即将来京 ………………… 160

153. 日派遣满洲大使,系承认伪组织初步,借以达其最终吞并之目的,罗外长发宣言促各国注意 ………………………………………… 160

154. 调查团下月初可返欧洲,现尚在照常进行中,并谓力求尽速完竣 … 161

155. 武藤赴东省,日政府将与傀儡缔约,事实上业已承认傀儡 ……… 162

156. 日使馆宴请调查团,商讨内容甚秘 …………………………… 162

157. 调查团报告书本月底可送达国联,顾维钧月初来京后放洋,英当局潜心研讨报告书结果 ………………………………………… 163

158. 日派武籐赴东北,将与叛逆缔约,日阁临时会讨论承认伪组织 … 163

159. 调查团分两路返欧,顾维钧赴北戴河即日返平,所拟说帖结论书已送该团 ………………………………………………………… 164

160. 日兵在平城深夜演习,外人对此异常不满,大街通衢全夜操演诚无先例,北平安谧无事此举殊不易解 ……………………………… 165

161. 德报论日满订约事,将变满为高丽第二 ……………………… 165

162. "满洲国"缺乏独立国要素,德报评日举动 …………………… 166

163. 社评:日人又唱远东门罗主义 ……………………………… 166

164. 国联调查团报告书,定下月十五前送达日内瓦,顾维钧将随该团同行 ……………………………………………………………… 168

165. 调查团积极编造报告书,对热河事件极为重视 ……………… 168

166. 社评:举世瞩目之日本临时会议 …………………………… 169

167. 日准备承认傀儡组织,我国将提严重抗议,斋藤内田在国会妄发狂论,美对日最近态度颇为注意 …………………………………… 171

168. 内田之荒谬演词,实蔑视国联威权,各国均深切注意将有所表示,罗外长亦将宣布我政府态度 …………………………………… 172

169. 华府盛传之俄日新谅解,认为日本外交手腕胜利 …………… 175
170. 社评:内田康哉之演词 ………………………………………… 176
171. 调查团定下月离华,李顿等分三批返日内瓦,顾维钧来京请训后同往
   ……………………………………………………………………… 177
172. 矢野昨由沪抵京,访亚洲司长沈觐鼎,定今晨拜会罗外长 …… 178
173. 内田之荒谬演词,无一字不违背法理,罗外长将痛予驳斥,英对日态
   度更为注意 ……………………………………………………… 179
174. 调查团报告即编竣,全文约念五万言现正起草结论,团员将于一周
   内离平分道返欧 ………………………………………………… 179
175. 日将派员赴美游说,希图表示好感解释误会 ………………… 181
176. 调查团即将启程返欧,报告书明日可完成,外罗召顾指示机宜 … 181
177. 国联调查团报告书明日可完成,李顿等下月四日飞沪放洋,顾将飞
   汉谒蒋并来京请训 ……………………………………………… 182
178. 罗外长定今晨飞汉,谒蒋委员长商谈最近外交情形,并将飞浔谒林
   主席下月初返京 ………………………………………………… 183
179. 汉商会电国联:请制止暴日侵略,以伸法纪而保和平 ………… 183
180. 调查报告书即完成,昨在德国医院开会讨论 ………………… 184
181. 罗外长抵浔,谒林主席报告外交近况,定今午飞汉谒蒋委员长 … 185
182. 国联调查团报告书完成,各代表四日离平,顾维钧今日来京 … 185
183. 罗外长抵汉,昨晚晋谒蒋委员长,报告最近外交情形 ………… 186
184. 日将派野村赴美,美国务院颇为惊异 ………………………… 187
185. 顾维钧昨抵京,谒汪请示外交方针,定今晨乘机飞汉谒蒋罗,昨对记
   者发表重要讲话 ………………………………………………… 187
186. 对东北海关事件,宋发表谈话,日占东省徒令币值惨落,及其国内经
   济益觉不堪 ……………………………………………………… 190
187. 顾维钧昨飞汉谒蒋,商承国联大会我国应付方针,下午即返京当晚
   又飞沪 …………………………………………………………… 191
188. 社评:日本伪国缔约 ……………………………………………… 193
189. 国联调查团报告书昨正式签字,共分两部热榆问题均列入,各委均
   离平李顿今晨返欧 ……………………………………………… 195

9

190. 汪顾罗等昨日在宋宅商外交方针,对外交步骤作最后决定,汪谓调查报告大致公正 ……………………………………………… 198
191. 日本驻华新使有吉之就任声明书,立志恢复两国从前亲善状态,确立共存共荣为基础之和平 …………………………………… 198
192. 罗外长昨返京赴沪,谒林蒋对外交方针已定具体办法,赴沪会晤李顿及顾维钧等 …………………………………………… 199
193. 李顿等昨离沪返欧,顾维钧亦同轮赴法履新,汪宋罗吴等均亲往欢送 …………………………………………………………… 200
194. 社评:敬告日本有吉公使 ………………………………… 201
195. 日即正式承认叛逆组织,外部将提严重抗议,违反国际间公约侵害我国领土,并请国际联盟严予制止 ……………………… 203
196. 调查团报告书措辞极为公正,对于中日问题之整个解决,着眼中日间条约公正审定——某要人之谈话 ……………………… 204
197. 哈斯昨过济来京,留沪四五日即返日内瓦 …………………… 204
198. 李顿顾维均昨过港,乘车环游港歧极赞风景美丽 顾谒胡汉民慰病并访孙科 ……………………………………………………… 205
199. 日使有吉抵京,昨谒罗外长,对记者发表重要谈话 ………… 205
200. 英报痛责傀儡组织不能保障外侨安全,满洲无自命为政府之资格,环球拥护和平大会贬斥日本行动 …………………………… 207
201. 日外相昨访西园寺,商谈承认东北伪组织 …………………… 208
202. 日包办傀儡组织,报告书已据实宣布,确认东北主权仍属中国,李顿离平前对外人表示,日方妄自猜度辟满洲为自治区 ……… 208
203. 哈斯昨抵沪访宋,数日内即将返欧 …………………………… 210
204. 日竟不顾一切,定期承认伪组织,并将发表日伪条约 ………… 210
205. 国联决不放弃正义,不能因顾虑日本退出而变更,国联研究会会长函英报表示,日承认伪组织愈趋积极 ……………………… 211
206. 日如承认傀儡政权组织,我国决提严重抗议,直接交涉完全谣传 … 212
207. 调查团法德两委已抵满洲里 ………………………………… 213
208. 日承认傀儡组织愈迫,蒋作宾促内田悔悟,日本此种态度阻害中日关系,将来所生纠纷日本应负全责,内田答辩仍是一篇吃语 …… 213
209. 哈斯昨过京即北上赴平返欧 ………………………………… 214

210. 日人窃夺东北盐税,影响我国外债担保,九月到期各债本息将难如期偿付,外交部昨照会英美法请严加注意 …………………… 214

211. 财宋声明,外债本息照常筹付,九月份外债政府无延付意 ………… 215

212. 调查团归途中,追忆东来经过 …………………………………… 215

213. 哈斯赴津 ………………………………………………………… 218

214. 日枢密院今日大会,讨论承认傀儡组织事 ……………………… 218

215. 日皇批准承认伪组织,我决援用九国公约,邀请当事各国为适当处置,日已公然定期与叛逆签约 ………………………………… 219

216. 社评:日本逼我益急!日皇批准承认伪国矣! ………………… 221

217. 李顿报告书内容仍严守秘密,日方臆度捏造均不值注意 ……… 223

218. 暴日悍然承认叛逆,今晨举行签字礼,我决提严重抗议,请国联制裁并援用九国公约,各项文件今日下午完全送出 …………… 223

219. 调查报告书月底可达日内瓦 …………………………………… 226

220. 国危寇深,国人速起自救!希冀他人援助终难可靠,惟有团结一致与敌决战——某要人之谈话 ……………………………… 226

221. 日承认叛逆签订伪约,我抗议书今日送出,援用九国公约照会各国注意,并通知国联作有效处置 ………………………………… 227

222. 哈斯过京赴港,候轮赴欧 ……………………………………… 230

223. 社评:日伪签约之实现 ………………………………………… 230

224. 日承认伪组织后,我国昨提严重抗议,致牒国联并照会九国公约当事国,请采取最有效方法对付目前局面,施肇基已由伦敦启程赴美 ……………………………………………………………… 232

225. 日承认傀儡组织后,国际间对日均不满,美参员晤赫礼欧商制裁,英美舆论一致抨击日本 …………………………………… 239

226. 暴日承认伪组织,各国应取坚强态度,观望政策足使形式愈恶劣,郭泰祺在伦敦对记者谈话 ……………………………………… 240

227. 美领仍留驻东北,原系派驻中国,其法律地位无更动 ………… 240

228. 暴日侵东三省,竟采取闭户政策,只有日本人享受东省居住投资权利,擅将大连旅顺我国权利让之叛逆 ………………………… 241

229. 福本妄想谋大连关税务司 ……………………………………… 241

230. 叛逆呓语,谓苏俄允设领馆 …………………………………… 241

231. 国联日代表伊籐昨赴日内瓦 …………………………………… 242
232. 日本侵略东省行动,破坏远东和平局面,全世界引起严重隐忧,英美各报均注意国联难关 …………………………………… 242
233. 日本讨论对国联态度,日报仍鼓吹要胁国联 …………………… 243
234. 金问泗等定明日放洋 …………………………………………… 244
235. 全国下半旗,沉痛纪念九一八,纷请中央讨伐叛逆,并电国联制裁暴日 …………………………………………………………… 244
236. 国联调查团过港记,李顿顾维钧均发表谈话 …………………… 248
237. 暴日破坏我海关行政,助逆劫掠大连海关,竟欲废除一九〇七年中日条约,外部将再提严重抗议 ………………………………… 249
238. 我对日抗议书已提交国联秘书长,日代表亦提交日"满"议定书 …… 250
239. 颜惠庆电外部报告,国联接受我国牒文,日请求登记日伪议定书遭拒绝,该议定书在国际上不发生效力,日方宣传国联对日态度缓和? …………………………………………………………… 251
240. 郭泰祺访英外相,面交我国致英照会,英报痛责日本侵略行为 并劝西门采取有力方略 …………………………………………… 252
241. 李顿一行昨过孟买,谓东北三千万华人在日军铁蹄下日本若可强占则世界将永无宁日 …………………………………………… 252
242. 金问泗沈觐鼎放洋,赴日内瓦襄助出席国联代表 ………………… 253
243. 伪组织查证之护照,我神户领馆拒绝签字,日对此问题甚为注意 … 253
244. 沪日总领石井昨日抵沪 …………………………………………… 254
245. 伪组织竟实行劫夺大连关,福本监视华英海关职员 …………… 254
246. 社评:日本果退出国联乎? ……………………………………… 255
247. 日与叛逆之共同行为,国联绝对不予承认,李顿报告书即着手翻印,下月中旬分送各会员国,国联将缓期讨论报告书 ………………… 257
248. 日劫海关变本加厉,外部将再提严重抗议 ……………………… 258
249. 日与叛逆另定新约,我政府绝不承认,俄承认叛逆说不确 ……… 258
250. 日本之明火打劫——美名记者鲍威尔之论文 …………………… 259
251. 国联延期讨论报告书,我国政府深表遗憾,迁延一日使我多受无穷损失,美法一致与国联密切合作,法当局称从无承认叛逆意 …… 264

252. 日劫大连关,我决再提严重抗议,外财两部商定即送出,关于一九〇七年中日条约,日外务省之见解完全错误 ……………………………… 266
253. 本月廿五日起实行封锁东北海关,应补税款暂在榆关以南各关带征,宋财长昨发表重要宣言及谈话,外部将电国联并通知各国声明 ……………………………………………………………… 266
254. 李顿报告书之审议,国联将延期四星期 ……………………… 269
255. 国联不承认伪组织,未接受叛逆任何通牒,日政府对国联尚表不满,荒木陆相犹称未受恩义 ………………………………… 269
256. 李顿月底可抵维尼斯 …………………………………………… 270
257. 逆驻日代表鲍观澄起程赴日 …………………………………… 270
258. 东北问题非口舌笔墨能解决,须全国一致团结对外——某要人之谈话 ……………………………………………………………… 271
259. 国联行政院昨开会,竟展缓讨论报告书,顾代表根据法律说明无权展缓,未得会众同意延期十一月十四 …………………… 271
260. 封锁东北海关今日起实行,外部通知国联及关系国,征税办法昨晨正式公布 ……………………………………………………… 272
261. 法美联合制裁暴日,法代表在国联有重要陈述 ……………… 273
262. 日人侵满之自供,日人统治下伪国愈混乱,石滨痛斥日本政策错误 ……………………………………………………………… 274
263. 社评:国联屈从日本,延缓讨论李顿报告书 ………………… 276
264. 暴日竟欲蛮干到底,所定对付国联方针仍取威胁恐吓,法波两政府决拒绝承认傀儡组织 …………………………………… 278
265. 华盛顿方面盛传,国联对日决定新策,倘日因东省事件与国联断绝关系,将日所管南海德殖民地判返德国,俄正式否认有承认伪组织说 ……………………………………………………………… 279
266. 对叛逆夺关税诡计,宋发表声明,尚有百余万仍被扣留,我已实行移地征税 ……………………………………………………… 280
267. 东省各口岸关税沪江海关代征 ………………………………… 280
268. 津海关增设分关 ………………………………………………… 281
269. 日使今晨呈递国书,昨由沪乘日舰前来今晨可抵京 ………… 281
270. 调查报告书公布程序将变更,徇日方无理要求 ……………… 281

271. 日答复我抗议,强词夺理诿卸责任,满纸荒唐全非事实,外交部将再提抗议 ……………………………………………………………… 283
272. 解决中日问题,方足保障国联前途,郭泰祺在国联大会之演说,日又宣传报告书主张直接交涉 …………………………………………… 283
273. 国联决定下月二日发表调查团报告书,颜代表请十九国委会讨论展期问题,日又施诡计坚请国联更易公布办法 ……………………… 284
274. 日梦想之满蒙政策,规定三步骤以谋实现,我国当局已严予防范,满铁理事补任发生纷扰 ……………………………………………… 285
275. 调查报告书副本昨已送达外部,我漏夜翻译定明日公布撮要,日方昨晚接到译者彻宵工作,十九国委会定明日召开大会 ………… 286
276. 法总理为国联辩护,英代表亦不认国联失败 …………………… 287
277. 调查团报告书赶译完竣今晚发表,外部将以飞机分送平沪,日本军部认调查团越权 …………………………………………………… 288
278. 史汀生痛论和约致命伤,东省事变大损和约权威,各国应维持我土地完整,大西洋舰队仍驻太平洋 …………………………………… 289
279. 十九国特委会昨讨论我国请求,颜惠庆请限制国联大会展期,希孟称适当手续在稍待时日 …………………………………………… 290
280. 调查团报告书昨发表,将提出中政会讨论,政府正审查研究目前暂守缄默,日方发言人表示不满抨击甚烈 ……………………………… 291
281. 日承认伪组织以前,马考益曾加警告,内田谓不顾虑旁人意见,对国联之所为表示轻篾 ……………………………………………… 294
282. 美对东北事件,将完全与国联合作,对李顿报告书希望浓厚 …… 295
283. 日没收北宁路存款,影响葫芦岛筑港工程,铁部咨外部严重交涉 … 296
284. 国联调查团报告书节要 ……………………………………………… 296
285. 社评:国联调查团报告书平议(上) ……………………………… 320
286. 调查团报告书发表后,罗文干昨发表宣言,日本一切军事行动决非自卫,所谓"满洲国"非独立运动产生,日对报告书将拟意见提国联 …………………………………………………………………… 323
287. 伍朝枢等对报告书发表意见,谓尚能秉持正义与公道,但仍须自己努力救危望 …………………………………………………… 327
288. 宋子文返京,晤罗商对报告书态度,汪院长患病暂难来京 ……… 328

289. 日各政党对报告书大肆抨击,民政党讥谓纸上空论,政友会谓系越权行为 ·· 329
290. 美官方对报告书,认为观察极公平洽当,暂无举动候国联处置 ······ 330
291. 孙科今日招待记者,发表对报告书意见 ································ 330
292. 意报评国联,依赖强国为虎作伥 ·· 330
293. 调查团报告书,同志应详加研究,史维焕昨晨在市党部报告,并讲演劳资纠纷如何解决 ··· 331
294. 社评:国联调查团报告书平议(下) ····································· 331
295. 调查团报告书,今日提中政会讨论,各国对报告书态度沉静,日朝野非难正协议对策 ··· 334
296. 马部联合西路军沿齐克路两侧猛进,卜奎已陷重围日军纷退黑郊,苏炳文部不日可克齐齐哈尔 ·· 340
297. 我国各方认报告是尚属公正,对广泛的自治及顾问会议,认为袒护日本均表示不满,根本解决尚待国人的努力 ···························· 341
298. 黄绍竑返京谈汪病,较前加剧尚须多日休养,交长无法兼代决再呈辞 ··· 343
299. 昨中政会讨论报告书,决先交外委会审查,加推居正等为外委员会委员,推定汪罗宋等五人任常委 ·· 344
300. 荒木诋毁李顿报告,谓为错误百出毫无重视必要,并讥笑国联无能力解决问题 ··· 346
301. 郭泰祺演说,中国履行国际义务,过去一年余付会费二百余万法郎 ··· 347
302. 报告书全文译竣 ··· 347
303. 罗文干昨召集外委,讨论对报告书方策,决由各委分拟具体意见,完全决定后提交中政会 ·· 348
304. 沪各团体宣言,声述李顿报告袒日,对日人暴行竟无只字提及,应打消依赖自谋解决之道 ·· 350
305. 日本军人野心方炽,对东北将更充实军备 ····························· 351
306. 社评:注意日本军部之态度 ·· 351
307. 调查团报告应深切研究,中央军校特党部,昨通令全校学生 ········ 352

308. 唐绍仪对李顿报告不满，国内团结作有效之御侮，集中力量促成九国会议 …… 353

309. 日外军联席会议决定，抹杀李顿报告结论，对报告书内容完全推翻，狂妄已极视国联如无物 …… 353

310. 外委员会今日再开会，各委分拟对报告书意见，切望蒋汪二氏电示方针 …… 354

311. 社评：报告书披露后，国联之行动如何 …… 354

312. 宋子文飞沪晤汪，征询对报告书意见，定今日晤谈下午即行返京 …… 356

313. 日出席国联代表松岗将晤西园寺 …… 357

314. 所谓"满洲国"其出生与将来——译自圆桌季刊秋季号 …… 357

315. 日陆海外三省昨开首次联席会议，讨论对意见书方针 …… 363

316. 报告书全文今日印就分发 …… 364

317. 宋子文晤汪，汪对报告书意见由宋转达中央 …… 364

318. 国际纠纷交非战公约国协商，英国联协会赞同史汀生见解，李顿爵士系该会执委会委员 …… 365

319. 英舆论界确认所谓"满洲"乃日本武力造成，国联状况：应受法律裁判！抑受武力支配？ …… 365

320. 美国务院对李顿报告惊异，因发见载协约国出兵西伯利亚为美之主动 …… 366

321. 顾维钧访国联秘书长 …… 366

322. 日内瓦我国代表团昨招待新闻界 …… 366

323. 日意见书廿日前制竣，对报告书彻底反驳，三省联席会决不变更立场，斋藤谈报告书对日极不利 …… 367

324. 日报卑鄙宣传，蒋委员长极愤恨，恶意造谣存心毒辣 …… 367

325. 日以全力应付国联，对侵略我东北各派一致，现内阁预算难关可渡过，松冈定期放洋应政友会之宴，谓将清算六十年来中日外交 …… 368

326. 宋子文昨携汪意见书返京，今日中政会付讨论，蒋电外部以中央意志为意志 …… 369

327. 顾维均对李顿报告书意见，可承认作国联讨讲之基础，但须保留批评并发表意见 …… 370

328. 希尼氏确认东北人民反对伪国,中国放弃东北乃不可容之举,对日本移民东北认为不适合 …… 371

329. 日反驳李顿报告书,作为附属文件备提交国联,今日续开会议起草意见书 …… 371

330. 国联邀李顿出席大会,参加讨论中日问题,我代表研究报告书 …… 372

331. 欧洲各国对伪组织无承认意,美参议员李德之谈话,俄外相声明无意承诺 …… 372

332. 从铁路立场上观察调查团报告书,关赓麟氏在铁路协会之演词 …… 373

333. 报告书全文今发表,已分送各院部会长研究,昨中政会并未提出讨论 …… 377

334. 松冈洋右昨访谒西园寺,陈对国联意见 …… 378

335. 沪市民协会反对报告书,并请制止川鲁战事 …… 378

336. 日军部竟要求国联部静观,认报告书认识不足且不公平 …… 378

337. 满铁组临时委会,研究报告书之反驳 …… 379

338. 胡汉民评论调查报告书,历数三点认为失当,并谓解决东北问题全在自救 …… 379

339. 社评:李顿报告书中国可否接受 …… 382

340. 调查报告书昨发表,罗文干定今日飞汉谒蒋,某要人谈国人应取态度,日意见书草竣措辞横蛮 …… 384

341. 苏炳文电国联,报告日暴行,完善之区无不侵略,黑省各县均遭蹂躏,破坏东铁欧亚交通 …… 387

342. 宋子文昨到沪筹划财政,并与汪商对报告书意见 …… 387

343. 日报又造谣,无稽谰言用心毒辣 …… 388

344. 英人眼光中之远东之真相 …… 388

345. 日外务省对报告书横加抨击,谓系排日分子所起草,并称我抵货为侵略国 …… 396

346. 苏俄军事委员长抨击李顿报告书,谓系世界帝国主义与日帝国之妥协 …… 396

347. 哈日报论日俄关系,日对和战已有相当准备,将依苏俄之态度决定之 …… 397

17

348. 湘省党部电国联,陈述对报告书意见,正当解决厥为恢复九一八前状态,对侵略之国家加以制裁用维正义 …………………… 397

349. 罗文干昨抵汉谒蒋,商对调查报告书意见,罗谈国府意见即发表 … 398

350. 松冈定期赴日内瓦,斋藤勉以贯彻方针,意见书完成由松冈携往,内容有攻防两样之准备 ………………………………………… 399

351. 丁李通电,仗铁血与正义与日军抗战到底,请中央早颁讨逆令,并盼国人共伸正义 ………………………………………………… 400

352. 英教授评论报告书,日若不更换方针前途将益恶劣,英美将于太平洋区内联合一致 …………………………………………… 401

353. 满铁狡词反驳李顿报告,昨已飞送东京 ……………………… 401

354. 顾公使已递国书,颂词愿望和平与安全,法总统答词决维邦交 …… 401

355. 国联邀请李顿等出席会议,调查团可补充报告书意见,麦可益出席等于美国参与 …………………………………………………… 402

356. 李顿演讲调查团工作,中日事件有巨大困难,但深信国联当能解决 ………………………………………………………………………… 402

357. 罗文干定今晨飞京,昨再度谒蒋委员长,到京后即赴沪谒汪 ……… 403

358. 苏炳文、张殿九电国联,揭发日本违约暴行,东北被焚杀淫掠违背公理与人道,不独损害中国即外侨亦同被其祸,爰揭义旗为我三千万同胞求解放 ……………………………………………………… 403

359. 对国联调查团报告书节略研究的意见 ……………………………… 404

360. 社评:论"直接交涉" ………………………………………………… 408

361. 罗文干昨午飞京,对报告书与蒋有详细磋商,定明日赴沪谒汪具体决定 ……………………………………………………………… 410

362. 颜惠庆顾维钧分任国联大会及行政院代表,二人通力合作可谓相得益张彰 ………………………………………………………………… 411

363. 日外省最注意美国,认美态度足转移其他各国,对未来情势加以种种推测 ……………………………………………………………… 411

364. 日军部又推测,俄决不承认伪组织,谓俄须向美法借款,对李顿报告书沉默 ………………………………………………………………… 412

365. 所谓"亚洲化政策",日政友会用以应对新局势,铃木对调查团报告极不满 ……………………………………………………………… 412

366. 伍朝枢昨过京赴平,谈对外必须以自己力量贯彻主张,仍不团结勇于内战前途不堪设想 …………………………………………… 413

367. 调查团出席国联,日方谓仅供咨询不能主动发言 ………………… 414

368. 罗谒蒋返京后外委会讨论,对报告书意见集中,罗定今晚赴沪谒汪 …………………………………………………………………… 414

369. 楼桐孙评调查团报告书,迁就事实之两原因,各国均沾其益挽救经济恐慌,解决中日纠纷消弭东顾之忧 ……………………………… 415

370. 宋子文等昨晨返京,谓汪决赴德疗养与政局完全无关,对报告书意见外委会缜密考虑中 …………………………………………… 417

371. 国联各种会议,我国代表均已派定,国联政院会及特委会议程决定 …………………………………………………………………… 418

372. 外委会昨再度讨论报告书,宋子文将汪氏意见提出报告,俟各部会长谒汪后确定方针 ……………………………………………… 419

373. 日俄订约问题,日官方意见纷歧,有谓空泛无实效不必商订者,有谓维持远东和平所必需者 …………………………………………… 419

374. 国联大会主席赞颂李顿报告书,谓乐于向双方当事国提出 ………… 420

375. 谢逆抵东京,定今日进见日皇 …………………………………… 420

376. 昨行政会议,加派顾郭出席国联特委会,并派顾为国联行政院代表,通过河套宁夏调查团章程 ……………………………………… 421

377. 汪即将出国,宋子文等昨晚赴沪,罗文干定今晨飞沪谒汪,商承要政并再征报告书意见 ……………………………………………… 421

378. 美总统竞选人对中日事噤若寒蝉,深恐所言认为将来外交政策,但美人终不容长此默尔无言 …………………………………… 423

379. 对李顿报告日意见书,改由吉田携往 …………………………… 423

380. 有吉昨访张学良等,高谈中日利益均赖和平,并认目前形势较前进步 …………………………………………………………………… 424

381. 汪昨晚发表告别书,对李顿报告书不满其建议,应矫正国联制裁力之薄弱,战争与和平均需团结一致 …………………………… 424

382. 中央对李顿报告书已分拟对案,某中委谈审慎研讨情形,在国联开会前应守沉默 ………………………………………………………… 426

19

383. 松冈昨赴欧,日对国联态度强硬,既定事实绝对不许变改,最后手段不辞退出国联 ⋯⋯ 427
384. 社评:国际果能解决中日问题否 ⋯⋯ 427
385. 罗文干谈政府对报告书态度,决以不背国际条约及中国主权,同时又巩固远东和平者为原则 ⋯⋯ 429
386. 法国与中东路之关系 ⋯⋯ 430
387. 粤省市党部驳斥调查报告书,认为违反国联盟约精神,收复失地惟有奋起抵抗 ⋯⋯ 435
388. 王正廷谈远东问题,英美法关系最切应加注意,李顿报告应注意九十两章 ⋯⋯ 436
389. 对中日问题,法报一改已往态度,认中国乃在改进中之统一国家,严斥日侵略东北欧洲将受影响 ⋯⋯ 437
390. 日外侨异想天开,竟认东北为买卖商品,由日向国联提议买收,亚泥斯等何侮我太甚 ⋯⋯ 437
391. 西南对报告书将发二次通电 ⋯⋯ 438
392. 台维斯对松平表示,对中日问题主静观,美步调将与各大国一致 ⋯⋯ 438
393. 市执委会议决请中央提修正报告书意见,驳斥东北自治顾问会议二点,确定国防计划期限积极实行 ⋯⋯ 439
394. 侨胞声讨胡适,见强权则崇拜弃公理如弁髦 ⋯⋯ 440
395. 日本外相发布外交方针,以退出国联为要挟,主张远东事由远东自理,援助伪组织促列国承认 ⋯⋯ 440
396. 日本之陆军 ⋯⋯ 442
397. 日采取积极政策,对国联将先发制人,希望国联不采切实际行动,对我民众抵货认为宣战,英报论日本前途:或为公平之解决 或为全世界公敌 ⋯⋯ 449
398. 我方对报告书意见,明中政会议可通过 ⋯⋯ 450
399. 美人眼光中之中日纠纷真相 ⋯⋯ 450
400. 英对李顿报告意见,在国联未考虑以前不宣布 ⋯⋯ 455
401. 日所谓驻满大使,日政府将正式任命武藤,谢逆任务完毕启程言旋 ⋯⋯ 456
402. 希尼论中日问题,将危及世界和平 ⋯⋯ 456

403. 社评：自救 ………………………………………………………… 457
404. 我国对报告书意见外部已训令代表团，凡妨害我国主权领土完整者，均分别明白表示不能接受，策应国联外委会全权处理 ………… 459
405. 松冈经莫斯科时将竭力拉拢苏，所谓不侵条约将作初步谈判，并以通力合作四字欺骗苏俄 ……………………………………………… 459
406. 对李顿报告日本意见书，经廿八日阁议决定后，即交吉田携往日内瓦 ……………………………………………………………………… 460
407. 英对中日问题态度，主张依报告书建议直接谈判，提议包含美俄之国际委员会 ……………………………………………………………… 460
408. 日本人欺骗欧人，日内瓦日报洞若观火 ……………………… 461
409. 日外务省对史汀生演讲不满，史谓不认以武力变更之政治结果，讥其言有政治的意味 ……………………………………………… 461
410. 日态度强硬，国联如要求取消对伪国之承认，已训令松冈代表与以反对投票 ………………………………………………………… 462
411. 史订生重要演说，美国拒绝承认侵略所得利益 ……………… 463
412. 李顿报告书，国联行政院及十九人特委会，研究三星期后再召集全体会，国联望美俄能派非正式代表 …………………………… 463
413. 吉田昨夜离东京，携意见书赴日内瓦，昨经阁议即奏请日皇裁可，抨击李顿报告书强词夺理 ……………………………………… 464
414. 京商界将筹设拥护国联盟约分会，冀以经济封锁制裁策略，促醒暴日武力侵略迷梦 ……………………………………………… 465
415. 吉田告日人勿乐观，国联态度目下无从预想，妄论我方策动多不正处 ……………………………………………………………… 465
416. 日对报告书意见书，由长崎运交有吉转交我国 ……………… 466
417. "东北事件之第二步办法"，李顿之愤语，各国对国联组织所经过牺牲，较日本对东北牺牲更为沉痛，各国决心维护国联组织 …… 466
418. 国联行政院讨论李顿报告会期，仍视日意见书达到迟早为转移，日方传国联将另组特别委员会 ……………………………………… 467
419. 报告书发表后我局势进展，国际间我处于有利地位，剿匪奏功内部益安定，某要人到沪后之谈话 ………………………………… 468
420. 日对李顿报告意见，日内即由日使馆转交我政府 …………… 469

21

421. 日方否认意见书寄沪 …………………………………………… 469
422. 日本政府对报告书意见,某要人痛加驳斥,中国未臻完全统一——半由日人破坏,我民众排日乃其武力侵略之结果,日承认为组织足增加报告书力量 ……………………………………………………… 469
423. 日准备世界大战积极扩充海军,共需经费四万六千万元 ………… 471
424. 国联行政院会议延期问题,为便各国集中力量我不反对 但日方情报谓大国对日妥协 ……………………………………………… 471
425. 社评:国联之试金石,将出日本舆论所料乎? ……………………… 472
426. 日俄互相疑忌,缔约之说系日方所放空气,日所提两要求俄万难承认 …………………………………………………………………… 475
427. 顾公使演讲,中国与世界和平,中国能循序发展,世界繁荣始可期 …………………………………………………………………… 475
428. 法远东问题专家劝日人勿徒恃毅力,东北人民对国家观念岂易改变 …………………………………………………………………… 476
429. 日对报告书意见书,内阁康哉在阁议席上说明,将同时在日本日内瓦发表 ……………………………………………………………… 477
430. 美远东政策,无论共和党抑民主党当选,均本其传统方针不与变更 …………………………………………………………………… 478
431. 现今日俄关系之评判——对于几个疑问的答复 ………………… 479
432. 国联行政院会议展期,决本月廿一日开会,对李顿报告书作初步讨论,各国对维护国联态度一致 ………………………………… 484
433. 英上院辩论中日事,咸认东北问题极严重,对李顿报告暂守缄默 … 486
434. 国联讨论李顿报告,美将与国联密切合作 ……………………… 488
435. 日人惯造谣,谓冯北上与复辟有关,冯已电复罗文干否认 ………… 488
436. 日内瓦人观察,日人之野心,已由侵略我国东北变为东亚门罗主义 …………………………………………………………………… 489
437. 英舆论界评英政府缺乏毅力,谓对中日事件应采坚决态度 ……… 489
438. 郭泰祺赴日内瓦前,与记者谈中日事,彼深信国际合作 ………… 490
439. 松冈抵莫斯科晤李维诺夫,声称未负谈判使命,希冀苏俄承认傀儡 …………………………………………………………………… 490
440. 李顿定期演讲中日问题 …………………………………………… 491

441. 松冈滞留莫斯科,促俄订不侵犯条约,加拉罕提议日方不能接受,松冈利诱苏俄承认伪组织 ········· 491

442. 中日问题各国咸认事态复杂,有待于政治的解决,日派出多人侧面折冲 ········· 492

443. 日又传国联将组国际委员会,不自动作制解决办法,将怂恿两国直接交涉 ········· 493

444. 日使有吉定今日返国,拟定对我外交政策,放弃武力使国联无所借口,以权利均分使英美勿反对,收买我舆论缓和抗日抵货 ········· 493

445. 松冈又以退出国联恫吓,要求国联尊重日本的意见,讥笑美国所持态度为傲慢,基于莫名其妙的正义观念 ········· 494

446. 各国意见一致,不承认伪国,原则上接受李顿报告书,此次国联大会能收实效 ········· 495

447. 法言论界揭发日人野心,谋联合各民族成一大帝国,以亚洲主义反抗西方文明 ········· 495

448. 段祺瑞更正日方之造谣,昨电罗文干否认出山 ········· 496

449. 市商会痛暴日破坏和约,成立拥护国联盟约分会,秉商人自决宗旨对日将施经济封锁,昨通过章程推陈心言等五人为常委 ········· 497

450. 日积极排美,美大使将重行抗议,日舆论主张对外侨征特税,美人认其意专对美侨而发 ········· 498

451. 美代表之出席国联,日又表示不愿非会员国参加 ········· 500

452. 献计谋我,有吉昨返国,预定旬日后再来华,某要人谈有吉阴谋 ········· 500

453. 冯玉祥发表通电主张五点 ········· 501

454. 美对远东政策不变,大选之初选昨已开始举行,无论何党上台对外策仍旧 ········· 501

455. 国民外交协会昨发表宣言,对报告书敬谢其好意,拒绝侵我主权之建议,望国人自觉速谋抵抗 ········· 502

456. 美总统罗斯福当选,所得票数超过以前纪录,远东外交政策将无变更 ········· 503

457. 松冈在俄谈判无结果,俄认缔结不侵犯条约,与承认傀儡不能分开 ········· 506

23

458. 日对报告书,铃木在日文译本作序论,述日当局一部分之见解,反对与欢迎完全系私见 ················· 507

459. 史汀生宣称美远东政策无变更,共和党决不遗留困难问题,卸任以前循现行政策合作 ················· 510

460. 张学良昨由平飞汉,谒蒋宋商外交财政 ················· 512

461. 松冈今日抵巴黎,将集合大使公使等,协议对国联之对策 ················· 512

462. 日方传称各使斡旋中日交涉,在沪或东京开国际委员会,并已反对不容第三国参加,国联会与美俄未来之合作 ················· 513

463. 挟策而归之,有吉抵东京,谓日人忧虑过度,竟希望中日人均冷静 ················· 514

464. 王正廷谈最近外交,美与国联更将合作外交以求诸己,经济绝交接济义军为我唯一出路,日吞东省犹如吞炸弹 ················· 515

465. 日驻英大使松平赴巴黎晤松冈,拟回英后再赴日内瓦 ················· 516

466. 国际委会在酝酿中,是否组织由特别大会决定,我国对此议暂不表示意见 ················· 517

467. 各国公使日内来京,于国联会议期间就近接洽,日方捏造之谣传完全不确 ················· 517

468. 松冈在法对我诋毁,向各国记者宣传我国紊乱,谓我敌人非日本而为自己 ················· 518

469. 解决中日问题国联有重要提议,日本外务省与各机关商对策,对李顿报告反对溯及既往 ················· 519

470. 松冈洋右抵巴黎时之状况 ················· 519

471. 拥护国联盟约会昨举行第一次常会,推定穆华宣等起草宣言 ················· 520

472. 解决中日问题,国联将组新委员会,新委会内包括美俄代表,日本政府正在极力反对 ················· 521

473. 日人将对国联示威,各派联会举行演说会,唤起国民对满之主张 ················· 522

474. 国际委会渐趋成熟,美俄加入增厚国联力量,我外交委会正审慎研究 ················· 522

475. 日对李顿报告意见,修正及追加意见均已终了,昨日电送日内瓦日代表团 ················· 524

476. 松冈失败后,日政府将再度尝试,太田赴俄履新将再谈缔约 ········ 524

477. 日外交上多一利器,日内瓦与东京间,无线电话已成功 …………… 525
478. 国联调解东北问题,召集特别大会经过,我代表团已制成报告书 … 525
479. 国联行政院将先讨论调查团报告书,拟使美俄加入十九国委员会,中日代表对程序将有争辩 …………………………………………… 540
480. 苏炳文电告国联,声明未与日言和武力抗日,日人无赖作强迫民意勾当,义军冰天雪地下单衣应敌 ………………………………… 542
481. 日对报告书意见,外务省昨正式发表,除二点外余经逐章批驳,认李顿报告无一顾价值 …………………………………………………… 543
482. 西班牙代表力主取消日本承认伪国,各小国多赞成其主张 ……… 545
483. 国联组国际委会,我国尚未接正式通告,日报载法使征意见说不确,政府对此事并未正式讨论 ………………………………………… 545
484. 国联行政院否认所谓"满洲国",全案移交前将有明白表示,李顿定今日离英赴日内瓦 ……………………………………………………… 546
485. 国联行政院明日讨论中日问题,日方自知情虚会前对我狂吠,同时哀恳英法帮忙但似无望,中日代表将力争程序问题 ………………… 547
486. 日国联代表松冈任全权,阁议后外务省已发训令 ………………… 549
487. 国联日代表播送国联消息 …………………………………………… 549
488. 郭泰祺昨访美代表,交换对东北问题意见结果圆满 ……………… 550
489. 内瓦空气沉闷,各国对报告书态度,多数仍为自己利害着想,欲求外交胜利惟有自助 ……………………………………………………… 550
490. 首都商界将电请国联一致主持公道,并电我国各代表于大会时,据理力争俾收复东北失地,电全国各人民团体一致主张 ………………… 553

索　引 ………………………………………………………………………… 555

1. 调查团下周赴日，李顿等正在整理文件

【中央社北平十五日电】 调查团定下周东渡，连日整理文件甚忙。李顿删（十五日）晨赴外交大楼调阅有关文卷，萧继荣删（十五日）奉召飞京，俟顾等返平，即赴日。

【本社十五日北平专电】 李顿今晨十时赴旧外部调阅文卷，午回北京饭店。该团决下星期东渡。萧继荣等晨携文卷乘机飞京。

【中央社北平十四日路透电】 国联调查团主席李顿爵士，今晚对外国新闻记者，作下列之谈话：

吾等无意在北戴河编制报告，因日本反对甚烈，且地点亦不甚适宜，北戴河与青岛两处，皆为消夏游历之处，而非工作场所，青岛尤为不适，且天气潮湿异常。但不在两处编制报告之根本原因，则在吾等之材料，大半在北平故耳。文件若运往青岛，则未免不便，往返实属太远。吾等赴日本，须俟顾维【钧】即可返平，吾等甚盼能［顾］【维】钧博士返平，始能成行，大约顾本星期五或本星期六即可返平，于本月二十二日启程。但能否成行尚须俟顾返平始能决定。至于顾是否偕同赴日，现尚未定。至于行程则系乘火车经朝鲜东渡，所有调查团各委员皆将赴日，但随员中则有一部分留平。至于专门家等，凡彼等所研究者，无须赴日始能明了者，亦无庸偕往。至于留平人员，将于团员赴日期中，着手编制报告中之历史部分。此次赴日之最大目的，为讨论报告之结论。因调查团在未与日政府商酌以前，不能编制报告结论也。至于留日之期间，尚难预定。总之，一俟任务完毕，即行返平。国联现需要此报告，以备九月大会之用，故报告必须在八月底以前完成，以便有付印及分散与各会员之时间，俾彼等得在大会中讨论。吾等准备在八月底以前，将报告寄出，但在九月中旬以前，能否办到，尚属问题，因有许多文件上之证据须编入报告中。吾等将俟至最后之时期止，仍将继续设法，促成中日间之谅解，但吾等不信吾等能向国联为吾等已向中日两国建议、请两国均已同意之言，但吾等认国联俟接到吾等之报告及建议后，必向关系国询彼等是否愿根据报告，开始交涉之云云。

【本社十五日北平专电】 调查团删（十五日）午十一时，邀王以哲谈话，询沈变经过，历二小时。李顿移居英使馆，日赴饭店办公。华代表将向该团提说

帖十二册，内包括东北暨沪变物质及精神损害统计与影响，正编制中。

《中央日报》1932年6月16日第一张第二版

2. 顾罗昨由庐山返京，顾维钧即飞沪不日赴平，罗文干谈外交方针已定，汪院长等四人定今日返京

行政院长汪兆铭及外长罗文干、内长黄绍雄、豫鄂皖三省剿匪副司令李济深、中委李石曾、调查团我国代表顾维钧等六人，昨（十四）日联袂飞浔晤蒋委员长，商谈国是。除汪黄二李，因事尚须留浔续商外，罗外长、顾代表已于昨（十五）日下午四时乘原机返京。顾代表并即换乘福特飞机赴沪。兹将各情分记如次：

汪等留浔一日

汪院长等一行，昨午由京乘塞可斯飞机，于下午二时抵九江，即在江面降落，当即换乘汽车登庐山牯岭，于下午四时到达，即与蒋委员长及在浔各将领何应钦、何成濬、徐源泉等，在蒋委员长寓所会谈，对外交、军事、财政等重要问题，均详细讨论，直至深夜始散。昨（十五）晨又再续商，除对外交问题，已决定具体方策外，其余如军事、财政等问题，因内容颇为复杂，仍须继续详密商讨，故汪院长及黄绍雄、李石曾、李济深等四人，在牯岭多留一日，改今（十六）日乘塞可斯机飞京。

顾罗莅场详情

昨日下午三时五十分，满天阴霾密布，只东方一线之光明，其时微闻西方机声轧轧，由远而近，各欢迎人员昂首睨视。至四时正，塞可斯脱号，已平稳莅场。罗外长首先下机，顾代表随行于后。行政院秘书长褚民谊即代摄影一帧，以留纪念。顾氏即与欢迎人员握手为礼，表示谢意。

顾谈赴浔经过

顾氏下机后，某社记者即趋叩以此行经过，承答如下。昨日余（顾自称）等

抵九江时，已下午五时，迨至牯岭约在六时，与蒋先生等稍进饮食，即开始磋商。至上午一时，方得就寝。今晨（即昨晨）又作一度讨论，已得具体决定，意见颇一致。至剿匪及财政问题，因时间匆促，尚未论及。余因急于赴沪，故与罗部长先返。赴沪系谒林主席，报告浔行之结果，并访陈铭枢、宋子文二部长，及各重要领袖，交换意见，并报告东省问题之严重性质与危机，促团结力量一致对外。在沪留二日即来京返平，盖调查团工作急待进行，李顿已迭电催促，并派员来迎，时间匆促，不能多留云云。

罗谈方针决定

记者旋又访外称罗文干，作如下之谈话：（记者问）先生等今日何时由牯岭启程？（罗氏答）今日上午十一时三十分，乘轿下山，至莲花洞约十二时，启飞已一时二十分，高度约九百尺。遥望均是白云，平稳如常。在云霓中飞约十分钟，旋作低飞，长江在望。史密士之飞行术，在甸确为独尊。语下赞美不止。（问）昨今两日会议结果，可否见示一二？（答）昨日抵达牯岭后，先由少川先生将调查经过，暨国际间对我态度及其个人对今后外交方策意见，详细陈述，供众参考。今晨又作最后之讨论，大家至于顾先生所提之意见，及汪院长之方针，咸表赞同，结果甚为圆满。至方针内容，未便奉告。（问）汪院长等何日可返京？（答）汪院长、黄部长、李副司令、李委员原拟同来，嗣因关于剿匪计划，及中央今后财政等诸问题，尚未讨论，故改定明日返京。（问）先生返京后将他往否？（答）比因部务殷繁，暂不他往云云。罗外长又称，至日本承认东北叛逆组织一节，在斋藤首相登台时，即有此意，昨日日议院并已通过。此与国联历次决议案及九国公约尊重我国主权领土之独立完整，显然违背，我国当然将有严重之表示云云。

顾乘福特赴沪

顾氏与各欢迎人员寒暄后，至四时二十分，即改乘方由平来京之福特机赴沪。同行者有随员刘崇杰、游弥坚、施肇夔、顾宝[善]昌、顾问端挪、哈斯，及张之飞机卫队薛队长等一行七人。顾氏在机上脱帽频点其首，欢送人员，亦挥帽送别。至二十五分向东南飞去，预计下午五时四十分可抵沪。国际联盟调查团，以国联大会已定九月间举行，为期在迩，关于调查报告起草，曾于日前电京促顾代表北上，会商进行，兹悉该团于昨（十五）日上午八时又有急电到京，促顾即日返平,故顾氏决定十八日由沪返京,勾留两小时,谒汪院长辞行后,即乘原机赴平云。

【中央社上海十五日电】 顾维钧删(十五日)午十一时三刻,偕外罗由浔飞京,下午四时到京,顾即换乘张学良之福特机飞沪。五时半降落虹桥飞机场。张祥麟、顾维新等均到场欢迎。顾在机场语记者,此次偕汪院长、罗外长、李石曾、李济深、黄绍雄,赴浔与蒋在庐山会谈两次,对外交已商得具体办法。中央决本原有方针,一面运用外交手段,一面准备抵抗,积极收回东北。汪李等刻仍在庐山云。谈毕,顾即登车返麦根路私邸休息。由京同来者,为代表团顾问赫赛尔、张学良顾问端讷、外次刘崇杰,及游弥坚、顾善昌、萧继荣等。

【中央社上海十五日路透电】 顾维钧已于下午五时二十分乘飞机抵此,定本星期六返平。据顾之上海办事处消息,顾明日应酬极忙。明日下午三时由张祥麟主持,在银行公会招待记者。四时全国救国协会开会慰劳,五时上海协会在总社招待顾氏。七时三十分顾将在青年会新址演说,由吴铁城主席,此将为顾氏此次来沪唯一之演说云。

【中央社上海十五日电】 顾维钧留沪仅一日,篠(十七日)晨即赴京北上。沪各界准备欢迎慰劳,已定铣(十六日)午三时在银行俱乐部与各报编辑谈话,四时国难救济会设宴慰劳,五时地方协会欢宴,七时半在青年会公开演讲赴东北感想。又顾因在机场匆促,特约各记者删(十五)晚九时,在本宅再为详谈一切。

在沪发表谈话

【中央社上海十五日电】 顾维钧删(十五)晚九时,在私宅接见新闻界。顾报告,略谓入关后,发表谈话多次,谅已见到。此次陪同调查团在东北各地观察七星期之久,所受待遇,与所见所闻,甚感痛心。代表团同人准备受意外痛苦,及遭遇困难危险,但为期至暂,此时仍得安然南返,较之东省三千万人民,所受痛苦,与无期限之挣扎,吾人不暇自慰,更为东省同胞担忧也。希望诸位时时刻刻勿忘三省同胞之痛苦,勿谓东北遥远不加注意,要知日人谋我有整个计划。东省为关内屏障,三省不能收复,关内危机随时可以触发。本人今日旅行,终日甚感疲惫,仅作简单报告,明日当有充分时间,与各位长谈云。顾氏语毕,又答记者问如下:(问)此次返平将随调查团赴东京乎?(答)政府之意,仍令予随调查团赴日,余唯政府之合唱是从,已决定返平后,即随调查团同赴东京。(问)调查团将在何处编制报告书?(答)已决定在东京,开始编制,而在北平完成之。(问)庐山会议结果可得闻乎?(答)庐山会议,对外交财政军事大计,均已商决,积极努力。(问)政府对中俄复交,已否决定具体办法?(答)中俄问题亦为庐山会议讨论事项之一,政府意志,已趋一致,惟如何进行,刻尚不能发表。(问)收复东北失地之具体办法如何?(答)收复东北失地办法,尚待本人北上与调查团交换意见,而调查团亦须与日方交换意见。(问)今后外交方针如何?(答)此次余将在东北七星期所得印象,及个人意见,贡献政府,借作今后外交方针之参考。余在首都及庐山与政府要人,各会商两次。对于今后外交新方针,与会得之意见,均已一致,惟内容尚未至发表时期。

【中央社上海十五日电】 顾维钧到沪返宅休息后,即出外访友至八时许,始返寓。九时在宅接见新闻界。九时三刻吴铁城往访,旋偕往林主席私邸,晋谒报告赴东北经过,及庐山会议结果,并送林主席至北站登车返京。

《中央日报》1932年6月16日第一张第二版

3. 汪院长等昨日返京,外交方针已决定并辟新财源,并电告宋子文促其返京复职

行政院院长汪兆铭等一行六人,前(十四)日联袂赴浔晤军事委员会委员长蒋中正氏,商谈国家大计,除罗外长、顾代表,已于前(十五)日离浔飞京,顾氏并已飞沪外,汪院长、李济深、李石曾、黄绍雄等四人,因剿匪军事及财政等重要问题,须详细讨论,故在浔多留一日,昨(十六)日始由浔飞京,兹纪各情如次。

在浔经过

汪院长一行,系于十四日上午十一时四十五分乘蒋委员长自备之塞可斯号飞机,由机师史密士驾驶赴浔,当日下午二时,在九江江面降落,随即换乘汽车,于下午三时许抵牯岭蒋委员长寓所,当即与蒋委员长及在浔将领何应钦、何成濬等,开始会谈。首先讨论外交问题,赶到深夜始散。十五日晨继续讨

论,当经决定具体方策。罗外长、顾代有随即离山返京,当日下午汪蒋等又继续会议商讨财政军事等重要问题,昨(十六)晨复赓续讨论,对各重要问题,均经圆满解决,汪院长等遂即于正午离山返京。

抵京情形

汪院长、李济琛[深]、李石曾、黄绍雄等四氏,于(十六)日正午在蒋委员长寓所午膳后,即告辞下山,蒋委员长夫妇亲行欢送。汪院长等于下午一时许至九江,二时正即乘塞可斯机,仍由史密士驾驶,启程飞京。京中各机关,接汪院长启程电告后,即纷纷赴明故宫飞机场欢迎,计到汪夫人陈璧君女士、外长罗文干、行政院秘书长褚民谊、铁道部次长曾仲鸣,及夫人公子,既甫由香港来京之前航空署长张惠长等。四时半,塞可斯机急驶而来,在飞机场降落。黄绍雄氏首先下机,次汪李等亦相继而下。褚民谊氏并为汪院长等摄影留念。汪院长下机后,即趋前与张惠长氏握手寒暄,次应记者之请,作简单谈话,旋即与李黄等及各欢迎人员分别乘车返私邸休息。

汪李谈话

汪院长答记者之问如次。余等此次赴浔,首先讨论外交问题,当即决定具体方针。罗部长、顾代表昨日返京,想已谈及。对于财政问题,现已商定开辟财源之新办法,并决请宋部长返京继续任职,余当立即致电宋部长,告知决定经过,并请即日返京视事。宋部长素以国事为重,必能打消辞意。汪院长言次,神色殊为自得,显见此行之结果圆满也。又李济深谈此次赴浔转登牯岭晤蒋先生,除与汪先生等共商外交方针,及全国财政诸问题,已得有相当之结果外,余与蒋氏对三省剿匪事宜,亦有精详之商讨,并对于皖省布署事,亦有所陈述。三省决取大包围进剿方式进行,同时施以政治训理,借资清除匪患,而安民生。至余出发北上督剿之期,刻因京中事务纷繁,故行期尚难预定云。李石曾谈称,连日在牯岭与蒋委员商讨内政外交问题,蒋氏因运筹国政甚为操劳,近日盛暑逼人,偶沾感冒之疾,余等离山,已渐为痊愈矣。本人赴法之期,刻尚未定。

《中央日报》1932年6月17日第一张第二版

4. 政府将发表重要宣言，抗议日本承认伪组织

自九一八事变发生，日本用暴力侵占我东三省后，即与叛逆勾结，积极进行伪组织，以图蒙蔽国际视听，掩饰其侵略之阴谋。至三月九日，所谓傀儡组织者，在日军卵翼之下，由溥仪登台宣告成立。自斋藤继犬养毅任日首相后，对叛逆组织，更积极进行正式承认。至前（十四）日日众议院开会时，竟通过承认叛逆组织。日本此举，与国联迭次决议，及九国公约尊重我国主权领土之独立完整，显然违背。闻外交部对此决发表严重宣言，文稿业经整理完竣，今（十七）日即可发表。行政院亦定日内发表重要宣言，对日本此举提出严重抗议云。

《中央日报》1932年6月17日第一张第二版

5. 中日纠纷之解决，恃全国动员决心拼命，东事之严重已达极点

汪院长等一行，日前飞浔与蒋委员长详审商讨外交军事财政之具体方针，已有圆满决定。本社记者昨日特访某要人，叩询所谓具体方针者，究属何指。据剀切答复云，今日之外交军事财政等问题，决非单纯的问题，而系整个国家民族的生存问题。所谓方针者无他，一言以蔽之，即团结力量一致对外是也。东三省问题，严重与危机，实已达于极点，吾人如不能抱定长期抵抗之决心，刻苦耐劳，卧薪尝胆，誓与暴日奋斗到底，则不但东三省不久将被暴日吞并，即亡国之祸，亦在目前。此非故作危言耸人听闻，如就事实及历史方面观察，当知此言非虚。故今日之时机，乃吾人拼命决死之时期。东三省之义勇军，固应不断的与暴日奋斗，使日军疲于应付，不得安适，而全国人民，尤须大彻大悟，全体动员，在经济上予暴日以严重之创惩，使其工商业无复振兴之机会，以制暴日之死命。据闻五月份日本之贸易统计，输出为二千余万，输入为一千余万，出超几达一倍，迥然不同，长此以往何堪设想，国人健忘若此，曷胜痛心。中日

纠纷之解决,如以外交方式出之,则不外三种途径:一即听由国联解决;一即由国际调停;一即直接交涉。但国联之力量,吾人业已深悉。引用盟约第十六条,以制暴日,吾敢断言国联必无此决心。国际调停,则列强正值多事之秋,谁能从升救人。直接交涉,则城下之盟,决非吾国所甘屈服。故时至今日,欲谋中日纠纷之圆满解决,除由全国一致动员,决心拼命外,实则无他法。如国人仍醉生梦死,心目中不以东三省问题为中国生死存亡之关键者,则前途真不堪设想云。

《中央日报》1932年6月17日第一张第二版

6. 顾今日返京,与汪罗等商洽后即行赴平,日仍反对顾随调查团赴日

国联调查团我国代表顾维钧博士,昨(十五)日由浔飞京后,随即飞沪,与上海各重要领袖,商谈国事,并报告东三省之危机,促团结力量,一致对外。兹据确息,顾代表以亟须返平,今(十七)日决由沪乘福特飞机返京,再与汪院长、罗外长等,作一度商洽,并将在励志社公开演讲,后(十八)日即偕随员刘崇杰等一行乘福特飞机返平云。

【中央社上海十六日电】 顾维钧铣(十六日)晨七时半即出寓,分访亲友及王树翰、陈铭枢,下午三时在银行俱乐部,与报界晤谈。顾报告赴东北观感,对东北同胞苦痛,叙述特详,并谓欲收复东北,必须视自己力量如何,不能寻恃他人帮助。庐山会议结果,一致主张集全国力量,积极收复东北。今后政府与人民,当共同努力,使东北同胞,早日脱离苦海云。

【中央社上海十六日电】 顾维钧铣(十六日)午后与报界晤谈后,先后赴国难救济会及地方协会茶会,晚在青年会公开演讲赴东北感想。

【中央社东京十六日路透电】 日方反对顾维钧随同国联调查团去日本,据云内政当局,深恐反动者有危害顾氏之举动。

《中央日报》1932年6月17日第一张第二版

7. 社论：日本承认伪国之效力

日本既于去年九月十八日突以武力侵占吾东北，复于其卵翼之下组织所谓"满洲国"，其破坏吾主权独立，可谓达于极点。日前日本于六十二届议会特别会通过承认叛逆政府案，处心积虑，昭然若揭。我行政院及外交部已于昨日同时发出宣言，否认日本之蛮横行为。兹根据法律与事实分析探讨，以唤起全国上下之注意。

国际间每一新国成立，或一国之政体变更，其他国家均可提出承认，故有承认新国家与承认新政府之别。国际间承认新国家之成例颇多，而其一致遵守之法规，即于提出承认之前，必先审察革命政府之组织是否稳固，有无履行国际义务之能力。更重要者，即合法政府（或祖国政府）确已恝然放弃其在叛逆团体管辖下之主权，而永无收回之意念。倘蛮不顾虑，竟于叛逆飘摇不定，而合法政府正在声讨之时，遽尔提出承认，斯对于合法政府非友谊之行为，合法政府可以采取任何剧烈手段以抵制之。北美合众国独立之时，适其祖国大不列颠正以武力对抗独立革命之秋，法国竟然承认美国之独立，英国立即对法宣战。此即"过早承认"Premature recognition 之例证。

明乎此义，即可了然日本提出承认用意之所在。日本慑于国际公法之严格规定，及国联规约与九国公约之层层拘束，不敢公然侵吞三省，故假三省人民之名义，制造出所谓"满洲国"，第二步提出承认，使之成为合法的国家。此着告成之后，彼且胁迫"满洲国"与之缔结任何割让条约、保障条约、保护条约，均将发生法律效力。至于国际联盟及九国公约签约国于法律上只仍能责斥日本不应自九月十八日以来继续不断的侵略中国领土，而对于承认之举，仅能与以道德的裁制。然吾东北大好河山，转移于暴日之可能性更大，且对方之一切举动，行将得到法律的保障。

虽然，吾人苟有收复失地之决心，则日本之一切举动只能在国际史乘上留一痕迹而已。无论日本组织"满洲国"，抑承认"满洲国"，又或与该昏昧之叛徒缔结任何种条约，在吾中央政府未明言放弃东三省以前，三省乃吾之领土，不过暂时不获行使主权，初无碍于武力收回，或叛逆之悔过归降。迨吾政府将失地收回，则日人与伪国所订之一切条约完全失效，此公法上坚定不移之规定，亦任何国家所不能否认者也。

日本之承认伪国,虽于吾国之主权,仅为暂时之停顿而非永久之丧失,然由此可知日本侵吞三省之计划更为具体,吾国之危机更为迫切。此时所应急切采取之方略不外二途:

(一)即速防止日本要求列强发生此同样之非法行为。

(二)妥实计划收复失地之策略,劝导叛徒从速觉悟,翻然归降,或履行武力收回东北之初旨。

事机已迫,愿国人冷静三思,即速结合全国力量,铲除此万难忍受之暴力。

此次东北之叛逆团体,始终由日本一手所促成,事之鬼魅滑稽,姑不具论。即令所谓"满洲国"为东北人民自动的背叛中央政府,并且自动的组织叛逆团体,而日本始终未加干与者,则义勇军征伐于内,中央军声讨于外,三省境内烽火连天,伪政府内傀儡冲突,则在此情势之下,任何友邦应当坐以观变,断无加以承认之理。况伪组织系日本暴力所造成,乃于此危在旦夕之秋,急切与以承认,冀于法律上得一依据,以进行其吞并东北三省之第二步计划。吾人于此绝不再以国际惯例责日本,惟觉其恬不知耻、恶霸蛮横之处,足为人类留下极深刻之秽迹耳。

吾人所应急切注意者,即承认法律效力。新国家与新政府不因承认而成立,亦不因撤消承认而灭亡。但一国在国际间之地位,及在国际公法上所能享受之权利,概自承认之日始,方有法律效力。即被承认以前之对外行为,亦自随认之日得到法律的依据,此之谓回溯的效力 Retrospective effect。又应述及者,甲国承认之效力不影响乙丙诸国,反之亦然。

《中央日报》1932年6月18日第一张第二版

8. 日本破坏我主权承认叛逆,政府发表正式宣言,我国不惜任何牺牲坚决反对,深信世界决不容日完成野心

行政院院长汪兆铭,以据报日议会已决议通过承认叛逆为伪满洲国政府,特对世界各国发表宣言,表示不惜任何牺牲,坚决反对,并对内发表通电,希望全国民众,益自淬厉,卧薪尝胆,一德一心,为真诚之团结,作多方之准备。同

时外部亦发表正式宣言。兹将该宣言及通电录下。

汪院长对外宣言

据报,日本议会已决议承认伪满洲国政府,中国政府闻悉之悉之余,不胜骇怪。所谓"满洲国"政府,成立于日本军力挟持之下,由日本之顾问咨议,掌握实权,其为日本所制造之傀儡组织,本早已昭然于全世界人之耳目,无待于此次之承认,然后证实。中国政府亦早经迭次否认,唯此次日本政府,竟抛弃最后之面具,明目张胆,承认伪国,此种行为,不独对于中国为最显豁之侵袭,抑且将国联盟约及九国公约,完全撕毁。对于大战后世界各国国民惨澹经营之和平保障机构,施以彻底之破坏,并对将来世界和平之努力,予以精神上之致命打击。中国国民,为自卫计,为对于世界和平组织之连锁,尽其一环之责任计,对于日本政府,此种行为,决定不惜任何牺牲,坚决反对。因日本此种行为,而引起之一切纠纷,应由自制造而自承认之日本政府,负其完全责任。行政院院长汪兆铭篠。(十七日)

汪院长通告全国

全国各人民团体各报馆,海外各华侨团体公鉴。据报日本议会,已决议承认伪满洲国政府,足见日本已抛弃其最后之面具,明目张胆,承认其以军力造成之傀儡组织,撕毁其自己所签字之国联盟约,及九国公约。政府除宣言反对,并令外交部对日严重抗议外,决依向来方针,坚决抵抗,力图收复。唯念东北同胞,惨遭巨变,在伪政府种种压迫之下,生命财产,毫无保障,精神痛苦,更难言喻。今者闻此噩耗,必于政府态度,悬念愈切。为此不嫌重复,一再宣布,政府于任何条件之下,不论日本如何粉饰,决不承认傀儡组织,决不停止其收复失地之努力。仍望全国民众,本其素怀,益自淬厉,卧薪尝胆,一德一心,为真诚之团结,作多方之准备。苟帝秦而无人,斯复旦必有日,维我国人,其共鉴之。行政院院长汪兆铭篠。(十七日)

外交部发表宣言

东省伪组织,完全为日本政府以武力所造成,其实权确操于日人之手,自该伪组织领袖溥仪以下,无不仰日人之鼻息,而受日本政府之指挥。日本与该伪组织,自始即为一体,已成举世所知不容掩饰之事实。迭经中国政府郑重声明，并正式照会日本政府，以该伪组织为日本政府之傀儡，其叛逆行为应由日本政府负责，中国政府断不能承认在案。兹据报告，日本各界，力请政府即速承认东省伪组织，复经日本议会提案通过。是直以上述日本政府所为之非法事实，犹为未足，进而谋为承认，冀以一手掩尽天下耳目，而便于袭用其亡韩之故智。如日本政府果从其请，而竟承认该伪组织，则其在国联迭次声明对于东省并无图谋领土之意，及其迭次照会中国政府谓该伪组织与日本政府，并无何等关系等语，益足证完全为欺饰之词，而其破坏中国主权与独立，暨领土与行政之完整，违反九国公约，以及蔑视国联迭次决议案之行为，尤为显著。中国政府除以最严厉之国法，处置该伪组织外，对于日本在东省之前后非法行为，始终认为武力侵略之一贯，深信上述公约签字国、国联会员国，以及世界其他各国，决不容许日本或任何国家凭借武力，按其预定步骤，以完成其侵略之野心也。

《中央日报》1932年6月18日第一张第二版

9. 顾今晨飞京转平，八时半由沪启航在京不多停留，罗文干李济深将同行日内即返

【中央社上海上[十]七日电】 顾维钧，原定篠（十七日）北上，因在沪任务未了，决展至巧（十八日）晨八时半仍乘张学良之福特机飞京，预定在京停留半小时，即乘原机飞平，下午四时可抵平。同行者有河士、端讷、刘崇杰、游弥坚、顾善昌、施肇夔、萧继荣等七人。

【中央社上海十七日电】 顾维钧因离沪日久，此次来沪，亲友咸往慰问，篠（十七日）晨至午，接见亲友之多，陈铭枢、蔡廷楷[锴]、吴铁城、王荫秦[泰]等，亦于篠（十七日）晨往访谈甚久。午后一时顾偕刘崇杰等出席银行俱乐部，钱新之等欢宴。二时半赴华懋饭店访友。三时半返寓，刘大钧等往访。晚赴圣约翰同学会之宴。

（京讯）顾维钧因李顿爵士之迭电促返，已决定今（十八）日上午由沪乘张学良之福特机返京，并不多留，即刻飞平。除传外长罗文干有偕顾赴平之说外，闻三省剿匪副司令李济深今日亦将与顾氏同机赴平，并悉关于李氏此次赴

平,系决定于前日之庐山会议,其任务为与张绥靖主任,商议剿匪军事问题,在平约有一星期之逗留云。

【中央社上海十七日电】 篠(十七日)报载路透东京铣(十六日)电,谓日政府不愿顾维钧偕调查团至日,因对顾之安全问题,甚费踌躇云。据顾表示此系调查团之问题,与个人无关,本人此次奉政府之命,随调查团赴日,决本过去精神不避艰辛毅然随调查团赴日,定巧(十八日)晨飞京,偕罗部长北上,盖罗部长尚须与调查团诸委员一次会谈也。

《中央日报》1932年6月18日第一张第二版

10. 调查团定期赴日,各项调查材料整理已竣

【本社十七日上海专电】 日联东京电。调查团报告,九月删(十五日)提理事会,经该会整理后,提大会,大会事实上不及讨论,协议结果,定十一月中旬,开临时会。

【中央社北平十七日电】 调查团各委,铣(十六日)晨开会决议定养(念二日)离平,由塘沽乘轮赴大连,取道南满,经沈阳朝鲜赴日。所有各项调查材料,已整理完竣,报告书亦开始在平编制,其建议部分则俟抵东京后着手。现候顾到平,即如期首途。高纪毅奉李顿召来平,对北宁情况,将作二次报告,并备李顿咨询。

《中央日报》1932年6月18日第一张第二版

11. 罗文干谈日承认叛逆,伪组织原系日人一手造成,加以承认证实其侵略野心

本报记者昨晤外长罗文干,叩询最近外交情形。据谈,此次随汪院长赴庐山晤蒋委员长,关于外交之商讨,仅就进行步骤,加以研究。至外交上根本方针,则仍本自来一贯之政策,无所更动。日本之承认东北叛逆,乃当然之结果。东北叛逆,系日人一手造成,承认与不承认,原无异同,惟此公然承认之举,益

足以证明其侵略我国领土之野心,其在国际上之跋扈横行,蔑视一切,尤使各国有更深一步之认识。现政府除发表宣言严重声明外,已商有整个办法,谋东北问题得彻底解决。望国人淬厉精神,痛下决心,齐作长期抵抗,收回东北,还我山河。又云顾少川此次随调查团赴东北,忍辱负重,厥功至伟,而日人恨之刺骨,对顾行将随调查团赴日,放出种种近于威胁之空气,表示反对。顾之是否赴日,目前尚未完全决定。苟有赴日必要,则吾人任何艰险均非所惧也。罗氏又谓新闻记者对外交上纪载,应特别慎重,稍有不慎,即发生极大之影响,使外交进行,发生障碍,务望全国新闻界深切注意云云。

《中央日报》1932年6月18日第一张第二版

12. 汪院长等昨晨飞平,下午三时已安抵北平,汪谈此行商整个抗日计划

行政院长汪兆铭,因视察华北近况,并与北平绥靖主任张学良氏等协议整个抗日计划,昨(十八)晨由沪返京后,即于上午十时四十五分,偕外长罗文干、国联调查团我国代表顾维钧、专员刘崇杰、张学良代表王树翰、铁道部次长曾仲鸣、调查团外国随员瑞[端]纳等,乘福特飞机赴平。辞职已久之财长宋子文,经汪院长赴沪面留后,已打消辞意,昨晨偕顾代表由沪同乘福特飞机来京后,亦随汪院长同机飞平。汪院长等一行在平约勾留三数日,即行返京。兹记各情如次。

汪今晨返,赴沪结果圆满

汪院长系于昨日下午零时四十分,偕夫人陈璧君、中委李石曾、铁道部次长曾仲鸣等同乘塞可斯机飞沪。抵沪后随即访财长宋子文、交长陈铭枢,报告日前赴庐山晤蒋委员长经过,商定开辟新财源之办法,及中枢各领袖希望宋陈二氏复职之热切诚意,当即劝宋陈二部长即日复职。宋财长以本人之辞职,纯因财政困难,无法打破难关,现即商定开辟财源办法,当然可以复职,遂面允汪院长,即日复职。惟交长陈铭枢,则以染病未愈,亟需休养,故仍请汪院长给假休养,以期恢复健康后,为国效劳。汪院长对之亦极能谅解。汪院长遂于前(十七)

夜十一时偕夫人陈璧君及曾仲鸣等,由真茹乘专车返京,于昨(十八)晨六时四十五分到达下关车站。汪院长等下车后,随即乘汽车返官舍休息,并进早餐。

顾宋同返,宋辞意已打消

宋财和既允复职后,因在沪尚有要事,须待接洽,故未能与汪院长同车返京,遂于昨(十八)晨偕顾代表同乘福特飞机来京。宋顾二氏,于昨晨八时四十分在沪启飞。同来者有调查团专员刘崇杰、外国随员何士、瑞[端]纳等。福特飞机于九时三刻到达,即在明故宫飞机场降落。宋顾等相继下机。宋部长湖面笑容,显见其精神极为愉快。记者前往叩谒,据谈:余于今晨,由沪偕顾代表同乘福特飞机来京,稍事休息,仍将偕汪院长等赴平一行,访张汉犹卿主任。至于个人辞职问题,因财政问题业经商定开辟新财源办法,并经汪院长及中枢领袖之恳切挽留,自当打消辞意,共赴国难云云。惟对记者所询今后之财政计划一节,宋氏不允发表意见。宋部长下机后,偕瑞[端]纳及侍从秘书王君同乘汽车赴励志社休息时,汪院长、罗外长等早已到达励志社,因悉福特飞机,业已到达,故由励志社同乘汽车赴飞机场,后悉宋顾二氏亦已赴励志社,故又折回。至顾代表下机后因在沪未得休息,且连日乘坐飞机,极少活动机会,故偕何士由机场一同步行赴励志社。宋部长到达励志社后,立即用电话召财次李调生氏赴励志社面询财部之最近状况,并告以本人即行飞平,所有财部之日常公务,仍请李次长代行处理。李次长随即告辞。次汪院长、罗外长、曾仲鸣、顾代表等,亦相继到达励志社。奉张学良命来京之国府委员王树翰、及国府秘书高凌百,亦相继莅社。汪院长等随即在励志社楼下客室,开一谈话会,商谈一切。至十二时念五分,即由励志社乘车赴飞机场。闻汪院长等此次飞平,在庐山会议时,即已决定,同时张学良氏亦电请汪院长等赴平一行,借以商谈华北近况,及整个抗日计划,故汪院长特邀宋部长等同行云。

启航北上,下午五时到平

汪院长等于十时半抵飞机场时,福特飞机已由机师装添汽油,并将机件视察完竣。汪院长下汽车后,即行登机。计此次赴平者,有汪院长、罗外长、宋部长、及其随从秘书王君、顾代表、王树翰、曾仲鸣、刘崇杰、瑞[端]纳等九人(何士则因飞机已无座位,故改于今晚乘车赴平)。汪院长、罗外长并坐于第一排,曾仲鸣及宋部长之秘书,坐于第二排,顾代表、宋部长坐于第三排,王树翰、曾仲鸣、刘崇杰等坐于后排。至十时四十三分机师开动机门，飞机即行启动。外部次长徐谟、亚洲司长沈觐鼎、秘书向哲濬、国府秘书高凌百，及在场欢送人员数十人，均挥帽欢送，汪院长等亦在机内脱帽答礼。十时四十五分，飞机离场上升，直向北方飞去。一刹那间已如乌云一朵，由隐约而不见。闻福特飞机速率极速，至迟本日下午五时可以到达北平。

汪罗谈话，此次赴平任务

记者在飞机场，叩询汪院长，此次赴平任务。据谈余等在庐山会议时，即已决定赴平一行，视察华北近况，此一也。调查团即将赴日，不能来京，便道往访，二也。然最主要之任务，则系与北平张汉卿主任等商整个抗日计划。在平留三四日即行返京云云。次汪院长并在机内手书数字交记者，表示此次赴平之任务，原文如次："在庐山时已决定赴平，故昨日飞沪邀宋部长同行，不仅晤调查团，对整个抗日计划，亦有协议也。"又罗外长对记者谈此次在庐山会议即决定赴平一行，日前张汉卿主任，又电邀余等前往一谈，并请在京之代表王树翰氏面促，故余等决定赴平，俾与张汉卿氏交换意见，协议整个抗日计划。又调查团即将赴日，并开始编制报告，调查团赴日之前，因时间关系，不能来京，余等既已赴平，便中亦当与该团会晤。余在平不多勾留，因外部要务纷繁，不能一日无人主持，大约一二日即返就。如汪院长在平不多勾留，余当同行返就，否则或先行返京云云。又王树翰氏对记者谈：余前由平来京，向中央报告北方近况，并谒汪院长请示一切，兹因张汉卿主任电嘱特迎接汪院长赴平晤谈一切云。

顾维钧谈，随调查团赴日

顾维钧氏对记者谈话如次：余此次赴沪，与各方接洽，并报告东三省之危机，促团集力量，一致对外，结果极为圆满，已决定各方分头努力。宋部长已打消辞意，今日并同行飞平。陈部长则因病尚须休养，一时暂不返京。余返平后，大约尚有五六日之勾留，即随调查团赴日。因该团自李顿爵士以下各委员，均切盼余能同行，中央亦命余随该团一同赴日，故余决定赴日一行，以完成调查使命。该团大约于下星期四五即启程，在日约有三星期之勾留。该团赴日后，即开始编制报告书，而于北平完成之。大约八月底报告书可以编竣，俾于九月间之国联大会可提出讨论。调查团于报告书编制完竣后，其任务亦告完竣,其中一部分人员并将返日内瓦报告国联行政院,因该团系国联行政院所派出者也,云云。又据刘崇杰氏语记者,顾代表随调查团赴日,余亦决定同行,在日勾留三周即返国。调查团离日后并将来京一行云。

到平详情,今晨晤调查团

【本社十八日北平专电】 巧(十八日)晨起清河飞机至德胜门,沿途警备极严。城内张学良、万福麟、张作相等重要军政首领,均赴机场欢迎。张租北京饭店为汪等寓所,晚张学良、顾维钧分宴汪等。

【本社十八日北平专电】 汪、宋、罗、顾、曾仲鸣等巧(十八日)午三时廿分飞机抵清河,四时入城。汪、宋、张(学良)同车赴顺承王府,余均回北京饭店休息。五时罗、顾、曾等接张电,同赴张邸会商外交应付方策。

【本社十八日北平专电】 汪精卫、罗文干、顾维钧、宋子文等定皓(十九日)晨九时半在迎宾馆会晤调查团,交换意见。汪罗宋午三时见记者谈话。

【本社十八日北平专电】 罗文干谈,晤张学良商外交问题,定皓(十九日)午三时在旧外部接见记者,报告一切。顾谈,日方任何阻碍,均不顾,决赴日一行。庐山会议对外交已有相当办法。宋辞意打消。曾仲鸣谈,汪来晤张接洽外交问题,二三日后返京。闻张邸今明两晚举行讨论外交切要办法云。

【本社十八日北平专电】 汪兆铭、罗文干七时余至顾宅晚宴。宋子文与张学良长谈,至九时始至顾宅。闻宋对财政有开源计划。

【本社十八日北平专电】 曾仲鸣谈庐山会议,对军事外交均有决定,中央因张未到庐山,故由汪来平,晤洽一切。罗宋晤张商外交财政问题。蒋离庐尚无确期,李石曾日内仍由京飞庐晤蒋。

【本社十八日北平专电】 市党部邀各界于号(念日)午三时,举行慰顾大会,顾报告东行经过。

【中央社上海十八日电】 顾维钧巧(十八)晨八时半到虹桥,乘福特机转京飞平。同行者宋子文、刘崇杰、端纳、赫赛两顾问,及随员。吴铁城、张祥麟、王景歧,并女眷多人欢送。

(京讯)国联调查团我国团员施肇燮,及顾代表之秘书游弥坚,于前晚由沪乘车到镇江,即转往扬州原籍省视,定今(十九日)日早车抵京后,即偕外顾问何士等借乘塞可斯机飞平云。

《中央日报》1932年6月19日第一张第二版

13. 所谓满洲都督，日人在沈宣传其内部组织，对叛逆组织设促进游说团

【中央社北平十八日电】 日人在沈宣传，设置满洲都督，以统治满蒙，由关东军司令兼任都督，直属总理大臣，下设政务总监，以辽宁总领事兼任政务局长，满铁改为商事会社，受都督之监督。

【中央社北平十八日电】 日本因积极承认叛逆事，近组承认叛逆伪组织促进联盟游说团，定下月入满，其行程如下：删（十五）大连，铣（十六）营口，巧（十八）沈阳，马（二十一）长春，敬（二十四）吉林，感（二十七）哈尔滨，八月冬（二日）经朝鲜回国。

《中央日报》1932年6月19日第一张第二版

14. 调查团报告书约九月中旬达国联，调查团将取道青岛再赴日本，英伦各界复注意东三省问题

【中央社北平十八日路透电】 国联调查团行程，仍未定，但调查团拟不由高丽去日本，将乘火车由北平至青岛，再由青岛乘船直赴日本云。

【中央社北平十八日电】 调查团赴日行程，拟改由青岛东渡，前传经朝鲜说，似已打消。该团报告书，预定八月删（十五日）前完成，同时在北平、东京两地发表。吉田以东行在即，已派顾问白朋篠（十七日）晚返日，先行布置。

【中央社日内瓦十七日路透电】 据闻国联大会主席西姆士，及中代表颜惠庆、日代表松平，已成立谅解，决定将根据盟约第十二条，李顿调查团报告，已送达之限期延长，因最近国联秘书处接到李顿爵士之来电，谓调查团之报告至迟九月中旬可以送达，现预料国联大会，在六月下旬，即将召集，以便将延长报告送达限期事，加以通过云。

【哈瓦斯社日内瓦十七日电】 国联会秘书长，顷接到满洲调查团，六月十四日由北平发来之电，内云调查团在满洲游历后，已回北平。将所搜罗之材

料,加以整理。其中有若干点,并根据中国方面之消息,加以补充。调查团有意于下星期赴日本,与日本政府再行交换意见,秘书处一部分人员及专家仍留北平。调查团最后报告,将于旅日期内开始讨论。俟返华以后,再行决定。此项报告,调查团希望至迟九月中旬呈送日内瓦云。

【中央社日内瓦十八日路透电】 国联调查团,已通知国联,谓调查东三省报告书,九月中旬可送达日内瓦。

日本盗得者应归还原主

【中央社伦敦十八日路透电】 国联调查团报告书,九月中旬可送达日内瓦消息,传抵此间后,各界复注意及东三省问题,日前因目标咸注意于欧洲问题,故对东三省事,并未十分注意。

《观客》杂志称,国联调查团报告书,九月中旬可送达日内瓦消息,足可提醒世界民众,国联对日本行动之判决书,仍须公布也。美国与国联盟约国,不承认一切违反国际责任而产生之情状之态度,可根据国联调查团报告书而定矣。该报谓"满洲国"财政,异常困难,故有欲截留关款之意,但此举或将引起重大国际纠纷。《新政治家》杂志,谓国联不能以委曲求全之精神,解决东三省问题,如吾等欲彻底解决此事,早即应使日本将彼偷盗所得者,归还原主云。

【本社十八日上海专电】 国联定有(十五日)开理事会,讨论调查团报告延长期限,闻报告书七月中旬可就,惟日方极力运动展期。

《中央日报》1932年6月19日第一张第二版

15. 日承认东北伪组织,外部将提出严重抗议

日本公然在国会通过,承认所谓"满洲国"之伪组织,其对东北之领土野心,昭然若揭,兹悉外部对此除已宣言声明外,并将对日提出严重抗议,报告国联,加以制裁,当局正在积极准备中云。

《中央日报》1932年6月19日第一张第二版

16. 汪罗等昨晤调查团，五国委员及哈斯等均出席，交换意见彼此均极为愉快，汪罗顾等发表重要谈话

晤调查团

【本社十九日北平专电】 汪、罗、顾、宋、刘崇杰、钱泰、金问泗等，晨九时半，在迎宾馆晤调查团，英美法德意五国委员、哈斯及副秘书长皮尔特均列席，对东渡期及报告书编竣期，并建议部分，交换意见甚久，至十二时始散。会谈情形，双方均极愉快。定号（二十日）晨续在迎宾馆交换意见。

【中央社北平十九日路透电】 今晨汪、顾、宋、罗等，在外交大楼，与国联调查团各委员会晤。先由汪等对调查团长途奔走及努力搜集材料，表示谢意，次即讨论各重要事项，讨论完毕，汪等即与调查团共同进餐。闻今晨之谈话，极为重要，双方均坦白交换意见。至谈话之内容如何，则不得而知云。明晨调查团将再与汪等会谈。

【中央社北平十九日电】 汪、罗、顾、宋皓（十九日）晨九时半在外交大楼，招待调查团五委茶会，正式交换意见，由曾仲鸣、王广圻、刘崇杰、钱泰任招待。聚谈两小时，定明晨九时半二次会见，继续谈商。据顾谈，汪等此来，因调查团过京，仅留五日，虽会见四次，尚有未尽之处，故特来一晤。至所谈内容，关系外交，不便发表。外罗定号（二十日）晨十时在外交大楼接见日记者，十时半接见瑞典、巴西两公使；马（二十一日）拜访各使。张学良定皓（十九日）、号（二十日）两晚七时在私邸欢宴汪、罗、顾、宋等，并邀各要人作陪。皓（十九）系张学良私人名义，号（二十）为绥署名义。汪宋巧（十八）到平时，即与张学良共乘一车，先后游览北海及天然博物院，三人在汽车中，对军事外交财政诸大问题，有所谈商云。

【中央社北平十八日电】 汪及财宋、外罗、张学良、顾维钧等，定皓（十九）晨九时半，与调查团李顿等，在外交大楼会晤，交换意见，并表示我国对日本破坏和平之态度。又定皓（十九）下午三时，由汪、罗、宋在外交大楼接见记者，发表政府目下外交财政方针。又汪等定号（二十）在顺承王府举行谈话会，对

财政外交诸问题,有所商讨云。

汪等谈话

【本社十九日北平专电】 汪精卫对记者谈,因张令王树翰邀来平,商全部办法,及顾赴京,知调查团径赴日,故亟来平一行,晤调查团,并与张商一切,庐山会议对外交、财政、军政、剿匪诸问题,均有决定,宋来系同见调查团,现政府决心剿匪,庶内安而外可攘云。

【本社十九日北平专电】 罗文干谈,与调查团交换意见极多,在报告书未达日内瓦前,暂难奉告。至政府外交方针,须全国一致奋斗,始有实效,所谓求己勿求人。中俄复交,我方初主先订互不侵犯条约,再进行复交,俄方主即复交,故政府对此问题,仍在审议中。国联大会延期久,恐报告书不能准时到达,非展期。

【本社十九日北平专电】 顾维钧谈:调查团前在京,仅留五日,未及与中央要人,多所晤谈,迄今事隔两月,外交形势,已有许多变化与进展,故中枢要人来平,得与调查团交换意见。今晨之会,印象极佳,双方晤谈时,均极愉快也。

【本社北平十九日专电】 汪精卫昨寓商震宅,今晨偕宋、曾至天坛游览。午在迎宾馆见蒋梦麟、胡适等,询学潮情形甚详,并研商解决办法。罗今午四时半接见瑞典、巴西两代办;定号(二十日)访问外交团,号(二十日)午接见日记者。张学良皓(十九日)晚宴汪、罗、宋等,席后讨论政治、财政、外交具体办法云。

张顾欢宴

【中央社北平十八日电】 汪院长、顾维钧、罗文干、宋子文,及曾仲鸣、王树翰等一行,巧(十八日)下午三时二十分乘福特机在清河降落,张学良亲到机场欢迎。汪等下机后,汪宋偕张学良共乘一车,径赴顺承王府。罗、顾、曾、王则均至北京饭店休息,移时亦应张宴,赴顺承王府晤谈。七时顾在私邸设宴,为汪等洗尘,并定号(念日)在顺承王府开会,讨论外交问题。顾谈余决赴日,对日方反对问题,乃调查团之事,余不过问。宋辞意已打消,决续干。至庐山会议,对外交已有相当办法,此时不便发表。罗谈外交方针已有决定,俟今日与各方晤面后,明日再与诸位详谈。曾谈此行机行甚稳,过泰安时,气候极好。

汪来系与张见面,晤商一切。现财政外交,均有计划,但不便发表。汪现有病,已携医随来,随时吃药。至余等南返时期,大约在四五日后。

【中央社徐州十九日电】 行政院长汪精卫、外长罗文干、财长宋子文等一行,巧(十八)由京飞平,俟与张学良面商整个抗日问题后,三日内拟乘火车返京,汪嘱津浦路局备专车两节,皓(十九)晨附挂平浦车过徐北上迎接。

(京讯)汪院长前日因有要公,乘坐飞机赴平,仓促成行,致未携带卫士,以资侍卫,故昨晚七时许,该院特派卫士队,搭乘平浦通车,兼程北上,俾便随行护卫云。

《中央日报》1932年6月20日第一张第二版

17. 吉田向调查团拒顾,汪罗等再晤调查团讨论甚久,我声明顾不去亦不另派代表,汪罗宋定今晚乘车回京,调查团赴日行期将延缓

【本社二十日北平专电】 顾谈,赴日否惟政府命是从,汪、罗、宋以外交军财等问题,均已讨论完毕,定箇(二十一日)晚五时专车离平,汪、罗拟至泰山游览,便道访冯一谈,漾(二十三日)可抵京。

调查团之行期

【本社二十日北平专电】 调查团行期展缓因吉田转日政府通知,希该团留平六月底,于七月初再东渡,原因未详,闻为日外相未京任关系。

【中央社北平二十日电】 调查团已定马(二十一日)离平赴日,前日日本政府已对调查团有正式极严重表示,谓顾氏如果随同调查团赴日,日政府不能保护顾氏生命安全云云。我方以日本政府既无保护外人生命安全之能力,关于此事经过,今日当局将正式发表,以明真相。至汪等昨晨与调查团会见,首由李顿述调查东北经过,次汪亦报告日军最近在扩大军事行动,及义军抗日详情,尚未谈到具体问题,故今晨双方第二次会见,将有较重要意见交换云。

【中央社北平二十日电】 号(二十日)午三时,各界在市党部举行劳顾大会,到省市党委周大文、主席陈石泉,报告致欢迎及慰劳之意。次顾答词,并讲

演调查东省经过,希望国人卧薪尝胆,以救东省同胞云。

罗答日记者问

【本社二十日北平专电】 罗下午三时接见日记者,问顾赴日,是否决定或不去,及中国对调团报告书,希望并中俄复交等问题。罗答,在京时闻日政府拒顾赴日,不知是否有此表示。至顾由东省回来,所发表之谈话,均系事实,初未料竟引起日政府误会也。前顾赴东省,系中国土地,虽经谢介石拒绝,而终必往。但日本系一国家,果日政府不欢迎前去,则不得不加以考虑。中国政府对报告书,仅希望其根据事实,主张公道而已。至中俄复交,其进行情形,未便奉告。抵货问题,此为人民之自由。圆桌会议各国无提议,现更谈不到。日记者又问如调查团认为中日问题可直接交涉时,中国态度如何。罗答,只要将障碍除去,用何方式,尚谈不到。中日以往本有许多机会,自九一八后,两国感情顿形恶劣,如"满洲国"之成立,及日政府承认伪国事,皆为中日交涉之障碍,颇希望日本国民除去此障碍,不要太伤感情。至日议会对伪国对予以承认,我外部已发宣言云。

汪罗晤调查团

【本社二十日北平专电】 汪精卫、罗文干号(二十日)晨与调查团谈话,对顾赴日问题,讨论甚久。会散后五国委员复在另室开秘密会议,亦系讨论顾问题。我方以日阻顾,无异阻调查团行动。顾前随调查团,赴东省查真相,刻真相已得,今日既正式声明拒绝,顾亦无赴日之必要,会议时已声明此点。顾不赴日,亦不另派代表。

【本社念日北平专电】 顾维钧东渡问题,已为各方注意。吉田曾对调查团正式声明,顾如赴日,日政府不负保护责任。吉田皓(十九日)晚赴汤尔和宅晤罗,而递节略请顾勿东渡。调查团对此问题,未主正义,亦未拒绝日方要求,但嘱顾在平相候。我方以日人无理,将发声明。罗皓(十九日)夜十一时半至英使馆访李顿,谈至二时始出,内容未详。

【本社廿日北平专电】 汪、罗、顾、宋号(念日)晨在迎宾馆再晤调查团,全体交换意见,至一时始散。午后四时,双方继续会谈,内容未发表。罗二次会谈时,调查团对抵货及义军两事极注意。阻顾东渡,吉田已向罗明白表示拒绝,调查团亦不置可否,顾似难成行。

【中央社北平廿日电】 汪院长、宋子文、罗文干、顾维钧皓（十九日）晚在顺承王府欢宴后，与张学良密商良久。深夜十一时，外罗复至英使馆，与李顿长谈，至今晨一时始出。号（廿日）晨九时半，汪等复在外交大楼，与调查团各委面晤，双方交换意见，历两小时。散会后汪宋罗顾赴银行公会欢宴李顿等。五委复在楼下办公室，密谈一小时，至下午一时始散。惟双方对会谈内容，关防甚密，相继暂不发表。据闻双方晤谈时，调查团对抵货及义勇军问题，颇为注意，但顾代表会后表示极感愉快。号（廿日）下午四时仍在外交大楼续商云。

【中央社北平十九日电】 汪及外罗皓（十九日）午三时在外交大楼，接见记者。汪谈此来有二目的：（一）张派王树翰来京邀余等北上，会商全部军政计划。（二）调查团最近赴日不经南京，故赶来一晤，交换意见。俟任务完毕即返京。罗谈此来对外交方针，已与张大体谈过，但尚须继续详商。总之，过去外交均因依赖而失败，此后方针，只宜求之任己，全国上下，一致努力，不能专恃外部及政府与国联，方有出路。现为非常外交时期，吾人应共同努力，不要依赖，此即目下之外交方针云。汪罗谈毕，复答记者问如下：（一）庐山会议内容有外交财政及"剿共"①军事三项，外交方针仍为原定计划，但方法不同，此时不便宣布。总之，我方决不轻易让步，亦不希望过高。（二）共党牵制抗日，故政府决心"剿共"。倘共党亦有共赴国难之决心，政府自可放弃"剿共"之政策，但共党实不如是，故不得不大举"剿赤"也。（三）国家财政，过去数年，曾借九万万债；去年借一万万六千万债。近半年来，绝未借款，此为有目共睹。故此数月中，政府只在刻苦节约上着想，军费由二千八百万，减为一千三百万，政费亦减半发给，现在已至节不可节。故拟设法开源，目下业有计划数项，现在进行整理中。（四）三中全会期在九月，如九月前，若有多数同志到京，则亦可提前召集。（五）孙科最近将赴港，不久仍回。（六）粤事不致扩大，余等私人均已去电调解，盖此时发生内部纠纷，殊不应该也。罗答（一）中俄复交分两步进行，一为互订不侵犯条约，一为复交。（二）国联延期开会，系恐报告书不寄达。（三）与调查团晤面结果，此时不能奉告。至四时半记者始散。

《中央日报》1932年6月21日第一张第二版

---

① 编者按：其时国民党政府存在对中国共产党及其事业的错误描述。请读者注意鉴别。下同。

18. 最后消息

【本社二十日北平专电】 下午一时,银行公会宴汪罗顾宋张学良等二十余人,二时散。晚六时至七时,顾维钧夫人在迎宾馆茶会,调查团及各要人均到。下午三时,各界在市党部举行慰顾大会,周大文主席,周及陈石泉相继致恳切慰劳词。顾答谢,并报告东行经过,及观感。嗣因四时须会晤调查团,未多谈,辞赴迎宾馆。

【本社北平二十日专电】 罗文干下午四时半至六时,在迎宾馆接见美使詹森、法使韦礼德、西使嘎利德、巴使魏络索、葡使祁伟落、丹代办艾克福、英代办应格兰、德代办飞师尔、义代办安福素、荷代办龙潼林、比代办葛拉夫、日代办矢野,谈一小时。

【本社二十日北平专电】 汪精卫函复师大生,谓校长问题,俟返京与朱家骅商速解决。曾仲鸣定箇(二十一日)乘车返京。调查团拟箇(二十一日)离平,如因事延缓,漾(二十三日)前必启程赴日。

《中央日报》1932年6月21日第一张第二版

19. 日参谋总长赴东北,真崎奉命视察军事状况

【中央社东京十八日路透电】 参谋总长真崎,偕战员数人定今晚赴满洲为三星期之视察。在渡满以前,真崎曾与荒木陆相,及林大将作两小时之重要谈话。真崎于在沈阳时,将晤本庄司令,讨论承认满洲及军事问题。闻真崎来满之另一任务,即视察日本远征军之状况云。

《中央日报》1932年6月21日第一张第二版

20. 国联十九委员会将讨论延长送达报告期限问题

【中央社日内瓦十九日路透电】 闻国联大会所指定十九委员所组织之中日纠纷委员会,将于本星期三四两日举行会议,讨论延长关于中日纠纷报告送达期限事,该委员会所拟定之报告,将送大会批准云。

《中央日报》1932年6月21日第一张第三版

21. 内田访问西园寺,声言无论国联会态度如何,日本必依照预定计划进行

【中央社上海二十日路透电】 据东京电讯,内田康哉昨日至沿津访晤元老西园寺,密谈甚久,对一切日满问题,若统一日本在满行政机关问题,承认满洲问题及南汇路将来应采取之政策等,均有所讨论云。内田于返京途中,与新闻记者谈称,彼甚赞成将满洲之日本行政各机关,加以统一,并谓无论国联会之态度如何,日本必依照预定计划进行,不能更改云。彼于今日下午出席南满路股东大会后,将于明日赴大连一行,然后返东京就外相职。

《中央日报》1932年6月21日第一张第三版

22. 调查团赴日延缓,顾维钧决不赴日,因日外相尚未就任调查团缓行,汪罗宋即将南来过鲁将晤韩冯

顾维钧中止赴日

【本社廿一日北平专电】 汪对本报记者谈,日既阻顾代表赴日,顾决不去。与张谈外交军政,尚未详尽,定今晚再谈。明日能否离平,尚未定。过鲁

将晤韩冯。

【中央社北平廿一日电】 顾维钧东渡问题,经汪罗宋会商结果,以日本既表示拒绝,决定中止,并不另派代表云。

【本社二十一日北平专电】 罗文干书面答记者问,与调查团各委晤谈三次,号(二十日)晚会谈,为最后交换意见,如该团仍有疑问时,当再作谈商,否则即以此告一小结束。至会谈内容,现尚未至发表时期,赴京期因事延缓,待张(学良)病愈详商后,即回京。过济与韩复榘一晤。

调查团行期延缓

【本社二十一日北平专电】 调查团东渡期,决展缓旬日。箇(二十一日)晨李顿等及各专门委员,在迎宾馆开会,整理连日谈话材料,至午始散。

【中央社北平二十日电】 调查团赴日期决定展缓,因该团日前接得日代表吉田转来日政府通知,希望该团留平至六月底,于七月初再行东渡,原因未详。一般观察,恐为日本外相尚未就任之关系,该团行期尚在两周后。至顾维钧东行,现亦决定中止。

【中央社北平二十一日路透电】 兹闻国联调查团将延至七月始行赴日,盖日陪查员会告李顿爵士,谓日本政府希望调查团至七月再行赴日,因目前之外相一席,内田是否就职,尚未确定,因日本不愿调查团于无外相期间莅临也云。

【中央社北平二十一日路透电】 国联调查团发言人,对路透记者言,调查团何日赴日,尚未决定,因须俟日政府表示何时欢迎该团东渡云。罗外长等一行,今日尚不能南下,因彼等尚有许多中日间重要问题及东北关税问题,亟须讨论云。

【中央社北平二十一日电】 调查团五委,马(二十一)晨十时,在外交大楼开谈话会,讨论报告书材料整理问题,至十二时始散。

汪罗宋即将回京

【本社二十一日北平专电】 汪宋罗等来平后,已与调查团三次会谈,接洽诸务,大致已毕,原定箇(二十一日)晚专车返京,嗣因外交军政尚须与张详商,而张自汪抵平后,身体即感不适,除与宋一度详谈外,与汪罗未及详谈,故汪等乃展期一二日返京。闻汪赴京前,预定在济南晤韩,晤冯否至济时再定。

【本社二十一日北平专电】 汪罗宋有定养(二十二日)离平讯。

【中央社北平廿一日电】 汪罗宋与调查团晤谈事件,已告结束。如该团若无疑问时,则赴日以前,即无会谈之必要。现汪等以外交军事,与张尚无具体接洽,而各校学潮,亦拟亲加调查,大约南返期,必将展缓。惟津浦路迎汪专车,现已抵平,行期恐亦不远,至迟亦在明后日。闻汪等过济时,拟稍留晤韩。至是否与冯晤面,尚未决定云。

【中央社北平廿日电】 汪罗宋已定即南下,张继号(二十日)晚七时赴洛阳,曾仲鸣谈外罗决与汪宋同返,并无马(二十一日)返京说。

【中央社北平二十日电】 曾仲鸣定马(二十一日)返京。

《中央日报》1932年6月22日第一张第二版

23. 郭泰祺对沪记者谈,二三日内来京下月初赴英

【中央社上海廿一日电】 记者马(二十一)访郭泰祺,据谈,二三日内晋京,向汪罗等辞行,并商承一切,勾留数日,即返沪整装,下月初赴英。记者又询以对于伪组织攫夺东北关邮意见,郭答,日本指使叛逆,攫夺关邮,破坏我国行政完整。伪国仅一傀儡组织,日本不能诿卸其责任。日本一方在沪与我签订停战协定,一方在东北恣意横行,此种矛盾行为,非日当局观察错误,则必为蔑视我国无疑。总之,东北关邮问题,非简单问题,乃东北整个问题,亦即中国整个问题,所望人民与政府,切实合作,积极收复东北,以保我国土地行政之完整云。

《中央日报》1932年6月22日第一张第二版

24. 调查团否认外记者访马

【中央社北平二十日路透电】 关于美瑞记者访马占山事,国联调查团特发表声明,谓调查团并未委托彼等任何任务云。

《中央日报》1932年6月22日第一张第二版

25. 汪罗昨离平返京，在平对外交军事均有具体商决，宋子文与张续商财政今日启程，汪罗发表谈话顾无赴日本必要

【本社二十二日北平专电】 汪院长、罗文干、宋子文筱（二十一日）晚七时赴顺承王府晤张，至十二时始散。汪对庐山会议所决定之外交方针，作详细说明后，张极表赞同，汪罗遂决定养（二十二日）晨七时偕曾仲鸣等专车南下。顾维钧、万福麟、于学忠等数十人均到站欢送，晨十时抵津，晚十时可抵济，预定在济留宿晤韩详谈，漾（二十三日）晨至泰安访冯，促出山，共维大局，以赴国难。

【本社二十二日北平专电】 汪罗行前以书面发表共同谈话，此次调查团赴日，专为根据最近调查所得材料，与日政府交换意见，以便编制报告书，自与四月间前赴我国领土之东省，以完成调查使命，情形不同，且中国政府与调查团交换意见，日代表并未列席，调查团赴日与日政府交换意见，中国代表亦原无参加之必要。顾维钧为国效劳，仍愿同往，实可嘉慰。惟近日日本方面对中国代表偕往，不表欢迎，甚且谓不能保护，此项不友谊之表示，我国自难忍受，故已训令顾不必前往。

【本社二十二日北平专电】 宋子文原定祃（廿二日）乘机飞京，因雨改漾（廿三）离平。

【本社二十二日北平专电】 宋对华北财政，拟谋统一于中央整个办法。原有之河北财政特派署拟撤销，以免重叠之弊。当局对撤特署事，尚未表示意见，故宋拟留平一二日作具体商量。

【中央社北平二十二日电】 汪院长、罗外长、曾仲鸣，以此行任务已毕，养（二十二日）晨七时乘专车返京，各要人均到站欢送。汪行前与张作竟夜长谈，至养（二十二）晨始散。对于外交军事，均有具体商决。惟财宋以财政问题，尚须与张续商，暂缓南返，故未同行。据汪谈，顾决中止赴日。至叛逆强攫东北海关事，除由宋部长发表声明外，刻由宋罗负责办理中。至外传政府迁京说，绝对不确。本人过济是否晤韩冯未定。

【中央社北平廿十日路透电】 汪罗已于今晨专车南下,宋子文将暂时留平。汪于车站中对记者言,彼等之专车,将在济南或泰安停止,现尚未定,惟彼便访韩复榘及冯玉祥。彼又称此次赴平,结果颇为良好。对于一切经济政治问题,已与张学良商有圆满解决办法云云。

【中央社北平念二日电】 汪等离平前,与张晤谈,结果圆满。张对军事外交表示一切听命中央。

【中央社天津二十二日电】 汪罗曾专车祃(二十二)晨十时过津,周龙光、王玉珂等各机关首领到站欢迎,停十分钟赴济。闻即晚抵济与韩晤谈后即行南行,过泰安是否晤冯未定。

【中央社济南二十二日电】 此间接津电,汪罗养(廿二)晨十一时由津专车南来,预计当晚八时半可到,过济停三小时,拟下车晤韩,过泰时并拟晤冯,游心泰山风景。

《中央日报》1932年6月23日第一张第二版

26. 国联大会定下周内举行,中日问题会明日开

【中央社日内瓦二十一日路透电】 中日问题委员会,定本月二十四日开会,国联大会,亦定下星期内举行云。

《中央日报》1932年6月23日第一张第二版

27. 日人助叛逆破坏关税,宋财长再发声明,牛庄安东两关存款被逼提出,日人对大连关提出荒谬建议

【本社念二日北平专电】 财宋对伪国接收东北海关事,祃(廿二日)两发英文宣言,日本官吏与所谓"满洲国"之当局,不顾一切抗议,违反条约,竟强行劫取牛庄、安东各地所积存之关税,此项公款,已两月未解到上海总税务司。兹将该两地海关税务司电沪之报告择录于下:牛庄税务司六月二十日电。今日有一所谓新海关监督代表偕一日顾问,携"满洲国"财政部一函来访,命余

交出所有存在中国银行之税款，以支票转移满洲银行，禁余将税款再汇往南京，并谓如有违抗，当以敌对行为论，将以有效方法裁制。余当予以拒绝，但彼等均谓该款如不交出，则将强行获得。牛庄海关二十一日电所有存在中国银行之关税，均被"满洲国"强行提去，均于昨日移存满洲银行。余又向中国银行提出抗议，所有海关经费未被提取，故今日能照常发薪。余并向正金银行提出抗议，要求将该行所存税款，汇至上海总税务司。该行经理已于昨日电总行请示。安东税务司六月二十日电，今日余得此间中国银行通知，谓顷接伪国财部之威吓函件后有警察来访，勒令交出所有截至六月十九日止之关余，平常支出之零星小款，亦同时交出。余闻日顾问已电长春商量处置，此为平时流通之少数款项。

【中央社东京二十一日路透电】 确息，日本政府对大连海关问题，拟加调解，谋和平解决，其办法为召集各国驻华公使，会议谋一解决办法。据日方主张，除抵偿外债部分照常不得移动外，其余额由中国海关与伪满洲国平分云。

【中央社满洲里二十一日路透电】 今日满洲里海关，已改悬伪满洲国旗，因海关已于昨日奉到哈尔滨关署之命令，自满洲里海关易帜，全满各机关，已无一悬中国国旗者矣。

《中央日报》1932年6月23日第一张第三版

28. 日要人欢宴美使，彼此表面上均侈谈和平

【中央社东京二十一日路透电】 今晚日要人，在日美协会欢宴美国新任驻日大使葛流，及其妻女。日方到者有德川公、石井子爵、斋藤首相等要人。石井子爵致欢迎词，其大意，略谓近日世界各国皆盛传日美有战争可能，日美两国有识者，故不信此说，但一般造谣者之宣传，已渐深入一般人民之头脑。日美两国，仅有两种原因，可以宣战。其一即日本进行干涉西半球之事，但日本政府及人民均不愿多事，均有不干预太平洋以外任何事件之决心，故此种态度，当不致引起各方之猜忌。另一种可能，即为美国谋支配亚洲大陆，若美国果有此意，则形势自非常严重。但予信美国关心远东者，仅欲观太平洋之和平

及美国得继续维持其条约上之权利,故美国当不致公然干涉远东事件,一若日本之不干涉西半球事件也云云。

美大使当立起答复,其要点完全注重于维持和平,彼谓欧战时之苦痛,虽已渐形忘却,近年来之经验,已令美国人民有维持国际和平之决心。此种决心,在精神上事实上皆无二致,无论何时及环境如何,皆不能改变云。

《中央日报》1932年6月23日第一张第三版

29. 美报论调

【中央社纽约二十二日路透电】 石井之演说,在华盛顿并未引起不良之影响。据纽约《泰晤士报》称,石井演说虽未曾论及亚洲孟罗主义,但大体尚属和平。华盛顿官场认石井之演说并非对六月十日史汀生因海关问题对日发出之照会而发,实系对去年九月后中国政治情形而言云。

《中央日报》1932年6月23日第一张第三版

30. 社论:伪国截留关税问题

在日本卵翼下所成立之叛逆团体,已开始扣留东三省之关税收入,据财政当局报告,自六月七日以来东三省之关税即未汇京。此项事件,由表现观之,似仅破坏吾关税之完整,减削吾国家之岁入,但略加思索,即可发觉其更严重之意义在。请先观本年三月二十一日所谓"满洲国"向中央政府提议以和平手续移交海关于该叛逆团体之原则:

(一)东三省境内所有之海关,包括大连之海关,整个移交与该叛逆团体管辖;

(二)入口税率及征税之程序,保全旧制,不予变更;

(三)以关税作抵押应付之外债,"满洲国"愿与南京政府按照税收之比率数,分别偿付。

吾明敏之中央政府,洞明日本之鬼蜮伎俩,当然不与所谓"满洲国"发生任何关系。于是日本协助叛徒恫吓东北之税务司,经税务司坚壁峻拒之后,叛逆政府竟毅然将东北税关全部夺去,置于其财政机关统制之下。

按照上列第三项原则之意义,叛逆团体实即自命为中国东三省之继承国。所谓国际继承,即于一国土地之一部分分裂为独立国,或其全部领土抑一部分领土兼并于他国之后,则新成立之独立国或兼并国享受该领土独立以前或兼并以前之国际权利,并履行其国际义务之谓。关于国债问题,公法学家一般的主张如下:一国如被兼并,其国债即由兼并国偿付,如仅一部分领土背叛独立或被他国所割裂,则以此土地岁收作担保所举之债,归该独立国或割裂此地之国家负担,但按照国际惯例不无例外,或以移转所得财物之多寡为担负债务之准衡。或以分担债务是一种道德的义务,而非法律的责任,成例繁多,不胜列举。吾人所注意者,所谓"满洲国"根本是日本的傀儡,根本无道德的或法律的立足点,其任何言论,任何建议,任何行动,皆发动于日本,此一群可憎可怜之昏昧叛徒仅一时受日本之玩弄,受日本之胁迫,非但吾中央政府万不能与该叛逆团体发生任何关系,即各友邦洞晓其中之诡谲,亦断不会以"满洲国"为国际交涉之对手方。然而日本夙抱吞并满蒙之梦想,即不得不以"伪国"为侵吞之阶梯。在国际间为伪国宣传不生效力,乃提出承认,承认之后既不能邀得列强之同样行动,而今乃以关税问题及偿付外债问题,使伪国与列强直接发生国际交涉,以达到"伪国"被他国默示承认 Tacit recognition 之目的。嗟嗟,日人之神秘手段层出不穷,但国际间究尚有正义存在,徒见其心劳日拙,引人窃笑耳。

据伪国三月中所提第二项原则,仅曰入口税率不予变更,出口税率并未提及,显然为有利于日本之规定。东三省本为劣货之倾销场,以现在之税率而论,既然比较甚低,劣货输入东三省后价格不致提高,销路毫无影响。然三省之出口货,情形过殊,日本所仰给于三省者,矿产耳。质言之,铁与煤为其大宗之需要。因此对于三省出口税绝不提及,或增或减,日本自有权衡。仅就其目前之利益言之如此,而其更进一步之计划,当然于最近之将来,在吾三省筑高深之关税壁垒,彼时所谓"门户开放",所谓"机会均等",皆将变为虚文,此为各友邦所不能不深为注意者。

至于伪所提之第一项原则,无非为抢夺关税之序文,然亦非无用意在,日本积极图谋"满洲国"之国际地位,以便与之缔结保障条约,保护条约,或割让条约,本报已于十九日之社论中详细论之。而"伪国"虽经日本用尽欺人欺天之无耻手段,予以承认,然而"伪国"在法律上所需要者为中国之承认,日本之承认究属其次。中国正在准备收回失地,且早已认清"伪国"诸傀儡之可怜,及日本之可恨,则决无提出承认之理,故日本不惜采取任何卑污方法,以引诱中央政府与所谓"满洲国"发生一度文书上或外交上之关系,以便用为宣传之材料,且进一步,引为中国承认"满洲国"之佐证,吾明达之国人对于此点,切勿忽视。

日本之破坏吾关税完整,此为第二次。一九一四年世界大战开始之时,日本由德国手中将山东胶州湾夺获之后,青岛之行政权与关税机关即完全为日本之军事当局所侵占,经中国政府几度交涉,终任命日本国籍之人民九人为税关官吏,而日本尚不满意,嗣对中国政府提出二十一条件后,该关税问题比较微小,始归停顿。岂知十数载后,毁坏吾关税之毒狠手段,又复出现。自去岁九月十八日迄今,吾领土之完整仍在破裂状态之下,遑论关税。虽然日本此次挟叛逆以抢夺关税之情形,比较一九一四年时意义格外复杂。彼时之截留关税为目的,此时之抢夺关税为手段。日本所积极进行者为取得"伪国"之国际地位,吾人所刻刻不忘者为由日人手中收回已失之土地。日本之计划既以偿债问题引起"伪国"与诸债权国之直接往还,吾人应付之方策,除由外交当局发布宣言,否认叛逆之违法行为外,尤须坚决阻止各友邦接受"伪国"之债款,又须深刻铭记万勿与所谓"满洲国"发生任何往还。东三省为吾之领土,虽因日本之侵占,暂时停顿吾方权之行使,然日本终必归还吾东三省。在吾收回失地,乃由日本收回,绝非由叛逆收回,吾交涉之对手方,甚至酿成战争后之敌国为日本,而非所谓"满洲国"。本报所建议于政府者以此。敬告国人之前者以此,忠告于各友邦者亦以此。

《中央日报》1932年6月24日第一张第二版

31. 汪院长等昨晚返京,过济曾下车晤韩复榘未及晤冯,汪谈政府对东北义军不能坐视,罗表示对东关关税有应付方略

行政院长汪精卫、外交部长罗文干、财政部长宋子文,于上星期偕同国联调查团我国代表顾维钧、铁道部次长曾仲鸣等,乘飞机赴平,与调查团再度交换关于中日事件之意见,并与北平绥靖主任张学良,协商整个抗日计划,及剿

匪财政诸问题。汪等连日在平与调查团各委经两次会晤,对该团起草调查报告书之意见,暨今后解决中日问题之途径,有极缜密之讨论。至抗日"剿匪"财政诸问题,与张学良等经详加商讨,除宋财长以财政问题尚待与张学良详商外,汪罗等以任务已毕,京事待理,乃于前晨偕曾仲鸣等及卫队离平专车南下,过济南并停晤韩复榘商谈剿匪,即晚南开,已于昨晚五时四十分到达浦口车站,当即渡江放城。兹将昨日情形分记如次:

到京情形

行政院自得悉汪院长将于昨日下午抵京消息后,即通知宪兵司令部及警察厅派队保护。宪兵司令部奉令后,即派宪兵第三团第三营第八连兵士四十余人担任浦口车站及月台一带戒备,第三团第二营第四连担任车站外至轮渡及趸船上一带之戒备。警察厅则通知浦口第八局妥派警士一队,由巡长率领,在站协同宪兵警戒。至下关则除警察第七局派警在趸船及码头上戒备外,并有宪兵百余人,自轮渡起逶迤以西,再转向北,直至挹江门,沿途站立,荷枪实弹,严密保卫。各机关,因知汪院长道经泰山时,拟晤冯玉祥,预计抵京之时,约在今晨,都未准备,以故当时前往浦口欢迎者,只有汪夫人陈璧君、中委唐有壬及铁部秘书司长,与行政院秘书刘泳闾、朱宗良等二十余人。当汪氏专车驶入月台后,欢迎人员汪夫人首先登车,不意汪氏系坐于第一辆卧车内,迨车抵月台,汪氏即一跃出卧车,曾仲鸣亦随后而下,与欢迎人员一一握手,即缓步出月台,欢迎人员紧随同行,沿途军警咸举枪致敬。

汪氏等步出月台后,即迳登预泊之澄平轮,时为五时四十七分。惟斯时外长罗文干尚迟滞在后,乃略停稍候。约三分钟,罗氏亦到,乃启椗开下关。汪等在轮中并不下坐,即直立以答记者问。轮中行十二分钟,于六时另二分,轮抵下关码头。汪氏即首先舍轮登陆,步出趸船即与陈璧君同乘三五四号汽车,直驶铁部私邸休憩。曾氏则乘铁部二号汽车返铁部公寓。罗文干因汽车未到,在码头候约五分钟后,始搭司法部一号汽车返私邸休息。其余随员卫队,亦即陆续登车各返。

汪氏返邸后,邵元冲、顾孟余、陈公博、陈树人、黄绍雄、李济深、甘乃光、朱家骅、陈孚木、徐谟等十余人,均闻讯赴汪邸询问赴平结果。汪即将晤张主任及调查团等结果,侃侃而述。直至晚间七时汪即留顾等在私邸便饭。饭后汪询及最近京中政务颇详,对今后一切政务进行,均有所商讨。至十时许始相率辞出。

汪罗谈话

汪院长返京后，对记者发表谈话如次：

（问）与张绥靖主任会晤结果如何？

（答）关于国防有所讨论，但未便发表。

（问）与国联调查团会晤结果如何？

（答）因欲知调查团由东北归来之感想，并继续讨论在南京时之提出各点。

（问）闻顾代表决定不赴日本确否？

（答）此事余与罗部长在北平已发表谈话，（一）此次调查团赴日，系与日本政府交换意见，顾代表原无参加之必要，亦如吉田代表来京时，亦未参加我方与调查团之谈话会也。（二）惟吉田代表来京时，我方以友谊相待，礼仪无阙，而此次日本有不接待顾代表之表示。须知此次顾代表赴日，与赴东北不同。东北为我国领土，傀儡政府，我方视同无物，不能因其种种作梗而不去，故政府仍促顾代表前往，而顾代表亦毅然任之而不辞。日本乃一国家，既对于顾代表为不接待之表示，当然不必前往。

（问）过山东时，晤见韩冯二先生否？

（答）昨日下午九时在济南晤见韩复榘先生，因系初次见面，故谈话时间较长，十一时始离济。过泰安时，本拟访冯先生，但为时已两点钟，上山殊不便。又以冯先生方在养病，未便约其下山。若必图一晤，势非停留一天不可，于本星期五之行政院会议，恐赶不到，故只留函问候未及相晤也。

（问）东北义勇军与政府有关系否？

（答）东北义勇军之组织分布，因交通不便，故与政府毫无关系。但义勇军完全为人民爱国心的表现，孤军奋斗，备极艰辛，政府当然不能坐视也。

当渡轮开行后，本报记者曾于轮次，晋谒罗外长，作下列之谈话：（记者问）部长此次随汪院长赴平，与张主任面商外交大计，结果如何？印象佳否？（罗外长答）印象甚佳，结果亦极圆满，即在庐山与蒋委员长所决一切方针，张主任亦均表示赞同，惟中央之命是听。（问）在平与调查团共晤几次？（答）共晤三次，所有交换各项意见均极融洽。（问）调查团离平期究在何时？（答）调查团原已订期赴日，嗣因故展缓，约再延迟八九日，当可成行，但确期此时尚未一定。(问)顾代表维钧既已中止赴日,此后将如何?(答)现暂留平协助调查团,编制报告书关于历史部分,俟该团离平后,或将促其来京。(问)伪满洲国受日方唆使,夺取东北关税,部长有何表示?(答)已由宋部长发表声明,中央对此事自有应付方略。(问)部长过济南时,曾晤韩主席否?(答)已与韩主席晤面,仅留二小时,不过汪院长对鲁政略有咨询而已。(问)粤事渐趋恶化,报载部长曾与汪院长电劝息争,确否?(答)在平时曾有此举。谈至此,罗氏已上岸登乘汽车,乃握手而别。

过济晤韩

【本社二十二日济南专电】 祃(二十二日)晚八点半汪兆铭、罗文干、曾仲鸣等于阴雨绵绵中,由平专车抵济。车站有军警戒备,不准闲人入站,韩复榘率本省党政军各要人二百余人莅站欢迎。韩等当登车晤汪罗。寒暄毕,汪首询韩脚气愈否。韩答已愈,并邀汪下车叙谈。汪亦因有事须单与韩谈话,遂与罗曾下车,偕韩同赴省府。在主席办公室叙谈,对外交军事政治,均有商洽,并征韩意见。谈话毕即返站登车南下。

【本社济南二十二日专电】 记者于汪精卫、罗文干到站时,访之于车上。记者问汪答如下:(问)到平与张学良晤面,对东北问题,拟如何办法?(答)晤张结果圆满,已商有具体计划,此非仅张主任个人事,中央应作整个计划,惟因关系军事,未便宣布。(问)到平晤调查团,结果如何?(答)彼关于调查经过详细告我,我亦将中国意见,尽量告彼。前后晤面三次,彼此意见,已有充分交换。(问)顾维钧已否决定不随调查团赴日?(答)已决定。因日本不欢迎,顾去且不招待。调查团赴东北,为调查性质,伪国乃叛逆组织,拒绝尽可不理,故必令顾去。但日本为另一国家,彼不欢迎,可以不去。盖调查团赴日,为征求日本意见,交换意见性质。日代表吉田在南京时,我国竭诚招待,到平时我与调查团交换意见,彼未参加。故调查团赴日,顾亦无参加必要。(问)到济晤韩复榘任务如何?(答)早已预备晤韩,故飞平后,特令派车北上,一因未曾晤韩特见面,二将调查团经过情形告韩。(问)过泰拟晤冯否?(答)过泰恐在深夜,不便惊动,拟留一信交冯,因须于星期五赶回出席行政院会议。

【本社二十三日济南专电】 汪精卫、罗文干、曾仲鸣在省府与韩复榘谈话时,尚有省整委张苇村在座,共五人。首由张向汪等谈述韩治鲁二年来,政治军事党务,及九一八后,韩应付外交,维持治安各情形。汪等对鲁政治一切之良好,深为赞许。次汪罗等谈述中国外交内政一切状况,非自己国内有办法,大家努力不可。有外交则以外交应付之,庶国家前途,方有希望。并述中央对韩依畀之重。韩亦表示盼国内永息内战,一致对外。旋用晚餐。十一时汪罗曾出省府到站登车南下,韩张等多人在站欢送,汪有致冯等信二件,交韩转交。

【中央社徐州二十三日电】 汪精卫、罗文干、曾仲鸣等一行,养(廿二)晨离平南下。张学良派前国联调查团乘坐车送汪,共十节车,机车一二一号,行率极快。十时过津。当晚八时到济,与韩复榘晤谈两小时。对华北问题,有所磋商。汪并留书与冯玉祥,交韩转冯。汪等专车,沿途不停,漾(念三)晨八点半到徐,记者到站迎谒。汪因途中感冒,特派铁次曾仲鸣代见。据谈汪院长、罗宋两部长、顾少川等,此次在平,与张汉卿主任,及调查团会晤数次,结果甚圆满。对抗日之军事外交财政各项,均商有整个计划,此时不便发表。过济晤韩,对各项问题,亦谈述颇详。汪因行政院明日开会,故过泰时,因深夜未下车。至外间谣传,华北政局,将有变动,纯属子虚。当此国难时期,无论何人,均应一致团结,共同御侮。稍具良心者,亦不能再起内争,否则必遭国人唾弃。至调查团将先到日一行,再返青岛,编造报告书。汪专车八点四十五分驶浦。

《中央日报》1932年6月24日第一张第二版

32. 叛逆劫夺关税,罗向日抗议,同是并照会关系各使,照会原文今日可发表

(中央社)日本唆使叛逆劫夺东三省关税事,财长宋子文在平,已两度发表声明。外长罗文干,以叛逆此举,纯系日方所主动,且以此举破坏我国主权完整,使我国财政及以关税担保之外债,均感受极大困难,故在平时,已向日代理公使矢野提出严重抗议,并照会各关系国公使。闻此项抗议,及照会原文,外部今(二十四)日将全文发表云。

【中央社日内瓦二十十日路透电】 中国代表将于明日向国联提出"满洲"扣留关税事云。

【中央社伦敦二十二日路透电】 今日英下院提出满洲关税事,议员曼德质问"满洲"提出之建议,将如何处置?外次爱敦答称,彼并不知"满洲"有任何

建议。至于海关之状况，彼上次业已报告，现时无可补充。彼继称关于满洲政府扣留关税事，外部方面尚未证实云。

【中央社日内瓦二十三日路透电】 中国代表团今日向国联秘书处提出秘密说帖，系对明日开会之中日纠纷委员会、各委员而发者。其内容系唤起彼等对于日本国会通过承认"满洲国"事件之注意，并谓最低限度，国联应声明所有满洲境内既成之事实，在国联大会未审查李顿报告书以前，一律不能承认，此事将在明日开会之委员会中提出讨论云。

《中央日报》1932年6月24日第一张第二版

33. 日参次真崎到沈，负对俄对华两使命，传此行与华北和平有关

【本社二十三日上海专电】 华联社沈阳电。日参次真崎养（二十二日）午抵沈阳，名为视察伪国情形，备承认之参考，实与对俄华军事有关。对俄问题有二：（一）为北满侵入俄权益之点，将与俄发生祸端。（二）为俄韩国境内及东北与韩国国境等问题，韩独立党势日大，韩境内时生异变事。（三）对华因日军在东北因义军四起，疲于奔命，加之高粱茂密时期，飞机不能发其杀人威力，难以作战，闻日将扰热河及关内，欲使逆军攻入关内，日军可借口保护华北侨民开军事行动，与逆军相应倒张，一面取热河断义军与关内联络，使义军孤立，此举恐一二月内将发生，真崎此行非仅对俄军事有关，与华北和平，亦甚有关。

《中央日报》1932年6月24日第一张第二版

34. 为大连海关事，财宋发表严正宣言，日人唆使叛逆破坏海关完整，完全违反辽东租借条约义务

【中央社北平二十二日路透电】 宋子文今日发表长篇宣言，将大连海关法律上之地位，及历史背景，加以述明，其译文如次：

伪政治组织,自号"满洲国"之代表等,支配在日本租借地(关东)之大连海关收入之企图,若果实现,则系日本破坏对华所订条约上所规定之义务,且对中国海关行政之完整一大威胁。此外在日本顾问支配下,伪政府代表之侵权行动,复夺辽东租借地本身之地位,及侵及中日两国之权利与义务。

由法律点观之,辽东租借地,虽暂时受日政府之管理,但法律上仍为中国之土地,此项特殊地位之由来,系根据一八九八年之租借条约。此种办法,与东三省(满洲)之行政组织,完全无任何关系。若所谓"满洲国"当局竟实行干涉大连之海关,而日方不加过问,日本当即系与中日所订租借条约中之规定相背驰。

日本在租借地中,操实际上之管理权,故日本有履行租借条约中明白规定,各条件之义务。大连海关系位于日本有管理权之租借地中,若所谓"满洲国"之代表,竟得而干与之,中国不得不认为日本违反日本租借辽东条约之规定。

有一点应加注意者,即日本有履行义务之租借条约中,规定日本虽有租借地内之管理权,但该地域之领土主权,仍属中国政府,故中国在大连设关,征收关税,并无不合。按一八九八年七月六日所订之条约第五条(该约在一九〇五年起对日本加以约束),规定"中国得在边境对由内地运至租借地货物,及由租借地运往内地各货物征税",同时该条约亦规定"该海关应完全由北京政府管理"。

至谓辽东现可认为系由所谓"满洲国"租借者,尤为笑谈,盖所谓"满洲国"者,尚不能成为政治团体,亦未达"事实上存在"之程度,迄今尚不能在彼自号称之领土内实行管理权,仅有一空虚之政治组织,由所谓"职员"之日本顾问,总揽一切,其组织之不健全,即日本政府亦尚未予以承认"满洲国"之自称为官吏者,谋支配大连关税之企图,不但引起日本对于中日条约履行之义务问题,对中国海关之完整,加以威胁,此中国政府以及各国皆严加注意者也。查大连关之成立,系由前中国总税务司赫德,与前日本驻华公使林权助,于一九〇七年五月三日订立之结果,其内容完全系根据辽东租借条约及租借地存在之事实,故在辽东之地位未更变以前(即仍为日本之租借地),中国当然可根据条约实行"在边境对内地运往租借地之货物,及由租借地运往内地之货物征税",无论"满洲国"当局,或日本当局企图于与大连海关者,中国政府皆有因大连关税停汇,提出要求赔偿之权。

日本政府既有维护大连海关完整之义务,则任何方面,对于日本租借地内之大连海关,有破坏之行为,日本政府应负全责,此事可由一九〇七年中日关税协定中,关于大连海关之规定,各条证明之。兹加以述明如次:(一)总税务司得派员充大连海关税务司,但该员必须为日人,非经税司之许可,不得改派新税务司,为应付暂时之需要起见,总税务司得除日人外,得派其他国借之人员在大连关服务。(二)大连关应严厉执行征收关税,一若其他条约口岸,为保障起见,日本当局,应设法阻止由租借地向中国私运货物,同时应援助中国当局,取缔由中国向租借地私运货物。(三)至于一九〇七年之条约中,对于一八九八年七月六日之条约中,规定"大连关应完全由北京政府管理"一条,仍应继续有效,此为极照显之事。以上各规定,已对总税务司得对大连海关规定税则,指定存款银行,及确定汇款办法,与其他各海关同等办理,但若中日两国对于大连关有其他之规定,则不在此限。若日方竟违反以上之规定,中国政府不能不认日本应负完全责任,而在理在条约之下,日本或第三者竟有破坏大连关之行为,实系破坏中国之海关,此事必引起各国之注意。

"大连关之收入,居中国政府指定为外债担保物"重大部分,且对于已成之大连关之干涉行,构成"破坏各国久经注意之大连海关行政完整之行为",各国对于大连海关注意之深刻,在一九〇七年即可证明之,其结果大连海关遂以成立,当时英美两国,对满洲之贸易,与日本竞争颇烈,当时大连并无海关,故日货得免费输入,但英美货品输入困难甚多,待遇亦不公平,结果各国在满洲由条约获得之权利,屡受侵害,于是某某等国,对中日两国提出严重抗议,要求立即设立大连海关,此大连关成立之经过情形也。

现大连关未成立前之歧异待遇,又有实现之趋势,中国政府因感觉本身对各国所负之义务,对此种现象,不能不予以深刻之注意也云云。

《中央日报》1932年6月24日第一张第三版

35. 平分大连关税决不承认

(中央社)日本唆使叛逆劫夺东三省关税,为我国目前财政上之极严重问题,财长宋子文,为此已在平两次发表声明。本社记者,顷晤财界某要人据谈,叛逆此次劫夺关税，为日人所唆使，毫无疑问。日方虽百般推诿，亦不能卸其责任。盖叛逆之傀儡组织，完全为日人一手所包办，叛逆之一切措置，莫不由日人在其幕后为之主动。故劫夺关税，为日人唆使，已彰彰甚明。叛逆此次劫夺关税，其范围达于大连，大连为我国租与日本之土地，故大连关税之被劫夺，实属日方之直接行动。东三省关税，每年收入达三千余万元之巨，我国内外债及赔款颇多以关税为抵押者，今突然丧失此巨大数目，将使我国财政感受极大之困难，中央对于此种由日方所主动之叛逆行径，绝对不能承认，自必力谋妥善方法，以图恢复。至日方所传对大连海关拟召各国驻华公使会议，解决办法，并主张除抵偿外债部分照常不得移动外，其余数额由我国与叛逆平分，此种荒谬主张，破坏我国主权完整，不过为日方之片面相思，我国决不承认，闻欧等各国亦断难同意也。总之此种问题，不过系东三省问题中之一部分问题，欲图根本之解决，自以收复东三省为最上策云云。

又记者探得东三省海关共计六处，每年税收约关平银二千余万两，十九年度税收共二千一百十四万六千七百二十两零七八九，兹录十九年度之详数如左：

关名	进口税	出口税	复进口税	船钞	总数
爱珲	一、五六四、一〇九	六四〇四、九二九	二〇、四七三	二九〇四七、一七〇	三七一七六、三四四
滨江	一五五九四六三、〇五五	二三九〇七八九、四七八	三八四五、七一〇	一二三七三六、三八三	四〇七九七九四、八六二
珲春	九四二六、六六二	四七六一三、〇八四	七七七、〇二四		一四二六五〇、七七〇
延吉	三〇六五四四、四六四	一一三七三、四三九	七二八、二五		四一八六九一、四二五
安东	三三四九四八三、五七四	七四一六八七、九一二	三一三六四、九六八	八一九八、八〇〇	四二三四〇五九、〇五五
大连	八二四三九三六、四五四	三九九二八七、一七八	八九一八五、三六九	三五七〇、一〇〇	一二三三四三四八、三三三
			共计二二四六七二〇、七八九		

《中央日报》1932年6月24日第一张第三版

36. 日本准备承认叛逆，政府向各国警告，九国公约签字国将有表示，我代表团要求国联令日遵守决议案

日本自斋籐[藤]内阁成立以来，对于东三省之侵略，益趋积极，近对于承认东北伪组织事大有急转直下之势。闻我国政府已将此严重局势，警告各国。一面九国公约签字国及国联方面，鉴于日本侵略政策之愈益暴露，正在设法促日本之觉悟云。

【哈瓦斯日内瓦二十三日电】 中国代表团，顷以机密备忘录一件，送交国联会秘书处，请其转致十九委员会各委员，其内容系请特委会各委员，对于日本议会议决承认"满洲国"一事，加以注意，并请国联大会，确切声明满洲发生之事实，在李顿调查团报告书未经大会审查以前，不得认为有效。此项备忘录已分送十九委员会之各代表团，并将列入委员会星期五开会之议事日程内。

【中央社日内瓦二十三日路透电】 昨日中国代表团，致国联秘书处之照会中，附有罗文干外长之原电，要求国联应即令日本遵守去年九月十二月之国联行政院决议案，不得更令形势趋于严重，亦不得承认"满洲"，否则国联调查团之工作，将尽成画饼，而远东之大战，亦将迫在目前云。

《中央日报》1932年6月25日第一张第二版

37. 梅乐和免日税司职，因福山违抗总税务司命令，今后偿外债将生严重困难

（中央社）东北伪组织受日本指使，已开始支配东北海关之收入，并进而干涉大连海关，同时复迫令存储关税之银行停止向总税务司解款。其破坏中国关税主权之种种非法，财政部宋部长两次宣言指陈极为详尽。兹悉外交部方面关于此事，亦提出严重抗议云。

【中央社上海廿四日路透电】 总税务司梅乐和已商得宋财长之同意，将大连关税务司日人福山免职，因彼拒绝向上海汇交款项。梅乐和其后发表谈

话，谓若关税问题，无办法，则赔款及以关税为担保之外债，皆将受影响云。

【中央社上海廿四日路透电】 总税务司梅乐和，关于大连海关事发表下列之谈话：伪满洲国取缔满洲境内海关，向上海汇款之举动，已令关税大形减少，对于赔款之支付，及外债之担保，均发生不敷分配之影响。加以目前之普遍经济不振，关税大减，近又发生截留税款之事，若满洲关税问题，延不解决，则对于履行偿还外债，将发生严重困难。同时大连税务司日人福山之行动，更令财政状况趋于严重，因彼竟拒绝接受总税务司令，彼转令存款银行，向上海解款之命令。福山谓彼已奉到关东厅外事课长川井之通知，谓若在此时汇款赴沪，殊有仇视伪满洲国之嫌疑，若伪满洲国采报复行动，必对日本在关东州之利益多有危害，故最好之办法，为将税款停止汇解，俟问题解决时再议云云。予（梅自称）于接到此特殊之消息后，即立即电该税务司对其消极主张，加以驳斥，并令彼立即将款汇沪，以反抗命令论。乃该税务司于接到此电后，竟为下列之答复，彼称余此时，只能采消极态度。余个人深信同时余亦接到日本负责当局之警告，谓若大连海关与伪满洲国当局发生冲突，则对日本利益，殊多不利。若迳由余一日人而造成此项裂痕，殊属不可，且与余之良心违反。故余深盼总税务司能谅解余担负此种责任之不可能也云云。余接到此电后，即商得宋财长之同意，将福山免职。查该日人之不服从合法命令事，在有海关史以来，尚属第一次也云云。

沪银钱业宣言

【中央社上海二十四日路透电】 上海银行公会钱业公会，及全国商联会今日对外发表下列宣言："日本假手其一手造成之傀儡政府，扣留满洲关税，不但直接破坏现行条约，且对中国之政治财政，加以威胁。满洲之关税，占中国全部关税总额百分之十五，而此款又为中国内外债之担保品，若此种截留税款果令其实现，则必将引起不幸之结果，同时促成中国国内长时间政治财政之纷乱。

为条约之尊严计，为各国对华之财政关系，及国际贸易计，吾等特要求各大国，对于日本之愚笨行为，加以制止，俾免中国愈趋纷扰云云。

《中央日报》1932年6月25日第一张第二版

38. 调查团廿八赴日,决定不再赴榆关视察

【本社二十四日北平专电】 吴秀峰谈,调查团现定勘(二十八日)离平,经辽宁朝鲜赴日,随员一部留平。又记者询该团对日拒顾意见,据该团发言人谈,日拒顾东渡,并无正式通知中国政府,因见日报载拒顾消息,遂决令顾中止赴日。调查团发言人漾(二十三日)对记者宣称:赴日行期仍未定。哈埠被捕之晤马记者,与该团绝无关系。至该团是否派员赴榆关视察,因华方无此提议,故无此行之必要。

【中央社北平二十四日电】 调查团各委每日规定四小时整理调查材料,连日调阅卷宗,备极忙碌。计整理材料共分四项:(一)九一八事变主因,其中包含南满路炸案,王以哲旅行动经过,锦州炸案及津变等项。(二)抵货运动。(三)义勇军活动情形。(四)我国军政当局之意见。大约月底整理竣事,即开始编撰报告书。

《中央日报》1932年6月25日第一张第二版

39. 国联委会昨日开会

【中央社日内瓦廿四日路透电】 国联全体大会所委之研究中日纠纷委员会,定于今日下午五时开会,英国由内政部长珊姆尔代表出席。

《中央日报》1932年6月25日第一张第二版

40. 平各界慰劳顾维钧,顾痛述东北惨况,希望奋起救三千万同胞

(北平通讯)平市党务整理委员会,近以顾维钧氏,陪同国联调查团赴东

北调查，不避艰险，完成使命，特于二十日下午三时在该会大礼堂，召集各界举行慰劳顾代表大会，各界参加者五百余人。会场台前悬白布标语，上书"北平市各界慰劳顾代表少川大会"字样，台之左侧有公安局乐队。三时余乐声大作，市长周大文引导顾氏及代表团，参议刘崇杰，及市党部委员陈访先、李东园、马愚忱、董霖、陈石泉、宋振榘、周学昌等鱼贯入场，坐于台之右方。移时奏乐开会，行礼如仪。由周大文主席，报告慰劳意义，继由陈石泉致慰劳辞后，即由顾致答辞。略谓，诸位同胞，今天中国代表团蒙平市各界开盛大慰劳会，鄙人代表敝团十分感谢，并实不敢当。此次到东北，前后七星期，经大连到辽宁、吉林、长春、哈尔滨、抚顺，又过辽宁而至山海关，为时月半。于此时间中，所见所闻，使人无任悲痛。初抵大连之时，尝念大连为东三省之口岸，而转思之，则已早入他人手矣。由大连乘南满路车赴沈途中，所遇者百分之九十均我华人。既抵沈阳，受严重之监视，不能出南满铁路以外。一举一动，均受所谓保护者之监视，甚至饮食起居，均有人追随身边。途中所遇国人，可望而不可近，欲有所谈而不得，偶有前来会话之同胞，均于事后遭难。回忆数年前之情景，不禁今昔之感也。赴哈途中，监视更严。余于车窗中望见沿途景物，一草一木均觉秀丽，而细思之，则增无穷悲痛。一切青年男女学生，民众语言风俗，无一不与前同，而彼此仅望望然，不能近作一语。在哈埠有人欲语而不敢，偶有尝试者，即被逮捕。一日于公园中遇大学生三四人，本欲见余略致数语，而其面容戚戚，表无穷之痛。后一青年趋前略致数语，有余之保护者，即横目向前阻止。余恐学生发生意外，遂以婉言劝阻，谓此地情景不同，可相谈于异日。该学生面容变色，其失望悲痛之情，可想见矣。盖此辈学生，候余谈话，并非一日也。在沈阳时，曾有建国运动之游行，行列中有中国小学生及日本学生，手持伪国旗，行列以外并有便衣队及警察夹杂其中。迨及齐集之后，遂唱伪国歌，而唱歌者均为日人，中国学生垂头默不作声。最后高呼万岁时，呼喊摇旗者亦为日人，而我国学生之旗，均卷而不伸。盖此辈小学生，均明了其事，虽不欲参与，而情况则不得已也。亡国之痛，使人伤心。欲爱国而不得，有爱国工作者，则变为罪人。报纸言论，文章口材，均无地以发表。视此痛苦，将作如何感想。今日之慰劳祥不敢当，诸君对东北尚未忘怀，诚属幸甚。此事如能传到东北民众耳中，彼辈当亦欢悦。国人尝谓东北人不爱国，此次所见东北民众之爱国心，实甚热烈。回想东北锦绣之山河，三千万之民众，统制于几万日军之手，虽有马李丁以一当十，奋勇抵御，而人少力薄，不济于事。大部民众，虽欲奋斗，而手无寸铁,以几万而统制三千万人,其故安在哉。察其原因,实以自己国家不强,空有土地人民,一旦人以科学来侵,旦夕即可亡灭尔国。吾辈万不可以东北远在千里而无切肤之痛,一旦外力侵来,亦与东北民众无异也。欲解除此难,必先作精神之团结,地域之思想,阶级之冲突,均应化险。苟仍拘于意气,争一日之气,则一旦大难当头,将同归于尽也。东北民众隔一街而不能彼此通消息,欲爱国而不得,吾辈尚有爱国之机会,必奋起以拯救东北三千万同胞,惟望大家从今而后,诸事以国家为重。欲造成独立之国家,必有相当之代价,要人人有牺牲之精神,努力之精神,不分阶级与省籍,奋斗到底。国家不救,自身何存,在座诸君,均为青年,为将来之领袖,必须领导民众努力于将来。聊致数语,用作参考云云。顾氏答辞毕遂奏乐散会,时已四钟余矣。(六,廿)

《中央日报》1932年6月25日第二张第二版

41. 国联调查团注意,日承认伪组织事件,如果日政府实行承认叛逆,将认为破坏中国领土完整

【中央社北平二十四日路透电】 国联调查团对于日本对满蒙之态度,极为注意。众料若当国联调查团留居远东期内,日本承认满洲事,竟至实现,则调查团必将此事编入报告中,并认日本单独之行动,为破坏中国领土之完整,及破坏九国公约之规定云。

【本社念五日北平专电】 调查团刻已决定勘(念八日)晚五时离平赴日,皮尔特等十一人留平,美代表宥(念六日)晨赴塘沽,迎其夫人来平。

【本社二十五日北平专电】 顾维钧谈,予已奉汪罗面训,决定不随调查团赴日。至政府是否报告国联,此为政府之责任,本人无从表示。调查团在日预定留两星期,将来直返平或赴京沪,尚未定。本人留平,从事整理与编译,事变之材料,因我国方面预备提出说帖,约共十七八件。

【中央社北平廿四日路透电】 国联调查团定六月二十八日离平,经朝鲜赴日。团员第一夜将留沈阳,第二晚留汉城,预定七月四日,可抵东京。中国陪查员及随员,无一同行者云。

【中央社北平二十五日电】 调查团准俭(二十八日)晚五时离平赴日,招

待处函北宁路备车。至该团整理工作,定感(二十七日)再开会议后即告结束。据该团发言人称,留日约旬日左右即返华,秘书处人员共留十一人在平,余均随行云。

《中央日报》1932年6月26日第一张第二版

42. 国联中日委会举行秘密会,提议廿九日召集全体会议,开会前希望双方勿趋严重

【中央社日内瓦二十四日路透电】 审查中日纠纷委员会,今日下午开秘密会,历时一点三十分钟,结果闻已决定提议于六月二十九日召集全体大会讨论延长行政院关于中日事件报告提出限期问题,因根据盟约之规定,此项限期,于八月十五日期满云。

召集大会之提议,已转知中日双方,同时委员会表示希望在大会开会前,双方不得再有令形势愈趋严重之行动云。

西班牙代表马达利亚加在委员会开会时,主张委员会应举行公开会议,但被否决。

委员会对去年九月及十二月之大会,请中日勿再令形势益趋严重之决议案,再加以确定云。

【中央社日内瓦二十五日路透电】 中日二国代表团,已将十九人委员会之通知书,分别转达中日二国政府,该通知书说明国联调查团报告书限期延长事,中日双方对限期延长一层,想均不致反对,惟中国代表对委员会通知书,并未显明提及日议院主张承认"满洲国"一点,表示不满。

《中央日报》1932年6月26日第一张第二版

43. 福本免职后,日向我抗议,唆使叛逆另设海关

【中央社东京二十五日路透电】 日本政府,对中国政府将大连海关税务司福本(昨误作福山)免职特提出抗议,认为此举为违反一九〇七年中日条约

第三条之规定,按该条规定非经关东厅总督之同意,不得任免大连海关人员。又谓现北平方面,正在会商和平解决办法,中国政府有此举动,日本特提出抗议,未谓若因此发生其他事件,中国应负责任云。

【中央社东京二十五日路透电】 此间官场深感不安,因伪满洲国已准备若大连海关拒绝向长春汇交关税时,则在与关东州交界之瓦房店,设立海关,如此则入满货物,将被征税两次。私人方面认南京政府将大连税务司福本免职,已开辟日本与伪满洲国交涉满洲全部海关问题之道路,故日本于致中国政府之抗议中,提及中国应负因福本免职引起事件之责任也云云。

此间虽料日政府在李顿调查团之报告未发表以前,不致承认"满洲国",但众信内田于七月七日就外相后之第一步工作,即将发表宣言,述明日本对于满洲之目的及主张云。

【中央社东京二十五日路透电】 关东州总督田冈(yamaoka)今晨晤斋籐〔藤〕首相,讨论满洲问题及统一日本在满行政机关等问题。

《中央日报》1932年6月26日第一张第二版

44. 东北海关全被劫夺,叛逆伪令移交大连海关存款,日人唆使叛逆破坏海关行政完整

【中央社大连廿六日路透急电】 根据伪满洲当局之训令,银行所存大连海关之数定明(二十七)日全数移交与伪满洲当局。

【中央社北平廿六日电】 外息,叛逆受日方唆使,实行劫夺大连海关以外之各海关。所有日籍关员,宥(廿六)总辞职,表示与福本同进退。计此次接收之海关,为营口、大连、安东、哈尔滨、长春五处及分关二十九处。

【中央社大连廿六日路透电】 大连海关全体日员总辞职,并发表宣言,谓将与满洲当局协力计划满洲关税自主事宜。彼等称前大连海关税务司日人福本欲调解满洲与南京间之争执,而竟未邀总税务司之赞同云。

【中央社大连二十五日路透电】 "满洲"当局,已着手接收满洲各地之海关。大连海关未动,因税务司福本被免职,大连关之日本职员,均准备辞职。

【中央社哈尔滨二十五日路透电】 满洲邮政,仍根据四月二十七日邮务

长与满洲当局在沈阳拟定之办法,暂维现状,至邮务总局与长春间接洽妥善时为止。哈尔滨海关及满洲北部满洲里等处之海关,仅悬海关旗。此间预料满洲当局,至迟于八月一日或迳于七月一日接收邮政及海关云。

梅乐和对福本事宣言

【中央社上海二十六日路透电】 关于日本抗议大连海关税务司日人福本免职事,总税务司梅乐和,今日(二十六日)下午发表下列宣言:

"海关当局免福本职事,并未违反一九〇七年协定之第三款,且无与关东军长官商谈之必要,为明了此点,该协定之三款应说明如下:

第一款,大连海关税务司应为日人,总税务司另委新人时,须先征求日本驻平使署之同意。第二款,大连海关职员应为日人,但如临时有缺或暂时为海关事务起见,可暂时委他国人去大连充任之。第三款,在更换大连海关税务司时,总税务司应预先通知关东行政长官。在履行第三款前,须先履行第一款与第二款,按惯例在与日本驻北平使馆商谈前,向不通知关东行政长官,海关当局已拟定福本之继任人选,日本驻北平使馆同意后,总税务司当根据第三款通知关东行政长官也。福本抗命,不接受总税务司之训令,实为海关历史上破天荒之行为。"

《中央日报》1932年6月27日第一张第二版

45. 国人勿放弃责任,外交须以实力为后盾,某要人昨对记者谈话

本社记者以日本首相自斋藤继任,所谓满蒙政策,日趋积极;议会决议承认伪组织,更显系破坏九国公约;亚东风云,日紧一日,爰于昨日往访某要人。据其谈称,自日本议会决议承认伪满洲国后,更唆使叛逆傀儡,攫取东省关税及邮权,日昨更盛传将增调十二师团入占平津,狼子野心,完全毕露。值兹国亡无日,河山不保,吾全国民众,应如何卧薪尝胆,举国一致以与暴日作长期抵抗,实行收复失地,不谓一般国人,咸注重于外交上之有无办法,实属太放弃国民责任。今之所谓外交家,即古之说客策士,苏秦张仪,可谓善于游说,长于折

冲者。然使苏无强秦,张无六国,纵有舌剑,亦无所用之,盖外交仍须以实力为后盾也。德法之役,法之劳伦亚尔塞斯被德强力占领,斯时未闻法人曰,外交已无办法,或此为外交部事,举国一致,惨淡经营,养精蓄锐,誓必收复失地,大战以后果达目的。中外史乘可为殷鉴,国人对外心理,数十年来曾经几次激变。约略言之,鸦片战前为轻视,战后则为怕惧,拳乱之前为仇恨,乱后又为阿媚,至于今日,则纯为依赖,是国之未亡,而心已亡矣。今兹东省关税邮权决非宣言所能保留,大好河山,更非抗议所能收复。惟有全国一致,誓以热□坚持忍耐,积极抵抗耳。沪案协定,未曾辱国,不知者尚以为或系外交运用所致,实则倘无十九路军第五军三十三日之拚命,我外交当局断不能却敌一步,遑论完全撤退。今日报载日金百元仅合美金廿五元,日币惨跌,足证其国内经济之恐慌。倘吾人抵制日货,到底坚持,将更促其崩溃。当此危急存亡之秋,亟盼国人勿稍存依赖侥幸之心,负起救国责任,与敌抵抗到底,则还我河山,正有日也。

《中央日报》1932年6月27日第一张第二版

46. 社论:打开外交难关

吾国四十年来之外交史,究其实际,无非循环于受一国宰割与受若干国玩弄之间。结果,国家之尊严丧尽,国家之权利消失。时至今日,生存之权,亦在摇动。此等情势之造成,国人每诿罪于国防之不固。所以论时事者每曰外交之技术已穷,殊不知国家之军力乃备万一之用,疆场角逐,系最后之手段。谓军备充实,即足跻于强国之林则可,谓军备薄弱,不足以立国则不可。二十世纪以来,谋国之道,在如何消弭外患于未然,外患既至,在如何利用国际情势以转移之,故武力与外交,其力量实无轩轾,在国际现势之下,培养武力固属要道,而站在武力之前以保障国家之安全者,厥惟外交。数十年来,举国上下,咸知改进外交之为急务,然延至今日,国难益深,国且不国,此无他,外交界之传统的错误观念为之也。

第一,国人未尝以独立国自居,所谓独立,吾对内对外之政策,不受任何国干涉,吾疆土不受任何国侵害。秉此二义以翻阅吾外交史乘,则自毁其独立之纪载,触目皆是。日俄战犯之时,竟以吾东北领土为疆场,未闻当时之满清政府防止于前,或自卫于后,数十年来中日之纠纷滥觞于斯。欧战之始,日本先我而加入战团,借口进攻德国,借助英国之军力,侵占吾山东半岛,未闻当时之北京政府,防止于前,或自保于后,结果,山东半岛被日人蹂躏者,凡四五载。华盛顿会议时,恶因既早播种,当时幸借列强为凭障,以抑制日本之强横,实属万不得已之办法,亦为可一不可再之举动。从此以后,造成一"反对直接交涉"之成语,一旦中日间发生任何外交问题,"反对直接交涉"之声,揭载于报章之上,沸腾于茧茧之口。试问一国外交不自行处理,立国之本质,已去其半,何得称为独立国? 协以谋我之侵略国家,焉有不煽动日本,阴助日本,以剥夺我生存权之理。九月十八日日本侵占沈阳之后,全国上下所怀疑者,何以美国不起而压迫日本?何以俄国尚无举动?本国之外交行动如何?紧急政策如何?反漠不关心,一若美俄吾太上国家,吾之存亡问题,即彼之存亡问题者。此等卑鄙怯懦之心理,实吾外交教育所养成,其结果惟自沦于被保护国而已。此等见地,不足自保,实足自杀。

第二,误解正义,正义非怜悯,维持正义为人类之天赋,其间无偏袒自私之观感,苟一国违背法律道德,其国势虽弱,亦应受正义之制裁,苟一国出处稳重,其国势虽强,亦应受正义之赞助。且每一个国家既为正义之保护者,复为正义所保护。国人不明此义,每于外侮紧迫之时,辄要求列强主持正义,不知此时"正义"已离吾而他去,此时之要求正义,实乞求怜悯耳。而此等乞求怜悯之反应,在吾滥用情感之民族固足发出同情心,在彼崇尚理性之民族,适足引起卑视憎恶之心情绪。况国际间所谓"正义"仍是口头禅,而骨子里,玛志维尼主义正在盛行耶?

第三,对外关系囫囵看待,遂造成列强尽成吾外交上之对象,每次发生外交问题,列强协以对我,我则处于孤立。数年来惟闻呐喊打倒帝国主义,未闻专喊打倒某"帝国主义的国家"。就是进一步打倒所有的帝国主义,其亦必需定一打倒之次序否?九一八事件发生之后,吾国一味信赖国际联盟,而昧于国际联盟仅一空驱壳。假定国际联盟果可利用者,亦应于外交方面向国联之主要份子——英法——活动,不此之图,乃枯守于日内瓦,俨然以国联为吾太上政府看待,唯唯诺诺,惟命是听,四次议决案,吾所得于国联者如何?反观日本,今日痛斥国联,明日扬言退出国联,其对于国联之侮蔑,可谓至矣尽矣,然彼却同明极力周旋于英法意诸国之间,四次议决案,日本所得于国联者又如何？以上所举之例，乃消极的弊害，其积极促成列强之团合，以造成实际上共同干涉，共同管理，以至于共同阴谋分割者，更何忍言。当今列强盛倡圆桌会议，吾国报纸有代为宣传者，明达自居之士或竟提出先决条件，而不设法打消，此列强协调解决殖民地问题之手段，实吾外交界之错误观念为之厉阶也。

要之外交难关绝非不能打开，然须先为（一）解除"不以独立国自居"之传统的错觉观念，保护吾生存之权利，远重于遵守他国权利的义务，遇事自决，尽力争持，从此不以他国为假设的保障。（二）永不与他国以共同干涉之机会，亲吾之所应亲，仇吾之所当仇，我以友谊对彼，彼必以友谊对我，吾之所取于彼者，正彼之有所取于我，彼此以法律正义为保障，以利害得失相利用，其凡联络他国协以谋我者，我必先联络他国协以对彼。（三）矢志自强，决不再以"正义"为何恃，宁为正义之保障者，不为正义所保障，凡侮我国家民族即侮我个人人格，吾生命可以牺牲，国家民族不可牺牲，宁可断头，不能求怜。倘国人能打破以往之传统观念，接受此数项简单的原则，然后方能谈其他枝枝节节的问题，然后方能打破外交的难关。

《中央日报》1932年6月28日第一张第二版

47. 叛逆攫夺海关后，政府对日严重抗议，福本竟受伪令昨日起开征，日人假作态叛逆靦颜声明，叛徒强夺哈市海关各地海关均易帜

外部抗议照会内容

日本利用东省伪组织，先后干涉东省各海关事，业已屡志前讯，兹查安东、营口两关税收，前经该两关之日本顾问向该两埠中国银行，提交伪组织之公文，强迫该银行将三月二十六日所存两关税款，及自是日起所收各款，解交东三省官银号。我国方面，以东省伪组织为日人所造成，该伪组织之此种叛逆行为，应由日本负责，当已于三月三十一日严向日本抗议。近据报告，该项伪组织，又复进而干涉大连海关，同时且通令存放税款各银行，停止向总税务司解款，自六月七日起，该银行等即均将停止解汇等语。闻外交部已于前晚（二十

五日)照会日使提出严重抗议,略谓查大连海关,位于大连租借地,此项租借地,其主权仍属归中国,且光绪三十三年中国总税务司与日本林公使曾订有大连海关协定,故总税务司对大连关所规定税则,及指定存款银行,确定汇款办法各节,均与其他各海关同样办理。日本政府,今乃不愿其条约上应尽之义务,一面唆使东省伪组织,干与安东等处海关,一面复更令大连关日籍税务司,向总税务司停汇税款,借以破坏中国东省及大连关税主权之完整,影响中国内外债之担保品。此种举动显违国联盟约、国联迭次决议、九国公约及其他有关系条约各规定,自应由日本政府完全负责,中国政府除保留要求各该关损失赔偿外,相应提出严重抗议云云。

逆军包围哈市海关

【中央社哈尔滨二十六日路透电】 星期六午夜哈市八区之海关,突被警察包围。警察中有日人一,俄人三,华人十三。彼等于税务司不在署中,竟侵入海关内室。其后税务司得电话通知,即赶至询问究竟。乃该日警竟潜逃无踪,而其余警察亦不能提出包围海关之理由,现已成僵局。

今日下午,税务司与某日本官吏,对论此事。该税务司发表声明,谓彼及海关职员,全部忠于中国海关,决不受外界之鼓惑云。

又电。今日下午关监督及财厅日顾问,谒税务司,请彼加入满洲海关服务。当被拒绝,该税务司要求对哈关之职员,不得施用压迫。其后关监督及日顾问,即通知该税务司,谓满洲即接收该关。现哈尔滨海关房顶已悬满洲旗云。

【中央社天津二十七日电】 哈电。叛逆派警于有(二十五)深夜将哈海关包围攫夺,宥(二十六)已悬伪国旗。宥(二十六)下午税司英人勃雷特莅关。伪顾问日人声明,拟接收之意,并请其仍供职。经峻拒并声明决不移交,尤不许胁迫关员。日人无法,称将另行组织。闻安东关亦将被攫取,该税司为美人。

【中央社北平二十七日电】 叛逆警察径(二十五日)夜半强占哈埠海关,改任英人古比尔为税务司,感(二十七日)接事,并迫令交代,其他安东、营口、长春各关,均于宥(二十六日)下午先后接收,安东关税务司系美人云。

福本竟受叛逆伪令

【中央社大连二十七日路透电】 已奉伪"满洲"委派为大连海关税务司之福本，今日发出正式通知，谓定于六月二十七日起正式开征入口税云。

【中央社东京二十七日路透电】 外务省对于大连海关日本职员六十五人，将提总辞职问题，尚未接正式报告。同时对于伪"满洲"已开始征收关税之事，亦无正式报告，惟官方对此颇为重视，甚愿谋一圆满之解决。外务省高级职员之意见，以为福本之免职事，应用实际有及政治的方法解决，不可过于受条例之约束。

【中央社长春二十六日路透电】 今日据日人方面传出消息，叛逆对于关税问题，主张坚决，并不因南京政府态度强硬，而稍改变。满洲财政部赋税司长日人 Matsull 已于今日匆匆赴大连。

闻叛逆方面，已决定若不能接收大连海关，即将在与关东州交界地之瓦房店，设满洲海关，以为最后之手段。该地海关建筑费，预定两万日金，一切筹备手续，皆已完毕云。

【中央社东京二十七日路透电】 大连报载，福本准备于今日起开始为"叛逆"征收关税，但据外务省发言人称，日政府仍盼能与中国政府对大连海关成立谅解，故暂时大连海关税收，尚不向"满洲"汇解云。福本已奉叛逆令委为大连关税务司云。

日人作态警告叛逆

【中央社东京二十七日路透电】 日政府虽尚未承认"满洲国"，故不便有正式照会致满洲政府，但闻日外务省不久即将向满洲政府提出警告，令其在日本与中国政府对海关问题示成立谅解以前，不得接收大连海关。至于警告之内容，大意为表示日本对"满洲国"之同情，惟不能承认将关税收入非法转移，同时表示若将来满洲将大连海关接收时，必须尊重外债之担保及维持中国海关之原定税率。此间报载满洲海关，已有六处改悬"满洲国"旗云。

【中央社长春二十七日路透电】 伪满洲外交部长谢介石今日发表下列之声明，满洲之接收大连海关，实仿上海南京之先例，惟其办法，与南京政府不同而已，满洲对于应负外债仍当负责偿还，惟政府之政策，已定有执行之决心，在瓦屋店设海关，亦仅一种至万不得已时之准备而已。关于海关事项，满洲外交部,即将发表长篇宣言云云。

日本抗议福本事件

（正气社）大连税务司福本,因违抗命令免职后,日方认为违反中日所订之大连海关协定,反向中国政府提出抗议。上项抗议书,由驻京日领事上村伸一,于昨(二十七)晨由沪携带来京,即于上午十一时,亲赴外交部递送。由外部国际司长吴南如,在会议室接见。上村述奉命递送,关于福本免职之抗议。据记者探悉其内容,略谓根据中日签订大连海关协定之第一条,大连海关长,以有日本国籍者充任,及第三条该关长之调任,须由总税务司预先通知日本在关东最高长官,今次中国政府未经上项手续,罢免福本职务,认为违反协定。闻外交部长罗文干,接到抗议,以日政府不顾福本破坏中国海关制度之完整,蔑视事实,谬误已极,拟即日提出答复其抗议照会云。

【中央社北平二十七电路透电】 日使馆发言人称,迄今对于大连海关税务福本免职后,继任人选问题,尚未与日使馆有任何接洽,使馆对于福本继任之人选,并不知悉,亦未接到通知,征求使馆对于福本继任人员之同意。但据总税务司梅乐和称,福本继任者之名单,已于六月二十五日交由在上海之日使署一等秘书转征使馆之同意云。

《中央日报》1932年6月28日第一张第二版

48. 调查团东渡,中日同意报告书延期

【本社廿七日北平专电】 调查团准俭(二十八日)下午六时离平,专车已备妥,赴日人员为英法美意德五委,及秘长哈斯,并秘书随员等共十七人,麦考益夫人及哈斯夫人均同行,日代表吉田与随员皆随行归国。我派颜德庆、刘乃藩等五人陪送至榆关即回。

【本社廿七日天津专电】 国联调查团美代表麦考益,感(廿七日)下午四时由塘沽迎其夫人抵津,径赴北平。王树翰同车往。

【中央社北平二十七日电】 调查团离平时间,改俭(二十八日)下午六时起程。同行者合五委等共十七人,麦考益及哈斯两夫人均随往。我国特派颜

德庆、萧继荣、刘乃藩、郑礼庆、张汶陪送至榆关,沿途已由绥署饬令军警戒备。

【中央社北平二十七日路透电】 国联调查团发言人对路透记者谈称:五调查委员将于星期二晚偕同秘书及专门委员数人,专车赴山海关,再由该地转乘关外来车赴沈,约星期三晚当可到沈,星期四首途,经朝鲜赴日,在汉城不停留,直接东渡,约星期日可抵东京,调查团在东京或将有二三星期之逗留,与日本政府为最后之交换意见。中国方面将无人随行,唯中国代表团人员及不能东渡之人员,将在平编制报告,因有许多工作,尚未完毕也。关于大连海关事,该发言人称,此事尚未正式通告调查团,惟此事十分重要,将影响中日两国之关系,实在调查团应调查范围之内云云。彼末称调查团在正式报告未发表前,并无发表临时报告之意云。

【中央社日内瓦二十七日路透电】 中日两方对关于东省事件提出报告限期之延长,已表同意。中国方面提出之条件,为在报告提出以前,不得令形势愈趋严重,而报告之提出至迟不得逾十一月一日。日方条件为日本仍继续保留对满洲问题,不得适用盟约第十五条云。

《中央日报》1932年6月28日第一张第二版

49. 日人一想情愿,揣测调查报告内容,外部某要人辟谬妄

(中央社)国联调查团由东北返平,为时已久,但以日方阻止,迄今尚未起程赴日。近据日方传出消息,谓调查团将在北平及日本箱根两地,分别编制报告书,而其中最重要部分之结论,则在箱根编制之。结论中将揭载关于满洲问题之各种解决试案:(一)委任统治案,(二)满洲自治案,(三)永世中立国案,(四)海淀区国承认案等,并附记上列各案之最良结论云云。本社记者以此项消息,关系东省问题,至为严重,昨(二十七)日特往访外部某要人。据谈:上述消息,外部毫无所闻,但据个人推测,必系日方故弄玄虚,片面宣传。调查团之报告书,究竟如何编制,现时虽不得而知,但必不致如此之离奇,则可断言。国联会议关于东省问题之历次决议案,均承认中国领土主权之完整独立,最近在日内瓦开会之十九国委员会,仍重申历次决议案,继续有效。如调查团报告书

之结论,果如日方所宣传者,则显然的违反国联历次决议案之精神,李顿爵士等必不出此。李顿爵士等赴东省实地调查后对我比较的尚能表示同情,照理李顿爵士等本可秉公判断作一公正之报告,无须再行赴日,征求日方之意见。但值此世界多事之秋,李顿爵士等不能有毅然处置之魄力,故仍须赴日一行,以期作一比较的能使中日两国俱能同意之报告书。但据个人观察,此项计划,恐不易实现。结论之能为我方所同意者,未必能得日方之同意。反之日方所能同意者,亦未必能得我方之同意。总之,我人所期望于调查团者,只望其能根据事实,作一公平之报告耳。东省问题,恐非国联短期内所能解决,但我人应抱立时收复失地之决心,而不能任其长期牵延。一方面努力于外交之运用,一方面尤应积极于力的准备。如任日方在东省作长时期之经营,则不但亡国之痛,终必临于吾人之身,即日方称霸世界之野心,恐亦将次第实现。果尔则不但非中国之利,抑亦非世界之福也云云。

《中央日报》1932年6月28日第一张第二版

50. 日异想天开,竟欲以美承认伪组织为承认胡佛提案交换,美政府并不注意

【中央社华盛顿二十六日路透电】 此间政府方面,对于日方非正式之建议,以美国承认"满洲国"为日本承认胡佛军缩提案之交换条件事,并不注意,因政府不能考虑以承认问题为军缩之代价云。

美首席代表吉勃生,由日内瓦用长途电话与史汀生交谈,谓日代表松平之态度,颇为恳切,但彼在未接日政府调令前,不能讨论军缩事。各方对于日本态度之沉默,认为良好现象。惟众认胡佛军缩计划,系注重欧洲,对日本并无重大关系云。

《中央日报》1932年6月28日第一张第三版

51. 叛逆劫夺海关，引起英国严切注意，英大使访日外次表示态度，西门称日本违反中日关税协定精神，日人霸占关署外部报告国联请制止

（中央社）东省各海关，自日人唆使叛逆劫夺税款后，财长宋子文曾两度发表声明，外部亦向日提严重抗议，乃日方变本加厉，日前竟实行霸占关署，闻外部对此已报告国联请示制度云。

【中央社东京二十八日路透电】 日本官场，仍盼中国政府，能对大连海关问题，与日成立谅解。但政府方面已有表示，谓万一南京拒绝调解，则日本只可采昔日阎锡山扣留天津海关时，法国所采之态度。即一面不许"满洲"扣留税款，同时对汇解税款采消极态度，但此仅指不采武力接收时而言。现日政府已仅在长春日领，于证明"满洲"已接收大连海关时可提出抗议云。

【中央社哈尔滨二十八日路透电】 海关之僵局，仍未打破，海关仍停止办公，税务司今发出声明，谓满洲当局，正恫吓海关职员云。

【中央社东京二十八日路透电】 英国驻日大使林德莱，今日至外务省访外交次官，表示英国政府对于东省关税纠纷之注意。因其对于外债关系甚大，甚盼日外务省能设法调解谋和平解决。日外次答称，彼正在设法调解中，一俟有相当结果，即当转知各国云。

【中央社伦敦二十七日路透电】 今日下院中保守党议员珊姆尔询及满洲海关问题，外长西门爵士答称，日本向来对于条约均极尊重，但对满洲海关之措施，实为违犯一九〇七年中日关税协定中维持中国海关行政完整之精神，事实上自六月十五日以后，日本即未能声明保障中国海关行政之完整，现英政府正考虑此事，正与日政府接洽中云。

西门爵士又答复珊姆尔称，哈尔滨、牛庄、安东等处之海关收入，已奉满洲政府命令停止向上海汇解。现英政府已令驻日英使向日政府询问大连海关之实际形势，及表示英政府对此关切之意。

次议员诺克斯谓远东局势时有变化，外交部之远东司司长，应为一熟习最近中国情形之人。西门答称，此项建议，并无若何利益，因远东司中现有二人，

对于远东情形，非常熟习云。

诺克斯又问外长曾否令驻华公使将中国之整个情形，加以报告。西门答此事颇为困难，惟彼允考虑此事云。

《中央日报》1932年6月29日第一张第二版

52. 调查团昨晚离平，今晨到榆关搭车赴日

【本社二十八日北平专电】 调查团勘（二十八日）晚六时专车离平，艳（二十九日）晨五时可抵榆关，即换乘伪国车，经沈鲜赴日。我方人员一部送榆关止，即撤回。到站欢送者为于学忠、刘崇杰、王广圻等。顾维钧因感冒在宅休养，托崇杰代表欢送。该团抵沈后，秘书贝尔单赴长春接洽某项问题。

【本社二十八日天津专电】 国联调查团专车，俭（二十八日）晚九时二十分抵津站。到站欢迎者有市府秘书黄宗法、第二军部刘家鹭。车停后，莱顿下车与欢迎才周旋。黄代王主席致欢迎意。莱顿谈，此行径赴沈阳，转往朝鲜赴日。九时四十分专车向榆关进发。

《中央日报》1932年6月29日第一张第二版

53. 调查团抵榆关，何柱国陈述榆关情形

【本社二十九日北平专电】 榆关电。调查团艳（廿九日）晨六时抵榆。何柱国及各界欢迎，何向李顿陈述榆关中日近情。美委员旋游长城。于八时换车出关，晚八时可到沈阳。关外前所绥中驻日兵多，兴城义勇军气盛，日机在该地村庄，肆意轰炸甚惨。

【本社二十九日天津专电】 国联调查团，艳（念九）晨六时抵榆，伪奉山路专车，已先到。美代表麦考益偕夫人及二美人下车游长城。八时换车，当午即向沈阳驶去。在沈或留一夜，即转安奉路，经朝鲜赴日。闻日人今晚拟在沈演傀儡组织电影，招待调查团，以彰日人在满功德。调查团秘书某氏谓，我们又要去受罪了。可见对日印象一般。日人在奉山路中间设永久炮垒四五十座，

备向义勇军轰击。驻鲜日兵刻正运赴沈阳,二日内可开到。何柱国艳(念九日)由榆赴平,报告榆关情况。榆关外有数乡村居民,被日兵逐去,并占据其房舍。

《中央日报》1932年6月30日第一张第二版

54. 国联特别大会改期今日重行召集,欲使东事得一解决

【哈瓦斯日内瓦二十八日电】 国联会原定于明日(星期三)召集特别大会,专讨论中日问题,现又改于星期四召集。此次延期之目的,系欲使关东三省问题之讨论,得一结束,而使大会避免一切争辩之性质。大会主席比外长希孟,决定明日重行召集十九委员会。

【中央社日内瓦二十九日路透电】 西班牙代表马利亚加、捷克代表班恩斯,代表中日委员会之各小国,昨日赴洛桑访委员会主席西姆士接洽。今日委员会议程,事因各小国对满洲建独立国事,俱表惊异,深恐因此造成危险的先例,彼等对于此事,特唤起西姆士之注意,希望今日能公开讨论此事。但西姆士称,公开讨论之时期,尚未成熟,但谓今日开会各代表可自由发表意见云。

【又续电】 因洛桑会议形势严重,西姆士本日未返日内瓦,故中日委员会议,将延期至明日开会,而大会将延至星期五开会云。

《中央日报》1932年6月30日第一张第三版

55. 调查团已抵沈阳,约四日可行抵东京

【中央社沈阳三十日路透电】 国联调查团,今日(三十日)上午十一时乘车往京城,约七月四日可抵东京。日皇之弟七月七日在宫殿内欢宴调查团各代表。

【中央社北平三十日电】 调查团艳(二十九)晚八时半抵沈,艳(二十九)晨过榆时,美代表偕夫人乘车游历长城。李顿当询何柱国榆关近状,何答以安静,惟日军已强占李家堡、八里台民房。何辞未毕,因车将开行,李即与何作别登伪专车赴沈。伪车共十四辆,前□□队车,载日兵百名,伪警二十名,沿途保

护。李顿在榆语记者,谓在日留两周,回平时□可完成报告书,本人对中日事件,不便表示态度,甚望双方根据和平有效方法,以谋解决。又某委在车上语人,对日代表可以来华,华代表不能赴日,甚表遗憾,曾以询问负责者,负责者唯唯不能作答。又《德华日报》记者把斯特询伪招待员安某,为何国人,安亦面红赤耳,无以应,旋以要求赴沈,被吉田拒绝。我方招待员张汶、颜德庆、刘乃藩、张伟斌及王章端、周象贤、陈宜春等,均随专车(卅日)返,在北戴河下车,仅萧继荣返平云。

【中央社济南卅日电】 调查团专门委员英人海姆、秘书梅□,乘包车一辆,随平浦车陷(卅日)早过济赴沪返国。颜德庆亦随平浦车赴沪。据谈赴沪出席中英庚款委员会,留二日返平。

《中央日报》1932 年 7 月 1 日第一张第二版

56. 国联特别委员会今日在日内瓦开会

【中央社日内瓦三十日路透电】 国联十九人特别委员会今日未能开会因主席海西斯仍留诺桑延期,明日(一日)举行委员会开会后即举行国联特别全体大会。

【哈瓦斯二十九日电】 国联大会主席比外长希孟因事留滞洛桑,十九委员会改于星期四下午开会,国联特别大会,原定星期一举行,现亦改于星期五开会云。

《中央日报》1932 年 7 月 1 日第一张第三版

57. 东北海关誓必收回,日方所传调解说绝不同意,哈尔滨满洲里关均遭强暴

(中央社)日方唆使叛逆劫夺东北海关,破坏我国主权之完整,增加我国财政之困难,曾经财长宋子文两度发表声明,外部亦向日方严重抗议,闻政府方面对东北海关,决用全力设法收回。乃日方竟宣传东北海关问题将有调解办

法,大连海关仍归我国,其他五关,则归叛逆。闻中央对于此种办法,绝对不能同意,因东省伪组织,全系日方一手所包办,我国根本不能承认,则对日方唆使叛逆劫夺海关之举,当然不能承认之。

（中央社）大连海关税务司福本,因擅派税款,被总税务司梅乐和依法免职,日方竟因此向外部提出抗议。按福本因劫夺税款破坏我海关之完整,而被免职,实罪有应得,总税务司梅乐和,已发表声明,详述罢免福本为合法之举。闻外部以日方抗议,毫无理由,已由亚洲司据理痛驳。文字已将整理完竣,约明后日即可送交驻京日领馆,转送日政府云。

【中央社间岛二十九日路透电】满洲官吏,已于今晨接收延吉海关,该地海关,现已悬叛逆旗云。

【中央社哈尔滨廿九日路透电】滨江关税务司约翰,昨日出席领团会议,报告由顾问 YAGJ 率领之满洲警察,威吓海关华籍职员之情形,当即由日副领 TAKIGAWA 函傀儡外部,责以不应有恫吓行为,并请加以解释云。

【中央社上海三十日路透电】总税务司梅乐和,接得满洲里海关负责人来电称,彼已不能与哈尔滨海关通信息,日本警察已将其办公室包围,并将办公室强占,彼觉有即时保护海关服务人员他去之必要,以免危险。

【中央社东京三十日路透电】日本官方对大连海关问题,表示虽调和尚未绝望,但中国与满洲双方,均已拒绝,日本所提出之办法。日方所提办法,即（一）大连税务司福本复职,（二）前总税务司安格联复职。

《中央日报》1932年7月1日第一张第三版

58. 调查团离平东渡,四日早可行抵东京,顾维钧已中止前往

【北平通讯】自九一八事变以来,我政府对于国际联盟,始终抱信任之态度,国联每次决议,固无不首先服从,而对于国联所派之调查团,举国上下,亦莫不呼之为和平使者,盖暴日无理强占我东北三省,颇甚希望该团作实地之调查,为公平之主张,而国联更能依该团报告为适当之处理,俾我半壁河山,早日归复版图也。兹该团已经定于本月二十八日下午五时离平赴日,由北宁专车

至山海关后，改乘伪奉山路车至沈阳。在沈住宿一宵，三十日早离沈。七月一日行抵朝鲜之汉城，又在该地住宿一宵，二日早离汉城。四日早行抵东京。除副秘书长皮亚特、秘书吴秀峰等，仍留北平整理材料外，李顿爵士等五委员及秘书长哈斯、专门委员但那黎等十余人，皆决定同行。日本陪查员吉田亦于此次同行返国。我代表顾维钧氏，则因日方声明不能担负其安全责任，政府已训令顾氏中止前往。查调查团自入境以来，无论在沪、在京、在汉、在平，政府及民众团体，无不尽量招待，竭诚欢迎。再汪院长、罗外长等亲自来平，与李顿等交换意见，内容如何，并未发表。调查团诸人屡次谈话，对中日问题之解决方案，亦始终未有具体意见，但就该团返平时之言论，竟谓平津歌舞升平，旁人无须担忧，此种态度，殊甚抹杀国人之沉痛心理。而且该团处处似均听命于日人，如到东北时，锦州不准停车，该团即不停车；日人不准晤马占山将军，该团即不晤马占山将军。该团原定六月二十一日东渡，因日方布置未周，要求在平稍留，该团即决定展缓一星期。现因准备就绪，始来电欢迎，不知诡诈之日人，又将用何等方法以包围和蒙蔽该团也。和平的天使！其能无负全中国人民之希望乎？

《中央日报》1932年7月1日第二张第二版

59. 叛逆强劫各海关，威吓海关各职员照旧供职，华籍职员全体均弃职避匿

中央社电通社东京六月二十九日电称，关于大连海关问题，日本政府，已向中国提出折衷办法三项，并称中国政府已愿接受等语。兹据外交界负责人员谈话，极力否认，并称中国政府并未接得日本政府之所谓折衷办法，更何来愿意接受之说，可见其绝非事实云。

【中央社哈尔滨一日路透电】 自昨日起滨江关已开始收税，一日内收四万九千元，叛逆宣称，若旧职员希图破坏海关行政，将采严厉处置云。

【又长春一日路透电】 傀儡组织外次大桥，于接收海关后，已由大连返北，其后即赴政府要人会议云。

【中央社哈尔滨三十日路透电】 满洲里海关，已于六月二十八日为满洲

接收,有中国估价助手一人,为日警捕获,押解来满洲接收,但仅有六人在内供职,其余华籍职员二百二十人,均逃匿。满洲当局,仍用威吓手段,令人供职。闻南满路码头部职员加藤,将任税务司云。

据日方消息,侨居海伦横道河子及其附近各地之俄人,有将组织一千人之共产军支队说,队长系由第三国际指定,日内即来满云。在海林附近丁李之自卫军队约有二万人云。

英国表示

【中央社伦敦三十日路透电】 在下院中质问时间,爱敦外次答复关于大连海关之质问时称,英国政府已向日本政府表示,英方希望对于满洲海关问题之解决,不可违反一九〇七年中日关税之协定,以致危害各国之利益,或令满洲问题之解决,更趋困难云。

《中央日报》1932年7月2日第一张第二版

60. 调查团报告决送达延期,颜惠庆复文声明,希望大会不令形势愈趋严重

【中央社日内瓦卅日路透电】 中日委员会主席西姆士,与中日双方关于延长国防调查团报告之送达限期事之往来文件,现已发表。西姆士于彼之照会中,提议将限期延长,但以后不能援为先例,即应规定延长之日期。在此期间,希望大会能于十一月一日以前开始研究调查团之报告云。

中国代表颜惠庆复称,对于延长事可同意,并称日本现极力造成险恶之形势,一面扩张占领区域,伤害中国人民生命财产,并设立傀儡政府,又加以援助。末称希望大会能阻止不令形势愈转严重云云。日代表长冈亦赞成延长期限,但称日本仍保留昔日所声明之各节云。

【哈瓦斯日内瓦三十日电】 洛桑会议继续延长,以致国联大会主席希孟氏不得不将国联特别大会及十九委员会开会日期重行延长二十四点镜。日昨日内瓦方面,曾公布希孟函一件,其中说明李顿调查团报告书,按国联盟约原应在六个月以内,提出审查并讨论此项期限,目下有必须延展之原因。该函并拟有决议草案一件,准备提请下次特别大会,通过者决议草案内容如下:"中日

两国代表均已通告大会主席谓对于国联盟约第十二条所定期限，予以延长一层，均表同意。因此大会决定在严格必要之范围内，将此项期限，予以延长，并认为此次展期，不能成为先例。大会同时复声明此事，出于时势所迫，实具例外性质，大会于收到调查团报告书之后，将即根据委员会之建议，将延长之时期，予以规定。大会对于此项工作，甚欲在情势所许之范围内，从速结束。故此次决定延长期限，绝非无故稽延比层，自不待言，大会特别希望委员会，能于十一月一日以前开始审查，调查团之报告书。"日本代表长冈及中国代表颜惠庆对此手续，均已承认。颜氏复文称："自上年国联行政院二次决议案及本年三月十一日大会决议案成立以来，日本推广其军队占据之区域，而于敌对行动中，破坏大多数中国人民之生命财产，设立并庇护满洲傀儡政府。日本以此种行为，增加远东时局之严重。此次中国政府照国联大会特别委员会所主张者，承认延期，但在新期限之内，如再有此种或他种足以增加时局严重之情事，则非中国政府所能容忍。"云。

《中央日报》1932年7月2日第一张第三版

61. 李顿晤鲜督

【中央社东京一日电】 李顿等今日在朝鲜会见宇垣总督，宇坦当向李顿说明鲜满关系。

《中央日报》1932年7月2日第一张第三版

62. 调查团随员昨过京赴沪

国联调查团顾问哈姆士（美人）、暨秘书梅那（英人）于昨日（一日）上午八时，经我代表团随员颜德庆，陪同由平来京。哈梅二氏当即渡江至下关换乘上午十时京沪快车，转道赴沪。颜则于送别后，趋车入城，晋谒罗外长报告一切云。

《中央日报》1932年7月2日第一张第三版

63. 日将于国联大会前承认傀儡,斋藤荒木一度协议

【中央社东京二日路透电】 陆相荒木,今早进谒首相斋藤,报告彼与满洲代表丁鉴修商谈之结果。闻荒木与斋藤,均觉日本虽终久必承认傀儡组织,但时机仍未成熟,二人并商及欢迎国联调查团事宜。

据云,日本将于九月国联全体大会开会前,正式承认傀儡组织。

【中央社东京二日电】 斋藤首相召见荒木,商议承认满洲问题。又斋藤首相为休养起见,将同夫人在(Zwlui)地方勾留三日。

《中央日报》1932年7月3日第一张第二版

64. 调查团昨由汉城赴日

【中央社汉城一日路透电】 国联调查团星期五晨七时抵此,当日往访鲜督宇垣,彼等定星期六上午八时半赴日。

《中央日报》1932年7月3日第一张第二版

65. 东北叛逆继续压迫东省各海关,安东关被强夺全体职员撤退,满洲里海关职员被强迫服务

【中央社哈尔滨一日路透电】 据满洲里电讯,该地海关之职员,均已被捕,在压迫下为满洲服务前,哈尔滨海关开除之中俄职员数人,现均复职。

【中央社东京一日路透电】 日外务省已令日本在长春领事,通知东北叛逆谓日本政府调解海关纠纷之计划,为最后之办法,满洲若不接受,将蒙不利云。

强夺安东关

【中央社上海二日路透电】 海关总税务司梅乐和,今日(二日)按安东税

务司来电如下:虽余(安乐税务司自称)处在南满铁路区内,仍受干涉。昨日(六月三十日)一日本顾问,偕自称满洲警察者数人,着便衣,但均携有武器,冲入余住宅,强迫余交出文卷。余向彼等抗议,谓此种特殊行为,势必引起重大国际纠纷。日本顾问答称,彼奉令而行,即违抗日领,及任何其他方面,亦所不惜云。余随即派一英人至隔壁日领馆请其保护,日领外出,仅副领在馆内。日副领称彼无权干预此事。在南满路区内之海关人员,仍照常工作,但三人已为满洲警察所捕去。满洲警察,既在南满铁路区内横行无忌,余乃以书面通知日领,如日领不能担保海关人员之安全,则余将撤退一切人员。日籍职员除一人外,余均已辞职。满洲当局之行动,表示丝毫不能让步。今日海关人员,异常恐慌,致应付一切尤为困难。

今日梅乐和又接得安东税务司之第二次电报内称,日本顾问,制止海关人员继续工作,故彼已将全体人员撤退,同时日领向该税务司表示,彼将禁止满洲当局在南满铁路内一切不法行为。

英舆论激昂

【中央社伦敦一日路透电】 英舆论界及国会中,仍以大连海关问题,为讨论之焦点,惟在国联调查团之报告未提出以前,各大国或将无所表示。

各报纸对此亦颇多批评,星期评论云,大连海关之被侵夺,实为对各国之智慧一种羞辱,又谓日本指导傀儡政府之成功,一若其不宣而战之收获云云。

《中央日报》1932年7月3日第一张第二版

66. 国联大会特会开会,通过延长调查团送达报告期,颜代表称延期危险中国不能负责

【中央社日内瓦一日路透电】 今日下午开会之中日问题委员会,已将西姆士之提议通过,仅有口头上之修正云。

【又电】 国联大会特别会议已于今日下午五时十五分开会。在未讨论前,西班牙代表主张约请土耳其加入国联,全场一致表示赞成。次中国代表颜惠庆发言,表示赞同延长报告限期,但称延长报告限期,颇为危险,但中国不能

负责。最近延长之期限,愈短愈佳。同时表示希望关于调查团报告之审查,在十一月以前可以完毕。末谓东省方面,因"满洲国"之活动,形势颇为严重,且条约若不能受尊重,和平自无法维持云云。众鼓掌。瑞典代表继颜代表起立发言,谓中日问题,已令全世界注意,最好报告之延长限期,愈短愈佳。最后称,彼甚盼中日问题能得一圆满解决云。

其次捷克、墨西哥、西班牙等代表,均次第发言,大意与瑞代表之言相同,仅西班牙代表对延长表示不满,并称希望调查团之报告,能促成中日问题之圆满解决云。

主席西姆士次即对各人言论,加以总括,并称无论如何国联调查团之工作,不可加以妨害,而一切因破坏条约,而造成之局面,绝不能加以承认云。其后会议即宣告体会,至下星期再开。最堪注意者,即各人在演说时,日代表长冈竟未发一言云。

以下为国联大会特别会议通过之西姆士提案全文之译文。

"国联大会,对于所受理因环境造成事件之特殊性质,极以重视,现中日两国政府之代表已通告大会主席,彼等对于根据盟约十二条第二款规定之报告,提出期限加以延长,均已表示赞同,故大会决定将报告提出之限期,加以延长,至必要之时期为止。但有一种谅解,即此种延长限期以后不能援为先例。"

"大会于收到国联调查团之报告书后,得根据委员会之提议,确定限期延长之长度,惟须声明者,即大会之延长限期,决无延长其工作之意,事实上大会愿在环境许可之下,将此事早加结束也。大会特希望委员会,能在十一月一日以前,开始审查调查团报告云。"

《中央日报》1932年7月3日第一张第三版

67. 社评:国联调查团延期报告

国联调查团到达中国,瞬已四月,吾全国人民及关心中日问题之各国人士所一致引颈期望者,即该调查团之调查结果,以及其应当建议之解决方案,早日公布。昨日路透电称,国联大会特别会开会,通过延长调查团送达报告期,当特别开会讨论此问题时,瑞典、捷克、墨西哥各国出席代表均相继发言,表示不满，而西班牙代表尤为激烈。吾国总代表颜惠庆氏表示赞同延长报告期限，但称延长报告限期颇为危险，中国不能负其责。窃以此事对于吾国之利害关系极为严重，不得不以冷静之观察作下列之讨论。

国联调查团之调查程序及送达报告书之日期均载在于国联规约之中，规约即国联之宪法，不知中日问题委员会，究因何等重大事故而破坏其宪章。依照规约第十二篆规定，凡盟员国间彼此发生足资破裂之纠纷时，即由以下之两方法中任何一法解决之，一则交付仲裁或司法裁判，二则交由理事会调查事实，再为设法解决。假若采取第一项方法，仲裁裁决书或司法判决书必须于合理之时间内宣布之；如采取第二项方法，理事会必须于六个月以内报告其调查之结果。此次国联调查团之派遣系根据去年十二月十日理事会之第五项决议，屈指一数，已逾规约第十条规定之日期，宜其急切通过延期报告之议案。细审国联规约对于调查报告所以设时间上之规定，一以防制纠纷之日趋严重，一以从速图谋纠纷之消除，且理事会调查所得及其建议之解决方案归于失败时，尤宜早日解除争议当事国所受之拘束，俾各自采取其应当采取之步骤。例如规约第十二条之末尾曾规定曰：各盟员国彼此协定在裁决书、判决书或报告书宣布后之三个月内不得诉诸战争。此明示吾人于国联理事会宣布其解决方案不生效后之三个月内，无采取断然手段友驱逐暴力之权利。调查团之报告书迟延一天，则三个月之拘束即展长一天。时限之重要，且又可见一斑。国联理事会又何尝不知其重要，且又何尝不知违背规约之弊端。理事会明知故犯之后，思有所弥补，故于此次国联大会特别会通过之全文中加一但书曰："但有一种谅解，即此种延长限期以后不能援为先例。"国际间破例之事极罕，因破例结果多属违法之事实故也。国联规约何等尊严，不惜于破坏之后，附一但书，吾人愚钝，诚百思不得一解。

且就事实而论，调查团到达中国之初，在上海一再逗留，吾多礼貌善交际之同胞，朝餐一大餐，晚敬一宴会，此团体招待，彼机关欢迎，其未获一亲五委员之丰采者且极为失望。彼时淞沪之战尚未终止，沪案与东北问题原属一事，调查团于饱享华人隆重招待之余，申江小住，不无理由。然其溯江西上，前往武汉，究何所谓，武汉亦在调查范围之内否，抑以彼时日人有在武汉举事之谣传，调查团其有驱邪逐魔之神技耶？调查团自始即无严守限期之诚意，此事实所昭示，吾人不忍揭发而不能不揭发者也。调查团在日军肇祸之东北盘桓两月有奇，早已由沈而平，由平而沈，且已由沈而东京扬言编制报告书矣。由此足证调查团之资料,业已齐备,此时所致力者,仅以公正之态度列举事实,完成报告耳。以常情而论,即无规约第十二条之限制,亦仅可早日完成,何待乎破例延期,更何待颜代表在此次国联大会特别会议席上声请,希望关于调查团报告之审查,在十一月以前可以完毕?

日本侵占东北,已十阅月,即以历史眼光推算,已不为短。吾大好河山甘受其蹂躏,烽火连天,盗匪遍地,数千万人民沦于无家庭无衣食,无政府保护,无法律保障,栖栖徨徨[栖栖惶惶],朝不保夕之状况。而日人于暴力掩护之下,从容布置其势力,操纵教育,以亡我东北同胞之国魂,开发天产以吮吸吾关内之血汗,摧残人民之生命,浸假使吾关内之工业破产,农业衰颓,此犹属较小之弊害。若夫"满洲国"之成立,足以完成日本侵吞三省之第二个阶段,此时日方所进一步积极经营者为如何消灭三省内之反正势力,如何使叛逆之组织日益稳固,如何取得列强对叛逆提出承认,以确定其在国际间享有适当之地位。俟此项阶段再为完成,夜郎自大之日本,将实现其吞并三省之野心。彼时吾所恐惧悬渊之日本进兵平津,乃意中之事,溥仪重临三殿,亦正在日人计划之中。日人计划之能否完成,要皆时间问题,倘多假以时日,则日本大陆政策之成功较易,少假以时日则其政策之成功较难,睿智之国联理事会及五人调查团,对于此中之利弊危害,洞若观火,试问其延期报告,是否有意对日本之侵略步骤,与以充分之保障?国联理事会处理中日问题之诚意,是真值得吾人研究者矣。

况国联本非立于国家之上,实并立于国家之间,国家于困陷之时能否受其保护,以该国之能否运用国联为断。理事会三次议决议案,已显示其能力薄弱,而调查团抵沪之日亦声称其处置中日问题之能力,有一定之限度。国人惟问国联何不援引规约第十六条与日本以合法之制裁,而不观察国联各盟国利害之纷歧。国联之不能圆满解决中日问题,记者明言于前,仍敢断言于后,调查团报告书之延期,仅其另一征兆而已。舍国联而外,尚有非战公约及九国公约以资救济,然而冷观列强互相牵制之形势,及美国既往之表示,两项公约能否恢复中国领土,亦可推见。吾人身受宰割,痛楚与危险日甚一日,其果无自助之能力乎?任何人必应之曰有。亦任何人必自信其有,凭此自信之意志力,然后可以打破依赖他人之迷梦,此又吾人于辞辟国联调查团延期报告之后,期望国人转移目光,速图自救者矣。

《中央日报》1932年7月4日第一张第二版

68. 调查团今日可抵日本

【本社三日北平专电】 调查团支（四日）可抵日，秘书已到长春，文件移北京饭店整理。

《中央日报》1932年7月4日第一张第二版

69. 汪罗宋郭在沪会商东北海关问题，对日本所提调解办法决拒绝，汪院长等昨晚离沪起程返京

【中央社上海三日电】 罗文干、郭泰祺江（三日）晨九时许，偕往宋宅，会商东北关税问题，谈一小时，罗郭复同往谒汪，晤谈后，罗先辞出，汪郭同出至郭宅续谈，至午汪始返寓，汪及何应钦下午五时许先后至宋宅，与宋会商至晚始散。闻两日会商结果，对叛逆攫夺关税已决定应付办法，对剿匪军费及苏省财政，亦商得相当结果。汪下午在寓邀银行界要人李馥荪等，及各报代表说明施政近况，并咨询一切。汪偕陈璧君、曾仲鸣夜车返京。

【中央社上海四日电】 汪精卫、曾仲鸣江（三日）晚十时专车返京，罗文干、石青阳江（三日）夜快车返京，顾孟余江（三日）下午三时廿分返京。

【中央社上海三日路透电】 闻日本提出关于东北海关问题调解办法之照会已由梅乐和转交外交部，昨晚汪宋罗郭之会议，席中曾将日方照会提出，讨论结果，决定加以拒绝云。今日下午郭泰祺已偕其夫人及幼子乘日本皇后号赴英，送行者有罗外长英美总领事等，郭将经坎宁大赴英，预料八月三日可抵伦敦。

【中央社北平三日电】 黑河电。滨江关税务司波拉地访伪市长鲍逆观澄，代表总税务司梅乐和口头抗议，嘱其转达傀儡组织，波拉地并谓彼对叛逆武力接收海关，严重抗议，并应绝对继续事务，今后若有驱逐关员出境命令，亦绝对不他去。叛逆对波拉地向外宣称，叛逆警察当接收海关时，向关员拟枪拘禁吏员数名，为一种威胁，甚觉不满，特与其交涉从速更正，否则取断然手段处

置云。

【中央社哈尔滨二日路透电】 据警署报告,昨日警察当局访前税务司约翰,质问彼称警察"威胁"海关职员,有何凭证,若不能指出明证,即为诬毁警方,将采严厉措施。税务司答称,若非"威胁",则目前在压迫下为海关服务之人员,应令其自去,不应强其工作。警方称此非警察范围,应由新税务司酌定云。

【中央社东京二日路透电】 据长春传来之日方消息,东北叛逆已准备对海关问题,对日方提出对案,其要点如下:(一)中国应承认叛逆得接收满洲各地之海关,但大连海关除外。(二)若大连海关之行政权能交叛逆,则叛逆仍半大连海关之收入,应还外债部分外,将关余汇解南京。(三)若此种办法,不能实行时,则所有各关收入,均将归叛逆,但对于抵押部分,不能负责。(四)俟外债偿清后,满洲各地之海关行政权,均应一律移交叛逆云云。

对日将再提出抗议

据财部某要员谈,日人主使伪组织,抢夺东北关税,已到最后严重时期,英美均因债务关系,已向日政府提出严重质询,现在交涉关键,以大连海关为中心。宋财长于迭次宣言中,声明日政府对于租借地内应负中国关税行政完整之全责,而日人毫无履行之意。日前外部向日政府提出抗议后,毫无结果。外长罗文干,前日赴沪,与宋财长续对应付办法,再作详商。我方对此事,所采之坚决政策,即在完全恢复东北各海关之现状,最后虽到任何牺牲,亦所不辞。前被免职之大连关税务司福本,已受伪组织之非法任命,开关征税,并武力威胁全体关员参加,但中国关员一百余人,均已躲避。近福本下令,严禁辞职关员离境,如被查获,即交由伪组织,治以叛国之罪。总税务司所任命替代福本职务之大连关副税务司(日人)令其即日就职任事,但因受日本军事当局之警告与恫吓,未敢执行职务。刻下中国在大连之海关,已无形被迫停顿,安东关复被抢夺,其他各海关关员,亦均被迫服务。观察上项情势,实已到最后严重时期,财部现已将此事及其关系文件移送外部,全权办理,并向日本再提出严重抗议云。

《中央日报》1932年7月4日第一张第二版

70. 调查团昨抵东京，李顿过大阪发表声明书，努力目的专谋实现和平

【本社四日上海专电】 东京电。调查团支（四日）晨八时抵东京站戒备极严外，海陆各省代表及英美法意德各大使馆员，到站欢迎，下榻帝国旅社，李顿径赴英使馆晤英使林德莱。李顿过大阪时，发声明书，申述该团之使命为调查，非交涉。谓余等使命及调查，皆在汇集有关事实，而报告国联。此种关系事实中，最重要者为中日纷争地域内所有永久权益，而应先阐明此项权益，究为何争，国联将根据余等报告实行调停。余等深信余等调查，对于决定两国生死权益，有大影响，故两国如能觉悟，则和平之神，必能制胜。余等努力之目的，乃专谋实现此和平也。

【中央社东京四日路透电】 国联调查团主席李顿爵士，今早抵东京后，即下榻于英国驻日大使馆，卧床未起，身体发热，且饮食不消化，但病势并不十分沉重。

【中央社东京四日电】 国联调查团，今早抵东京。前日人散布传单，请立即承认东北伪组织。散传单者，并未被捕。

国联调查团，既已抵日本，预料于内田就外长职后，日本政府将正式表明其对东北伪组织之态度。同时日方将说明日前国联决议案内，确定日军应撤退入南满铁路区内一点，现应认为无效，因在该决议案通过后，东三省已宣布独立矣。关于海关事，日方或准许东北叛逆人员管理大连海关，但以关款偿还外债部分，仍汇交我国政府云。

【中央社日本下关三日路透电】 国联调查团，今晨由汉城抵此，受政府代表及群众盛大之欢迎，其后彼等即乘专车赴东京云。

【中央社东京四日路透电】 据日联社电报称，内田今早与记者谈，关于日本承认满洲事，日本政府对日本与苏俄之地位，极为重视，因苏俄之态度与东三省之将来有密切关系也。内田已由大连启程来东京，定七月六日就外长职，即日接见国联调查团。内田将不用解释方式，直截了当，说明日本对东三省之决意及态度。

《中央日报》1932年7月5日第一张第二版

71. 调查团今午晤斋藤，日承认伪组织违反九国公约，调查团今日晤内田将加劝告

【本社五日上海专电】 东京电。调查团定鱼（六日）午二时晤斋藤，阳（七日）晨十时晤荒木，庚（八日）晤内田。内田微（五日）抵神户，午赴东京，鱼（六日）就外相。途中谈主张即承认伪国，谓"满洲国"为自立之国，各国无干涉理由。

【本社五日上海专电】 电通东京电。调查团观察日承认"满洲国"，与昔时日政府在国际声明尊重中国领土权之言相违背，将为世界舆论所反对，日政府出此，实等于承认侵害领土权，违反九国公约，故此种行为，实不利于日本之国际地位，将于明日晤内田时劝告反对。

【中央社东京五日路透电】 李顿爵士提议与陆相荒木晤面，荒木已允，并定于七日上午十时在陆相官舍会晤。

【中央社东京五日路透电】 斋藤首相将于明下午七时半，为第一次之广播演说，报告政府救济农区计划，澄清整治办法，请全国人民一致合作云。

《中央日报》1932年7月6日第一张第二版

72. 李顿爵士在日卧病，意代表暂代调查团主席，日报对调查团尚有愤激语

【中央社东京六日路透电】 国联调查团主席李顿爵士卧病，须一星期后始可痊愈，现由意大利代表暂代调查团主席职务。

【中央社东京六日电】 今日各报，对于日外交次官，向英大使林德之言，谓日本在调查团未离远东以前，将不承认东北傀儡组织一节，有强硬之批评，谓此虽小事，但日政府颇感棘手，因恐外次之失言，将引起社会之反对，令形势愈趋复杂，但又谓外次之言，仅能代表彼个人之意见，若政府认有提前承认东北傀儡组织之必要时，似得予以承认云。

此间各报,对于调查团某君向日本报知报称,日本承认东北傀儡组织,系违反九国公约一节,亦表愤激之意云。

【本社六日上海专电】 东京电。调查团除李顿因病外,午后二时半,由吉田导访斋藤,晤谈约十分钟辞出。

《中央日报》1932年7月7日第一张第二版

73. 日外次昨晨访斋藤,解释失言事

【中央社东京七日电】 外次由今晨访斋藤,解释外传彼对国联调查团人员失言事,谓在调查团未离远东前,日本不致承认傀儡组织云。

《中央日报》1932年7月8日第一张第二版

74. 调查团在日今日将晤荒木质问

【本社八日上海专电】 东京电。调查团本定庚(八日)再晤外相谈满洲问题,以李顿病尚未痊展期。各委员庚(八日)休息一日,定佳(九日)访荒木,将根据在满调查材料,提出质问。又该团定真(十一日)或文(十二日)俟李顿病痊后,正式开始与日政府折冲。

(中央社)日议院日前已通过正式承认东省伪组织案,日内阁现亦积极进行正式承认,不但世界舆论一致攻击,即各国政府,亦莫不一致反对。闻国联调查团李顿爵士等一行抵日后,对日政府已极力劝告,勿有此举,但承认东省伪组织为日政府既定之方针,能否因调查团之劝告,而改变,尚系一大疑问。闻日方对于此事,分强硬与和缓两派,军人派主张立刻承认东省伪组织,俾国联重行开会时,可托言东省已独立,而透卸其责任。但外交派则主张和缓,因如于调查团在日时承认东省伪组织,则调查团报告书对日方将大有不利。日新外相内田近已就职,内田虽为外交派,但其主张则与军人派接近,主张积极侵略。故日方对于承认东省伪组织,日内有无开展,颇堪注意云。

《中央日报》1932年7月9日第一张第二版

75. 日政友会激烈分子函调查团，谓满洲既得权绝不放松，不久即将承认傀儡组织

【中央社东京九日路透电】 政友会之过激分子，所组织之小党团，今日发表致国联调查团之公开信件一通，其内容如下。

公等利用中国方面之努力压迫日本外交当局，致令日外交当局，有犹豫不决之态度，余等敢为公等告者，即日本国内之智识分子，对于外交当局之受公等在中国调查团时之朦惑，皆表激怒之意。

故余等深信此时应将日本国民之主张，真实的及坦白的向诸公表示——此与日本外交当局客观态度不同——希望公等借此能获知日本国民之公意，俾供公等参考。

简单言之，即无论公等所编制之报告书内容如何，日本对于在满蒙之既得权，绝不能放松一步。若公等以日本愚拙政府之态度，竟误认日本国民之公意，则公等实引导西方各国误入歧途，以致危及远东之和平。第二点即无论日政府态度如何犹豫，日本在最近期内必承认满洲，此为不可疑之事。故余等深盼公等能本此意，不再虚费时间与劳力，对此事一公正之判断云云。

《中央日报》1932年7月10日第一张第二版

76. 调查团定期会晤

【中央社东京九日路透电】 预料国联调查团，不久即将与日政府当局，开始协商，大约日期已定由七月十二日起开会若干日。今晨调查团委员等，与陆相荒木有非正式会谈，李顿爵士因病未愈，未出席。

《中央日报》1932年7月10日第一张第二版

77. 调查团员贝尔特由长春返平

【本社九日北平专电】 调查团员贝尔特前赴长春接洽某项问题,刻已事毕,日内返平。

《中央日报》1932年7月10日第一张第二版

78. 荒木声明荒谬绝伦,竟反对中国主权及于东三省,日本破坏中国领土行政完整

【本社十日上海专电】 电通东京电。斋藤谈承认傀儡组织已经通过临时议会,今已成为国论,政府虽有变动,决不能改变此议,现正进行准备承认,但时期未便言明。荒木佳(九日)晤调查团,声明日本态度,谓日本绝对反对以东三省为中国主权下任何形式之国际国,又反对中国主权及于东三省,日将东三省作为与中国完全分离之独立国。内田外相亦将于文(十二日)元(十三日)会见调查团,作同样声明。

【本社十日上海专电】 东京电。真崎灰(十日)由大连过门司转东京,据谈承认东北叛逆事,国内分急进论与尚早论二说,孰是孰非,不能言之。在满兵数,或谓过多,或谓不足,均系见解错误。故须进京与各方协议,方能决定。内田已会见调查团,该团将征日政府处理"满洲国"最后意见后,再提出南京政府。满洲自治领权之提案,预料将展开相当深刻之外交折冲。

【中央社东京九日路透电】 今日下午消息称,陆相于今晨会见国联调查委员时,声明下列各点:(一)日本欲扶助东北叛逆之发展。(二)日本于傀儡组织完备时,应即予以承认。(三)日本对于撤去在满日军事,尚未考虑,因第一步应先恢复秩序与安宁。(四)东三省不能重入中国管辖。(五)东三省为日本之生命线,日本与东三省之防务,不能分离云。

李顿爵士病尚未愈,未参加今晨之会谈,但彼已约定七月十二日与内田晤面。

今日下午有一部反对分子，召集群众大会，由一名内田者致开会词，大会即通过议决案，请政府即日承认傀儡组织。同时又通过一宣言，谓若再犹豫不决，将启各国对于日本之疑窦云云。大会闭后，即由大会代表持议决案及宣言，往见总理及外相云。

【中央社东京十日路透电】 日联社电。日本首相斋藤，今日（十日）下午接见民众代表时，称关于承认傀儡事，日本全国一致主张皆同，余（斋藤自称）无须再次声明，此种主张，决永远不改，即内阁改组，此种政策亦不为动。目前日本政府，正设法早日承认傀儡。但至于何时实行之，则此时尚不能公面。关于南满铁路总裁事，斋藤谈，该问题现时甚为复杂，日内彼即与内阁阁员会商此事云。

《中央日报》1932年7月11日第一张第二版

79. 国联调查团最终报告书，八月底即可完成，内容分类之大要

【北平通讯】 据日本方面传称，国联调查团最终报告书，目下已成为世界注视之的，此种报告书完成时，卷帙之大，几及八百页，再加附属参考者如日本政府提出之满蒙关系资料书约十册，中国政府提出之参考书类十五册，关东军军事行动报告书，傀儡组织提出之建国关系报告书，满铁路关系资料及其他必要上，调查团请求之各种资料，卷帙更为浩瀚。最终报告书之作成，以国联秘书处与调查委员同时派遣之十名专家，各就其部门从事研究调查。

报告书第一项，系详述东北时局之历史的背景，计自帝俄侵入，中经日俄战争、扑资茅斯条约、张作霖时代关系，以至"二十一条"要求，与夫九一八事件发生以至现在之历史的背景，靡不详述。本项作成，系国联秘书处政治部员巴士特和夫（捷克斯拉夫）担任。次于历史的背景而作成部分，系对于东北问题的各种关系条约之检讨。本部分作成，由杨格博士（美国人）担任。本部分内容，系自国际公法立场，叙述以东北作中心而结成之一切条约的沿革及履行，并说明目下东北之国际法的立场。

条约关系之后，紧接行政问题。本部门担任者，系以荷领印度政府中国局

长安捷里诺博士为主任，有组织的调查我东北及我国全国之行政状态，并对张作霖张学良统治下之东北行政状态，以及傀儡组织成立后之行政状态作精密研究。其次，即军事部门，本部门以曾经参加欧战这德人柯资厄氏（德意志外交部参事官）为主任，对于以东北作中心之中俄、日本——特别是关东军——之军事行动，作详细之报告。复次，最终报告书中，调查员认为最重要之部门，即经济财政问题是。本部门担任者，系目下正赴哈尔滨视察北满经济之白尔特博士、法国经济学者德业里博士及德尔福门三人。德尔福门氏系美国驻日大使馆东洋通商贸易顾问，对于我对日排货之沿革、范围、组织曾赴内地详细调查，目下正旅居沪滨，起草报告。其次系铁道问题，本问题以国联前交通部员，现任加拿大太平洋铁路公司干事之爱牙木氏专任。该氏系自技术的、经济的、政治的见地，对东北铁道问题，调查报告。上述各部门中，报告有业经作成者。

至铁道问题、军事问题，及其他问题，现正由专门家，热心促其完成，并预定国联调查员在日期间，完成大部。又对此种部门调查团预定，先以委员五人，作个人研究，研究结果，各附加批评，并表明意见，然后再总括斟酌此种批评与意见，经委员长一度评阅后，再作最后的最有权威之结论。至构成此种结论之重要部门，自系委员会所欲提出之满蒙解决案。不过此种解决案，调查团于未作成之先，为求该案提出国联大会时，中日两国均能接受，自必先征询双方无忌惮之主张以及最大让步条件，并于中日之间，樽俎折冲。至调查委员此次赴日之主要目的，一方固以前赴东瀛为最终报告点缀，而他方则在求得委员意中之东北时局解决案。又委员团之最终报告书，最迟八月底即行完成，九月中旬，或可送达国联秘书处。

（七月七日）

《中央日报》1932年7月11日第二张第二版

80. 社论：辟荒木之谬论

日本承认满洲傀儡组织之说，宣传已近两月，然格于国际条约之层层拘束，迄今仍在制造空气，尚未见诸实际。昨日报载日陆相荒木氏公然向国联调查团发表违法之谬论，并称内田外相亦将于本月十三日会见调查团，作同样之声明。荒木之言曰："日本绝对反对以东三省为中国主权下任何形式之国际国,又反对中国主权及于东三省,日本将使东三省作为与中国完全分离之独立国。"所谓"反对主权下任何形式之国际国",再三玩味,究不能断定作何解释。"国际国"已属公法上罕见之名词,又冠以中国主权下数字,益使人无从捉摸,既在中国主权下,当然为中国之领土,其他国家之主权断无侵入之理,何"国际国"为? 荒木原系军人,妄发言论,错误当所难免,然"国际国"一名词自有其含义在,亦为无足疑虑之事。最后一言谓将使东三省作为与中国主权分离之独立国,直等于明白宣称所谓"满洲国"者为日本所造成,亦为日本所享有,"满洲"云云,日本之代名词耳。此等言论非但使吾人闻之发指,即其他四十余国联盟员国及九国公约签字国,苟少有是非之念,亦当闻之愤慨也。

  日本在国际间所有之行动及其所有之言论,自中日战争以还,向不以中国为独立国看待,日本当局所发表关于中国之言论,悖谬如荒木此次所发表比比皆是,国人司空见惯,已不感受刺激。所可怪者荒木之谬论乃对国联调查团而发,不啻明白通知调查团,日本侵略东三省为合法之举,目前之东三省已为日本之东三省。调查团对于此等谬论,受之若宠,不能不令人诧异。记者从未敢相信调查团在日人之心目中具有何等尊严,然饮水思源,调查团独不思受命于国联理事会,而其所依托者为神圣之国联规约乎? 更不思其调查之任务,系根据于理事会之决议案乎? 何以对于日人侮蔑全部规约、违背第二次理事会第三项决议案之荒谬绝伦的言论,闻之若素耶? 国联调查团云乎哉,国际公法云乎哉,对于处置中日问题之效力,究竟何在?

  荒木言词中反对东三省为中国主权下任何形式之国际国,姑无论此语之瑕疵,然使吾人所注意者,所谓反对某种事物或某种主张,自必有某种事物与某种主张,存在于前。"国际国"系国联调查团对日建议之另一错误名词,概可想见。证诸国联对于东三省问题之初期的非正式建议,并按诸国际公法,"国际国"当为将东三省改为永久中立区,或划为非军事区之误。永久中立区乃任何国家于平和时期或战争时期,不得以武力侵入该区,而该区亦不以武力侵袭他国之谓,但无妨建设防御物及训练相当之军力,欧战前之比利时即属永久中立国。永久中立国之构成,先由各国与该当事国签一永久中立条约,前者保障后者之永久中立权,后者对于前者履行不违背中立之义务。"非军事区"即在该区域内不设军备之谓。此两项建议均曾先后由国际联盟非正式的建议于前,而今再向日本旧事重提,自属意中之事。

国联调查团虽已决定延期报告，但迟早必需提出报告。此时该团所致力者当然不在事实之搜集，而在解决方案之准备。在正态情形之下，调查团所希望者当然为中日均可接受之建议案。国联本身为一政治团体，非一司法团体，其建议案将以正义迁就事实，乃为必然之势。然调查团应当顾念国联之寿命，幸勿以弱国可欺，用尽其吓诈欺陵[凌]之手段，亦勿以强国可畏，用尽其迎合权变之态度，调查团拟制中之报告书，与其违背正义，使强国接受而弱国不能接受，毋宁表扬正义，使弱国接受，而强国不接受。反正既均无效力，当然以维持正义之建议为上，调查团诸公，其以为然乎？

读荒木之悖谬言论，吾国亦当觉悟，即划吾领土为永久中立区，亦为日本所反对，换言之，日本非达到侵并三省这目的不止。此等言论究含欺诈之意抑含真实之意，一时固难断言，然国联能力之薄弱亦属昭彰之事实。将来之报告书，即吾人屈意接受，而日本未必接受，虽规约定明理事会一致通过之报告书，如为甲国所接受，而不为乙国所接受时，国联尚负有进一步维持原案赞助乙国之义务。但理事会一致之通过，及进一步之赞助，能否实现，殊属疑问也。中日问题日益迫急，吾人舍自助而外，已无其他蹊径。倘仍静待不可期望之国际变化，直等于坐视三省移转暴日而已。愿政府本其一面抵抗一面交涉之原则，放手进行，抵抗要真抵抗，交涉要真交涉。要知中日问题之解决在我而不在彼，如不坐以待亡，惟有实行一面抵抗一面交涉之政策，徐图失地之收回。

《中央日报》1932年7月12日第一张第二版

81. 调查团定期返沪，各委员无来京意

【中央社东京十二日路透电】 据闻国联调查团，将于本月十五日，乘秩父宫丸由横滨返上海。据调查团人员称，李顿爵士及其他委员，皆无意再往南京云。

【中央社东京十一日电】 此间所谓国民会议，连日向政府示威，催促承认满洲傀儡组织，形势紧张，状如中狂，意在间接威胁调查团，惟日本舆论界对之亦均淡然视之，颇露鄙薄之意云。

《中央日报》1932年7月13日第一张第二版

82. 蒋作宾昨访内田，蒋氏力辟日本不应承认傀儡

【中央社东京十二日路透电】 中国驻日公使蒋作宾，今日访内田外相，为正式复职后第一次之拜谒云。

【中央社东京十一日电】 我国驻日公使蒋作宾氏，于到达东京前，途经神户横滨时，日方以此次回任，或有具体解决方案携往，报界前往访问者多以此为问，经蒋氏答称，此行并未携有任何具体解决方案，一切惟视日方有无诚意解决中日纠纷。关于承认傀儡组织，蒋使称，日本屡次宣言尊重九国公约，如果承认傀儡组织，不惟证明日本违背信义，且将使其在世界之声望，大受损伤。关于大连等海关问题，蒋使亦谓不能认系伪组织之行动，而应由日本负其全责云。

《中央日报》1932 年 7 月 13 日第一张第二版

83. 调查团昨晤内田，日人公然自认将承认傀儡，还说与九国公约并无抵触

【中央社东京十二日路透电】 李顿爵士已愈，昨日下午参加与内田外相之谈话，下次谈话，将于本月十四日举行。至谈话之内容，则不明，因调查团方面要求保守秘密。在今日谈话以前，有十二大学组织之学生爱国联合会代表，向调查团呈递经一万学生签字之请愿书，请调查团以公平之办法，解决中日纠纷云。

【中央社东京十二日路透电】 据日方消息，当今日下午内田与调查团会谈时，内田曾提出下列数点：（一）满洲问题，应谋根本解决；（二）满洲问题解决方法，应将以后所有之纠纷，完全扫除；（三）日本的承认满洲傀儡，现傀儡国之存在，已成具体事实，故日本为保持远东和平起见，决早日承认其为独立国；（四）日本以为承认傀儡与九国公约并无抵触；（五）日本认为傀儡政府，既已成立，现时再与中国政府交涉，毫无意义云。

【中央社东京十三日电】 内田外相定明日与调查团第二次会晤,届时将提出一觉书说明日本对满洲问题之不变方针,并发表声明书。

【中央社东京十三日电】 调查团一行,今晚出席内田外相之宴会,外交方面要人,五十余名均参加。

《中央日报》1932年7月14日第一张第二版

84. 国联大会改九月十八举行

【中央社日内瓦十二日路透电】 原定九月五日开幕之国联全体会议,现已改于九月十八日举行云。

《中央日报》1932年7月14日第一张第三版

85. 西门误信日本声明,错认东三省仍门户开放

【中央社伦敦十三日路透电】 西门外长,今日在国会中告议员米恩,谓近日中国情势,并无何特殊令人注意之事。米恩问中国政府现有极力恢复长江安宁之意,英国是否将予以援助?西门答称,英国对于恢复长江秩序,或世界各地之秩序,均一律予以援助云。

纳恩议员询英政府是否将与美国接洽,采共同行动维持满洲之门户开放?西门答称,无此必要,因英国对满贸易并未受歧异之待遇,且有日本维持门户开放之声明云。纳恩又问外长是否得知歧异之待遇之事实?西门乃令其提出说明,并谓英国对于满洲问题,还确实有文件与美国往也云云。

《中央日报》1932年7月14日第一张第三版

86. 贝尔特返平

【本社十三日北平专电】 贝尔特元（十三日）返平，据云在长春调查经济善，无别项任务。

《中央日报》1932年7月14日第一张第三版

87. 调查团即离日来华，对日意见相差甚远，昨与内田二次会晤颇多质问，内田表示东省永不归还中国

【中央社东京十四日路透电】 日外相内田康哉，今日（十四日）与国联调查团作最末次商谈，内容虽未发表，据日本政界当局谈，日外相内田今日（十四日）向国联调查团表示，日本永远不能承认将东三省归还中国，但日本目前暂不承认满洲，因日本欲先等满洲地位稳定后，再与满洲商订平等条约，同时承认满洲。于日本正式承认满洲后，日本将拒绝与国联或中国商谈东三省事。据一般人推测，可见日本在未正式承认满洲前，尚可与中国商谈东三省一切问题。中央社东京十四日路透电。日外相内田康哉，今日（十四日）与国联调查团谈话后，向新闻记者谈，彼不能将谈话内容公布，但所可报告者，即今日（十四日）谈话时，彼与国联调查团双方以极坦白之态度，将双方意见尽量说明。现时双方之态度，彼此均已十分明了。惟双方是否已有协定一点，内田不愿发表意见。据报载内田表示，如国联调查团纯以理论方式，研究东三省问题，则日本与调查团之意见，无法接近，因东三省问题与日本之经济生命，及国防，均有密切关系。唯一解决东三省问题之途径，即从事实上设法，维持远东永久和平。内田请调查团勿以欧美眼光观察此事，稍候片刻，再定方针。东京日日新闻，深恐为东三省问题，日本政府与调查团之意见相差太远，双方争执不下，或致使日本脱离国联，亦未可知。

【又东京十四日路透电】 日外相内田与国联调查团第二次晤面时，内田郑重声明，日本不能放弃其固定政策，即维持远东永久和平是也。国联调查

团,以书面质问内田多事,内田日内将有书面答复。调查团今日(十四日)下午离东京去 NIKKD 游玩,定明日(十五日)下午回东京,何时离日本去华,此时尚未定云。

(本京消息)国联调查团定于今日离日径赴青岛。兹据东京十四日电称,国联调查团赴日,原拟作较长日期之逗留,此次亟离日之缘由,系因在东京时,各方多予以难堪,而日政府所表示之态度,尤使调查团感觉无久留之必要云。

【中央社东京十四日电】 调查团在日本任务已毕,定十七日由神户起程,再度赴中国。

【中央社上海十四日电】 日方电讯。调查团删(十五日)离日来华,皓(十九日)可到沪。又据张祥麟谈,该团来沪否尚无确讯,已电询顾维钧,日内当有复电,但顾恐不至来沪云。

《中央日报》1932 年 7 月 15 日第一张第二版

88. 中日直接交涉不确,因日本毫无诚意无法谈起

(中央社)日来外间纷传中日直接交涉,有即将开端之说。记者昨(十五)特往访政府中负责人员,叩询真相。据谈,报载蒋作宾公使赴日负有直接交涉使命之说,绝非真相。试以内田最近迭次宣言"对中国讨论满洲问题已无意义之举",及"满洲永远不能还中国"等语观之,日本之毫无诚意,显然可见。于此亦足以证明在现时状态下,直接交涉说之不确也云云。

《中央日报》1932 年 7 月 16 日第一张第二版

89. 调查团游览日光,明日启程取道青岛赴平,此行结果只日本朝野之冷遇

【本社十五日上海专电】 华联东京电。调查团寒(十四日)受日外部招待游日光寺,各委员自由行动。李顿及秘书长哈斯删(十五日)晨由日光返东京,上午十一时二十五分由东京赴横滨,再乘秩父丸来华。李顿将在青岛登岸,直

往北平。

【中央社东京十五日电】 调查团一行,本日参观日光名胜。日本各要人赠送该团品物甚多,安田善四郎昨日(十四日)并赠以自己雕刻之假面具六个。李顿等非常欣喜。该团现预定十七日起程,中九日下午三时达青岛。

国联调查团李顿爵士一行,由平赴日后,因日方一面对之冷淡,一面又表示强硬,大为不满,日来虽与日外相内田会晤,但以内田之态度强硬,表示东三省永不交还我国,并拟立即承认叛逆组织,该团以无法接洽,决即日离日。据外部所接消息,该团于今(十五日)离东京赴日光游览,十七日由神户乘秩父丸来华。该团现正与轮船公司接洽,请在青岛停靠,俾由青岛乘车赴平。如此计划不能实现,该团即直接赴沪,约十九日可以到达。抵沪后即乘轮赴平,不再来京云。

(中央社)日本内田外相,最近对于国联调查团迭为种种强硬态度之表示,顷据政府中人加以评论云,内田此种态度之表示,一方固适足以将日本积极吞并东北之野心,暴露无遗;一方亦系一种空气作用,盖欲以日本侵略之阴谋,深印于国联调查团诸人之脑际,使其于制作报告书及建议解决方案是地,受日本宣传之影响,而倾向于迁就日本要求之一途。但国联调查团诸委,定能洞烛其隐,决不致受其愚弄云。

《中央日报》1932年7月16日第一张第三版

90. 社评:日本当局告调查团者如此——调查团诸君将甘受蒙蔽乎?

国际联盟调查团之二次渡日,于七月四日到东京,日本新外务大臣内田康哉,即于七月五日下午九时二十五分由大连赶到东京,七月六日在皇宫举行就职典礼,八日上午即与国联调查团正式会谈。内田为前任南满铁道公司总裁,此次匆匆归去,其唯一要公,为应付国联调查团,此为举世皆知之事实。

国联调查团此次渡日之目的,为征求日本政府对于满洲问题的意思。七月八日的正式谈话,调查团对日本当局所发质问,据日本东京及大阪报纸所传,不外左列几项:

一、日本政府,是否有即时单独承认"满洲国"之意思?

一、日本政府对于"满洲国"的成立及承认与抵触九国公约问题,作如何的设想?

一、日本政府,对于中国政府必得满洲失地的要求,将如何处置?

一、日本政府对于大连海关问题,将如何解决?

对于以上四项质问,内田外务大臣与军部及其他关系各部,据东京各报之记载,经过严密讨论之结果,其答案大概如左:(下面系日本报纸纪(记)载之口气)

一、"满洲国"承认问题　满洲之立国,系满洲三千万人民自动的意思,日本政府深信满洲人民的民族自决,对于东洋民族之和平发展,利益非少。根据日满亲善的根本精神,对于满洲之独立当予以事实上的承认及合法的援助,此为日本政府豫定的计划。至于法律上的承认问题,应看"满洲国"今后的形势如何,在事前尚不能豫言。

九国公约问题　"满洲国"是由满洲人民自动的意思所创设,并不是由第三国的侵略而产生。故视此"新国"为中国领土自己分裂的作用,这种情形并不是缔结九国公约的时候所能预料,所以"满洲国"的诞生,并没有抵触九国公约。即在承认"满洲国"的时候,"满洲国"的成立,是九国公约所不能预料的事实,九国公约缔约国与缔约国以外的第三国发生外交关系,不能说他违反条约,而且"满洲国"在建国宣言中,对于门户开放机会均等,及遵守九国公约之精神等项,已明白声明,关系各国,甚可取观望的态度。

与中国政府之关系　满洲人民之自动独立,是中国政府对之压迫过度之结果。中国妨碍满洲人民的安宁和平幸福,国联调查团亲临其地,想必洞若观火。至于日本军队自卫权的发动,以及今日之不能中止其剿匪的实际情形,是因为中国方面,有扰乱满洲治安的计划。我们看中国政府既往的事实,及"满洲国"成立后的情形,今后满洲若使中国政权万一复活,反是扰乱满洲的治安,破坏满洲住民的幸福,决无善果。所以日本政府对于中国在满洲政权之复活,当极端排斥,而坚持不干涉之方针。

大连海关问题　此种问题,可由满洲与中国直接解决。若双方不能彻底解决,日本政府亦唯有静观机变而已。但大连海关,若揭扬"满洲国"旗,则日本政府断难承认。

此外荒木陆相对调查团的谈话,东报传载尤多,其内容约略如左:

历史的关系　过去之满洲,常为扰乱之渊薮,满蒙人民不胜其涂炭之苦。

东洋和平,对于世界和平之影响,想必为调查团所深知者。此后若任其自然,则国联会员诸国所嫌恶的赤化运动,势将占领东洋而及全世界,这是先进各国所应该注意的。

民族的关系　中华民国方面虽主张由民族及国土方面之观察,满洲是中国的一部分,然而满洲民族与汉民族的彼此不同,确是一种事实。现在满洲之所以成为中国一部分的原因,不过是汉民族长久侵略的结果,是一种不自然的现象。请看今日三千万满洲民众,宣言独立,致其死力于建国的工作,是很明了的。

国防关系　满洲的国防就是日本帝国的国防,这在地理上、历史上都很明白的。以世界平和为基础的帝国国防,欲在满洲建设巩固的国防,谅必能得全世界各国国防当局的谅解。

以上云云,皆日本外交及军事当局强辞夺理对国联调查团所言者也。日本人之言行,有时似极乖巧,而有时则诚拙劣万分不值一驳。按东北三省人口三千万,其中二千八百余万,皆系由中国腹地所迁居。中华民国疆土之内,根本并无民族歧异之存在。自辛亥革命以后,国疆以内,亦绝未发生民族之争斗。故民族自决之说,用之东北三省,可谓绝无根据,此其一。日阀之强占我东北,扬言为发动于自卫权,其不可通稍研国际法者类能言之。查国际法上所谓自卫权,系排除对国家或国民之紧急及不正的危害,与刑法中之正当豫防相类。故国家自卫,有下列之重要条件:(甲)对于国家或国民之危害,(乙)对于紧急之危害,所谓紧急的危害,系指未曾实现而非指已经实行者。(丙)对于不正之危害,所谓不正者,即不法或违法之危害,凡故意惹起对方之危害或豫先知道对方之危害,而自己方面出诸积极行动者,不能谓之自卫权。(丁)需具备排除危害的不得已状态,即以别种手段不能排除危害之时,方可引用自卫权。故吾人于日人哓哓不休之自卫权,其实不值一驳,其违法又至为显然。纵退百步言之,日人所称之自卫权为合法,为问由辽宁省北大营自卫到黑龙江,古今万国,有此自卫之前例否耶,此其二。日本既拥立傀儡,使其与中国分离于先,复拟承认于后,在国际法上看来,是二重的内政干涉,是煽动中国内乱之直接责任者。日本政府现在既对国联调查团宣言坚持不干涉主义,然同时又称对于中国主权在东北之复活,当极端掩护,此其三。九国公约之第一条,在大体上说来,与联盟规约第十条相仿佛。不过联盟规约仅尊重独立及领土的保全,九国公约则除此之外,还加以主权与行政的保全。换言之,就是禁止外国对中国行政组织的干涉。今日日本尽其全力帮助傀儡,使其与中国脱离,岂非违反保全中国行政完整的原则,此在法律上日本在东北之举动,实已无立足点;而在事实上,除却破坏中国之主权外,其损害各国在东北之利益,尤为显然之事实,此其四。荒木陆相,称满蒙的国防,就是日本的国防,。种论调,荒悖灭理,出之日阀之口,原无足奇。昔年日本并吞高丽,亦曾宣称并韩为日本国防的着想。今日既得朝鲜,而又欲进窥满蒙。昔日借口者为国防,今日借口者犹是国防。日本之国疆,究竟何在?其国防线之延长,又究何所底止?昔日三韩,今日满蒙,明日或将由西伯利亚而欧洲,以他国之领土为本国国防之阵地,宁非天下之奇事,此其五。

今日中日间纠纷之解决,诚非言语口舌所能济事。则日本朝野所叫嚣而梦呓者,原不必稍加顾虑。当前国内外之情势与整个民族所应趋舍之道,治乱兴亡,鸿沟划然,无可徊徘。故今日之事,只问自救之力量如何,而不必于外来拂逆之言论,出为介意。自身以外之力量,皆可想像得之。惟吾自身之力量,为无限量。由此以言,休恤乎日阀之狂言,又何所望于调查团。

《中央日报》1932年7月17日第一张第二版

91. 调查团今日来华,预定十九日抵青二十日抵平,李顿离日感不愉快愿即返平

【本社十六日北平专电】 哈斯电平,该团效(十九日)晨九时可抵青岛,即转平,号(二十日)晚可抵此。北宁专车,篠(十七日)开济备用。闻该团以个人行动,每星期五赴北戴河避暑,星期二返平办公。顾维钧定效(十九日)返平招待。

【本社十六日北平专电】 调查团报告书,定下月由平寄出。

【本社十六日上海专电】 电通东京电。日政府为欲表明对于傀儡之态度起见,其文书在内田外相处,并已脱稿。故内田于铣(十六日)下午一时半往官邸访问斋藤首相,对上述文书,为种种接洽。

【中央社东京十六日路透电】 除李顿爵士已于昨日乘船离横滨外,其余调查团员定今晚乘车由东京出发赴神户,会同李顿乘秩父丸赴青岛。该邮船公司已允,令该船在青岛暂停云。

【中央社东京十六日路透电】 国联调查团现经青岛来华，约下星期三可抵北平云。

（中央社）国联调查团李顿爵士一行抵日后，备受揶揄，深致不满，于前（十五）日愤然离东京赴日光游览。今（十七）日即由神户乘秩父丸赴青岛。上海之行已决中止。闻该团抵青后，即将赴平着手编制报告书。至该是否尚须与我国当局作一度之接洽，现尚未定云。

【本社十六日上海专电】 电通电。李顿及哈斯删（十五日）乘秩父丸由横滨起程后，铣（十六日）上午抵神户，与篠（十七日）上午九时来神户之其他各委员会合，再乘原船往青岛。抵神户时，李谓警戒严重，殊觉无趣。且头痛又加，痢甚，有人云其状似不愉快。

承认傀儡则破坏九国公约

【中央社伦敦十五日路透电】 英国各方面，对于内田外相，在东京与国联调查团末次会面时之言，谓至日本承认"满洲国"后即日本当拒绝与外方谈判云云一节，皆极注意，众皆讨论是不最近国联大会所讨论各项，将因之策略而趋失败。官场中对此仍取沉默态度，但路透记者总集各方之意见，得一结论，即在满洲未成一永久稳固之政府以前，无论何国若承认满洲，即为破坏九国公约。日本将来因必自承认"满洲国"，但日本进行之步骤，极为谨慎，以防因此引起不幸之国际纠纷云。

罗文干谈直接交涉说不确

中央社日来外间盛传中日直接交涉有即将开始之说，本社记者今（十六）日晤外交部长罗文干，叩询究竟。据谈，外间所传，绝对不确。自九一八事变发生后，我国自始至终，抱定日军不撤退决不交涉之旨宗，迄今毫未改变。且日方始终用武，迄未停止。近日变本加厉，增兵东省。日外相内田由且对调查团表示，东省永不能交还我国。此虽含有恐吓作用，但日方之侵略野心，已暴露无遗。故时至今日，已超出外交之范围，有何交涉之可言，更何能谈到直接交涉云云。

东省门户英报评现已关闭

【中央社伦敦十六日路透电】 今日《孟却斯特导报》社论，称当欧洲各国在当前之难关中,奋斗之际,日本安然巩固其在满洲这势力。本星期三四李顿等与内田外相之谈话即足证明满洲开放之门户,现已关闭。现由各方观察,皆已明显,即日本已不顾一切国际条约及国际义务,一意谋吞并满洲,其蓄意之坚决及不顾一切之手段,于最近攻上海之惨剧,即可证明云云。

《中央日报》1932年7月17日第一张第二版

92. 险哉调查团,上次抵大连时,险遭鲜人暗杀

【中央社东京十六日路透电】 今日各报登载当五月间国联调查团抵大连时险遭暗杀,幸大连警署发觉尚早,于李顿等抵大连之前两日,将两朝鲜人捕获,当时搜出之炸弹,与虹口公园炸弹案中所用者相同,同时又获得手枪若干,此事日方严守秘密,至最近始允准各报登载云。

《中央日报》1932年7月17日第一张第三版

93. 顾维钧昨返津,当晚乘国联专车赴青欢迎

【本社十七日天津专电】 调查团由日乘秩父丸来华,沈鸿烈电海圻舰篠(十七日)开青岛迎候。闻该团在青不停留,顾维钧篠(十七日)下午由北戴河过津转济赴青欢迎,同时电平筹备招待。平当局已派员在北京饭店布置一切。

【本社十七日北平专电】 顾维钧今午返津,晚十时乘国联专车由津赴青,迎调查团。

【中央社北平十七日电】 顾维钧篠(十七)下午四时,由北戴河到津,或赴青迎候李顿各委,或先返平,尚未定。但欢迎调查团专车,定篠(十七)晚十时由津开济,即转青岛备用。

【中央社青岛十六日电】 沈鸿烈因调查团定皓(十九日)来青,铣(十六日)午仍乘江利舰由威海返青。

《中央日报》1932年7月18日第一张第二版

94. 所谓召开国际会议,解决东三省问题,我国在原则上可以不反对,但若叛逆派代表誓不承认

(中央社)据日方昨日传出消息,调查团赴日,与内田外相会晤时,曾提出建议召开国际会议,解决东省纠纷。日方主张如召开国际会议,则东省叛逆组织亦应派员参加云云。记者今(十七)日晤某外交当局,叩询意见。据谈,调查团赴日后,因日方横蛮无理,不欢而散,乃确切之事实。该团是否提出上述建议,则不得而知。我方对召开国际会议,以解决东省问题,原则上并不反对,但准许叛逆组织,推派代表参加,则誓不承认。叛逆组织,纯为日方一手所包办,一切责任,应由日方负之。我国根本不能承认叛逆组织,何能承认叛逆代表、参加会议?且维护中国领土主权之完整独立,乃九国公约所规定,如允许叛逆推派代表参加会议,是直破坏九国公约,不但我国誓死反对,即欧美各国,亦断难同意云云。

《中央日报》1932年7月18日第一张第三版

95. 社评:调查团之建议

国联调查团之报告书尚未提出,对于东省问题之解决方案,自亦正在拟议之中,为图谋建议案能为中日双方所接受,必于事前一再慎审,预为取得双方默示之同意,本报社论前已论及。乃昨日报载据日方传出消息,调查团赴日与内田外相会晤时,曾建议召开国际会议,解决东省纠纷,日方主张如召开国际会议,则东省叛逆组织亦应派员参加。同时报载吾国某外交当局之意见,谓调查团如有此项建议,原则上并不反对,但准许叛逆组织,推派代表参加,则誓不承认云云。调查团果拟提出此项方案者,此时必先刺探中日双方之意见,并且观测舆论之向背。而吾人所首应发问者,即此项国际会议由何等方式以召集之?其在国联规约上有何根据?参加会议之国家,除中日以外尚有何国?国联盟员国均可参加乎?则何异于召开一国联大会?限于九国公约之签约国

乎？又何待于国联调查团之建议？且涉及之范围由中日两国扩充至九国,其建议案敢保有效乎？凡此种种问题,非但政府当局应该慎重考虑,即吾舆论方面,亦不能轻轻放过。

国际交涉,由两国互派使节,仅只解决两国之外交问题,进而召开会议,集若干国家代表于一堂,以解决若干国家之公同问题,再由国际会议进而为有组织的国际联盟,此乃国际交涉史上之三个进步的阶段。限于两国之外交问题,自应由两国谈判交涉,所以国际交涉之原始阶段,自有其个性存在。然而国际交涉之原始阶段,自有其个性存在。然而国际联盟比较国际会议,确是充实具体而有力量。第一,国联是常设机关,其本身具有继续性。第二,国联包括世界最大多数之国家,每个国家对于国联享有权利,同时负有义务。第三,国联具有宪章,其处理任何国际纠纷,皆有足资遵守之规律。此数事者,皆非国际会议所能具备。

自国际联盟接受东省事件以来,已十阅月,调查团出发亦将半载。中国忍辱含怨,对于国联信任遵从,始终不渝。调查团到华之后,吾政府其未提出坚决之要求,而日本方面确一再向调查团作强硬无理之表示。吾人原以调查团隐忍日本之种种蛮横言论,例如日前荒木陆相之谬论,及此次主张叛逆组织派员出席于拟议中之国际会议,乃以君子态度暂时容纳,似无故意放纵之嫌。但调查团之最终武器,为报告书,为建议案,日本虽屡作蛮无理性之表示,苟不能支配调查团之事实的调查,及公平的建议,自无损于调查团之尊严。而今调查团竟拟建议召开国际会议以解决东省之纠纷,是不啻将整个问题,移转于临时聚集之国际团体,是不啻放弃国联之职责。调查团以往对于日方蛮横主张,一再缄默,截至此时已证明毫无意义。其屈服于日本之强硬要求耶,抑有竟促成此等局势耶？

除日本以外,其对于中国无特别之利害冲突者,要皆希望东省问题之公正解决,此乃人情之常。国际联盟虽属政治团体,自不便过于迁就强权而昧于公理。况调查团受命于国际联盟,而国际联盟既有宪章之依据,复有四十余盟员国作后盾。调查团又何必踌躇畏缩,不预备提出正当之报告书与建议案,而以国际会议为其替身耶？如曰国联无维持正义之实力,初则为何接受此案。且召开特别大会之时,许多小国代表提议援用规约第十六条以裁制日本,始终不获实现,而调查团对于日本侵略中国领土之如此重大案件,亦竟以十六条之明白规定若无其事者,此吾人对于国联认为极端遗憾之一点。果国联因不能依据规约以解决东省纠纷而诿诸国际会议者,则参加国际会议之国家,岂能逃出国联盟员国以外之国家,各国既不能利用有组织之国联以解决东省纠纷,岂利用无组织之国际会议所可胜任。或曰国际会议不受国联规约之拘束,可以另寻途径以解决之。所谓另寻途径,亦必须吻合规约之规定,非然者国联规约即等于消灭。况迁就强权不顾公理之议决案,又断乎非中国所接受者也。

吾国既尊重国联,对于国联之拟议或建议,自非损害吾国国权,暂不表示反对,此吾政府当局之苦衷,实可原谅。至于提议中之国际会议,果尔实现,绝无准许叛逆组织派员出席之理,倘准其派员出席,则国联调查团之派遣即毫无意义,而国际会议更无召集之必要。盖日本所急切期求者即列强逐渐承认叛逆组织,于国际会议时叛逆代表如能以出席,即可借此取得各国之间接承认。刚果国之独立,即由一八八五年柏林会议时获得各国之承认,罗马尼亚、塞尔维亚及孟得尼格罗由一八七八年时之柏林会议取得各国之承认,国际间此等例证,不一而足。日本请求一国承认叛逆组织尚不可得,今乃借叛逆派员出席国际会议之方法以取得若干国之承认,日本此着倘能告成,即无异乎列强已经承认东三省属于日本,此吾人所应特别注意者也。

总之,日本侵占东三省,绝不能认为是已成的事实,日本所亟亟图谋者在如何获得其侵占之法律的保障,吾人目前所期待者为国联之解决方案,国联不应忘及者日本侵占东三省毫无事实上及公理上之任何根据,借曰中国对日未履行不平等条约之规定,则尽可以外交手续解决之,亦断无进兵抢地之理。吾人最低限度之要求,即由日本解散叛逆组织,交还关外领土。国联如有解决此问题之决心,亦应严遵此两项原则,如交由国际会议解决,尤断不能离开此两项原则。此两项原则者,非惟九国公约及国联规约所昭示,亦人类正义将来存殁之试金石,倘国联调查团屈服于暴日之蛮横,有意以国际会议为推诿手段,以致损害中国领土之完整或主权之存在,则吾政府应准备提严重之反对,吾全国应准备下最后之决心。

《中央日报》1932年7月19日第一张第二版

96. 调查团今晨抵青岛，日报高唱承认傀儡脱离国联，各国注视远东局面异常危险

【本社十八日北平专电】 调查团号（二十日）午三时抵平。招待主任王广圻，巧（十八日）赴德州迎候，绥署派卫队四十名赴德，备随车保卫。该团拟到平后即赴北戴河避暑，总报告书发表否未定。顾维钧决随调查团赴日内瓦。

【本社十八日济南专电】 巧（十八）晚李石曾过济赴平。外交部派欧美司帮办朱世全、参事朱鹤翔，由京过济赴青，招待调查团。据谈，罗刘因事不克亲来。

【中央社北平十八日电】 顾维钧篠（十七）夜十时乘调查团专车前往青岛，巧（十八）晚六时可到青。调查团一行，定皓（十九）晨九时抵青，即换专车来平。日本代表吉田同来。调查团到平后，仍住北平饭店，各委员将赴北戴河避暑。至总报告书，将来发表办法尚未规定。

【中央社东京十八日路透电】 此间表示，谓国联调查团之报告与日本承认傀儡将有连带关系，若报告中无激刺日本人民之处，则政府非至受人民压迫，不得不承认时，将无期展缓。至傀儡之独立性，已不复成为疑问时再行承认云云。此间又暗示国联调查团之最好解决办法，莫若建议将确定之办法延长数年，在此时间，观察傀儡之进步云。

【中央社东京十八日电】 自国联调查团离日后，日本各报立时大唱即时承认东北叛逆，及脱离国际联合会之说，并谓美俄均不在国联，所谓国联，仅为欧洲之国联，日本脱离，决无不利云云。

顾维钧氏过济谈片

【本社十八日济南专电】 顾维钧、萧继荣、颜德庆、傅冠雄、施肇夔、郑礼庆、刘兰荪，巧（十八日）早九时半由平专车抵济，十点一刻赴青，迎调查团。顾谈，调查团皓（十九日）晨九点抵青，拟请其即日首途往平，过济不停。此次调查团到日，日人表示态度强硬异常，其武力所占东北，须注重事实，说空话无交还这可能，并有叛逆之代表团学界请愿团等要求，承认傀儡组织，久据之心，路

人皆见。彼之爱国程序,不惟保全本国固有一切,并对借口国防经济生命,强占人之土地,亦不放松。反观中国,则固有之东北,已被人占,应全国一致,决心收回,其办法不外外交与军事,是在政府办理,而人民作其后援,既武力不克相卫,则经济抵抗为目前要图,全靠全国一致努力,方可使彼觉悟对公理公法稍加注意。日本五月在华贸易,东南各省减百之十五,而华北反增百之二十六,调查团颇疑中国无收回东北决心,盼国人勿顾目前小利。须知救国,即为救身家之途,国亡身家亦不保。人须先自救,方可希望别人帮忙。调查团在平编报告后,方离华。避暑地各委员自择,相信大部必在北戴河西山。我交调查团意见书已二十余件,其余材料,已不多,到平再交。调查团在日时已不断有材料,交其留平专委。刻中俄复交,据知政府正努力进行中。

各国注意远东危机

【中央社伦敦十八日路透电】 欧洲各国,现已注意及远东危险之局面,现各方对于九月国联大会之形势,已纷纷议论,悲观派认若国联不采强硬手段,而日本又公然承认傀儡,则国际联盟之前途,将不堪设想。欧美各国特别为十九人委员会会员国对于远东形势尤为注意,各小国之态度,为绝对反对日本承认傀儡,但大国为本身利益起见,势将仍采闪避政策云。

国联调查团之报告,至国联开会时,当可提出。若日本竟对满洲为合法之承认,则国联之地位,将感困难。但众料日本欲将满洲脱离中国,具有决心,有不达目的不止之势。

《新闻纪录报》,谓国联调查团之报告中,将对外传日本需要满洲容纳过剩人民之说,予以驳斥。调查团对于日本将予以宽容,但目前之局面,自非为调查团所能容忍云。

《中央日报》1932年7月19日第一张第二版

97. 国联大会,因等待李顿报告书,改期九月廿六举行

【中央社日内瓦十八日电】 本日国联特别大会集会议决本年九月间之寻常大会,改在九月廿六日举行。按国联寻常大会,每年一次,定于每年九月第

一星期一。本年九月第一星期一为九月五日,应该日开会,但因国联调查团关于东省问题之报告书,势难于普通开会期内达到日内瓦。故国联特召开特别大会,将该寻常大会移后举行,以便讨论调查团报告书云。

《中央日报》1932年7月20日第一张第二版

98. 调查团昨过青赴平,李顿因病改乘张飞机北上,英政府坚持尊重华府条约

【中央社上海十九日电】 字林西报,巧(十八日)伦敦专电。英外部对日本将承认东北伪组织,视为富挑拨性,并足引起责备之举。英政府将坚持尊重华府条约,尤重中国国土完整。且李顿报告书,九月底可完成,送交国联,事前不容任何危害中国国土行为。

【中央社外交界息】 国联调查团,前(十七日)日离日来华,已于今(十九)晨抵青。我国代表顾维钧博士,亲往欢迎。该团随即换车赴平。抵平后,即赓续编制报告书。其结论部分,包括解决东省问题之建议,将在北戴河编制之。全部报告书,定于八月底完成,九月初送达国联,俾先行研究,于九月二十六日之国联全体大会,提出讨论云。

【中央社青岛十九日电】 调查团一行,卅余人,乘秩父丸皓(十九)午抵青。因该轮量大,难靠岸,由后海换乘不轮登岸。李顿因病,另用担架抬下。吉田同来。沈鸿烈、顾维钧各界代表均赴码头欢迎。同乘车赴迎宾馆,定午后六时离青。

【中央社青岛十九日电】 调查团一行,皓(十九日)晨抵青岛,下午赴海水浴场沐浴,预定夜车赴平。李顿患病,不便行动,拟由飞机送平。

【中央社上海十九日路透电】 联合社接青岛来电,谓秩父丸尚未抵青,预料今日下午可抵此。调查团预定今晚乘车赴平。调查团在秩父丸上发现电报,拟借用张学良之飞机为李顿乘坐,因李之病,尚未痊愈云。

【又伦敦十九日路透电】 此间闻李顿爵士病重,颇为惊讶,谣传李顿抵青岛时,不能登岸由布床抬下云。

【本社十九日北平专电】 调查团皓(十九日)午抵青,晚六时离青北来,号

(二十日)晚六时可抵平。福特机皓(十九日)由平飞济,闻系往迎李顿先来平。

《中央日报》1932年7月20日第一张第三版

99. 国联全体大会同意展期

【中央社日内瓦十八日路透电】 国联全体大会,已同意将会期展至九月念六日。

《中央日报》1932年7月20日第一张第三版

100. 韩爱国团谋炸本庄内田,事发在大连被捕,炸弹亦为水壶形

(汉城通讯) 据本月三日韩京东亚日报载,韩人爱国团团员柳相根、崔兴植、李盛元、李盛发等,拟乘国联调查团自沈阳抵大连车站,日本军政要人皆出迎迓之际,将关东军司令本庄繁,及南满铁路总裁新任外长之内田康哉暗杀,事为当地警署发觉,即行将柳等四人搜捕,但密不发表,至本月初,始许各报揭载。兹译其梗概如次:

自东北事件发生,日本实行侵略中国东三省以后,韩国独立党认为第二次世界大战之导火线已着,积极谋复国运动,规模宏大,计划周密,而金九所领导之韩人爱国团,则专负暗杀责任,在沪战尚未爆发之先,业已先后派遣该团暴力份子,潜赴各地相机举行。此种消息,早为日本当局探悉,故密布警戒线于日本韩国各地。而该团竟不顾牺牲,于本年一月八日,有该团团员李奉昌在东京向日皇投掷炸弹,四月二十九日,复遣尹奉吉乘上海日人在虹口公园庆祝天长节之际,向在场之军政要人投掷特殊炸弹,所有白川、重光等,八人无一幸免。嗣后日本各地,军警愈加戒备,几至不眠不休,风声鹤唳,亦疑为该团之呼啸,草动树摇,竟视作该团之活跃,防不胜防。四月二十九日,大连邮局发现一韩人投发一中国式密电号码之信件,当即送往该埠警署检查,始悉该埠潜伏有刺客多人,准备举事,乃大搜全市,于五月二十四日黎明,在北大山通五号韩人渔夫组合内金正顺家,将崔兴槙逮捕,次日又将柳相根、李元盛、李元发①三

---

① 编者按:原文如此,应为李盛元、李盛发之误。下同。

人,先后捕获,严刑拷讯,真相大明。据称该四人均系韩人,受爱国团首领金九之命。崔兴植(年二十二岁)机敏善谋,专负调查旅顺大连警备状况,于四月一日,由海道潜来大连,隐匿于金正顺家内。其间曾一度密赴奉天、长春、哈尔滨各地寻觅机会。柳相根(年二十二岁)则负责实行暗杀使命,五月四日由某地来连,匿居儿玉町满铁寄宿舍儿玉寮内满铁社员某韩人之寝室内。另由七十二老人李龙发长子元盛及元发二人,担任运输武器由某地将炸弹手枪,搭轮先到营口,再转大连,交付柳相根收存。柳将是项武器受而深藏于自用之皮箱内。四人秘密往还,暗通声气。伊等多方探悉国联调查团将于五月二十六日午后七点四十分到达大连车站,先来此间留候之本庄繁及内田康哉诸人,届时必躬出接迎,企图乘此机会,一举而将二人炸灭之。若机会逸失,则改三十日上午三十分该调查团离去大连之时举行。待目的达到后即以备就之手枪自杀,绝不让日人捕去云云。柳相根被捕后,态度自若。崔兴植则云,彼对于今番之失败,毫不在意,因伊之同志,已满布各地,专以扫杀日本野心巨魁为职志,前仆后继,绝不停止此种计划之实行。又据供称,伊等是番企图目的,在欲于调查团眼目之前,给予破坏东方和平,严厉之惩戒,并使国际明了韩国民族,反抗强日,实与中国同一战线,并不如日本片面之欺世宣传,一味蒙蔽世界视听云云。闻警署所抄出之炸弹,与虹口公园炸白川诸人者形式相同,乃一重有百三十两之大形军用水壶,内储强烈爆炸药,及碎薄白铁,外以三分厚之钢铁皮包之,裹以黄呢,系之长带,投掷时揭去小盖,引出尖端,借此尖端出了磨擦力,则能自然发火,且该水壶形之炸弹,因系有长带,故能利用远心力,观其目的之远近,可以调节如意,极为准确云。

《中央日报》1932 年 7 月 20 日第二张第二版

101. 日军部昨开会议,荒木报告日军攻热,所谓石本事件系日侵热借口,我军誓死抵抗已下最后决心,唐聚五部夺回新宾斩获甚多

【本社二十日上海专电】 日军部咋(念日)下午开三长官会议,到真崎参次、林教育总监,及荒木陆相。真崎报告日军入热情形,及汤召开军事会议内

容,谓热将分两派,一拥张,一反张,讨论未决,云日军决取预定计划。

【中央社东京念日民】 陆军省本日开会,真崎报告满洲军事状况,荒木对热河日军调动,有详细说明。

政府方面昨接热河电称,七月十八日下午二时,日机五架到朝阳轰炸,计落弹三十余枚,机关枪扫射半小时,炸死伤人马数十员匹,于二时三十分飞回。又据报告云,敌机五架,于二时飞到朝阳轰炸,又射击约三十分种飞去。炸后情形如下:一、旅部落二枚未伤人。二、迫击炮连落五六枚,死伤人员五六人,马二匹。三、电报局附近落五枚,有三枚未炸,弹形如385迫击炮弹。四、各商号落弹未详。总计掷弹约三十余枚云云。

【本社记者】 以日军进攻热河,华北形势,日益紧急,特于昨日往访某要人,据谈:本月十七日下午七时日军由锦州义县进兵热河,与当地驻军,已开始冲突。现张主任已决心抵抗,中央亦正在积极筹划中。近日日本报载五月在大连破获韩人企图暗杀国联调查团之机关,显系日本恐吓作用,与我了无关系。本年十一月美国大选后,国际形势,当有变化。外传调查团将提议开一国际会议,解决东省问题,此事政府尚无所闻,蒋公使亦无报告,闻外部已派朱参事鹤翔赴青岛调查一切。总之,国难日亟,救亡大计,除拼命抵抗外,殊无他道,须知惟能自救者,乃能得人之救,若仍徒恃外人,岂有悖理,愿与国人共勉之云云。

(又讯) 昨据日方消息:日军进攻热河,朝阳已发生战争。记者今(二十)日赴外部探询真象。据某发言人称,该部已电北平张学良主任,询问究竟,现尚未接正式复电。但据调查所得,所谓石本者,虽冒称为满株社员,实为一在东北专作捣乱工作之浪人。石本是否有被捕之事,抑或为东省土匪所掳,现尚不得而知。但汤玉麟之军队,确无逮捕石本之举。现在朝阳战事,是否继续进行,或将从此扩大,虽尚难逆料,但日方企图攻热,进窥平津,处心积虑,喧腾已久,或将借此自造题目,一意孤行,于调查团尚未离华,报告书尚未编成之前,扩大远东纠纷,使国联无法应付,而达其侵略华北之阴谋,亦不可知。但华北方面之我国军队,已下最后决心,如日军进攻热河,必誓死决抗。值此严重关头,国人应集中力量,共图应付云。

【中央社北平二十日路透电】 张学良于昨晚接到汤玉麟来电,谓昨日有日飞机六架,轰击朝阳,官方否认有石本被掳之事,信其仅为日方进攻热河之借口而已。且日方报告石本系在北票地方被土匪掳去,现北票在满洲境内,日方对石本应负责,华方不能负任何责任云。最近在朝阳与日军作战者,为义勇军,正式国军并未参加。但若日军肆意攻热,汤玉麟必以全力抵抗云。在锦州朝阳间之日军,共约六千至八千人,据本地报纸称上星期内共有蒙匪起事数起,均受日军官鼓动,故众信日军迟早必将侵入热河云。外人方面,对于石本事件,是否将成为日军侵热之先声,尚难预觐,但天津日本情报处,宣传此事,已有周,而该机关代表日军部,故此事如何,颇难预测也。至于其余各方之意见,皆认在调查团未离中国以前,不致有大规模之军事,日使馆亦否认日军攻热,但日军部之意见如何,尚难逆料也云云。

【本社二十日北平专电】 日机皓（十九日）晨十时至午后四时,飞侦义军行动。朝阳城内前昨均有日机前往掷弹,损失甚重大。屯汇方面,皓（十九日）有日军联队一队,前往袭击。

【本社二十日北平专电】 津我报载张宗昌、吴佩孚将赴热指挥讯不确,热河连日有电到平报告,即将宣布。

【中央社北平二十日电】 辽东来人谈:（一）日军前以陆空军攻陷新宾县,义军唐聚五派生力军将城夺回,并于途中迫击,获日军枪械颇多。（二）救国军王显廷部,攻下台安县后,铣（十六）又克辽中,青白旗前又现于辽西各县。

【中央社北平二十日电】 哈电。中东路列车,在距哈尔滨东方八十五英里之乌吉密河站,被自卫军包围攻击,死护兵十名,被俘五十一名,乘客受伤者五人,劫车军队有红枪会,主要目的为获步枪与军火。

【中央社北平二十日电】 北满大雨战事不烈,飞机攻击亦停。

《中央日报》1932年7月21日第一张第二版

102. 调查团昨返抵北平,李顿顾维钧先飞平李入医院,在平制报告书定八月底完成

【本社二十日北平专电】 李顿因病不耐乘车,号（二十日）晨九时由济乘福特机来平,顾维钧及法代表、端纳随来,十一时抵清河机场。张派代表欢迎。李顿下机后,即乘协和医院所备病车,赴德国医院诊疗,寓三十九号。医嘱李顿静养。法代表下车,仍寓北京饭店。余美义德等代表,晨六时离济,晚九时

可抵平。闻李顿将赴北戴河养病。

【中央社北平二十日电】 调查团各委,皓(十九)晚六时半专车离青,号(二十)晨六时抵济,九时十分李顿与法代表及顾维钧、端纳暨李顿之秘书同乘福特二号,施肇夔、郑礼庆随带行李乘一号机先后由济起飞。十一时十分抵平,在清河飞机场降落。李顿因沿途伤暑,病更转剧,体温达一〇二度,当用协和医院病床由机内抬出,改乘卫生车进城,由顾维钧等送入德国医院,由狄博尔诊治,略进牛奶。法代表则赴北京饭店休息,其余各委,均定号(二十)晚九时,乘车抵平。

【中央社北平二十日路透电】 国联调查团全体团员,今夜(二十)九时十分,由青岛乘专车抵平,在车站欢迎者,有顾维钧及中外各要人。

【中央社北平二十日路透电】 李顿爵士偕顾维钧、李秘书爱斯特、多纳等,于十时五十分,乘飞机抵此。李顿妈乘病车入德国医院云。

【中央社北平二十日路透电】 李顿已入德国医院,身体虽弱,精神尚佳,可无危险云。

(本京消息) 自国联调查团由日抵青后,除由顾代表亲自直青岛接洽外,外交部方面派朱参事前往迎迓。兹因政府方面,昨闻李顿爵士病重消息,甚为关怀,已由罗外长去电慰问,表示笃念之情云。

【中央社北平十九日路透电】 调查团皓(十九)抵青,招待处顷接李顿在海行中来电,谓因身体不适,不便车途劳顿,请借张学良自备飞机赴济迎接。张复电应允。该团定皓(十九)晚离青,号(二十)晨抵济,稍停即由济飞平。李顿与各委,均同来至北戴河避暑地点,招待处已派彭济群前往海滨觅定楼房六处,计田中玉别墅一所,王章二姓私邸两所,海滨避暑楼房两所,并另借郑洪年山庄,以为华代表办事处云。

【中央社北平二十日路透电】 国联调查团主席李顿爵士,由济南乘飞机至北平,为其生平第一次乘坐飞机,虽彼身体因病极弱,此次飞行仍极有兴趣,卧病咳嗽俱不能阻其由窗中鸟瞰沿途风景,至飞机将抵北平时李顿坐起观看北平宫殿楼阁。李顿虽沿途劳顿,而精神甚佳。抵平后,随入德国医院。据云,此次系旧疾复发,并无危险。其他调查团员,今夜(廿日)可抵平。顾维钧向路透记者谈,李顿病势并不严重,在医院稍休养后,即往北戴河。国联调查团仍希望于九月十五日前,将报告书呈交国联全体大会。关于彼本人是否去日内瓦,顾维钧谓此时过早,尚不能决定,并云调查团抵青岛时,顾氏即将热河情况报告国联调查团，并请调查团予以注意，调查团尚无意见发表。

【中央社北平二十日电】 顾维钧谈李顿在日已病，海行天热，病又加剧，食量减少，体温达一零二度。过青济时，均以病床抬行。惟李病系劳顿所致，稍养当可就痊。现医劝李赴北戴河休养，李往否未定。各委避暑事，已在海滨布置地点，去否均听自便。至李等对此行经过及感想，须各委全到后，再以文字发表。至该团总报告书，预定九月删（十五）前送至日内瓦。各委西旋期，此刻难定。热河事变在青在济，均有所闻，因情况不明，仅以新闻性质口头向李等报告。

哈斯谈片

【中央社青岛十九日电】 调查团德美法意四委员及哈斯、顾维钧等，均在迎宾馆应沈鸿烈之请。午餐后，自由出外游览。李顿登岸，乘救护车赴英领署休息。记者于午后五时，直迎宾馆访顾，由顾介绍与哈斯谈话如下：（一）此次与内田会谈，内容双方约定均不发表，故此时亦不便发表。至日报所载种种，完全为日记者臆测之辞，并非事实。（二）因日外部已公布，不对任何人宣布，故无更正之必要。（三）编制报告书时期，如无意外事故发生，决于八月底编制完竣。（四）编制报告重要工作，完全在平。到个人行动，与工作无关。谈毕，哈与诸委员在迎宾馆茶点。后即赴站，李顿仍由救护车送站，用担架抬至站前，与送行者话别。李顿抵济后，拟乘机飞平。顾已电平派机往接。记者在站询顾使法期，顾答须俟调查团工作完了再定。车于六时半西开，秩父丸午后四时半离青。

过济一瞥

【本社廿日济南专电】 张学良以李顿过青时病，特由平派两福特机飞济候迎。新机皓（十九日）晚六时半到，旧机号（二十日）早七时半到，均落张庄。调查团秘书费路得、技师哈同扣斯、张顾问伊雅格、侍从医官左迪如等随来照料。调查团车因皓（十九日）夜大风雨，及李顿病，行甚慢，号（二十日）晨七时二十分始抵济。韩代表张鸿烈、闻承烈、王恺如到站迎迓。李顿病较过青时稍轻，而带笑容，不用人扶，强步下车，向欢迎者致谢，即登担架床抬站外，偕法委员及顾维钧、施肇夔等，乘汽车赴张庄，于九时十分同登机飞平。美意行各委员及日代表等，仍乘专车。八时一刻过轨津浦路，八时三刻离济赴平。美意两委员均在睡中。德委员希尼等,曾在津浦站下车,与闻承烈谈话。哈斯谈,李顿病稍轻,调查团不致因李顿病而延停。虽日本态度强硬,调查团亦绝不变原来秉公主张。顾维钧谈,调查团过青,哈斯曾向记者团发表谈话,闻李顿到平时,在协和医院就养。

《中央日报》1932年7月21日第一张第三版

103. 英国注意远东时局,但不愿单独从事实际干涉

【哈瓦斯社伦敦十九日电】 此间政治团体,对于远东时局,忽又注意,尤以自由党方面为甚。当洛桑开会之时远东时局已有变化,洛桑信用协定成立之次日,英国自由党人物,即留心远东时局之变化,并立即加以解释。渠等谓远东事变,暂时为世界人士所遗忘,日本乘之以巩固其在满洲之地位,此种论调,逐日加甚,舆论如此,似宜引起对日本政策之激烈反抗矣,而事实上并不如是者,则以一般人认为日本之政策,不能照东京之希望而告成功也。于是反对日本之心理,为之大杀。所以认日本政策之不能成功者,其原因不一。或则以为国联会之势力可作指望,或则认美国为可恃。美之势力,在原则上效力固较小,然其性质实较具体也。此外大多数意见,则惕于日本之进步,而昌言反对,并不希望欧美之干涉。保守党方面,甚为忧虑。此派批评时局,较有分寸,认为东京地位,已觉困难。日本政府如不利用挑拨或有其他借口,固不易更向满洲深入。然欲突然抛弃其一切野心,亦觉甚感困难。如骤然出此,则世人将目日本为退缩,或认其行动为自相矛盾也。日本在中国东北势力,日益膨胀,说者谓为对于苏俄之一种永久威胁。工党坚称此种威胁,非苏俄所能承认。此种论调,在急进自由党方面,较之工党为尤甚,殊可异也。工党方面,又援引"民族处决之权",谓无论中国或满洲人民,均不能听日本如此干涉云。此间对于远东问题之从新注意,无论如何,有一极有兴味之点,须予道破,即舆论上虽极言一切利益,均为日本行动所损害,然任何政界人物,均无希望英车以单独方法出而干涉者,而一般形势,且似愈不以英国置诸有关系国家之列矣。目下巩固人对于远东问题,不过在理论上予以注意,而以关于此事之实质上责任忧虑及希望,让诸其他有关系之国家,所以如是者,暂时实因英人心理,均属望于

渥大瓦会议之结果故也。

《中央日报》1932年7月21日第一张第三版

104. 李顿病状经过良好,各团员正编制报告书

【中央社北平廿一日路透电】 李顿爵士温度微高,为三十七度又八,身体颇感不适,略作微痛,但全部病态,则颇良好。现李顿已不见任何宾客,完全在休养中。李顿之病预料一星期至十日之内,即可痊愈。现其他各团员正在着手编制报告之末节,李顿未愈前,皆暂不他往云。

【又北平廿一日路透电】 李顿今晚体温略高,惟其他病状,尚属经过良好。中国各报对于李顿之病,一律抱同情之态度云。

《中央日报》1932年7月22日第一张第二版

105. 调查团从事整理,十日后编制总报告书

【本社二十一日北平专电】 调查团总报告书编制,尚须旬日后,现正从事整理工作,日内即可告竣。李顿病中对外接洽由义委代表。我致该团备忘录,尚有一小部分未送到,日方亦有备忘录送调查团参考。调查团对热事极注意,惟不愿评论。

【本社二十一日北平专电】 调查团各委,拟日内分赴北戴河西地山避暑。对编制报告书,仍继续工作。李顿病情较减,三二日内先赴北戴河养病。朱鹤翔、朱世全号(二十日)随该团返平,稍事接洽,日内返京。调查团对热事极注意,德代表在专车中读报时遽以热事询日代表吉田,吉田仓卒答以不知道。

【中央社北平二十二日路透电】 李顿爵士之病状愈有进步,现已退热。国联调查团秘书考尔兹抵平之日,即因病达入德国医院,现已渐愈云。

《中央日报》1932年7月23日第一张第三版

106. 平某要人谈日侵热

【本社二十三日北平专电】 某要人谈，热事发生之始，形势似颇严重。关于石本失踪之疑案，现经热河当局进行交涉，情势见缓和。然日人窥热非此一日，此次遽以大军犯境，忽而复止者，固由热河山林丛杂，地势险恶，在军事方面，日军不谙地理，不能占有地位。然日本内部，对华意见不同，亦原因之一。据个人观察，日对热河在短期内，必不谋武力解决。盖日方内部分两派主张，青年派主对华积极用兵，欲于调查团报告书作结论之前，对华军事作进一步这压迫，使调查团于武力威吓之下变更结论下之主张，不致有偏袒中国之言论。老诚派则主张在经营东省未完成期内，不愿再事进取，致震世界观听，为避免与中国冲突计，必使所谓伪组织者，充其傀儡，而自居于背面主动地位，如此可免世界责难，而公然号于众曰，此中国本身问题，于日固无与也，其计至谲。此派主张，似较前者有力，故对热事颇主慎重。目前积极训练伪国防军，为将来侵华之工具云。

《中央日报》1932年7月24日第一张第二版

107. 英人明了日本野心，对远东悲观，谓调查团报告未到前，即将重行引起纠纷

【中央社伦敦二十二日路透电】 英国之帝国经济会议，虽在澳太哇举行，但一般思想界对于东省之危机，均表焦虑。观察报于批评远东时局时，称前途颇难乐观。现无论由何方言之，日本绝不允能影响于满洲地位之任何主张。因满洲表面虽属独立，但事实上系日本统辖。一观朝鲜之历史，此点已不问自明矣。

但美国及国联对于此点，绝难容忍，故日本必须考虑拒绝之方式。惟满洲方面受日方之指使，随时对海关行政，颇多干涉，故恐不俟李顿调查团之报告到达，即将引起纠纷也云云。

《中央日报》1932年7月24日第一张第二版

108. 调查团昨举行例会，李顿克劳斯均渐痊愈

【中央社北平廿四日电】 调查团漾（二十三）晨举行例会，李顿卧病未克参加，余四委均出席。所议仅普通事务，对起草报告书等要案，俟李病愈再商。李病日减，据医云，一周左右可出院。又德委秘书方格基前患时症入院就医，漾（二十三日）出院。又秘书长哈斯夫妇、秘书吴秀峰夫妇等，定敬（二十四日）晨赴长城游览，当晚返平。

【中央社北平二十四日路透电】 李顿已完全退热，考尔资秘书病已有进步。

【中央社北平二十四日路透电】 克劳斯将军已脱危险，温度已恢复常态，昨晚经过颇为良好。调查团之秘书考尔资病况，仍未脱危险。李顿爵士今日又觉微有寒热，但病态颇见良好。

【本社廿四日北平专电】 蒋以李顿因东亚问题为正义与公道而努力，冒暑跋涉，因是致病，特电顾维钧代表慰问。顾维钧谈，报告书由各专门委员分别负责编制，八月底可完成。

《中央日报》1932年7月25日第一张第二版

109. 调查团报告书因李顿病须十月编竣

【本社二十五北平专电】 李顿病已见痊，一周可出院。报告书因李顿病已电日内瓦，请大会展期，报告书十月间可编竣。

【中央社北平二十五日路透电】 克劳斯之病状仍衰弱，考尔资之病已有进步，但尚未脱危险期。李顿已退热云。

《中央日报》1932年7月26日第一张第二版

110. 李顿病愈即赴海滨，调查报告书八月初起草

【本社二十六日北平专电】 李顿病已愈，即日出院，赴海滨养病，报告书决八月初起草。

【中央社北平二十六日路透电】 李顿今日无寒热，病体已大见愈。克劳塞及考尔资昨晚经过良好，考尔资已脱离危险云。

【中央社北平廿五日电】 调查团有（廿五）晨举行例会，分途工作。至报告书送出时间，因李顿等精神不适，九月卅（十五）前恐仍不能完成，将再展至十月或十一月。但各委意见，仍拟继续赶制，务必如期完成。据萧继荣称，调查团对热事甚注意，时询消息。李顿病渐愈出院后，即赴北戴河休养。刘外次定下月初来平云。

《中央日报》1932年7月27日第一张第二版

111. 日本侵略引起危机，一意孤行绝难避免

【中央社伦敦二十五日路透电】 有勃鲁士君致函伦敦《泰晤士报》称，因日政府之侵略满洲，已引起一大危机，若国联调查团无解决此种纠纷之办法，满洲问题能否和平解决，实难预言。由日本方面言之，日方或将一意孤行，不理西方各国之劝告，而宣告东方"门罗主义"，为较简单之办法。万一日本果如此而行，危机果能避免乎云云。彼主张调查团之报告书，至数月后，再行发表，因迟发表数月，其害尚小，若公开指日本为危机之主动者，其害或较大也云云。

《中央日报》1932年7月27日第一张第二版

112. 美报载调查团报告书内容，调查团称系猜测之辞

【中央社纽约二十七日路透电】 纽约《泰晤士报》驻日内瓦记者，电称国联调查团之东三省报告书，将处日本于极困难之地位，日本与国联之关系，或将因此而破裂。该报告书将指明日本于东三省设立傀儡政府，违反九国公约。东三省各地，虽有紊乱不安情形，但日本目前所采取之步骤，及其活动范围，殊属不合云。

【中央社北平二十七日路透电】 关于纽约《泰晤士报》所载国联调查团报告书大意，调查团发言人今晚（二十七日）表示，外间传说，皆系猜度之辞。

【中央社北平二十七日路透电】 李顿爵士，健康已恢复，日内即可出医院。

《中央日报》1932年7月28日第一张第二版

113. 国联大会与远东

Freda White 原著

本文出英人手笔，于英国在国联大会中放弃领导地位，深致诘责，并主张呼联盟国，应以国联盟约付予之权力，以经济力量裁制暴日，议论精辟，可与本报前载《太平洋上之英国政策》一文相互发明。

为讨论中日纠纷于三月三日开始召集之国联大会，今尚继续开会。此举实现下长期危难中之中转机。有组织的和平（国联十年努力所系）之见诸实行，亦当以此为嚆矢。倘结果不幸失败——因其颇有此项可能——则不但东方危机之本身，将有不幸之结局，而生战祸蔓延之危险，即国联生命恐亦将从此萎谢。

夫对于此英国社会淡然不注意之集会，定言其关系如何重要，固似张大其词。然该会消息在伦敦之所以如彼其缺乏者，亦自有理由在在。此次大会之

精神,始终为各小邦一致动员,维护盟约。彼等自始即联络一气,评述列强,而对大国之听凭事态之转变不加纠正,亦深致不满。同时彼等又向大国呼吁,请其有所作为。无如各大国代表,均不之顾,且颇以多动为戒。希望彼等多宣传大会消息,似乎颇不自然。新闻纸方面,记载亦甚简陋。大多数日报,皆对此次纠纷,左袒日本,而不愿为国联宣传。大会消息本为第一流新闻,但为编辑政策所抑制,乃处次要地位。其实大会消息,固极重要,上海之平靖与停战,皆极可注意者也。

中国请示召集大会,于危机弥漫之空气中开幕。肯德号(Kent)舰上会晤之结果,即三月二十八日商定之休战及双方撤兵办法。然协商甫定,日军又突起猛攻,虽经事前正式宣告,敌对行为即当停止,彼等仍于三月三日继续前进,扩大战区。直至三月五日方止,前线各地,皆有军事行动。经此次进展,彼等乃能指挥城厢及扬子江口。于是休战之议,遂徒托空言。

然日本占领沪北,耗费甚巨,利益亦鲜。最后且引起列强严重之态度。当地列强侨民对于满洲方面之侵略与轰炸,向抱静观自得之态度,惟目睹焚毁闸北之惨状,乃轻言薄责,微示不满。此种反乎理性之现象,造成所谓"上海心理"。美国自正月以来,即取坚毅态度。二月二十四日,史汀生致函波拉,谓凡由于违背九国公约及凯洛公约所造成之任何情势,合众国不能加以承认。又倘其他国家能采取同样观点,则中国既丧之权利,将可重复得到,斯举足使日内瓦增加勇气,俾能熟筹强硬之大会政府。盖欧洲列强向持无美国赞助不敢动议之口头禅,今乃打消也。

在另一方面,中国之呼吁于国联大会,恍如孤注一掷,自将该案交付行政院之第一日起,中国即绝对信任行政院,所有调处办法,均坦白接受。诚如芬兰所言,行政院所取之行径,其反抗能力至为薄弱。此种行径当然有利于侵略者,使彼既完全征服满洲,侵占上海,复傲态益恣,拒绝行政院之呼吁,令其仅有之努力亦归徒劳。当大会召集之际,中国奔走呼号于诸小邦之间,使其扶植正义,矫正各大国之失。彼等亦乐于从事,益深知今日之事,世界各小国及国联本身,皆将与中国命运同濒危境,倘大会失败,则协订条约之意义与效力均将毁坏。

由行政院而至大会之转变,可于行政院议主席彭古尔之会场演说及大会主席薛蒙之开幕词见之。彭古尔发表毫无生气之演说为行政院之程序辩护,并诿责于日本。薛蒙则要言不繁,谓大会之重要工作,厥为对当前纠纷,作一劳永逸之解决。中日双方之说明书,则仍与前此多次提出于行政院者相同。在中国方面无非叙述日方之种种侵略情形,控诉日本违反国联盟约,凯洛格公约及九国公约,对中国不宣而战。日本方面,则无非自白为自卫行动。中国之正式呼吁,非常重要。颜惠庆博士对大会坚决表示,全部纠纷定需按照国联盟约解决,并请求立即停止敌对行为,撤退侵占暴军,继之以和平方法进行谈判。凡涉及上海或满洲问题,而侵害中国之主权,与国际法相矛盾,又或损害中国对第三国之合法义务者,皆不能认为解决之办法。渠又请大会明察,国联盟约显已被人破坏,中国方面对此情势不负任何责任。

　　大会于是召集委员会大会。一般常以国联为脆弱者,此时亦顿见本届大会定有工作表现。特别委员会随即对此急切情势,产生断然之议决案,声请双方停止敌对行为,请上海租界中立各国,将停战情形报告大会,并建议中日两国邀请中立国当局援助开始协商,目的在于"签订办法,促成确实停止敌对行为及规定日军之撤退"。大会又请上海租界当局,随时报告情势之发展。日本代表佐藤,提议于第款内加"规定日军撤退之方法及'条件'"一段。薛蒙主席语彼,此即包涵政治条件,殊与大会主张相违。一时会场寂然。须臾,薛蒙氏呼曰:"大会应当发言!"于是瑞士代表莫泰起立陈词,促醒日本,称大会系根据盟约第十四条而召集,可以无需经过辩论,即举行投票。捷克斯拉维亚代表皮芮,赞助其动议。日本弃权。于是议决案照原案毫无修改通过,正式成立一种约束中日双方之保障。(未完)

　　(续昨)在大会公开讨论之前,新闻界及非官场舆论,皆充满悬想与谣言。非行政院会员国果有实行其决议之勇气乎?彼等果有任何决定乎?抑彼等果能转移各大国不实行盟约之决心乎?无论如何,法兰西绝无希望,试察前日彭古尔之演词,即可知之。英吉利虽为举足重轻之国家,顾其态度又模棱两可,对国联行政院则称美国将不拥护盟约,对于美国又称国联不愿有所举动。事实上只需英国出面倡导,国联与美国均准备合作。举目四顾,舍英国外,确无其他国家能当领导之责。且英国政府正愿以上海撤兵为不问满洲侵略之交换条件,盖英国不忘其在沪利益,日本则急欲撤退,以便专心对付满洲。由中国方面观之,满洲之重要究胜于任一城市之价值,然在列强则宁愿其为日本所占有。外国舆论皆尊崇英国政策,细心之观察者,当早已知之。为增进本国利益英国更时时利用国联,其对国联盟约间亦与以赞助,良由于此。故若世界认其系循列强之常规,玩弄自私与庸愚之伎俩时,则英国必陷于重大之失望与恼怒。英吉利特权之所以为稳固者，即原于上。盖一般国际舆论，恒认其应为世界之独步，故任何关茸，或不忠实之现象，即足使之陷入最下层也。各公使或代表对此次大会时之私室密议，或尚漠然不知，盖无人肯以实在消息，告知各代表团也。然官场以外之英国公民，固皆洞悉真相，新闻家及外交代表均忍痛告彼等之国民曰，行政院之失败，及中国之被宰割，负其责者，舍日本外厥惟英国。

当大会举行公开辩论之时，会场空气异常沉寂。代表们及新闻界，皆安坐不动有所期待。挪威开始为简短有力之说明，谓于必要时务当用盟约全部之力量从事纠纷之解决。一时掌声如雷。此种全场喝彩之现象，颇足与以注意。盖鼓掌者均系各国代表，足以表示官方之意志也。中国得彩声颇多，日本绝无，各大国稍稍有之。瑞典、罗马尼亚及南阿非利加之强硬演说，皆经鼓掌至数分钟之久。严重之空气，持久不减。而事实上所有演词均系照本宣读，足以表示其为一考虑成熟之政策一点，尤足加增此等庄严与决断之感觉。各演词不甚顾及修辞，外交上礼貌，亦不注意。此后各国相继演说，言及中国则直称此次事态为战争及侵占，言及日本则指为破坏联盟约章。前此行政院会议经六阅月之久，除中国外，几无一国不兢兢业业，避言上列两题之实况，此次情形，则适得其反。

唯一难关，即在这如何履行。国联将立即进行为日本所始终藐视之调停乎？抑当谈判失败，亦将依据盟约第十五条第四款之规定，执行公允之裁制乎？诚如瑞士代表之言，第十五条中，实暗示第十六条规定之实行，即对于拒绝盟约调解之国家，加以经济之封锁也。大会当此，显有极大之分歧现象。日本初无合法权利，可以违抗盟约第十五条，今乃独悍然出之。列强仅知从事业经此次战事证明毫无效用之调停，盖深知任何公断，其执行时必由彼等负责也。彼等之赞助者极少，即其本身之集团内，亦趋向分裂。英吉利有印度赞助，但澳大利亚及新西兰则皆守缄默，而加拿大、爱尔兰及南阿非利加，又力主确保盟约之完整。南阿非利加之演说，尤为大会演说中之最激烈者。法兰西之附和者，首推波兰，其次如捷克斯拉维亚及希腊，虽所为建议，较大国政策强硬，但隐隐中亦与法兰西相近。惟巨哥斯拉夫及罗马尼亚，皆倾向非行政院方面，罗马尼亚态度甚强。斯堪的那维亚与波罗的海各邦，照常共为前锋，拉丁美洲则固执明白确定之领土不干涉不侵犯学说。非行政院会员国演说之最关重要者，厥为荷兰，荷兰发言，温文有礼，但坚持维持盟约威信，彼在太平洋方面所冒之危险,与其他列强相同。在先后三十五国之演讲中,其他论点,悉多雷同。大多数演讲者,皆郑重声明,联盟命运乃至世界和平,均濒于危境。倘联盟于最严重之纠纷,不能以和平正义示人,则世界之集合组织,必将受人遗弃。二十一国一致声言,盟约业被破坏,更有十国谓凯洛格公约亦同遭毁损。就中十七国,皆极据日本拒绝公断,一意侵略之理由,直接驳斥日本。其他反复声明之要点,则为以忠诚之态度,考察事实,及无论自卫权或条约纠纷,均不能为大军登陆,分割满洲及侵占上海之辩护。不用正式宣战形式,亦能进行侵略一层,由此遂得确定。

关于解决纠纷之原则,亦显然有同样一致这舆论。但实际仍有如上述这分歧现象存在,即或只主张和解,或赞成于必要时,全部盟约动员也。多数会员吁请完全及永久停止战斗行为。十九国中,有九国声明日本务宜于谈判以前,将军队撤尽——在军队压力之下,不能进行解决。又有十四国审慎发言,谓纠纷全部,均已交由联盟解决。少数国家,于上海外,亦同时提及满洲,以对付日本之屡次拒绝国联干涉满洲事件。声言解决纠纷时,不许任何会员国之主权或领土完整受有损害者,凡十有三国,英吉利亦属之。日本所提盟约不能应用于无组织之国家一主义,有九国否认之。无论国内之不统一或地理上之遥隔,均不能影响盟约之效力。有四国政府果毅陈词,谓万一依据盟约第十五条所为之调停及联盟建议,均归失败,则联盟务当进而施用其所有之权力,即公断权是。有三会员——日本在内——主张当撤兵之际,需规定日侨之安全保障。丹麦建议,满洲方面之条约纠纷,应交法庭解决。多数小国,又谓彼等之命运与将来之政策,皆当恃国联对此事件之解决是否有效而定。其中六国,直接向各大国呼吁。例如南阿非利加所言:"吾人当此极大危机之中,切望有大国聪慧之指导,其尤望者,为强有力之指导,贵在见诸实行,不在徒托空言。试问当今列强,果已认为业指示明白之途径乎?"

此次辩论之结果,即为三月十一日之大会议决案,允许完成中国之要求。此项议决案之目的,在为指导方针之说明书,将来进行解决之际,必奉之为圭臬,其内容列下包含数点:(未完)

(续七月廿九日第二张第二版)

（一）

大会认为盟约规定,全部适用于目前之争议,尤其关于:(一)对条约之尊重;(二)联盟会员国有尊重并保持其同盟会员国领土完整及政治独立以防御侵犯之义务;(三)有将任何纠纷请求和平解决之义务。

又认为巴黎公约与此等原则符合,"故声明凡对于用违反国联盟约或巴黎公约之方法而产生之任何情势、条约或协约,不予承认,乃国联会员国应有之责任"。

（二）

大会确认凡在武力压迫之下,寻觅解决争议之方法,均违反盟约之精神,并重提日军前此允许撤退之诺言,注意在沪中立国之愿于援助,并请求彼等帮同维持撤退区域内之秩序。

（三）

大会鉴于此次构成中国政府请求主题之全部纠纷既须顾及,因决定成立一由十九人组成之委员会——大会主席、十二行政院会员国及其他票选之六国。该委员会之任务为:

(一)报告战斗行为之停止及"确定停战状况与日军撤退办法之商订"。

(二)监视执行日军退入满洲军事区之诺言。

(三)试以调停方法解决争议(盟约第十五条第三款)。

(四)遇必要时,得请求永久法庭,供给参考意见。

(五)遇必要时,得依据第十五条第四款之规定,提出报告,即无需经争议国之同意,得迳作报告。

(六)建议必要之紧急办法。

是项议决案,除争议国外,各国一致采纳。当电达南京时,中国政府立即表示欢迎。日本则根据拒绝接受盟约第十五条之理由,放弃投票。此次决议,显然为小国战胜大国,故颇堪注意,姑举一例以证明之。各大国尤其是英国,辩护彼等之不动作,厥为一再向报界声述日人所持盟约不适用于中国之主义,而此即本届议决案所摈弃而不承认者也。再者,各大国有意阻挠大会之召集者，希望设立一由行政院及三太平洋国家组织之委员会。如此，则势将使彼等自己放任政策，重占上风。此次大会选出瑞士、捷克斯拉维亚、哥伦比亚、葡萄牙、匈牙利及瑞典。议决案通过之日，史汀生氏声言满意。日内瓦方面之美国领袖代表，且郑重声明美政府对于不承认用武力造成之情势一原则，表示快慰。

大会之试验，即如何由言词而见诸行为，于焉开始。自三月十四日起，停战会议举行于上海，历时凡两阅月，由英公使蓝浦森主席。谈判曾两度决裂，中国仍请大会处决。最初日本提出要求，需中国方面先同意镇压排货运动。十九国委员会，对于撤兵诺言外，更加此条件，不愿讨论。其后日本又决定凡恢复常态及开始退入租界区域之日期，当由其自行裁决。大会则建议上海方面既已设定中日及中立国三方联合之委员会，故上项日期，应由多数决定。最后当蓝浦森再度提出一似可接受之方案时，大会又通过一硬性之议决案，坚持日军应于最近的将来撤入租界，恢复一月二十八日以前之状况。准许建议设定之联合委员会，对于进行协定时任何不当之行为，有权促其注意，并指出除能按照从前议决案签订协定外，该问题仍当再行提交大会。

停战协定最后于五月五日依照蓝浦森之方案签定。其所以迟迟至今者，乃因日本军事及外交长官被一高丽人掷弹狙击所致。按照协定，敌对行为应即停止，中国军队仍驻距上海十二英里地方，日军立即开始撤退，大部驻留租界及虹口区域。十二人联合委员会（争议国四人，中立国八人）之任务，为由大多数决定撤兵进行之程序，并帮同以日军撤退区域，交由中国警察接防。事态之情景，遂转移于成立圆桌会议，讨论中日间在上海之争点。蓝浦森氏以忍耐与谅解之精神，为日本撤兵寻得一挽救体面之言词，应受多量之感谢。倘日军之撤退，与大会得美国赞助而施于列强之政策间，有联带关系在，则对于大会，殆亦当重重致谢。上海之悲剧依然存在——死亡、摧毁、仇恨，不一而足。中国之门户，始终反对日本侵占，中国人民愿赌最高之代价，力争此点。异日历史中叙述此事必曰，此次日本之尝试，因见中国及世界之反对而放弃。日本人固乐得此种结局，虽牺牲其海军将领，亦欣然就之。彼等最近刊行之宣传品《日本讲话》（河上氏著，犬养毅氏亲自介扬）曾谓若海军界不为"顽固外人所愚弄"，则必不至铸上海之大错。（未完）

（续昨）日本驻日内瓦之代表佐藤氏，曾对新闻界发表谈话，谓日本能于十年之内，确立满洲之秩序与繁荣。对此适当之诠释，厥为日人向李顿调查团所致之警告,称只有受铁道区域内日本武装警察之保护,安全方属可靠。及调查团叙述日军及"满洲国"傀儡政府军队与中国义勇军常有冲突之第一次报告,"结果无非为生命之损失,财产之毁坏,与夫一般意义之不安全而已"。此即调查团对去年九月前,中国最有秩序与最发达之数省,由日军占领后所得利益之概述也。盖满洲自始即为此次争议之难关,略无足疑。果自九月三十日以来,联盟即履行其本身之诺言,则日军必须退入铁路区域,并挟其无政府状态下之浪人——"顾问"——以俱去。满洲方面,必须建立一与长城以内之中国一致与同情之政府,并可借中立国之援助,渡过难关,及保障日侨生命之安全。此外更可采纳完善之意见以资参酌,例如关于满洲条约,最好提交永久法庭,审度其是否有效与适用。又如关乎生命财产之损害赔偿,亦必当由联盟估价。

如此解决办法,倘欲令全部完成,显然需耗费数月之光阴。盖日本方面对于任何一点,必将顽强拒绝。观其对联盟及美国之说明,皆足证明彼已丧失理智,其荣誉亦陷入绝境。同时满洲亦信非一易于垦辟之天堂,仍当继续为日本炸弹所攻击。傀儡政府号令不出都门;有节操之中国人,无一愿在"满洲国"治下服务;其自有军队,均转瞬叛变,不愿残杀同胞。俄罗斯因白俄受日本鼓励而掠夺中东路俄员职权,亦深受激动。日本本国已处于不良状态之中。

结果如何,尚难确定,然足以左右之者,其主要责任,仍在英国。美国之赞助,已得确实担保,联盟中各小国,亦无懈怠之情形。惟欧洲列强,依然为软弱之集合。西门爵士反复说明调停利益之大会演说,只能使深知行政院调停此案,失败经过之会议,发生不忠实之感觉。事实上列强聆听之余,咸怀冷淡之疑窦。此等疑团,因三月二十二日彼在国会发表之演说,提出放弃满洲以畀日本之办法,而分外深刻。英国之权威,今已凄然低落,此等不快意之事实,与其勉强弥缝,莫如坦然承认。权威之为物,舍其为关系重大之荣誉之测量表外,当然无甚紧要。吾人令名之升降,实以吾人对恢复国际公道,是否努力为断。外此中国之稳定与完整,皆攸关英国之重要利益。上海局势,已停滞萧条,满洲方面"开放之门户",常被日本掩其半扉者,今更完全紧闭,凡此皆吾人为日本侵占所付之代价也。

当李顿调查团提出报告,而日本拒绝——彼固将如此——归还满洲与中国之时,联盟之机会将至,此时亦为吾人之机会。盖吾人若坦然为盟约之尽心保护者,自当立即恢复近来失去之世界领导地位也。联盟与美国合作,可为之事业正多,且并不致如思想浮动者所言有对日开战之危险。日本殆已癫狂,然方有事于中国,而在本国,又迫近于破产及革命。故虽对胆怯之税部大臣,横加恫吓,若公然对全世界宣战,断乎不敢。吾人得激励联盟各国,撤回使节,拒绝借款,禁止对日输出军火及战事材料,尤以棉花为最。此举于数月以前,即应为之。今兹吾人务当唤起国联及美国共同从事,在舆论之前,任何国家不能继续出售军火于违反盟约之侵略者。最后一着,吾人更得封锁世界商埠,拒绝日本船舶进口。关于此点吾人可提起注意者,即美国及印度皆为日本之首要主顾也。

此等计划,虽显然为吾人对盟约应有之义务,然需勇气以赴之。但设不如是,则其结果又将何如?倘国际信义崩溃于远东,则其结果就人道言之,必极悲惨。日本将能自由统驭三千万恼怒与民族思想激增之中国人民,满洲之日本制度或傀儡政府,殆不能较其高丽之旧型,更孚众望。现被日军摧削之义军行动,将仅为后来继起之第一声。即此已足使日本常驻一与其本国有同等威力之军队于满洲——此殆即全部侵略之动机所在,然举世心理,对此当难认为必要。日本在军事势力之下,所有土地,将大部与俄罗斯国界相连,又将管辖一通过俄国铁道之领土。将来之战争,将为必然之事。任何略具现实思想之人,决不能想像满洲日本保护国之前途而无恐惧。更重要者,民族信心亦将消亡。联盟约章、凯洛格公约、公断条约、普减军备——一切战后时期之建设端赖对于全体保持和平之诺言,有相当之信仰。倘列强纵容任何一国破坏法律,则法律变为毫无价值,诚如大多数政府在大会中所言,世界行将解体,各国将回复旧时之危险同盟制度。和平组织设一旦为其建造者所毁损,世界情状将视一九一八年该组织未创设以前尤劣。惟较小之国家将完善无害,彼等于事实与法律两方,均处有利地位。此次争议,实为第一等盟约案件。列强但能明鉴有勇气始有安全,及为彼等之荣誉与利益起见,皆须拥护正义,则远东可得和平,而国家间之关系,可成立一互相信用之新纪元矣。(完)

《中央日报》1932年7月28—29日第二张第二版,8月2—3日第一张第三版

114. 日派驻满全权事，我促世界严重注意，并电令蒋使向日政府抗议，史汀生宣称对远东事悉照历次宣言

日本政府决议派遣驻满特命全权大使兼任关东军司令官及关东长官一事，我方认此为承认伪组织之先声，吞并我东省之初步，与日本亡韩时设置朝鲜统监之故事，如出一辙。闻昨日外交部除已电令驻日蒋公使，向日政府提出抗议外，并已电令日内瓦颜代表、北平顾代表，及驻外各使馆，分别向国际联合会、国联调查团，及各驻在国政府，唤起严重之注意云。

【中央社东京二十八日电】 中国政府对日本派遣满洲全权代表问题，现竭力向世界宣传，以唤起各关系国之注意，俾将来日内瓦国联开会时，可于中国有利。

【本社二十八日上海专电】 郭泰祺感（二十七日）续访美政界要人，宥（二十六日）赴史汀生宴时，史亲向郭氏保证美对远东事，立场坚定历次宣言之原则，丝毫无谈。郭对美记者声称，苟不能以国际公道为基础，解决东北问题，则中国将继续武力抗日，中国抗日不仅为自卫计，并为维持九国公约及国联盟约与非战公约之尊严而奋斗。又谓中国准备用和平方法，商得一荣誉协定。今英美人士对远东事，日益了解，其于远东影响亦日巨，良可欣慰。至东省目前混乱，皆由日本侵略所致。

【中央社东京二十八日路透电】 最近决定统一在满日本行政权后，日军部已非正式决定，以小矶少将任关东军参谋长，并以□井或山川继小矶任陆军次官。现任关东军参谋长之桥原，将改任驻满日宪兵司令。本庄少将将任军事参议会委员云。又据米径证实之报载消息，规任"满洲国"之总务厅长驹井，已决定辞职。其遗缺将由前东京警察厅长丸山，或前东京市长白上继任。另讯谓驹井负有某项重要使命，飞返东京，其经过之路程，即为正在计划中之长春东京航路，经过地点，为长春、（敦）化、三新（译音）及敦贺而达东京行程，一日可达，为定期之航邮云。

《中央日报》1932年7月29日第一张第二版

115. 调查报告书即开始起草，八月底告成，法意两委及顾赴北戴河

【本社二十八日北平专电】 调查团报告书八月底可完成，九月删（十五日）前寄到日内瓦。此项报告书完成后，该团任务即终了，各团员将先后分途返国。该团专门委员杨华特前奉命赴间岛调查，感（二十七日）已返平。意法两委，及顾维钧、施肇夔等七人，艳（二十九）晚赴北戴河游览，三四日返平。

【（中央社）外交界息】 国联调查团由日返平后，即着手编制报告书，但以主席委员李顿爵士染病，乏人指挥，工作不免较为滞缓。现李顿爵士病已全愈，日内即可出院。该团对报告书之编制将加紧工作，竭力赶制，九月初旬决可完竣，俾送交国联于九月念六日之大会，提出讨论。闻该项报告书之结论部分，将有极重要之意见建议云。

【中央社北平念七日电】 调查团报告书俟李顿出院，即开始起草，整理工作已大致完竣。

【中央社北平念七日电】 吉田在日使馆欢宴调查团各委，并邀唐宝潮夫人作陪。

《中央日报》1932年7月29日第一张第二版

116. 日军侵热誓死抵抗，张学良电京朝阳近无变化，所谓石本事件传说益纷歧，调查团将派代表赴热调查

某外交家谈

本社记者以日本政府决议派遣前教育总监武藤为驻满特命全权大使，兼任关东军司令官及关东长官，特于昨日上午十二时往访某外交家叩询意见。据谈此次日本竟甘冒世界之大不韪，一面出兵侵扰热河榆关，威胁平津，企图攫取华北，狼子野心，日益毕露，一面则决议派遣前教育总监武藤为驻满特命

全权大使,是不啻承认伪组织,其蓄意破坏国联盟约、凯洛格及九国公约,已暴露无余。再观其国内舆论之极端发狂,值兹一发千钧危急之秋,我国人除大声疾呼,一致与日拼命决战外,实无他道。现外交当局虽已电令驻日蒋公使向日提出抗议,然此仅为外交上应有之手续,根本办法,仍在万众一心,与日死斗耳。须知东三省本为我国领土,然日人眼光已认为己有,是欲恢复领土,若徒恃口辩,于事何益。必也全国上下淬厉精神,在消极方面自当誓死抵抗,积极方面仍须准备实力收复领土云云。

张学良报告

北平张学良主任,昨(二十九)日有电来京,报告称朝阳形势最近数日并无变化,但为防备日军之进攻起见,对于防务上已有周密之布置。如日方不放弃其侵略野心,前来进攻,我军决誓死抵抗,不令寸土失陷敌人之手。闻昨(二十九)日行政院会议时,汪院长对于此事亦有所报告云。

又张学良电军事委员会,对日军在东北活动情况及我方军事计划,报告甚详。闻华北将领一致抗日,所定应付方针、军事计划,随时均可实行。热河省主席汤玉麟,山海关一带驻防之何柱国,抗日决心,尤为积极云。

【中央社北平念九日路透电】 昨夜非正式之军事会议,决定一致团结,共御外侮。决议之内容如何,则无法调查。今晨政委会在平开会。

【中央社东京念九日电】 热省形势日渐危险,外国人方面批评谓日本军队如果再向前进,张学良必取抵抗态度,现张氏已在准备中。

日人之宣传

【中央社北平二十九日路透电】 关于日兵积极准备侵占热河,及进攻平津之说,日本驻平使馆发言人谈,"日本甚注意张学良之军事行动"。记者请该发言人作较切实之答复,但彼不愿再有表示。沈阳消息,谓日本由北满调重兵往热河边境。日使馆则否认此说,谓自锦州至朝阳间,日军有五千人,此数并未增加云。

记者告日使馆发言人,平津间谣传极多,但此种传说多系由日方放出,如天津之日本情报局,该局为日本军事当局之宣传机关,彼等宣传日本军队即将进占平津,消灭张学良之根据地,因日本军事当局觉张学良暗中资助东三省之义勇军,且动兵往热河云。

同时据各方调查结果,张学良军队并未出关。外人方面觉虽谣言甚盛,但日人即特占据平津之说,尚无根据。外人对平津形势及热河情况极关心。

【本社二十九日上海专电】 日联天津电。调查团决定依美意代表建议,热事如不能决,即由该团派代表前往调查。

【中央社东京二十八日路透电】 前在热河被"土匪"掳去之关东军联络员石本,已于今日释出。关东军派吉岗明日赴北票,由热河当局手中,正式接收石本云。

【中央社东京二十九日路透电】 锦州来电称按原定计划,石本定今早(二十九)交还日本军事当局,但昨夜匪首忽变更计划,坚持日人须先纳赎金,再交石本。

《中央日报》1932 年 7 月 30 日第一张第二版

117. 内田康哉还强词夺理,蒋作宾请解释驻满特使,答称并非派驻任何政府

【本社二十九日上海专电】 路透东京电。据此间政界息,蒋作宾曾请日外相内田解释派特使赴满之举。内田答特使并非派驻任何政府,惟予以全权而已。特使地位等于一九一七年赴美之石井,及出兵西比利亚时派往沃木斯克之加藤云。

【中央社东京二十九日路透电】 日本官方发表中国驻日公使蒋作宾,曾往访日外相内田康哉,询及日政府派全权代表往东三省事。内田答称,所派全权代表并未指明系派往何国政府为代表,只谓该代表有全权而已。其地位资格与一九一七年派往美国之石井,及出兵西比利亚时,派往沃木斯克(译音)之加籐相同。

【中央社东京二十九日路透电】 陆相荒木已得日皇许可,委(一)Muto 将军为日本关东军总司令之最高参议,(二)现任陆军次长小矶(Koiso)将军为日本关东军之参谋长,(三)前日本上海作战军参谋长 Okamlka 将军为关东军副参谋长,(四)前已故白川大将之高级参谋 Shinchara 升为上校,为 Muto 将军之高级参谋。

《中央日报》1932 年 7 月 30 日第一张第二版

118. 调查团下月离华，报告书限八月底作竣，德意两委员赴北戴河

【中央社北平二十九日电】 调查团德义两委，偕顾维钧、施肇夔等，俭（二十八日）乘夜车赴北戴河避暑。该团报告书仍赶八月底完成，九月删（十五日）前送达，各委届时将先后分途离华返国。

【中央社北平二十九日路透电】 德意调查委员，已于昨晚赴北戴河。顾维钧亦于今晨前往。

【中央社北平念九日路透电】 顾维钧于奉到政府训令，命彼唤起调查团对于日本委驻满大使之注意后，已经照办。闻调查团之报告，八月内即可起草完竣云。

【中央社北平念九日路透电】 李顿已渐告痊愈，现已开始工作。闻彼每日在医院皆有相当工作，但仍在医生调理之下，医阻不可过劳。何日出院，尚未定，但预料不久即可出院云。克劳斯将军之病状，亦见进步云。

【中央社北平廿九日电】 顾维钧俭（二十八）夜因事未随德义两代表同行，改于艳（二十九）晨赴北戴河休养。

【本社廿九日天津专电】 顾维钧下午由平过津赴北戴河。

《中央日报》1932年7月30日第一张第三版

119. 李顿病愈

【中央社北平三十日路透电】 李顿病况愈见进步，每日皆在医院有相当工作。何日出院，尚未定云。

《中央日报》1932年7月31日第一张第二版

120. 调查报告书二三日内开始起草，预定八月底可送出

【中央社北平三十一日电】 调查团报告书定二三日内即由秘书长哈斯开始起草，仍定九月删(十五日)前送达国联。李顿因须赶制报告书，北戴河之行或将中止，但法代表世(三十一)晨已去海滨。闻报告书完成后，即由各委核阅修改，预定八月底送出云。

【本社三十一日北平专电】 李顿病愈，日内可出院。法委克劳问尔，世(三十一日)晨偕二随员赴北戴河。

《中央日报》1932 年 8 月 1 日第一张第二版

121. 中国正式通告各国，注意日本特使驻东省，间接系并吞朝鲜故智

【哈瓦斯社巴黎三十日电】 中国驻法公使馆发表下列通告称：日本决定任命特派大使兼日本军总司令及关东长官，派驻满洲伪政府。此举即系间接承认该政府，抑即效并吞朝鲜之故智，而为并吞满洲之地步。中国政府促各外国政府对于日本决议，特别加以注意。本使馆特皮通告云云。

《中央日报》1932 年 8 月 1 日第一张第二版

122. 调查团报告开始制作必如期完成，顾及德意两委昨返平

【(中央社)外交界息】 国联调查团因九月廿六日之国联大会，为期已迫，该团之报告书须于九月初旬送到，以便先期审阅，该团日来正积极赶行编制，本月底或下月初决可编制完竣。一俟竣工该团即行离平，一部分委员将赴日内瓦报告，一部分则遄返本国云。

【本社二日北平专电】 顾维钧及意德两委冬(二日)晨十时余返平。

【本社二日天津专电】 顾维钧今晨十时偕德意两代表由北戴河过津赴平。

【本社二日北平专电】 秦皇岛一日下午七时卅分电。榆讯。何柱国旅长,在平公毕,原拟即回榆防,现因国联调查团各委员,将赴北戴河避暑,关于该地警备事宜,有亲往布置之必要,故于东(一日)晨离平先至北戴河,俟布置妥后返榆。

【中央社二日北平二日电】 顾维钧冬(二日)午偕德义两委,由北戴河返平。李顿定二三日内出院。调查团报告书明后日即开始起草,可望如期完成。该团一部分秘书,将于九月歌(五日)前返国。

《中央日报》1932年8月3日第一张第二版

123. 封锁东北关,财宋昨召梅乐和等筹商,大连海关款汇至总税司

(中央社)实行封锁东北海关问题,日来似趋沉寂。兹据可靠消息,封锁原则及办法,早经中政会决定。只手续方面,尚有数事,须详细研究,故不得不审慎从事。但此为时间问题,既定政策决不变更云。

【中央社上海二日路透电】 财长宋子文今早与总税务局司梅乐和商谈封锁东三省海关问题,约二小时之久,据云仍无结果。宋部长拟俟关务署长张福运由京回沪后,再作最后决定。张福运现正在京征求中央意见云。

【中央社上海二日电】 宋子文冬(二日)晨在宅召见梅乐和、郑莱、李馥荪、张公权、李芾侯,及西顾问杨格筹商封锁东北海关办法及军费补给问题,皖建厅长程振钧亦往谒。

【中央社上海二日电】 财部接梅乐和呈报,收到大连正金银行汇来上海规银八十四万三千六百七十五两四钱四分,约等于东北税关被攫以前所扣税款三分之一,因此暂扣汇丰银行内之庚子赔款,日本部分,业已照拨。财部业已训令梅氏,重行催汇安乐、牛庄、哈尔滨所扣其余积存税款。又外部对于非法攫取大连及东北其他税关事,刻正继续向日政府强硬抗议云。

《中央日报》1932年8月3日第一张第二版

124. 调查团报告已编制，因东北严重决如期寄到

【中央社北平二日电】 顾维钧谈，调查团报告书一部分已经编制，全部定歌（五日）起开始起草。其结论部分，乃全书之重要节目，对国联为建议性质，前传取消说不确。近因东北事态益形严重，该报告决于大会前寄到。我国所致该团备忘录，已有二十四五件，最后两三种，本人即将赶制。至答复该团询问文件，亦达十余件。该团对热河问题，是否负有调查责任，尚未奉到国联命令云。

《中央日报》1932年8月4日第一张第二版

125. 社评：日本今日之大陆政策

自热案发生以还，华北风云，日急一日。暴日攻击热河，进窥平津之阴谋，昭然若揭。前数日间虽形势较为缓和，然识者皆知为静待机变之计，华北形势，岂能因此而苟安乎？

从来日本所取之外交政策，不外三种：一曰大陆政策，二曰海洋政策，三曰国际协调政策。代表大陆政策者为陆军军人，代表海洋政策者为海军军人，代表国际协同政策者为文治派中之思想进步者。海洋政策，十数年来，阻于列强，一筹莫展。国际协商政策，自九一八事件发生之后，经过南陆相、金谷参谋长、武藤教育总监三巨头的暴力外交过程之后，早归停顿。所以时在今日，若论日本的外交政策，仅有大陆政策而已。

日本北进大陆政策，发轫于文禄元年（一五九二年）丰臣秀吉之三韩征伐。继之而起者，为明治初年西乡隆盛之征韩论。明治八年（一八七七年）之西南战争系征韩论与反对征韩论者之斗争，其后西乡战败而自杀，征韩论派虽一蹶不振，然其精神未尝稍衰。中日、日俄之战，乃征韩论之精神复活，亦即日本北进大陆政策之进一步工作也。我人试观一时曾被指为大逆不道之西乡隆盛，反有纪念铜像，耸立于东京之上野公园，由遗臭万年之逆臣贼子，一变而流芳

百世之兴国元勋,岂偶然哉!

中日战争,日本欲割辽东半岛,以固其进取之基础,无奈阻于三国干涉,得而复失。野心勃勃之日本,对此岂能甘心?日俄战争之最大原因,即兆于此。日俄战争以还,日本在表面上虽执东亚之牛耳,然欧美列强虎视眈眈,处处遏制日本人之野心,使其不也妄动。而日本人之操心积虑,亦因之日深一日。其暂持沉重,静观机变,固意中事。

欧战爆发,日本以为机会已至,一方挟美国以订《石井—兰辛条约》,以增进其在满蒙之地位,一方则发兵攻陷青岛,以植其在华北之势力。但欧战告终,《石井—兰辛条约》,被九国公约撕为废纸。占领青岛之计,亦终成幻梦。结果则失败愈甚,求进愈切,遂造成今日之局面。近数年来,俄罗斯自革命以后,不敢南下。欧美列强,以经济恐慌,无暇东顾。日本大陆策之讴歌者,以为时机已至,不可再失。军人外交取国际协商外交而代之,正合一般日本人民之心理,此九一八事件之所以发生也。九一八事件发生之初,日本对国际情况,尚相当顾虑,观其进攻锦州,在九一八事件数月之后,即可证明。今日由锦州而热河,他日由热河而平津,乃其豫定之步骤。国际情形,若无重大之变化,日本之得寸进尺,如饮狂泉,我人可以预料及之。

日本知第二次世界大战,势机幸免。以日本本身而论,则愈早愈好。不然,他日俄罗斯军事计划成功之时,伦敦军缩议案实行之日,日本虽欲开战,势不可得。所以今日日本之肆无忌惮,无非想遂其先发制人之计。此我国之危机,亦即世界大乱之朕[征]兆也。日本为攫取朝鲜,不辞中日、日俄之两次战役,今为东北问题,而抱牺牲之决心者,自不待言。故其攻取热河,进窥平津,乃时间之早迟,非有无之问题。我人固知其难以成功,然国人若不速自觉悟,图谋自卫,即使日本失败,我国必成其失败过程中之牺牲品。四百兆头颅之血,可以赤染太平洋之水,而不能阻日帝国主义之野心,其谁能信,凡我国人,其各奋起。

《中央日报》1932年8月5日第一张第二版

126. 各国认叛逆仍为中华一部分,调查团昨讨论傀儡地位,决定不承认其独立政权

【本社四日北平专电】 调查团支(四日)开委员会,讨论傀儡法律地位,决定傀儡为中国地方政府,不承认其独立政权。

【中央社东京四日电】 东北叛逆拟派代表参加九月之日内瓦会议,但被列国拒绝,盖列国迄今仍认叛逆为中华民国一部分云。

【本社四日北平专电】 李顿支(四日)晨十一时初出医院,到北京饭店与各委员会议报告书中问题,至下午一时许仍回院。据发言人谈,此会议比较重要。

【中央社北平四日电】 调查团李顿支(四日)晨出院,即至北京饭店,参加该团例会。德意各代表,亦由海滨赶回。编制报告书,即将着手。但李于会后,仍回德国医院休养。

《中央日报》1932年8月5日第一张第二版

127. 调查报告书,李顿扶病出席讨论

【本社五日北平专电】 李顿歌(五日)晨出院,参加例会,讨论编制报告书。

【本社五日北平专电】 顾维钧歌(五日)晚同德意代表,赴北戴河。

【中央社北平五日电】 李顿歌(五日)晨十时半,至北京饭店与各委举行例会,商讨起草报告书。一时散会后,仍返医院休养。

【中央社东京五日电】 国联调查团之报告书内容,明显的否认满洲为一个国体,仍认为中华之一部云。

《中央日报》1932年8月6日第一张第二版

128. 郭泰祺抵伦敦，郭谈中英关系，定九日晨呈递国书

政府昨接驻英公使郭泰祺电告，已于四日晨抵伦敦，五日视事，并定于九日晨递国书云。

【中央社伦敦四日路透电】 驻英公使郭泰祺，今日接见路透记者，据谈，无论李顿调查团之报告如何，中国当予以竭诚援助，盖望中日争端得获一和平解决，符合国联会章及九国公约之精神也。中国对于国联，素加信仰，信其将为和平之使者，而辟世界新纪元。自日本侵华以来，中国对于国联行政会，或大会所采取之决议案，无不一一遵守。中国对于李顿调查团之公允不偏，极端信任云。郭氏回忆渠于一九一九年和会时，曾偕施肇基博士来英，郭谓中英邦交，素称亲睦，且中英两国之利益，无所冲突，两国人民均富辨识之力，且酷爱和平与正义云。郭氏对于驻华公使蓝溥森努力促进两国间之同情谅解，甚表赞扬。郭信中英贸易于和平建设开始后，必将激增。郭氏末称全信中国销场广大，如经发展后，可解决世界经济凋敝，及失业众多之问题。吾人深信中英利益，于根本上无所抵触云。

《中央日报》1932年8月6日第一张第二版

129. 调查团下月返欧，报告书正在编制中

【中央社东京六日电】 调查团预定九月二日首途返国，现正努力于报告书之作成，并向俄方要求提出参考材料。

【本社六日北平专电】 李顿对记者谈，报告书逐日编制，尚未编至最后一部分。东（一日）电传调查团定九月二日离平，经西伯利亚返欧事，本人希望如此。

《中央日报》1932年8月7日第一张第二版

130. 郭泰祺谈日在东妄举，徒使东北淆乱势必失败，盼李顿报告获解决途径

【中央社伦敦五日路透电】 驻英公使郭泰祺对《孟却斯特指导报》记者谈话，称日本在东北之妄举，势必失败。东北气候严寒，日人未能向该处移民，而东北中国人口激增，现有三千万之多。日军占领东北，非特不能保障治安秩序，及增加繁荣，且使东北淆乱无已，以致农民减少生产。满铁前次每年约有八千万日金之收入，现竟亏本。日人在满人数在二十万人以下，内含在满日军及铁路职员。就目前情形观之，满洲非特对于日本无益，且徒系一种担负云。郭氏末称，渠希望李顿报告能辟一途径，使中日争端，在国联之下，获一公平及荣誉之解决，保全国联威信及巩固远东永久和平云。

【哈瓦斯社伦敦五日电】 中国新任驻英公使郭泰祺抵任之后，伦敦中国人士前往谒见，而各方争求摄影者络绎于门。郭氏于百忙之中，尚对哈瓦斯记者发表谈话，略云："予呈递国书，尚未定期，大约在下星期开始时行之，惟事先予须往谒外相西门。南京政府，现在确能代表完整之中国。就中国全部和平而言，此实一最大之进步。至于国际和平，则似尚远。日本虽永远声明永远维持和平，然每遇机会，辄据为口实，以扰乱和平。例如满洲关税事件，不过全部问题中之一部分，至今尚未解决。吾国将以全力反抗，绝不令损害吾人之利益，但吾人亦不因是忽视其对外国财政上之义务。"谈至此，郭使附带谓："中国财政情形，诚然不好，较之世界若干国家，似觉尚胜一筹。吾人对债权国，亦必继续设法，使之满意。"郭使继谓："渥大瓦会议，与中国直接间接皆有关系，故吾人极为注意。"言至此，郭氏复转到满洲问题，谓："日本所传，马占山将军凶耗，虽未接到正式否认，然可认为毫无根据。"郭使又云："东京承认傀儡将违反国联盟约及华府九国公约。至于中国之不能承认满洲独立，亦犹常人之不能自断其肢体也。李顿调查团之报告，吾人以信仰心静待之。其内容予虽尚无所知，然中国对于此项报告，将与其历来对待国际决议之态度，必无所异，此可断言者也。"

《中央日报》1932年8月7日第一张第二版

131. 梅乐和昨发表宣言,详述各关被占情形

【中央社上海七日路透电】 总税务司梅乐和、今日发表宣言,详述满洲海关被占之经过情形。梅称所谓满洲者,创立未久,即通告东北各口税务司,谓东北海关属于新国,并于各口派日顾问监察海关行政。业已被占领之海关,为龙井村、安东、牛庄、哈尔滨等关,该处海关去岁之总共收入为一千三百万两。爱珲(?)之海关未受影响,现仍受华人之管辖,照常办理云。梅旋述"满洲国"攫夺上列各处海关之方法。安东海关之收入十分之八,素在南满铁路区域内征收,故安东税务司,初仍正常工作。盖信在日人所管辖之铁路区域内,日人决不容"满洲国"干涉也。但事实则大不然,"满洲"警吏竟入铁路区域捕去海关职员四人,故税务司不得不将关务完全停止。大连关去岁之收入,共达一千一百万两。

《中央日报》1932年8月8日第一张第二版

132. 罗文干呈请辞职,体气素羸请准免去本兼各职

司法行政部兼外交部长罗文干,昨日(七日)向行政院呈请辞去本兼各职,兹录其呈文如下:呈为恳辞本兼各职事。窃文幹猥以疏庸,谬兼重寄,适当国难,无裨时艰。数月以来,免策驽骀,屡请退避贤路,未获替人。现在汪院长电辞行政院院长,文幹备员枢政,共负仔肩,缅维责任之殷,固应同为进退。若遇危难之至,益觉少所秉承。矧文幹慨气素羸,比以积劳半载有寄,昕宵工作,右目红肿,勉强披阅文电,接见贵客,辄痛不可忍,待罪之余,诚恐贻误要政。惟有据实陈明,恳请准予免去本兼各职,无任屏营之至。谨呈行政院院长,司法行政部部长、外交部部长罗文干。廿一年八月七日。

《中央日报》1932年8月8日第一张第二版

133. 调查团未请俄发照，仅向莫斯科探询，李顿希望如此

【中央社北平七日路透电】 上海电称李顿调查团已向苏联请颁过境护照。兹据调查团负责人称该团仅函向莫斯科探询，哈尔滨俄领可否于九月间任何星期日签发护照。盖调查团回欧或将经过俄境，但此仅探询而已。该团对于回欧路程尚未决定云。昨日下午调查团在北京饭店举行会议，李顿主席会议毕，李顿仍在医院。

【又北京六日电】 李顿语记者，调查团总报告，现已逐日编纂，但未草至结论。日传下月二日经西伯利亚返欧说，系本人希望如此云。中央社北平六日路透电。据日人报告，李顿调查团，已请苏联政府颁发过境护照，准备于九月二日起程赴日内瓦。

《中央日报》1932年8月8日第一张第三版

134. 最后消息

【中央社上海九日零时五十五分电】 总税务司梅乐和庚（八日）晚发表英文宣言，述日本唆使叛逆攫夺东北各关，经过甚详。略谓伪组织自本年二月篠（十七）日组织所谓东北政务委员会后，即自行通知东北各关，应归该委员会管辖，同时训令各关监督及税务司照常服务，并称各关已派有日顾问一名，驻关监视。伪组织先以封锁税收入手，继将累积各银行之关税没收，最后则以高压力驱逐各关税务司，而强制接收各关。除爱晖不在伪组织势力范围内，未遭波及外，均被攫夺。大连在租借地内，初料不致受伪组织干涉，孰知事变之来，竟有出人意料者。六月虞（七日）起大连税款即停止汇解。该关税务司福本，竟不服从总税务司合法训令，而奉行关东当局之命令，不得已将福本免职，并依照大连设关协定，派岸本广吉继任，六月有（二十五日）通知日使馆征求同意，迄今四星期未接答复。伪组织自福本免职后，即自行组织大连海关由福本率领日籍关员服务，现已开始非法征税云云。宣言中对龙井村、安东、牛庄、哈尔

滨等关被夺经过,亦一一详述。

《中央日报》1932年8月9日第一张第二版

135. 国联代表,日内阁已任命

【中央社东京九日路透电】 日内阁任驻法大使长冈、驻比大使佐藤、驻瑞士公使矢田,为下届国联大会全权代表。

《中央日报》1932年8月10日第一张第三版

136. 世界注视调查报告,史汀生演说引起重大影响,国联中人已发生深刻印象

【本社十日上海专电】 路透伦敦电,此间现已注意调查团将提报告书,及日内瓦关于此书之辩论。此间人士,皆以为南京政府之辞职,由于巩固中国内阁,以应付国联重要辩论时大局之中心。《每日捷报》美京访员电称,调查团责日故意造成东省战争,美国务卿为非战公约辩护之言论发表,适当其时,庶在报告书公布前,使美舆情有从容时间,以拥护非战公约云。工党机关每日随报社评论,谓日内瓦国联开会时,将有一派以有日解脱为主要旨趣,今春各小国,曾与此派奋斗云。

【哈瓦斯纽约九日电】《巴尔的摩太阳报》驻华盛顿访员,为文论调查团报告事,略谓李顿调查团,将来向日内瓦提出报告时,国联会之所以自处,不外两途,即行动,或自行宣告无能力是也。该访员自谓,国务院已深知调查团之报告书,于日本不利。渠又闻国务卿左右云,史汀生日昨之宣言,有两层用意:第一,史氏演说时所以提及白里安凯洛克非战条约,而点明战争之为非法者,其意盖欲鼓励日内瓦方面反对日本之团体,使其对于调查团报告书之结论,采取坚决之态度,此其一。至第二层用意,则因有人深恐美国不参加国联会行动,对于被认为侵略之国家,或不愿采取一致封锁手段,因而使保障和平方法,被其阻挠。史氏之宣言,盖欲对抱此种思想之人,予以安慰也。

【国民新闻社九日日内瓦电】 昨日美国务卿史汀在纽约向外交委员会之演说,已使国联中人发生深刻印象,以为史氏之述及非战公约,意在请将该公约引用于中日争执。照目前形式,国联大会,今后对付远东事实,颇有采用所谓"史汀生主义"之可能。(按史汀生主义即不承认武力变更领土)

【中央社东京十日路透电】 日政界中人,对于史汀生之演说,表示不满,谓史所发言论,不啻指责日本为侵略国,恐将激动日本舆情,而徒引起与史氏所冀望者相反之结果。外务省负责人称,如史氏所作之言论,将使日本政府更难驭制舆情。故关于中国事件第三者所应郑重注意者,即应避免任何足使时局较趋严重之举动或言论。日本坚持中国与苏俄间,应有一缓冲国。至于承认满洲之时期,当视李顿报告如何而决定云。日本报纸对史之演说,一律表示愤懑,日本政府拟待驻美日大使报告到日后,决定应否提出抗议。

【哈瓦斯社纽约九日电】 国务卿史汀生对外交委员会演说,其主要旨趣为"白里安凯洛克非战条约所表示之举世希望和平心理,应以舆论之制裁为后盾,其签字各国,如见该约有受侵犯之威胁时,有互相协助之必要"。史汀生将该约签订时,以至一九三二年中日满洲事件发生时止,三年间和平情形,叙述一过。史氏之演说之主要点,大致如下:"舆论为所有国际关系之制裁,其平时有效与否全视各民族是否确欲使之生效以为断。如各民族欲其生效,则舆论之力,势不可当。凡国家之呼吁于舆论者,如欲收效,必于呼吁之后,继以各国家之互相讨论,互相咨询而后可。"欧战以来组织国际和平之事实,层出不穷,转瞬均已过去,史氏又将其种种经过,略予叙述,并谓自有国际法之始,以至欧战时为止,国际关系之基础上,不能脱离战争之可能性。白里安凯洛克条约之订立,实为人类思想之革命。此项条约,并非仅为表示诚意之宣言,乃为一种有拘束力之条约。除正当防卫以外,不准从事战争。条约拘束,乃应有之意义,彼尽有之矣。史氏最后又谓,美国极信该条约之价值,故愿诚意维持之。

《中央日报》1932年8月11日第一张第二版

137. 远东问题之分析

　　本文原作,见伦敦出版之《圆桌季刊》夏季号,内容系就历史文化、政治、经济各点,分析中日及远东之形势。著者认为日本当德川时代,既采锁国政策,自丧其殖民机会,而后来又念念不息于对华侵略,虽势有必然,然实无理由。最后主张中国问题之解决,责在中国自身。立论新颖,堪供关怀时局者参考。

　　自客岁九年以来,远东即处于国际舞台之中心,且为国际联盟全部精神所专注。在吾国及西欧之眼光中,战后之欧洲,已非主要之危险区域。此种见解,是否略显早熟,殊堪予以注意。凡曾审查国际事务之真意而未许其观点为空间之距离所纷乱者,殆皆久已晓然在几占世界人口三分一之太平洋西岸,全世界政治家及民众为防止第二次世界大战而缔造之立宪制度,必将遭遇极大之危难。目光远卓者流,为及时应付此项恫吓起见,因于一九二五年创设太平洋关系讨论会,凡与该区域问题有关之各国国民参议会,均行参加,希望可能之冲突,得由坦白与友好之讨论而遏制。今冲突业已发生,但讨论并非毫无结果。此种争点之性质实非武力所可解决。此难解之结,非假以充分时间不能解开。快刀突奏,无济于事也。无论满洲及上海一带之暂时情势如何,其基本之事实,必不致变更。就中主要关涉中国,故斯文所论列,亦当最先涉及中国。

一、中国——基本之因素

　　大不列颠及美法意日比葡荷诸国,由于一九二二年二月六日在华盛顿签订,及自一九二五年八月五日起发生效力之条约,共同约定"给予中国完全自由之机会,俾能发展并维持一有力与巩固之政府"。

　　此种义务开始履行之际,实极为严肃,盖造成此项结果之会议,实开历史上对裁减军备第一次产生协议之记录也。政治的协定,与军缩的协定实互相依赖。舍其一,则其他一端亦莫能成就。具有泛世界重要性的政治结果即由此突起,兹姑暂置不论。吾人于此,务宜首先涉及此种义务之范围及意义,盖自华盛顿会议以来,彼实形成在中国及远东全部方面英国政策之根据,良以当现实之环境下,无论在地理、经济及政治方面,吾人与日本之关系,几乎处于需受吾人之对华政策之影响。

中国为世界上最老之文明社会。基督纪元六千年前,"中国有一帝国,由许多方面观察,较彼安托泥(Antoninse 138－161 之罗马君主)时代之罗马尤为文明"。厥后皇朝更迭,历代相传,然使中国人生命团结不解之重要因素,虽经共和主义唯物主义及现出各种暂时主义所冲击,仍经久不弊,此乃凡与华人中深受西方教育相往还者所可证明。孔子之伦理观,与其坚决主张之日常道德,睦于邻右,忠于友人,孝义于家庭,皆为促成社会团结之要素,世界四分【之】一以上人口,乃赖此而能营数千年团聚于家庭及村落之生活,而不失其社会团结及同属于一广大民族之意义。此一大部分人类之世界眼光,诚与彼好动不靖之希腊罗马人民具有较为集中之团体形式对自然科学能实地应用,与夫在"进步中"获得新信仰者,截然不同。彼自有其较吾人传统更深之根底,当前此数世纪间,即已与西方密切接触。是乃世界所未经见之文明与文明间之接触,学者所最感兴趣,而政治家所最为重视者也。如何斯能使其发生良好结果？此即华盛顿所研究而待决者也。

大不列颠与中国之关系当回溯至十七世纪茶叶第一次输入伦敦之时。当一七一五年,东印度公司开始与广东正式交易,印度鸦片与中国之茶、丝及瓷器交换,渐次占中国进口货之重要地位。约当一八三〇年左右,印度贸易已每年增至四千箱,后此十年中,东印度公司之专利,既于一八三三年废除,贸易遂增至七倍之多。傲然孤立之中国政府(满清),并未准备应付对方之外交政策,盖以其仅与各省长官发生关系也。于是因误会中国政治制度之故,激成无可避免之冲突,战争结果,割让香港孤岛,以利英国贸易,并开辟若干商埠,上海广东均包含在内,以便商通。

后此八十年中——自一八四二至一九二二年——英国之对华政策,惟在推进其贸易,并无试行扩展不列颠政治力量之意,对于促进两国在政治方面之相互谅解,更少顾及。一八四三年,英政府尝表明态度,并不苛求任何独占权利,所望者只在中国获得与其他列强相等之最惠国待遇而已。嗣后香港逐渐发达,成为有居民六十万以上之一大商埠;惟于东西思想之沟通,则从无贡献。个人之英国军官包括戈登将军在内,曾教练中国军队,个人之英国行政官,就中以赫德爵士为最著,曾管理中国海关,使成中国行政机关中最有效能之一部。然英国政府对于由东西两制度接触而呈之政治问题,常不加属目。迨十九世纪之末,日本已开始表现其西方化之威权,同时德意志及俄罗斯在远东之野心,将成为英国政策之重要因素时,萨利斯布里爵士(Salisbury)始省悟中国与欧西间之政治关系,有改良现状之必要。惟由彼观之,中国仅一将受宰割之鱼肉。由西方各强瓜分,似乎无可避免,彼为商业利益计,故努力为不列颠求得一脔。其训导驻圣彼得堡英大使为达该项目的开始与俄罗斯进行谈判之电文,最近业经刊布,足使距今仅三四十年前之英国政策与夫东西两方之极大心理转变,灼然可见。(未完)

(续昨)吾人之意念(隆利斯布里爵士对以前电文之推论)如下。中国及土耳其两帝国均极衰弱,一切重要事项,辄受外方列强之指导。当给予此种劝告时,俄罗斯和英吉利两国往往意见相左,当为一不甚重要之事彼此相互牵制。此种事态,殆有增而无减。为觸除或减少此种不幸计,吾人以为设对俄成立谅解,或能彼此有益。吾人立意,决不违背任何既存权利。吾人亦不容许对任何既存条约予以破坏,或侵害中国或土耳其现在帝国之领土完整。此两种条件极为重要。吾人之目的,不在领土之瓜分,只在优势之分得而已。关于土耳其及中国之疆土,有对俄特别发生利益者,有对英极端重要者,皆因区域部分之不同而异,此乃极明显之事实。设不负任何责任,仅为举例表明起见,余所得而言者,即土耳其通达黑海及达至巴格达城之幼发拉河流域一带,关系俄罗斯之利益,远过于英吉利;反之,如土属阿非利加、阿拉伯,及巴格达以下之幼发拉流域,则对英吉利发生之利益,远胜于对俄罗斯。在中国黄河流域及其以北一带领土,与扬子江流域间亦有类似之区别。

关乎此等两国意见发生分歧之区域,能否商定由利益较少之一国,对关系较大之对方让步并予以赞助?予不能自欺,而谓其无甚困难,惟此困难岂不可战胜乎?

(注:见 British Documents on the Origins of the War vol i P8)

此种特殊谈判,完全失败,但列强间之敌对依然如故。一年后,美国驻华公使竟信中国行将瓦解。彼于致国务卿赫士之电信中书云:试一览地图,行见俄罗斯已巩固建立其权利于满洲,德意志于山东,意大利要求浙江,日本企图福建,英吉利建立势力于香港,而法国于广东及东京(Tongking),外加英吉利要求扩大沿扬子江一带之势力范围……实际上除直隶一省外已无余地以畀美国。顾国务卿赫士反对瓜分,并在其一八九九年之单方宣言中——一年后又续发通电——建立一较宽大政策之基础。大不列顿[颠]立即同意:彼本多次希望与美国在此同一意义下合作,惟美国对于任何类似同盟,需要联合行动以维持效力之政策,均不愿从事。诚如适间史汀生氏所言,赫士之干涉,"足使列强间对于有使大清帝国趋于瓦解之所谓在华利益范围的斗争,因而终止"。该项干涉,系根据门户开放,及保持中国领土及行政完整之两原则而施。虽有无限困难与纠纷,但此仍为前此三十二年间列强政策之广义的基础,中国领土未尝再遭割让。在满洲方面,日本固于一九○五年继承俄罗斯之既得权利,一如彼于一九一四年后继承德意志在山东权利之状。但日本之对俄作战,并未含有帝国主义之侵略精神,以得领土之扩张为目的,如俄国之所为,其目的所在,乃使俄罗斯势力保持相当之距离借以确保日本对中国本部及东三省之富源,得以自由采用。当日俄战争最激烈之际——旅顺失陷前两星期——日本最聪慧之元老伊藤侯曾有重要言论。及今回忆,殊觉有味。彼于午餐后之闲谈中,语英使馆之二等参赞曰:"任何国家,欲越出自然对其权力所给予之范围,定属不利。盖如此,乃就衰之源耳。"因此之故,日本"既不欲取得满洲,而自维国力,亦未足以于该省辽远之边陲,无定期维持大部之驻防军队";又因俄罗斯之管理铁路,为日本主要危险所在,彼乃建议"一持久和平可资而得之唯一方法,当为将铁道自进入中国领土之地点起,使之国际化"。关于中日关系,伊氏之观点亦同样稳健。

日本人(伊藤之言)亦能自有作为,惟收效甚寡。日本人最了解中国人,除极少数之外人,余均莫能企及。但两国之性格,又太相悬殊,而日本之富源实病瘠弱。若英吉利能与日本合作,则将大有可为。英吉利最先开放中国,其在华势力,比任何国家久而且广,是故两国合作,实为最宜。

(注:见 British Documents on the Origins of the War vol iv pp64—66)

自一九○四年十一月东京方面该项秘密谈话后,世界大局,与夫列强间所处地位,均已变化多多;顾此局势中之永久要素,依然毫无变更。所谓永久要素者,即中国之不可灭性,日本之经济需要,与夫只有"极少数外国人"能深入中国之心理与灵魂,及渗透中国本性中——此种本性,立即构成中国彰明之羸弱,与夫在现世狂热环境下不受摇撼之魄力——深藏的要素之事实也。然能了解日本之心理与灵魂者,亦惟"极少数之外国人",此言亦确。吾人现当转论日本。

二、日本及其丧失之机会

日本历史乃世界历代史中最奇特之一种。其主要统绪,当为一般曾经评断其现时行动者稔悉。凡使每一日人之意识,鼓舞兴奋——转为激昂时更多——之记忆,在西方人之心理,却并不能引起反响,与激发同情,此诚西洋教育中一大缺陷,吾人今日之学校课本对此尚未觅得补救之方。

日本始终在一朝统治之下,其统绪继承不绝,垂二千余年。该点即为日本社会之中心事实。中国人为伦理的动物,日本人为政治的动物,合此两国,乃造成亚里斯多德社会教条之总和。中国个人与其家族及乡里间之关系,与日本个人与天皇间之关系相符。中国人之祖先神像乃限于家庭及其周遭狭小之方圆中供奉,乡党长老之权威因被奉为"家父家母",而受人尊敬。日本人处于集中天皇一身之父系制度下,垂二千年,至今犹然。初非神权政治,惟与之极近似耳。伊藤候在上文提及之谈话中,尝曰:"无论现在或过去,任何日人绝无以天皇为神者,彼适如吾辈,乃生人尔。"——作此言时,彼张其两臂作势"任何人——日人除外——苟欲明了日人对其皇上之情感,殊不可能,是殆颇与吾人对待亲父之道相似。"(未完)

(续昨)日本在十六世纪,始与西方接触。最初为耶稣会传教士,其后则为火器。当时耶稣会派与天主派教徒接踵而至,感化日本社会,信者颇众。乃数代而后,忽被逐出国。干练之领袖,借火药之功,打倒封建贵族之势力,确立中央政府之权威。然真正统治权并不操于天皇,乃在军事领袖之手。就中以丰臣秀吉为最著名,野心亦最大,不啻东方之波那帕脱(Bonaparte),且其出身亦与拿氏同样微贱。日本在其统治之下,亦蹈路易十四及其继承者之覆辙——专志于征服大陆,以军事上之尊荣,而于海外事业之经济发展,反而漠视。征服中国乃彼心中锲而不舍之意念,而前往中国之路,必需通过高丽。于是战争开始于一五九二年,日人遣大军渡过海峡。依近代史家之叙述,此次出兵为一八九九至一九〇二年南阿非利加战争前从事海外征讨之最大之兵力。战争持久而剧烈;一度得胜后,三万八千七百名高丽人之耳鼻,均被装入大桶,运回日本葬于京观,至今犹足供观光西京者之凭吊——高丽国人尤难忘情。然因海军力量之不足,卒于一五九八年放弃拓殖之事业。既而国内发生叛变,乃聚歼本国之基督教徒,驱逐外国教士,国内统一,于以告成。施行该项政策之政治家家康氏,要求天皇,勒封彼为关东将军,并赐其家族得世袭其爵,即所谓德川氏是也。自一六一六至一八六七年间,德川氏为日本实际上之统治者。

德川时代为幕府政治,洵系世界不经见最强有力与最有效之政制。一六三七年,有基督教农民之叛,颇滋惊扰。寻经多量流血,风潮遂平。于是幕府决定封锁日本,不与外界往还。任何日本人民,睽离国门者处于死刑。船舶建造，其载量不得过米粮二千五百斛，且其建造及装配之规定，皆使海外航行，有如疯狂之冒险。每年只许来自荷兰之船舶一艘入口，借与世界接触。故当欧洲人从事于海外探险及推广殖民地之两世纪中，日本人虽已娴习欧洲种种技术，乃因故意自画，丧失其竞赛机会。

约当一六〇八年时（寇蒂斯氏所述），日本人有一万五千人之众，居住于菲列滨……试一览地图，即知日人但得在菲列滨立足，便可迅速进展至婆罗洲、摩鹿加及新几内亚。彼等在两世纪之长时间内必能发现及攫得澳大利亚与新西兰，彼等之海军，定能统辖太平洋，其势力当较英吉利之对大西洋尤伟。彼等绝不忍受西班牙之驱逐，而退至美洲海峡。彼等固颇能与美洲挤出西班牙人，而欧洲与日本之文明，今日固可在大洋以南之区域相见。而日本则步武其农村独裁者所循之蹊径，攫取高丽，并被迫而为其繁殖之百万生灵求生活之资于中国。（注：见 The Capital Question of China P49）

三、日本之问题

日本之为国，天产缺乏，而人口激增。此点即为其对外外政策之总和与实质。

日本人民感觉困惑之问题，实发生于近代。当德川时代，人口无多增减，种种节制方法——包括虐杀婴儿——社会各阶级相率采用借以抑制增加。一七二一年第一次总调查之结果，注册人口略超于二千六百万。一八六四年仅及二千六百九十万。德川时代结果后，生产率方开始上涨。一八七二年增加率为千分之十七，而在一九二八年即为千分之三四、四。据上届一九三〇年之调查，日本本部人口为六四、四兆，日本统治下之人口总数——包括高丽、满洲租借地（一、五兆）及委托管理之太平洋各岛屿——为九一、八兆。在大多数西方国家生产率与死亡率两者俱减，在日本则虽死亡率之上涨，不逮生产率之速，然两者均见增加。就实际言两种现象实相相连，盖当一九二四至一九二七年间四龄以下儿童之夭殇者竟占百分之三十八。

日本自开国以来，始终为农业国家。但其境内多山，可耕之地仅占全面积百分之一五、四。因每年之人口增加为九〇〇、〇〇〇口，故共计需米五百万斛，相当于农田一三三、〇〇〇英亩之所出。在过去二十年中，每年稻田之增加，自二五、〇〇〇至三五、〇〇〇英亩不等。

日本为应付此种粮食供给之新压力计，（一小心之西方观察者所述）务当每年从事垦辟新土地,其面积之广,需四倍或五倍于过去任何一年以最大努力所能开发之土地。日本初无可之以着手边疆旷地,若望生产增加,则垦殖范围必高及山腰,低则必筑成梯田,农田必伸入海,旱湿之地,必填高,新灌溉制度必建立,更需竭尽地方,始能多有收获。总之,常在极大困难下挣扎。(注:见 Japan Economic Position by John E. Orchard P6)

为此等饥饿之群众设想,只有两条出路——向外移民,或内部工业化。惟大规模之向外移民,将为政治的或气候的原因所排斥。日本人所能安居之澳大拉西亚及美洲等热带温带地,均不得自由前往。其所自由前往者如满洲、萨哈连及北海道北岛,又颇感不适。然则所余者,当为工业化之一法矣。(未完)

(续昨)顾关于此层,环境亦不允许。工业化需要多量生铁,以从事低廉之营造,及多量煤或油,以产生低廉之动力。日本实际上毫无铁矿,煤产甚少,而品质复劣。至于油产方面,自一九一六年曾达最高度后,每下愈况,迄至今日,全年产量,约当美国一日产量十分之七。墨索利尼爱称意大利为无产国家,此名称尤以对日本为适当。在现代文明中一无所有者,当推日本为首选。倘所谓国际公道,不但为实践既存之权利,抑且为发展和平之方法,以救济财富分配之不均,则对之感觉兴趣者,任何人民,当不能企及日人之热诚。惜乎,人们在国际经济关系之场合,往往反对应用法定之程序,甚且不承认有此必要。设日本人民,目今由宪政方法转向革命方法,以求其满足其迫切之需要,设彼等之目光,已不复注重于增加原料及撤除经济壁垒与其他畛域之政策,而一唯垄断满洲资源及取得中国其余部分之重要利益是图,则前此十二年来一般政治家及其他人士——不幸常为英国国民——在日内瓦拒研讨论此等重要国际问题之举动,应受众人之谴责。"公道""需要""自卫"——无论其对此争端利用何种名词,事实之逻辑,仍无可摇动。"事实已经如此,结果亦当如彼"。彼等今日在吾人之前,方有事于上海与满州矣——异日或更发难于其他各处。国际政治家洞察利害,起而担当国际责任,非其时欤?

盖日本断不能借在中国及满州之政治活动,以解决其经济困难。此亦事实问题。

工业化之日本只能赖发展其出口贸易而生存。生丝与棉织物尤为重要。两者皆在对日本政治行动感觉极敏之市场占优势。自一九二五至二九年五年期内之日本出口货,其平均额百分之四二、五售与美国,该项货品百分之八五、五系生丝(八三、三)及丝织品(二、二)。此等数字可为胡佛夫人之服布衣,及美国盛行之"不诉诸战争的断绝往来"运动，作明白之诠释。棉织品以销售于中国为主。惟中国人已发见彼等能于排货运动中，获有效之武器，其运用之际，对于政策上发生之影响，无异于武力。一九一五年第一次用以抗日，嗣又用于一九一五年"二十一条"时期，因爱国意识高涨，抵制策略，渐臻完善，今日者，几成政治情势中之重大因素，有非炸弹刺刀所能破损者矣。据最近刊载之统计，一九三一年之数字，表示日本出口货前年相较，降跌百分之二十二；但此种降跌主要在于九月十八日以后之时期，例如十一月份之数字，即较一九三〇年之十一月减少百分之三十五。此种进退维谷之景况，决不能借满州之政治的或经济的统治，找得出路。在最近业遭推翻之政府下，日本输入满州之进口货，无进步希望，亦系事实。且自一九一八年以来，欧洲进口货——西方认为不足注意之一事实——时有增加，而日货进口反形减落。然此三千万之满州居民——中国人居绝对多数，纵能被迫（违反条约规定与最近所给之保证）而"购买日货"，亦不足代替中国四百兆足以购买美国奢侈品之人民也。

由于此种分析，得显然看出三项事实。第一，中国虽团结不固，组织散漫，近且交困于水灾，外侮及阋墙之争，然以最现代化之政治实力测量法测之，中国仍较彼具有现代技术及高度发达之海陆军机械的岛上帝国为强。第二，确立对华友好关系于耐久之基础上——务必为双方互相尊重之基础——允为日本之重要利益。第三，远东情势，已撇开中日关系之迫切问题的性质，世界不能再行躲嬾之国际经济政策一般的论点矣。

四、远东之集合制度

中日冲突为世界集合制度最好之试验，此种集合制度（包涵国际联盟之约章及废除战争之凯洛格公约），至今尚在受试验中。为结束本文计，吾人将更略考关于该方面之事实，借示其现况如何。（未完）

（续昨）集合制度之目的，在树立法治于世界。凡参加该制度之国家，均立有诺言，无论如何合法，不得任意利用法律，以解决不幸事件，故专就集合制度而论，前此之分析，殊无关乎目前论点。据史汀生氏之言论，日本自九一八以来之行动，显系违背远东和平局面，因而成立之两普遍的与一局部的协定，已"毫无疑问"。该种局面，此时虽未全部摧毁，至少已根本动摇，而因远东政治协定始行成立之三主要海军国间之公约，亦遭同样之命运。设非签字各国间彼此能如前互相信任，则远东形势必依然摇惑不定。争议国双方，虽曾严阵作战,并已从事战壕战争,犹均不欲居宣战之名,国际联盟亦闭其双目,蔑弃昭著之事实,不对侵略国家加以裁判,凡此两事,实为此复杂情势中之两要素,最后始得促成一解决办法者也。顾就精神上言,战争状态,依然存在,及系事实。当南阿非利加战争持久不决之际,洛兹柏雷爵士(Rosebery),竭力主张双方作战英雄,应"在一道旁之旅店中"平心下气,从事谈判。今日之战争,其真实性与蔓延区域,诚与该次战争相若。道旁旅店,可于日内瓦觅得。顾任何法律家之辩论,以及利用文件之欺诈,卒不能变更和平业经破裂而尚待恢复之事实。

果对于谈判及劝告之信赖略事减少或国联与美国间之合作更形完善,则恋恋于九月至二月间国联行政院处理争端之回顾或悬想事态当取之途径,均属无益。有关心行政院程序之某君曾于一月间声言:"第需中国多少表示此利时之精神,即易于为助耳。"上海郊外中国军队之英武抵抗,恍如比利时之突然攻击。中国政治领袖复振作勇气,呼唤于国联大会。该团体本信满洲事变可以迅速了解,而彼辈在九月当可散会,此时竟显示意外之热力。史汀生氏于其致参考员波拉函中提出一新的不承认主义,旋经大会采用,因赋予一种集合的核准权。最后派定由大会十九会员组成之委员会,常期开会,保证上海满洲日军撤退议决案之履行。同时李顿调查团——九月至圣诞节间行政院再三商议之产物——到达远东,经一度成功的外交斗争以后,现已偕中国方面之顾维钧博士,进入满洲。

合而观之,此等进行程序,足示集合制度之工作已产生新的技术。不宁惟是,彼等对于前此十二年间因安全保障优先权之对突,及为裁减军备与条约修改而造成之僵局,亦指示一条出路。盖集合的不承认主义,与志愿的经济制裁——由对现势最关切之人民公意赞助施行——相辅而行,足为制裁侵略者之利器,使受不少惊惶,具惩膺作用较之各英语国家所畏缩而不敢发之陆海军及其他策略,并不为弱。在另一方面,李顿调查国所承办之工作,事实上——倘非名义上——包括有关于既废条约之修正,盖若该国对其工作,能坚持光明之态度,则其种种建议,对于两争议国及其他列强双方之合法权利,必当无所变更,此可彻底信赖者也。此次调查团,诚有在历史上占一页之机会:可为国际联盟努力工作,一若达剌谟爵士(Durham)为对不列颠帝国之所为,拉莫吞(Lambton)与李顿(Lytton)可成史页中孳生之名词。

(注:李顿调查团在其初步报告中载称,上年九月间,日军在南满铁路区内者,凡一万零五百九十人,本年四月三十日,在该区城内之日军为六千六百人,

而在其外者为十一万五千八百人,与所谓"满洲国军队"之八万五千人,皆大都由日本军官指挥。此外尚有地方警察一万三千九百人。据日方数字——华方数字较高——此等部队受中国方面正式军队四万三千人,义勇军约四万人,及盗匪五万二千人之反攻。在此时期,调查团有意不加任何论断。)

但以上种种,此时仍处于过渡地位。在此时期,任何人不能预测事态前途推动之途径。但自进行不利之政治及经济力量视之,则其所指之方向,固已了然。从建设方面规划此等事件,为中国人民及其邻友谋耐久之福利,则当如三十年前伊藤侯之建议,英国实居独特无偶之地位,当大有可为。盖吾人不仅为西方列强中与中国密切接触最早之国家;吾人所具之政治制度,已超越实行中央集权之时代,而具新的刚性,此乃由内心修养激励而成,该内心修养堪似——措词上大相悬殊——中国道德力量及国家团结所自构成之大道。中国今日呈现于吾人面前者,乃现代最重大之政治问题——其所以重大,与有希望者以其精意所在,初非属于政治性质,乃属于教育性质耳。夫使孔道政治化,乃所以有利于西方,而同时不致瓦解东方。能解决中国问题者惟中国自身。彼方从事于向西方世界找寻种种事物。最后彼必能运用其自有之传统知识估量一切,夫然后挥善而。从惟该项工作非一日或一世代之功可几及,我西方国家,第须洞察远东对吾人之真实意义,不为商业,而为智慧,则颇得奉献能力,为有益之服务。相助之第一条件为谅解;而谅解之第一条件又在使远东问题当成为我政治家心目中有活力之论点且以之灌输于吾国人之思想中。九一八之来临,就国际联盟及吾人观之,宛如夜来之窃贼。但事态之不能预见者,已畀吾人以第二次之机会。吾人切莫误用之,斯幸甚矣。(完)

《中央日报》1932 年 8 月 11—14 日第一张第三版、8 月 15 日第二张第二版

138. 调查团报告书外传内容系属推测,结论部分尚未着手

【中央社北平十一日路透电】 伦敦《每日快报》之驻华盛顿记者,近谓李顿调查团之报告,对日将有所指责。该团负责人今晨语路透记者云,调查团报告中之叙述部分,现方草就一半。至于结论部分,尚未动手。外间对于报告内

容之传说,纯属推测之词,未有根据。记者询以结论何时可以草拟完毕,渠答须至最后时期。李顿复发寒热,但无大碍,只需休息数日,即可痊愈。

《中央日报》1932年8月12日第一张第二版

139. 各省民众电请调查团编公正报告,将暴日种种罪恶详陈国联,以有效方法撤退东北日军

【中央社安庆十一日电】 省党部为暴日侵热,电国府请下令全国总动员,作自卫抵抗。各团体亦分电调查团、国联会,盼据实报告,及制止日本暴行。

【中央社长沙十日电】 湖南人民抗日救国会以暴日师亡韩故智,亡我东北,灭我国家,国联调查团诸公,此次实地调查,当了如指掌,庚(八日)特致电该团,乞本大公无私精神,力持正义,将暴日种种罪恶,详陈国联,实现国联决议,维持盟约尊严,迅以有效方法,促其撤退东北日军,并予以严厉制裁,以保持东亚和平,免除世界战争。否则中国人民为保领土主权之完整,为谋世界人类之和平,誓死长期抵抗,决不甘为暴日武力所屈服。

【中央社福州十日电】 省民众团体,再电国联调查团,请编公正报告。

《中央日报》1932年8月12日第一张第二版

140. 日驻美大使访晤史汀生,史声明反对日本侵华,将竭力拥护和平公约

【中央社华盛顿十日路透电】 今日日本大使晤见国务卿史汀生,谈一小时,日大使否认对于史之演说要求解释,但认系讨论满洲事件。

【中央社伦敦十一日路透电】 关于日大使出渊,与美国务卿史汀生会见之情形,今日《泰晤士报》华盛顿专电称,日使虽否认接到东京训令,着向史汀生询问其演说之意旨,但谓谈话间此种询问,在所不免。史氏复向日使郑重声明,美国对于日本之管理满洲,或管理以武力攫取之中国境内任何部分,决将

继续反对。美国并决与国联合作，竭力难护和平公约，及李顿报告云。日使将于下周返国，惟当日使与史氏会谈时，犹称渠定今冬回国，今突提早行期，似系被外务省调回。日使否认日本将进窥平津，并向史汀生说明，日政府任武藤为驻满特使，兼关东军总司令，及租借地行政长官，如此一人兼任数职者，系因此前满洲日领及军人常有误会，日政府欲避免此种误会，故以一人兼此数职云。

《中央日报》1932年8月12日第一张第二版

141. 日本政府承认傀儡形势复紧，昨日临时阁议提出讨论，安达主张立即承认傀儡

【中央社东京十二日电】 本日临时阁议于十时开会，除高桥藏相缺席外，其余阁僚均出席，对承认傀儡问题，作详细之商讨，旋于十一时四十五分散会。

又电，日本对于承认傀儡问题，拟于本周中阁议上，再作一度讨论，然后决定云。

又电，新党国民同盟之领袖安达氏等，今晨历访首相及陆相对承认傀儡问题，有所商谈。复于午后往访内田外相于官邸，讨论承认傀儡问题。据出语人云，外相对满洲态度，仍认从来之态度为最适宜云。

【中央社东京十二日路透电】 即将组织新党（全国联盟）之安达，今日（十二）往谒斋藤首相及荒木陆相，请即承认傀儡，履行国会所通过之决议案。据云，荒木陆相，表示彼个人觉承认满洲之时机已成熟，虽一般人推测，在国联调查团报告书，未公布前，日本或不承认满洲，但外务省发言人，今（十二）日表示日本或将于国联大会开会前，正式承认满洲，其理由有二：（一）日政府相信调查团不主张中日以直接交涉方式解决东三省问题。（二）美国务卿史汀生之演讲，激起日本政府全国反感，或将压迫日本政府，提早承认满洲。牧野今早往访元老西园寺，为田中坚持牧野辞职事。

《中央日报》1932年8月13日第一张第二版

142. 国府昨日命令，顾维钧任驻法公使，钱永铭呈辞法使照准，音隽明因公获罪准予特赦

【中央社洛阳十三日电】 元(十三)国府命令：(一)中华民国驻法兰西国特命全权公使钱永铭，呈请辞职，钱永铭准免本职，此令。(二)任命顾维钧为中华民国驻法兰西国特命全权公使，此令。(三)司法院长居正呈，据中央公务员惩戒委员会呈，请任命刘伯英、刘蔚凌为中央公务员惩戒委员会秘书，应照准，此令。(四)据司法院呈称，前浙江仙居县长音隽明，因奉省令严办土匪，枪毙王青一案被控，判处徒刑。经院审查，被害人王青本系著匪，投诚后，充该县皤滩保卫团总，复私禁被掳人傅朱泮，要索巨款，并故违令抗提。该县长回城，因风传王青党徒煽动劫狱，城防单薄，恐酿他变，即集党政军警开会，议决将其枪决。虽不待呈准执行，而揆诸当日情势，权宜应变，尚属迫不获已，因公获罪，情极可原，拟请准予特赦等语。应即照准，特依修正中华民国国民政府组织法第六条之规定，宣告将原判处有期徒刑三年四月之音隽明，准予特赦，免其执行，以示矜恤。此令。(五)兹修正法官初试暂行条例公布之。此令。(六)兹修正侨务委员会组织法第二条条文公布之，此令。

《中央日报》1932年8月14日第一张第二版

143. 日首相目无国联，承认伪组织正在准备中

【中央社东京十三日电】 日首相今日于官邸语往访记者云，关于承认满洲问题，决不为国联所左右，目下对此事正由外务省准备一切。

【中央社东京十三日电】 首相于今日伴同夫人，赴叶(地名)山别庄休养，拟滞留二日，即行归京。

《中央日报》1932年8月14日第一张第三版

144. 日参谋部讨论对东北策略

【中央社东京十三日电】 今日参谋本部及新任关东军各主要人物，特开联席会议，讨论北满策略，及今后之对满洲傀儡组织之态度等重要问题。

《中央日报》1932年8月14日第一张第三版

145. 调查团赶制报告书，加开例会备月底完成，英团体观察国联措置

【中央社北平十二日电】 调查团为赶办报告书起见，连日加紧工作，每日加开例会两次。因报告书预定于八月底完成，九月中送达，以便于国联九月大会提出讨论，十一月不再召开特别会议，以节省各国政府及国联之开支。李顿近虽稍感不适，但略加休养，即可出院。

【中央社北平十三日路透电】 国联调查团，今日复在德国医院开会，李顿主席。日外务省发言人近称，日政府预料调查团将不建议中日直接交涉。据接近调查团者称，依国联所定之调查团职权纲领，中日是否直接交涉，完全应该双方自行决定云。调查团之报告书，须用英法两国文字，在日内瓦刊行，预料须时甚少，但冀望国联大会开会时，可以赶到。调查团回欧之日期及路程，此时尚未决定。

【中央社北平十二日电】 顾维钧谈，中央拟派本人赴日内瓦，虽有接洽，惟本人在考虑中，尚未决定。至政潮发生总属一家之事，望及早解决。又日报载解决时局三项办法，并非本人主张。

【哈瓦斯社伦敦十二日电】 由英国重要国体组成之"拥护国联联盟"份子，现正潜心研究国联下月间必须渡过之困难。满洲事件与军缩问题，在若辈视之，均极可虑。彼等将一般人所推测之李顿报告之结论，与史汀生最近之演说，联合观察之。倘李顿调查团，对于日本之干涉满洲，果表示反对，则日内瓦之中国代表团，定将要求国联采取行动，以恢复南京对满洲之主权。此间人

士,并以为在现在南京政治之变动中,可以窥见此种态度。关于此点,美国利益,似与中国之利益,不谋而合。而美国务卿史汀生,提及美国与日内瓦合作,并主张如有人破坏凯洛克公约,则当由各国互相征询,如此云云。则史汀生意中所指之事,似不在远,伦敦之亚洲国体,以为国联如不直日本之所为,则其结果将使日本退出国联。但一般人又以为,退出国联之举,目下已公然宣布之,可见其真正意思,实欲努力使此事不致发生也。惟李顿报告之结论,是否果如一般人所推测之明显,则又有人以为不定可靠。除此以外,更有虑及一国退出国联之后,恐德国或将接踵退出云。

《中央日报》1932年8月14日第一张第三版

146. 为史汀生演说,赫礼欧宣言全文,非战公约应具强制性质,对签字国具无限约束力

【哈瓦斯社巴黎十二日电】 赫礼欧总理,为美国国务卿史汀生之演说,特向报界发表宣言、略云:"白里安凯洛克非战公约为法美两国所同有之功绩,自此约定立以来,欧洲舆论,望其发展之心,始终不断。因是余研究史汀生君之演说,乃愈感兴趣。法国政府,对于一切事实,凡足以增加此项公约之权威者,无不极力注意,而加以赞助。史君之意,以为公约本身,即含有互相咨询之必要。史君欲使各国于必要时,互相咨询,以求公约之充分有效。乃史君不惜以道德上权威,使全美国人民,受此约束。其真诚至足以钦佩,而其用意,无为可贵也。法国对于此种义务,深刻认识,并确信为和平利益计,非战公约不应仅为一种宣布意向之文件,法国之意尤在使其成为一种具有强制性质之条件。至于大众,亦不可不视非战公约为对于各签字国,具有无限的约束力之一种条约。其效力惟遇正当防御之情况下,始受限制耳。此次美国宣告、该国对于具有如此政治价值及道德价值之条件,决不任其废弃,吾人不胜欣感。俟阅悉演词全文之后,余将再作细目上之研究,兹特声明保留。至以何种方法保障非战公约,使不致为人所侵犯,吾人以全体利益为前提而忠实研究之。惟余目下有一言,急欲表而出之,即余对于史氏演说,感觉无限之兴趣是也。夫决定之自由,史氏之所爱也。而国际之真诚合作,又维持和

平之所不可少也。史氏之意,显欲调和二者,使之并存而不相悖。有此一点,益以史氏演说全篇之立意,予安得不倾心向往耶？余意负责人士而为至诚者,于研究如此严重之问题时,如果均具同样意识,则欲其意见不终归于之一致,不可得也。余所主持之法国政府,因对于史君演说异常注意,故必欲向其公开表示其欣感之忱也。"

《中央日报》1932 年 8 月 14 日第一张第三版

147. 日军侵占下傀儡组织之伪仕版,叛逆汉奸尽是傀儡,操实权者均系日人

日本侵占东北后,利用汉奸,成立傀儡组成,其内部发踪指使者,全系日人,不过以少数傀儡,借为掩饰国际观听之工具。兹将截至本年四月二十一日止,所有傀儡组织,各机关重要各伪职日人职衔姓名搜集露布,借可知操傀儡组织之实权者皆为日人矣。

傀儡组织要职员表(委任以下不录截至四月二十一日止)

国务总理郑孝胥,民政部总长臧式毅,外交部总长谢介石,军政部总长程志远,财政部总长熙洽,实业部总长张燕卿,交通部总长丁鉴修,司法部总长冯汉清,总务长官驹井德三,法制局长松木侠,兴安局总长齐默一特色木勤①,资政局长笠木良明,民政部次长葆康,军政部次长王静修,财政部次长孙其昌,参议府议长张景惠,副议长议员张海鹏,议员袁金铠,议员贵福,立法院长(赵欣伯),监察院长(于冲汉),奉天省长(臧式毅),吉林省长(熙洽),黑龙江省长代理(程志远),东省特别区行政长官(张景惠),中东铁路督办(李绍庚),奉天省警备司令(于芷山),吉林省警备司令(吉兴),黑龙江省警备司令(程志远),哈尔滨市政警备处长(鲍澄),奉天省总务厅长(金井章次),奉天省民政厅长(赵鹏第),奉天省警务厅长(三谷清),奉天省教育厅长(韦焕章),奉天市长(阎传绂),奉天省实业厅长(徐绍乡[卿]),吉林省总务厅长(原武)②,吉林省民政厅

---

① 编者按:原文如此,应为齐默特色木丕勤。
② 编者按:疑有误,伪吉林省总务厅长先后为三浦直彦、三浦碌郎。

长(王惕),吉林省教育厅长(荣孟枚),吉林省秘书长(李铭书),外交部总务司长(大桥忠一),总务厅秘书处长(上野巍),总务秘书(郑垂),总务秘书(郑禹),总务长官秘书(须崎治平),京师警视总监(修长兴[余]),京师宪兵司令官(德额),人事处长(高野忠雄),主计处长(村角克卫),需用处长(隈元四郎),资政局长(笠木良明),兴安局次长(菊竹实藏),兴安局东分省长(额勤[勒]春),兴安局南分省长(业喜海顺),兴安局北分省长(凌升),总务厅长(高桥余庆),监察院总务处长(结城清太郎),监察院部长(迫喜平次),审计院部长(植田贡太郎),参议府秘书局长(荒井静雄),参议府议长秘书(新井宗治),民治部次长(葆康),法政局统计处长(向井俊郎),军政部参谋司长(郭恩霖),军政部军需(张益三),,财政部总务司长(阪谷希一),财政部税务司长(源田松三),交通部总务司长(大迫幸男),交通部铁道司长(森田成之),交通部邮务司长(本庄完),交通部水运司长(岛崎庸一),司法部总务司长(阿比留乾二),司法部法务司长(栗山茂二),吉黑盐运局顾问(高谷大次郎),哈尔滨市政管理顾问(户泉宪溟),营口盐运使事务取报扱(永田久治郎),民政部总务司长(中野琥逸),民政部地方司长(黄富俊),民政部警务厅司长(甘粕正彦),民政部文教司长(赵德健),民政部卫生司长(张明漘),民政部土地司长(寿聿彭),民政部土木司长(刘秉璋),实业部总务司长(藤山一雄),实业部农矿司长(牧野克已),实业部工商司长(孙激),军政部顾问(多田大佐),军政部顾问(佐久间少佐),军政部顾问(住谷主计),军政部顾问(大迫中佐),军政部顾问(林少佐),执政府侍从武官(金卓),执政府秘书处长(胡以瑗),执政府内务处长(宝吉),执政府经理处长(佟济煦),执政府参议(罗振玉),执政府咨议(中岛比多吉),满洲中央银行创立委员长(五十岚保司)(吴恩培)(刘燏业)(刘世忠)(郭尚文)(竹内德三郎)(酒井辉马)(川上市松)(日冈惠治)(久富治),满洲中央银行委员长补助(难波胜),长春特别市长(金璧东)。

《中央日报》1932年8月14日第二张第二版

148. 史汀生演词全文，非战公约此约将与美国永久政策，唤起世界制裁侵略国家

　　数年前，美国与法国为掩护战争而共同发起所谓白里安凯洛格条约，嗣后该约于一九二九年即正式发生效力，现在加入者已达六十二国。该约自一九二九年七月二十四日批准公布，后即遭受一连数次非难中第一次非难，而此数次非难则至今犹未已也。对于该约之卫护，美国实居其首。就此三年来之历史，将该约之必要及其发展之方向以及吾人所可希望其在世界大事中将占之地位，一加评价，余相信谅属适宜也。大战以还，世事变迁至远，吾人与之又极其接近，以致殊难得一适当之透视。因是余认为将此伟大条约所由成及据以评判该约之背景，加概略述，自是佳事。

　　大战以前，若干人均曾幻想得有一无战争之世界，且尝努力以求废止战争。但此等努力，从未得有各国全般的或有效的趋向此目的之结果。自有国际公法后，甫行过去之百年间，该法之大部皆以战争之存在为根据，而演化出种种原则，战争之存在与合法，大体皆为此等法理原则所从出，及吾人所倚托之中心事实也。如是中立之学说，即根据于中立国在其本国政府与交战国之间，应守不偏不倚（公正）之态度之义务，其含义即为每一交战国均有同等之权利，中立国对之均负有同等之义务，交战国间之战争，乃此等权利义务所由长成之合作的形势。因此中立国若赞助交战国之任何方面，或于交战起因之当否下道德的判断，至少如在此等判断变为行动时，实有违国际法之此一方面也。只要中立者严守此不偏不倚（公正）之态度，国际公法对于其本身及其商业与财产，则给以相当之保护。在大战前数十年中，人道主义之生长，大都不从事于企图废除战争，而系由此等中立学说之发展，狭限其破坏之影响。人道主义者之主要目的，即为在一尚承认破坏生命财产为解决国际纷争及维持国际政策之正规方法且视为合法之世界中，定出一使生命财产得保安全之地带。

　　大战前百年中之机械的发明，及与其相偕而来之工业的社会的组织之变更，于余所述及之战争概念，发生莫可想见之影响。各国已逐渐渐成为鲜能自

给,而多所互赖。工业国家之人口日渐其多,其食料须多赖于远方之来源,文明世界对战争以是遂愈持非难之态度,而在他方面,因有此等机械上之进步,近代军队愈更容易运输。是故敌额增巨,且有更破坏性之武器,由此变更。战争与常态生活之不相容,遂愈呈尖锐化,战争于文明之破坏性愈见有力,而战争之为非常态,亦愈见显明,中立国对于防止使战团以外之国家不加入冲突,至是遂愈渐失去效力。

最后,大战发生,全世界文明国全被牵入惊涛骇浪之中,将战争限制于一狭小程度之不可能。至是遂得一显而易见之证据,即最不□之偶然观察者,亦明悉若此进化容许战争存在,则下次战争或致将吾人文明摧残而完全破坏之也。大战告终,众立即知此战乃为终止战争之战争,凡尔赛和平会议席上,战胜国遂订立一盟约,权使战争之可能性,减至最低之程度。但国际联盟并不完全禁止各国间之战争,仍留有一界线不加限制,任其间可以开战而不受谴责者。

尤有进者,联盟且规定在某种环境之下,各国受国联之指挥,得用武力以对付造恶者以为一种制裁。联盟创出一种由各国合成之人群团体,矢言限制战争,而仍备有供作战用之机关组织。此机关组织之一部,尤以盟约第十一条为著,规定受有战争之威胁时,得召集矢言将战争限于自卫之各国而仍备有供作战用之机关组织者开一会议。此规定曾有无数次证明对于防止战争确为一有价值之势力,国联组织之又一重要而有福利的结果,厥为各国代表常用于一定期间集会,此等讨论证明为解决纠纷之有效机关。因是亦为战争防止之有效机关,由此等会议,复发展出一种人群团体之精神,可以唤起以焉止战争,此于欧洲为尤然。以此方法,遂开始生出一堆情感,与古代关于战争之学说完全不同。

数年后,于一九二八年,复有巴黎公约,即众所皆知白里安凯洛格公约,比较尤一往无前之步骤,在此约内,在实质上全世界各国皆联合缔约完全废止以战争为国家在彼此关系中之政策之工具,并同意无论何种性质之纷争与冲突,均只可用和平方法以谋解决。世界舆论对旧时习惯及□来指导之态度之改变,即由此两约为其佐证者。其革命性之巨,证明进步已有显明之标志,实为为小。且据若干观察者之意见,此两约实为人类思想革命之表征,而并非冲动或无思想之情感之结果。彻底言之,此条约实系由需要所长成,且为觉察苟非采此一种步骤,现代文明必将遭劫之例证。在其现组织之下,世界直不能承认战争及其增长不绝之破坏性为人生之一种正则的工具也。

人类组织已成为十分复杂，已成为过于脆弱，不堪受国际法所纵放之破坏的新武器之危险。因此观察，此问题整个之中心点，已有改变矣。各国间之战争，已由凯洛公约签字国加入废止，其意即谓战争在通世界皆已成为非法的，已不再为特好之来源或题目也。战争已不复为各国义务，行为及权利所遵循之原则，战争已不复为一种合法之事。今而后，两国从事武装冲突时，或一方或两方必为造恶者，即此公约法律之破坏者。吾人不复再在其周围划出一圈，而拘泥于决斗之法典。不特如此，且将斥其为法律破坏者矣，但不能忽视吾人已将若干先例视为陈腐，且已将重复考验若干法典条约之任务，付之于执法律□者之身上矣。（未完）

（续昨）非战公约之内容及七月廿四日所同时发表之宣言，已明白宣示其目的。有人批评其为并非一真正之条约，谓其并无权利及义务之赋予，谓其仅为各签字国所发一堆不整齐之声明，各自宣布其虔诚之目的，其他签字国无一能使其作数者。若此项解释果真确当无误，自必将使此无私心之条约仅仅成为一种姿式。若其对于签字诸国间并未赋予权利，自必成为一种诈伪，其坏自必尤甚于无，且将成为一失败之题目，将使世界之手指从事于他种和平之努力，但此辈批评家实皆错谬。在该约之文字中，或其同时之历史中，皆无有证明此种解释为允当者。在其表面上，该约乃一含有确定允诺之条约。在其序文中，即明白言及此约所给以之利益，并叙明凡签字国之违犯其言者，将被否认有得享此等利益。撰构此约者之彼此往还之文件中，欲证明渠等立意欲使万成为一赋予利益之条约。

当此约正在谈判中时，凯洛格君在一次公共演说中宣称，"若战争必加废除，必须特缔一约，严重拘束各缔约国不得出之以战争，盖战争自不能仅由在条约中之序文宣言即可废除也"。（一九二八年三月十八日在纽约外交讨论会上演词）在起草该约时，凯氏在莱比锡出死力以争文字之简明，时间之禁止，以免有任何细节上之辩难或保留。氏尝亲口欲求得"一至简单，至无条件，俾各国人民容易了解之条约，一种可以成为世界情感集合点之宣言，一个可以建筑世界和平之基础"。（一九三〇年三月念八日在纽约政治教育同盟演词）其他任何途径必致为自卫开一下定义之机会，必致为其缺陷开一方便之门。

此含义广博之非战盟约，其所有之惟一缺限，即为自卫之权。此项权利极为天然而普遍，原已认为全无列入之必要。此个人在一国之法律中，一国及其国民在国际公法中均有之，其限度已有无数之先例为之明白确定。一国之欲在保卫其国民之伪饰下，而为其帝国主义政策戴一假面具者，其假面具不久即将揭破矣。对于一已极明白了解之题目，或在一事实极易收集评价如今之世界中，自不能此希望淆惑世界舆论电①。（按此段即明指日本，故日本对之愤慨，将提抗议。）

凯洛格公约无允许用武力之规定，亦未规定许签字国于公约被违犯时得用武力干涉，代之者，则为舆论之制裁。夫舆论之制裁，固可使其或为世界上最有力量之制裁者也。

舆论乃系存于平时国际交往背后之制裁，其效力有赖于世界人民之意志，使其发生效力。设世界人民愿望其发生效力，则其力量将难以抵抗。批评家之嘲笑公约者，实未曾将欧战以后之世界舆论，加以精确的估评也。

自一九二九年七月二十四日美国政府将其批准之日起，美国政府之坚定目的，即为使此舆论之制裁发生效力，并保证巴黎公约应成世界之一种活力。吾人已认识其他所代表之希望，吾人更已决定不第使之失望，吾人已认识其效力之发生，全赖于签字国及世界各国互相忠实与信义之培养，吾人已被决定此伟大条约所代表之新制度必不致归于失败也。

一九二九年十月胡佛总统与英相麦克唐纳在拉披但地方间发宣言，其中有云："英美两国决定接受此约，认其不但为一善意的表示，且为指导国家政策依行其约言之一正常方策。"该宣言划出一新时代。一九二九年夏，中俄两国在满洲西北部有敌对行为之威胁，中俄同为公约之签字国，在世界上最称人意之部分，乃竟由此对于公约诘难发生。但吾人立即采取步骤，组织舆论以呼吁和平。吾人行文中俄两国政府，得成功促其注意在公约下所负之义务。往后于同年秋间，敌对行为实行爆发，俄军越过满洲边境，攻击中国军队。本政府即行文公约签字各国，向其提议同劝中俄和平解决两国间之争端。签字各国中，有三十七国不以行动而联合一致，或表示赞同美国之态度，虽争执之形势已有极度的威胁性，俄国侵入中国境内已近一百英里之遥，双方仍接受恢复原状，侵犯之军队迅即撤退。

一九三一年九月，中国军队在世界之同此部分，即满洲发生敌对行为，适

---

① 编者按："电"疑为衍字。

国联理事会正在开会，遂将其加以注意。美国被邀会商巴黎公约与该项纠纷之关系，吾人迅即接受邀请，派遣代表与国联理事会商议此事，并有英、法、德、意、诺威、美国促发生争端者注意其在公约下所负之义务。

中日之武装敌对行为依然继续不止，国联理事会已将此事接收办理，故亦继续努力调解。美国政府对国联理事会之努力，持同情合作的态度。虽在外交途径上系在独立行动，而于理事会之努力调解，则力求其得实行。最后，迨日本蔑视此等努力，已将满洲完全占据，美政府遂于一九三二年一月七日正式通告中日两国，谓美国对于用违反国联盟约及巴黎公约义务之方法而成立之任何条约或协定，不能加以承认。美国政府之此番举动，随于三月十一日，由有五十国代表出席之国联大会予以保证。该次大会在极度之礼式与庄严情境下，全场一致通过。议决案，仅日本一国不肯投票。大会对之即发表宣言，谓国联会员国不应由违反国联盟约或巴黎公约之条约或协定而承认优益，实其义务之所在者也。此等接连之步骤，苟非借余于演说开端时所述之重要观点以为量度，自不能适当加以制止。此乃由对战争之一种新观点及使此观点成为一实体之盟约而合为一致之各国之举动，除此等观点及此等盟约外，则彼远在满洲之交割，原属于国际公法之份内事者，或不致被认为与美国有何干系也。

在从前国际法之概念下，发生冲突时，通常认为与有干系者，仅为受损害之各方面，其他则仅能对于受损害者与侵略者同样表示并实行严守绝对之中立而已。设有任何举动，或甚至发表意见，即多半被认为对于所指之国家之一种含有敌对的行为。每一国家对于防止战争所有之直接各个利益从未被充分赞识，此项利益亦从未受合法的承认。现则在凯洛格公约之下，此一种冲突已成为凡关心和平问题者之份内事矣。

采以实行此公约之一切步骤，应由此新局势以判断之，正如白里安以柯立志总统所言："世界上任何部分之一种战争行为，即为违反吾国利益之行为。"世界上已得知此伟大之战训，凯洛格公约签字国亦已将其编为法典矣。如是凯洛格公约之力量，苟非察觉其背后有全世界舆论合并之重力，由一种许每一国均有权发挥其道德的判断之盟约合成之者，自不能领略之也。

美国政府于今年一月七日负起责任发出碟文时系诉之于一新的共同情感，及一未经试验之新条约之规定。美国政府之不承认侵略所得之国，于侵略者暂时或比较力量甚小,但至文明国全部皆与美国政府并立,局势之真义即行宣露矣。道德上之不予赞同,待至成为全世界之不予赞同时,即有一为国际法上前所未有之重要性,盖国际舆论前此从未有如是之组织,如是之被号召出动也。

继非战公约此项发展而后之又一新时期,即为签字国遇本约有被违犯之威胁时,发现商榷之必不可少,对于权力之任何有效的引用,皆须提出讨论及商榷。

公约签字国一日尚拥护美国政府在近三年中之政策,即努力唤起舆论之一类联合的有活力的精神,以建立公约之制裁者,身为公约签字国之列强一日尚采取并保证此途径商榷将有举行,以为联合舆论之附有物,继去冬中日纠纷而后之唯一例外,即证明号召世界舆论,何以自然需要商榷且必不可免。世界人士已认本约保护其利益之重要,遇有试验本约之有效性之局势发生时,全世界即行会商以使此约之伟大和平目的成为有效。

公约之必带有政权之含义,或未为对其抱有善愿者所领会。渠等皆亟愿正式补充一种商榷之规定,但因由遇去三年间发展给以之重要性而得明白解释,及由继其后之积极的构造之富于生机,此等抱有善愿者之疑惧迨可止息矣。美国人民之同抱此见解者,由共和民主两党在支加哥举行大会所议决之政纲,均含有保证商榷原则之对策,即已明白也。

余相信余对于非战公约之此等见解,将成为吾国之一永久的政策,此系建于法律概念及和平理想之上。此概念与理想,乃美国人心中所最所最怀想之信念也。此乃一种政策上之事,合以愿意合作保全世界公理,同时又保全有独立行动之自由。此政策于世界各国之人心中,定必奏出一同情之调。吾等人人皆知大战所予吾人之教训不应忘却,由该大祸所生出废除战争之决心,必不能任其松懈。世界之热望已在此和平条约中表示出,惟有以不断之警惕,始可使此约建于一有效的活的实体之上。美国人民对此约之拥护与价值均非常严重,在此努力中必不肯不尽其分担之职分也。(完)

《中央日报》1932 年 8 月 14—15 日第一张第三版

149. 史汀生致谢赫礼欧，美法两国意见相同，证明非战公约足保障和平

【哈瓦斯社巴黎十三日电】 自法总理赫礼欧，发表关于本星期初实美国国务卿史汀生重要演说之宣言后，美国国务卿兼外长史汀生复文道谢。此复文已由美国驻法大使署，送交法国政府。复文中对于赫礼欧之演说，盛加称扬，并对赫礼赞成史汀生关于巴黎公约之解释一层，郑重道谢。史汀生谓，美法两国意见之相同，足以证明非战公约，将对于和平保障，有世界的影响。赫礼欧词意之诚恳坦白，尤为史汀生特加赞扬云。

【哈瓦斯社伦敦十二日电】 此间星期六日出版各周刊，对于史汀生之演说，皆有良好评论。《经济学家》报载称预防侵略之十全保证，事实上自不能有。所有者，惟舆论力量，以及对于由武力取得之土地，不加承认两法而已。史汀生演词，包含拥护非战公约之诺言，法国之首先赞助，自属当然之事。该报结论，称远东问题，系英国表示赞成美国政纲之最佳时机云云。《时潮》报称，史汀生深愿欧洲对于美国在太平洋方面行动，加以援助。此种愿望，得在其演词中见之。而美国之愿在于欧洲有关问题上出力援助者，盖亦为取得欧洲在道德上助力之计。

《中央日报》1932年8月15日第一张第三版

150. 英国朝野对胡佛演说之印象，国际联锁观念在美渐臻发达

【哈瓦斯社伦敦十二日电】 英国官场人士以为胡佛总统之演说词，以竞选演说所论，实不当加以评论，而总统与美国政府，于总统选举之前，实亦无从与他国作任何谈判。此辈人物，又以为美国向渥大瓦会议英国代表提议作华盛顿之游一事，当视以一种礼貌表示视之。此后美国又正式邀请，则胡佛总统演词中，关于扩充美国市场一语，苟认为有重申邀请之意，似嫌言之过早。但

美国于此，或欲警告渥大瓦会议之谈判者，使彼等不致忘记美国市场之存在与其利益，亦未可知。但总统目前限于地位，大约不能提出具体主张也云云。

《中央日报》1932年8月15日第一张第三版

151. 武藤赴东省，国联示忧虑，认中日争执愈趋严重，日向国联解释反起反感

【本社十六日上海专电】 日政府致正式函于国联，说明任武藤为日军司令，兼关东长官，与满洲特使事，谓武藤与寻常所谓大使不同，因其任命，并未征求满洲政府同意，且未携有寻常大使所须之国书。武藤之往东三省，特监督满洲内日领事耳云。国联中人对此大为忧虑，以日府不待调查团送出报告，遽行添置此缺，已使此间发生痛苦印象，咸认将使一年来纠结不解之中日争执，愈益复杂而严重。

【中央社日内瓦十六日路透电】 国联秘书长，顷接日政府照会，解释武藤在满之任务，略称：武藤所居职位，与通常大使不同，盖日政府派遣武藤，并未征求"满洲国"之同意，且武藤赴任时，亦未备有国书。武藤赴满之任务，为视察驻满日领云。国联现以日方照会，抄送各会员国。

【哈瓦斯社日内瓦十五日电】 日本政府，为任命满洲特派员全权大使一事，持以公函一件，送达国联会秘书长转呈国联行政院。公函内容如下："日本政府久已认为必须设立一种适宜机关，以便将日本在满之各种机关，予以统一。日本政府，现已将各种机关，即领事及关东厅暨军队，统置于一人监督之下。惟此各机关，在今日以前之组织及权限，仍维持原状。因此武藤将军，已于一九三二年八月八日，被任为关东军司令。同时兼任驻满特派员全权大使及关东总督。此项任命，系以一九一七年天皇勅令为根据。武藤将军之派赴满洲，系为解决必要事件，例如参照满洲实际新状况，以指挥监视日本在满之各领事，故不携带国书，其任命系以一国片面之意志行之云。"

《中央日报》1932年8月17日第一张第二版

152. 国府令派颜顾郭出席国联会,顾维钧即将来京

【洛阳十六日电】 铣(十六)日国府命令,特派颜惠庆、顾维钧、郭泰祺,为出席国际联合会第十三届大会代表,此令。

【本京消息】 外交部以值兹外交紧急之秋,驻外使节极为重要,前驻法公使钱永铭,因事尚未赴任,爰特于前日改任顾维钧为驻法公使,并闻于九月国联大会时,顾亦将为出席代表之一。外部为顾氏早日赴法履新计,特于前日致电顾氏促即南下。兹悉顾氏业已电复,并请外部先备护照,俟本人在不摒挡就绪,日内即南下赴沪放洋云。

《中央日报》1932年8月17日第一张第二版

153. 日派遣满洲大使,系承认伪组织初步,借以达其最终吞并之目的,罗外长发宣言促各国注意

关于日本通告国联,派遣武籐①为满洲特命全权大使一事,外交部罗部长昨日发表宣言如下:

日本政府不顾中国政府之抗议,世界舆论之指摘,悍然派遣武籐为满洲特命全权大使,并正式通告国联。此项举动,显然为正式承认之初步,借以达其最终吞并之目的。乃日本犹欲掩饰世界耳目,向国联巧辩,谓武籐赴满并非普通大使,且不递呈国书,而系派往监督日本领馆者。夫"满洲国"为日本一手制成之傀儡,对自己造成之傀儡,而派遣大使,信乎其为非寻常意义之大使,其不需递呈国书,自属当然之事。至谓武籐派往监督日本领事,若非日本承认满洲为独立国,则监督东三省日本领事之责,自有日本新派之驻华公使有吉在也。

日本侵略我东北,一面由日本外交家甘言欺世,一面则由日本军事当局直承不讳,一再声明谓日本派遣满洲大使,即为事实承认之完成,将来正式承认,

---

① 编者按:应为武藤。此处为尊重史料原貌,不作改动。下同。

一待时机成熟，即刻实行云云。此实可见其真意之所在。世界各国，对于日本承认满洲伪组织之举，苟欲默认其为正当则已。否则，对于日本派遣满洲大使之举，不可漠然视之也。

《中央日报》1932年8月18日第一张第二版

154. 调查团下月初可返欧洲，现尚在照常进行中，并谓力求尽速完竣

【哈瓦斯社北平八月九日通信】 国际联合会之调查委员团，目前正在编制报告，并整理所搜集之大宗文件，以作参考。报告书现已着手编撰，委员团深冀此项报告书能照预定日期，于九月十五日送达日内瓦。但欧洲方面，颇有人以为七月一日国联大会决议，将讨论中日争执事件之六个月限期，予以延长一层（此项期限系依照国联盟约第十二条及第十五条所定），实与调查团之工作进行状况有关，此则接近调查团之方面所深为诧异者也。日内瓦方面之感想，似以为第十二条限期延长之原因，一方面由于调查团组织与出发之迁延，一方面复由于调查团工作进行之迟缓。甚至有人以为调查团因不能如期完成报告书，曾自请展期。然按之实际，殊不如是。关于期限问题之困难，实由事势而生，缘中国最初赴诉于国联会时，其所援用者为盟约第十一条，至调查团出发之后，中国始援用第十五条之规定，第十一条原无期限，六个月以内之限制乃第十二条之规定，因第十五条而引用者也，由是可见调查团之组织及其所负使命实系以第十一条为根据。设国联系依照第十五条之规定而办理调查手续，则其选派之团体或另为一种组织，其人员当以在当地者为限，其所赋与之职权将较有限制，其所提出之报告书范围当较狭，而限制亦当较短。今则不然，调查团所负使命，范围甚为广大，其任务不仅在于调查某某特定事变之真相，且为力谋促进中日关系系计，调查团又当研究事变发生之背景，并考察远东之一般情势，盖必如此方能了解事变之全部面目也。此外调查团在调查工作进行中，遭逢重大之难关而必加以克服，如关系国政府不论中国或日本均不能在七月乃至本月初以前将某种重要文件交与调查团，即其一也。顾调查团所负使命纵极广大，调查工作极其困难，而其报告书或仍能于欧洲启程时所预定之日期

内编成而不至延迟。当调查团从日内瓦出发时,国联告各团员,谓并不希望于八月末或九月初以前完成报告书,而日内瓦规定之调查团经费预算亦说明调查团之工作时期,于必要时可延长至九个月。国联大会依据第十五条审理中日事件时,而欲以调查团依据第十一条所草成之报告书供其参考,亦属极近情理,国联因此乃决定将其审理期限加以延展,又焉能谓其由于调查团工作之迟缓耶？现在调查团之工作正照常进行,且依环境之所许,力求其尽速完竣,固未尝有所迟滞也。大概在九月初,调查团必可自北平启程,经由西伯利亚而返欧洲云。

《中央日报》1932年8月19日第一张第二版

155. 武藤赴东省,日政府将与傀儡缔约,事实上业已承认傀儡

【中央社东京十九日电】 日政府已决定与傀儡组织,缔结条约。

【中央社东京十九日电】 武藤氏已定于明日首途赴满。

【中央社东京十九日电】 斋藤、内田、高桥三相,对于议会演说词已决定,并于廿二日以前,呈天皇核阅。

【中央社东京十九日电】 议会期预定为六日,但于必要时,再斟酌延长,惟由目前形势推测,殊无延长之必要。

【中央社东京十九日电】 今日同僚于首相官邸,向贵院代表报告政府近况,经此报告后,贵院对政府之态度,将可缓和。

【中央社东京十九日电】 松井氏今日与满铁总裁会见,关于满洲近状,有重要意见交换。

《中央日报》1932年8月20日第一张第二版

156. 日使馆宴请调查团,商讨内容甚秘

【本社十九日北平专电】 日使馆巧(十八日)晚八时,宴调查团全体委员,商讨某项问题。李顿托词医嘱静养未赴宴,英意美法德均到。日方由原田、吉

田分任招待，直至今晨始散。至讨论问题，内容秘密未宣。

《中央日报》1932年8月20日第一张第二版

157. 调查团报告书本月底可送达国联，顾维钧月初来京后放洋，英当局潜心研讨报告书结果

外交界息，国联第十三届大会，定于九月二十二日在日内瓦举行。在平编述中日纠纷报告书之国联调查团，业将该项报告书，赶为编撰，已经大致就绪，本月底可完全脱稿，送达国联。并悉该团决定九月二日离平返日内瓦，外传我国新任驻法公使顾少川随该团同行，出席国联大会。据日日社记者探悉，顾氏俟由该团离平后，先拟南下晋京一行，向政府当局请示方针，然后携带国书及护照，转沪乘轮出国。唯顾氏身负出席十三届国联大会代表之责，且国联大会即届，时间既已短促，行期不克久延，决于下月上旬放洋，先赴法履新，然后转道日内瓦，往出席国联大会云。

【中央社伦敦十八日路透电】 每日电讯报，特约外交记者称，李顿报告措词之口吻，虽未必如美报最近所预料者，但该报告之某项结论，或将遭日人之剧烈反对，以致引起严重争执，影响英国与日本、美国、以及国联之关系。故现不独外相西门及外部人员，积极研究此全部问题，即首相麦唐纳，亦潜心探讨云。

《中央日报》1932年8月20日第一张第二版

158. 日派武籐赴东北，将与叛逆缔约，日阁临时会讨论承认伪组织

【中央社东京二十日路透电】 外相内田，昨召武籐面授与满洲缔结基本条约之机宜。武籐今晨离此，负重要使命赴满。众料日本将于九月底，予满洲以事实上承认。

【中央社东京二十日电】 今日特开临时阁议讨论首相对议会之施政演说

内容,并讨论关于承认傀儡组织之准备、今后外交方针,以及救济事业土木事业等,并决定向议会提出要案七件,就中最重要者,为(一)商业组合方案,(二)商品输贩方案,(三)中央金库法律方案。

【中央社东京二十日电】 贵族院研究会,以承认傀儡问题,特于今日开特别委员会作精密之讨论。

【中央社东京二十日电】 冈村关东军司令,于十九日抵长春,与傀儡要人讨论热河问题。

【中央社东京二十日路透电】 文相鸠山,受"满洲"之请求,决荐西山为满洲教育总长。西山前任内务某要职,一俟满洲政府政府正式任命,即将赴任。

《中央日报》1932年8月21日第一张第二版

159. 调查团分两路返欧,顾维钧赴北戴河即日返平,所拟说帖结论书已送该团

【中央社北平十九日电】 顾维钧皓(十九)晚赴北戴河,定漾(二十三)返平。所拟说帖结论书,已送达调查团秘书处。顾本定最近赴法,但事实上恐不能随调查团同行。至调查报告书,准月底编竣,各委定下月冬(二日)分两路返国。

国联调查团赶造报告,将于九月二日或五日离华各情,迭志各报。兹据确息,该团报告书,业经大体编就,现正撰述结论。全部再一次修改后,即可完成。至该团返欧路线,业经决定。全团仍分为二部,一部经西北利亚铁路,由陆路西行,一部经上海搭轮返欧,不再来京。至由西北利亚一行,闻将由津赴大连,转轮往海参崴,然后经俄境西返。一切手续均已预备妥善,惟团员对于路线之选择,须行前始能决定云。

《中央日报》1932年8月21日第一张第二版

160. 日兵在平城深夜演习,外人对此异常不满,大街通衢全夜操演诚无先例,北平安谧无事此举殊不易解

【中央社北平二十日路透电】 日兵前晚举行夜战练习。外人方面颇为不满,盖日当局事前仅照会中国官厅,对于各使馆,则未得知。依照此间惯例,凡任何国之外籍军队,如欲举行操演,应先通知各国驻平最高之军事长官,此次日方则未照此办理。对于日军操演之地点,外人亦认为不宜。前此各使署之卫兵,如在东交民巷操演,规模极小。如欲作大规模之操演,多至郊外实行,庶免惊扰附近居民。而此次日兵在大街通衢上,全夜操演,诚无先例。外人且谓北平目前安谧无事,日军作此操演,殊不易解。各使虽无向日使抗议之意,但众认日兵此种举动,有危及外籍住民之可能,应促日方注意云。

《中央日报》1932年8月21日第一张第三版

161. 德报论日满订约事,将变满为高丽第二

【哈瓦斯社柏林二十日电】 柏林《交易所邮报》顷对于日本政府与满洲政府进行订约事,评论云:"日本已达目的矣"。"日本乘一般舆论未十分注意时期,即欲使满洲变为高丽第二。高丽事件,与满洲事件相似之点,非常明显。日本之侵入朝鲜也,亦始终维持朝鲜之皇,今其于满洲,亦采同一之方法。虽然仅有少数人以为日本之目的,仅欲在经济上保障其所发展之富饶土地,而不欲在政治上完全统治满洲,更不欲认为殖民领地,因在气候观点上,满洲对于日本人民,并不适合云。然而日本则已达目的矣。"

《中央日报》1932年8月22日第一张第三版

162. "满洲国"缺乏独立国要素,德报评日举动

【哈瓦斯社柏林二十一日电】 日本承认"满洲国"为独立国一事,此间《德意志普通报》顷作严峻批评。该报认日本此举,系欲有暴力解决中日纠纷,而与国联及其远东调查团之和平解决企图,适相反对。该报又谓目前所谓"满洲国"独立国,是缺少一般独立国家之要素,缘满洲之脱离中国,既非取决于当地人民之多数,而其政府本身固无能力保障及维持其内部之秩序。此种仍依附于中日与苏俄三方政治经济交错势力间之国家,非仅不能长存,亦成远东危险复杂局势之泉源。

【国新二十日线[洛]杉矶电】 法国驻日大使马台尔伯爵,今日在此间声称,渠不信日俄立将发生冲突,日军阀在政府中虽有过问政事之权,但并未控制政府。

《中央日报》1932 年 8 月 23 日第一张第三版

163. 社评:日人又唱远东门罗主义

电通社二十日东京电称,内田外相在临时议会之外交演说草案中,关于远东和平维持问题,将力言须由中日及所谓"满洲国",充实国力,保持亲善关系,并高唱一种远东门罗主义,力言远东问题,应由远东各国处理云云。所谓远东门罗主义,石井菊次郎已早于六月二十一日东京日美协会欢迎美国驻日大使时,提倡于前,今内田外相又复高唱于后,日人盖已明白表示其在我东北之企图,绝不容其他各国之干涉与阻挠,俾遂其侵略之野心。门罗主义本为美国拒绝欧洲各国干涉美洲之一种政策,日本现正力图雄霸亚洲,所惧者,欧美之干涉耳,乃以子之矛,陷子之盾,提出远东门罗主义,以拒绝欧美各国之干涉,设心可为巧谲。虽然,日本之所谓门罗主义,实非美洲之门罗主义所可比附,辞而辟之,夫岂能已。

美洲之门罗主义,其提出之目的,在于保护美洲之独立与自由。当门罗总

统发表宣言之时,南美各国,方脱离其祖国西班牙,宣告独立。奥国首相梅特涅乃有以欧洲各国协助西班牙,以恢复其殖民地之主张。门罗总统为防止欧洲国家侵犯美洲之独立自由起见,乃宣称:(一)欧洲任何国家不得再在美洲实行其殖民政策,(二)欧洲各国不得干涉美洲之政治,(三)美洲亦不干涉欧洲之政治。此三大要点,即构成所谓门罗主义,门罗主义提出之目的,乃在禁止欧洲各国侵略美洲土地之野心。至日本之提出远东门罗主义,其目的适于相反,乃欲破坏我国之领土完整与政治独立。盖日人自九一八以后,侵犯辽宁,轰击淞沪,制造伪国,得寸进尺,欲壑难填。近且派遣专使,缔结条约,公然加以承认,内田外相亦宣称"远东问题应由远东各国处理"。申言之,日本在我东北之侵占,为远东国家间之问题,非欧美各国所得干预。日人提出远东门罗主义之目的,在于侵略中国之领土,亦彰彰明甚。美洲门罗主义,与远东门罗主义并不同之点,此其一。

美洲之门罗主义经国联盟约第二十一条明白承认:"其为和平之维持者不得视为与盟约任何规定有所抵触。"虽捷克曾一度提议修改此项条款,修改委员会则以此项条款,并不损及任何国家之利益,讨论结果均主维持原文,不加修改。美国门罗主义为国际条约所承认,于此可见。至于日本之所谓门罗主义,则以侵略我东北领土为目的。但国联盟约第十款规定,国联会员国应各维持及保护其他会员国之领土完整与政治独立。九国公约第一款更明白载明,签订国当尊重中国之主权独立及领土的与行政的完整。所谓远东门罗主义,与此项国际条约之规定,实相抵触,美洲门罗主义与远东门罗主义不同之点此其二。

美洲各国大率为独立自由之邦。加拿大名义上虽为英帝国之一部分,实际上则与独立国家无甚差别。故欧洲各国之与美洲,除经济关系外,绝鲜政治上或领土上之冲突,美国门罗主义,因此常得维持其尊严。至于欧美各国之与亚洲,英法美等在亚洲各处均有巨大殖民地,或为海军之根据地,或为商业之尾闾,均与本国有极大之关系。欲使亚洲一切问题,完全由远东各国单独处理,绝对拒绝欧美各国容喙,事实上实不可能。美洲门罗主义与亚洲门罗主义不同之点,此其三。由此可见日人之所谓远东门罗主义,非美国之门罗主义所可比附。日人所以标出此种主张者,盖为日人侵略政策之一种借口耳。

盖日本军阀既公然以武力破坏我国之领土,置国际公法、国际条约于不顾,日本外交家深恐其他各国之干涉与阻挠,乃更创议一种政治原则以掩饰日本军阀之暴行。日本外交家用意之险毒,较诸军阀武力之凶暴,益使吾人惊讶与痛恨。欧美各国,对于日本此种主张,迄今尚未有何表示,将来果持何种态度,未易预知。至于国人,苟甘愿为远东门罗主义之牺牲者则已,否则深愿予以深切之注意,幸勿以此种政策为一种外交家之辞令从而忽视之也。

《中央日报》1932年8月24日第一张第二版

164. 国联调查团报告书,定下月十五前送达日内瓦,顾维钧将随该团同行

【中央社东京二十三日电】 国联调查团之报告书,定于九月十五日以前,提交日内瓦事务所,再经半月之整理,既可据以讨论中日之纠纷云。

【本社二十三日上海专电】 国联大会日程已定。李顿报告书定九月卅(十五日)交秘书处,该处限两周翻译成各国文字,交中日及各国。十月文(十二日)开理事会,为期一周。号(二十日)开十九国特委会再审查,大会十一月开。

【本社二十三日北平专电】 顾维钧漾(二十三日)晨返平,约九月初随调查团乘义邮船放洋。

【本社二十三日北平专电】 调查团正草结论,连日上下午均在德国医院开例会,报告书月底可完,定九月初离平,拟分批经海道返欧。

《中央日报》1932年8月24日第一张第二版

165. 调查团积极编造报告书,对热河事件极为重视

【中央社北平二十四日路透电】 调查团连日在德国医院开会,积极工作。据称报告书已按预定程序草拟,希望在下届国联大会集会初期内即可提出。目前调查团仍从事草拟与历史有关系之叙述部分,俟一切材料收集完毕之后再当分节目,作最后之整理。至于结论部分,当待最后进行。闻调查团拟于报告书寄欧前所发生之重要事件,均应列入。调查团赴欧之日期路程,均未决

定。取道西比利亚，需时最省，但北满交通阻滞，且虎疫盛行，旅客抵欧时，或须被防疫当局停留，凡此均应虑，故该团团员有分途赴欧之说。

【中央社北平二十四日电】 顾维钧定下月初随调查团赴沪，歌（五日）乘义大利邮船放洋，先赴日内瓦，再赴法就任。

（又讯）日军侵热，外部会电顾维钧，命将日军在热暴行，随时报告调查团。顾因即由北戴河赶回北平，以便随时接洽。闻该团对此次事件，极为重视云。

《中央日报》1932年8月25日第一张第二版

166. 社评：举世瞩目之日本临时会议

日本第六十三次议会，已于本月二十三日正式召集。自犬养被刺，法西运动盛行以来，日本最近十数年中所竭意建树之议会中心政治，已根本动摇。平素民意表现之议会，因政党腐败，农村衰落，遂变为民怨所集之渊薮。日本议会本身之生命，全视其今后是否能执行其固有之职权，与恢复其向来之信用，此乃我人所宜注意者。

此次临时议会之召集，其根据在前次议会之议决案，日本全国农民，以农村破产，民不聊生，乃于前次议会开会期中，蝟集东京，请求救济。平素以代表农村利益自居之政友会，遂联络政民两党之议员，于六月十三日在议会提出关于救济农村之方案，全场一致，决议通过。可见救济农村，实为日本今日所公认之急务。夫日本农村凋敝，并不始于今日，乃近数年来，外受世界经济之恐慌，内感政治之影响，以至每况愈下，数千万农民，无以为生。举日本全国农村负债之额，达六十亿元，杀犬充饥，鬻卖子女，在日本农村，已为习闻习见之事，贫穷交困，危机四伏，日本当局，欲竭全国之力，以事救济。东北问题发生之初，日本军人及野心政治家，宣传日本一获东北，所有一切不景气之现象，可以迎刃而解，但时至今日，适得其反。故谓此次日本临时议会之召集，及其侵略东北失败之表示，岂谓过当。日本国民，鉴于一年来军兴以后之国内经济情状，亦可猛醒。

斋藤内阁救济农村之方案，以记者观察，无非由紧缩政策而转入澎涨政策之手段。一日澎涨[膨胀]政策,见诸事实,物价提高,景气转换,乃意想中事。然以此即谓农村已获救济,未免过早。夫日本农村,除少数地主阶级之外,中小农家,多居消费地位。一旦物价提高,少数地主阶级,固可由危迫而转入小康,而居消费地位之中小农家,其将如何?故记者以为日本真欲救济农村,必需自减税作起;真欲减税,必先自军缩出发。而缩减军备之唯一关键,尤必需先抛弃之侵略之野心。不然,舍本逐末,宁有善果,日本当局,议员诸君,能见及此乎?

此次日本政府提出议会之议案欲以一亿七千万元,为救济非常时局之预算,在政府方面,已有不胜负担之感,而在农村方面,反觉杯水车薪,无补实际。政友会于此闻早已讨论对案,反抗政府,未来日本政局之暗礁,即伏于此。在议会拥三百零三名绝对多数之政友会,不能获得政权,政党本身,焉能甘心,故近日正纠集同志,进行倒阁。安达谦藏所统率之国民同盟会,亦已不满政府之措施,势将加入。民政党对此次内阁,虽有准与党之称,然其多数议员,亦皆不满于政府,一旦内阁不信任案提出之时,推波助澜,亦意中事。而日本政府方面,在此万方多难之时,既乏解散议会之决心,又无解散议会之实力,若欲苟延残喘,唯有扩大其对华政策,将对内重心,移到对外,此我人所应及时警戒者也。总之,此次日本临时议会,决非前次可比,未来政变,颇有一触即发之势。盖斋藤内阁,实为日本政党政治,与法西运动之矢的也。

日本前次议会,于闭幕前一日,(六月十四日)通过督促政府,承认伪国之案。第政府当局,以国际关系,未便举行。记者以为日本议员,必将利用机会,作第二次督促之决议。日本正式承认伪国之手续,或在第二次议会督促决议通过之后。我全国上下,对于应付方策,再不容缓。不宁惟是,日本现政府对华政策之成败,攸关内阁之生命,故议会开会期中,日本内阁为维持其生命起见,对华政策之进行,必将变本加厉,以博取议会或社会中变态之欢心,势有必至,此尤望我国人,速自奋起者矣。

《中央日报》1932年8月26日第一张第二版

167. 日准备承认傀儡组织，我国将提严重抗议，斋藤内田在国会妄发狂论，美对日最近态度颇为注意

外交界息。日政府已定九月十八日沈阳事变一周纪念之期，正式承认叛逆组织，并将缔结条约。日本国会早于数月前通过承认傀儡组织案，嗣经我方严重抗议，日方卒以考虑环境，迄未实行。现以国联大会会期日迫，深恐其侵占东省之暴行，不能见容于世界之公论，故决心蛮干到底，正式承认叛逆组织，使国联陷于无法调解之困境。不但我国政府对此将严重抗议，即国联及关系各国，亦必不能使国联盟约历次决议及九国公约，由日方一手撕毁云。

【中央社东京二十五日电】 美国对于近日日本将承认傀儡组织之态度，颇为注意。

【中央社东京二十五日路透电】 首相斋藤，今日在国会演说，略述满洲问题，及统一日人在满行政之经过，并谓日本政府筹备早日承认傀儡组织。斋藤旋即发挥政府对于救济农民渔民及小资本商人之办法，且提及日皇捐款助赈事，请各位领袖热烈援助。斋藤续称，政府已制定三年计划，冀苏民困，其主要目的如下：（一）减低利率，借使金融流通、易于筹款办振。（二）展缓本利偿还期间、以及整理农民债务。（三）发展农林事业及造路计划、救济失业工人。（四）援助丝业。（五）贫苦学童，应由当局供给午膳。

【中央社东京二十五日路透社电】 日国会今晨开会，外相内田，宣告日政府即将承认傀儡。内田演辞甚长，要旨如次：满洲已在稳健途上，渐次发展，吾人殊感欣慰。日政府深信承认满洲，为维持远东和平之唯一方法。吾人刻正作各种筹备，以便早日正式承认满洲，完成满洲计划。近来远东之国际形式，甚为恶劣，考其原因，乃中国国事混乱，加以中国政府实行所谓革命政策所致，此为不可讳饰之事实也。二十年来日本均以镇静容忍态度处之，希望中国能尽其责任，维持远东和平。奈中国不能达日本之冀望，以致吾人除采取自卫行动外，无他办法云。内田否认日方举动违反非战公约，渠认非战公约并未制止签字国于必要时自行采取行动，抵抗任何危害，且此次自卫举动，并不限于本国境内云。内田旋述满洲经过情形，认新国之创立，为满洲华人独立运动之结

果,此项独立运动之背景乃满洲在地理上历史上均有特殊情形。且满洲人民之心理,亦与中国本部人民不同。故满洲之产生,非缘日军在满洲之行动而起也。内田否认日本图并满洲,并谓九国公约并不禁止中国国内之独立运动。内田末称,渠希望中日满三国,不久可以独立国之资格,并念及种族文化之关系,携手合作,不独保持远东和平福利,且可促进人类文明云。

【中央社东京二十五日电】 本日议会,于晨十时开始,首由斋藤首相作施政演说,略谓:关于满洲承认问题,当于可能范围之内,设法提早办理。关于承认之一切准备,现已命书记官专任办理。至于农业及其他事业之救济,为此次议会之主要问题,经严密讨论后,政府当竭全力执行之云。

【又电】 大臣演说终了后,即由在野党开始质问。柳泽保惠伯(研究会)登坛对于邮政储金减利问题,有所质问,略谓:邮政储金者多属平民,今减其子利,则平民直接受其影响。当此民生凋零之时,政府应为平民设想云云。当由南递相答复,邮政储金减利问题,政府亦会详细考虑,在一方面说于平民有害,在他方面说此举实于平民有利,盖平民多须借贷资金,今政府既减利,则低利资金之流通,将更活泼。由此想来,此举实属利大而弊小也云云。次管原重雄(研究会)氏,关于农村问题,亦有所质问,由农相及藏相分别答复。下午众议会于一时半继续开会。首由滨田国松(政友会)代向政府要求发表暗杀犬养前首相案件之经过及明治制糖会社漏税问题。由首相答复,谓犬养被刺案之经过,将于本届议会中发表;至明糖漏税问题,现正调查,一俟调查完了,自当公表于世。

《中央日报》1932年8月26日第一张第三版

168. 内田之荒谬演词,实蔑视国联威权,各国均深切注意将有所表示,罗外长亦将宣布我政府态度

外交部长罗文干将于下星期一外部纪念周上发表重要演词,其演词题目,虽尚未宣布,大致系关于东北问题,尤其关于日本内田外相最近在日议会之演说。罗氏将趁此机会,宣示中国政府之态度云。

【中央社伦敦二十五日路透电】 郭泰祺谈满洲之地位问题,应在日内瓦

讨论,断无由日本单独解决之理,盖中日两方,已将其争端交付国联处理也。郭称日本竭力谋增中国纷乱,但在各国均有关系之各部分,中国情况,仍为稳定。内田之态度,不啻谓日军可借口保护日人利益,在友邦境内横冲直撞,无所忌惮。内田演说之日,李顿调查团宣告其报告书,即将草拟完毕。调查团之报告书内,究有若何结论,致使内田发此言论,吾人不得而知之。但内田似假定世界各国对于满洲之事态,隔膜殊甚,且无力过问。做此言论之内田外相,即代表日本签订非战条约者,此点亦可表示目前远东国际状态之真像云。

【中央社东京二十六日电】 列国对二十五日内田外相之外交演说,表面虽尚沉默,惟据各方报告,各国对日态度,较前瘸腿趋强硬,结果恐日本退脱国联外,似无他径可由。

【中央社东京二十六日路透电】 政友会重要党员森国,对于内田昨在国会之演说,提出质问,略谓:承认满洲,故应赞同,但政府对于此举,或将引起之严重事态,则未料到。美国及国联对于承认满洲,均表反对。日本一味孤行,若与列强或中国发生冲突,应将如何措施,政府似应事前顾虑云。内田答称,政府所作筹备之内容,事前不能公布,但渠深信世界对于日本之举动,可加谅解云。

英

【中央社伦敦二十五日路透电】 英国出席国联代表薛西尔,谈内田之演词,渠已审慎读过,但目前不欲加以批评,因内田演说之要旨,大约将在日内瓦提出研究也。

【中央社伦敦二十六日路透电】 保守党报纸,对于内田康哉之演说,尚无评论,自由党及工党之意见,可于《新闻纪录日报》及《先锋日报》之评论窥见之。两报均认内田演说,为可能危机之预兆。《新闻纪录日报》称,远东战事有复发之可能,日方在沪增援,殊使外间猜疑。内田与调查团报告尚未披露时,作此先发制人之举在,甚为不智。关于非战公约或其他国际条约,日本不能冀望各国不顾日本在满行动如何,而接收日方片面之解释云。《先锋日报》社评之标题为《日本人之傀儡》,该报称现在远东开演之一幕滑稽剧,大有变成世界悲剧之可能。日本承认满洲为日人蓄意蔑视世界道德,趋向最后之步骤,黑暗之战云恐将随之而起云。《孟却斯德指导报》社评之标题为《满人治满欤》,该报称,日本如承认满洲,则题系蓄意对于李顿调查团之建议,置诸不顾,而其他国联会员国,对于满洲状态,则可认为日本以不合于国际间责任之方法所一手造成云。

【哈瓦斯社伦敦二十五日电】 日本外相内田康哉之演说,引起政界深切之注意。政界人物,对于内田演说,虽不欲有所评论,然亦未尝不谓此次演说,与最近美国大总统胡佛及国务卿史汀生之宣言,有多少关系。此间人士期待李顿报告书之发表,心常惴惴。各报均谓,报告书业已编竣,不日即往寄往日内瓦。关于调查团结论之种种风说,未能得到官方之证明,但其来源虽殊,而内容则一,故令人疑其可信。报告书大约可于九月二十六日,递到日内瓦。说者谓此项文件,日内始由中国寄出,九月二十日以前,恐不能寄到日内瓦,而各代表又要求以一个月时间,批阅此项文件,故报告书不至十月底或十一月初,不能发表云。

法

【哈瓦斯社巴黎二十五日电】 《时报》社论题为《日本及满洲》,略谓:"世人颇有以日本对满政策为虑,而发为言论者。日本现已本乎坚决之意志,用间接之言词,对此言论作答矣。华盛顿曾一再宣言,谓对于用强暴手段而让成之领土变更,绝不承认。日昨日本外相内田之演说,一方在对华府此种宣言,予以反驳,一方在警告世界,谓满洲之事,日本政府,绝不容国联之切实干涉。由此言之,则日本外相之宣言,在政治上实关重要,日后调查团结论公布时,对此宣言,不容不顾虑也。"云

美

【中央社纽约廿六日路透电】 纽约《泰晤士日报》社论称,内田所提出日军在满行动之理由,与一九一四年德国所认为攻击法比之理由者,大致相同。该报认内田之演说,直接蔑视国联威权,内田似恐各国将引用九国公约及非战公约,或虑李顿报告书,对日将有不利,故做此先发制人之举云云。

【中央社纽约二十六日路透电】 据《先锋讲坛报》驻京记者电称,日本决定承认满洲后,美国拟运用其势力,使各国仍保持对于满洲绝交之现状,各国谅必同意。据美京人士观察,内田演说之用意,殆系对付国联,故将更合世界视线集中于行将产生之调查团报告。政界中人,明白表示,日本承认满洲,美方将认为破坏九国公约。但在国联尚未考虑调查报告而采取行动时,胡佛总

统及国务卿史汀生,对于内田之演说,或其他关于满洲之言论,暂不答复云。

【本社廿六日上海专电】 华盛顿电,今日美国国务院,认昨日日本内田外相在东京国会之演说,其本意直接对国际联盟而发,作为日本对满洲地位之声明,因此美国不拟有所答复。官场中观察时变者,以为日本若承认满洲伪组织,纵有内田之声辩,显似将违犯九国公约,但又表示苟从法律点观察,则此举之是否侵犯公约,将视满洲伪组织是否可认为真正自主国家,抑係日本傀儡而定。料国联调查团报告书,对于此点,当能有所表明。国务院发言人顷谓,内田伯爵显然向国联及全世界声明日本立场,当日大使署将该演说书提送国务院时,国务院即向来人说明美国此种述解。嗣以内田伯爵所称日本根据非战公约之自卫权力,今乃退出本国领土之外,扩张至满洲一层,询问某大员,据称关于此点,国际法上未有规定。又据国务院当道最后表示,美国在国联调查团送出报告以前,对于远东,将未必再有行动。

《中央日报》1932年8月27日第一张第二版

169. 华府盛传之俄日新谅解,认为日本外交手腕胜利

【世界社华盛顿讯】 华府外交界盛传一种未证实之消息,谓俄日间已成立一种新协定,其内容关涉两国在远东之权利利益由此协定,苏俄预备于日本承认"满洲国"后继起承认之。美政府官员称尚未得此报告,但鉴于种种情势,故已在严重考虑此说。所谓种种情势者,即近来俄日间关系大有进步,尤其渔业争端业已解决。据外交界传说,渔业协定中附有若干新谅解:(一)中东铁路之俄方权利,日本承认保护。(二)日本对在西北利亚边界及蒙古之日军行动加以限制。(三)俄方在满蒙之商业利益,由日方保护。远东事情专家认此为日本外交手腕之胜利,因其使日本之地位大为巩固故也。

《中央日报》1932年8月27日第一张第三版

170. 社评：内田康哉之演词

日本首相斋藤氏兼任外相的时候，曾于六月二十一日在日本国会报告新内阁之外交政策。那时候斋藤氏已经说过："'满洲国'之政治，得见整顿，固尚需相当时日……故对于目下满洲事态之前途，若以操切之态度临之，固为余所不得不坚决反对者。"这等于说伪国成立未久，前途荆棘尚多，日本殊未便即加以承认。固自斋藤兼任外相以来，他始终不敢把承认伪国之责任，加在他一人身上。其后内田康哉接任日本外相，鉴于国内舆论之要求立即承认伪国，遂不能不表示他亦赞成此事。七月中旬国联调查团二次赴日之时，日人反对该团之声四起。内田外相即乘机提出四项主张，曲解民族自决的意义，借以说明伪国独立理由之正当。内田外相所以有此表示者，无非迎合日人偏激的心理，想要把日本朝野之态度，表现在国联调查团之前。但在那时候，他只说"日本政府自当为必要的准备，对此'满洲国'作正式的承认"，却还没有怎样的露骨表示。内田康哉任满铁总裁，已逾一年，今始重任外相，以其机敏的头脑而论，未始没有看到所谓承认伪国的准备，确然十分艰难。以其外交经验之丰富而言，他尤未始没有看到日本前途的危险。只是他在日本外交界中，要算是最富有事业野心的人。币原怎样失败，芳泽又怎样下台，他都看得明白。他深信要保持外相的地位，只有接受日本军人主张之一法。军人要把满洲伪国成立起来，他就不能不说什么民族自决的话来做日本军人之辩护士。军人要挟日政府立即承认伪国，他更不能不倡此言论，以表明其心迹。强国的外交家，往往容易受制于跋扈的军人，丧失其独立的精神。现在的日本，正当军人气焰不可一世的时候，内田康哉虑于如此局势之下，其内心之痛苦，殆非局外人所能察知。然而环境迫得他不能不开口，于是此次临时议会中之内田外相的演说词，遂予世人以十分恶劣的印象。

内田外相此番在议会中之宣言，目的只是表示伪国之承认，已成为日政府对外之必然行动。他明知此种不合理的行动，对于日本的前途关系甚大，不能不加考虑。然以国联调查报告书公布之期日近，国联的态度与美国最近之表示，既然不利于日本，则为先发制人计，也只有公开的把日本政府之态度，宣布出来，一面用以和缓国内之空气，一面则想借此恐吓各国，预防国际干涉之实现。内田外相在一九二二年任日本外相之时,正值华府会议所产生的九国公约成立之日。九国公约所给日本之义务若何,精神何在,他十分了然,不但如是,一九二八年非战公约之签订,他又代表日本躬舆其盛。以手签国际重要公约之人,而今为着避免本国破坏国际条约之责任起见,遂不惜吞吐其辞,巧为掩饰,这真是何等惋惜的事!故就内田外相之宣言以观,予世人以最大之恶劣印象,要算是日本外交家之政治才能舆道德之破产。须知外交加之职责,固亦重在维护自己国家之既得权利,但此所谓"既得权利",要必以国际条约为根据,才得称为合法得权利。日本在华之合法权利,中国政府未曾加以否认。乃今日日本之外交当局,不能运用才能,于此方面认清途径,求一适当的解决方法,偏偏要于合法权利之外,另为本国开拓疆土,攫取权益,借以满足军人之欲望。国际公约之尊严,可以置之勿顾,国际舆论之责备,可以付之不理,而为军人辩护的言论,却不能不一再发表。这真是现代日本外交上罕有之奇事,足使邻国有识之士叹息不已者。

内田外相个人之立场如此,故其宣言之内容不仅迹近虚为,且多自相矛盾的地方。于挑拨各国情感,掩饰伪国组织,与阻止国际干涉之外,实在找不出一些全乎理性的话。不但我们读了,只有感觉到日本的外交,完全蹈了战前德意志的覆辙,即各国舆论,亦都视为远东危机,已深深潜伏在这篇荒谬的演词之中。历来各国外交家的言论,多半是和平福音的传播,独是内田外相此次宣言,却充满了"反和平"的空气。我们读此一番言论,应该觉悟中日纠纷,已非口舌之争所能解决。我们一面固须注视日本果如何准备妥当,方实行承认伪国,一面尤须于日本承认伪国之先,从速采用有效方法,以谋抵制。愿政府舆人民注意及此。

《中央日报》1932年8月28日第一张第二版

171. 调查团定下月离华,李顿等分三批返日内瓦,顾维钧来京请训后同往

【本社二十七日北平专电】 调查团对调查报告工作,决本月底结束。调查团离平共分三批:第一批顾维钧偕施肇夔、萧继荣、颜德庆定东(一日)晚五

时乘车赴京,与国府当局接洽一切,约江(三日)支(四日)赴沪;第二批为德、法、意定冬(二日)经沈转西伯利亚赴日内瓦;第三批李顿及美代表夫妇、副秘长皮而特,定支(四日)乘机赴沪,歌(五日)会同顾维钧乘义邮船赴义。李即径赴日内瓦。顾维钧预定抵义后,先赴巴黎至公使馆一行,再赴日内瓦出席国联大会。日代表等将迳回国。又闻我国致调查团说帖共二十七种,约一二万余件,已装箱分批运日内瓦。另东北外交委员会制就关于东北中日条约文件多种,已迳送国联。

【中央社北平二十七日电】 调查团定下月冬(二日)离平,分道迳返日内瓦。李顿及美代表由海道放洋,德法义代表取道西伯利亚。顾维钧则定东(一日)赴京,向政府请训后,即与李顿同行,先赴法任,再至日内瓦□席。中国代表办事处现已办理结束云。

【本社二十七日天津专电】 调查团最近将返日内瓦。顾于下月一日赴京转法,出席国联会议。德法义三代表,二日赴大连转海参威、西比利亚返赴日内瓦。英美代表,四月乘张之飞机飞沪,乘义轮放洋赴日内瓦。

《中央日报》1932年8月28日第一张第二版

172. 矢野昨由沪抵京,访亚洲司长沈觐鼎,定今晨拜会罗外长

(中央社)日本驻华代办矢野,于昨(廿七)晨由沪乘轮抵京。当于上午十时偕驻京日领上村,赴外交部访晤亚洲司长沈觐鼎氏,并拟于今(二十八)晨拜会外交部长罗文干氏。闻矢野代办此次来京,纯因初任代办,照例须与我国外交当局会晤,并无其他任务云。

《中央日报》1932年8月28日第一张第二版

173. 内田之荒谬演词，无一字不违背法理，罗外长将痛予驳斥，英对日态度更为注意

（中央社）日外相内田于二十五日在日国会之演说，已引起世界各国之严重注意。其措词之荒谬，态度之横蛮，几无一句无一字不违背法理，不违背事实。闻演说全文，已于二十六日到京，外交部长罗文干氏，彻夜研究，殊深痛愤，已亲拟驳文，并为郑重起见，定下星期一在外交部总理纪念周席上，正式报告，力予痛驳云。

【中央社伦敦二十七日路透电】 英政府某大员，今日与路透记者谈，英国对于远东全部问题之态度，暂应认为此案仍在审理之中。英国既为国联行政院会员，亦系法官之一，凡为法官者在案情未结束以前，不应对外发表意见云。记者复询以日本承认满洲后，势将引起如何局面，渠以未接李顿调查团报告，不愿答复，且谓各国对于调查团之报告书，须待九月底始可研究完毕。伦敦方面对于日本承认满洲，是否与九国公约冲突，意见不一，或谓日本承认满洲，显系破坏九国公约，签字国应召集会议决定办法对付之。

《中央日报》1932年8月28日第一张第二版

174. 调查团报告即编竣，全文约念五万言现正起草结论，团员将于一周内离平分道返欧

【中央社上海二十八日电】 外讯，调查团报告即将编竣，内容仍严守秘密。闻全文约二十五万言，报告部分占十六万五千言，结论占七八千言；外有附件十五件，各五千言。

【中央社北平二十八日电】 调查团因赶编报告结论，俭（二十八日）晨仍开例会，顾维钧亦列席。对离华日期，有所讨论。顾感（二十七日）晚在私邸宴该团各委，除李顿因病辞谢外，各委均到。各使馆要人夫妇，亦被邀作陪。至深夜宴会始尽欢而散。

【本社二十八日北平专电】 顾维钧感（二十七日）宴调查团全体，并邀名人及名伶作陪。李顿因病未到，余美法德义各代表均到。欢宴至半夜始散。勘（二十八日）晨调查团全体在德国医院开会，顾维钧亦参加讨论云。

【本社二十八日北平专电】 调查团报告书，除结论外，其他部分已大致完成，月底准可脱稿。李顿与各委，连日正起草结论。因关系重要，李等极审慎，内容尚秘密。据某方息，该团对内田演说不重视，决秉公起草结论。

【中央社北平二十七日路透电】 李顿调查团之报告长约十万言，即将草拟完毕。但结论部分，尚未起始。外间之推测，全无根据。报告书将由团员赍送日内瓦。该团或于一星期内返欧，但路程尚未决定。李顿勋爵因身体欠佳，决由海道返欧，闻已在恒河号轮船预定舱位。其他团员，则拟取最简便之路程回欧，如西比利亚铁路。因水阻滞，或将偕李顿乘恒河号回欧。调查团之报告书，最早须在九月底始可印就。闻国联已与日内瓦及洛桑之印刷局数家接洽，拟分批印刷，以便节省时间。

【中央社北平二十八日路透电】 闻顾维钧将偕李顿，取海道赴欧。顾将先赴巴黎就驻法公使职，然后再赴日内瓦参加国联大会。报载中国代表团备有说贴二十七项，译成各国文字，共印两万份，由平装二十五箱运欧。此外北方当局，将另装关系文件七箱。

铁道部技监颜德庆，奉派赴日内瓦，充我国代表团专门委员。现颜氏将于廿六日赴沪料理行装，并办理一切手续。刻有电到京，谓已定九月五日乘意大利邮船由沪启程赴欧。

【哈瓦斯社华盛顿二十七日电】 美政府对于内田外相所宣布承认满洲傀儡组建之计划所能发生之反响，正在考虑中，现则焦急日满协定之公布。美国当局，尤深虑日满间有订结治外法权条约之可能，但无论如何在国联调查团之报告书发表以前，美国政府对于东北问题，不致再发表宣言。

《中央日报》1932年8月29日第一张第二版

175. 日将派员赴美游说,希图表示好感解释误会

【中央社京东二十八日路透电】 日政府鉴于美国对于满洲事件之反响,及美大西洋舰队现仍停留太平洋,决派海军上将佐分利与野村二人,赴美表示好感,以及解释一切误会。沪战时野村为日本第三舰队司令,四月二十九日虹口公园发生炸弹案,野村损失左眼,在沪医愈后,回日休养。

《中央日报》1932年8月29日第一张第二版

176. 调查团即将启程返欧,报告书明日可完成,外罗召顾指示机宜

【本社二十九日北平专电】 调查团发言人谈,报告书内容多半偏重于目击事实。该书到日内瓦后,即分送各委审查后,再交十九国特委会讨论发表。该会对中日事件只作一次决议,不能作任何裁判。又顾维钧有定二日飞汉晤蒋委员长,当日飞京讯,惟仍定五日随李顿放洋,先至法递国书。

【本社二十九日北平专电】 李顿携美委定九月二日乘车赴沪,微(五日)乘义船放洋,约念二日可抵义,再乘车约二十三日或念四日可抵日内瓦。哈斯随李顿赴沪,仍返平,九月中取道西伯利亚赴欧。法义德三委,定九月二日赴大连转哈,经西伯利亚赴欧,经十六日或十七日可到日内瓦。报告书一部分陷(三十)着手编制,三十一日可望告成,惟须视今明日之情形而定。如不及,则李顿迟至四日飞沪,法义德委亦缓行。顾又约九月一日飞京,与当局面商一切,留两三日赴沪,与李顿同行。

【中央社北平廿九日电】 调查团行期,艳(廿九)止前未决定,因报告书尚未完毕。俟陷(三十)世(三十一日)两日例会后,如全部告竣,即可如期离平,否则尚须稍缓。哈斯因有事赴沪,故决随李顿到沪后,仍须北上,经西北利亚返国。

(中央社)外交界息。国联调查团李顿爵士一行,在平编制报告书,不日即

可完成。闻全团定下月初由平启程赴欧。李顿爵士以不胜劳顿,决取海道赴欧。我国驻法公使兼出席国联大会代表顾维钧氏同行。李顿爵士过沪时,将小作勾留,但不来京。我国外交当局届时是否赴沪一晤,现尚未定。其余美意法德各国委员,将决取道西北利亚铁道赴欧。

(中央社)外交部长罗文干氏,以此次国联大会,关系至为重大,对于我国应付方针,有与顾维钧氏先行晤谈之必要,昨日特急电顾氏,嘱于启程之前,先来京一行。闻顾氏日内即由平乘车南下,一俟请示机宜后,再赴沪与李顿同轮赴欧。

《中央日报》1932年8月30日第一张第二版

177. 国联调查团报告书明日可完成,李顿等下月四日飞沪放洋,顾将飞汉谒蒋并来京请训

【中央社北平三十日路透电】 李顿勋爵,定九月四日乘张学良飞机赴沪。同行者有意代表亚特罗万蒂勋爵、美代表马考意与其夫人,及张之西人顾问唐纳。顾维钧定二日赴沪。法代表克劳德尔及德代表史尼,拟二日取道西北利亚返欧。

【中央社北平三十日电】 顾维钧定冬(二日)飞汉谒蒋后,当日飞京,向中央请训,支(四日)赴沪,歌(五日)放洋赴法,萧继荣、金问泗、钱密均随行。李顿与美意两委,定支(四日)飞沪,与顾同行,其行李定东(一日)先运沪。德法两委,则定冬(二日)离平,经西伯利亚返欧。至调查团报告书,预定东(一日)全部完成。其已成部份,已分别向日内瓦寄出,闻内容多偏重事实。该报告全部到达后,先由各国专委考查,再交特别会议讨论发表。但对中日两件,仅能做成决议案,不能做任何判决云。

【中央社上海卅日电】 顾维钧(三十日)电兄维新,定支(四日)飞沪,稍事料理,即赴京津请训,然后出国。

《中央日报》1932年8月31日第一张第二版

178. 罗外长定今晨飞汉，谒蒋委员长商谈最近外交情形，并将飞浔谒林主席下月初返京

外交部长罗文干氏，前奉林主席蒋委员长电召，商谈最近外交情形，早拟飞赴浔汉，分别报告，后以目疾甚剧，未果成行，现目疾已痊，且国联大会会期已迫，外交形势，亦趋严重，有亟与林主席蒋委员长商谈之必要，定今天晨偕秘书向哲濬，乘中国航空公司飞机，飞汉谒蒋委员长，商谈一切。在汉拟留一二日，即飞浔晋谒林主席。在浔停留一日，约下月二日或三日返京云。

《中央日报》1932年8月31日第一张第二版

179. 汉商会电国联：请制止暴日侵略，以伸法纪而保和平

【中央社汉口三十日电】（一）汉口市商会昨（二十九）致日内瓦国联行政院一电，请其注意制止暴日荒谬言论，其文如下：日内瓦国联行政院公鉴。人类进化，日趋大同，生存竞争，固属必经之阶段，而正义人道，实系共存共荣之惟一信条。窃以欧战告终，联盟斯起，会章揭示，无非欲以公理抑制强权。抽象言之，即任何国家不得以暴力侵略他人之国土，与其固有之主权。其他非战公约、九国公约，要皆信誓旦旦，其矢维持世界永久之和平，其道至公，其利至薄。不料日本野心未戢，始终迷信军国主义为万能，先后构成九一八与一二八之事变，占我领土，毁我商场。满洲伪国之产生，形成御用之傀儡，关税邮政，窃夺无遗。近复以其自造之形体，而宣言即将承认为新兴之国家，睥睨寰区，变本加厉，进兵热境，威胁平津，竟将国际和平之一切公约，摧毁殆尽。此不惟中国存亡之问题，而国际最高之努力机关，几已失其存在之价值。世界前途之险恶，当以此为焦点。最近美国国务卿史汀生氏发表维护非战公约演词，郑重声明凡以武力夺取之利权，概不承认。词严义正，深得世人之同情。而日本外务省恐受世界舆论之制裁，竟在国际宣传，谓我中国为遍地盗匪之匪国，并主张在中俄间设一缓冲国，以为解决远东问题切要之图。强暴诡谲，并用不

讳，欲以一手掩尽天下人之耳目。证以史汀生氏之名言议论：公道尚在人心，客观事实之纷呈，非尽可以欺饰也。我中国全体国民，为世界争和平，为国家争人格，为民族争生存，大义所昭，誓死抵抗，宁为玉碎，不为瓦全，天下滔滔，终求一事。贵院以公理为号召，秉国际之权衡，对于日本以武力侵略中国之领土，破坏行政之完整，种种背约行动，望即采用有效方法，严切制止，以伸正义，而保和平。临电悚惶，无任翘祷。汉口市商会叩。

《中央日报》1932年8月31日第一张第三版

180. 调查报告书即完成，昨在德国医院开会讨论

【中央社北平三十一日路透电】 李顿勋爵今日于德国医院内接见路透记者。李氏精神极佳，自称现已完全复元，对德医克礼甚表感佩。李氏每日工作十六小时，除调查团委员外谢绝见客。该团每日在德医院集会，讨论报告书，将于星期五日完成。李氏将于三日偕意美两委员乘张学良飞机赴沪。法德两委员将取道西比利亚返欧。

【中央社北平三十一日下午七十半电】 调查团各委世（三十一）晨九时至午一时，在德国医院开会。午四时续开，迄现时尚未散会。中日代表均未出席。该团发言人称：报告书明日能否签字，须视今日会议结果而定。至各委离平日期，均定下月支（四日）行程，与昨传无异。轮行者先乘福特机赴沪，车行者由津乘船赴大连，再由南满路直赴西比利亚。李顿等东（一）将访张学良，为私谊之会晤云。

【中央社北平三十日电】 调查团发言人陷（三十）语记者，各委行程现有变更，义委员原定取道西比利亚，现已改于下月支（四日）与李顿及美委员同乘飞机飞沪，搭微（五日）放洋之义邮船。德法两委仍取道西比利亚，但行期未定。哈斯、吴秀峰定微（五日）乘车赴沪公干，吴氏即由沪转香港，哈斯仍返平，于下月中自经西比利亚返欧。至报告书定世（三十一）编竣东（一日）完成，完成后即由西比利亚带赴欧洲，外传今日已由各委签字说不确，因今日尚未完竣也。

《中央日报》1932年9月1日第一张第二版

181. 罗外长抵浔，谒林主席报告外交近况，定今午飞汉谒蒋委员长

外交部长罗文干氏，以最近外交情形，须向林主席、蒋委员长报告，并有所商谈，昨晨十一时二十分，偕外部常务次长刘崇杰、亚洲司长沈觐鼎同乘中国航空公司水上飞机飞汉。外部政务次长徐谟、秘书向哲濬等十余，人前往欢送。罗外部长等一行，于昨晨十时即由外部乘车赴下关水上飞机场。十时半飞机由沪抵京，罗外长等即乘小驳船登机。时大雨倾盆，江涛甚为险恶，至十一时廿分飞机启飞赴汉。因天气恶劣，迷雾甚重，约于下午四时始可抵汉云。

罗外长谈话

据罗外长临行语中央社记者云：余等今日飞汉，约下午四时可以到达，即往谒蒋委员长。明（一）日在汉留一日，后（二）日飞浔谒林主席，三日返京。此行任务纯为报告最近外交情形，并有所商谈。盖国联大会会期日迫，最近外交形式亦极严重紧张，在在均须与林主席、蒋委员长从长磋商也。顾少川（维钧）氏定下月二日由平飞京，四日赴沪，五日乘轮与李顿同行赴欧。外传顾氏飞汉说不确。对于我国此次应付国联大会方针，余由浔返京后，当与顾氏详细商谈云云。

【本社三十一日汉口专电】 罗文干世（卅一日）下午二时由京飞抵浔，即换车赴庐谒林主席，定东（一日）午乘原机来汉。

《中央日报》1932 年 9 月 1 日第一张第二版

182. 国联调查团报告书完成，各代表四日离平，顾维钧今日来京

【中央社北平一日路透电】 国联调查团主席李顿爵士，今晚向路透记者谈，调查团报告书，已于今（一日）日下午四时三十分完成，已由书记用复写纸缮

写。因校对工作,至少需时二日之久,彼星期六不能离平,约星期日启程往上海。

【中央社北平一日电】 调查团今午三时半仍在德国医院举行例会,总报告书或于今日可签字,迄发电时尚未散会云。

【本社一日北平专电】 调查团东(一日)晨在德医院开会,晚四时在北京饭店开会。冬(二日)将仍继续开会,完成报告书,支(四日)前必完竣。李顿定冬(二日)或江(三日)晤张学良。顾维钧对本报记者谈:调查团结论,中日参与员,皆不能获睹,外间所传,不过私人间之吐露之一部分意见而已。我国今日外交,应自己推动,下一种决心。

【本社一日北平专电】 顾维钧午赴北京饭店专晤调查团。顾谈本人决冬(二日)飞京,希望能赴汉一行,如愿否尚难定。将来由沪赴法,先就公使职,呈递国书后,赴日内瓦出席国联大会。又调查团午后仍在德医院开会,讨论一切,准支(四日)离平。张学良东(一日)晚宴顾维钧践行。

【本社一日天津专电】 调查团各代表,定四日离平,顾今晚在私邸宴各代表,顾决明日(二日)由平飞京。

(本京消息)外交界息,驻法公使兼出席国联大会代表顾维钧氏,定今晨由平乘福特飞机来京。抵京后,即谒中央常委汪兆铭、行政院代院长宋子文等中枢领袖。明日仍留京,以待罗外长返京,详谈应付国联大会方针。四日飞沪,五日乘轮放洋云。

【本社一日北平专电】 日政府伪制东北事变后各种状况,及调查团在东省时被迫欢迎民众情况影片多种,由吉田分送调查团五委。

《中央日报》1932年9月2日第一张第二版

183. 罗外长抵汉,昨晚晋谒蒋委员长,报告最近外交情形

【本社一日汉口专电】 罗文干、刘崇杰、沈觐鼎等,东(一日)午后三时乘机抵汉,即赴德明饭店休息。旋即偕总部副官处长陈希曾赴怡和村谒蒋,谈一小时,仍回饭店休息。据罗在机场语记者:此次东来,为向林蒋报告最近外交情势,并商承外交方针,此外别无特殊任务。在一月前林蒋即联名电召余往晤商,不幸遭患目疾,旋又以事中止,迄今始获如面。今日谒蒋后,明晚即乘轮返

京。顾代表无暇来汉,余将赶往京沪,于其出国前谋一面云。刘崇杰东(一日)晚即乘怡和轮返京。

【中央社汉口一日电】 东(一日)下午三时,罗文干偕刘崇杰、沈觐鼎,由浔乘邮航飞机抵汉。登陆后,由总部副官处长陈希曾,导往德明饭店休息。罗语记者:离京时原拟迳直来汉,因不惯乘坐飞机,呕吐俱作,故临时在浔登陆。先赴庐山谒林主席,宿一晚。东(一日)晨下山,仍趁邮航,在一时半启航来汉。久未见蒋委员长,前因目疾未获来。此行仅报告最近外交,顺便商谈,无他任务。刘次长因事东(一日)返京,本人偕沈冬(二日)晚乘轮赶回南京晤顾云。刘崇杰谈:顾使法国书,此次由罗带往庐山,请林签字。放洋期迫,余即晚乘轮先回,携国书交顾。沈觐鼎谈:两日未读报,且未得部中来电,对泸上情势,尚不明了。外交方面,日前罗部长发表之演词,所述已详。五时罗等乘汽车至怡和邮谒蒋。

《中央日报》1932年9月2日第一张第二版

184. 日将派野村赴美,美国务院颇为惊异

【哈瓦斯社纽约卅一日电】 美国报纸评论日本将派海军大将野村赴美之消息,谓国务院对此颇为惊异。该报谓野村赴美,将被欢迎,然彼在美国除日本驻美大使出渊所为者外,恐亦不能再有所成就。一般推测,此次野村赴美,系出日本内阁中海陆军代表之决定。野村大将在美颇为闻名,彼曾于过去三年中在陆军部任职,并被派为军缩大会之日本代表云。

《中央日报》1932年9月2日第一张第三版

185. 顾维钧昨抵京,谒汪请示外交方针,定今晨乘机飞汉谒蒋罗,昨对记者发表重要讲话

新任驻法公使兼出席国联大会代表顾维钧博士,陪同国联调查团出关实地调查后,曾一度来京,向中央详细报告经过,返平后,即陪同调查团编制报告

书。现以调查团报告书已编制完竣,李顿爵士一行,定本月五日由沪乘轮赴欧,顾氏亦决同轮启程。但以此次国联大会关系东省问题,至为重大,对于应付此次大会之方针,有向中央请示之必要,特于昨晨八时由平偕参事萧继荣、秘书傅冠雄、顾善昌等,乘福特飞机来京,意代办齐亚诺亦同来。下午一时半到达明故宫飞机场降落,六时赴铁道部官舍。谒中央常委汪兆铭氏,并定今晨仍乘福特飞机飞汉谒蒋委员长、罗外长。四日赴沪,五日放洋。兹将各情详志如次。

抵京情形

顾博士一行,于昨晨八时,由平启飞,预计下午一时即可抵京。但过徐州时,因过雾故迟半小时,始行到达。外交部政务次长徐谟、国际司长朱鹤翔、总务司长应尚德、秘书向哲濬、帮办葛祖爘、朱世全及科长等十余人,在场欢迎。下午一时半,社特飞机由北方冉冉而来,旋即在明故宫飞机场降落。顾氏下机后,即与欢迎人员一一握手为礼,并与记者作简单之谈话。旋由徐谟氏邀请顾氏赴外交官舍午餐,由朱鹤翔、应尚德等作陪。至下午四时十分,顾氏始偕朱鹤翔氏同车赴励志社休息,并应记者之请,作详细之谈话。下午六时,赴铁道部一号官舍,晋谒中央常委汪兆铭氏,并由汪氏设宴为顾氏洗尘。席间对应付此次国联大会方针,详细磋商,畅谈颇久。

今晨飞汉

顾氏以出车之前,有向林主席、蒋委员长、罗外长请示之必要,原拟飞汉分别晋谒,但以时间匆促,决于今晨先行飞汉晋谒蒋罗。外长罗文干氏,本拟昨晚由汉乘轮返京,恐已不及,且顾氏既已决定飞汉,故外交部已急电罗外长,中止返京,俾在汉与顾会晤。顾氏在汉拟留一日,四日即偕罗外交长同行飞京,当夜乘车赴沪,五日上午登轮,正午与李顿爵士等一行同行放洋。

顾氏谈话

记者于昨日下午四时,赴励志社访问顾氏,比承接见,并作详细之问答。兹记马氏所谈各点如次。顾氏云:此次国联大会所讨论之问题,最重要者当然为东省问题。在国联大会之前,国联行政院将先开常会讨论各种例案。行政院常会完竣后,是否接开大会,或略行休息后再开大会,现时尚未决定。

调查团此次费半载之光阴，亲赴东省实地调查，并在平编制报告书，今日已全部完成，由李顿爵士亲自携赴日内瓦，大约本月二十日左右可以到达。尚需经相当时间，付印分送。大约须至十月中旬，始能呈报国联行政院，提出讨论。调查团系由国联行政院常会所议决派出者，故调查团报告书，将先由行政院常会加以研究讨论，然后签具意见，呈送国联大会讨论。调查团报告书内容，因该团系对国联行政院负责，故在未报告国联行政院之前，不向任何方面宣布。故内容究竟如何，无以奉告。但国际联合会，乃维持正义，主张公道之国际机关，调查团既系由此维持正义主张公道之机关所派出，则其实地调查也，编制报告也，当然不违背国联固有之公道主张，亦不能离开东省事变之确实真相，此盖毫无疑义也。

此次国联大会对东省问题自当谋公正之解决，对于我国之关系，至为重大。我国此次特派代表三人，以临会议，自应对正义公道作誓死之争斗。至于应付大会之方针，余此次来京，即系向中央请示，并于明（三日）日飞汉，与蒋委员长、罗外长，详商一切。此次国联大会对东省问题，究将如何解决，现时任何人均难作肯确之断定。但自九一八事变发生以还，我国始终抱定以和平之方法求公道之解决。事变发生后，我国即诉诸国联，对国联历次议决案，亦均绝对服从。盖信赖国联，乃一主张正义之机关，必能使东省问题得一公正适当之解决也。

吾人深信此次国联大会，必能本其固有之精神与过去之努力，对东省问题，善谋解决。但日本方面是否改变过去之倔强能度，而能维持国联盟约之尊严，遵守国联大会之神圣决议，乃一极大问题。即国联自身对此问题，日前亦尚难有固定之判断。但一般人均深信日本乃世界之上一强国，必不能始终违背公理，立国于世界之上，故此次国联大会之公道决议，或将为日本所接受亦未可知。

在过去若干时间，日方屡次宣传，日本推出国联，但据余个人之观察，恐亦只是日方之宣传与恐吓政策耳。九国公约乃维持远东和平之公约，召集九国公约签字国开会，亦为解决东省问题之一种方法。但将来是否有召集此种会议之必要，当视国联大会之结果如何以为断。现时尚难逆料。至各国对日本之侵略政策所表示之态度，现已至为明显。日本政府现正进行承认东省叛逆组织，此次举动违反各种国际间之公法，殆已毫无疑义。

如以侵略政策强占弱国之领土，攫夺非法之地位与权利，而尚能为各国所承认者,则世界上尚有公道正义可言乎?美国国务卿史汀生氏,于八月八日之演说,对此已有明白公正之表示矣。最近所传日俄、日法联盟之说,据余个人之观察,虽各国利害关系,各有不同,感情亦各有厚薄,但各国均在国联隶属之下,而谓将效欧战前之办法,签订所谓攻守同盟条约,实为国际联盟约所不容,恐离事实亦太远耳。

最近日外相内田之演说,余在平时,曾与调查团各委员有所谈及。调查团对此之表示,余未便奉告。热河方面,最近尚称平静。但日方早已有吞并热河之野心,故日方不称东三省而称东四省。即日方所制之地图,亦将热河并入叛逆境内。日方之阴谋,既蓄意已久,恐迟早必发生严重之纠纷也。北平现亦安定,惟日兵常于深夜演习巷战,致人心颇感不安。李顿爵士定四日由平飞沪,余已与约定,五日同行放洋。余将先赴法国呈递国书,就公使职,然后赴日内瓦,出席国联大会。随余放洋者,有参事萧继荣、秘书施肇夔、傅冠雄等三人云云。

【中央社天津二日电】 顾维钧冬(二日)晨飞京,行前谈外交关键在内政,我国应团结,决定方针,以应用外交,必内政刷新,对外自动决策,则国际上自然多助云。

【中央社汉口三日电】 罗文干冬(二日)晨再谒蒋,定晚偕沈觐鼎乘湘和轮返京。下午七时,何成濬宴罗文干。刘崇杰东(一日)已乘公和轮先离汉。

《中央日报》1932年9月3日第一张第二版

186. 对东北海关事件,宋发表谈话,日占东省徒令币值惨落,及其国内经济益觉不堪

【中央设上海三日晨一时二十七分电】 宋子文冬(二日)发表关于日本攫取东北海关事件之谈话如下:东三省各海关,自于本年三月间为日本强制接收以来,迄未有分文汇解中央,以为偿付债款之用。且不仅此也,即各银行之存款,在日本未攫取各关之前存哈总税务司名下者,至今尚有三分之二,在日本或为"满洲国"掌握之中。而中国政府尚竭力继续支付各项借款赔款等,每月约沪银一千三百万两之钜。日本既完全蔑视持有债券者之利益,故其国际信

用,遂有堕落之象。今试将中日两国政府所发行同时满期之债款二种之价格,一加比较,即可见其大概矣。其比较约如下:中国五厘善后债款,期限一九一三年至一九六零年,在本年四月一日约在日本开始干涉东省海关之际,价格为六十二,惟在本年九月一日已增至六十八。日本六厘金借款期限一九二四年至一九五九年,在本年四月一日之价格为七十九,而在本年九月一日之价格已降至六十八又二分之一,中国债券依据九月一日之价格计算其利息为七八厘,而日本债券之利息约为九厘二。由此观之,中国五厘债券之价值,今实与日本六厘债券之价值相等也。再则日本新闻联合社,近发表所谓关东租借地政府编制之统计报告内称,本年上半年大连海关税收大见增加一节,宋氏对此,亦有以下之谈话云:该关之税收,若以银位论,则已低减。据总税务司报告,本年自一月一日至六月廿五日,即在日本未攫取大连海关以前,其税收之总额,为关平银六百六十二万八千三百四十八两七钱一分。若以满六个月计算之,其息收入当在关平银六百八十一万二千两之谱。此数较之去年上半年之税收,实减收二十五万三千两之谱。因去年上半年大连税收总额为关平银七百零六万五千七百十三两零四分也,而日本报告中乃用日金计算表示税收之增进,实则该关之税收毫无增加,而徒令人骇悉日金价格之大落。一年之前,日金每元值美金四十九分七,现已降至美金二十二分半矣,此皆日本军阀在中国东北及上海之狂行所致。由此可见日本外相内田虽大言满洲如何可望和平繁荣,实则日本强占该地,徒令其币值惨落,及国内经济益觉不堪耳云。

《中央日报》1932年9月3日第一张第二版

187. 顾维钧昨飞汉谒蒋,商承国联大会我国应付方针,下午即返京当晚又飞沪

飞汉谒蒋

驻法公使兼出席国联大会代表顾维钧博士,前日由平飞京,谒中央常委汪兆铭氏,请示应付此次国联大会方针。昨晨七时二十二分,又飞汉谒蒋委员长。顾氏所乘之福特飞机,昨日抵京后,即送意代办齐亚诺赴沪,当日下午任

飞京候用。昨晨六时许，顾氏即起来，略进早餐。七时十分，外部政次徐谟氏，赴□志社访顾。七时十五分，顾徐二氏，乘汽车赴明故宫飞机场。旋即登机，于七时二十分启飞赴汉。据顾氏临行语中央社记者云，余昨日晋谒汪院长，请示应付国联大会应付方针，畅谈甚久。内容虽未能详告，但政府现派颜骏人、郭复处反余出席会议，余等势必力争公道正义，以求民族国家之生存。余等必当秉承中央所定之方针，不为强权暴力所屈服。国联为主持正义之机关，对东省问题，必能谋公道适当之解决云。余本拟飞浔，向林主席请训辞行，但以时间匆促，已不及前往。今晨飞汉谒蒋委员长后，即于下午飞沪，过京时将暂停片刻。李顿爵士一行，明（四）日即由平飞沪，余将前往招待。后（五）日上午登轮，正午即放洋云云。

【本社三日汉口专电】　顾维钧江（三日）十一时乘福特机抵汉，即乘车至怡和村谒蒋，谈一小时半，下午一时许任乘原机回京。

【中央社汉口三日电】　顾维钧江（三日）上午七时二十分，乘福特机离京，九时五十分到汉。总部副官长陈希曾，在飞机场迎候。当同乘汽车至总部谒蒋，谈颇久，即在总部午膳。下午一时四十分，顾仍乘原机返京。张学良代表鲍文樾，先至飞机场候顾送行。顾与鲍略谈数语后，语记者，此来因出国期近，关于外交问题及华北情况，须向蒋委员长报告，并无若何任务。到京后，稍停，仍乘机赴沪。定微（五日）偕李顿放洋，即在沪候晤外罗。记者询以日入是否果将正式承认叛逆及与叛逆订约，顾答云日方虽声言将承认叛逆，但短期内是否实现，仍为问题。至订约事外传有此一说云。语毕，顾登机举帽，飞机即腾空东去。

返京赴沪

顾维钧于昨晨由京飞汉谒蒋委员长，当于下午一时许仍乘福特机离汉。至下午四时二十五分抵京，降落于明故宫飞机场。教部普通教育司长顾树森，及外部向秘书、罗科长，先事到场迎接，并备有西点数客，陈设于站长室外。顾下机后，与迎接各员握手为礼，旋略进茶点。至四时五十五分，乘原机飞沪。同行者有外部次长刘崇杰、秘书付冠熊等二人。据顾临行语中央社记者：赴汉谒蒋总司令，系港报告我国对国联应付方针，及请示一切。蒋于剿匪百忙中，与余谈两小时。对东北问题及行将举行之国联大会，我国应取步骤，均已完全决定。中央各领袖，对外问题，意见一致。至内容如何，以事涉外交秘密，恕不能详告。在汉时因罗部长已离汉,故未会晤。过浔时,本应谒林主席辞行,因庐山无飞机场,不便停落。停浔再登山,又因时间上不许可,故未前往。今日飞沪后,决定于五日偕李顿等氏放洋云。

【中央社上海三日电】 顾维钧江(三日)晚六时一刻,偕崇杰乘福特飞机抵沪。顾在飞机场语记者:华北虽谣言甚炽,惟目前尚称安静。本人飞汉进谒外罗,而渠已乘船返京,故约定在沪晤面,请示一切。外罗支(四日)晚或微(五日)晨来沪。

《中央日报》1932年9月4日第一张第二版

188. 社评:日本伪国缔约

据日本官方消息,日本已与东北叛逆正式缔结攻守同盟条约。该约载明东北叛逆许日本有驻兵满洲全部之权利,日本则担任叛逆组织之内外防务。关于该约之签字与批准手续,路透社所传消息纷歧:先则曰日本与叛逆所订之条约业已签字,将于九月十五日前发生效力;继则曰日内阁已核准该约,枢密院将于下星期内加一考虑,然后将呈日皇先行批准,再命新任满洲日军总司令武藤大将在长春签字。两项消息虽不一致,然则日本将舆叛逆缔约,已属确定事实。

日本此项举措实现以后,即行发生三个结果。第一,叛逆组织之承认问题为之解决。依照国际惯例,承认新国家或新政府之方式共有两种:(甲)为明示的承认,即发布一项承认宣言,或送达一项承认文书;(乙)为默示的承认,即因承认国与被承认国间缔结正式条约,或派遣正式外交使节等,以构成间接之承认。远事不必证引,最近一九二四年英国与苏俄缔结一通商条约,苏俄政府之事实地位,即由英国与以承认。日本与叛逆此次正式缔结条约之后,即已额然承认伪国,尚何有再为正式承认之必要?但应注意者日本承认之效力并不及于其他国家,换言之,在他国未提出承认以前,日本与伪国间所有之一切交涉,仅对日本与叛逆有效,而对于其他国家,绝无拘束力。其第二结果,将使日本之违法事实,益为加重。按照国联规约第二十条,盟员国间或盟员国与非盟员国间不得缔结任何与规约精神背驰之条约,如在加入国联以前,曾经缔结此种条约，即应将此条约解除。就东北叛逆之地位而论，即假定伪组织非为日本一手所促成，即中国政府尚未放弃叛逆所占之土地以前，日本即不得首先承认其国际地位，如果承认，即属破坏中国之行政完整，即属侵犯国联规约之行动。至于第三结果，日本违背历届国联理事会之决议案及其本身之诺言，以至于撕毁全部国联规约，尤为世人所共喻之事。

中日纠纷发生迄今，将届周年。在以往期间，日本未曾片刻停顿其侵略行动。在日本所期许者，经过一番积极侵略，即增加一次既成的事实。其在将来，如以外交方式解决纠纷，则挟以要胁吾国之条约增多，而讨债还价之余地扩大。如以武力之方式为最后之解决，则今日所有之积极动作，皆为来日作战之有利准备，日本对吾国侵略行为之直接目的如此。而对于国际之间，复以此等手段达到牵制刁难之目的。酝酿数月之承认伪国问题，突于国联调查报告书方告完成，国联理事会及大会瞬将宣布开会之时，假缔结条约之手段以构成伪国之承认，此无异乎通告国联曰："满洲国"脱离中国而独立，已由吾日本正式予以承认，贵会之调查报告书无论通过何等建议方略，贵会开会时无论通过何等决议，总不应忽略"满洲国"已被吾日本承认之事实。

东北叛逆组织本为日本一手所造成，承认云云，原属极为滑稽之事。苟吾国急起谋全部中日纠纷之解决，则日本对于伪国之承认与不承认，实际上原无重大之利害区别。盖日本虽已承认伪国，其效力仅及于日本及叛逆两方，实在就是日本自己的把戏。俟中日纠纷能以全部早日解决，则日本与伪国之一切关系，自无法律根据，初无使吾人惊惶忧虑之必要。关于此层，本报于两月前已剀切言之。但延至今日，时事皆已变迁，日本此时承认伪国，除与国联一打击，已如上述者外，而对于吾国将更进一步。假"满洲国"之名义，根据攻守同盟条约担任伪国内外防务之条款，将大动兵革，对吾宣战，此为日本侵略吾国之最终手段。盖其结果，将于事实上及法律上，双双确定其攫夺之利益，关于此层吾党国诸领袖应特别加以注意者也。

此时翘首瞻望国联开会及报告书之宣布者，固不止远东人士，然而国联报告书果有解决纠纷之最后效力乎？此次国联开会果有解决纠纷之最后能力乎？国联大会开会讨论中日问题，必以报告书为张本，但报告书之效力因理事之全体通过与多数通告而不同。倘报告书及其建议案由多数通过者，即吾国仍旧一味遵守，然对日本无拘束力何？国联对吾国无进一步保障之权利何？凡此均详订于规约第十五条中，吾党国诸公尤不应不特别加以注意者也。总之,日本承认伪国以后,中日纠纷日形严重,亦即吾国之地位益为险恶。此时如仍断断于和平解决,非属迷梦即属怯懦。彼以白刃相见,吾以和平应对,是讲和平以鼓励横暴,直等于催促战争之实现,天下宁有此等和平!在目前情形之下,一方面应迅速推动国联召集特别会议对于日本认承认伪国一事,采取制止手段,最少在法律手续上揭明日本此项举措之非法;一方面速作最后之准备,,要知吾欲和平解决,则日本必欲继续更进一步诉诸武力,吾欲暂时拖延,则日本急不容缓。吾人如不于外交军事两方面,采取积极应付方略,则国难之殷,诚不知伊于胡底矣。

《中央日报》1932年9月5日第一张第二版

189. 国联调查团报告书昨正式签字,共分两部热榆问题均列入,各委均离平李顿今晨返欧

【本社四日北平专电】 调查团报告书编竣后,再加以复核,并有一部分誊抄,迄江(三日)夜十二时,工作完竣。支(四日)晨八时,美德义法各委及秘长哈斯,齐集德医院,将报告书签字。李顿首签,余依次签字。各委对结谕部分意见完全一致。该书签字后,即作为调查团报告书之正本,由法德两委携往日内瓦,转呈国联。

【中央社伦敦四日路透电】 今晨《泰晤士报》称,李顿之报告书,十日内可以寄达国联秘书长,国联谅将分送各关系国政府,以便事前研究云。

【本社四日上海专电】 李顿等与顾维均,微(五日)晨九时登意邮船干治号十一时启椗离沪。顾夫人下月另乘意船康脱卢梭号赴欧云。

李顿一行抵上海

【本社四日北平专电】 李顿等八时半出德医院,分乘汽车至清河,九时十七分抵机场。乘机者为李顿及美意两委,并美委夫人、李顿秘书亨斯托、美委秘书毕德,及杜格司莱瑞同张派伴送之端纳等共九人。九时五十五分,李顿等先后上机,即起飞。机场警备森严,法德两委及日代表吉田,均在场欢送,余于万等及中外要人新闻记者约百余人,张学良九时四十五分赶到。稍一周旋,机

即起飞。李顿乘机,此为第二次。李顿在机场与记者谈:(问)报告书结论内容如何?(答)报告书将以最敏捷方法寄到日内瓦,加以印装分送中日两国,将来即在日内瓦、南京、东京三处,同时发表,现在未便奉告。(问)何时可发表?(答)此刻不能预定。(问)报告书是否送英美德法义等国各一份?(答)同时发表。(问)闻报告书约四百页确否?李顿维维,未答。(问)此次来远东感想如何?未答。(问)贵体健康否?(答)精神甚好,惟旅行过多,腿部稍感不适。

【中央社北平四日电】 调查团报告书,江(三日)晚上十一时完成,支(四日)晨八时半,各委及秘书长在德国医院正式签字。九时李顿及美意两委,同乘汽车出城,至清河机场。张学良九时五十分到站送行,于学忠、万福麟及各使馆要人均到。飞机于十时起飞,一行共九人,约下午三时到沪。张学良及中国代表处,派端纳陪送。据李在机场谈,报告书两部,计四百页,内容在未公布前,不便奉告。俟以最敏捷方法送达国联后,即由日内瓦、南京、东京三处,同时发表。关于热榆问题,均列入报告书内,彼自可明了云。

【中央社北平四日路透电】 调查团之报告书,今晨在德医院签字。李顿一行,旋即乘汽车赴飞机场,张学良及各使署人员均莅场欢送。李顿向记者谈报告书现已完成,余均不愿答复,表示各委意见一致,报告书内容暂不通知中日两方,将来指定日期,在日内瓦、南京及东京三处,同时发表。记者询李报告书将如何寄达日内瓦,李答当以最速之路程为标准,中途或将以飞机传递云。中日记者有时局问题见询,李氏顾左右而言他。

【中央社上海四日路透电】 李顿、麦考益一行,下午三时五十五分抵虹桥飞机场,途次安适。莅场欢迎者有上海市长吴铁城,及外次刘宗杰。李顿一行,定明(五日)晨乘意邮轮甘其号赴欧。李接见记者时,不愿多谈,仅谓调查团之工作现已完毕云。

【中央社上海四日电】 调查团主席李顿、意委马柯迪及美委麦考益夫妇,偕秘书艾斯特等一行,及张学良顾问端纳,支(四日)下午三时五十分,乘福特机到沪。吴铁城、顾维钧、王景岐、刘崇杰、萧继荣、温应星,及意使齐亚诺等,均往虹桥机场欢迎。李顿等下机后,即与欢迎者一一握手,旋偕吴顾等乘车直驶南京路华懋饭店休息。

【中央社上海四日电】 李顿抵沪后,谢绝酬酢,并不见普通宾客,对各记者亦无表示。在机场下机时,某电影公司摄有声电影,请李顿致词。李笑向收音机发言曰,余欲言者,仅一语,即无话可说。李顿暨美意两委等,均下榻华懋饭店。汪精卫、顾维钧、刘崇杰支(四日)晚午五时二十分,偕赴华懋饭店访李顿等,至五时四十八分辞出。宋子文五时卅五分,亦往访谈,七时三十五分始去。宋语记者应李顿途次劳顿,未与多谈。调查团报告内容未至发表时间,当然不能预知云云。

德法两委赴塘沽

【本社四日北平专电】 德法两委及日代表吉田,偕随员等十五人,支(四日)午四时,乘北宁专车离平赴塘沽。军分会派张伟斌、中国代表办事处派刘乃蕃,护送离平。张学良及于万等,均赴站欢送,警备情形与飞机场同。专车预定七时至津,德法委等下车,应省市府宴,定十一时离津,十二时至塘沽,乘日轮赴连。吉田回国。德法委员,途径东北时,不受任何招待。又哈斯定鱼(六日)晚乘平浦车赴京转沪,与我方有所接洽,预定中旬返津,赴榆关视察,经西比利亚返日内瓦。副秘长皮尔特,定虞(七日)赴沪返欧。吴秀峰支(四日)赴京返粤,省亲再赴欧。

【本社四日北平专电】 德委谈话:(问)调查团报告书是否由博士与法委克劳德将军携往日内瓦?(答)并非余个人携往。(问)由哈至满洲里,是否乘机?(答)或乘机。(问)返欧后先至何地?(答)预定敬(廿四日)左右先到柏林一行,艳(廿九日)到日内瓦。(问)李顿是否先赴英,现赴日内瓦?(答)大约先到英。最后谓此来得识许多朋友,殊觉欣幸。

【本社四日天津专电】 国联调查团专车,七时十五分抵站。陈筱庄、刘家鸾等在站欢迎。公安局、保安队在站警备。德法日代表偕来,德法日领欢迎后,德代表希尼偕德领赴领事馆,并在福德馆店设谦洗尘。法领偕法代表克劳德赴法领馆,即在体育馆设宴款待。吉田未下车。晚十时专车开塘沽,明晨乘长城丸赴连。德法代表将乘飞机赴满洲里,转乘西比利亚车赴日内瓦。

《中央日报》1932年9月5日第一张第二版

190. 汪顾罗等昨日在宋宅商外交方针，对外交步骤作最后决定，汪谓调查报告大致公正

【本社四日上海来电】 宋子文、顾维钧、刘崇杰，支（四日）晨先后与汪兆铭会商我国外交方针良久。刘谈，今日晤汪，全系谈外交方针，不涉其他范围。关于日承认伪组织事，不特我国不能依允，即世界各国亦不能同情，此事我国态度已详见外罗宣言。外罗晚到沪后，即在宋宅与汪顾刘等会商，自八时起至十一时半始散。汪兆铭出后语记者，今日会谈结果，对外交方针做最后决定。至调查团报告内容虽未悉，但大致尚公正。

【中央社上海四日电】 刘崇杰，支（四日）晨九时五十分访汪精卫，谈十分钟出。宋子文、蔡廷锴，于十时访汪，谈半小时，即同赴宋宅。旋顾维钧亦至，即在宋宅会谈。至十二时，汪顾辞出。据顾谈，系商外交问题。

【中央社上海四日电】 汪精卫改鱼（六日）夜车返京。

【中央社上海四日电】 汪宋罗顾等各要人，支（四日）上下午两度会商，均系讨论应付外交方针。晚宋宅会商十一时十分始散。据汪语记者，趁顾代表未出国前，对外交方针，再作最后会商，现已完全决定云。

【中央社上海四日电】 罗文干偕徐谟、沈觐鼎、应尚德，于下午七时零三分到沪。刘崇杰等往迎。罗下车后即访顾。九时半，罗文干、顾维钧、徐谟、刘崇杰同访宋，时汪已先到。汪宋罗顾徐刘六人会谈两小时始散。所谈均关外交问题，无从探悉。

《中央日报》1932年9月5日第一张第二版

191. 日本驻华新使有吉之就任声明书，立志恢复两国从前亲善状态，确立共存共荣为基础之和平

【中央社上海四日路透电】 日使有吉明，下午由日抵此，将先留沪一两星期，然后赴京。

【中央社上海四日电】 日新使有吉明,支(四日)下午三时乘长崎丸抵沪,使馆一等书记官冈崎同来。

【本社四日上海专电】 日本公使有吉声明书全文:予虽现值两国关系颇为困难之际,奉驻华公使之任命,实感责任之重大。现立志将此困难关系,转以恢复从前之亲善状态,自当确立以两国共存共荣为基础之东方和平,竭尽予棉力所及以赴之。予相信凡两国之亲善关系,务以互相十分理解对方之立场,而双方协力使充足其国家的需要,始能实现。所幸予前驻中国服务多年,所遇诸多问题,依据前项旨趣,蒙中国各界协助,得尽任务,而免陨越,此事予至今仍引以慰也。予志愿将已往所得对中国情形之谅解,并达在海外任职之间,以公平观察所得,对两国立场之理解为基础,而以冷静态度,并公正判别,办理两国间各种问题,以达到所期之目的。所望中国各界诸君子,以至内外各方人士,对于予之意旨所在,予以同情,并加以十分协助,是则予所声馨祝者也。

《中央日报》1932 年 9 月 5 日第一张第二版

192. 罗外长昨返京赴沪,谒林蒋对外交方针已定具体办法,赴沪会晤李顿及顾维钧等

外交部长罗文干,于上月卅一日偕外部常次刘崇杰、亚洲司长沈觐鼎,飞赴浔汉,晋谒林主席、蒋委员长,报告最近外交情形,并承商今后外交之应付方针。除刘外次已于前日返京,并已赴沪外,罗外长、沈司长,于二日晚由汉乘湘和轮返京,于昨日正午到达。外部政务次长徐谟、总务司长应尚德、秘书向哲濬、帮办朱世全、葛祖爁,及科长等十余人,赴下关轮埠欢迎。罗沈二氏登陆后,即乘汽车赴外部休息,并进茶点。外次徐谟,对数日来之外交情形,及顾维钧氏来京经过,向罗外长报告甚详。罗外长以调查团李顿爵士一行,及我国代表顾维钧氏,已定今日由沪启程赴欧,本人亟须前往一晤,故于下午一时,即请京沪路局特挂专车一辆赴沪,赶往会晤,徐谟、沈觐鼎、向哲濬等同行。罗外长俟与李顿、顾维钧等会晤后,即于今晚夜车返京。据罗外长谈,此次赴浔汉,林主席、蒋委员长对今后外交之应付方针,已商有具体办法。本人以不胜飞机之劳顿,故由汉乘轮返京。现以顾维钧氏已定今晨乘轮放洋,本人尚未与顾氏会

晤，对应付国联大会之方针，必须前往晤谈，且调查团李顿爵士等一行，离华赴欧，余亦应前往送别，以尽地主之谊，故特兼程赴沪。在沪公毕，即行返京云。

《中央日报》1932年9月5日第一张第二版

193. 李顿等昨离沪返欧，顾维钧亦同轮赴法履新，汪宋罗吴等均亲往欢送

【中央社上海五日路透电】李顿等一行，今晨乘甘棋号返欧，顾维钧亦乘该轮赴法履新，同行者尚有中国派赴国联大会之专员数人。今日清晨，送行者即集新关码头，汪精卫、宋子文、罗文干、徐谟、刘崇杰、沈觐鼎等，均亲往欢送，李顿与吴铁城同来。各报记者，争先摄影，李氏与送行者握手言别后，即登公司特备小轮，赴浦东甘棋号。

【中央社上海五日电】调查团主席李顿勋爵、美委麦考益将军夫妇、意委马柯迪伯爵、驻法公使顾维钧博士，及秘鲁随员等一行，微（五日）晨十时登甘棋轮。汪精卫、宋子文、吴铁城、罗文干、徐谟、刘崇杰、褚民谊、意使齐亚诺及中外人士，欢送者约七八十人。该轮船主，亲在甲板招待，迎入客厅，以香槟饼点招待。李顿勋爵等，先举杯起立，汪院长等亦起立持杯，互道祝语。酒罢，各归座开谈。约半小时，送行者乃各握手道别。临行吴市长祝李顿勋爵旅途快乐，并欢迎再来中国。李顿答谢，并谓希望中国与日本不再发生纠纷。顾公使立甲板上，与送行者一一握手道谢。甘棋轮于十一时启椗，月杪即可抵威尼斯，李顿将换乘火车赴日内瓦。随顾同行者，有秘书傅冠雄、参事萧机荣。顾临行语记者，余此次代表出席国联大会，当努力奋斗，为国争荣，希望国内上下，一致为外交后盾云。

【中央社上海五日下午九时二十分电】中央通讯社以次国联大会，讨论中日问题，极关重要，特派戈公振赴日内瓦担任发电通讯。戈微（五日）晨与顾代表维钧等，同乘意邮船干治号放洋，该社社长萧同兹特来沪送行云。

【本社五日天津专电】国聊调查团德法委员及日代表，微（五日）晨三时搭日轮长平丸赴大连。

【中央社东京五日路透电】日政府近任冈野司令为出席国联大会之海军

顾问,冈野未赴欧前将先赴沪调查情形,日内即将起程。

【中央社东京五日路透电】 据日外务省所得消息:李顿报告书之内容,较诸外间所传,当为和缓。日人表示,该报告书并无任何结论,且亦未有任何建议,仅请国联对于报告书结束时与日内瓦收到时,其间所发生事件,应加考虑而已。

《中央日报》1932年9月6日第一张第二版

194. 社评:敬告日本有吉公使

新任日本驻华公使有吉明氏,于四日下午由日抵沪。据报纸所载,有吉公使在沪小驻即将晋京。有吉公使到沪之日,即发出声明书如左:

"予虽现值两国关系颇为困难之际,奉驻华公使之任命,实感责任之重大。现立志将此种困难关系,转以恢复从前之亲善状态。自当确立以两国共存共荣为基础之东方和平,竭尽予棉力所及以赴之。予相信凡两国关系,务本十分理解对方之立场,而双方协力使彼此充足其国家的需要,始能实现。予志愿将已往所得对中国情形之谅解,并远在海外任职之间,以公平观察所得,对两国立场之理解为基础,而以冷静态度,并公正判别,办理两国间各种问题,以达到所期之目的。"

自九一八事件发生迄今,中日邦交,日趋险恶。日本人士所习唱之"中日亲善,共存共荣"等词调,其不弹也久矣。而驻华新公使有吉氏,于赴任之初,即声明打破目前困难,恢复从前亲善关系,并望吾国人士予以同情,加以援助,俾能达到目的。我人虽仅闻其言,未睹其行,然亦可想见有吉公使之目光四射,自非一般日本野心政治家及军人所可比拟。茫茫来日大难正多,转危济艰,化凶为吉,吾人于有吉公使有厚望焉。

中日为同文同种之国,国界接壤,风俗相似,欲言亲善,本非难事。且我举国上下,在真正亲善原则之下,与日本提携,共谋东亚之和平,增进世界的幸福,非敢后人。奈何日本贪欲横流,一年以来,夺我城池,占我领土,杀我同胞,侵我权利。在此等情形之下,即我国酷爱和平,委曲求全,无奈日本军人之侵略行为,方兴未艾。若以此而言亲善,必至无善可亲;以此而言共荣,则何荣可共？有吉公使明悉中日纠纷，洞察世界舆情，对于破坏中日邦交之咎将谁归，想无容记者之喋喋也。

近者日本军队深入吾国疆域，到处示威，动以抵货为穷兵黩武之口实，似谓排日举动，与中国政府有关。殊不知抵货运动，乃中国国民消极的自卫方法，即我政府，如何爱护日侨，亦不能强制其国民购其所不愿购之物品。且抵货运动，在日本侨商固受打击，而中国商民，岂无损失？然其所以不顾一切，忍痛而出此者，良以日本当局横暴过甚，有以致之。记者尝闻日本人士疑问中国国民，何以抵制日货，记者曾将历次中国排货运动发生之原因，与夫日本暴力政策之非法侃侃与言。日本人士，皆倾心以听，甚为感动，反而转责日本政府，不应如此横暴，可见是非之心人皆有之。有吉公使，曾任驻华领事，熟悉中国情形，对于中国国民抵货运动之动机及其发生之原因，谅极明了。故日本政府，若欲中国国民停止抵货运动，必须先由停止其军事之侵略行动作起。不然，若以强暴武力，屈服中国，中国人民为民族争生存，为人类争正气，唯有前仆后继，抵抗到底。总而言之，抵货运动之原因在日本而不在中国，中国国民，实处于被动地位，有不得已之苦衷，于斯一点，深望洞明大势如有吉公使者再三思之。

日本近来动即宣传排外乃中国国民之根性，殊不知中国国民之爱睦友邦，不在人后。我国先哲有言："亲仁善邻，国之宝也。"我国浸渍于此等思想者，数千年于兹矣。倘非他国不顾正义，逼我太甚，则吾国人民对于各国人士，向无疆域之分。且日本当局，若能回顾其幕府时代及明治初年之既往史迹，当知中国之亲仁善邻，远过日本。抑更有进者有吉公使，若能本其言行一致之精神，努力于中日邦交之新建设，则中日纠纷虽非一朝一夕所可解决，然对于中日关系非无改善之可能。如有吉公使所言，仅属外交辞令，闻者固觉悦耳，究于实际何补？贵公使果有恢复中日友善关系之诚意，应以客观之态度，公正之精神，减消日本军人之横暴观念，促进日本人士之了解程度，则中国人民对于日本之爱睦情感，自不难早日恢复。

敢告有吉公使，贵公使抵任之日，虽去九一八事变已经一年，沪战亦已半年。然今日之日，调查团报告书方经草毕，而沪上日军，百端挑衅，侨沪日人，方将乘九一八一周年之期，举行庆祝，与我国人以极难堪之刺激。此等时会，若处置不善，立可引起更大之纠纷，重演过去之惨剧。故有吉公使于此时来华，就时间言，可谓淞沪战后中日关系上之一个重要关键。继今以后，中日之关系,是否能本十分理解对方之立场,将谋恢复两国间之常态,如有吉公使声明书中所言者,是有吉公使外交手腕及眼光之一大试验。吾人深知有吉公使念念不忘中日亲善者,故于其抵任之初,不惜谆谆言之如此。

《中央日报》1932年9月7日第一张第二版

195. 日即正式承认叛逆组织,外部将提严重抗议,违反国际间公约侵害我国领土,并请国际联盟严予制止

(中央社)日政府积极推行承认叛逆组织,将由宣传而成为事实,最近又盛传日方定本月十五日正式承认叛逆组织,并签订所谓日"满"条约。外交部以日方此举,显然违反各种国际间之公约,侵害我国领土主权之独立完整,将于日内提出严重抗议,并请国际联盟严予制止云。

【本社六日上海专电】 日本今日定例阁议,上午十时开会,由内田报告承认伪国手续,经通过,大约定十五日内实行。

【中央社东京六日电】 日阁今举行议会闭幕后第一次阁议,已决定承认外务省所提之东北伪组织承认案,经天皇裁可后,即可实施,约于十五日前即可发表云。

【中央社东京六日路透电】 日联社称,今日阁议讨论承认"满洲"之最后布置,此间预料日政府将于九月十五日前承认满洲。日本报纸登载日本承认"满洲"后,苏俄亦将加以承认。据称"满洲"将在海参崴、赤塔、伯力等处设领,如是苏俄与"满洲"无异成立邦交。日文报纸且载半官消息,谓苏俄驻沈领事,曾向谢介石表示苏俄欲于最短期内与满洲成立正式国交。日人且信法国自满洲事变发生后,对日同情,故不久亦将承认"满洲"。

《中央日报》1932年9月7日第一张第二版

196. 调查团报告书措辞极为公正，对于中日问题之整个解决，着眼中日间条约公正审定——某要人之谈话

【中央社上海六日电】 据此次在沪与李顿晤面之某要人谈，调查团报告书内容，虽未发表，但悉措辞极为公正。对于日人一手造成之傀儡，当然不予承认。对于东省之政制与政绩，亦多严正之评述。至对于中日问题之整个解决，则着眼于中日间一切条约之公正审定。

《中央日报》1932年9月7日第一张第二版

197. 哈斯昨过济来京，留沪四五日即返日内瓦

【中央社济南七日电】 调查团秘书哈斯，偕夫人阳（七日）晨乘包车过济赴京。哈谈：在平任务已毕，报告书完竣，各代表分道返程，余赴沪留四五日后返日内瓦。调查结果在未正式发表前，恕难奉告，私人亦不能发表意见。对中日风土人情，因居留时间短促，未暇有深切观察。在平未设办事处，在京仅有通讯机关，亦非专办此次事务。日将承认满洲系见报载，本人无何意见。最后哈谓承诸君热心垂问，余因职务上限制，未便发表能予人满意之答复，极歉。随哈者有中国专门委员张汶、秘书施肇夔。施到京后即赴法。张谈哈到沪后，小住仍返平，由平去欧。

【本社七日济南专电】 虞（七日）晨哈斯夫妇及施肇夔到汶，由平过济赴沪。哈谈一周内返平，再由平往欧。报告书内容尚不便发表，但本人可相机帮助中国，国联将在京设通信处。

《中央日报》1932年9月8日第一张第二版

198. 李顿顾维均昨过港，乘车环游港歧极赞风景美丽 顾谒胡汉民慰病并访孙科

【本社七日上海专电】 港电，李顿、顾维均等，今晨到港，港代督迎至督辕茶会。午李及各国委员，乘车环游港歧，极赞风景美丽。李宗仁宴顾于南唐酒家。席散，顾往谒胡汉民。谈半时，再谒孙科。据胡女木兰谈，顾来系慰问父病，未谈政治云。李顿、顾维均等，晚六时原船离港。李顿谈，国联东（一日）开普通会议，下月中始可讨论报告书。吾人此次赴东北，甚为报界助，但报告书内容未能宣布，深令报界失望。又答记者问，现各国未认满洲，故本国亦不能承认，深信国联开会后，必得圆满解决。余谈大致会见报载。顾谈国联对满案如何解决，诚一重大问题，结果如何，两三月后可知。余必为国人力争，望国人与政府团结一致御侮。

《中央日报》1932年9月8日第一张第二版

199. 日使有吉抵京，昨谒罗外长，对记者发表重要谈话

新任日本驻华公使有吉明，于四日由日乘轮抵沪，前夜由沪偕矢野冈崎乘车来京，于昨日上午八时二十分到达。外部交际科派员在车站照料。有吉下车后，首赴日本驻京领事馆休息，十时乘车晋谒总理陵墓。下午三时，有吉氏偕同参赞矢野、参赞有野、一等书记官崛内、驻京领事上村、随员丰田等六人，前赴外交部访谒罗部长。有吉氏首对罗部长表示钦敬之意，并称前次在京匆匆未获多叙，此次到华，领教之日方长等语。罗部长亦谦礼如仪。关于中日关系，有吉亦表示希望两国人士互相谅解之意。此外并问候林主席起居，及罗部长目疾，又谈及蒋公使在日近状。谈约十分钟，起立外出。有吉氏此行，完全为拜访性质，并未谈及他事。闻有吉氏定今晚夜车赴沪，俟订定呈递国书日期后，再行来京云。

有吉谈话

记者于昨日下午五时许，往访有吉公使，于日本驻京领事馆，谈约一小时许。此尚为有吉公使来华后第一次发表之言论，兹撮要记之如次：（记者问）贵公使前曾在华多年，对敝国情形，谅极熟悉，不知此次来华有何观感？（有吉公使答）鄙人前在贵国颇久，素来主张两国应互相亲善，共存共荣，后奉调他去，对贵国情形，渐形隔膜。现在两国在恶劣状态之下，甚望能打开僵局。依鄙人之观察，中日纠纷，系积多年之恶果而来，且受国际间政治经济不安定之影响，此犹如海中大浪，必要渐趋平静。余信中日关系在数年或十数年、或数十年之后，必能完全恢复，以达亲善之目的。此种时间，虽似长久，但在历史上观察亦殊短暂。（问）中日纠纷，必须谋一适当之解决，外间颇传贵公使此次来华负有直接交涉之使命，此说确否？（答）鄙人甚望中日纠纷能设法解决，鄙人亦甚愿从此努力。但中日纠纷，日来既久，恐亦非短期间所能圆满解决。至于直接交涉，则鄙人此次来华，并未负有此项使命。诸君对此，如有指教，极为乐闻。（问）中日纠纷之结症，在东三省问题，贵公使以当东三省问题，应由中日直接解决乎？抑由国联解决乎？抑由国际仲裁乎？（答）鄙人前已言之，中日纠纷，犹如海浪，海浪一过，即能平静。鄙人以为东三省问题，既系两国之问题，自应两国直接图谋解决为上策。诸君对此，有何见教乎？（问）直接交涉，固亦为解决东三省纠纷之一种方法，但在目前恶劣状态之下，似无进行之可能，敝国人民所最深恶痛绝者，殆为贵国军部所施用之武力政策，最近谣传贵国在热河平津上海，又将施用武力，贵国若不放弃此种武力侵略政策，中日纠纷，将益趋恶劣，不知贵公使对此有何意见？（答）九年以来，中日关系，日趋恶劣之境，敝国方面，虽有种种错误，但贵国举措，亦有使敝国无法容忍之处，致酿成去年九一八之不幸事件。敝国方面，虽有少数分子，主张用武力解决东三省问题，但大多数朝野，均主张用和平之方法图谋解决。（问）贵国于去年九一八用武力强占东三省后又一手造成伪组织，贵国议会，且已通过承认此项伪组织。贵国政府，近且积极进行正式承认。东三省无论在历史上地理上观察，均为中国不可分离之本土。九国公约，亦承认维持中国领土主权之独立完整。国联屡次决议案，亦承认东三省为中国之土地。贵国一手造成伪组织，且进而承认之，公然违害中国领土之完整，并违及各种国际公约。此举不但不能平息海浪，且将掀动大波，不知贵公使对此作何观感？（答）先生所言，乃从中国方面观察,但就日本之立场观之,东省新组织,为东北人民自动之组织,日本承认此种新组织,并不违背国际间之公约。且敝国对东三省,亦只求维持经济上之利益,并无领土之野心。(问)此种法律上之争论,吾人现在亦无庸争论,现在国联调查团已启程赴欧,国联大会不就亦将举行,对于东三省问题,当能谋一适当之解决,请问贵国政府对此次国联大会,抱定何种方针与态度?(答)敝国政府对此尚未有具体之决定,鄙人未便奉告云云。

《中央日报》1932年9月8日第一张第二版

200. 英报痛责傀儡组织不能保障外侨安全,满洲无自命为政府之资格,环球拥护和平大会贬斥日本行动

【中央社伦敦八日路透电】 伦敦《新闻纪录报》,今早有社论,痛责满洲当局之无力维持治安。该报谓如外侨在营口尚不能保其安全,则外侨在东三省任何地点,亦有危险。如满洲当局不能在营口保障外侨之安全,则满洲无自命为政府之资格。英侨此次在营口让土匪绑去案件,足可证明日本树立之傀儡政府,实无力履行其应尽之义务。日本屡次声称其扶持满洲独立理由,为维持地方治安,而其结果实得其反。

【中央社伦敦八日路透电】 此间外交部,已接沈阳英总领官电报告,英侨在牛庄被绑详细情形。据云当地英领,已奉命就地设法营救。

【又东京八日电】 国联调查团法国代表克劳特尔及德国代表希勒,乘车由沈阳至大连,昨日正午,中途在大石桥地,目睹土匪约三四十人,架英侨保雷及可克兰向东而逃。保雷小姐芳年十八,头发金黄色,以美闻艳,最近出嫁,日前回牛庄拜谒父母,不料为匪所绑去。日方军队不敢穷追,深恐匪人杀害被架英侨。据云已有军士五百将匪人包围。

【哈瓦斯社维也纳七日电】 现在此间开会之第二十九届环球拥护和平大会通过议案,对于远东冲突中日本所采行动,深加贬斥。又称日本若不遵守国联大会三月十一日之决议案,而对于李顿调查团报告要求各端,亦拒绝服从,则国联会当实行盟约第十六条,予日本以制裁云云。大会旋又将美国所定关于破坏国家完整及自主问题之原则,予与通过。

《中央日报》1932年9月9日第一张第三版

201. 日外相昨访西园寺，商谈承认东北伪组织

【中央社东京八日电】 今晨十一时廿九分，内田外相赴国府津（地名）访西园寺公，会谈约一点廿分钟。旋辞出，语记者：今日以承认满洲问题，特访西公作详细之商榷。关于满洲承认事，西公亦认有提早之必要，并嘱今后对列国之交涉，日本应以赤裸裸态度临之。至何以须提早承认满洲者，其必要有三：即一为表示对满洲亲切之意；二为表示无并吞满洲意；三由此可以向世界表明，自九一八事变以来，日本在满一切之措置，纯系出于为满洲民众解除痛苦之热枕。关于承认满洲之一切准备，除一部外均已就绪，大约可于十五日以前实行。至出渊、吉田等驻外大使归国事，并无何等重要。不过以满洲等问题，回国与政府作详细之商讨，并报告其驻在各国政府对日之态度，以作日政府对外方针之参考云云。

【中央社东京八日路透电】 日本各大学教授联合会，向日政府请示，请即承认满洲。昨日曾推代表往外务省、陆军省、海军省等处，进谒当局。该会并拟印英文宣传品多种，寄往欧美各国，说明日本对东省之态度。

【中央社东京八日电】 日本青年团所派赴东北及我内地各地视察产业之廿余名青年，定明日首途，并预定于一月内归国云。

【中央社东京八日路透电】 日本承认满洲事，现已毫无疑问，只等手续办完，即可实现矣。

《中央日报》1932年9月9日第一张第三版

202. 日包办傀儡组织，报告书已据实宣布，确认东北主权仍属中国，李顿离平前对外人表示，日方妄自猜度辟满洲为自治区

【中央社北平八日电】 外人息，李顿行前，曾向人表示，谓报告书结论，确认东北主权，仍属中国。对日包办傀儡组织，则据事直书，未加隐饰。至对东

北过去政治,亦有严重批评。

【中央社东京九日路透电】 据似可靠方面称,李顿报告书,认恢复九一八前满洲原状,为不可能之事,提议将满洲解除军备,辟为自治区域,由日人顾问助理政事,中国则于名义上保存主权。该报告且提议中日及满洲三方,在国联监视之下直接谈判云。日官方称,日本虽将于最近时期内承认满洲,但承认后可建议中国及满洲两方直接谈判。

【中央社东京九日路透电】 内田与记者谈,日本承认满洲仅为时间问题,但日政府将否通知列强及国联,现尚未决定。驻美日使出渊携夫人及女公子,今日由美返国。电影明星范朋克同舟抵日,范拟留日半年,然后赴蒙古打猎。

【本社九日上海专电】 东京电,日外部庚(八日)令驻日内瓦日代表部向国联秘书处通告,谓日将与报告书同时提出关于满案之日本意见书,以便同时审议。本来调查团为日外部所请求,经理事会同意而简派。至调查后之今日,日本反不尊重李顿之报告书,而欲另提出所谓意见书,意在扰乱大会,显然可见日本出尔反尔之外交政策,颇惹起欧美人士之反感。

【中央社东京九日路透电】 日政府通知国联,日方研究李顿报告后,欲发表对外宣言,要求李顿报告与日政府宣言同时发表。

【中央社东京九日路透电】 本庄繁抵此,大受欢迎。日皇颁赐金器数件,表示嘉奖。

【中央社东京九日路透电】 据官方所得消息,与国联调查团有关系之某方面称,日方所持各点大都达到,故日本对于调查团之报告应认为满意。据称调查团之报告如次:(一)叙述中日两方之理由,但不加断语;(二)声称"满洲国"之设立,虽受日人援助,但日政府则未预闻其事,惟嗣后满洲对日表示好感,故日政府加以援助;(三)日军在满之行动超出自卫范围之外,但日军确信其行动不离自卫原则;(四)报告书内始终未用"侵略"一字;(五)声明东省义军确受张学良援助。此外李顿报告书尚分别讨论下列问题:(一)中国混乱情形;(二)日本在满之权益;(三)日本对于满洲出产之需要;(四)九一八后之军事经过情形;(五)经济情形;(六)抵货问题。

《中央日报》1932年9月10日第一张第二版

203. 哈斯昨抵沪访宋，数日内即将返欧

【中央社上海九日路透电】 国联调查团秘书长哈斯，今晨由京抵此。访宋子文，谈约数小时，吴铁城亦在座。哈斯语记者，数日内返欧。

【中央社上海九日电】 调查团秘书长哈斯夫妇，佳（九日）晨由京来沪。十一时访宋子文，在座并晤吴铁城，谈一小时辞出。语记者，晤宋系拜会性质。日内即返欧，并否认此来带有报告书副本。

《中央日报》1932年9月10日第一张第二版

204. 日竟不顾一切，定期承认伪组织，并将发表日伪条约

【本社九日上海专电】 日政府决元（十三日）正式宣布承认伪组织，同时发表日本与伪组织成立守卫同盟条约。此项情报，业已庚（八日）到日使馆及军事机关。因是日领署陆战队及第三舰队，决于文（十二日）起实行戒严。日以为承认叛逆，沪华人方面，必有重大影响，且最近七十余同业公会，行将实行经济封锁，故积极准备严重警备。

【本社九日上海专电】 据某方面讯，日海军各舰队亦将于交（十二日）起一律准备出动，以便应付太平洋方面之意外变化，因之在日侨方面，日美战争爆发之谣言突盛。

【中央社上海九日路透电】 据日人半官消息，日政府决十三日正式承认满洲，同日并将公布近与满洲缔结之协定。按该协定，日本在满有驻军权。上海日军当局，恐日本承认满洲后，或将发生混态，刻正采取戒备办法。日使有吉明，今晨由京返沪。下午与日领及海陆军领袖会议，内容不宜。众信会议乃讨论办法，对付日本承认满洲后之可能发展。

【上海九日路透电】 报载日巨商林某，疑向中国当轴建议，召开中日各界领袖会议，以冀解决上海紧张局面。林氏谓满洲问题，非一时所能解决，而上海地方问题之解决，则未容延缓云。

《中央日报》1932年9月10日第一张第二版

205. 国联决不放弃正义，不能因顾虑日本退出而变更，国联研究会会长函英报表示，日承认伪组织愈趋积极

【中央社伦敦九日路透电】 今日《孟却斯德指导报》社论称，满洲非朝鲜可比，且绝不应为第二朝鲜。国联研究会会长吉尔勃教授，致函指导报称，国联不能因顾虑日本退出，而放弃其求国际正义之路程云。

【本社十日上海专电】 国民新闻社佳（九日）日内瓦电，今日国联中人，对于东京所传国联调查建议内容，并不重要。此间现信日人殆将前次李顿与内田接治，企图调解未成之内容，与其所称报告书建议之内容相混淆。伦敦各界，认日与伪组织及李顿报告书之发表，乃两件要事，将成远东安危之紧要关键。惟负责英人，则皆待报告内容切实消息之发表。

【中央社伦敦十日路透电】 英人虽认李顿报告及日满条约之发表，将促成远东危机，但负责者现仍静待李顿报告全部之露布，目前不欲作何言论，且谓外间对李顿报告之推测，殊足引起误会，对舆论方面无所裨补云。

【中央社柏林十日路透电】 此间报纸对李顿报告之预测，尚无批评。惟有《洛加兰齐吉报》，则谓李顿报告仅为"权宜之计"，国联企图公允之断决，已告失败云。

【本社十日上海专电】 华联东京电。日预定寒（十四日）承认其包办之伪组织，因恐各国指斥，故日外部一面令驻各国大使征求各国当局之原谅，一面则由东京造出恫吓空气，以牵制美俄。

【本社十日上海专电】 据日外部某要人谈，谓日政府决寒（十四日）承认伪组织，各国中如有不识时务，滥出干涉者，日已下最后决心，与干涉国为难。日在未承认前，用其惯技，造成国际恐慌空气，以达其目的。

【本社十日上海专电】 电通东京电，驻日中国公使蒋作宾，于灰（十日）上午访荒木陆相对时局交换意见。闻蒋氏当时，曾发下列谈话：（一）申述中日亲善及确立东亚永远和平之道。（二）有传日本有承认满洲傀儡组织之谣言，倘使此事未实行前，能有解决方法，则中国当努力为之。荒木陆相对于上述蒋语，为欲明白表示日本之立场，答复如下：中日亲善及确立东亚永远和平，为我

日本最希望之事。我日本为此，非但在过去久已努力，即在现时，亦为达到此目的而非常努力。欲解决东亚之大局，不应为过去之事实所束缚。双方之开诚布公，实为必要。"满洲国"之成立，现为过去半的前事，倘因此过去事而有成见，实为不可。我人当观察详明，依照可能方法，谋今后之解决。

【中央社东京十日路透电】 斋藤偕内田，今日下午觐见日皇，呈递承认满洲草约。日皇即将该约交贵族院审查。预料贵族院十三日可审理完毕。日政府于翌日宣告正式承认满洲。

《中央日报》1932年9月11日第一张第二版

206. 日如承认傀儡政权组织，我国决提严重抗议，直接交涉完全谣传

日本不顾国际间之公约，竟定本月十三日正式承认伪组织。本社记者特于昨日往访某要人，做下列之对话。(记者问)闻日方已定期承认傀儡组织，我将如何处置？(答)查国际间新国家之承认方式，不外二种：一为直接承认，即承认国认为被承认之新国家已具有独立国家之条件之谓；一为间接承认，即承认国在直接承认前，先与被承认之新国家作条约上之协定，即事实上承认新国家之谓。日本既决计甘冒世界之大不韪，定期承认伪组织，届时我国自当严重抗议。惟抗议仅为外交上应有之手续，失地之能否收复，则仍在国人团结一致，长期抵抗。(问)近闻日使有吉明来华，携有直接交涉方案，不知确否？(答)此事完全不确。据悉国联大会瞬将举行，东省问题正待大会之公正处置。外传直接交涉，纯系谣言。(问)外传国联开大会时，对于东省问题，如无妥适解决办法时，我将提请国联引用盟约第十六条制裁暴日，不知确否？(答)国联大会根据调查团之报告，能作无损于我领土之完整之适当处置，则匪独中日之幸，抑亦世界之福。如不幸国联调查团之公正报告，不为国联所采用，而大会所决议者，又为吾人所万不能接受，再如调查团再不幸被日人片面所蒙蔽，因而有不实不公之报告，则吾人当坚决反对，誓死力争。至届时究竟提请引用盟约第十六条与否，此时尚未决定。

《中央日报》1932年9月11日第一张第二版

207. 调查团法德两委已抵满洲里

【中央社哈尔滨十日路透电】 国联调查团之法德两委昨抵齐齐哈尔,今晨乘日当局所备飞机赴满洲里。

《中央日报》1932年9月11日第一张第二版

208. 日承认傀儡组织愈迫,蒋作宾促内田悔悟,日本此种态度阻害中日关系,将来所生纠纷日本应负全责,内田答辩仍是一篇呓语

【本社十一日上海专电】 电通东京电,蒋作宾奉国府训令,昨午后四时半访内田,以口头唤起注意,促其觉悟。谓闻日本近将承认伪组织,日本此种态度,阻害中日关系,有招致重大结果之虞,请予慎重考虑。继谓因日本承认傀儡组织而起因之中日纷争,将来发生如何事态,其责任全由日本。内田答谓,承认"满洲国",为日本政府既定方针,绝对不能变更。中日两国之亲善,应与"满洲国"问题另行考虑。盖"满洲国"问题,系于满洲事变漩涡中别个发展者。中日两国均应由新立脚地对此问题,但因此问题而阻害双方亲善,绝非双方之利。维持中日亲善关系,原为日本所希望。与诸国之纷争,为日政府所极欲避免者。中国如理解"满洲国"问题在远东之意义,认识三方有协调之必要,自可增进中日之亲善云。

《中央日报》1932年9月12日第一张第二版

209. 哈斯昨过京即北上赴平返欧

国联调查团秘书长哈斯,日前过京赴沪,有所公干。现以在沪事毕,爰于昨日(十一日)下午五时四十五分,搭乘京沪快车,由沪来京。迨抵下关车站下车后,当以时间忽促,未及入城,即行渡江至浦,附乘第二〇一次平浦通车,北上返平。闻哈氏在平约留四五日,即遵陆路赴欧云。

《中央日报》1932年9月12日第一张第二版

210. 日人窃夺东北盐税,影响我国外债担保,九月到期各债本息将难如期偿付,外交部昨照会英美法请严加注意

外交部昨日照会英美法三国政府,内容叙述日本以武力占领东北后,即破坏我国盐政统一,劫留税款。据我财政统计,东北各地盐税,自四月一日起,迄八月底止,被日人劫夺者,共为一百零八万九千余元,另征附税每担三角,尚未在内。以上收入,均系我国民政府,用以担保一九零七年(光绪三十四年)英法借款、一九一零年(宣统三年)湖广借款、一九一二年(民国二年)善后借款,从未爽期延付,信用昭著。惟自日人占夺东北,破坏盐政后,我国税收短少,损失甚巨,故本年度应付各债本息,虽于九月到期,我国因受上项影响,恐难如期偿付。因此各国政府及人民,对于日人破坏国际间利益,影响中国担保外债之税收,应加以严重注意云。

《中央日报》1932年9月12日第一张第三版

211. 财宋声明，外债本息照常筹付，九月份外债政府无延付意

【中央社上海十二日电】 报载中国政府因日军截留东北盐税，对于九月到期之外债本息，或难照付，宋子文今日正式否认对此说。宋称政府对于九月份外债未有延付之意，且已令盐务当局筹付本月到期盐税借款之本息。但宋声明中国因日军截留东北盐款，甚感困难，中国政府虽力图维持盐税借款，乃日方于最近六月间，肆意扣留东北盐税，诚属无理之极云。

报载外交部因日军截留东省盐税，照会英美法三国政府消息，昨据政府方面负责人员声称，最近数日内，外部并未发出上项照会。英美法为与盐税借款有关系之国，政府前曾予以通知，促起其注意。至谓我国因受截留盐税影响，致难如期赏付借款一节，并非事实云。

《中央日报》1932 年 9 月 13 日第一张第二版

212. 调查团归途中，追忆东来经过

(中央社)本社特派赴欧记者戈公振第一次通讯。

秋高气爽，日暖风和中，负有和平使命之国联调查团，乃完成其任务而翩然去华矣。

甘姬(Gange)乃义大利邮船之至小者，以国联大会期趋，不图佳宾云集。行者如李顿爵士、马柯迪伯爵、麦考益将军夫妇，及顾维钧公使等。送者有汪精卫院长，宋子文、罗文干二部长，刘崇杰、徐谟二次长，及吴铁城市长等。至余人不可谓非一时之盛。义大利公使沙乐伯爵，且由北平来送。意者，调查团乘彼国之船负有执行之责欤。晚餐时，船主之右为麦考益夫人，左为顾公使，对坐为马柯迪伯爵，右为麦考益将军，左为李顿爵士。马柯迪亦俨然以半主人自居，甚矣，国家观念之重也。

调查团之东来，到沪为三月十四日，去沪为九月五日，为时几六阅月，行路

近三万里，风尘仆仆，席不遑暖，所精心而结撰者，则一册数逾万言，富有历史价值之报告书也。报告书之内容，今尚必而不宣，盖调查团仅对国联负责任，他非所知。但从私人谈话中，亦可稍得梗概，即报告书除事实叙述外，结论尚能主持公道也。调查团中之委员，本各有其立场，闻与日关系密切者，力主注重现实状态，曾经长时期之研究，与我国代表之抗争。然即置东北问题于不顾，为国联设想，本身既手无寸铁可以抑制强暴，倘再一味牵就目前，则何贵有此机关，且将何以自存，故立言终出以谨严也。

调查团之东来，日人执行甚周，物质上以至社会设备上，各处非吾国所能望其肩背。然日人言不由衷，诈伪百出，使受者心中难安。转不若我国尽力之所能至，推诚相与，反博得多少好感，此差足自慰者。然此过去之六阅月中亦处处现捉襟肘见之象，大凡根据法理，最重事实。而自九一八事变发生以至调查团东来，我国即未尝有搜集证据之准备，档案则残缺不全，且分置南京、北平及洛阳诸处，数字尤不正确。如东北有人口若干，关内仰给于东北之物产与关内投资于东北之金钱又有多少，言人人殊，均不易得肯定之答复。而国联学者，以生活所驱，散在各地，征求意见，亦非常困难。又或只能写以汉文，须再译英译法；或只知某问题之一部分，须再参合他项材料，故亦费手续。又如我国旅馆乏高尚华美可以容纳多人者，到处须住外人旅馆，犹忆汉口国民饭店，初仅得房间四，后勉强增加二，但只敷调查团憩坐办公，于是顾代表徘徊应接于公共客室者竟日。轮船亦然，至不能于我国航业界求之，乘外人之船，即须遵守其规章，殊不自由。又除津沪大埠外，汽车亦大感缺乏。途过九江，至以公共汽车代步，殊为可笑。前事不忘，后事之师，凡此种种，举足供吾人反省也。

中国代表团此次计供给调查团说帖廿九种，类皆从法理上针对日人所恃为口实者，而加以驳斥。同时调查团所提出之专门问题，或关于历史，或关于一理，或关于人事，或关于物产与金融，由吾方分别答复者，逾千条。公开之会议不多，而顾代表与李顿个人谈话，多至四十余次，皆已发生或将发生之问题，有待事先或临时加以疏解者，此项说帖及答案，由起草迻译以至印刷成册，所费纸张及印刷费綦巨。每种印五百册或一千册，皆英法文兼备。当时以无大印刷店可以负责赶期竣事，至不得不在津沪各小印刷店分头尽夜更番。印刷之校对，则就地临时罗致。调查团催促甚急，直至九月二日始告成功，亦至辛苦。今皆装成木箱，随吾人运往日内瓦，以备分送联盟各会员国参考。此次从事代表团工作者,皆系义务性质,自顾代表起,皆每人月支夫马费百元,故综合舟车行旅游览各费,由代表团支出者仅廿二万元耳。

此次随调查团行者,有秘书毕德尔、实柯泽、李顿私人秘书艾斯东三氏,及速记二人。随顾公使行者,有驻法使馆参事萧继荣,及二等秘书傅小峰二氏。驻日内瓦中国代表团专门委员钱泰、颜德庆、王大桢,及秘书邹恩元四氏。顾公使将先至巴黎赍国书,然后赴日内瓦。尚有驻法使馆一等秘书施德潜、学习员萧化二氏,将随顾夫人于下月放洋。王大桢夫人钟贤英女士、驻法使馆武官姚锡九夫人严藻影女士,此次亦同行。钟女士出身美国本静文尼大学,操英语至娴熟,恒为其夫任译人,是尽内助兼外助者也。外此同舟尚有教育家及留学生多人,列举如下,以代介绍。

文元模氏,系北平师范大学物理系主任,由中美文化基金委员会派往德国研究,以一年为期。张贻侗氏,系北平师范大学化学教授,由中美文化基金委员会派往德国研究,以一年为期;其公子杰谋,出身北平弘达中学,亦同赴英国研究化学。严文郁氏,系北平大学图书馆员,前曾任美国哥仑比亚大学图书馆中文部助理,今赴德国柏林大学图书馆中文部服务;其夫人葛先华女士出身武昌圣希理达学院,亦同赴德国研究音乐。彭位礼女士,系长沙第十七小学校长,由湖南省教育厅派赴德国考察小学教育。叶南氏,系中央党部秘书长叶楚伧氏之公子,出身于法国巴黎大学地理科,今再往法国入圣西大学研究陆军。陈焕然氏,出身于比京大学研究院,今再往比国研究电机及机械工程;其夫人黄信珍女士,出身于上海人和产科学校,亦同赴比国研究化学。刘絜敖氏,出身于日本陆军士官校,及早稻田大学研究院,今赴德国研究社会科学。温鹏九氏,出身于日本早稻田大学,今赴德国研究经济学。同寿祥氏,出身于吴淞同济大学,曾任宝隆医院医士,今赴德国研究医学。章元瑾氏,出身于吴淞同济大学,曾任宝隆医院医士,今赴德国研究医学。刘一麟氏,出身于吴淞同济大学,曾任宝隆医院医士,今赴德国研究医学。张永惠氏,出身于燕京大学化学科,今赴德国研究工业化学。胡筠氏,出身于北平大学,今赴德国研究电机工程。范崇武氏,出身于浙江大学电机科,今赴英国入工厂实习。沙学浚氏,出身于中央大学地理科,今赴德国研究地理。杨之宏氏,系福建省政府主席杨树庄氏之公子,出身于上海交通大学附中,今赴英国研究海军。温应彪氏,系上海市政府公安局长温应星氏之令弟,出身于南京军官学校宪警班,今赴德国研究督察。王文田女士,出身于天津南开大学,今赴德国研究合作。刘仲崔女士,出身于北平女子师范大学,今赴英国研究教育。浦洁修女士,出身于北平女子师范大学,今赴德国研究化学。姚可昆女士,出身于北平女子师范大学,今赴德国研究文学。刘绎雯女士,出身于河北第一女子师范,今赴德国研究美术。金价暴腾,游学匪易,然以上皆学有专精,且喜引去多研究科学,国人崇尚实用,思想尽稍稍变矣。(九月七日香港)

《中央日报》1932年9月13日第一张第二版

213. 哈斯赴津

【本社十二日济南专电】 文(十二日)晚哈斯由沪过济赴津。据谈,日前赴沪,为接洽国联经济方面事,与调查无干。今赴津系因有事须调查团留平办事人接洽,约定在津晤面。日内将再赴沪一行,拟下星期赴沪,取道何途未定。

《中央日报》1932年9月13日第一张第二版

214. 日枢密院今日大会,讨论承认傀儡组织事

【中央社东京十二日路透电】 枢密院小组委员会,昨晨讨论承认满洲问题,全体通过,定明日举行大会,日皇亦将出席。众料政府将于星期四日正式承认满洲。

【中央社东京十二日路透电】 此间消息,日政府近请国联在日本未提出对于李硕[顿]报告之意见书前,国联暂勿讨论该项报告。日本之意见书,约须六星期始可完毕。

《中央日报》1932年9月13日第一张第二版

215. 日皇批准承认伪组织，我决援用九国公约，邀请当事各国为适当处置，日已公然定期与叛逆签约

【中央社东京十三日路透电】 日皇今日下午，批准承认"满洲"办法，外相内田旋即令武藤赴长春签订日"满"条约。

【中央社上海十四日电】 日联东京电，（一）承认"满洲"之基础案，元（十三日）晨通过枢府紧急会议，政府下午开阁议，完毕一切手续后，内田外相即电训武藤。（二）满洲承认问题，定删（十五日）上午十时在长春正式签字，武藤电外务省内田即觐日皇面奏后，下午四时发表基本事项及申明书。（三）文部省因日本删（十五日）正式承认满洲，决改印全国地理教科书，满洲地图附以新色彩，表示其系独立国家。（四）参谋总长闲院宫元（十三日）午二时四十分谒日皇，关于承认满洲之重要事项，委曲上奏，请求裁可，参谋本部即对武藤发重要训令。

日通过承认案

【中央社东京十三日路透电】 今晨枢密院举行全体大会通过承认满洲，日皇亲自出席。内阁将于下午请日皇正式批准，然后训令武藤赴长春与满洲当局签订日满条约。众料日政府将于十五日正式宣布承认满洲。

【中央社东京十三日路透电】 枢密院大会今晨开幕后，审查委员会主席平沼，向大会报告该委员会已于昨日全体通过承认满洲办法。但因此种变法实行后，或将引起严重局势，故委员会希望政府极端审慎从事，庶免失着云。

定十五日签约

【中央社东京十三日路透电】 今早枢密院举行全体会议，讨论承认满洲问题时，冈田良平质问政府代表承认满洲之详细情形，及承认满洲后日本与国联及列强之关系。由外相内田康哉及陆相荒木相继答复。石黑质问陆相荒木承认满洲后日本与东三省之关系有何变更。次由石井与黑田相继发言，均赞成政府提议。枢密院乃全体一致通过，承认满洲议案。按目前预定计划，日本

与满洲所订条约将于本月十五日上午十一时在长春签字，该时按东京时刻计算。武藤代表日本签字，郑孝胥代表满洲。条约全文定同日下午四时在东京与长春同时公布。

外部决定对策

【外交界息】日方承认东省叛逆组织，现已具体实现。日枢密院昨日会议，已作最后之通过，并呈请日皇于昨晚正式批准后，立即训令武藤于今日与叛逆正式签订条约，明（十五日）日即由日政府发表承认声明。闻我外交部现已决定对策，其中包括：（一）对日政府之严重抗议。（二）发表严重宣言。（三）具体之对付策略，现各项文件均已拟就。一俟日方发表声明后，立即宣布云。

日本政府已定于十五日正式承认东北伪组织，据闻我国政府之对策，除将向日本本提出抗议外，并以日本侵略我东北，破坏我领土行政之完整，显然违反九国公约之规定，曾于本年一月三十日照会九国公约当事各国，唤起其注意在案。此次日本公然承认伪组织，尤属蔑视九国公约之规定，政府当局为贯彻向来之政策，决意援用九国公约，邀请该约当事各国，予以严重之注意，并为适当之处置。又闻政府同时亦将提出国联，政府方面认为以此事提出国联，与援引九国公约，可以同时并进，并不相悖云。

徐谟答记者问

记者昨访外次徐谟，致询一切。徐以办理斯事，亟为忙碌，改用书面答复如下：（问）日本蔑视国际公意，承认傀儡，外部对此事应付办法若何？（答）本部对日政府承认傀儡，准备即发宣言，并提严重抗议，该项文件已早起草完竣，俟相当时期，即分别发表送出。（问）国际间对日承认傀儡意态若何？（答）国际空气，愈维护公理，不利于日。（问）政府对日本除抗议宣言外，是否另采其他有效方法？（答）非予所知。（问）意日两使呈递国书日期，已否决定？（答）俟林主席返京再行确定。

《中央日报》1932年9月14日第一张第二版

216. 社评：日本逼我益急！日皇批准承认伪国矣！

前日东京路透电称：日本政府决定今日承认"满洲伪国"，并请求国际联盟展缓讨论李顿调查团报告书，以待日本提出对于此事之意见书。又昨日路透社东京电，昨日午后三时，日皇已批准承认"满洲国"案及日"满"协定，此两项消息同时传来之后，使我静候国联处置之希望又为冷淡，而侵略逼迫之痛苦益为剧烈。数月以来，当日人宣扬承认"伪国"之初，本报曾根据法律与事实，著论陈述利害，以为在当时静止之状态。日本虽提出承认，其效力仅及于日本及"伪国"两方，且事实上伪国为日本一手所造成，承认一层原系掩耳盗铃之举。苟吾国急起直追，早日采取收回失地之步骤，则日本之承认，自始至终对于吾国无丝毫拘束力。不图事隔数月，吾国收回失地一说，徒托空言，而日本在外交方面及军事方面积极活动，积极布置，是吾方静止彼则活动。长此以往，则日本承认伪国之后，其效果所及非法律上之拘束力问题，乃事实上进一步之侵略问题。况于提出承认之际，同时要求国联展缓讨论李顿报告书，用心之毒，谋算之狠，诚无以复加矣。

夫日本积极承认"伪国"之目的有三：（一）使满洲脱离中国主权以后，实行顺序进展其侵吞满蒙征服中国之计划；为防止吾国讨伐叛逆，先同伪国缔定非法之攻守同盟条约，吾果讨伐，则日本挟"伪国"对我宣战；吾不讨伐，俟伪国布置就绪，则日本将挟伪国率兵入关。彼时"满洲国"之名义，将不复存在，而一般傀儡将仍有由日人驱入关内，以造成另一叛逆组织。（二）伪国被承认后，日本即可正式卸除其军事占领期间之国际责任。凡伪国之一切对外行为，日本将拒绝负责。如果他国与伪国发生正式关系，则伪国又被他国间接承认。近日营口发生土匪绑去英侨案，责任孰归，即生疑问。在日本则诿诸伪国，而英国则惟日本是问。倘日本承认"伪国"之后，发生此等类似案件，则推诿责任之口实将更为强硬矣。（三）在国联大会讨论中日纠纷之前，日本对伪国提出承认，所以预先声明国联将来对于东北事件，无论通过任何决议案，然对于"满洲国"问题，日本早已与以承认，在日本以此为木已成舟，毫无回旋变通之余地。至于请求过量展缓讨论李顿报告书一层，无非期图李顿报告书尚未提出讨论之前，先为逐条提出对案，借以阻扰国联将来微渺之正义表现。其对我之弊害,视三月前国联通过展期完成报告,致日本有从容进行侵略之益,而吾国静受宰割之害,又胜一着矣。

东北事件发生,迄今一周年,吾政府始终听候国联解决。虽国联屡次表示软弱,而吾国信赖之愚诚,实未少渝。谕者每谓国联不能帮助中国,此言或足蒙蔽一般人之观听,然则按诸国际法规,此种主张之谬误,且不攻自破。日本无端侵占中国之领土,举兵进攻,组织伪国,显然违犯国际规约。国联倘不出而干涉,是违背其维护规约之义务,放弃其保全国联之权利。同时在中国方面,如不诉诸国联,率尔对日开战,虽属防御之战,其违背规约也,与日本正同。由此可知国联处置中日纠纷,原是权利义务的规定,毫无情面友谊之意味掺杂于其间。国联如置中日纠纷不闻不问,其结果非等于斥中日两国于国际盟员国之外,即等于将规约撕毁,使国联自身永余一躯壳之存在。此乃百口莫辩之事实,不容吾人之稍有怀疑之余地者也。日本今日既悍然承认伪国矣,国联其将立刻采有效之步骤,抑最少应有明白之表示乎。若并此而不能,是直等于宣布以前之种种决议案,均属自欺欺人,而中国对于日本承认伪国所感受之危〔威〕胁,自是另一问题。除此之外,日本政府宣布请求国联展缓讨论李顿报告书一层,此项请求果将置诸国联之前,就正义与现状而言,国联绝对不能遽予允许。若不幸而竟容纳日本之请求,即不啻纵容日本侵略中国,纵容日本横行于全世界。主持国联之诸列强,是否有保全规约,维持和平之决心,根本即将由此发生疑问。

日本侵略吾土地,蹂躏吾财产,杀戮吾人民,尚觉不足,而竟于今日正式承认其一手造成之"满洲国"矣。此等事件,在其他国家作任何处置,请引一成案以为当局告:一七七七年美国对英宣告独立时,英对美开始讨伐,美对英独立宣战。当战事正酣,胜负未分之时,法国竟于一七七八年承认美国之独立。然则英国对法作何处置?宣战而已,宣战而已!!东北三省之于中国既非美国之于英国可比,而日本之与中国更非法国之与英国可比。所谓"满洲国"乃中国行政上地理上完完整整之一部分领土,东北三省居民纯为中国民族,因感受日本之压迫侵略,又因系念祖国之切,以致义勇军遍地蠭起,以与日本军对抗。所谓"满洲国"又为日本所造成,与美国对英远居太平洋对岸,而自动宣告独立,何能比拟?至于日本之于中国,实际上是敌国,在目前情形之下,尤为生死不共戴天之仇雠。日本今日之承认伪国,其暴横违法之程度,既远重于一七七八年制成案,然而吾国唯一之武器,若仍为毫无效力之外交抗议,能不令人仰天浩叹。一年以来,中日局势,模糊混沌,而吾国一味拖延,甘受日本之宰制,其故无他,缺乏强固之政府,外交与军事不能打成一片,且实际上毫无军事表现是也。危急存亡,已到间不容发,转旋之力,惟在军政当局之临机立断而已。

《中央日报》1932年9月14日第一张第二版

217. 李顿报告书内容仍严守秘密,日方臆度捏造均不值注意

国联调查团已启程赴欧,留于北平之报告书二份,将俟李顿报告书到达日内瓦后,送中日两政府同时宣布,为期约在十月初旬。现该项报告书,仍严守秘密。日来日方对报告书内容,大事猜测,公诸报端。据外交界某要人谈,日方所传,全系片面臆度,在报告书未经正式宣布之前,对于内容之臆度捏造,均不值注意云。

《中央日报》1932年9月14日第一张第二版

218. 暴日悍然承认叛逆,今晨举行签字礼,我决提严重抗议,请国联制裁并援用九国公约,各项文件今日下午完全送出

日本承认叛逆,今晨行签字礼

【中央社上海十四日电】 电通社东京十四日电。正式承认"满洲"之签字礼,定删(十五日)晨十时(东京时间)在长春举行,十时半告终。外务省于下午四时发表宣言,斋藤亦决以谈话形式发表声明书。

【中央社上海十四时电】 电通社东京十四日电。陆军军事参议官,寒(十四日)午二时间非正式会议,本庄送亲翌参议官之辞后,荒木报告承认"满洲国"之经过,继协商承认后□事方针,与对列国态度之对策,最后出井上大将代

表参议官检讨荒木陆省等军中皇部之助力后,散会。

日伪草约全文,不向国联备案

【中央社东京十四日路透电】 日"满"草约,将于明日公布,同时外相内田,将向报界发表宣言。日政府原拟日"满"草约未签字前,抄送关系各国,但现决全文既于明日发表,可以不必正式通知列强。日政府且觉目前暂不向国联备案,政界中人称,明日所签订者,乃日"满"草约,并非正式条约云。外务省今日训令驻华日使领,禁止日侨庆祝承认"满洲",庶免激动华人舆情。

【本社十四日上海专电】 路透东京电。官场声明,日"满"条约,由中日文缮定者,乃一种议定书,并非条约。因此议定书之内容,与九月冬(二日)所传者相同,不过字句稍有更动耳,今后尚须缔结军事协定,以便规定议定书,所载军事各节之条目,并须缔结商约。查九月冬(二日)所传日"满"认定书之内容,内有互相尊重土地主权,日本有权在东三省各处驻兵,而担任"满洲国"对内对外之防卫等条。

武藤昨抵长春,英美均极注意

【中央社上海十五时电】 电通沈阳十四日电。武藤一行专车,寒(十四日)晨七时半离沈。铁道沿线,日守备兵特别警戒,并有飞机数架,追随列车前后,以资护卫。

【中央社上海十五时电】 日联社沈阳寒(十四日)电。英美俄法意各领馆,均注意日本承认"满洲"事,俄总领奉莫斯科令,定日内回国。

【中央社东京十四日路透电】 长春电称签订日"满"草约之筹备,现已完毕,武藤今日下午,由沈抵长春。日满当局,欢迎备至,且为保拥武藤,特别戒备。明晨郑孝胥及武藤,将在执政公署,即前盐务稽核所,签订草约。溥仪将设午宴款待武藤。长春刻尚安靖,大批日本军人及新闻记者,聚集该处,预备庆祝九一八纪念。

我决提出抗议,并请国联制裁

【外交界息】 日本承认叛逆组织,业经日皇批准,将于今日上午十一时,由武藤与叛逆在长春签订条约。下午四时,由日方在东京公布条约原文,并发表简单声明。我外交部,除已决定向日方提出简单抗议,并通知国联严予制止外，决照会九国公约签字各国，唤起注意并请履行条约上应尽之义务。闻致英法意比荷葡各国之照会内容相同，致美国之照会，除申述日方破坏条约外，并请美国召集签字各国开会，解决中日纠纷。闻外部对各项文件，均已预备就绪，今日下午，完全送出。对日方所提抗议，今日并将公布全文。致各国之照会，则按国际惯例，佚送达各国后，始行发表云。

援用九国公约，照会各国注意

日方承认叛逆组织，危害我国领土主权之独立完整，我国已决定援用九国公约，将于今日照会签约各国，唤起注意，并经召集会议，同时并通知国联，严予制裁。据外部发言人称，我国援用九国公约与提请国联制止，并不冲突。盖中日两国，一面同为国联会员国，一面亦同为九国公约签字国，故同时并进，并不相悖。且我国与本年一月三十日，已援用该约，此次并非创例云。

【中央社福州十三日电】 闽省县各党部，纷电国联，请制止日承认叛逆。

宋陈在沪谈话，讨叛逆具决心

【中央社上海十四日电】 宋子文语记者，讨伐伪组织，中央早具决心，并非因日承认而始讨伐。陈公博语记者，讨伐叛逆，中央早已决定具体方案，元（十三日）晨行政院会议所以未提出讨论者，盖国联方面希望在调查报告书未公布以前，不欲使东北问题加增繁复，故国府讨伐明令，或将俟诸报告书公布后始下。至日方此种承认谬举，显违反九国公约，外部当对日提出严重抗议，并照会该约之各签字国，请予以特别注意。

【中央社上海十四日路透电】 外传日本承认"满洲"，政府决下令讨伐，但据宋子文及陈公博谈，政府目下无此项决定。陈公博谓政府曾受调查团劝告，在李顿报告未发表之前，暂勿采取任何严厉步骤云。

【中央社伦敦十四日路透电】 日皇已批准承认"满洲"事，此间尚未接到官报，故英政府当局，尚不愿发表意见。

各方觉国联所以派李顿等赴东三省调查中日纠纷情况者，因九国公约各签约国，对东三省实况，无切实调查，不能擅断，故有国联调查团之组织。今调查团报告书，尚未公布，各方自未能预下断语也。

《中央日报》1932年9月15日第一张第二版

219. 调查报告书月底可达日内瓦

【中央社伦敦十四日路透电】 李顿报告，九月底谅可寄达日内瓦，预料将于十月中旬，在日内瓦、上海及东京三处同时发表。

《中央日报》1932年9月15日第一张第二版

220. 国危寇深，国人速起自救！希冀他人援助终难可靠，惟有团结一致与敌决战——某要人之谈话

日本悍然不顾一切，定期正式承认伪组织，并缔结盟约，不啻与全世界为敌，本社记者特于昨日拜访某外交当局。据谈：暴日侵我，日紧一日，外交军事，齐头并进，步骤严密，计划深刻，处心积虑，必欲侵吞东北而甘心，近日举行之御前会议、枢密院会议、内阁会议。反观我国则精神涣散，颓萎如故，如斯大难，仍若无视。言念及此，痛心极矣。须知日既久蓄并吞东省之野心，不达目的，自不能停止其一切侵我之手段。而我之抗日，亦唯有卧薪尝胆，淬砺精神以赴之。东北一日未收复，我之拼命抵抗，当与日俱厉，不达目的誓不止。今我政府，虽已决定对策，如暴日悍然承认伪组织，即向日严重抗议，并援用九国公约，邀请各国为适当之处置。然天助自助者，与其求人，曷若求己。国联所能加助于吾人者几许，时至今日，已可概见。况抗议宣言，仅为外交上之手段，如国人以抗议为已足，宣言为有效，而不力求奋发，是不啻坐待宰割，束手就擒。至若希冀他国代我制裁暴日，或经济封锁，尤为不可能。盖我以养兵二百万之国家不能与敌一战，而妄冀他人之代我抵抗；我市场日货之充斥有加无已，而祈求他人之代我封锁，宁非妄想。总之，国危矣，寇深矣，我若不甘为鱼肉，则舍全国上下团结一致，与敌拼命外，殊无他途。国家存亡，民族兴灭，在此一举，愿全国同胞，急起图之。

《中央日报》1932年9月15日第一张第二版

221. 日承认叛逆签订伪约，我抗议书今日送出，援用九国公约照会各国注意，并通知国联作有效处置

日本承认叛逆组织，我外交部早经决定对策。前日由外交部政次徐谟氏赴沪，向国府林主席、中央常委汪精卫、行政院代院长宋子文等报告，并请示机宜。徐次长于昨日下午七时返京，随即赶赴外部报告赴港经过，并与外长罗文干、常次刘崇杰、及各司长等，详细研究日方与叛逆所订之伪议定书，并将我方预定之对日抗议书，及致九国公约签订国之照会，加以修改，直至深夜尚未完竣。故各项文件昨日均未能送出，将于今（十六）晨送出，并公布原文云。

日本承认伪组织，已于昨日按照其预定计划完全实行。我国外交部之对策，事前曾经数次郑重考虑，最后并向汪宋请示，作再度之熟商。昨日下午，政府接得东京之电讯，关于所谓"日满议定书"及日本政府宣言之报告后，复细加斟酌，决定我方办法如下：（一）训令我国代表，以日本承认伪组织之事实与影响，通知国联，请其作最有效之处置；（二）依照九国公约第七条关于程序之规定照会该约各当事国，声明日本对该约之破坏；（三）向日本提出严重抗议。闻此三项文件，外部昨夜加紧工作，彻夜未停，期于今日（十六日）完全送出。

日伪签约情形

【中央社长春十五日路透电】 今晨日"满"签订草约之情形如次：日本代表武藤信义，"满洲"代表郑孝胥、溥仪亲自莅场监视。溥仪着大礼服，武藤全身军服。两方代表均以中国毛笔签字，签字后将笔赠予溥仪作为纪念。当时在场人物，如"满洲"各部长，日人顾问，日方军政要员，南满铁路重要职员等，并有摄影师拍摄影片。中日记者均未许入场。签字后诸人均退入邻室、举觞互祝，继乃由溥仪接见日代表与"满洲国"政府官员若干人。

日本承认叛逆组织，已于昨日上午十一时，由武藤与叛逆郑孝胥签订议定书，计共二条，并于下午四时，由日方在东京公布全文，并发表声明。闻日方此次与叛逆所以用议定书之方式而不签订条约者，盖因日本宪法规定：凡签订条约，必须经国会通过。日方为急于承认叛逆组织，故避免国会程序，而用议定

书方式出之,俾于签订议定书后,立时发生与条约同等之效力云。

【中央社东京十五日路透电】 长春电称,日本承认"满洲"之手续,于今晨九点十分完毕。

【中央社东京十五日路透电】 武藤于签字"日满草约"时,虽署全权大使,但据官方谈,日方是否互换大使,抑或互换公使,目前尚未决定。哈尔滨"市长"鲍观澄(译音),定二十四日首途来日,为"满洲"第一任之外交代表,但其官衔尚未决定。

日伪草约全文

【中央社长春十五日路透电】 "日满草约"今晨在此签字。日方代表武藤,"满洲"代表郑孝胥,仪节极为简单,溥仪亦亲自莅场。兹译该约全文如次:"日本认'满洲国'依其人民自由意旨,业已组织成立独立国家。'满洲国'且声称中国国际上之一切义务,凡可适用于'满洲国'者,均愿遵守。日本及'满洲国'政府,兹为成立两国间之永久亲善关系,彼此两方互相尊崇对方土地利权,并为巩固远东和平起见,同意于下列各点:(一)凡日本或日人,依照中日各项条约协定,或其他布置,或依照中日间之公私契约,在于满洲境内,所应有之一切权益,'满洲国'均应承认遵守。但嗣后日'满'两方,如以协定更改上述权益者,则依新协定办理。(二)日'满'两国,认定两缔约国之任何一国,若受任何土地上或政治上之胁迫,则其他缔约国之安全及生存亦受危害,故两国决互相合作,保存其国家之安全。日本可于满洲境内,驻屯适合此种需要之相当军队。上列草约,于签字日发生效力。该约共有四本,中日两国文字各两本。关于解释该约条文,日后如有发生争执,则以日文为标准。昭和七年九月十五日,即大同一年九月十五日,驻满特权大使武藤信义,'满洲国'总理郑孝胥。"

日方荒谬宣言

【中央社上海十五日电】 日联社东京删(十五日)电。日政府公表日满议定书,同时发表日本政府之声明书,全文如下:满蒙为日本曾赌国运救其危急之地,迩来二十有七年。日本官民一致参加开发该地苦心经营之结果,遂致今日之繁荣。而现在该地方,为国防及国民生存上与日本结成之不可分离之关系。然近年日本在满蒙之重大权益被中国排外的革命外交蚕食,而遂见九一八案之勃发及日本自卫权之发动。然此满洲事变发生后,旧东北政权没落,奉天、吉林、黑龙江、热河四省东北特别区及蒙古各旗盟等官绅士民协议之结果，决定乘此机会，建立"新国"。于是本年三月一日，发表建国宣言，即日与中国脱离关系，同时宣布新国家之建设纲领，并对国外阐明极公正之政纲。"满洲国"政府于三月十日发通牒致日本及十六国政府，要求正式设定外交关系。迩来日本政府于半岁之间，以多大关心留意"满洲国"之发展状态，确认其有实行公正权策之诚意，尤其关于治外法权之撤废，及对一般外国人之内地开放问题等，设立委员会，进行准备，拟与关系各国商榷改订，决无以片面的手段废弃等事。至于财政及其他诸种施设，亦有改善之成绩。现今"满洲国"着着进行独立之实，其前途殊有希望。日本政府鉴于"满洲国"对于内外之态度，及满蒙为日本国防之生命线地，决意承认"满洲国"，促进该地安宁，永远确立远东和平。于是本日特派武藤全权，与"满洲国"政府当局缔结议定书，以正式承认该国。此项承认之实行，决无抵触日本加盟之任何条约之事，已由外务大臣于本年八月二十五日在帝国议会演说阐明矣。日"满"两国之议定书，确认"满洲国"为以其住民自由意思成立之独立国家，又规定确定帝国及帝国臣民从来所有条约上一切权益，又为日"满"共同防卫国家起见，规定日本军驻屯"满洲国"，以计两国善邻关系之永远巩固。日本对于满蒙并无领土野心，已经迭次声明。本议定书中，亦规定日"满"两国互相尊重其领土权益。"满洲国"政府于三月十日之对外通牒，言明尊［遵］守门户开放主义。日本对于满蒙所要望者，为确保日本在满之正常权益，同时排除一切排外施设，且计中外人之安乐，故日本希望各国人于机会均等条件之下，从事经济活动，开发满蒙地方，固不待言。"满洲国"关于实行对内外政策之认真态度，必将增大世界信任，而博信赖日本人，不疑列国于早时与"满洲国"成立外交关系。兹日本政府承认"满洲国"同时希望该国之发展，帝国官民一致协力以举日"满"共存共荣之实云。

美英对日态度

【中央社华盛顿十五日路透电】 据纽约《泰晤士报》、驻美京记者，探悉关于日本承认"满洲"事在国联未考虑李顿调查团之报告以前，美国外交部，不致有任何新举动。如中国援引九国公约，美政府在李顿报告未发表前，或在国联对于该报告未有任何举动前，美国未必采取任何步骤。该记者并谓据美外部意见，驻哈尔滨之美国领事，此后如有为保护美侨起见，向"满洲"方面有何申请，此种申请未足认为承认新国云。

【本社十五日上海专电】 华盛顿电。伪国美顾问李亚,删(十五日)进谒美总统、声称伪国将在日内瓦奋斗,求各国承认,但亦自承满洲目前政治状况非常混乱,第谓不久可望恢复。又闻美国对远东事件,仍冀与国联密切合作。在调查报告发表前,史汀生暂时不拟再有行动。又美国务院发言人谈,美政府对日与伪国所订之约,未见有予以正式注意形诸公牍之理由,美国将认该约为满州问题之一部分。

【哈瓦斯社伦敦十四日电】 据报界消息,中国拟提出九国公约,以对付日本承认"满洲国"之举,伦敦方面认为如南京政府援引九国公约,向列强呼吁,则英国在未明了李顿报告书以前,将不加答复云。

《中央日报》1932年9月16日第一张第二版

222. 哈斯过京赴港,候轮赴欧

国联调查团秘书长哈斯前次由平过京赴沪,匆匆北返,近接李顿爵士之电促赴欧。哈斯在平摒挡行装,于昨晨八时偕夫人抵京,当即转乘十时十五分快车赴沪,候轮放洋云。

《中央日报》1932年9月16日第一张第二版

223. 社评:日伪签约之实现

喧腾已久之日本承认伪国,竟于前日具体实现。日伪条约于草率匆忙中猝然签订而披露于天下。世界各国,无分朝野,对此危害世界和平之举动一致震惊。日军阀骄横跋扈之态,亦由此暴露于天下,其不惜一意孤行毁坏世界各国保障和平之决心,亦属百喙莫辞。数日以前,关于日本承认伪国程序上与实质之讨论,本报社评中已屡屡言之。且于所谓条约中必列有攻守同盟条款,借以充分实现其侵略之野心,本报尤曾一再指陈于国人之前。今者伪约披露以后,其第二项所列,则吾人十数日来所臆测者果不幸而言中矣。查伪约第二条载:"两缔约国之任何一国若受任何土地上或政治上之胁迫,则其他缔约国之安全及生存亦受危害。故两国决互相合作,保存其国家之安全,日本可于满洲境内,驻屯适合此种需要之相当军队。"是殆变相之攻守同盟也。在日阀心目中,伪约缔结以后不惟伪国之承认,已不问题,其所与日本之便利,一为扶助伪国以抵制我国之讨伐,一为唆使伪国进逼关内,而日阀则借口条约公然为之出兵。今日以前,我国对于叛逆,动定之权,犹得操之于我,今日之后,则曩日主动的静止状态,已变成被动的动态矣。

　　姑舍实质上之利害不论,日本之承认伪国,实根本毁灭九国公约之尊严。身为该公约签字国之列强,果何以维持其颜面与威信,自为极堪注意之事实。据最近消息,英伦报界深切认识远东局势之恶劣,已达顶点,一致抨击其政府之犹疑观望形成类似之"放任政策",致造成此可悲之情态,坚主援助中国打破日本之帝国主义。法国舆论界,其议论更具体而透辟,谓伪国尚未受列强承认,而日本遽与之订同盟条约,即使为防御性质,亦无异于日本取得军事上之新特权,以囊括满洲之土地,认为事实上此举实将列强在远东之权利平等及维持现状原则根本打破。劝日本当三思而行,勿自陷于万劫不复之地位。惟主张政府此时不可采取任何举动,恐使中日关系问题更生剧变。且劝日本勿退出国联,否则中日问题将移至九国会议解决,殊非各方所愿。其深惜日本步骤之错乱而时致维护之情,字里行间,可以见之。至日方宣传将继起承认伪国之苏俄,据外交界确息,绝无实现可能。窥诸日俄近来军事上情势之尖锐化,随时殆有冲突之可能,则日方传说自纯系空气作用。他若在远东方面权益较鲜之德意,此时虽未表示意见,亦不过时间与地位之问题,无足置疑。

　　国际舆论之显然不利日方,既如上述。虽然国际舆论发生力量之前提,果何物乎,夫亦曰,自身之努力争强而已,否则纯赖国际之舆论,而自身反置身事外,日夕惟望他人之助我,则舆论乃一空中楼阁耳。吾国自九一八以还,对于国联决议案之信赖与忠诚,无与伦比。国际间之舆论,除少数时间受日方蒙蔽而外,亦无不赞助我方。其结果如何乎？日方侵略之加急也,侵略范围之扩大也,侵略野心之愈益增剧也。今则承认伪之不足而缔结攻守同盟之约,继此以往挟持此傀儡,何事不可演出。自今以后,国人信赖国际舆论之迷梦,可以速醒。今日之事,对手方为我与暴日,事件之发展与决夺,操其权者为我或为日本。此后继起之重大变化,离奇怪诞,或更有甚于一年以来,吾国朝野若于事变之起,不先自问自己之态度如何,具体方案如何,而只顾伺候人家之风色,以寄其忧喜,此大误也,此奇耻也。

日伪之签约实现矣,吾人何暇观望他人之态度,而应立即自问曰,吾今日所应处之态度与所取之方针如何。事实所昭告吾今日之途径,不出两途,曰诉诸国联与九国公约缔订之各国,曰讨伐伪国。然外交上之折冲,固必以实力与决心为其后盾。英法学者,自东省事变勃发后已屡以"自助人助"勉望吾人。英国《圆桌杂志》某论文,曾谓:"苟中国稍能表示比利时之精神,即易于为助耳。"是苟我无决心以实力应付紧迫之局势,纵竭诚呼吁,结果恐仍成泡影。即幸而获得列强之实力干涉,而在我为利为害,尚不可知。故外交上之周旋,又当以实力为基础,吾之外交准备如何,吾之实力准备如何,今日之问题,只此二者,其他不必问,亦不暇问也。

《中央日报》1932年9月17日第一张第二版

224. 日承认伪组织后,我国昨提严重抗议,致牒国联并照会九国公约当事国,请采取最有效方法对付目前局面,施肇基已由伦敦启程赴美

日本已于前日正式承认叛逆组织,外部前日下午接得日本与叛逆所订议定书原文,及日政府之声明书后,即由外长罗文干、政次徐谟、常次刘崇杰,及各司长等,详加审阅,并将拟定之对日抗议书及致九国公约签约国之照会,加以修改,漏夜缮就,直至昨晨四时许,始告完竣。罗外长即于昨晨十时,将各项文件,亲携至行政院,出席院会报告,当经一致通过。十一时罗外长即返外交部,将抗议书及照会,一面急电我国驻日公使蒋作宾,及驻美英法意荷比葡各国之外交代表,向各该国政府分别送递,一面并派员送效各国驻京之外交代表云。

又讯,外交界息,日本承认叛逆组织后,我政府已援用九国公约,并已照会签约各国。照会中并未提及召集九国会议,盖我国此次所援用者,系该约之第七条,对于处理纠纷之手续,该条已有明白之规定,无须我方声明。闻美国政府,对此事现时暂不表示意见,良以国联调查团正在返欧途中,报告书尚未公布,国联大会会期亦迫,在目前美政府将静观此次国联大会之进展。如此次国联大会对中日纠纷,仍不能谋一适当之解决,或日政府仍不服从国联决议案

时,美政府将以九国公约发起人之人位,邀请签约各国开会,图谋解决云。

日本承认叛逆伪组织后,我政府对日提出严重抗议,并致九国公约签约国照会,均于昨日分别送出。外部常务次长刘崇杰,特于昨晚乘夜快车赴沪谒林主席及宋代行政院长,报告各项文件审核修改及分别送出之经过并请示云。

外交界息,驻英公使施肇基,于前日(十五)由伦敦启程赴美,闻其任务,系奉外交部之命,与美国外交当局有所接洽云。

我国向日抗议书全文

我国政府于十五日下午接得日本实行承认伪组织,并缔结日伪议定书消息后,外交部即于当晚制就抗议书,将全文电达东京蒋公使,令向日政府提出。兹录抗议如下:

自去年九月十八日之夕日本军队按照预定计划,突然轰击沈阳城以后,日本政府着着进行,使东三省之局势,日趋严重,不仅中国主权受极度之蹂躏,即国际条约神圣之原则,亦为之根本动摇。世界和平,亦遭悲痛之打击。

去年九月三十日国际联合会行政院之决议,促令日本政府不再使局势愈趋严重,并应自其辽吉两省所占之地,将军队撤至铁路区域以内。日本政府,且亦自己承认此决议。乃行政院决议甫经通过,日本军队立即随之而扩大行动,进点东北各省土地,包括齐齐哈尔及黑省内之其他重要城邑。十一月间,暴变发于天津,斯则天津日租界人员,实有以引致之。

去年十二月十日,国际联合会行政院,以日本之同意,重申诰诫,不许再行扩大局势,并决议日本军队应及早撤至铁路区域以内。日本政府对于此项决议,则报之以侵略更甚之活动,其范围不仅限于东三省,且波及于离发难地点甚远之区域,锦州、哈尔滨及东省其他军事要塞,均无不受日本军队之炸轰,最后乃夺据而后已。本年一月终,剧烈之战事行动,起于上海。日本海军陆战队,实为戎首。日本竟增派陆军至数师之众,以致生命财产,损失无算。

日本既以武力掠据东三省之全部,乃从事于傀儡组织之制造,谥之曰"满洲国",而使溥仪为之主。一切实权,则操之于向东就政府负责之官吏之手。自是攫夺我铁路,截留我关盐及其他税款,破坏我邮务,屠戮压迫我人民,恣意毁灭我财产,以及其他一切非法行动,心以"满洲国"之名义行之,实则主之者,乃效忠日本政府或受日本政府所支配之人也。

日本在中国每次侵略举动,中国政府无不向之提出严重抗议,唤起其对于自身所负重大责任之注意。无如日本对于此类抗议，非特漠然置之，反报之以侵略更甚之行动。世界各国，对于其用暴力扩展疆土之政策，亦曾一再予以警告。本年一月之初，美国政府，曾正式宣布："美国不能承认任何事实的局面为合法……凡用违反一九二八年八月二十七日巴黎公约规定与义务之方法而造成之局面条约或协定，美国均不承认之。"二十六日国际联合会行政院十二代表宣言："凡蔑视国际联合会盟约第十条，而侵犯会员国土地之完整及变更其政治之独立者，其他会员国均不应认为有效。"三月十一日国际联合会大会一致决议："凡用违反国际联合会盟约或巴黎公约之方法而造成之局面条约或协定，国际联合会会员国有不予承认之义务。"又："中日争端，若在任何一方军力压迫之下觅取解决，实与盟约精神相违背。"

日本政府不顾友邦之忠言与警告，不顾国际联合会之决议与训诫，不顾人类之公论，现更对于其黩武主义所产生之傀儡组织，悍然加以正式承认，并与之缔结所谓条约，俾日本有驻兵东省之权，借欲沦陷东三省于日本保护国之地位。

国际联合会，依照去年十二月十日行政院通过而经日本接受之决议所委派之调查团，以日本政府代表之协助，从事工作。今当该调查团工作甫竣，国际联合会尚未加以讨论之际，日本遽行承认伪组织，此项举动一面适足以增加其罪戾，一面无异对国际联合会之权威，为侮辱性之挑战。殊不知国联之判断，必依真理与公平为归宿也。

日本悍然施行其暴力的残杀的与征服的政策，其责任之重大，在近代国际关系之历史上，罕与伦比。兹举其荦荦大者如下。

（一）日本违犯国际公法之基本原则，盖日本已破坏中华民国领土之完整，篡［篡］夺中国之政治与行政权也。（二）日本已违背法律之初步原则与人道观念，盖日本已杀伤无数中国人命，毁损现时尚难统计之中国公私财产也。（三）日本已违犯国际阶段盟约，盖在该盟约中，各会员国曾担任尊重，并保持所有联合会各会员国之领土完整，及现有之政治上独立，以防御外来之侵略也。（四）日本已违犯非战公约，盖在该公约中各缔约国，曾郑重声明，放弃以战争为彼此间施行国家政策之工具，并互允各国间设有争端，不论如何性质，因何发端，只可用和平方法解决之也。（五）日本已违犯民国十一年签订之九国公约，盖在该条约中各缔约国，除中国外，曾互允尊重中国之主权与独立，以及领土与行政之完整也。（六）日本已违犯其自为之誓约，盖日本曾声明在东省无领土企图,且允于最速期间内,将日军撤至铁路区域内也。(七)日本已违犯国际联合会历次训诫,盖国际联合会,曾一再告诫日本,不得就其因侵略中国而造成之形势,再使扩大而恶化也。对于日本自去年九月十八日轰击沈阳城,至本年九月十五日承认伪组织所有一切侵略行为,及其发生之任何结果,中国政府当令日本政府担负完全责任,中国政府并保留其在现状下国际公法与条约上所付与之权利。

外交部致牒国际联盟

日本于十五日实行承认伪组织后,我国外交部,当晚即将训条电达日内瓦,令我国代表即行致牒国联。训条大意如下:

(一)自九一八以来,日本继续施行其暴力的残杀的征服为政策,其惟一目的,即在扩张领土。种种暴行日益加厉,至今日乃有正式承认伪组织之举。日本政府之承认伪组织,实系对历来在东三省侵犯中国领土完整之一切行为,自画招供,自承责任。而国联盟约第十条,固明明规定,应尊重并保持所有会员国之领土完整者也。

(二)傀儡组织,纯为日人一手制造,一手操纵,所有实权尽归日人掌握。由日本承认傀儡,无异自己承认其侵略行为。

(三)日本与伪组织间之所谓议定书,纯属片面性质,仅为日本图遂其在东三省建设保护国之野心而已。

(四)依照日"伪"所订议定书,日本不啻有担任伪组织国防之权,今后日本实行此项规定,其对于中国及世界上之威胁,至为严重。

(五)自中日争执提交国联以后,各方俱静候解决。今调查团报告书尚未披露,国联并再三告诫,不得扩大局势。乃日本仍悍然不顾,一意孤行,制造伪组织而承认之,蔑视国联之权威,已达极点。

在上述情形之下,应即请求国联加紧工作,采最有效之方法,以对付目前之局面。

照会九国公约当事国

我国致九国公约当事国照会,外交部于昨日下午备齐送出,计签约国为美、英、法、意、比、荷、葡,加入国为挪威、瑞典、丹麦、墨西哥、玻利维亚,共十二国。照会措词,完全相同,唤起各该国政府之注意,并依该约第七条,请其采取正当及有效之应付方法。兹录其全文如下：

　　日本于一九三二年九月十五日，竟实行承认所谓"满洲国"，并公布所谓"日满议定书"，俾日本在驻兵东省之权，其目的欲沦陷东三省于日本保护国之地位。而"满洲国"者，固系日本在中国东三省领土内所制造所维持所支配之傀儡组织也。一年以来，日本所为种种国际罪恶，连续不已。不仅劫夺中国之主权，抑且屡背最重要之国际条约，包括一九二二年在华盛顿签订之九国公约。该约贵国亦为签字国之一（当事国之一），无异在其犯罪行为之索链上，又加一最毒之环。中国政府，不得不促醒贵国政府对于因日本承认"满洲国"而引起之严重局势，予以深切之注意。

　　日本如何于九一八之夕，开始袭据我东三省；如何张其铁腕，鱼肉我三千万同胞；如何篡[篡]劫我政权，制造伪组织，胥为举世周知之事实，无庸赘述。所欲概括一言者，即自九一八以后，日本无日不扩大其暴行，以至于今日而有此承认傀儡之举。

　　乃日本犹欲巧言欺世，谓所谓"满洲国"者，乃东省人民图谋分立之结果。殊不知东北傀儡组织，为日本军事侵略之产物，转复用之为工具，乃无可掩饰之事实。多数日本官吏，受东京政府之命令，发纵指使于舞台之上。真正东北民众，则宛转哀号于日军铁蹄之下。苟使日本军队，一旦撤退，则所谓"满洲国"之崩溃，可立而待。

　　查九国公约第一条，缔约各国，除中国外，应尊重中国之主权独立及领土行政之完整。日本制造傀儡，从而承认，以及其侵略东北之种种行为，其为直接侵略中国之主权，严重损害中国土地行政之完整，殆无丝毫之疑义。当时九国公约之缔结，即为欲阻止此类事件之发生者也。

　　今日本不仅对于中国肆行侵害，且肆意蔑视世界公论，罔顾其对于其他国家应尽之神圣义务。如日本之行为不受相当制裁，九国公约当事国坐视该公约之成为废纸，其结果诚有不忍言者。良以国际条约是否继续维持其神圣不可侵犯性，胥视此而定。而日本以武力夺取中国约四十万方哩之土地，复不顾友邦之劝告，正式承认其在该地一手造成之非法组织，其惨酷结果，不仅限于中国，即世界和平，亦受不祥之威吓也。

　　鉴于上述情形，中国政府认为严重局势，业已发生涉及九国公约之适用问题，特依据该约第七条之规定，以充分坦白之意见，通知媲条约当事国政府，并请其对于日本自去年九一八袭击沈阳城以至于今年九月十五日正式承认"满洲国"所有种种之侵略行动,因是而造成之事态,采取正当有效之应付方法。

附录

九国公约第七条全文:第七条,缔约各国协定,无论何时,遇有某种情形,发生缔约国中之任何一国,认为牵涉本条约规定之适用问题,而该项适用,宜付诸讨论者,有关系之缔约各国,应完全坦白互相通知。

各国决不承认伪组织

日本承认叛逆组织后,又竭力宣传法俄两国亦将继起承认。兹据外交界确息,此纯为日方之空气作用,绝对不确。盖法国为国联会员国重要之一员,且为九国公约之签约国,法政府对中日纠纷,现正注全力于由国联解决之途径,且承认叛逆组织,系违反国联历次决议案,并破坏九国公约。事至明显,法政府决不至出此。至苏俄在东三省与日本之利害冲突,至为剧烈,随时有发生战事之可能,更不能承认叛逆组织,向日人俯首。至其他各国对日本之态度,更为恶劣云。

【中央社伦敦十六日路透电】 此间各报,仅《泰晤士报》及《满城卫报》有社论批评日本承认"满洲"事。《泰晤士报》谓目前其他各国不致随日本而承认满洲,日本此次之引用欧战前手段,实违反国联盟约、非战公约之精神及原则。关于日本政府宣言,称"满洲"正欢迎外人往"满洲"内地一节,该报谓英人决不愿去满洲内地。因该地土匪横行,劫车事近日时有所闻。日本在满洲之政策,毫不顾及其一切国际间应负之责任。关于此点,美国务卿史汀生及国联决议案,均曾屡次指责日本,但在李顿报告书发表前,该报深望各方勿即下断语。该报复称日本在上海之行为,英国并未予以赞助。

各国均痛斥日本违约

【中央社华盛顿十六日路透电】 国务卿史汀生及美外部其他人员,对于日承认"满洲",虽守缄默,但殊感觉不安。《先锋讲坛报》称,政界中人,殆认日本承认"满洲",显系破坏九国公约。惟在国联未有举动前,美国除与日内瓦合作,并决与"满洲"绝对不发生任何外交关系外,谅不采取其他行动。中国认定满洲问题涉及所谓胡佛主义,众信美外部对此意见,颇为赞同,但希望李顿报告足为对日谈判之根据,俾可解决中日纠纷云。

【中央社巴黎十六日路透电】 关于日本承认"满洲"事,法国报界舆论,均持稳重寡言态度。但一般人咸表示不满意。《巴黎日报》谓,论日本在东三省有何特无殊情形,此种举动,究属欠妥,且对于远东形势,毫无补益。《欧夫(译音)报》谓,日本之承认"满洲",直接危害美国与苏俄,且违反九国公约,甚至可引起严重结局。民乐报谓,草纸条文显为武力并吞之释词。

【中央社伦敦十六日路透电】《满城卫报》称,日本之承认"满洲",等于将中国之四肢扯去一部,虽日本用武力而否认其为战争。日本之武力政策,破坏彼与中国皆为签约国之一切条约,破坏世界和平。自欧战后,各国均努力提倡国际合作,此种工作,现皆为日人所摧残矣。

【中央社柏林十五日路透电】 此间对于日本承认"满洲",因此事宣传已久,故不表示惊异。德官方称,□国远东之政治权益,并不受任何影响。至于贸易问题,日本素重门户开放主义,据驻远东德国代表之报告,日本并无意更改其素来之主张云。德报虽以大字报登载草约及中国抗议,但少评论。

【中央社罗马十五日路透电】 日本承认"满洲",酝酿已久,迨昨日正式实现时,此间人士,并不引为惊愕。政界中人,此时不欲发表意见,惟某大员称,意国最大之希望,即维持和平,避免军备竞争,及维持意国在远东之贸易。至于其他问题,则意国保持严格中立云。

日满军事当局订办法

【中央社东京十六日路透电】 兹自可悚方面探悉,"满洲"已与在"满"日军当局,订立"办法",实行日"满"议定书内关于防守"满洲"这规定,但该"办法"之详细内容,现犹未悉。日政府负责员称,该"办法"系由日"满"军事当局所订立,日政府不受束缚云。

【本社华联十六日沈阳电】 日政府于寒(十四日)电命武藤大将与伪国签订条约外,另有接到参谋总长闲院宫之统帅权委订命令,此项内容,日方秘而不宣。据本社驻沈专员所得消息,日政府在新条约上得有东三省各地驻兵权,因此日本预先在日伪与华俄国境新驻重兵,其所驻扎地点兵力,及其编制权,全部委托武藤自由酌量。闻朝鲜驻扎之日军,亦归武藤统辖。如有必要时,武藤握最高调遣全权,将在东北日军,另编独立军队,得随时编制应付新局面云。

【中央社上海十六日电】 日联社东京铣(十六日)电,删(十五)下午四时,内田将议定书正文日政府声明书之英法译文,送达驻东京各国使馆。同时训令日内瓦日代表,送交国联秘书处。

【中央社上海十六日电】 日联社长春删(十五)电,"满洲国"以谢介石名义,发布声明书,致中国外交部及总税务司梅乐和,并东京北平各使馆,国联当局,内容谓"满洲国"自删(十五日)起,凡海关通商航海,视中国为纯粹外国,并规定:(一)"满洲国"货经陆海运赴中国者,课以出口税。(二)由中国进口之货,课以进口税。(三)中国发行之吨税已纳证明书,在满不生效力。(四)"满洲"不认"满洲"诸港与中国诸港间有内海航行权。(五)山海关及其他各地,设立海关,开始征税。"满洲"鉴于内外商人之利益关系,经过适当时期后,实施以上各项办法。

【中央社东京十六日路透电】 长春讯,谢介石谈,大连关现已悬挂"满洲"旗帜,"满洲"仍任福本为"大连税务司",大连关嗣后将归"满洲"管理云。外人观察者称,辽东及南满铁路区域内所设立中国海关之地位,已经一九〇七中日条约确定,今日方容许"满洲"占领大连,无啻推翻一九〇七年中日条约云。

《中央日报》1932年9月17日第一张第二版

225. 日承认傀儡组织后,国际间对日均不满,美参员晤赫礼欧商制裁,英美舆论一致抨击日本

【本社十七日上海专电】 美参员李德,铣(十六日)夜由伦敦到巴黎,与赫礼欧会商中日问题。法外交界现信李德将劝法英同以压力施于中日两国,使避免一切行动,勿使在国联重行召集讨论中日争案前,迫令九国公约签字国有会商必要。美国务院官员表示,日本虽宣称满洲开放门户,但美对日地位之反对,决不因以移驰,美无意接受承认所谓溥仪之"满洲国"之任何请书云。我国通牒,铣(十六日)送达美国务院,日大使署现正审慎察视日本承认伪国之反响,但尚未以议定书或所附声明书送美国务院。美舆论一致攻击日本。

【中央社伦敦十六日路透电】 英报阀罗德密尔所办之《伦敦晚报》,今晚对于满洲事件,作下列评论:各国对于日本在满行动,无论如何厌恶,对于满洲事件之将来,无论如何顾虑,但日本如不无理侵害各国在满商业利益,列强将不准备与日本公然决裂,此乃极为明显之事实也。如满洲将日军及日官吏之

援助,此后可得安居乐业,则无论外交家之如何顾虑与国际理想家之如何呐喊,世界一般舆论,将谓听之可云也。

《中央日报》1932年9月18日第一张第二版

226. 暴日承认伪组织,各国应取坚强态度,观望政策足使形式愈恶劣,郭泰祺在伦敦对记者谈话

【中央社伦敦十六日路透电】 中国前驻英公使施肇基,昨日离英赴美,纯为私人旅行。中国国联首席代表颜惠庆,日前曾来伦敦与郭泰祺晤商要公,今早已返日内瓦。郭泰祺定二十日去日内瓦。路透记者往访郭泰祺,询及日本承认满洲事,郭氏不愿发表意见,仅称日本之地位,等于一男子既强奸一妇女势必与该妇女举行一假婚礼。关于李顿报告书事,郭氏谓该报告书内容如何,渠不得知,但深信该报告书必将事实予以证明,且指明日本为侵略者。郭氏复谓观望政策,足以使形式愈加恶劣,有关各国,应急取坚强态度。东三省问题与军缩会议有密切关系,如和平无保障,军缩更谈不到矣。

《中央日报》1932年9月18日第一张第二版

227. 美领仍留驻东北,原系派驻中国,其法律地位无更动

【中央社纽约十七日路透电】 据纽约《泰晤时[士]报》华盛顿专电称,美外部对于驻满美领,决令留驻满洲,以备于必要时,与该处当局非正式接洽。但美政府认为东北美领,原系奉派驻于中国境内,其法律上之地位并无更动云。

《中央日报》1932年9月18日第一张第二版

228. 暴日侵东三省，竟采取闭户政策，只有日本人享受东省居住投资权利，擅将大连旅顺我国权利让之叛逆

【中央社长春十七日路透电】"满洲"外交次长，日人大桥今（十七日）日向纽约《泰晤士报》记者谈，"满洲"立即进行取消治外法权事宜。关于外侨在在"满洲"有居住投资权一节，大桥谓仅承认"满洲"及放弃治外法权之国家人民，在东三省有此权利。据此则东三省实已采取闭户政策，因只日本人民在东三省可享受居住投资权也。大桥复谓根据十五（日）签字之日本"满洲"草约，日本已承认"满洲"有关东租界区宗主权，即大连旅顺之宗主权悉由中国移与"满洲"。凡一九〇七年签订中日条约之中国一切权利，尽归"满洲"继承云。

《中央日报》1932 年 9 月 18 日第一张第二版

229. 福本妄想谋大连关税务司

【中央社上海十七日路透电】 总税务司梅乐和，今日接大连海关英人包德尔来电称，彼已接前被免职之大连海关税务司日人福本之公函，内谓福本已正式被"满洲"委为大连海关税务司，并谓包德尔已被免职，命包德尔立将一切钥匙文件交出等语。梅乐和复电与包德尔称，包德尔不能接受任何非海关当局人员之命令，福本公函置之不理可也。

《中央日报》1932 年 9 月 18 日第一张第二版

230. 叛逆呓语，谓苏俄允设领馆

【中央社东京十七日路透电】 据长春来电，"满洲"外交部宣称，满洲与苏

俄交涉之结果,苏俄允"满洲"在海兰泡设领馆,并预定将来在海参崴及伯力等地设领馆云。

《中央日报》1932年9月18日第一张第二版

231. 国联日代表伊籐昨赴日内瓦

【中央社上海十七日电】 日联社东京筱(十七)电,国联日本代表事务局次长伊籐述史,铣(十六)晚六时半由东京出发赴日内瓦。伊籐在车中谈,国联大会似于十一中旬开会,然本月宥(二十五)开幕之定例大会,亦必讨论满洲问题。本人预定十月冬(二日)到日内瓦,可以出席大会。余等目的,非在大会事理事会争论。日本既然承认"满洲",以此事实为基础,使国联承认日本承认"满洲"之行为为最必要。日本从来对国联之外交手段,专以大国为对手,今后对于小国方面,亦有使其彻底谅解日本立场之必要云云。

《中央日报》1932年9月18日第一张第三版

232. 日本侵略东省行动,破环远东和平局面,全世界引起严重隐忧,英美各报均注意国联难关

【中央社柏林十七日路透电】 德教党机关报评远东局势称,国联素来只能口谈是非,而此后历史之途程,诚非人类之愿望及条约之规定所能确定云。该报续称,从国际上着想,世界扰纷之根源,诚非德国,实乃满洲问题。美国乃日本最危险之劲敌,亚洲之大敌则为苏俄,美俄联合,对日并非不可能之事也云。该报复谓,满洲问题使英美关系趋于冷淡,美国对于战债态度,将视欧洲各国对于满洲态度为转移云。

【中央社伦敦十八日路透电】 今日各报皆评国联之难关,略谓:一方德意志,因军备平等问题,或不参加军备会议;一方远东局势愈趋险恶,国联前途之险阻艰难,自易想见云。伦敦《泰晤士报》对于中日纠纷之评论,尤堪注意。该报敦促英国政府采取积极政策,继言日本在满洲之行动,无论在军事上或经济

上,均足为世界严重之隐忧。各国如不采取积极行动,则缩减军备之机会,将更趋渺茫。且美国盼望英方探取积极行动,英国如犹迟疑未决,英美两方将有发生误会之危险,而使战债问题之解决,减少希望。

【中央社罗马十七日路透电】《意大利日报》称满洲问题,不可脱离国联,应由关系各国,共同讨论,且必须审慎研究李顿报告,然后再作决议云。

据外交界某要员谈称,我国因日本承认叛逆组织,特向日本抗议,并照会国联及九国公约签约各国。至于各国复照,除日本不日或有复文外,其余九国公约各国,皆因此事有关国际性,非单独关系一国之事,须彼此商酌,征集各关系国之意见,俟其一致后,方能照复我国,故稍需时日云。

【中央社华盛顿十八日路透电】 中国政府致美国之照会,已由此间中国使署送达国务卿史汀生,并通知美外部,中国亦以同样照会,分致九国公约各签字国。史汀生此时不欲发表意见。众认李顿报告未发表,美国将不采取任何行动。

【中央社日内瓦十八日路透电】 日本政府,已正式将日"满"草约全文抄送国联秘书处,并附内田八月二十五日在议会发表演说词。中国代表团,亦致函国联秘书处,请印发各会目国,但内容不悉。

《中央日报》1932年9月19日第一张第二版

233. 日本讨论对国联态度,日报仍鼓吹要胁国联

【中央社东京十八日路透电】 外务省现积极讨论日本对于下届国联大会之态度,对外表示,希望国联了解日方立场,勿使事态扩大。日报则鼓吹强硬态度,咸谓如国联强迫日本取消承认"满洲",或批评"满洲"独立运动,日本将退出国联云。

《中央日报》1932年9月19日第一张第二版

234. 金问泗等定明日放洋

【中央社上海十八日电】 金问泗巧（十八）午后访宋子文辞行，定号（廿日），偕沈觐鼎、施肇夔[夔]，乘英邮航蓝基号出国赴日内瓦。

《中央日报》1932年9月19日第一张第三版

235. 全国下半旗，沉痛纪念九一八，纷请中央讨伐叛逆，并电国联制裁暴日

昨日为"九一八"国难周年纪念日，全国各地，均沉痛举行纪念会，并通过请中央讨伐叛逆，收复失地等要案多起。兹分述于下。

洛阳

【本社洛阳十八日电】 洛阳各界，于巧（十八）晨九时，在西北体育场举行九一八纪念大会，到中央及地方各机关各团体各学校共万余人。主席县整委黄起中，报告毕，即由张达时、马鹤天、谢清等演说，语极沉痛激昂，全场空气，异常紧张。《洛阳日报》特扩大篇幅，在会场散发。至十二时，始呼口号散会云。

上海

【中央社上海十八日电】 巧（十八）为沈阳沦陷之九一八周年纪念，沪全市下半旗志哀，游艺场所均停止营业，华租各界戒备森严，华界入夜并颁布戒严令。虹口区自虹江路口至靶子场一带，因日陆战队司令部及宪兵本部驻在地，时有日陆战队梭巡铁甲车、小型坦克车，亦俱开出，停在路旁。该司令部后门亦有运兵汽车十余辆停置，以备非常。日侨虽预由日当局通知无事勿外出，但虹口区域中，仍有往来，幸终日尚未有事故发生。

【中央社上海十七日电】 沪各界巧（十八）晨举行九一八国难纪念大会，

各界照常工作，停止星期休假，市党部发告民众书。

镇江

【本社十八日镇江专电】 省会各界九一八纪念大会，到民众数千人，主席蓝渭滨，演词沉痛，全场悲愤，空气紧张。

芜湖

【本社十八日芜湖专电】 芜各界九一八国难周年纪念大会，巧（十八日）晨十时，在歌舞台举行，参加代表近五千人，空气极为严肃悲愤。鄂皖剿匪总部党务指导员詹侊武、胡摩尼，出席演讲，词极沉痛。十一时全城默哀五分钟，并通通电请政府努力对外，收复失地。

徐州

【中央社徐州十八日电】 巧（十八日）晨全埠下半旗，停止娱乐，各界均不休假，互推代表齐集县党部，九时半开纪念会。徐希明主席，李延年、余念兹等相继演说，均激昂愤慨。全埠民众，今日皆甚刺激，景象惨然云。又徐州九一八纪念大会，顷电日内瓦国联大会，为国际信用及人道公理计，请作断然之处置，采严厉有效之方法，制裁暴日侵略。

杭州

【中央社杭州十八日电】 杭州省党政当局均于晨九时分别开会纪念九一八国难，吴山瞭望台于晨十一时击钟，通知全市民众，默念五分钟，誓雪国耻，并志哀痛。午后一时，各界民众，假大舞台开抗日殉国将士同胞哀悼大会，到千余人，会场充满悲痛与愤激空气。省立图书馆举行国难图书展览会，陈列关于中日之书籍图表及淞沪战片。西湖博物馆并将沪战俘虏品参加陈列，以示警惕。省垣军警，整日武装出巡，使民众注意国家形势之严重。又中国经济学社社员今晨赴东天目山考察，即在该山纪念九一八，请许绍棣、王云五讲演。

安庆

【中央社安庆十八日电】 今晨各界在省党部大礼堂，开国难周年纪念会，到各机关团体学校代表千余人。主席佘凌云，报告开会意义，词极悲痛。当场通过电全国军人一致奋起抗日各案,空气紧张异常。

广州

【中央社广州十八日路透电】 今晨十一时起,全城举行九一八纪念,沉痛异常。游行者达七千余人,但为谨慎起见,特不走近沙面租界,一部分化装游行。各商店全日闭市,并悬半旗志哀。晚间各校学生表演日本侵华之时事新剧。

北平

【中央社北平十八日电】 平市巧(十八日)晨起,临时戒严,天安门等处及各校门首,重要通衢,均密布军警,禁止集会。原定天安门开会之市民大会,因军警阻止未开成。东安市场,巧(十八日)闭门歇业。各机关照常办公,各报均有沉痛言论。天气阴□,似与市民同样悲愤。

天津

【中央社天津十八日电】 巧(十八)晨市党部召各界举行纪念九一八大会,陈一郎主席,到代表二百余人。各校在校内开会。全市下半旗,照常工作。市面戒备颇严,迄夜安静。华租界各娱乐场,均自动停止。

济南

【中央社济南十八日电】 济各团体学校,晨九时分别开会纪念九一八,十时在星亭体育场开代表大会,到千余人。张苇村、王建今等演说。当场通过四提案:(一)通电全国积极抵抗暴日,誓死收复失地。(二)电国联,迅采有效严厉方法,制止暴日侵略。(三)电全国武装同志,誓死抵抗暴日,保领土完整。(四)电请中央即日下令讨伐叛逆。电文即拍发,全市下半旗,各机关照常工作。

青岛

【中央社青岛十八日电】 巧(十八)各机关学校均照常上班,全市下半旗,停止娱乐。上午十一时,由观象台鸣谢警号,停止工作五分钟,同致哀悼纪念九一八,地方安静如常。

太原

【本社十八日太原专电】 巧(十八日)晨各界在大自省堂举行九一八纪念大会,共到万余人。阎锡山及赵戴文、徐永昌、杨爱源,均派代表参加。阎代表冯鹏翥主席,各代表演讲,大意均主武力收复失地。会场气象悲哀,听众多泪下。旋经众通过"(一)组山西各界东北救国义勇军后援会。(二)电请中央政府从速宣布全国人民有效抗日政策,并积极以武力收复东北失地。(三)促政府当局从速实行十年自强各计划。(四)通电全国各将领,化除私见,一致抗日"四提案。全市均下半旗,停止娱乐一天,各界星期例假均未放。

长沙

【长沙十八日来电】 本日午前九时,各界在经武门外,举行九一八国难纪念大会,到民众逾十万,飞机数架,散发抗日传单。行礼如仪后,首由省府主席何键报告纪念意义,次省执委谢祖尧、省府委朱经农、张开连、大会主任文星三等,均先后演说。旋通过大会提案五项。十一时各工厂鸣放汽笛五分钟,全城闻声,一律停止工作。大会闻声亦同时停止演说十余分钟,为东北及抗日殉难烈士志哀,情形备极沉痛。

武昌

【汉口十八日电】 武昌各界,巧(十八)晨九时在省党部大礼堂,举行九一八国难周年纪念大会,到各机关学校团体代表千余人,公推省党部委员王怡群为总主席。报告纪念意义后,第一师特党部代表戴世英、省党部委员喻育之、杨锦昱等,相继演说,对雪耻及收复失地,多所发挥,词极沉痛。旋通过提案:(一)通电全国,誓死收复失地,抵抗暴日。(二)电请国联,对东北事件,从速作公正之解决,并望断然采取严厉有效方法,制止暴日侵略。(三)通电全国军人,一致誓死抵抗,以谋自卫。(四)电请中央,即日下令讨伐东北叛逆。(五)电请蒋总司令,从速肃清"赤匪",以便集中力量,收复东北失地。十一时许呼口号散会。

汉口

【中央社汉口十八日电】 汉市各界巧上九时在新市场举行九一八国难周

年纪念大会,到各机关团体学校代表千余人。总主席李翼中报告纪念意义,绥署代表李彭、商会代表黄南屏、工界代表王锦霞等,及沈阳兵工厂工人秦国安等,相继演说。最后通过:(一)通电全国,誓死收复失地,抵抗暴日。(二)电请国联,对东北事促速作公正之解决,并望断然采取严厉有效方法,制止暴日之侵略。(三)通电全国同人,一致抵抗自卫。(四)电请中央,即急下令讨伐东北叛逆等四提案后,散会。

巧(十八日)上午十时,平汉路特党部路局工会,在江岸机厂,联合举行九一八国难周年纪念大会,到三千余人。

《中央日报》1932年9月19日第一张第三版

236. 国联调查团过港记,李顿顾维钧均发表谈话

(广州通讯)暴日肆虐,侵我东省,我政府为维持和平起见,特诉诸国联,以求加以公平之裁判。国联乃设立调查团,前赴东北实地调查,彻底查明事实之真相,以为调解之根据。该团东渡以来,即会晤中日两方当局,搜集各种材料,经历多月,已将报告编成,其副本已分送中日两国首都封存,正本则由该团亲自携送日内瓦,呈交国联。该团领袖委员李顿等,以国联大会开会在即,报告书亟须早日送到,因于五日联同美意委员及我国驻法大使顾维钧博士等,由沪乘意大利邮船恒河号放洋赴欧。七日上午九时,轮过香港,小作勾留。李顾即登陆游览风景,顾并赴李宗仁午宴,及会谒中委胡汉民先生。随于即日下午六时离港,开行赴欧。我国外交名人伍朝枢、朱兆莘等,亦均亲到江干送行。兹将李顾两氏在港谈话,分录如次。

李顿谈话

李氏云,调查团报告书,约于九日十五日送达日内瓦。到时然后公布,并即分送国联理事各国代表,并在南京、东京、日内瓦同时发表。该报告书全部约有十万余字左右,将来翻译,仍由中日两国自行负责。此次调查团对国联行政院已有相当之建议,希望中日纠纷,将来有完满解决。但此建议,仅系对国联理事会提出,而非对当事者之中日两国提出也。国联讨论该报告书之日期,

大约须在十月底，因国联常年大会例在九月二十五日，始能集会，必俟三星期常会例期完毕，然后方能召开特别大会，以讨论此项报告。本调查团此次赴东北调查一切行动，并未予满洲以承认之口实，盖本团在任何立场，决不能承认满洲，因事实上满洲为各国所未承认者也。余等在东北旅行时，对于旅行上之利便，曾向当地行政机关接洽，但绝未以本团之地位，而予当地政府以可以引为承认该组织之事实。余此次旅居北平，对于该地之壮丽风景，甚少流览，因余曾卧病医院，失此机会，至为可惜。余过意温匿斯时，将省亲余女。如无要事，当即返伦敦。至出席国联会议与否，当以有无命令奉到以为断云。

顾氏谈话

据云，国联重要基础，乃建立于和平与正义之上，如国联果能本此宗旨，则国联将来讨论调查团报告事，始有纯一之结果，此即拥护世界和平，与主持公道是也。关于上海时局，本人离沪时甚为宁靖，但此种情况，能延至何时，则视乎沪日军之态度，本人未能预断也。吾中国之所求，不外为和平与正义。将来国联对于满洲问题采何种行动，现未能预言之，但本人当依政府既定方针，以诚恳态度，信赖国联。现在世界各国对我颇表同情。至国联讨论调查团报告，当在国联开会讨论本身行政事务完毕之后。国联大会，已定九月二十五日开会，届时将先讨论该会各问题，如预算案及总报告等。本人将先赴巴黎，俟该会讨论本身事务将毕，然后赴日内瓦，任务完毕，再返巴黎，盖本人现任驻法大使也。

《中央日报》1932年9月19日第一张第三版

237. 暴日破坏我海关行政，助逆劫掠大连海关，竟欲废除一九〇七年中日条约，外部将再提严重抗议

我国以大连税务司福本勾通东北叛逆，将其免职后，日本即唆使东北叛徒利用福本，在大连另设伪关，委福本为伪税务司，并已正式悬挂满洲伪国旗。福本复竟于日前致函我大连海关英人包德尔，将其免职，并令交出一切文件钥匙。包氏接函后，当即急电总税务司梅乐和请示机宜，当经复电，嘱其拒绝不

理，一面与财宋磋商应付方法。日日社记者昨据关务署负责人称，在一九〇七年签订大连海关协定，日本有负责维护该关行政之义务，今日方唆使叛逆，利用福本劫掠大连海关之行为，非特违反该关协定，抑且破坏我海关行政之完整，一切责任概由日方负之。现正根据违背该关协定各点，商由外部向日再提严重抗议。惟此事关系整个海关行政权，非作实系上应付，难以奏效，故现政府当局正妥商有效处置办法云云。

【中央社东京十九日路透电】 外务省负责人谈日本承认满洲，于事实上当然包含废止一九〇七年所缔结关于大连海关之中日条约，故武藤允许"满洲"当局接收大连关。惟"满洲"自动承认，以相当收入汇宁，抵充大连关对于偿还庚子赔款应摊之额数云。该负责人表示日本将向中国接洽，正式承认一九〇七年条约之废除。

【中央社上海十九日电】 日联东京皓（十九）电关东军参谋副长冈村少将、外务省事务官花轮义敬、陆军省满蒙课加藤少佐、冈部大尉等一行，携带删（十五日）在长春签字之日"满"议定书回日。皓（十九日）上午抵东京车站。

【中央社上海十九日电】 日联沈阳皓（十九日）电，叛逆政府定于下月初旬特派谢介石赴日本，关于日本承认"满洲国"之事向日朝野表示感谢。

《中央日报》1932年9月20日第一张第二版

238. 我对日抗议书已提交国联秘书长，日代表亦提交日"满"议定书

【中央社上海十九日电】 日联日内瓦巧（十八）电，日本代表团本日将日"满"两国议定书，及内田外相于八月径（二十五日）在议会之演说正文，提交国联事务局。中国代表团亦于本日向秘书长特拉蒙，提出中国政府对于日本政府承认"满洲国"之抗议书。

《中央日报》1932年9月20日第一张第二版

239. 颜惠庆电外部报告，国联接受我国牒文，日请求登记日伪议定书遭拒绝，该议定书在国际上不发生效力，日方宣传国联对日态度缓和？

日本承认叛逆，双方签订所谓日"满"议定书，我外交部致牒国联，否认日本之行为。外交部昨接日内瓦中国代表团来电，谓我国致牒国联，对日承认满洲，提出严重抗议，请予制裁之牒文，业由颜代表送达国联秘书处，已由秘长德拉蒙正式接受，表示列入议程，提出理事会报告。颜代表复称，日本承认叛逆后，日代表长冈接奉日政府训令，根据盟约第十八条之规定，将所谓日满议定书送请国联，请求登记，并予发表。德拉蒙以日人所称之"满洲国"未得国联与各国之承认，不能认为法定国之组织，对日代表之请求拒绝接受云云。正气社记者为此昨访某外交要人，据谓国联拒绝接受日政府请求日"满"议定书之登记，即为表示国联不能承认日"满"共同之行为。该议定书未经国联登记与发表，在国际上不能发生效力。国联盟约第十八条原文如下："嗣后联合会任何会员，所订条约，或国际条约应即送秘书厅登记，并由秘书厅从速发表。此项条约或国际契约，未经登记以前不生效力。"

【中央社日内瓦二十日路透电】 国联秘书处已将日满议定书全文，及日代表国之声明书，分发各会员国。声明书谓依照该议定书内容，"满洲国"将遵守门户开放主义，最后表示希望各国从速与"满洲"成立正式外交关系，不再迟疑。

【中央社东京二十日路透电】 据日官方宣称，连日所接报告，国联极力设法避免于下届大会及行政院集会时，与日发生冲突。且对于日本请求暂缓讨论李顿报告，似将同意。但各方仍虑小国将为其自身安全着想，反对国联采取和缓态度。日人对于爱尔兰自由邦主席伐勒拉之将被选为行政院主席颇不满意，因恐伐氏将对美表示友谊，而思掣肘英国。日方虽准备对付各种局面，但官方暗示，如国联不采取日方所不能接受之举动，日方将仍与国联合作云。

《中央日报》1932年9月21日第一张第二版

240. 郭泰祺访英外相，面交我国致英照会，英报痛责日本侵略行为 并劝西门采取有力方略

【中央社伦敦十九日路透社电】 郭泰祺今日访英外相西门，面交中国政府关于日本承认满洲致英之照会。

【中央社伦敦十九日路透社电】 九一八纪念日，各报均撰专文，叙述满洲经过情形，并促读者注意九一八时日政府种种之音明，及嗣后满洲局势之发展事实，声明前后矛盾，截然不同。《新闻纪录日报》称西门外相应乘此最后机会，采取有力方略，借释美国疑团。国联于实际上虽无能力，但其模棱态度，立应终止。与其遇事含糊，未有果断，不如宣告日本已失其会员国之资格云。《孟却斯德指导报》称，"满洲"门户，虽曰开放，但门户以外，尚有铁栅一座。凡未承认"满洲"者，殊难闯入云。牛庄英侨二人被绑，迄今未克释放，英人均甚愤激。每日快报，指责西门外相之懦弱，并以此事与中村事件比较，以示英政府态度之欠积极。

【本社二十日上海专电】 伦敦《每日电闻报》，外交通讯员称，满洲伪组织，将有对于未承认各国侨民，不日闭关拒入之象，并谓此举如果实行将引起极严重之国际危局。

《中央日报》1932 年 9 月 21 日第一张第二版

241. 李顿一行昨过孟买，谓东北三千万华人在日军铁蹄下日本若可强占则世界将永无宁日

【中央社孟买二十日路透电】 李顿勋爵所乘之甘棋号，今日在此暂停。记者询以外间对于李顿报告种种推测之真伪，李答此种推想，颇饶兴趣。李氏不欲发表意见，仅谓本人希望所著报告，各方可接受，为永久解决之根本。继言满洲三千万华人，现在日军铁蹄之下，情形甚为严重。日本固可以武力占取满洲，但若如此，则世界其他各部，将无宁日矣云。

《中央日报》1932 年 9 月 21 日第一张第二版

242. 金问泗沈觐鼎放洋，赴日内瓦襄助出席国联代表

【中央社上海二十日电】 金问泗、沈觐鼎，号（二十）午后乘美邮船蓝基号出国，赴日内瓦襄助我国出席国联代表，施肇夔及金夫人公子偕行。王正廷、林实、虞洽卿、及吴铁城代表等，均到埠送行。轮次金语记者，此次赴日内瓦，当努力为国争生存，尚望国人一致作外交后盾。行程预定二十天抵马赛，再二三日到日内瓦。至国联大会闭会后，是否返国，或奉命赴荷，刻尚未定。沈谈日代表向国联请缓公布报告书，一面唆使叛逆分派驻外领事，系一种阴谋，尚希世人加以认识。

《中央日报》1932年9月21日第一张第二版

243. 伪组织查证之护照，我神户领馆拒绝签字，日对此问题甚为注意

【中央社上海廿日电】 日联社神户号（二十日）电，日本承认"满洲"以来，已有二百余之各国旅客，携带"满洲"查证之旅行券来日，其中有俄国青年音乐家某拟由神户赴上海，乃至神户中国领事馆，请求在"满洲"既查证之旅券上签字证明，中国领事馆当局，坚持不承认"满洲"之原则，断然拒绝签字，如"满洲"查证之旅行券，在中国无效，则经过"满洲"之各国旅客，不能不取别道，本问题之前途颇堪注目。又路透神户电，某俄国人因欲来沪，向该处中国领署办理护照手续，但中国领署以俄人护照已经"满洲"当局签字，中国既不承认"满洲"，中国驻外领署理应拒绝签字云。如中国领署决采此种态度，则与与该俄人处于同样情形之旅客，尚有二百多人均将不得来华。

《中央日报》1932年9月21日第一张第二版

244. 沪日总领石井昨日抵沪

【中央社上海二十日路透电】 新任上海日总领事石井,下午抵沪。

《中央日报》1932年9月21日第一张第二版

245. 伪组织竟实行劫夺大连关,福本监视华英海关职员

【中央社上海二十日电】 日联大连号(廿日)电,大连海关长福本,本日禁止英人波特以下卅余人之华英海部职员出入海关,同时命"满洲"职员严重监视。

日宣传俄将承认伪组用[织]

【中央社东京二十日路透电】 长春日人消息,苏俄定十一月七日国庆日,承认"满洲"。又据库伦外领电称,"满洲"已与外蒙成立通商关系,库伦某行近由外外蒙收到毛货及其他货物六货车,交换"满洲"出产云。

日与叛逆将订邮电新约

【中央社上海二十日路透电】 据日人报告,"满洲"即将派遣代表赴东京与日政府缔结邮电新约,该代表系一日本人,定明日起程赴日。日人报告称,中日现有条约,因日本承认"满洲",故在"满"不再发生效力云。
【中央社上海廿日电】 长春皓(十九)电,现行中日邮政电报两条约,因日本承认伪组织之故,伪组织认为在满洲已消灭其效力,有另行订立"满"邮政电报条约之必要,决定遣派伪交通部邮政司长,赴东京与日政府开始交涉。伪邮政司长藤原,定号(念日)赴日。

伪组织驻日代表即赴日

【中央社上海廿日电】 沈阳号(廿日)伪组织驻日代表鲍观澄,号(廿日)

上午十一时晋谒伪执政溥仪,接受委任状,定感(二十七日)由长春出发,俭(廿八日)由大连搭香港丸赴日。

《中央日报》1932年9月21日第一张第二版

246. 社评:日本果退出国联乎?

【中央社东京十八日路透】 日外务省现正积极讨论日本对于下届国联大会之态度,对外表示,希望国联谅解日方立场,勿使事态扩大。日本报纸鼓吹强硬态度,咸谓如国联强迫日本取消承认"满洲国",或批评"满洲"独立运动,日将退出国联云。自九一八事件发生以来,日方以国联关系,不能自由行动,为所欲为,故憎恶国联之心理,与日俱增,于是主张退出国联之说,亦应时而出。上海事件发生之后,日帝国主义之阴谋毒计,,暴露无遗。国际间非难之声,视前益烈。今年三四月间,国联特别大会中各小国之声势汹涌,在日人心目中,自感极端之不快。日本为贯彻其侵略之目的,以便其自由行动起见,曾一度宣传将脱离国联。此今年三月四日间,日本第一次高唱退出国联之最大原因。

日本自二十一条交涉以来,举凡占领青岛,出兵西伯利亚,出兵济南,一举一动,早已引起世界之猜忌。第列强自大战以来,无暇东顾,我国又以兵连祸结,无力自振,实予日本以绝好之机会。但九一八事件,国联以盟约所在,势难袖手旁观。以素无忌惮,气焰万丈之日本军阀,既无力压制国联,老羞成怒,以退出国联为要挟,自在意中。查日阀主张退出国联之理由,不外下列数端:(一)在太平洋上与日本有密切关系之大国如美俄两国,皆非国联盟员国,独日本加入国联,处处受其羁绊,殊非所以灵活应付太平洋局面之道。(二)日本自非法占领东北三省之后,以国联引用规约,与之周旋,至日本不能遂其狂慾,故日本欲达其自由行动之欲望,非退出国联不可,否则必至开罪全体盟员国,

国际联盟之使命,在维持世界和平,其与违犯法律,扰乱世界和平之日本不能相容者,似属当然之事。但日帝国主义之外交,素极狡滑[猾]。以退为进,以攻为守,乃其常用之手段。虚张声势,虎头蛇尾,亦为日人办外交时习见

之事实。故吾人对其退出国联之说,真伪之可能性,,非加以分析不能明白。查国联规约第一条第三项,凡退出联盟之国,于两年之内,须继续履行国际上及国联规费所规定之一切义务。今日之日本,即使退出国联,其不能即刻自由行动,概可断言。且日本所以扬言退出国联,其目的无非在于应付目前之难局。若其退出之效力,在两年以后,方能发生,当必非日本之希望。进一步言之,即日本自退出国联而不复为国联之盟员国,则国联亦可根据规约第十一条,对于中日纠纷,为拥护世界和平,采取适当有效之处置。若引用国联规约第十七条。国际联盟会为解决纠纷起见,对于未加盟之国家,亦有劝导之权。日本于退出国联之后,虽无接受国联劝导之义务,然对国联道德信义之威严,恐亦未易十分藐视。故日本即使退出国联,其今日意想中之自由,结果必成泡影。再则日本为非战缔约之缔约国,在退出国联之后,对抛弃战争为国家政策之宣言,亦决难轻轻看过。且日本统治南洋旧德属群岛,亦由国联委任。南洋德属群岛,在日本军事上之地位,极为重要,日本一旦退出国联,自当将群岛奉还国联。野心勃勃之日本,岂乐出此。

日本为国联之常任理事国,其在国联之地位,非常重要。日本豫[预]料国联若无日本,则将失其世界团体之意义。故处处威吓,时时要挟,而其实日本过去皆利用国联,以实现其侵略政策,我人观芳泽、佐藤在国联之横暴可以知之。然国联之所以迁就日本者,无非想笼络日本,谋其拥护国联也。一旦日本退出国联之后,国联之对日态度,必非今日可比。日本侵略满蒙,专事对付俄美两国,已感竭蹶,尚有余力构怨于国联乎?

日本退出国联之说,时传时息,考其用意,殆不外恫吓要挟而已。试观荒木陆相公然退出国联之声明,迄今已逾半载,而日本之为国联盟员国也,一如畴昔。今日距国联大会之期,为时不远,日本退出国联之说,又嚣然尘上,深望国联当局,勿为日本惯用之手段所愚也。

《中央日报》1932年9月22日第一张第二版

247. 日与叛逆之共同行为，国联绝对不予承认，李顿报告书即着手翻印，下月中旬分送各会员国，国联将缓期讨论报告书

日本承认叛逆组织后，我国外交部曾致电国联，请严予制止。现该项牒文，已由我国代表颜惠庆氏，送达国联秘书长特鲁蒙氏，并请特鲁蒙氏正式接受，允提出理事会讨论。同时日代表长冈亦将日本与叛逆所订之议定书全文，送请国联秘书处予以登记。闻特鲁蒙氏以叛逆组织未经国联承认，已正式拒绝，此即表示国联不能承认日本与叛逆之共同行为，但特鲁蒙氏曾将日代表所送之议定全文分送各会员国。据外部某要员谈，特鲁蒙此举仅系尽其应尽之责任，绝非表示国联承认日本与叛逆之共同行为云。

【中央社上海廿一日电】 日联社日内瓦号（二十日）电，李顿报告书到此后，着手翻译，印行须要两周，预定十月十日分配各国。报告书虽提交理事会，然理事会决定不讨论。日政府要求国联延长六周时间，以便日政府审查报告书后，制作意见书，训令代表，待该代表到日内瓦后，开始审议一节，各方面均重视此案。

【（本京消息）外交界息】 日本请求国联缓期讨论李顿报告书，已经国联行政院允许，将于十一月二十日召集特别大会讨论。闻我政府对国联缓期讨论报告书之原则，虽不坚决反对，但缓期达六周之久，则认为时间太长。闻李顿报告书下月初即可送达国联秘书部，经印刷装订后，约下月九日或十日即可分送各会员国，并与日内瓦、南京、东京三处同时公布云。

【中央社日内瓦二十一日路透电】 李顿报告之印刷，两周可以完毕。国联当局，采取一切方法，防止内容之泄漏。该报告之撮要，现已草拟完结，预备将来发予各报及新闻机关。此间预料报告将于十月九日或十日分发各会员国，并提交国联行政院，但行政院暂不讨论，因已允许日政府之要求，展缓讨论，以待日政府提出声明书，并派特别代表赴日内瓦。预料国联将于十一月二十一日召集特别大会，讨论李顿报告，会期约两星期。

《中央日报》1932年9月22日第一张第二版

248. 日劫海关变本加厉，外部将再提严重抗议

日本劫夺大连及东北各海关，迭经我政府严重抗议，闻日方自承认叛逆组后，现更变本加厉，认大连系叛逆之境域，故大连为日本向叛逆之租借地，我方无权过问大连海关。闻外部对此日内将向日方严重抗议云。

【中央社东京二十一日电】 前传日常局将向中国接洽正式承认一九〇七年大连关协定之废止，兹据外务省发言人谈，日政府已决定不向中国提出此项问题。如中国对于"满洲"接收大连关事提出抗议，日政府将答以日本既承认"满洲"为独立国家，一九〇七年协定于事实上业已废止，日政府认该协定已失效力云。该发言人续称，南京政府素不承认一九一五年条约（廿一条件）有效，如此则依照南京态度，日本之辽东租借权，于一九二三年期限已满，而南京方面，亦当承认一九〇七年之协定根本已失效力云。该发言人继言，于"满洲"取消治外法权时，日本或将以辽东交还"满洲"，使"满洲"增高其地位与威信，并促"满洲"状态之定云。

《中央日报》1932年9月22日第一张第二版

249. 日与叛逆另定新约，我政府绝不承认，俄承认叛逆说不确

日本承认叛逆组织后，自认中日现有新约，在东三省不再发生效生[力]，将派员与叛逆另订邮电及各项新约。据外部发言人称，日本一手造成傀儡租界，进而承认之，损害我国领土主权之独立完整，破坏各种国际公约，已经我政府严重抗议。日本如与叛逆另订新议，我政府绝对不能承认云。

（又讯）日本承认叛逆组织后，现又宣传苏俄将于十一月七日继起承认。据外交界某要人谈，此纯为日方宣传作用，日俄冲突，日趋严重，且在边境积极布防，决无承认叛逆之举云。

《中央日报》1932年9月22日第一张第二版

250. 日本之明火打劫——美名记者鲍威尔之论文

(中央社)名记者美人鲍威尔氏,近著《日本之明火打劫》一文,颇有价值,兹译原文如次:

世界各大专制国家中,有硕果仅存之一国,今方派兵侵犯其近邻民主国之领土,驱逐其边防军队;轰炸并占领其未设防御之城市,斥退其行政官吏,强夺其交通机关以及各项实业,然后设一傀儡政府,操纵其实权,遂将众人口占吾美五之一。土地与吾美沿大西洋各州相仿佛之区域,轻轻携去。此事之骇人听闻,为近代史中所罕有,而吾人方目击其经过。该专制国家,对于美之抗议,可以充耳不闻;国联之盟约,可以熟视无睹;华盛顿九国公约所以保证中国之领土及行政完整者,可以公然破坏。而况方此事之发生也,凯洛非战公约,墨沈未干,世界裁军会议,召集在即。作者敢谓,自拿破仑时代以来,天下明火打劫之勾当,无出其右者,盖论其打劫之规模为最大,而其无耻亦特甚也。日本之征服满洲,以当地土匪横行,秩序失守为借口,于是为保护其绝大商业利益起见,不得不派兵剿匪,恢复治安云云。在今十六年前,威尔逊总统,命潘兴将军统兵问罪于墨西哥,当时理由,正与日本之借口相同。如读者欲彻底了解日本在满,造成如何局面,请假想十六年美墨之关系,以资比较。第一,请假想当时潘兴将军之部队,并未退出格兰第河之下游,两国并未宣战,吾美驻墨大使,并未召回,而我方之飞行队,则皂白不分,乱轰(恩赛拿特)"华里城""朱革""欧母希由""孟德莱"及"塞底由"各地方,结果"维耶"氏属□之土匪,死者不过寥寥数百人,而手无寸铁之墨国无辜平民则大受屠杀之惨。第二,请假想吾人继续占领美边境(泰母里伯)"新时昂""果灰拉""朱革""顺拿腊"及下加利福尼亚"之墨属各州,凡占领地中之铁路、银行、矿山、油田,席卷而归已有。最后请假想吾人为掩饰此无耻行为,卸脱应负之责任起见,将上述墨属六州,组织一君主国,又将以前为墨国人民所放逐之下野总统某,立为傀儡君主,而华盛顿政府则在后台牵线。读者认定以上各端,庶几对于日本在满行为,可以得一真确之影像。日政府进行此非常常[事]件,不顾一切,公然与世界舆论挑战,此点最堪扼腕。东京外务省,尝一再为我驻日大使,切实声明,谓日本不但并无征服满洲之野心,其驻美大使,向我华盛顿政府作同样之声明者,亦不知有若干次矣。我政府果信以为真耶？若然，则其愚诚不可及矣。满洲事件，并非为屈服中国官吏及剿除土匪之突然行动，日本军事首领，深思远虑，密谋吞此大块肥肉，已历有年所。举凡侵略满洲之种种布置，如军队之编制，行军之计划等等，早经东京陆军省预先安妥，擘划周详，无微不至。虽较德国侵略法国之军事方案，未见多让，事实上自欧战结束以来，日本军人，无日不跃跃欲试，只待动员令下，便可拔队出发。一九三一年秋初，日本之时机成熟，当时欧美各国，皆有内顾之忧，对其打劫中国之举动，不能出而干涉。吾美国工商冷淡，受累极重。英国财政困难，亦有陷于绝境之势，外加英镑惨跌，一落千丈，而其国内近代最重要之总赞誉，又须举行在即。法国既恐德国经济破产，又恐汛系党血刺当权。苏俄方致力于其（五年计划），独任艰巨，自顾不遑。国联会懦弱寡断，无人十分尊重。有此种种，东京军事首领，认为良时不再，决计乘机发动。自满案发生后，为时不及百日，而辽吉黑三省三十九万方英里之土地，已为日本垂手而得。三省因大豆业之非常发展，乃铁路交通之便利，年来进步綦速，超过中国任何一处以上。大多外人，不知满洲地理，以为满洲系一干燥平原，不知乃一兴旺发达之农业区域。土壤肥沃，世界少有。森林矿产，亦异常丰富。当地有铁路三千六百英里，完全为日人所掌握。南满路为联络西比利来及高丽之津梁，尤称重要。日本有此铁路，是以能阴俄人南下之路。惟日人所得，尚有过于此者，则独占满洲贸易之机会是也。（未完）

（续昨）日本得此赃物，果能自满，宜可执世界之牛耳，至少亦足称霸于东亚。但东京军事首领，鉴于满洲华军统率无力，组织散漫，遂以为所有华人，尽系无用之辈，不堪一击，仅可继续攻城略地，以逞其大欲。不料中国本部十八省四万一千一百万人民，以满洲沦亡，莫不痛心切齿，痛恨日本，于是发起大规模之抵货运动，以为报复。结果日本之经济界，打击甚巨。东京军事首领，乃决兴问罪之师，派兵上海，拟以武力压服华人反抗。夫日本所求者，无非在恢复其既失之商业，理当博得华人信用，方克有济，今乃出以屠杀手段，非丧心病狂之国家，焉至倒行逆施如此。上海战役中之日本海军，实处于惨败地位。最初日本海军陆战队等，虽在大队战舰掩护之下，进攻上海，所屠杀者不过中国多数手无寸铁之平民，而未能影响于其守土健儿。迨海军之计不售，不得已又益以陆军之助。我等试放大眼光，观察日本陆军之战绩，亦未见其比较海军优胜几多。中国之十九路军，大多系十余几岁童子，不仅未有重炮飞机坦克车等利器，甚至一具钢盔而亦无之，然竟能与日本之威力相博[搏]斗，至于五星期之久。其中经过情形，非本文所能详，作仅欲指出十九路军最后撤退，仍能维持良好队伍，预备第二道防线，而作反攻之计，该军勇敢善战，足当战士之名。世界人士，莫不钦仰赞叹。反之，往时所谓"日本常胜不败"之传说，则扫地以尽，永远消灭矣。日军在吴淞炮台周围及上海战区中所失之尊严，非经长时期不能恢复。

至于日本因此次上海事件轻举妄动之结果，其所失之对华贸易，尤非三四十年，不易重复旧观。盖中国人民之抵抗力，至为坚决，而其记忆力亦极强也。（未完）

（续昨）今请再述去年九月以来日本之得失如何。

今日满洲，已在日本掌握之中，固无事实。但美国国务卿及国联会，皆已明白声称，凡用武力强取满洲于中国之手，其所设之新政府，必不加以承认。换言之，日本占领中国之领土，决不能得其法律之名义。再者日本如将溥仪氏之傀儡政府，一笔勾销，立即吞并满洲，结果其国民中，将有百分之五十七为异种人（华人、高丽人、台湾人），由是而造成之"少数人种"问题，必将异常严重，而为世界他处所未有。方作者执笔之顷，日本已在上海附近，占领不少土地。故在战术上，日本似获最后之胜利，但日本出兵，非为压平中国人民之抵货运动耶，今乃适得其反。中国人民之抵货运动，不特未见受强力之压迫而停止，且有变本加厉远弗届之势。今日世界人士，对于日本业已丧失信任与敬意，此为日本最大之损失，日久便见分晓。吾人每闻银行家或商界中人"某君一言一语，与其股票同为可靠"，即知此人所享受之信用，虽为无形之物，而其价值则不可估计。日本国内，不乏明达之士，目击其政府行为，未尝不为其国家名誉，暗中忧虑，然而日本军阀，则不足以语此。就作者记忆所及，世界万国未有能采取傲世轻人之政策于先，而能不受指摘于后者。作者非为中国人辩护，应请明白认识中国，内乱频仍，革命迭起，此其所短。然而坚守上海一埠，勇猛绝伦，世人尊重中国之心理，业已恢复不少。再者凡熟识远东之人，皆知满洲军阀之腐败，南京政府鞭长莫及。事实如此，无能为讳。但满洲居民，全系中国人，中国人宁愿受本国统治之短，也不愿享受异族辖制之长，其心理亦正与吾人相同。说者谓日本开始侵略之先，已□得欧洲方面之同意，英法两国曾向日本秘密保证，可以自由行动，两国不加干涉。此言纵有可信之理，不过当时英国政府是否出之以消极的默认态度，尚有疑问。或者英国内部自顾不暇，对于日本之在满行动，并未十分措意。直至日本在满洲得手以后，进取上海，开始侵略中国本部，麦唐纳政府，始骤然觉醒，犹恐英国商业在长江流域之优越地位特受威胁。于是在最后一分钟，接纳美国关于此事之见解。

日本在满洲上海两地，曾受法国竭力之鼓动，殆为多数熟识内幕实情者所公认。法国外交部所以采取此种不正当而又危险之政策，盖有四大目的：第一，法国向来以为欲求国家之安全，必赖强有力之军队。日本既在远东采取侵略行为，足征在此现状下，裁军高调，无从唱起。第二，日本侵略中国，以实行其条约权利为借口，将来法国如有侵略德国，压平血刺派及征收赔款之时机，其所拟借口之理由，与日本相同。第三，法国自信日俄两国，因满洲问题之利害冲突，迟早总得决裂。一旦此事实现，苏俄至少暂时不致威胁波兰，波兰乃法之同盟国也。第四，法国预计中国如因日本侵略之结果，而陷于分裂，则见邻越南边境天产极富之云南省，尽可攫为己有，足偿多年来之夙愿。不宁惟是，法日两国，又极多相同之点。两国皆有强大军备，及其不羁的野心，法国以统一欧洲大陆为目的，正与日本统一东亚之心理，不谋而合。两国人民，皆为实现主义者，以为成语所云"战利品归于胜者"，确有至理。

（续昨）法国政府竭力否认有鼓动或赞助日本侵略行为之事，其驻美大使，在吾美（中西部）各州周游演说，亦声称此说全无根据。但欧洲各国制造秘密政策之人员，并不事事信仰其本国大使，有时且以为驻外大使对某事之所知愈少，则成事也愈易。但法国尚有思虑未周之处，其绝顶聪明之外部执政大员，未及预料日本之侵略行为，对于国联会各弱小会员国之影响如何。法国借其同盟国之助力，可以操纵国联行政院，因为事实上中国之坚持召集全体非常会议，便不能与多数弱小会员国相对抗，结果其在日内瓦之地位，遂觉万分为难。盖国联会为法国之极好工具，业经多次证明。为法国计，殊不敢使国联会坠落声价。于是为环境所迫，不得不放弃其向日本所许之密约，而屈服于各小国势力之下，共同对日提出与哀的美敦书相似之通牒。熊掌与鱼不可得兼，宁舍鱼而取熊掌。法国对于日本与国联两者，亦有同感。两者不可兼得，权衡轻重，宁舍日本而取国联。日本在国联不能得法国援助，所以有退出之说。俄罗斯在满洲，享有极大利益，然据远东传来消息，俄国曲意忍耐日本之侵略行动，未愿提出抗议，此□引□读者注意，自不待言。或曰俄国方致全力于其五年计划，战备未修，不致轻于尝试。此言也，仅得国际政治之皮相，尚未洞烛其内幕，可谓知其一而不知其二。其实俄国所以不愿阻挡日本，盖有先见之明，确知日本此举无异作茧自缚。日本侵略满洲，俄国决无远言，进一步，且不愿国联会之抗议有效。假若英美两国再能作壁上观,法国又公然袒日,斯俄国之大愿偿矣。何以言之,曰此理至易了解。俄人固为过去外交界中之□□老手,彼知中国求援于友邦不可得,终有乞灵于共产主义之一日。吾人试定神悬想,一旦中国走入绝境,无路可行,万不得已,倾向苏俄,求其同情与援助,是否出乎意表之事。俄人为中国之近邻,其边疆与中国接壤者,在六千英里以上。俄人本身所含东方民族之色彩,亦与其西方民族之色彩相等。而况共产主义已在中国得有巩固之立足地,如与俄属土耳其斯坦交界之华西各省,及华南各沿海地方,其尤著者也。

夫预料一事之结局如何,往往不中,本难以为训。然作者仍敢预料最近数年中,中国共产主义之倾向,将益为明显。除非日本因西方各国之压力,放弃其侵略政策,始足以挽回之。作者雅不危言耸听,然列强对于日本侵略行为,不加承认则已,一加承认,不久便见纵横亚洲大陆,无往而非传播共产主义之大路。再据作者观察秘得,日本侵略行为之最近结果,尚非共产主义之传播问题,而为对于世界和平之打击,凡拥有强大军备之国家如日本者,可以任意侵略一弱国之领土,如此轻便,试问谁敢再唱裁兵高调。不过本年夏季以产有,各国仍将派遣代表,出席日内瓦之裁军会议。各代表仍将草草塞责签定某种方案,敷衍世界舆论,以免一无成就而受人指摘。日本虽以公然用武力为实行其国家政策之工具,仍将被邀与会,签定该项议案。但在此现状下,究竟日本之签字价值几何,世界有何担保,可以有恃无恐,确知将来迟早间日本不致借重某种借口,强夺菲利宾群岛(此指吾美放弃诞群岛以后而言,今日已显然有此趋势)、荷属东印度暹罗、中国之其他部分,及为其注目垂延[涎]之任何地方。在此一幕满案惨剧中,最仅人太息失望者,厥为吾美国人民之冷淡心理。华盛顿政府,最后视国民舆论之向背,以为施政之方针,而吾人竟可目击一和平而几无抵抗能力之国家,受人侵略蹂躏而无动于心。又竟可任令未设防御之城市,惨遭轰毁,手无寸铁之平民惨遭杀戮,而不作正常愤懑之表示。虽有一部分教育家,提出抗议,表示反响,反斥之为虑意气用事,加以引导美国卷入漩涡之罪名。作者深信如果美国人民,早能明白攻击日本,则其侵略行为或可半途中止。盖日本非万不得已至于最后一着,必不愿与世界一等强国以干戈相见。而世界一等强国,居然袖手旁观,任令此事之自动变化,则又何说?曩者吾人以"公正待人"自负,与今日相去几何?"恢复古巴自由"、"拯救比利时"、"驱逐土耳其人"之声浪,不知何处去矣?林肯、克里扶伦、罗斯福诸先烈

地下有知,对于此事之全盘经过,又不知作何感想?(完)

《中央日报》1932年9月22—25日第一张第三版

251. 国联延期讨论报告书,我国政府深表遗憾,迁延一日使我多受无穷损失,美法一致与国联密切合作,法当局称从无承认叛逆意

国联已允日方之请,将调查团报告书,展延六星期讨论,据我外部发言人称:国联如于调查团报告书公布后,稍延时间,俾中日双方均可得一机会,考虑报告书内容,而筹议对策,我政府固亦可赞同。惟国联竟允日方片面之请展延六周之久,则时间太长,颇出我人意料之外,不无遗憾。查东三省纠纷发生时,已一载有余,国联对此曾一再图谋解决。现报告书既已制就,更应迅谋解决,不可一味迁就日本。盖东省问题之解决,如迁延一日,即不知有若干中国人之生命财产,受不知若干之损失云云。又讯,调查团报告书,仍照预定之十月九日或十日公布,不因展期讨论而延缓。至送交报纸发表者,则为其摘要云。

【外交界息】 日本承认叛逆组织我外部除向日本提出严重抗议外,并致牒国联,请求制止;照会九国公约签约国,请予有效之制裁。现除国联已接受我方请求,将提理事会报告外,闻日方毫无觉悟,最近期内,将向我送复照,以图强词狡辩。至九国公约签约各国,现正互相交换意见,并俟李顿报告书之公布,现时暂不表示意见云。

【中央社日内瓦二十二日路透电】 李顿报告,已达国联。全文占打字纸四百张。英文本现已完竣,法文译本,大体虽已就绪,但尚需整理。国联现极力督促印刷事宜。法德两委,已抵欧洲。李顿及其他团员,三十日可达意国之威尼斯。

【本社二十二日上海专电】 电通养(二十二日)东京电,据可靠电,谓美参院李德,对法之首相提议,谓美国对战债问题允考虑法廷之立场。法国对中日问题,亦望维持美国之立场云云。此为日本承认"满洲国"后,美国务卿史汀生之不承认主义表现美国务省之态度,系鉴于内外批评之不良,图挽回之,俾利用于大总统选举。美总统胡佛,意欲引诱法国,俾法国领导国联而压迫日本。

法首相对此提议，其对日本与对美态度，正在考虑中，在今秋对美战债支付期前，甚较重大。最近法外务省机关报，似已渐露反日态度，故法国之态度，殊堪重视也。

【中央社巴黎二十二日路透电】 负责方面向路透社作下列声明：关于满洲问题，法国遵守已故总理白里安之政策，法国从来未有考虑承认"满洲"之意，决将静待李顿报告，并援助国联之决议。外间谓法国改变其远东政策，诚无其事。盖法国之态度，一如去秋白里安总理所切实表示者云。

【中央社伦敦二十二日路透电】 据《新闻纪录》日内瓦访员电称，法国已决更改其关于中日事件之远东政策，如此，则法国将舍弃其对日之援助，而坚决遵守国联会章，因法目前与德国因军备问题发生纠纷，法欲严格引用国联会章而制德也。

【本社二十二日上海专电】 国民社马（二十一日）华盛顿电。顷悉美政府现正悄然探测欧洲各大国政府对满洲近事意见，闻美国远东政策，固然无根本变更意，但断反对日本之程度，殆视国际联盟，尤其英法两国会议现行条约之程度为转移。

【中央社伦敦二十一日路透电】 关于德国要求军备平等，英政府近发备忘录，兹据《泰晤士报》驻美京访员探悉，美政界中人，颇表同情，因美政府，极不愿军缩之增加也。外间对于美参议员李德之赴法，甚为注意。闻李德昨询法总理表示，如法国援助美国对于远东之态度，美国对于德国军备要求，可以援法。查李德为拥护胡佛政府最有力之参议员，如李德赞助国联对日施用任何方式之压力，美参院谅可通过，不成问题。去岁美国与国联合作之情形，受一阻碍，即美参院不能与政府完全合作也。美国务卿史汀生，对于李德之任务，不发任何言论。但众信李德曾受政府训令，向英国表示，如国联对日有何决议，将得美国之援助云。

【中央社纽约二十二日路透电】 日代办佐籐称，如李顿之报告书，迫日本退出国联，日本将毫不疑虑退出国联云。

《中央日报》1932年9月23日第一张第二版

252. 日劫大连关，我决再提严重抗议，外财两部商定即送出，关于一九〇七年中日条约，日外务省之见解完全错误

前日路透社东京电讯，述日外务省对大连海关协定问题，认为一九〇七年协定，事实上已失去效力，且以我政府素不承认一九一五年条约（即"二十一条件"），则日本之辽东租借权于一九二三年期限已满，将于满洲取消治外法权时，交还满洲云云。我外交部发言人称，日外务省此种见解，完全错误。我国对一九一五年条约确然始终未予承认，如日方亦认为一九〇七年之协定，事实上已失去效力，则大连、旅顺等租借地，早应归还中国，不应强力霸持。日本借武力造成傀儡组织，且进而承认之。此种非法行为，我政府已正式抗议。大连、旅顺等租借地之中国人民对日本所主持叛逆组织运动，始终未有与东三省其他各地人民同样的被压迫参与之行为，日本何能武断的将上述租借地，划归叛逆？日方之蛮横无理，已极明显。故其一切非法行动，我方绝对不能承认云云。闻外交部对日本劫夺大连海关一事，决再提抗议，现正与财部商洽办法，一俟完全决定，即可送出云。

《中央日报》1932年9月23日第一张第二版

253. 本月廿五日起实行封锁东北海关，应补税款暂在榆关以南各关带征，宋财长昨发表重要宣言及谈话，外部将电国联并通知各国声明

日方嗾使叛逆，劫夺东北海关，曾经我政府严重抗议，日方迄今，置之不理。外交财政两部，对此曾一再筹商应付办法。金以东北各海关在日方暴力压迫之下，事实上无法行使职权，应将全部职员，一律招回，另行设立海关，征收关税。现该项办法，业经财部于昨日提出行政院会议讨论，经一致通过，并交财政部执行。闻详细办法，将由宋财长令海关总税务司公布。宋财长昨日并在沪发表宣言云。

宣言原文

【中央社上海二十三日电】 宋子文谈,封锁东北海关,本人俟京电到后,即发表宣言,定梗(二十三日)午后六时发表。

【本社廿三日上海专电】 宋子文为封锁东北海关事,昨发一声明如下:满洲伪组织之所谓外长谢介石者,曾于本月删(十五日)声称:"自后'满洲国'对于中国在关税商务与航务上,亦将如其他事项,完全以一外国待遇。即自九月径(念五日)起,所有来往中国与'满洲国'间之一应货物,将征收进出口税。"云云。国民政府有鉴于此,业已训令财政部,以目下海关当道,既未能在"满洲"各口岸,征收合法关税,应即将该地各海关封锁,至再发训令解放时为止。所有应补关税款,务就可能范园,暂在榆关以南各税关带征。其详细办法,由各口岸税务司随时宣布。

宋氏谈话

【中央社上海二十三日电】 宋子文对封锁东北海关,顷发表正式谈话如下:日本人蒙"满洲国"当局之下假面具,于本年春间,开始攫夺东北各海关。寖至六月间,又强占大连海关。在此期间,国民政府始终表示极度之容忍,对于东北及中国其他各部间国产品之运输惯例,并不加以变更。同时对于由东三省运抵中国其他各埠,业经完税之洋货,亦并不另征税款。盖东三省为中国之土地,其居民百分之九十六,皆为中国人民,政府若对东北取对抗行为,其结果仅使当地中国居民,身受困苦。是以政府虽受公众舆论有力之督促,迄未采取任何报复手段,宁愿忍受暂时的税收短少,而不愿自动开始将东三省与中国其他部分割裂也。又国民政府因国联调查团已在进行调查,而同时对于国联劝请中日双方避免任何足以增进形势严重之一切行为之决议,虽在日本许多挑衅行为之下,仍随时注意力行,此亦为政府所以不得不取容忍政策之一原因。现在日本竟以所谓"满洲国"外交总长为发言者,而宣称即将蔑视一切国际条约、一切国际公约,及一切经济法,在东三省面及中国其他各部之间,造一关税壁垒,使东三省之于中国其他各部,不徒在政治上,抑且在经济上,亦成隔绝。日本此举,不啻迫使关外之三千万华人,与其关内三万七千万同胞,永为隔别。不特此也,所谓"满洲国"外交次长云日人大桥忠一,曾于九月十六日声称,"满洲国"除对于承认"满洲国",而又同时允许放弃领事裁判权各国之国民外，将不允开放内地，而予以居住投资或租借之种种利益。大桥此言，不啻表示东三省之门户开放，此后对于列强各国，甚至对于中国本身，将一变而为门户封锁，其唯一能享受开放之利益者，仅日本一国而已。然日本此种挑衅行为，虽为历史上所仅有，国民政府目前仍将不采取报复方法。现在所取者，不过一种简单之办法，俾就东北以外之各海关，在可能范围内，征收原应在东北海关征收之关税耳。盖中国在东三省之利害，因人口及投资种种原因，远较日本在东三省之利益为巨，政府此时若取任何行动，增进东三省及中国其他各部间经济关系之困难，则诚为日人所昕夕渴望而不得者也。

征税办法

【本社二十三日上海专电】 政府因日本占据东三省，国民政府暂时不能征收东三省口岸合法关税，业经令饬关员将潍县、牛庄、安东、龙井村各关一律于九月二十日封闭，所有前各海关关所征合法关税，暂于中华民国别处口岸征收。运往上述东三省各口岸货物，其征税办法如左：国货（厂制货物在内）仍旧；洋货向给免□征执照及批明进口税已完纳者仍售；向来批明应征字样者，在装运口岸完纳进口税；向来在到达口岸完税之转船货，在转船口岸纳进口税；提出关栈货物，在装运口岸免纳进口税。由上列东三省各口运来货物，其征收办法如下：国货完纳转口税及转口税附税厂制货物；寻常在东三省口岸完纳之厂制货物，其税及附税，均在进口口岸完纳；洋货征收进口税。大连租借地内，因日本当局，违约拒绝中国海关根据大连协约，行使职权，以致货物之出入大连者，海关无从确定其来源与其目的地，爰定征税办法如左：货物运至大连，土货征收出口税，厂货不论其最后目的地征收厂货税，照洋货征收办法，与运往其余东三省各口岸同（见上）。由大连运来货物，凡货物均征进口税。关税附税与水灾附捐一律，照征运往以上各口岸货物所有关单，迳交运各人收执。自本年九月廿五日起，上列名口岸所发各种单样，概作无效。凡转口洋货直接自外洋运往东三省各口岸，中途并不离开原船者，毋庸征税。或凡转口运货直接自东三省各口运往外洋，中途并不离开原船者，亦不征税。本年九月廿五日起，上列东三省各口岸所发征税证，亦作无效。

外罗谈话

政府将封锁东北海关一事，前因种种牵掣，故未实行。兹财部以暴日更进而攫夺大连海关，遂决心封锁，并拟定移地征收办法，呈请行政院核夺。昨日行政院会议，议决通过。中原社记者昨访外交部长罗文干氏，叩以移地征收办法及日期。据谈，东北各海关，自被暴日侵占东省后该处各关关务人员，即不能执行职务，故财部拟定海关移地征收办法，今日行政院会议，对于是案讨论颇久，当经议决移地征收，并由财部决定施行日期发表布告内，其办法全到于布告内。至外部方面亦将同时电告国联，并通告各关系国，声明不能行使原有职权之情形，及移地征收之理由，使各国得明真相云。

《中央日报》1932年9月24日第一张第二版

254. 李顿报告书之审议，国联将延期四星期

【中央社上海二十三日电】 电通社东京漾（二十三）日电。关于李顿报告书之审议，日本政府因须对此报告书提出意见书，要求报告自发表日起，须六星期后始得审议。据昨日到达外务省之情报，国联方面对提出意见书虽无异议，然认延期六星期失之过久，将由本日通常理事会审议延期期限，大约以四周为限云。

《中央日报》1932年9月24日第一张第二版

255. 国联不承认伪组织，未接受叛逆任何通牒，日政府对国联尚表不满，荒木陆相犹称未受恩义

【中央社伦敦二十三日路透电】《新闻记录日报》日内瓦专电称，国联目前对于"满洲国"，未予承认，新满洲之任何通牒，国联未能接受。

【本社二十三日上海专电】 路透漾（廿三日）伦敦电，《伦敦汇闻报》日内瓦访员电称，"满洲国"致国联之公文，不能分发与国联各会员，因"满洲国"在国联目光中，非一实在之国故也。

【中央社上海廿三日电】 日联社东京漾（廿三）电，荒木陆相养（廿二）下午与荷兰新闻记者捷喜林氏会见时，关于日本退出国联说，开陈如左重要意

见：日本对于国联，自从其设立以来，最热心且忠实尽行义务。然满洲事件发生之际，国联未能认日本在亚洲正当行为，而出于不谅解日本行为之态度，日本殊觉遗恨。又谓日本从来对于国联，只负担义务，而未曾受过任何恩义。然日本绝无为此理由考虑退出国联，或企图解消国联之事。但于国联不谅解日本立场，希望日本退出国联，则此为别种问题。日本决定方针，今后以此态度对付国联。

【本社二十三日上海专电】 电通养（廿二日）华盛顿电。美国参议员李德因受美国务院之命，为日满问题留欧，以探英法两国之意见，兹拟于李顿报告书发表前返美。目下观察两国之态度，英国则因自治领地，要求英政府维持国联之政策，似其步调，与美国合符。保守党则极力回避妨害日英两国关系之态度。法国必极力维持国联，深恐国联处理满洲问题而失败，再失国联之权威云。

《中央日报》1932年9月24日第一张第二版

256. 李顿月底可抵维尼斯

【中央社上海廿三日电】 日联社东京漾电，国联调查团李顿等，现乘意轮航行，预定陷（卅日）抵达意大利维尼斯。

《中央日报》1932年9月24日第一张第二版

257. 逆驻日代表鲍观澄起程赴日

【中央社上海廿三电】 日联社长春漾（廿三）电，满洲驻日代表鲍观澄，及参事大热，漾廿三）晨八时离长春，下午一时半抵沈阳，访问武藤。鲍临行声明，谓余赴日，决心发扬东方文明，促进日满两国亲密。余到任后，满国将派答礼使赴日。

《中央日报》1932年9月24日第一张第二版

258. 东北问题非口舌笔墨能解决，须全国一致团结对外——某要人之谈话

本社记者，以近日又有国联已允日本要求，行将缓期讨论报告书，特于昨天往访外交界某要人，承其接见，作左列之谈话：（问）闻国联将缓期讨论报告书，不知确否？（答）日人为一手遮天并吞东三省计，要求缓期讨论，自属吾人意料。惟国联究否同意，现尚无从得知。且李顿报告书内容究竟如何，现亦无从揣测。吾人未得确息前，自不便轻意表示任何步骤也。（问）日若果真退出国联，我将如何应付？（答）如日竟退出国联，则此后纠纷将益形严重，更非简单之外交问题，即国联本身，亦将感受莫大之刺激也。（问）日本承认傀儡组织，我提严重抗议后，不知日政府有何表示？（答）抗议已尽外交手段。日既悍然承认"伪国"，又何惧吾之一纸抗议？须知东省问题，已非口舌之争，笔墨之战，所能解决，必全国上下，努力团结，决心拼命，始能有还我河山之望。讵知悲痛之九一八血泪未干，又突有山东韩刘之争。当兹空国国难，若□勇于私斗，国亡无日矣。

《中央日报》1932年9月24日第一张第三版

259. 国联行政院昨开会，竟展缓讨论报告书，顾代表根据法律说明无权展缓，未得会众同意延期十一月十四

【本社二十四日上海专电】 路透电。国联行政院，今晨十一时开会。主席代勃拉发言，谓行政院可考虑日本展期讨论之请求，但渠在提议以前，有不能不表示扼腕者，日本不待李顿报告书之讨论，且不待报告书之发表，遽尔承认"满洲国"，而与之签定条约，此举殊足妨碍此事端之表决。惟渠现提议，在原则上，接受日本请求，至于延会致星期后，何日召集行政院会议，尚待决定云。日代表长冈称，日本展期讨论之请求，系出于实际上之必要，请行政院考虑日本与欧洲间之交通状况，而勿决定过于匆促之时间。至于承认"满洲国"

事,渠愿待相当时机,再行批评云。我颜代表继之致词,反对延期,谓日本将利之而使时局愈臻严重,渠不解日本何以有特派专员送训令之必要?苟其人在途有失,则讨论不将再行展缓乎?日本在日内瓦,有办事人员甚多,一电报往来,亦无阻滞,故中国极力反对延期云。颜复提出法律理由,以证明行政院无准许日本请求之资格,后建议将此事交十九特委会议,因有核议此事之权者,惟此特委会耳。颜又称,日本已受延宕之益,在四十万方里之中国土地上,扩大其占据。中国代表昨接来电,据谓日本准备出兵侵入热河。苟一再迟延,则危险殊甚。此事应速求解决,不愿稍缓云。主席插言,谓中国之反对,是否理由充足,渠不能无疑,虽行政院之极力,为大会通过之若干决议案所限制,但关于李顿报告书一事,行政院实有先行研究,而后提大会之职权云。结果会众在原则上,依允展期,大约十一月念一日可为行政院讨论满事之日期。一日公布报告书,行政院寒(十四日)召集会议,研究报告书。

【中央社东京廿四日路透电】 日内瓦官电称,国联秘书长,已徇日代表提议,十一月十七日讨论李顿报告。如此国联业已接受日本提出展缓讨论李顿报告书之请求。

【中央社日内瓦二十三日路透电】 国联行政院今日举行不公开会议,议事日程中并无中国所提请求案。中国首席代表颜惠庆博士,请主席解释,为何本日议事日程中,未列入中国提案,且为何将中国提案列于议事日程之最末后。颜博士称,中国提案,实有提前讨论之必要。主席答称,李顿报告书,印刷尚未完就,且日本复要求延期六星期。报告书公布后,暂不讨论。故中国提案,此时可无提出讨论云。

《中央日报》1932年9月25日第一张第二版

260. 封锁东北海关今日起实行,外部通知国联及关系国,征税办法昨晨正式公布

日本唆使叛逆,劫夺东北海关,行政院前(廿三)日会议,已决定实行封锁政策,将东北各海关职员全部召回,另行设关征税,闻详细办法,已于昨(廿四)日由总税务司在沪公布,并定今(廿五)日开始实行,外交部昨(廿四)并已通知

国联及关系各国知照云。

【中央社上海二十四日电】 财部已令饬哈尔滨、牛庄、安东、龙井村各关，一律于径（二十五日）封闭，所有应征合法关税暂于中华民国别处口岸征收（大连亦规定办法），其详细办法，敬（二十四日）晨正式公布，自径（二十五）起施行。

【中央社东京二十四日路透电】 昨为日本国庆日，全国休业，故今晨未有早报，本日晚报，对于中国昨日宣告之满洲海关政策，并未视为重要新闻，且于社评内，亦未论及，谅因中国政府之对策，日方早已预料之矣。日政界中人，不欲发表意见，对外表示，系中国及"满洲"两方之问题。

【中央社上海二十四日】【日联社天津漾（二十三）电】 "满洲"宣布关税自主后，在榆关奉山铁路车站内，设置海关，定于径（二十五）起开始征税，奉山铁路局长阚锡，已有通告致中国。

《中央日报》1932年9月25日第一张第二版

261. 法美联合制裁暴日，法代表在国联有重要陈述

【本社二十四日上海专电】【电通漾（二十三）日内瓦电】 传法国有近与美国以战债问题为交换条件，关于满洲问题，支持美国，而对日态度，则转形恶化，代表演固尔，昨在国联理事会声称："南美玻理维亚与巴拉圭两国，关于捷爱地域之纷争，其勃发之际，即系蔑视国联规约之行动，若与以默认，即为国联败北之意义。"云。此种陈述，不啻暗示美法协定。国联方面，对演氏之意思，表示颇为重视。

【中央社上海廿五日电】【日联社东京敬（二十四）电】 美国上院议员李特氏赴欧洲，其与法总理赫礼欧，及英首相麦克唐纳尔之会见，颇为各方面注目。据外务省接电，谓外传李特之访欧，并未受政府之特别命令。又据外务省接到美国联合社巴黎电报，李特与赫礼欧、麦克唐纳尔会见之结果，英法两国，均有尊重条约之意，然两国对于满洲问题之态度，颇慎重，且有保留的性质，英法两国，均无反对日本之意，两国对满洲问题之具体态度，李顿报告书发表以前，难见决定。

《中央日报》1932年9月25日第一张第二版

262. 日人侵满之自供，日人统治下伪国愈混乱，石滨痛斥日本政策错误

（中央社）日人石滨知行，近著一文，题为《日人侵满之自供》，载在八月号《文艺春秋》杂志上，对于倭寇侵满之利害得失，论之綦详。文中并引用日本前驻俄大使田中都吉的满洲视察报告，来证明日本宣传政策的错误。兹译录原文如下：

那叫做"满洲国"的，是在满洲事变后成的，到现在已有四个月。在"满洲国建国"当时新闻和广播电，那乱糟糟地叫喊，好像又出了一个日本国似的。但是过了不久，这个伟大莫名其妙的国家，弄成了甚么样子，我们就全然不知道了。

又热门起来了，报纸满载著的，是"马占山逃去""某要人被监禁""驹井长官心里不痛快要辞职""破坏铁路铁桥阴谋""兵匪叛乱"……好像写随笔杂感一样，前后是不相关连的。我们这些消息，马马胡胡[虎虎]地知道满洲还是在混乱着。最近又闹出大连海关问题，满洲、中华、日本、英国，四国都搅在一块，闹出许多新花样来。

若是单看日本的报纸，说得满好听，不是"政治就绪"，就是"治安恢复"。又说是"设驻满特派总监府统一四项政治""承认满洲国"……学者们，找着许多好题目了，什么"并吞满蒙""辽东门罗主义""日满统治经济"。还有更妙的，是"满蒙权利应由无产阶级享受"，大家跟着起哄，去煽动。什么不明白，什么也不让他明白的国民，日本国民，总以为"满洲国"是弄得很像个样子，人口问题，就更快有法子解决了，"满洲国"真是极乐天国哪？

谁知道日本一位高等官吏，报告那极乐天国的模样，说的又是一样，就是大日本特命全权公使田中都吉，视察满洲回来，在工商恳亲会，报告他亲眼在满洲见着的实在情形。又在东京大学讲演"我所见的满洲"，载在六月二十日的大学新闻上。劈头就说："满洲事变，为的是实现国家资本主义的理想，却是那指导精神不统一，又不明了。"照田中的话说来，满洲事变明白地起自资本主义，所谓"正义""共存共荣""无榨取的乐园"，原来就是实现在日本资本主义的

理想呵！怪不得"满洲国"成立后，没有统一的指导精神，和明了的主义。再看"满洲国"的制度是怎么样？看田中说："'满洲人'都算上，'满洲国'还缺乏人才，中央政府里面，满洲人官吏都不起劲，制度更是复杂得很，要是次长不盖印，总长就是不动事，……原来中国人想的是当差事，许久弄不到手，就起了反感。"照那样说，无论怎样的宣传，都是弄不好的，还说什么维持治安？"治安比起事变前来还要乱得多，差不多是开自古未有之局，说到马贼，可以说是'满洲国'固有的一种制度，决不是用兵讨伐就能解决的。"这又是什么怪话，和每天报上所说的恰好正是反对。（未完）

（续昨）田中又说："日本人口问题之将来，满洲自是不可少的，却未必就靠得住。除了铁煤以外，旁的资源，是没有的了。现在正是调查时代，不能说是宝库。"从口政策粮食政策，植［殖］民政策上说，学者们都拿"满洲国"作为解决这些问题的工具，岂不是太开玩笑么。田中原是外务省的高等官吏，自己去亲眼看来的事，还有怎么假的不成。现在的满洲，原来是"耳闻的是极乐，眼见的是极乐"，不过是"画饼充饥"罢了。

据田中大使说，"满洲国"是为实现日本国家资本主义的理想而设立的，军人的力量极大，维持治安也是日本军人，用了许多日本的资本，重要位置是日本官吏，还要设立驻满特派统监府。又说要断然承认"满洲国"，日本政府真费了一片心血。满洲事变昆山是一亿四千万元（本年五月底止），今后若干年还得破费多少。日本这样卖气力，"满洲国"的国人，如何感谢日本"亲切"。"满洲"交通总长丁鉴修等，最近到日本，在大阪对日本新闻记者说（见七月一日东京《朝日新闻》）："'满洲国'承认问题，固然是希望早一点，却并不恳求提早设大连海关，听说英日两国有了什么妥协案，却是极可笑的话，日本提出妥协案，真是奇怪极了……多余的帮忙，是敬谢不敬的。""听说日本政府，最近要在'满洲国'设驻满统监，这样的放手大干，是用不着的，更用不着这样大声的叫唤，惹起中国和列车的猜疑……在'满洲国'来说，是有害无利的。""既有了驻满统监，日本就得长久在满驻屯军队，是日本极不利益的，还望日本政府详加考虑。""现在虽是列国没有正式承认，'满洲国'却很自由随便，他们怎么样都好，'满洲国'希望不谈这问题。"说得下流一点，好像快要结婚的男子的（亲切）？女的厌恶得不得了脸都掉在一面去了。前几天我问新由满洲回来的人是怎样了，那位回答我说，不知道是谁干的，反找着麻烦，所费的钱，也是谁出的呢！（完）

《中央日报》1932年9月25—26日第一张第三版

263. 社评：国联屈从日本，延缓讨论李顿报告书

日本要求国联展缓讨论李顿报告书一说，竟于昨晨十一时国联理事会开会时，由主席宣称接受日本之要求而实现矣。此为国联处理中日问题之第二次延岩[宕]，其第一次延宕则为本年七月三十日决议延期提出报告书，彼时本报曾著论痛论其非。不幸报告书既已完成，乃又顺应日本之要求而决议展缓讨论。展缓几许期间，虽未明白规定，然吾国呻吟于日本暴力侵略之下，迄已经年。国联之处理一日不结束，则中国一日不能解脱日本之蹂躏。即国联之处理归于失败者，亦应早日将其失败之原委宣示于天下，俾中国另谋自救之蹊径。计不出此，乃循单方面之利益，一再延宕，国联之处心积虑，诚大费索解者矣。

在日本提出此项要求，事实上既不必需，法律上复无根据。日代表唯一之理由，即"请理事会考虑日本与欧洲间之交通状况"，其意若曰日本远居地球之东，而日内瓦位于地球之西，沟通意见，需要时日，故不能不展缓讨论李顿报告书。吾人所愿质之日本代表者，即假定日代表未得其本国军阀授以全权，岂亦将退至十五六世纪之国际社会必用驿吏传递消息乎？堂堂之日本代表提出此等欺人之幼稚理由，诚属怪事。且在法律上，日本殊无要求展缓讨论之权力。按国联理事会之调处，非如国际仲裁院之仲裁或常设国际法院之裁判，须由一方提出控诉书，对方提出抗告书，然后方能根据双方罗列之事实，加以判断。国联派遣调查团来华调查，原以极客观之态度，就地搜集纠纷之事实，根据事实造成报告书后，期待双方接受，然双方实无提出抗辩之权力。若国联准许一方抗辩，斯国联以抗辩之对手方自居，非但将其本身之威严丧尽，而且完全失去派遣调查团之意义。不宁惟事，调查团之派遣系根据规约十五条之规定，该条载明双方当事国无解决纠纷之决定权，是则中日两国于报告书未经讨论决定之前，绝无容喙之余地，至为明显。退一步言之，姑置一切理论于不论，假定国联果认为为日本之要求有考虑之余地者，则中国代表之反要求，亦应予以同等之考虑，方不失第三者应有之态度。然中国代表一再伸述反封之理由，而理事会竟置若罔闻，此等不顾正义，偏袒单方面之行动，能不使爱护国联者为之痛心疾首，而深致惋惜乎。

意者,国联恐惧日本果真退出国联,所以一昧敷衍日本以至于屈从其不合理之要求乎？若国联之用心如此,适见国联忘却其本身之立场。盖自去年九月十八以来,日本对华之一切暴戾行为,全世界之舆论,不分公私,不分上下,同声一致嗤为破坏国联规约,即日本本身亦默认不讳。试问容纳害群之马,长久存在于马群之中,此所谓"群"尚能继续维持乎？且按诸国联规约第十六条之规定,倘任何盟员国破坏国联规约,经理事会一致之票决,可以宣布其不复为国际联盟之盟员国。日本以前之行为既为破坏规约,则根据此种行为而草拟之李顿报告书,亦无非根据事实,以冀纠正日本之前愆。日本若能遵守报告书之建议,当为爱和平者所馨祝；若不遵守建议以解决,则全世界人士所翘望者即国联如何善其后。彼时国联苟能顾全人类正义于万一,最少限度亦应逐日本于国联之外,尚何畏日本自行退出之恫吓！若反其道而行之,不加日本以制裁,反仍以日本退出为虑,是国联宣布其规约消灭,是国联默认日本之蛮横,是国联奖励欧洲十六七世纪之攘夺行为复现于今日,以维持和平为职志之国际团体,转变至于如此,其有无存在之价值,并能否继续存在,将均待观察。

若谓国联所以屈从日本之要求,为畏惧日本破坏世界和平。夫日本秉"征服世界先征服中国,征服中国先吞并满洲"之政策,次第实现其计划,即国联屈辱顺从,日本亦断不觉悟。不观乎九一八以来,中国屡屡退让,日本节节进攻？中国之退让非惟不能激日本之正义观念,反而使之夜郎自大,侵略行为曾不稍杀。独于淞沪战役,敌军屡次败北,始向中国提议外交交涉。盖日本早已陷于侵略狂,强暴狂,既不可以理喻,复不足以动以利害,非至穷其强暴之武力不止。国联如虑日本将危害世界和平,而对之市恩,而对之屈从,恐结果则适得其反耳。如上述二者独未足以穷国联今日之用意,或者国联纵容日本,屈从日本之目的,其为有意的或无意的"欲擒必纵"之手段,故使国联继续显示其无能,故容日本尽最暴露其罪恶,故致引起全世界不能再为忍耐之憎恨,因而激起另一种力量之震动,迨时机成熟,始以断然手段加以制裁,或使别种势力加以制裁欤？果如所测,则中国之锦绣山河行将遍被暴军之铁蹄蹂躏,四百兆人民继续为俎上鱼肉,而世界和平亦将立即告终矣。

在此情势之下,若吾国仍以退守态度,等候日本外交之进攻,必将贻来日之大患。盖吾国与其静待日本提出展缓讨论,要求之后,然后伸述反封之理由,何若先为要求国联提前讨论,俾最少亦可抵制日本之要求。若中国自认为弱国,对国联之要求可预测其不生效力,然则"反封"日本之要求,岂非更无效力？更何必利用国联以解决纠纷。夫法律范围内所赋予之权利，须察机知微，瞻前顾后，尽量援用，然后方能免于对手方进攻外交下之牺牲品。自去年九月十八日晚十一时日本侵略北大营以来，三省之陷落，淞沪之进攻，热河之轰击，华北之震惊，以至于伪国之造成，无非由于时间上之延长，空间上之扩大。此次国联更顺应日本单方面之利益，一再拖延中日之纠纷，处心积虑，几不可窥测，然而身受其害者非国联，而为中国。中日纠纷解决之期间，能使之减短一天，即吾国人民少受一天之痛苦，吾日内瓦代表，幸三致意焉。

《中央日报》1932年9月26日第一张第二版

264. 暴日竟欲蛮干到底，所定对付国联方针仍取威胁恐吓，法波两政府决拒绝承认傀儡组织

【本社二十五日上海专电】 日本决定对付国联方针：（一）对满事之日本既定方针，虽有任何事情，绝不变更；对国联与列国则讲求尽量谅解事实方法，日代表于理事会议复说明日本态度与方针。（二）至于适用国联会章第十五条，因始终反对关系日本代表不正式出席，依十五条之总会，仅以说明委员出席于理事会，亦同样图贯彻日本之主张。（三）总会著将报告书付议于十九国委员会，则日本不参加该会。

【中央社伦敦二十五日路透电】 《观察报》纽约记者电称：美京人士，多视国联前途之命运当以国联大会对于李顿报告采何行动为转移，综观美国报界论调，金谓各国如变更其反对日军占领满洲之态度或默认满洲已非中国整个领土之一部分，则不啻国联各会员国，自行推翻其以前所承诺之义务。据华盛顿专家观察，国联终不免于与日完全决裂，但决裂后，国际形式又将如何，各专家不欲揣测云。

【本社二十五日上海专电】 哈埠波兰商会曾电请波政府承认伪组织，现波政府对此，拟置不提。据波政界意见，哈埠波兰商人此举，纯为个人着想而已，波政府对此问题，则非先得法国谅解，未必有何举动。至于法国虽曾于满洲问题对日表示友谊，但一时显似尚无承认伪组织之意。

《中央日报》1932年9月26日第一张第三版

265. 华盛顿方面盛传,国联对日决定新策,倘日因东省事件与国联断绝关系,将日所管南海德殖民地判返德国,俄正式否认有承认伪组织说

【本社二十六日上海专电】 华盛顿方面,盛传国联方面现正讨论一种新策略,即日本一旦因东北三省事件与国联断绝关系,则国联将以德国前在南海所有一切殖民地,现归日本所管理者,悉数判返德国云。惟德国官方声称,此计划全不知悉云。

【中央社日内瓦二十六日路透电】 国联大会今晨开会,爱尔兰元首伐勒拉致开幕词,略谓中日争端之主要问题尚待解决。国联所派之调查团,兹已拟就报告,余希望该报告可促成最后解决,大会全体代表谅亦抱此同样希望云。

【中央社日内瓦二十六日路透电】 国联大会将于本周开会。但中日事件既已展缓讨论,军缩问题复不在大会范围之内,而金融经济问题,又留待世界经济会议解决,议程上无一足以引起争论之问题,故本届大会之单调乏味,可预期也。波兰代表谅将被推为大会主席,大会且将选举波兰、墨西哥、捷克三国为行政院会员。

【本社二十六日上海专电】【莫斯科电】 苏俄政府及外交方面,已正式完全否认决定承认伪组织说。

【本社二十六日上海专电】【电通宥(二十六日)东京电】 驻俄大使广田于漾(二十三日)与俄外交委员会次长加拉亨会见之内容,今日以公电报告外务省。据称加氏对承认伪国之事,谓苏俄对于伪国持有多大之如意。至于正式承认,则尚多研究之点,急速实行,似较困难云。又广田大使已于有(二十五日)由莫斯科归国。

《中央日报》1932年9月27日第一张第二版

266. 对叛逆夺关税诡计，宋发表声明，尚有百余万仍被扣留，我已实行移地征税

【本社二十六日上海专电】 宋子文答记者问，伪组织前诡称曾汇一百十四万两与梅乐和，作为满洲各关应摊外债之一部分，嗣又续汇十六万六千零三两等语，此说又为傀儡及其主人厚客诡计之一班。上述之一百十四万两，乃大连税关于六月间税关未被夺据时，存于正金银行之关税；七月下半月交还中国第二批汇款十八万六千零零三两，乃牛庄税关所收关税，而于春间税关未被夺据时，存于正金银行者。故此两次乃日人银行在东三省税关未被夺据时，对于中政府之债务其解交中国，不能视为傀儡政府之偿付中国外债一部分。自税关被占后，东三省所有关税，未将丝毫解交总税务司。以事实言，正金所拨付之款，只及税关被占以前东三省所收而伪日人强迫扣留之税款三分之一，余款一百八十九万四千三百零一两五钱一分，现仍由收存税款之银行，受傀儡国指使扣留未发，而傀儡国关于此事之一举一动，辄由日人顾问指挥云云。

【本社二十六日天津专电】 榆关伪奉山路站，伪海关开始办公，上午几无人纳税。我榆关□设分卡，即日成立津海关税务司，封锁海关布告发出后，今日开始实行代征办法，海关工作甚为忙碌，常关各卡日内即可恢复。

《中央日报》1932年9月27日第一张第二版

267. 东省各口岸关税沪江海关代征

【中央社上海廿六日电】 江海关自径（廿五）起，依照移地征税办法，代征东北三省各口岸关税，进行异常顺利，外商亦深表同情。

《中央日报》1932年9月27日第一张第二版

268. 津海关增设分关

【中央社天津二十六日电】 津海关在榆关唐山、洋河口、塘沽设分关,宥(二十六)起办公。又代收东北货税,津关亦自宥(二十六)起实行。

《中央日报》1932 年 9 月 27 日第一张第二版

269. 日使今晨呈递国书,昨由沪乘日舰前来今晨可抵京

日使有吉明于昨日由沪乘日舰来京,约今晨八时可抵京,于十一时赴国府觐见林主席,并呈递国书。

昨日上海路透电称,日使有吉,预定于二十七日乘车晋京,呈递国书。继闻上海车站,将有血魂团向彼示威之谣传,临时改称兵舰入京云云。此项消息传至南京后,政府方面,甚为讶异。盖自与日使订定呈递国书日期后,政府当局即预为布置行程上之种种便利,对于保卫方面,尤为周密注意,从未闻日使有改乘兵舰之意,仅于日使兵舰由沪开行后,始行闻知。至血魂团示威之谣传,政府方面实不知究竟出自何方云。

《中央日报》1932 年 9 月 28 日第一张第二版

270. 调查报告书公布程序将变更,徇日方无理要求

【中央社日内瓦二十七日路透电】 国联东三省调查团报告书公布之程序,或有更改。日本现向国联提议,在日本接到该报告书后三日,始将该报告书公布。日方理由,谓在公布前,日本欲有机会予该报告书以相当之研究。

国联当局现提出折衷办法,拟于星期六(十月一日)上午,将报告书全文分交中日两国政府,予中日两国政府星期六整日研究该报告书,至该日晚间,再将报告书交报纸发表。国联秘书处,于日内瓦定于星期六正午时,将报告书全

文公布。如此，则日本可有八小时之时间研究该报告书内容。有人云报告书或改于星期日（二日）公布，但此消息未必属实。

日方妄猜报告结论

【本社二十七日上海专电】 电通筱（二十七日）东京电，李顿报告书本文，将于十月东（一日）发表。据确讯，其结论提议对"满洲国"可承认其范围广大之自治权，对中国可承认其极微弱之名义上之主权。日本外务当局，对调查团避免宗主权之语，而用名义上之主权语，将于意见书中，加以反驳，正在研究。盖名义上之主权用语，国际惯例上引用之例甚少，无论宗主国之权力如何微弱，若承认之，与"满洲国"已俨然为一独立国而存在之事实相抵触，故绝对反对。

国联大会选定主席

【中央社日内瓦二十六日路透电】 国联大会选波利蒂斯（希腊）为主席，亚尔薛西（意）、西门（英）、赫礼欧（法）、纽拉兹（德）、麦丁拿（尼加拉瓜）、长冈（日）等为副主席。长冈于四十八票内，得三十四票。爱尔兰元首伐勒拉致开会词。代氏关于远东之言论，已志昨报。渠并提及军缩问题，略称国联已往之成就，未达世界各国人民之愿望，各方因国联舍重就轻，严重问题屡次搁置，故多责难之词。世界人民，对于军缩会议之敷衍塞责，愈形焦灼，或谓国联所得之结果，尚未足抵偿其巨大之费用。至谓破坏国联会章者，如系强国，则竟可肆意破坏，毫无惮忌云云。伐氏个人之意见，认此态度过于激烈，仍请各国容忍努力云。

特鲁蒙辞大会秘长

【中央社日内瓦二十七日路透电】 国联秘书长特鲁蒙爵士，已向大会辞职，大会谅将批准。昨伐勒拉致开会词时，对于特鲁蒙之贡献，甚加赞扬。

《中央日报》1932年9月28日第一张第二版

271. 日答复我抗议，强词夺理诿卸责任，满纸荒唐全非事实，外交部将再提抗议

日本于本月十五日，正式承认叛逆组织。我外交部，即于当日电驻日公使蒋作宾，向日政府提出严重抗议，同时并将抗议书送交日本驻京外交代表。闻外交部顷已接得蒋作宾公使转来日政府之覆照，内容大意谓，日军在东省行动，系本正当合法之自卫权。叛逆组织之成立，系出于该地人民自由意志，与日无关。叛逆组织之行为，日本不负责任。日本承认与否，乃日本之自由，与国联行政院议决、国联盟约、非战公约、九国协约及国际法，毫无抵触等语。强词夺理，诿卸责任，满纸荒唐，全非事实，外部日内或将在提抗议，严予驳斥云。

《中央日报》1932年9月29日第一张第二版

272. 解决中日问题，方足保障国联前途，郭泰祺在国联大会之演说，日又宣传报告书主张直接交涉

【中央社日内瓦二十七日路透电】 郭泰祺在国联大会演说，提及中日问题时，郭称中日问题乃国联当前最重要之问题，此问题之解决，不独助中国保障满洲，且亦保障国联前途云。郭旋提及军缩问题，略谓中国人民酷爱和平，故对于此次向国联及世界正义声诉之结果，关怀綦切，亟欲一瞻究竟云。印度代表亚加可汗，继郭演说，略称：中日两国，目前不幸之关系，印度人民及政府，均引为遗憾。中日两国，于宗教文化地理商业方面与印度均有密切关系，希望两国争端，可获一各方均可同意及与原则不相抵触之解决云。

【本社二十八日上海专电】 国新社感（廿七）日内瓦电，美联社记者，顷自绝对可靠方面，探得关于国联调查团报告书内容之消息，称国联调查团报告书十一万言中，重要条文甚多，其中有一条，系经过长时期讨论之后所定之折衷条文。该条文，指明日本去年九月巧（十八日）之攻击为过失，但该条文又明示调查团信日本武人之行动，确系根据于自卫之信心而出者。该条文之字句，

大略约为:"调查团深觉一九三一年九月十八日之军事行动,实万难认为自卫之举,但同时调查团亦未能以同样确定之态度,在结论之中,将日本武人之自信其武力行为,系出诸自卫权之施行一说,完全置诸不顾云。"此项条文调查团中争执极久,后终能一致通过,此亦可见调查团中各国代表讨论时之忍耐工夫矣。

【中央社上海廿八日电】 日联社东京俭(二十八日)电,据外务省接到报告,李顿报告书之结论,主张中日直接交涉说为确实之事,但该报告书提议,非独由中日两方交涉,应加以满洲住民,商议一切,此事颇堪注意。李顿报告书,一方面主张中日直接交涉之原则,同时要请国联理事会及大会树立此原则。然其所说,以抽象的字句,提用国联会章第十条尊重领土主权。

外交界息,国联调查团报告书,已定十月二日在日内瓦及中日两国之首都,同时公布。闻日方要求国联于公布之前三日,将报告书送达该国政府,俾得充分研究翻译之时间。现国联对此项要求,尚未完全决定,如能允准,则我国亦可享同样之待遇。现报告之副本,仍存于北平某使馆内,俟得国联通知,即分送中日两国云。

【中央社上海二十八日日联社东京俭(二十八日)电】 国联政治部次长巴斯地霍夫及国联秘书长哈斯夫妇等,俭(二十八日)上午九时到东京,巴氏自携手交日本政府之李顿报告书副本,即乘汽车赴帝国旅馆,当局特派警员严重警戒。

《中央日报》1932年9月29日第一张第二版

273. 国联决定下月二日发表调查团报告书,颜代表请十九国委会讨论展期问题,日又施诡计坚请国联更易公布办法

【中央社日内瓦二十八日路透电】 国联定本星期日(十月二日)中午,发表李顿报告书。

【中央社日内瓦廿九日路透电】 颜惠庆已将中国政府九月二十日之通牒,交国联秘书处。该通牒,详述日本所破坏关于满洲之各项国际协定,并谓凡因日本侵略所引存心之结果,日本应负责任。颜请十九国委员会主席希孟,

召集该委员会,讨论展期问题。中国政府对此问题,极为重视,并坚持十九国委员会应采取步骤,制止日本于展期内更使局势恶化云。

【本社二十九日上海专电】 电通艳(二十九日)东京电,李顿报告书,决于十月东(一日)交中日两国及国联加盟各国。日本政府已命长冈大使向国联事务局交涉,谓须考虑翻译时间,请于艳(廿九日)接受,若不能提早,虽于东(一日)交与各国政府,然在南京、东京、日内瓦之新闻发表,请限定十月江(三日)。盖日政府无论如何,须于公表以前,由陆海外三省当局,检讨报告书,声明日政府对此之解释,与借以抵制因此报告书有发生认识不足之虞之世界舆论。此声明将由陆军当局与外务当局,以谈话之形式发表之。

【本京消息】 国联调查团李顿爵士报告书,定于十月二日下午八时,在日内瓦及南京、东京三处,同时公布。该项缮本,规定于是日上午,由调查团之委托代表,亲交与中日两政府。闻交东京缮本,已由国联秘书长哈斯携往;交我国缮本,已由北平某使馆派员送京。因事前须守秘密,故现在该项报告书所在地,暂不宣布。外部方面对于是项公布手续正在准备,谋以最迅捷之方法,使于三日各报,能完全登载此事,惟事实方面,能否如此,尚难断定。因全文共有四十余页,且需长时间之翻译与整理,如万一时间上来不及,则准备先行摘由公布,四日再公表全文。日本方面,现复有要求国联交该报告书送达时间提前一日之请求,国联方面,截至昨日止,尚无表示云。

【据外部息】 出席国联大会吾国代表顾维钧博士等一行,搭意大利皇后号船离国,今(三十)日可抵意之威尼斯。下月二日即抵法京巴黎,在法就任公使职后,即行赴日内瓦会同颜代表、郭代表,准备出席国联大会云。

《中央日报》1932年9月30日第一张第二版

274. 日梦想之满蒙政策,规定三步骤以谋实现,我国当局已严予防范,满铁理事补任发生纷扰

日本自本月十五日承认叛逆组织后对于侵占东北以后之步骤,大要分为三点:第一步,消灭东北各地义勇军。第二步,进攻热河,一面断阻东北与内地关系,一面进军华北。第三步,实现满蒙政策,经营东三省及内蒙、热河、察哈

尔等处。所有各步骤实施方案，均有详细之规定。闻我当局对日方恶计，已严予防范中云。

【中央社上海二十九日电】 日联东京艳（廿九日）电。满铁理事补任问题发生后，林满铁总裁之辞职说继起。荒木陆相，定下午将政府关于本问题意见发表回答柴田翰长，乃与斋藤首相会见，有所协议。政府军部及满铁一致意见，补任理事者为河本大佐，及满铁总务次长山崎元干两人，其余奉天地方事务所长宇俸美之补任。因永井拓相反对，俟艳（念九日）拓相回京后，再引商议。如永井拓相让步，则立即正式任命前述三人为理事，否则政府决意不补任三理事。故政府不问理事补任问题之如何，决定留任林满铁总裁，命其十月微（五日）以前回任。

《中央日报》1932年9月30日第一张第三版

275. 调查报告书副本昨已送达外部，我漏夜翻译定明日公布撮要，日方昨晚接到译者彻宵工作，十九国委会定明日召开大会

国联调查团报告书，已定于十月二日下午八点半，在日内瓦及中日两国首都，同时公布。李顿爵士所留于北平之报告书副本二份，兹悉一向秘密保存于英国使馆之中，除已由国联政治部次长巴斯地霍夫，于日昨携一份赴日外，另一份亦由英使馆派员于前日携带来京，于昨日下午七时，送交外交部。外部接得该项报告书后，即漏夜从事翻译，定二日下午八时半，正式公布。其交各报发表者，悉报告书之撮要，共长五六千言云。

【中央社上海三十日电】 日联社东京陷（三十）电，英国大使馆一等书记宫格利恩，本日下午四时三十分，携国联秘书局员巴西霍夫，访问外务省有田次官，手交李顿报告书。外务省接到李顿报告书后，命警官四人警戒。考查部办事室委员长吉泽，书记官以下三十六人之书记，即将开始大活动，翻译原文，拟于明晨提交整理委员会修正后，即时发表。译者今晚彻宵作工，外务省现在极形忙碌。

【本社三十日上海专电】 国联在排印报告书时，非常守秘密，派私家侦探监视各排字工人及下级职员防泄漏，定二日正式分送各委员国。至国联对满

案决议,将来倘不利日本,则日本是否完全退出国联,抑仅作半退出之状,此时殊无人能悬揣。

【本社三十日上海专电】 国联十九国特委会主席应我代表请求,二日召集会议决定提出李顿报告书之期限。

【中央社日内瓦三十日路透电】 十九国委员会主席希孟,依颜代表之请求,定明日召集会议,决定国联行政院应向大会报告满洲事件之期限。

《中央日报》1932年10月1日第一张第二版

276. 法总理为国联辩护,英代表亦不认国联失败

【中央社日内瓦二十九日路透电】 本届国联大会集会,爱尔兰元首伐勒拉致开幕词。伐氏提及外间对于国联之批评,以及军缩会议之失望。今日法总理赫礼欧,在大会中答复此种批评,措词颇为坚强。赫称法国对于外间悲观之谕调殊不同意,法人深信国联前途远大云。赫旋提及在国联提倡下各种之成就,如世界法庭、洛桑会议、洛加诺会议,以及其他国际会议。至于裁军问题,赫礼欧认为各方不应匆促从事,以致使会议决裂云。英代表薛西尔亦为国联辩护,略称:无论世界任何一国,均有小数疯狂者,欲视国联失败。外间对于国联之责难,可以一言蔽之,即国联费用浩繁,而建树毫无。但战舰一艘,可抵英国所付于国联之经费三倍,战舰三艘,可抵国联全部经费云。薛西尔扬言,就过去之成绩观之,凡思想健全者,对于国联之效力,决不妄加责难。关于某项事项,国联虽未成功,惟此非国联本身之过,乃国联会员国之罪也。譬如巴拉奎共玻利维亚之纠纷,以及中日之争执,必有一方未守国联原则,或两方均未满足此项原则。又德法两国,如在国联会章之下,解决其各种纠纷,则世界不安之状态,可减去四分之三。参加军缩会议各国,倘诚意愿望缩减军备,则国际间之气象,可焕然一新。世界福利之前途,诚赖各会员国图之云。

《中央日报》1932年10月1日第一张第二版

277. 调查团报告书赶译完竣今晚发表，外部将以飞机分送平沪，日本军部认调查团越权

今晨最后确实消息，调查团报告书于前（三十）日下午七时，送达外交部时，系报告书之全文，并未另附摘要。外部接得报告书后，立即将重要职员二十余人，分成中英两组，计英文组九人，从事摘要；中文组十六人，担任翻译。外长罗文干、政次徐谟、常次刘崇杰等，均亲自指挥监督。经彻夜不停之努力，摘要工作遂告完成。但至昨（一日）晨十时英使馆又派员送到李顿调查团所拟之摘要，外部遂即根据此项摘要，从事翻译。但以结论部分，关系最为重大，故全文翻译。至下午二时许，大部翻译完竣。计长万余言。随即校阅修正，下午七时，由缮写员二十余人，开始用钢笔版誊清，并以油印机八架付印，预计今（二）晨十时，可以装订完竣。外部将专派飞机两架于正午十二时启飞分送上海办事处，及北平档案保管处，并由北平保管处转送天津市长周龙光。至下午八时半同时公布，交各报馆发表。至汉口方面或将由中国航空公司飞机带往云。

（中央社）国联调查团报告书副本，于前（卅）日下午七时，由英使馆派员送达外交部后，外部立即从事翻译工作，通宵未辍。报告书原文长达四百余页，并未另备摘要，故第一步工作，即从事摘要，由情报司长吴南如主干将报告书全文，一一分派参加摘要工作者达十余人，均闭处室内，拒绝会客，关防殊为严密，而工作之紧张，亦为前此所罕见。直到昨（一日）清晨始告完毕，随由吴司长综合后，再分派各员翻译中文。经竟日之努力，至昨（一日）晚完全译完，乃由书记二十余人，在外部大礼堂缮写誊清。凡参与缮写者，一概不准外出。此外不论部内部外人员，亦一概不准入内。大约昨夜即可缮写完竣，再经校对装订，今（二日）上午十时以前，可全部告竣，而于下午八时半公布云。

【本社一日上海专电】电通东京电，日军部对李顿报告书意见如下：（一）调查团之使命，在调查满洲事变远因近因之一切原因，叙述结果于报告书中，则非其本来之任务。（一）满洲事变之原因与其谓由满洲本身之事态，毋宁谓由中国本部政治的状态，故须着重国民政府不能统一之实情，及非排日运动。

(一)李顿报告书不过使国联充分认识中国以资国联之参考而已,若如所传之结论,则从调查团本来之使命观之,不得谓非越权行为,故关于满洲问题之日本国策,不得因报告书而受丝毫影响也。

【中央社东京一日路透电】 日本全国咸欲得知国联调查团报告书之内容,静候明日(二日)下午九时全文之公布。昨晚英大使署交该报告书副本,交与日外务省后,外务省重要人员三十六人,另有打字生五十人,立即开始工作,将原文译日文,并油印副本。翻译工作,今日(一日)可完毕。外相内田康哉即赴皇宫将原文与译文呈日皇请示。

【中央社北平一日路透电】 李顿报告,定明日发表,此间人士盼望之切,达于极点。各报编辑,曾拟特备飞机一架,由京赍送报告飞平。英文《北平导报》,及《燕京日报》,星期一日本不出报,但因李顿报告在下星期一日披露,定出特刊。

《中央日报》1932年10月2日第一张第二版

278. 史汀生痛论和约致命伤,东省事变大损和约权威,各国应维持我土地完整,大西洋舰队仍驻太平洋

【本社一日上海专电】 美国务卿史汀生今晚在费城演说,复声明美国之远东政策,志在维持中国土地暨行政之完整。史氏之言曰:近年来吾美与东方之商务来膨胀之速,视他处为甚。今后数世纪中,太平洋对岸将有甚重要之关系。此项关系之性质,有左右全世界幸福之势力。故此项这种关系宜措于公道和平耐久之基础,实为至关重要者也。美政府之倡中国门户开放政策,已逾三十年,而基于两大原则下,各国对华之机会均等,仍维持中国土地与行政之完整,盖此为示均等所必要者也。九国公约实为此政策之结果物。史氏继乃述及东三省之事变,谓此事匪特使吾美商业利益受损,受一打击,且将使欧战后世界各国惨淡经营,以防大难再见。所成伟大合约之权威,受一致命伤。胡佛总统之政策,一秉至公,其成功端赖各国政府步伐一致,尤要者为全世界对一月七日美政府牒文中所宣布之不承认政策之公论。日对世界狂夸伪组织为独立国,伪国遂派鲍逆使日,但日政府经数次密议,日皇以私人资格招待,定六日接见。

【本社一日上海专电】 国新社三十日华盛顿电,美国大西洋舰队归航期

重行展缓。据今日命令,该舰队将留驻太平洋内,俟明年二月战斗舰队春操以后,再返原防。美海军总指挥柏拉德发表此讯时,声称大西洋巡弋舰队,原定明日起碇返防,现因留驻太平洋上可得较优之舰队训练,海军将吏,皆谓原限之集中时期,过于短促,不能供给充分之训练,且为省节经费计,留驻太平洋上所有燃料及其他给养亦可较省。此外军官子弟在校读书者,此时适值学期中间,亦不宜使之中辍,故决定展缓回防云。

《中央日报》1932年10月2日第一张第二版

279. 十九国特委会昨讨论我国请求,颜惠庆请限制国联大会展期,希孟称适当手续在稍待时日

【本社一日上海专电】【路透东(一日)日内瓦电】 数月前所组织办理中日间东三省案之十九特委会,今晨公开会议,考虑中国总代表颜惠庆所请求依国联盟约第十五条而准许延缓六个月之期限,宜限制其展期,以便国联大会对于中国之吁请提出报告一节。捷克代表比恩士博士,严词抨击日本承认"满洲国"之行为,并披露日本计划。颜博士除请限制期限之展长外,并请特委会设法防止日本利用延缓,增加时局严重。比代表希孟为特委会之委员长,今日主席,决定对颜博士所请两点,分别办理。希孟称关于延期问题,国联大会,已有数次决议案,声明赶速办理之必要,而行政院亦担任尽速处理此事,今行政院既决定待至十一月寒(十四日)开始之一周,方考虑李顿报告书,故渠觉特委会适当手续,在稍待时日。至行政院提出对于报告书之意见后,渠当立即召集特委会以考虑行政院之报告与条件,而后缮具提交国联大会之报告。至于防杜时局愈臻严重一层,中日两国政府,皆曾郑重应允,不做可妨碍时局之举动,但日政府竟已承认"满洲国"矣。行政院议长伐勒拉对日本此举曾表示遗憾,以为此举动足以挫弱国联之努力。十九特委会同人对于伐勒拉议长此言,全体同意云。捷克代表比恩士称,特委会曾考虑及严峻计划之问题,卒放弃严峻计划,而赞成吻合情理之计划,但事实上之过程,已证明其信任之误用矣云。特委会议定将今日此会议之议事录,通知中日两国政府,乃延会。

《中央日报》1932年10月2日第一张第二版

280. 调查团报告书昨发表，将提出中政会讨论，政府正审查研究目前暂守缄默，日方发言人表示不满抨击甚烈

翻译全文旬日以蒇事

国联调查团报告书节要，于前（一）日上午十时送达外交部，至下午六时翻译完竣，随即缮写复印，经彻夜之工作，至昨（二）晨五时，全部装订就绪。八时许即专派飞机两架，装载多份，一飞上海外交部驻沪办事处；一飞北平交档案保管处，并由平传送天津市长周龙光。十时半又由中国航空公司飞机带往汉口，交第三特区管理局。约昨（二）晚八时在京沪平津汉各地同时公布，交各报发表。全文共分十章，约两万言（载今日本报第二张）。外部昨（二）晨将报告书节要译文装订就绪后，即分送在京之中枢各重要领袖。一面又电上海办事处于飞机到沪后，立即派员专送莫干山汪委员，并命赴汉之飞机，过浔时专送牯岭蒋委员长。闻外部方面以报告书内容政府现正详细审查研究，目前决暂守缄默，不表示意见。

又外部昨（二）日所公布者除第九、第十两章是报告书之全文外，其余八章，则系报告书上之节要，且以时间匆促，文字难免有草率之处，现外部以着手翻译报告书全文，约旬日可以蒇事，并将印成专册作为正本云。

【中央社上海二日电】 调查团报告书撮要中英文本，共五十余份，外部派庶务科科长陆企云，于冬（二）日午十二时四十分乘中国航空飞机携沪。二时四十分抵达龙华机场，外部办事处当派汽车前往迎接。三时送至外部办事处，即由主任余铭亲携两份，分送林主席寓及宋代院长，并定晚八时分送至各报馆。

【中央社汉口二日电】 国联调查团报告书节要，中文稿冬（二日）晨由外部封固附邮航飞机，寄与汉口特三区管理局长郭泰祯，于下午八时转交中央通讯社武汉分社发表。至英文稿亦同时交《自由西报》披露，但该报星期日休刊，江（三日）无报，闻决发特报云。

我国政府正在开始研究

（中央社）调查团报告书虽已公布，但政府现正开始研究内容，故暂时将不发表意见。中央社记者昨（二）晚晤中国某要员，叩以审阅报告书作何感想，据云：报告书中对我国政治不乏批评之处，我人应猛力自省。同时报告书中对我国亦有奖饰之处，我人不可因之色然而喜。对报告书中所建议之解决途径，应就其大处着目，为国家民族之利益力争，而对东省问题之根本解决，应将眼光放远，力谋自振。总之，我人既不因报告书之公布而失望灰心，亦不因之而益增倚赖国联之心，自赖自决，乃为使东省问题圆满解决之唯一途径云。

（中央社）调查团报告书节要，已于昨（三）日下午八时，正式公布。外交部现正从事于报告书全文之翻译，各员不分昼夜，努力奉公，期于三日内竣事。罗外长现亦详细审阅全文，今（三）日当可完毕，明（四）日行政院会议，将提出报告，由各部长签注意见，提出五日之中政会讨论研究，同时并征询京外各重要领袖之意见，然后由外部发表我方对报告书之概念，而于国联之大会时提出具体意见云。

日本政府不满报告书内容

【中央社东京二日透电】关于国联调查团报告书第六章，日本政府发言人今夜向记者谈：调查团对无名氏华人所供给之材料，似颇予以注意，对日本与满洲当局所提出之证据反不信任。该发言人并提调查团在东三省不过二星期，无充足时间研究该地各问题。况调查团去东三省时，适满洲正在开始成立新组织之时，各事皆尚无头绪。调查团在北平时间过久，无意或有意间受张学良之影响。关于最后两程，日本发言人谓其中有健全之建议，但声明关于东三省问题之解决，日本决不容第三者之干涉。且日本现既已承认满洲，决不接受满洲设立自治区之提议。日本发言人谈调查团之意见，不能为中日关于东三省问题交涉之基础，但调查团对东三省之意见，可用为列强与中国关系之参考，例如国际共管中国等等。该发言人对调查团之努力表示谢意，但彼对报告书之批评，一则谓报告书内容对日本多有不公之处，而对中国则绝无不公之处。日本政府将严重否认日本军事当局一手包办东三省独立运动之论调，彼称日本政府之宣言，将仅纠正报告书报告书前八章之事实及理论错误各点云。

【又东京二日路透电】　日外务省对于李顿报告书之意见,似为对于一、二、三、五、七、八等章均不反对,但对于第九章则极不满意。外务省认为调查团起草第九章时显具偏见,致使全部报告书减少价值。概括言之,日人对于报告书之批评,略以报告书之内容专论满洲,对于中国本部及远东所述过少。且谓如调查团对于本身工作范围,具有充分了解,第九、十两章将不至列入报告书内。除上述外,日人其他之批评,则为(一)第八章认日本在满所争持之特殊地位与九国公约不合。(二)第四章认九一八夜铁轨被炸事件未足为日方军事行动之理由,故此种行为超出自卫范围之外。日本人对于上述两点表示反对。日政府发言人称关于第二点理应遵[尊]重当时在场者之意见,不能接受调查团之见解。惟调查团未指日军为侵略者,日政府颇为满意云。

【又东京二日路透电】　日军人阅读李顿报告后态度甚为镇静,与外闻所豫[预]期者,适为相反。陆军省发言人,今日接见新闻记者,对于李顿调查团之工作表示感佩,并谓陆军省阅读报告后,认为日方无须更改前所发表之意见,且信国联及列强将逐渐明了日本立场之公正云。

【中央社上海二日电】　日联社东京冬(二日)路透电,陆军省冬(二日)晨开军事会议,新闻班长本间大佐、青木中佐、矢矣少佐等十余人出席。在极紧张空气之中,开始检讨李顿报告书中关于日军事之部分,指出报告书疑点,彼此讨论之后,列举驳证。参谋本部亦开会检讨。正午陆军省与参谋本部开联席会议,关于军部所管事项,再度加以慎重检讨,断然指摘其误谬,发表军部对于李顿报告之声明书。

【中央社东京二日透电】　今晚国联调查团报告书公布后,日本外务省即着手于起草日本政府对于该报告之观察,并将日方意见交诸国联。

日本陆军省今夜即有宣言发表,批评国联调查团报告书。根据各方报告书内容之预测,日本报纸今日表示日本政府决不能接受调查团之建议。

《中央日报》1932年10月3日第一张第二版

281. 日承认伪组织以前，马考益曾加警告，内田谓不顾虑旁人意见，对国联之所为表示轻篾

【哈瓦斯社巴黎一日电】 本科兹由负责方面得到，本年七月间日本内田外相与调查团各委员两次谈话节略，兹特按问答式发表如下：

（内田）日承认"满洲国"并不违反任何条约，而在有关国家防卫问题内不能顾虑旁人意见。（马考益将军）贵国屡以国防日本生存利益以及满洲人民自决权为言，然本调查团就地考察结果，证明人民自决权一层，实谈不到。至于对日本在满洲利益之威胁，更可断言其不存在。而九月十八日夜间，中国人行动实不能认为关键，且中国军队曾奉到命令，对于日本不得有任何攻击，此足下所深知者。中国及苏俄在满洲亦有生存关系之利益，而必不能不计及者。世界其余国家以为日本承认"满洲国"，将违反国联盟约、华府九国公约及凯洛克非战公约。（内田）日本对世界舆论及本国在国际关系上所占之地位均极重视，但为日本言之，此问题解决之唯一途径，为承认"满洲国"，此日本全国所要求者。

内田答克劳氏将军云，满洲与中国间任何连锁，不能任其存在，即理论上连锁亦不能承认。此种连锁，徒使中国在满洲恢复其旧日状况。固不问连锁性质如何，世界国家认识中国无过于日本者，中国之诺言，日本亦已试验。且中国及苏联，在满洲常对日本施行攻击政策，中国一切提议，日均准备研究。惟中国须知其对满洲根本放弃，"满洲国"一日存在，则日本一日认为无与中国谈判满洲问题之必要。日本承认"满洲国"，并不违反九国公约，因"满洲国"并非该约签字国。假如日本吞并满洲，则其情形又当别论。内田又谓"满洲国"之日本顾问，如不满意，日本将予以撤换。

"二次谈话"。（内田）予谓日本政府可以更换"满洲国"官吏，实为错误，日本不过能向"满洲国"之保荐较良之新官吏耳。调查团以日本军队之法律上地位询问内田，田答予不深知，须问陆军省。

调查团意大利委员马莱斯各狄伯爵谓，数世纪以前，满洲人固曾侵入中国，然至今日满人卒为中国人民所同化。内田答诚然，但满洲毕竟存在。

（李顿）贵国所称之满洲，究何所指？其疆界如何？内田答称，敝国所称之满洲，包括东四省及内蒙古，其疆界如何目下不能精确说明，凡尔赛条约对于波关边界问题已有榜样。（李顿）然则门户开放主义将如何？（内田）日本在满洲自由维持此原则。（李顿）日本应根据国联会原则，和平解决其与中国之争端。内田答称，国联之所为，亦不过使中国了然于国联及任何列强之援助，均不可恃，而必须放弃其对满洲之梦想，而对其他一切争执问题，则与日本和平妥协。

（麦考益）日本宣言愿担任维持远东和平之责任，然日本前后与俄国及中国两次作战，维持和平之道固如是乎？时至今日，日本又以为欲尽维持和平之责不可不用武力，信如是，则不若听国联会以和平方法维护和平较妥善也。内田答以日本对国联会极为信仰，但无论如何，日本不能以其所负责任委诸国联。而满洲问题，尤非承认满洲不能解决，此乃确定不易者。内田答复李顿云，当中国当局离开满洲后，主持满洲者，即请日本接管该处之中国铁路。（李顿）日本在满洲之权力及利益以一九〇五及一九一五年条约为根据，然则此项条约将如何？又谓贵国对于此事是否欲与"满洲国"订立特别条约？内田答称此各项条约在其与"满洲国"有关系之范围内，应由"满洲国"承认之。（李顿）但此项条约中，尚有其他条款，与中国本身相关者，又将如何？中国能否认为继续有效？内田答此问题尚待研究。

《中央日报》1932年10月3日第一张第二版

282. 美对东北事件，将完全与国联合作，对李顿报告书希望浓厚

【本社二日上海专电】 华盛顿电，美国驻法大使爱治，七日报告国务院，法国准备在国际联盟，维持远东各和平条约。据此间今日种种表示而观，美国将完全与国际联盟合作，于下星期考虑李顿调查报告所述满洲各问题之际，将完全与国际联盟合作。目下此间正以最大之兴味，守待该报告书发表，冀望此项报告书及其建议，可为东方与西方各国关系上一种重要之化验石。据官场表示，美国此时当未必有何惊人或完全新提议，因美国立场经国务卿史汀生迭

次宣言,再加参议员李德近赴欧洲与各国政治家面谈,早已明了云。(暂完)

《中央日报》1932年10月3日第一张第二版

283. 日没收北宁路存款,影响葫芦岛筑港工程,铁部咨外部严重交涉

铁部息,自去年九一八东北事变发生后,北宁路在沈存款有六百余万,现被日人全部没收。其中一百余万,系拨给葫芦岛筑港经费,其余系付还该路英国借款。现正由荷兰建港公司及英国债权人,向日人提出交涉。日人竟置若罔闻,致筑港工程阻碍进行。又该路付还英国借款,亦被日人扣留四百余万,该路局曾呈请铁道部转咨外交部,向日严重交涉云。

《中央日报》1932年10月3日第一张第三版

284. 国联调查团报告书节要

详述东北状况及中日纠纷之无因近因——承认满洲现在政体与国际义务之原则不合——建议东北在无背我主权及领土完整之范围内改组新行政机关享有自治权——设立顾问会议中日选 出代表——特别宪兵为东三省境内之唯一武装实力其他一切武装实力应即退出

外交部昨(二)日下午八时,公布国际联合会调查团,对于中日问题报告书节要,原文如下:

中日争议调查团报告书,系于一九三二年九月四日在北平签字,除绪言外,计分十章,对于种种问题之特殊研究,均载入报告书附件内。此外尚有一附录,载明调查团所取之行程,所会见之人物、姓名表及中日双方所提交该团之文件。此项附录及关于特殊研究之附件容后公布。

绪言

绪言首述中国因一九三一年九月十八日沈阳事件发生,而将中日争议提

交国联行政院时(中国之要求,系于一九三一年九月二十一日,依国联盟约第十一条提出)之情形,国联所采之行动,及依一九三一年十二月十日之决议,指派调查团。调查团由左列各员组织之:

马柯迪伯爵(义)

克劳特将军(法)

李顿爵士(英)

麦考益少将(美)

希尼博士(德)

在一九三二年二月三日调查团启程,经由美国来远东之前,曾在日内瓦举行两次集会,并经一致选举李顿爵士为调查团主席。嗣经日本政府反[及]中国政府指定参与代表如左:

中国前国务总理、外交部长顾维钧

日本驻土耳其大使吉田

国联秘书厅股长哈斯嗣被任为调查团之秘书长。在调查团进行工作之时,并有各专门家,供其顾问。

在调查团启行之前数日,中日政府曾于一月二十九日依照国联盟约第十条、第十一条及第十五条,提出更进一步之要求。嗣中国代表又于一九三二年二月十二日请求行政院依国联盟约第十五条第九项之规定,将中日间之争议,提出国联大会讨论。自此以后,调查团即未从行政院得有任何训令。故仍本十二月十日之行政院决议解释其本身之任务如左:

一、审查中日间之争议(包括此项争议之原因、发展及在调查时之现状)

三、考虑中日争议之可能的解决办法(务须对于两国之根本利益予以调和)

调查团对于其自身使命所具之概念

调查团工作及旅程之纲领,以及报告书之计划,均决于该团对于其自身使命所具之概念,其概念如次:

(一)中日两国在满洲之权益,实为此次争议之根本原因,调查团对于此项权益,曾加以叙述,以作此次争议之历史背景。

(二)对于争议发生前、最近发生之特殊争端,加以考察,并对一九三一年九月十八日以后事件进展之情况,加以叙述。在研究此项争议之过程中,调查团声明,对于已往行动之责任坚持较轻,而对于寻求防止将来再发生此类行动之方法,坚持较重。

(三)最后调查团对于各项争执点加以考虑,并依据调查团认为足以永久解决此次冲突,并恢复中日间好感之原则,提出建议数条,而报告书即告结束。

旅程

在未达满洲以前,调查团曾与中日两国政府及代表各方意见之人物,发生接触,以求确定各方利益之性质。调查团于二月二十九日行抵东京,三月十四日至二十六日停留于上海,三月二十六日至四月一日在南京,再在中国续行,于四月九日抵北平。然后前往满洲,在该地勾留至六月四日,历时六周。中间曾巡视该地各重要城市,最后调查团于六七两月中再度赴北平、东京各一次后,即于七月二十日留居北平,而在该地从事于报告书之起草。

现时争执之背景——第一、第二、第三章说明

九一八沈阳事变之发生,乃历年轻微冲突之结局,足以显出中日关系日趋紧张。如欲彻底了解两国间最近争议之真相,必须明了最近两国间之关系,例如中国民气之发达,日本帝国及旧俄帝国之拓展政策,最近苏联共产主义之广播,中日苏三国经济及国防策略上之需要。凡此诸端,皆认为研究满洲问题之重要事实。九一八以前中日两国在满洲之若干主要交涉,亦有叙述之必要。盖必如此,然后可以确定满洲何以成为争议之集点,以及将来彼此争议平息,双方根本利益如能真正调和,为求此项争议永久解决起见,何种问题值得研究。

第一章　中国近年发展之述要

支配中国之重要原素,即为中国自身徐徐之进行之近代化。今日之中国,乃系一正在演进之国家,其国家之一切生活均在在显出一过渡之现象。政治上之波澜内战,社会及经济上之不安,以及其相缘而生之中央政府之脆弱,均系为一九一一年革命以来中国之特殊现象。凡此种种情形,均足使彼与中国发生接触之各国,蒙受不利之影响,而于其改善以前,又必将继续威胁世界之和平,以构成世界经济不景气之一原因。本章将酿成此种种现象之过程,简单申述。如满清之推翻,民国首数年之情状,一九一四、一九二八年间之内战与政潮,孙中山先生之组织国民党,一九二七年南京中央政府之成立,中央政府与其反对分子之竞争,共产主义在华之发展,以及中央政府在中国南部与共党组织之冲突,均有简要之陈述。

由该项简要之陈述以观,即可知分离力之在中国,现仍具有权威。此等不能黏合之原因,则以大多数民众,除于中国与外国间呈极度紧张状态时,均系测量于家族或地方观念,而不重国家观念。现在虽已有若干领袖,不复拘拘于此种狭囿之思想,但欲有真正国家之统一,则必以大多数民众具有国家观念为前题(提)。

至于在中国之共产主义,则又与他国之情形不同。盖共党主义之在中国,并非如在他国仅为一种政治上之主义,为若干现存政党中之党员所信仰,亦并非一种特别政党之组织,冀与其他之政党争夺政权。中国之所谓共党,则实系对国民政府,为实际之对抗者。不特此也,由共党战争所产生之扰乱,则更因中国正在内部改造之困难时期,而增加其严重。过去十一月间,且更因特别重大之外患,而愈增其纠纷。盖共党问题之在中国,实与一较大之问题,即国家改造之问题,有不可分离之关系。

中国当此过渡时期具有此不能避免之政治的、社会会、智识的及道德的种种紊乱情形,虽不免使友邦失望,且产生忿恨之念,足以为和平之危险。调查团却认为虽有此种种困难、迟滞与失败,中国方面实已有许多之进步。试将现在中国之情况,与一九二二年中国之情况,两相比较,即可知此言之非诬。现在中国中央政府之权力在若干省分,固仍属薄弱,但中央政权要并未被否认,至少要未被明白否认。如果中央政府,能照此维持,则各省行政、军队及财政,要均可逐渐使其具有国家性质。总之,现政府对于改造之努力,虽不免有若干之失败,实已有甚多之成就。

现代中国之民族主义固系其经过此过渡时代之正当的现象,良以一国国民,既有国家统一之觉悟,则当然具有一种对外解放之愿望。但在中国,则于此种愿望之外,因有国民党之势力,遂更引入一种极力反对外国势力之不规则的色彩。本章即申述中国民族主义中所包含之重要的要求,以及各国对于此种要求之态度(而尤以关于领事裁判权之放弃及其对于维持中国法律秩序之关系为尤详)。中国前于华盛顿会议时,即早已踏入以国际合作解决中国困难之途径,果克遵循此途,继续迈进,则自华会以来之十年中,中国殆早已可有具体之进步。惟不幸因排外宣传之热烈，遂顿使进步迟滞。其中如经济抵制，及将排外宣传导入学校两事，进行太猛，遂以造成本案发生时之特殊空气。

日本为中国最近之邻邦，且为其最大之顾客，其因中国游行之情形所遭逢之损害，自较其他之各国为巨。不过此项问题，虽使日本受有较他国更巨之影响，要非仅为一中日问题，且也现在之极端的国际冲突，如能由国联予以满意之解决，则正可使中国相信国际合作政策之利益。此项国际合作之政策，固系导源于华盛顿，而于一九二二年发生极优良之影响者也。

第二章　满洲之状况及其与中国其他部分及俄国之关系

本章叙述一九三一年九月前满洲一般的状况，及其与中国其他部分反俄国之关系。称东三省为一广大膏沃区域，四十年前，几未开辟，迄今人口仍形稀少。对于解决中日人口过剩问题，极占重要位置。河北、山东两省之贫民，移殖于东三省者，以数百万计。日本则将其工业品及资本输入满洲，以换取食粮及原料。若无日本之活动，满洲不能引诱并吸收如此巨额人民。若无中国农民及工人之源源而往，满洲亦不能如此迅速发展。但满洲虽极需要合作，因有前述理由，初则成为日俄竞争区域，继则成为中国与其两强邻之冲突地方。

当初中国对于发展满洲，甚少努力，几令俄国在该处有管辖之权，即在朴资茅斯条约重新确认中国在满洲之主权后，在世界人士眼光中，仍认日俄两国在东三省之经济活动，较中国本身为显著。同时中国数百万农民之移殖，确定该处将来永为中国之所有。当日俄国致力于划分利益范围时，中国农民即占有土地，故目下满洲之属中国，已为不可变易之事实。自一九一七年俄国革命后，中国对于东三省之管理及发展，开始积极进行，近年来更欲计划减削日本在南满之势力。此种政策，使冲突益形扩大，至一九三一年九月冲突达于顶点。

本章又叙述张作霖及张学良时代对于满洲之政策及统治状况。张作霖屡次对于北京政府，宣告独立，但此种宣告，并不表示张氏或满洲人民愿与中国分离。其军队入关，不能与外兵侵略相比拟，实则不过参加内战耳，在一切战争及独立时期中，满洲仍完全为中国领土。张作霖深盼中国之归于统一，其对于日俄两国利益范围之政策，证明若彼能将两国在该处之势力加以肃清，彼必为之。对于苏俄之利益范围，几乎告厥成功。并提倡建筑铁路政策，其结果即将南满铁路与其若干供给食料区域之联络切断。自张作霖神秘被害案发生后,张学良不顾日本之劝告,与南京方面及国民党更为密切联络,一九二八年十二月宣告服从中央政府。实则在满洲之武人统治制度依然存在,与从前无异,但在国民党势力之下,党义宣传及抗日活动,更为紧张。

一九三一年九月前关于东三省滥用私人,官僚腐化及行政窳败之普遍状况,调查团获得重要的申诉。但此种情形,不为东三省所独有,在中国其他各部亦有同样状况,或且过之。虽有上述行政上之弊病,但在中国亦有数处地方,努力改良行政,其成绩颇有可观,在教育市政及公用事业方面尤多进步。其更可特别留意者,在张作霖及张学良统治时代,关于满洲中国人民及利益,其经济富源之发展及组织,较从前确有显著之进步。

本章复叙述自订立建筑中东铁路合同及一八九六年同盟协约后,所有俄国及满洲经过情形之各阶段。一八九八年租借辽东半岛于俄国,一九〇〇年俄国占据满洲,日俄战争及朴资茅斯条约,一九一七年俄国革命,及一九一八年至一九二〇[年]协约各国对俄干涉在满洲之影响,一九二四年之中苏协定,张作霖对于苏俄利益采取侵略政策之事变,一九二九年苏俄武力侵入满洲北部,及使中俄恢复原状之一九二九年十二月伯力议定书,均一一叙述。最后一九〇五年后日俄关于满洲问题之关系,亦加以说明

自朴资茅斯条约至俄国革命时期,日俄在满洲之协调政策,因俄国革命及协约出兵西伯利亚而终止。加以苏维埃政府态度对于中国民族希望与以猛烈的兴奋,日本或认苏维埃政府将拥护中国恢复主权之奋斗。此种进展,使日本对于俄国旧有之忧虑,又复发生北满边境外进入危险之可能,常使日本不能忘怀。北方共产学说及南方国民党反日宣传,或相联络,益使日本渴望在两者之间,介以一与两者不生关系之满洲。近年来苏俄在外蒙古势力之扩张,及中国共产党之发展,均使日本忧虑日益加增云。

第三章 一九三一年九月十八日以前中日关于满洲之争执

本章叙述一九三一年九月十八日以前,中日间关于满洲之主要争执。近二十五年来,满洲与其余中国部分关键益密,而同时日本在海淀区之利益,亦逐渐增加。满洲之为中国之部,本无待证明,惟在此部分之内,日本得有非常权利,且是项权利,限制中国主权之行使至一种程度时,使中日两国不得不发生冲突。是项权利,根据于继朴资茅斯条约而订阅之一九〇五年中日会议东三省事宜条约。一九一五年之条约,即所谓"二十一条"者,以及各种铁路合

同。试检阅是项权利之细目,即知在满洲境内,中日间政治、经济、法律关系之非常性质矣。如斯情势,世界各国无可比拟。一个国家,在邻国领土内,竟能享受范围如此广大之经济及行政权利,可谓绝无而仅有矣。此种情势,只有在两种条件之下,或者可以维持而不至引起不断之纷争。其条件维何?其一即出于双方自由志愿,并同意承受;其一即出于双方在经济、政治事项上,曾经详细考虑之合作政策。非然者,其结果决不能免于冲突也。

本章并叙述从一九三一年九月以前,数年来中日两国政府之态度,及政策上表现之中日在满洲根本利益之冲突。中国认满洲为粮食策源地,及国防第一线。而日本之态度,则异是,日本要求在满洲享有特殊权利。过去历史及情绪之联想、战略之成见,经济利益、爱国观念、国防心理,与夫条约上特殊之权利,凡此种种,皆造成日本要求满洲特殊地位之原因也。是项要求,与中国主权冲突,并与国民政府减少外人现有之特殊权益及抑止是项权益,将来扩充之企图,亦不能相容。而日本所持享有特殊利益,谓为维持满洲之和平秩序起见,遇必要时,日本有干涉之权者。

是项双方态度及政策之根本冲突,遂引起两国当局关于有效或认为有效之各项复杂条约之解释及适用上之种种具体争执。是项争执中之较重要者,在本章内曾经分析列举,如关于一九〇五年中日会议东三省事宜条约之争执、并行线问题、关于各种铁路合同之争执、关于一九一五年条约之争执,如日本人民在满洲居住及商租土地权、南满铁道地带内之行政权、领馆警察行使某种权力,朝鲜人民之地位等皆是也。至一九三一年,而中日两国间关系益呈紧张,万宝山案、朝鲜暴动排斥华侨案、中村大尉被杀问题等,于是联翩发生,非偶然也。

一九三一年八月杪,中日间关于满洲之关系,因种种纠纷与不幸事件,而紧张至于极度。双方抗争,各有是处,亦曾用外交常用之方式,企图解决种种问题。但因长时间迁延不决之故,日本方面竟不复再能忍耐,尤以日本军界为甚,当时曾要求中村案立刻解决。军人团体,如帝国在乡军人会鼓动日本舆情,尤为有力。于是解决一切中日悬案必要时用武力解决等口号,遂嚣腾于日本民众之口矣。

第四章　一九三一年九月十八日以后满洲事变之叙述

第四章叙述此种日益增长之紧张情形,如何达到九月十八夜之爆发。关于九月十八夜之事变,中日两方持论不同,互相抵触。调查团尽量接见在事变发生时,及在事变发生不久以后旅居沈阳各外籍代表,包括报馆访员,其结果得下列之结论。

关于九月十八日沈阳事变之结论:"中日双方军队感情之紧张,无待疑义。"(此节述报告书原文)"依据调查团所得种种确切之说明,则可知日方系抱有一种精密预备之计划,以因应该国与中国方面万一发生之敌对行为。"

"一九三一年九月十八夜,该项计划曾以敏捷准确之方法实行之。"

"中国方面依照其所奉训令,是无进击日军,亦并无在特定时间及地点,危害日侨生命财产之计划。对于日本军队,并未作一致进行或曾经许可之攻击。日方之进攻,及其事后之军事行为,实出中国方面意料之外。"

"九月十八日下午十时至十时三十分之间,在铁路上或铁路附近,确曾有炸裂物爆发之事。惟铁路即使受有损害,但事实上并未阻碍长春南下列车准时之到达。且即就铁路损害之本身而论,实亦不足以证明军事行动之正当。"

"是晚日方之军事行动,不能视为合法自卫之办法。""惟当地官佐,或以为彼等之行为,系出于自卫。调查团说明上开各节时,并不将此项假定,予以摈斥。"

后来之军事行动,本章继述日本军队在满洲之配置,及其在九月十八夜及以后之行动。凡关九月十八日至十九日长春之占领,九月二十一日吉林之占领,十月八日锦州之轰炸及起自十月中,终于十一月十九日日军占领齐齐哈尔之嫩江桥战事,均有详细之溯述。其时天津又于十一月八日及二十六日发生事变,关于该项事变之陈述,颇有参差,且不明了。本报告书中,则解释此项事变,对于东省情况之影响。并述久寓天津日租界之废帝,潜赴旅顺,又叙明一九三二年一月三日锦州被占之经过。

本章复继续追述日军在北满之军事动作,包含今年二月五日哈尔滨之被占,直叙至本年八月底之军事动作为止,其中会详叙在东省各地之混战。此项战地,大率仍为中国正式军队及非正式军所占有,由日军及伪组织军队与之对峙。调查团对于此项战事,认为无法叙述其确切状况。良以中国当局,关于是项仍以东省与日军对峙之军队,当然不愿露泄确切之情报。而日本方面,则对于此等仍与日军为敌之军队之数目与战斗力,则又喜故意为之贬损也。

一九三二年九月初间之军事状况。调查团并表示在最近之将来满洲之一般状况,能否预期其变更,殊觉不能遽断,在报告书脱稿之际战事尚在继续且蔓延甚广。至关于辽势边境之军事动作,该报告书以为该地战区之推广,实为难于逆料之事,不可不计虑者也。

第五章 上海

本章叙述自二月二十日起,迄日本军队最后撤退时止之上海战事,国联所派领团委员会亦于此结束其报告。调查团谓该团于三月十四日抵上海实一机会,盖以职务言,虽可无庸继续领团委员会之工作,亦不必对此地方事件作特别之审查,但既已抵沪对于和缓空气之造成或亦不无裨益。调查团分析中日双方最后签订之协定后,曾表示意见,谓上海事件对于满洲形势确发生重大影响。因中日战事深入全国人心,结果使中国抵抗之心愈坚。同时在满洲□方自接上海消息后,顿使现在散处各地之抗日军队精神为之一振。本章末段叙述一九三一年二月一日之下关日舰开炮事件,此案中日双方报告大相径庭。

第六章 "满洲国"

本章叙述"满洲国",分为三部:第一部"新国成立之经过",首述日本占领沈阳后所发生之混乱情形,次述沈阳及各省秩序及行政之逐渐恢复,又次述"新国"之成立。废帝溥仪之被命为临时执政,三月九日在长春就职之典礼,及"满洲国"组织下之一切法令。此段以下列文字作结束。

"自一九三一年九月十八日以后,日本军事当局之行动,在军事民事上均以政治作用为目标,逐步以武力占领东三省,由中国治权之下,递次夺去齐齐哈尔、锦州、哈尔滨,最后并及于所有满洲境内之重要城市,并在每次占领之后,即将该处行政机关改组。由此可知在一九三一年九月以前,满洲毫未闻有独立运动,其所以有此运动者,乃日本军队在场所致也。"

"一群日本文武官吏,现任与退职者均有图谋组织,并实施此项运动,以为解决九月十八日以后满洲局面之办法。"

"以此为目的,该员等利用某某等华人之名义及行动,又利用不满以前政府之少数居民。"

"由此亦可知日本参谋部最初或不久已知可以利用此项独立运动,因此该部对于独立运动之组织者,予以援助及指挥。"

"以各方面所得之一切证据而论,本调查团认为'满洲国'之构成,虽有若干助成份子,但其最有力之两种份子,厥为日本军队之在场及日本之文武官吏之活动。盖以本调查团之判断,若无此二者,则'新国'决不能成立也。"

"基于此理由,现在之政权,不能认为由真正及自然之独立运动所产生。"

本章第二部述现在之"满洲国"政府由基本法及行政立场上,详察其组织并及于财政、教育、司法、警察、陆军、金融情况等等,又述如何接收盐政、海关及邮政之情形,最终乃列入调查团对于本案之评判。在此段中调查团宣称,"满洲国"政府之计划列有若干开明之改革,基实行不仅利于满洲,即中国之其余部分亦属相宜,而在事实上此种改革,已多见于中国政府计划之中。然调查团意见,以为"满洲国"实施此种改革计划之时期虽短,及对于其已施步骤虽已予以相当注意,然仍认为并无象征足以证明该"政府"在事实上能实施甚多改革。例如业经颁布之预算及钱币改良计划,其实施之前途似有严重之阻碍。在一九三二年之不安定及扰乱情形之下,彻底的改革计划、安定情况及经济繁荣,决难实现。至于该"政府"其各部名义上之领袖虽系住居满洲之中国人,但其重要之政治行政权,则仍操诸日本官吏及日人顾问之手。该"政府"之政治的行政的组织,不仅予此项官吏及顾问以供献技术上意见之权,抑且予以实行管理及指挥行政之机会。此辈固不受东京政府之训令,其政府亦非与日本政府或关东军司令部之政策常相符合,但遇重要问题时,该官吏与顾问于新组织成立之初期,稍有自主行动之能力者,已渐受胁迫,遵照照日本当局意旨行事。此当局因其军队占领满洲土地,而"满洲国政府"又依赖该军队维持其对内对外权威。同时"满洲国"管辖下之铁路,又委托南满铁路株式会社代行管理。最后又以有日本领事驻在各重要城市,以通声气。以故无论遇何事机,彼日本当局者均有运用绝大力量之方法。"满洲国政府"与日本当局间之联络,新近因派遣专使更觉密切。此专使虽未正式授权,但已驻在满洲都城,以关东租借地总督之名义管辖南满铁路株式会社,同时兼行外交代表领事及驻军总司令之职权。"满洲国"与日本之关系前此颇不易解说,但据调查团所得之最近消息,日本政府有不久即将此项关系加以确定之意向。今年八月二十七日日本代表曾致函调查团,谓武藤专使已于八月二十日离东京赴满洲,抵满后,即与"满洲国"开始谈判,缔结日本与满洲间之基本友谊条约。日本政府认此项条约之缔结,为对"满洲国"之正式承认。

本章第三部分论及满洲居民对于"新国家"之态度,调查团首说明在当时情况之下,搜集此项证据颇多困难,良以因防范实在或想像的危险而加诸调查团之特殊保护,颇足使一般证人望风却走。诸多华人,甚至有不敢与调查团团员一面者,以故与各界接谈,殊匪易易,非秘密约会不可。然调查团仍排除万难,除与各官长公开谈话外,仍得达到与商人、银行家、教员、医师、警察、职工等私人谈话之目的。

调查团并曾接到书信一千五百余件,其中有亲手交来者,但大多数系由邮局展转递到。如此得来之消息,均于可能范围内,向中立方面加以复证。调查团次解释其所接触之各群民众之心理状态,最后下一结论谓少数团体间或有拥护"满洲国"者,但"一般华人均异其趋,此所谓'满洲国政府'者在当地华人心目中直是日人之工具而已"。

第七章 日人之经济利益与华人之经济绝交

本章对于中日间之斗争,认为不仅属于军事性质,抑且属于经济性质。中国以抵制货物船舶既银行等事,为反抗日本之武器,其目的在与日方完全断绝经济及财政之关系。

调查团于既经指出日本以发展工业及输出制成物品为解决日本人口问题主要方法之一,并经调查日本之在华经济与财政利益后,即进行研究经济绝交之运动。调查团以为华人所用之经济绝交,系导源于一世纪以来之习惯,其因此所得之训练及心理态度,与国民党所代表之现代民族主义相混合,遂以构成今日经济绝交之运动。其影响中日关系自物质与心理两方面观察,俱甚重大。

结论

调查团已得有结论,以为华人之经济绝交,既属普遍,且有组织,发端于强烈之民族情绪,而强烈之民族情绪又从而鼓舞之。然此项经济绝交,有团体主使之指挥之,该项团体能发之亦能收之,且有威吓之方法以实行之。在组织方面,虽包括多数个别团体在内,而重要支配之机关,厥为国民党。至关于经济绝交之方法,调查团声明非法举动常所不免,但于此对于直接反对日本侨民之举动,与意在损害日人利益因而反对违背经济绝交章程之中国人民举动,二者要应分别观察。第一种之情事,与往昔之经济绝交相比,现已较为少见。而第二种之情事,则层见叠[迭]出。调查团之意见,以为中国政府因未曾充分制止此种运动,且对于经济绝交运动,并曾予以某种直接援助之故,应负责任。调查团并未提议谓政府机关援助经济绝交之运动,系属不正当之事,但仅愿表面出之者,即官方之鼓励不无含有政府之责任耳。中国政府宣称,经济绝交系抵御强国武力侵略之合法武器,尤以在仲裁方法未经事先利用之事件中为然。此说就调查团之意见引起一性质更广之问题,中国人民在不以越出国家法律范围之条件下其个人拒绝购买日货,或以个人行动或团体行动宣传此项意见之权,无人可予否认。然而单独对于某一国家之贸易,实行有组织之抵制,是否合于睦谊,抑或与条约义务不相抵触,乃系一国际法之问题,而不在调查团调查范围之内。为举世各国之利益计,调查团希望此项问题,应及早加以讨论,并以国际协约加以规定。

本章结论称,以中日贸易之互相依赖,及双方之利益而言,经济接近,实有必要。但两国间政治关系一日不圆满,以至于一方采取武力,一方则采取经济抵制力量以相扼持,则一日无接近之可能。

第八章　在满洲之经济利益

本章简单讨论在满洲之经济利益,注重中日两国关于此项利益之详细研究,另有特别说帖,附于报告书之后。该项说帖,涉及种种问题,如投资日本与满洲之经济关系、中国与该区之经济关系、日本移民于满洲之机会、中国移民于满洲之影响、铁路与货币问题等等。调查团于本章中表示深信中日两国,在满洲之经济利益,就其本身离开近年来政治事件而言,应入于互谅合作之途,不应发生冲突,欲求满洲现在富源,以及将来经济能力之充分发展,双方修好,实为必要。

调查团并声明门户开放之原则,不独就法律观点言,即就实际观点言,要均必须维持。此项原则之维持,乃日本、满洲及中国其他各部之福也。

第九章　解决之原则及条件

前章之复述中日问题之本身,用公断方式,非无解决之可能,然因各该国政府处理此问题,尤以满洲问题为甚,使两国关系益致恶化,遂致冲突迟早不能避免,业为本报告书之前数章述明。中国乃一由政治上之纠纷,社会上之紊乱,与因过渡时代所不可避免之分裂趋势而进展之国家,亦经大概叙及。日本所主张之权利与利益,如何因中国中央政府权力薄弱,致受重大之影响,及日本如何急欲使满洲与中国政府分离,亦经阐明。试稍一研究中俄日三国政府在满洲之政策,即可知以前东三省地方政府,虽对中国中央政府宣布独立,非仅一次,特其人民悉与中国人,固未尝有与中国脱离之意。最后,吾人曾悉心详查自一九三一年九一八以来之真确事件，并曾发表吾人对此之意见。

问题之复杂

现在吾人可对于过去之感想作一结束，而集中注意点于将来。凡阅过前章者，并不如寻常所拟议者之简单，实则此项问题，异常复杂，而惟深悉一切事实及其历史背景者，始足以表示一切正确之意见。良以此案既非此国对于彼国，不先利用国际联合会盟约所定和平处理之机会，而遽行宣战之事件，亦非此一邻国以武力侵犯彼一邻国边界之简单案件，实因满洲具有许多特点，非世界其他各地所可确切比拟者也。

此项争议，系发生于国际联合会两会员国间，涉及领土之辽阔，与法德两国相埒。双方均认有权利与利益于其间，而其权益中为国际公法所明白规定者，仅有数端耳。又该领土在法律上，虽为中国不可分之一部，其地方政府实具充分自治性质，得与日本直接谈判事件，而此类事件，乃冲突之根源也。

满洲情况非他地所可比拟

日本管有一条铁路，及由海口直达满洲中心之一段土地，约有一万兵保护该地。日本并主张依照条约，于必要时有增兵至一万五千之权。对于在满洲之日侨，亦行使其本国裁判权，领事、警察之设置，遍于东三省。

解释之不同

上述各节，为辩论此问题者所必须考虑，其事实为未经宣战，现有一大部分地面向为中国领土显无疑议者，竟为日本武力强夺占领。且因此种行为，使其与中国分离，并宣布独立焉。此案经过所采之步骤，日本谓为合于国际联合会盟约、非战公约及华盛顿九国公约之义务，而实则各该约之意义，正在防止此种行为，且此种行为，开始于提出报告于国际联合会之初，而完成于嗣后之数月。乃日本政府，以为此种行为，与其代表在日内瓦九月三十日及十二月十日所提出之保证相符合。为此项行动作辩护者，谓一切军事行动，为合法之自卫运动。该项自卫权利，在上述各项国际条约中，既均有包含，即国联行政院亦未有任何决议，加以取消。至于替代中国在东三省之行政组织之新组织，则谓系当地人民之行动，自愿独立，而与中国分离另组政府。此种真正之独立运动，自不为任何国际条约或任何国联行政院之决议所禁止，且是项事实之发生,已将九国公约之引用,予以重大之改易,并将国联正在调查事件之性质,完全变更。此种辩护论调,实使该项冲突,顿形复杂与严重。本调查团之任务,并不在就该案作辩论,但欲设法供给充分之材料,使国联能得一适合于争议国双方之荣誉尊严暨国家利益之解决办法,仅恃褒贬,不足以达此目的,必须从事于调解之切实努力。吾等曾力求满洲事件过去之真相,而坦白说明之,并承认此仅为一部分之工作,且非最要部分。我等在调查期间,曾迭告双方政府,愿以国联之力,助两国调解争端,且决定向国联建议,以适合于公道与和平之办法,保持中日两国在满洲之永久利益,不能认为满意之解决办法。

(一) 恢复旧状

由上述各节观之,可以明了如仅恢复旧状,并非解决办法,因此次冲突,原系发生于在去年九月前所存在之各种情形之下,故今日如将各该情形恢复原状,亦徒使纠纷重见,是仅就该案全部之理论方面着想,而未顾及其局势之真相者也。

(二) 维持"满洲国"

从前述两章观之,维持及承认满洲之现在政体,亦属同样不适当。因我等认为此种解决办法,与国际义务之主要原则不合,并与远东和平所系之两国好感有碍,且违反中国之利益,不顾满洲人民之愿望。兼之此种种办法,日后是否可以维护日本永久之利益,亦尚属疑问。满洲人民,对于现时政体之情感如何,可无疑义。

中国亦决不愿接受以东三省与本国完全分离之办法,作为一种最后之解决,即以远处边陲之外蒙古与满洲相比拟,亦欠切当。因外蒙古与中国并无经济上与社会上之密切关系,且人口稀少,大部分均非汉人。而满洲之情形,则与外蒙古大异,现今在彼方耕种之数百万汉人,竟使满洲成为关内中国之天然延长。且从种族文化及国民性情各方面言之,东三省之中国化程度,直使其与其邻省河北山东无异,因其大部分之移民,均来自该两省也。

且就已往之经验,可以证明从前在满洲当局,曾对于中国其他各部——至少华北——之事务有重大之影响,且占有毫不容疑之军事上与政治上之便利。无论在法律上或事实上将该省等自中国他部割离,日后恐将造成一严重难解之问题,使中国常存敌意,并或将引起继续抵制日货之运动。本调查团曾接到日本政府关于该国在满洲重大利益之明晰而有价值之声明书,关于日本对满洲经济上之依赖,前章已经论及,本调查团不必再为辅张。本调查团亦不主张日本因经济关系，而得享有经济，甚至政治管理权，但吾人仍承认满洲在日本经济发展上之重要性。日本为该国经济发展之必要，要求建设一能维持秩序之巩固政府，吾人亦不以为无理。但此种情况，惟有一合于当地民意，而完全顺首彼等之情感及志愿之管理机关，始能切实担保。否人更信惟有在一种外有信仰、内有和平，而与远东现有情形完全不同之空气中，为满洲经济迅速所必要之投资，始可源源而来。

现虽有人口过剩增加之苦，日本似尚充分使用其现有之便利，以从事于移民。日本政府迄今尚无大规模移民满洲之计划，但日本确欲利用再进一步之实业计划，以谋农业危机及人口问题之解决。此种实业计划，需要更大经济出路，而此种广大而比较可靠之市场，日本仅能在亚洲尤其在中国始能获得，即全中国市场亦在需要之列。而中国之巩固与近代化，自能使生活程度抬高，因而使贸易兴奋，并增加中国市场之购买力。中日间此种经济之接近，固与日本有重大之利益，与中国亦有同等之利益。盖中国借此经济上及技术上与日本合作，可获得建设国家主要工作上之助力。中国若能抑制其国家主义难堪之趋势，并俟友好关系恢复后，切实担保有组织之抵货运动，不再发生，则于此项经济接近大有裨助。在日本一方面，若不用使中国友谊及合作成为不可能之方法，以图谋使满洲问题脱离中日全部问题而单独解决，则此项经济接近，亦当易于实现。

使日本决定其在满洲之动作及政策者，经济原因，或较次于其切身安全之顾虑，尤其日本文武官员，常谓满洲为日本之生命线。常人对于此种顾虑，可表同情，并欲谅解其人因欲预防万一，而不惜冒重大责任之行动与动机。但日本欲谋阻止满洲被利用为攻击日本之根据地，并欲于满洲边境被外国军队冲过之某种情形下日本得为适当之军事布置。吾人对此种种，固可承认，然吾人仍不无怀疑者，无期限之军事占据满洲，致负财政上之重责，是否为抵制外患之最有效方法耶。设遇外患侵袭之时，日本军队受时怀反侧之民众包围，其后有包含敌意之中国，试问日本军队能不受重大之困难否耶？为日本利益计，对于安全问题，变可考量其他可能的解决方法，使更能符合现时国际和平机关之基本原则，并与世界其他列强间所缔结之协定相类似。日本甚或可因世界之同情与善意，不须代价而获得安全保障，较现时以巨大代价换得者为更佳。

国际利益

中日两国以外,世界其余列强对中日争议,均有重大利益,亟应维持。例如现行各种多方面条约,前已提及。又此问题之真正之及最后之解决,必须适合世界和平机关所依据之根本条约。再华府会议,各国代表所提出之主张,现仍有效。列强现时所持之权利主张与一九二二年时同,即仍以扶助中国建设,维持中国领土主权完整,为保持和平之必要条件,各种分解中国之行为致必立即引起国际间之竞争。此种国际竞争,如与相异的社会制度间之冲突,同时发生,则将更形激烈。要之,对于和平之要求,在世界各地皆然。倘国联规约及非战公约原则之实施,在某地失其信仰,即在世界任何处所,皆减少其价值及功能。

苏联之利益

调查团对于苏联在满洲之利益范围,未能获得直接之报告,而苏联政府对于满洲问题之意见,亦未能臆断。但虽无直接报告,而苏联在满洲之举动,及在中东路暨中国国境外北部及东北部领土上之重要利益,均不容忽视。故解决满洲问题时,倘忽略苏联之重大利益,则此项解决不能必持久,且将引起将来和平之决裂,事极显然。

结论

倘中日两国政府均能承认彼此主要权利之性质,并愿在彼此间维持和平树立睦谊,则上述各节,足以指示问题之解决途径。至恢复一九三一年九月以前状态之不可能,前已述及之矣。一种满意合式之制度,必须就现有制度改进,不能采极端变动。我人将在次章提出若干种建议,以贯彻斯旨。兹先规定适当解决所采之原则于下。

适当解决之条件

(一)适合中日双方之利益。双方均为国联会员国,均有要求国联同样考虑之权利,如某种解决,双方均不能取得利益,对于和平前途,毫无善果。

(二)考虑苏联利益。倘仅促进相邻二国间之和平,而忽略第三国之利益,则匪特不公,亦且不智,更非和平之所要求。

(三)遵守现行多方面之条约。任何解决,必须遵守国联盟约、非战公约及华盛顿九国公约之规定。

（四）承认日本在满洲之利益。日本在满洲之权利及利益，乃不容漠视之事实，倘某种解决不承认此点，或忽略日本与该地历史上之关系，亦不能认为适当之解决。

（五）树立中日间之新条约关系。如欲免除将来冲突，及恢复相互信赖与合作，宜将中日两国之权利利益与责任，在新条约中重加声叙。此项条约，应为双方同意之解决纠纷办法之一部分。

（六）解决将来纠纷之有效办法。为补充上开办法，以图便利迅速解决随时发生之轻微起见，有特订办法之必要。

（七）满洲自治。满洲政府之改组，应于无背于中国主权及领土完整之范围内，使其享有自治权，以求适合于该三省之地方情形与特性。新民政机关之组织与行为，务须具备良好政府之要件。

（八）内部须有秩序，并须安全，以御外侮。满洲之内部秩序，应以有效的地方宪警维持之。至为实现其足御外侮之安全起见，则须将宪警以外之军队扫数撤退，并须与关系各国订立互不侵犯条约。

（九）掖励中日间经济协调之成立。为达到此目的，中日二国宜订新通商条约。此项条约之目的，须为将两国间之商业关系，置于公平基础之上。并使其与两国间业经改善之政治关系相适合。

（十）以国际合作，促进中国之建设。中国政局之不稳定，既为中日友好之障碍，及其他各国所关怀。远东和平之维持，既为有关国际之事件，而上述办法，又非待中国具有强有力之中央政府时，不能实现。故其适当办法之最终要件，厥惟依据孙中山博士之建议，以暂时的国际合作，促进中国之内部建设。

上述办法实行后结果之一预测。现在情势之改变，如能包括上述意见，及满足上述条件，则中日二国当可将其困难解决，而两国间之密切谅解及政治合作之新时代，或将由此开始。如二国间不能成立协调，则无论具有何种条件之解决办法，必将毫无效果可言。即在险象横生之今日，而上项新关系之能否出现，仍难预期，是则吾人所不容讳言者。少年日本，现正力主对中国采取强硬政策及在满洲采取彻底政策。凡为此项主张之人，靡不对于九一八以前之延宕政策以及搔不着痒处之手段，表示厌倦。

彼辈现甚急躁及缺乏耐心，以求其目的之达到，现在日本一切适当方法，亦尚在寻求中。经与主张积极政策最力之辈（就中尤曾于一般具有确定不移之理想,及对之终身拳拳服膺,甚而至于身任树立"满洲国"之奇巧工作之先锋而亦不恤者,加以注意。),接近之后,本团遂不得不承认此问题之核心。自日人方面言之,纯为日人对于新中国之政治发展,及此种发展之未来趋势,表示焦虑。此种焦虑,已使日人采取种种以编制上项发展与左右上项趋势为目的之行动,俾日人之利益,得以安全,及其帝国国防战略上之需要,得以满足。但日本舆论,已有一空洞的觉悟,深知日本对满洲及对满洲以外之中国,纯无采取两个分离的政策之可能。是故纵以满洲之利益为主眼,日人亦或可对于中国民族精神之复兴,表示同情的欢迎,亦或可视之为友,引导其进程,而畀之以帮助。但使日人此举足使中国不另乞外援,则日人已乐出此也。

中国有识之士,既已承认建设与近代化为该国之根本问题,变该国之真正国家问题,则彼等不能不确认此种业已开始,且有如许成功希望之建设,及近代化政策之完成,实有赖于一切国家培植友好之关系,而与彼在咫尺之大国,维持良好之关系,尤属重要之在政治上及经济上,中国均需要列强之合作,而日本政府之友善态度,及在满洲方面之经济合作,尤为可贵。中国政府,应将基于新唤醒之民族主义之一切要求——即使正当而且急切——置于此种国家内部建设之最高需要之下。

第十章 审查意见及对于行政院之建议

向中日两国政府直接提出解决现时争议之建议,非本调查团之职责,但为便利两国间目前争议原因之最后解决,引用白里安向行政院说明组织本调查团之决议时所用之言,本调查团特于此将研究结果,建议于国际联合会,以为联合会适当机关起草提交争议国之确定方案时之帮助。此项建议之用意,在表明前章所设条件以足适用之一端耳。建议性质,仅涉及广泛之原则。至于细目,则留待补充。如争议国愿意接受基于此种原则之解决方法时,仅有修正之余地。假令日本在日内瓦方面尚未考虑本报告以前,已经正式承认"满洲国",此为不容忽视之可能的事实,吾等工作决不因此而丧失其价值。吾等深信报告书所载建议,对于行政院,将未为满足中日两方在满洲之重大利益,而为之决定向两国所为之建议,将有所裨助。

吾等以此为目的,故一方面顾及国联原则,及关于中国一切条约之精神及文字以及和平之普遍利益,而在另一方面,仍不忽视现存之实况,及正在演化中之东三省行政机关。为世界和平之最高利益计,无论将来将发生若何之事态,行政院之职责终将为决定如何始能使本报告中之建议,推行并适用于现在发展中之一切事件,以期利用现正在满洲酝酿之一切正当势力,或为理想或人力或为思想或行动,借谋获得中日间长久之谅解。请当事双方讨论解决办法,首先建议国联行政院,应请中国政府暨日本政府,依照前章所示之纲领,讨论两国纠纷之解决。

顾问会议

此项邀请,如经接受,第二步即应及早召集一顾问会议,讨论并提出详密之建议,设立一种特殊制度以治理东三省。

此项会议,可由中日两国政府之代表,暨代表当地人民之代表团两组组成之。该两代表团,一由中国政府规定之方法选出,一由日本政府规定之方法选出之。如经当事双方同意,亦可得中立观察员之协助。如该会议有任何特殊之点不克互相同意时,该会议可将此意见参差之点,提出于行政院。行政院对此,当设法觅得一同意之解决办法,同时于顾问会议开会期中,所有中日间关于各该国权利与利益所争论之事件,应另行讨论。倘经当事双方同意,亦可得中立观察人员之协助。

吾等末后提议,此项讨论与谈判之结果,应包括于下列四种文件之中:(一)中国政府宣言,依照顾问会议所提办法,组织一种特殊制度,治理东三省。(二)关于日本利益之中日条约。(三)中日和解公断不侵犯与互助条约。(四)中日商约。

在顾问会议集会之前,应由当事双方以行政院之协助,对于该会议应行考量之行政制度之方式,先行协定其大纲。此际所应考量之事件如下:

顾问会议之集会地点,代表之性质,是否愿有中立观察人员。

维持中国领土行政完整之原则,及准许东省有高度之自治。

以一种特殊宪兵,为维持内部治安唯一办法之政策。

以所拟各种条约解决所争各项事件之原则,对于所有曾经参加东省最近政治运动之人员准予特赦。

此种原则大纲,既经事先同意,关于其详细办法,得以最先充分可能之审择权,留诸参加顾问会议或磋商条约之代表。至再行诉诸国联行政院之举,仅得于不能同意行之。

此项程序之优点

此项程序之各种优点中，可称道者，在于此项程序，既与中国主权不相违反，仍可采取实际有效之办法，以适应满洲今日之局势。同时为今后因应中国内部现状之变迁，留有余地，例如，在满洲最近所已提议，或已实际施行之某种行政与财政之变更。本报告书中所已注意者，如省政府之改组，中央银行之设立，以及外国顾问之雇用等等，此类特点，顾问会议或可因其利便而予以保留。又如依照吾等所提议，而选出满洲居民代表出席顾问委员会之方法，亦可为现政体与新政体递嬗之协助。

此项为满洲而设之自治制度，拟仅施行于辽宁（奉天）、吉林、黑龙江三省。日本现时在热河省（东内蒙古）所享有之权利，当于关系日方利益之条约，加以说明。

兹将四项文件依次讨论如下：

（一）宣言

顾问会议之最后提议，当送交中国政府，由中国政府以该项提议列入宣言之内，转送国际联合会及九国公约之签字各国。国联会员国及九国公约之签字国，对于此项宣言，当表示知悉。而是项宣言，将被认为对于中国政府有国际协定之约束性质。此项宣言，此后倘须修改其条件，当依照上述之程序，彼此同意于宣言本身中，预为规定。此项宣言，对于中国中央政府在东三省之权限，与该地方自治政府之权限，加以划分。

保留于中央政府之权限。兹提议保留中央政府之权限如下：

（一）除特别规定外，有管理一般的条约及外交关系之权，但应了解中央政府不得缔结与宣言条款相违反之国际协定。

（二）有管辖海关邮政盐务所之权，或于可能范围内，有管辖印花税及烟酒税行政之权。关于此类税款之收入，中央政府与东三省政府间如何公平分配，当由顾问会议决定之。

（三）有依照宣言所规定之程序，任命东三省政府行政长官之权，至少初步应当如此。至出缺时，或以同样方法补充，或以东三省某种选举制度行之，当由顾问会议合意议定，并列入宣言之内。

（四）对于东三省行政长官，有颁发某种必要训令，以保证履行中国中曲政府所缔结关于东三省自治政府管辖下各事项之国际协定之权。

（五）顾问会议所合意议定之其他权限。

地方政府之权限：凡一切其他权限，均属于东三省自治政府。

地方民意之表示：应计划某种切实可行之制度，以期获得人民对于政府政策所表示之意见，或即袭用自昔相沿各机关如商公所及其他各市民机关亦可。

少数民族：应订立某种规定，以保护白俄及其他少数民族之利益。

宪兵：兹提议由外国教练官之协助，组织特别宪兵，为东三省境内之唯一武装实力。该项宪兵之组织，或于一预定之时期内完成之，规或在宣言内预定程序，规定其完成时期。该项特别队伍，既为东三省境内唯一武装实力，故一俟组织完成，其他一切武装实力，即应退出东三省境内。所谓其他一切武装实力，包括中国方面或日本方面之一切特别警队或铁路守备队。

外国顾问：自治政府行政长官，得指派相汉数额之外国顾问，其中日本人民应占一重要之比例。至细目，应依上述程序订定，并于宣言内声明之。各小国人民有被选之权，与大国同。

行政长官得就国联行政院所提名单中，指派国籍不同之外籍人员二名，监督（一）警察及（二）税收机关。该二员在新政体草创及试行期内，当掌有广泛权限。顾问权限，当在宣言中规定之，行政长官，就国际清理银行董事会提出之名单中，当指派一外国人，为东三省中央银行之总顾问。

至于雇用外籍顾问及官员一节，实与中国国民党总理及现今国民政府之政策相符。吾等希望中国舆论，对于在东省方面外人权利与势力之复杂及其实际状况，不难认识为谋和平及善良政治起见不能不有特殊之处置。须知此间所提议之外籍顾问及官员，及在组织新制度时期内应有特别广泛权限之顾问，纯为代表一种国际合作之方式。此项人员之选出，应在中国政府所能接受之状态内行之，且须与中国主权不相抵触。经指派后，此项人员，应认自身为雇用国民政府之公仆，与在过去时期内关税及邮政或国联与中国合办之专门机关所雇用之外籍人员相同。

关于此节，内田氏于一九三二年八月二十五日，在日本议会演说中之一段，可予注意：

"我国政府，自明治维新以后，雇用多数外籍人员为顾问或正式官吏，在一八七五年前，其数目超过五百人之多。"

尚有一点可注意者，即在中日合作空气中，指派较多日籍顾问，可使此项官员贡献其特别适合于当地情形之训练与学识。此项过渡时代所应抱之最后目的,乃为造成一种纯粹中国人之吏治,使无雇用外人之需要。

(二) 关系日方利益之中日条约

中日间拟议之在一生中条约,商订人自应有完全审择之权,但于此处略示订约时所应议之事项,无不为无益。

提及东省方面日方得益,及热河省日方一部分利益之条约,自必涉及日侨之某种经济利益及铁路问题,此项条约之目的,应为:

(1) 东省经济上之开发,日方得自由参加,但不得因此而取得经济上成政治上管理该地之权。

(2) 日本在热河省现在享有之权利,予以维持。

(3) 居住及租地之权,推及于东省全境,同时对于领事裁判权之原则,酌予变更。

(4) 铁路使用之协定。

在南满与北满间,虽并未订有固定界线,但日本人民之居住权向仅限于南满及热河,日本人民行使此项权利之态度,常使中国方面认为不能容受,因是而发生不断之龃龉与冲突。在纳税及司法方面,日本人民及朝鲜人民,俱认为享有领事裁判权之待遇。关于鲜民方面,实另有特殊规定,不过此项规定,未能完善,致常为争执之焦点。就调查团所得证明,吾等相信若不附有领事裁判权,中国愿将现在有限制之居住权,推及于东省全境,因附带领事裁判权之结果,认为可使在中国境内,造成一日本民族之国家也。

居住权与领事裁判权,关系密切,至为明显。而在东三省司法行政及财务行政未达到较前此更高之程度以前,日本不欲放弃领事裁判权地位,其事亦同样明显。

于是有调和方法二种:其一,现有居住权及其附带领事裁判权地位,应予以维持。其范围应加以扩大,俾在北满及热河之日本人民及朝鲜人民,均得享受,但无领事裁判权。其二,在东三省及热河省内之任何地方,日本应予以居住权及领事裁判权,而朝鲜人民则仅有居住权而无领事裁判权。是两项建议,各有优点,亦各有可以严重反对之处,果能将东北各省之行政效率增高,使领事裁判权不复需要,此则本问题最满意之解决方法也。本调查团以是建议地方最高法院,应延用外国顾问,至少二人,其一须为日本国籍,其他法院延用顾问,亦殊为有利。法院审理涉及外国人之案件时,顾问对于各案之意见,不妨公布。本调查团以为在改组期间,财务行政方面,参以外人之监督,亦殊属相宜。本调查团讨论中国宣言，关于此节，业已有所提议矣。更进一步之保障，可依和平条约，设立公断法院，以处理中国政府或日本是政府以政府名义或其人民名义所提出之任何声诉。

此项复杂与困难问题之裁决，必须归诸议订条约之当事国。但现时所取之保护外国人制度，苟施于多如朝鲜人之少数民族，在朝鲜人数目继增加及其与中国人民密切杂处情形之下，发生刺激之机会，因而引致地方意外及外国干涉，殆为必然之事。为科利益计，此项冲突之策源，应予消弭。日本人民之居住权利，如有任何推广，应在同样条件之下，适用于其他一切享有最惠国条款利益之国家之人民，只须此类享有领事裁判权人民之国家，与中国订立同样条约。

铁路。关于铁路，在过去期中，中国与日本之铁路建造者及当局者，缺乏合作，不知成就一广大而互利之铁路计划，此在第三章中已论之矣。将来苟欲免除冲突，则在现时拟议之条约中，必须加以规定，使已往之竞争制度，归于消灭，而代以关于各路运费及价目之共同谅解。此项问题，在本报告书之附件特别研究第一号内，另有讨论。在本调查团之意，以为有两种可能之解决，此两种解决，可择一而行，或可视为达到最后解决之步骤。

第一种方法，范围较为限制，系中日铁路行政之业务协定，足以便利彼此合作者，中日两国可根据合作原则，协议管理在满洲之各有铁路制度，并设一中日铁路联合委员会。至少加以外国顾问一人，其行使之职务，则类若他国现行之理事会。然至于更彻底之救济方案，莫若则将中日两国之铁路利益合并。如双方能同意于此种合并办法，即为中日两国经济合作之真实表记。使中日得有经济上之合作，固为本报告书目的之一，且此种合并办法，一方面既可保障中国之利权，一方面又可使满洲一切铁路得有利用南满铁路专门经验之利益。而援照近数月来应用于满洲铁路之制度引伸推用，当亦可无困难，且将来更可借此辟一种范围较广之国际协定新途径，将中东铁路包含在内。此种合并方法之较详释明，现虽载在附件之内，只能视为一种举例，其详细计划，惟有由双方直接谈判，始可产生耳。铁路问题如此解决，则南满铁路全为纯粹的营业性质。特别警察保安队，一旦完全组成，铁路得有保障，则可使护路警撤退，而节省一种极大开支。此项办法如果实行，特别地产章程及特别市政制度，应即在铁路地域范围内，预先制定成立，俾南满铁路与日本国民之既得利益，得有保障。

如能遵循以上途径议定条约,则日本在东三省与热河之权利,可有法律根据,其有益于日本,至少当与现有之条约协定相同。而在中国方面,亦当易予接受。如一九一五年等条约与协定所给与日本一切确定让与,未为此项新条约所废弃或变更者,中国方面对之,当不致再有承认之困难。至于日本所要求之一切较为次要之权利,其效力可发生争执者,当以协定解决之。如不同意,应照和解条约中所载之办法解决之。

(三) 中日和解仲裁不侵犯及互助之条约

本条约之内容,因已有许多先例及现行成案可稽,自可不必详细叙述。

照此条约,应设一和解委员会,其职务专为帮助中日两方,解决两政府间所发生之任何困难,并设一公断庭,以具有法律经验及明了远东情形者组织之。凡中日两国间关于宣言或新条约之解释,以及其他由和解条约所列举之争执,均应归诸公断庭办理。复须依照加入约文内之不侵犯及互助各规定,缔约国双方同意,满洲应逐渐成为一无军备区域。以此为目的,应即规定俟宪兵队组织完竣后,缔约国之一方或第三者,对无军备区域之任何侵犯,即认为侵略行为。其他一方,如遇第三者攻击时,则双方有权认为应行之任何办法,以防卫无军备区域,但并不妨害国联行政院依照盟约处理之权。

倘苏联共和国政府,愿意参加于此种条约之不侵犯及互助部分时,则此项相当之条款,可另行列入一种三方协定。

(四) 中日商约

商约自应以造成可以鼓励中日两国尽量交易货物,而同时并可保护他国现有条约权利之情形为目的。此项条约,并应载入中国政府担认在其权力之内,采取一切办法,禁止并遏抑有组织之抵制日货运动,但不妨害中国买主之个人权利。

评论

以上关于拟议之宣言,及各种条约目的之建议及理由,系提供国联行政院之考虑,无论将来协定之细目为何,最要在尽早开始谈判,并应以互信之精神行之。

本调查团工作,业已告竣。

满洲素称天府之国,沃野万里,一年以来,叠[迭]经扰攘,当地人民,创巨痛深,恐为前此所无。

中日关系,已成变相战争,瞻念前途,可胜忧虑。其造成此种景况之情形,本调查团于本报告书中已言之矣。

国联应付本案,其严重之情势及解决之困难,尽人皆知。本调查团正在结束报告之际,报章适载中日两国外交部长之宣言。披阅之余,各有要旨一点,兹特为揭出。

八月二十八日,罗文干先生在南京宣称:"中国深信将解决现在时局之合理办法,必以不背国联盟约、非战公约及九国公约之文字与精神,与夫中国之主权,同时又确能巩固远东永久之和平者,为必要条件。"

八月三十日,据报内田伯爵,在东京宣称:"政府认中日关系问题,较满蒙问题更为重要。"

本调查团以为结束报告,莫妙于重述此两项宣言所隐伏之意思,与本调查团所搜集之证据,及本调查团对本案之研究暨其判断,是如之确切相同,故敢信此种宣言所表示之政策,倘迅为有效之应用,当能使满案达到圆满之解决,不特有裨于远东两大国之利益,即世界人类,亦胥受其赐焉。(完)

(注)第九第十两章,因内容较为重要,故照全文译出,并非摘要。

《中央日报》1932年10月3日第二张第二、三、四版

285. 社评:国联调查团报告书平议(上)

国联调查团报告书于本月二日经吾外交部正式公布,内容分十章:将中日纠纷之原因、发展,及在调查时之现状,叙述颇详;而对于解决纠纷之可能的办法,亦条分缕析、煞费苦心。在申述本报对于报告书之意见以前,先对于调查团之劳苦工作敬致谢意。报告书内容凡数十万言,历陈全案之前因后果,以限于篇幅之报章社论加以评判,事实上似难免断章取义之嫌,致不能折服调查团诸公之心思。然则此项报告书,最少限度在国联指导之下,为解决中日问题之惟一关键,实不容吾人不以冷静公平之态度,对于报告书详加研究之后,予一简赅之批评。

关于报告书之报告部分,有应体认者三,有应辩白者二。所应认体者:第一、九一八事变之责任,完全在于日本,而不在于中国。调查团讳言"责任"二

字,然报告书内事实之揭发,其分量程度远重于加日本以"责任"二字。报告书第四章对于满洲事变之叙述,有下列数语值得注意:

"依据调查团所得种种确切之说明,则可知日方系抱一种精密之计划,以因应该国与中国方面万一发生之敌对行为。"又曰:

"中国方面,依照其所奉训令,是无进击日军,亦并无在特定地点、危害日侨生命财产之计划,对于日本军队并未作一致进行或曾经许可之攻击,日方之进攻及其后之军事行为,实出中国方面意料之外。"

由此足以证明日本之精密计划,用以因应万一与中国发生之敌对行为,此所谓敌对行为完全为无根据之假想。日本可以假想中国对彼有敌对行为而侵占中国领土,当然亦可假象其他国家对彼有敌对行为,而出此九一八事变之同样侵略举动。二十世纪之国际社会,尚有具备此种强横政策之国家,诚不能不谓为世界和平之危。

又曰"九月十八日晚日方之军事行动,不能视为合法自卫之办法"。

关于此点,各国人士早已确切明了日本所谓"自卫"在法律上为曲解,在事实上为虚构,即日本享有权威之公法学家横田三郎氏,亦于九一八事件发生以后,著论力陈日本之军事行动,绝非"自卫"所能容许。报告书于此重为加以确定,对于日本军事侵略应负之责任,益为明显。

吾人所应体认之第二点,即关于"满洲国"之报告。调查团根据事实说明日本军事当局占领东省之后,种种行动,均以政治作用为目标,每次占一地域,即为改组该处行政机关之组织,所谓"满洲独立"运动,在九一八以前毫无所闻。至于伪组织最主要之构成份子,即日本军队及日本之文武官吏。据调查团之判断,如无此两种份子,所谓"满洲国"绝对无从产生。因此对于伪组织所下之结论为"现在之政权(指伪国),不能认为由真正及自然之独立运动所产生"。凡此皆于报告书第六章中详细论列及之。(转入第三版)

(接第二版社评)吾人所应体认之第三点,即调查团根据历史、法律及东三省之社会经济状况,申明东三省为中国领土之一部,且曰"满洲之为中国之一部,本无待证明"。关于此点,在报告书第二三两章中,均有详细之阐明。

调查团在中国仅停留五阅月,大部分时间尤消耗于肇事之东三省,对于这个政治主张及文物制度之认识,求其真确,因时间上之限制,实不可能。所以在报告书之第一二两章中,谓中国之排外宣传为本案发生原因之一。"排外"发生于逊清末年,彼时民智蔽[闭]塞,清廷昏昧,对于欧美文化,非但不能虚心接受，而且视若洪水猛兽，无区别的对外排斥，实属自然结果。然自民国以来，"排外"二字已成历史名词，一般学术家、实业家以及政府人员，对于各友邦之文化制度诚意研讨，取人之长，补己之短，尚何排外之有。如曰与某一定国家发生利害冲突之时，彼方以经济侵略及军事攻击，加诸吾国，吾则以民气表现，呼喊"绝交""抵制"加诸彼国，已足以证明彼之强暴、吾之文弱，彼之胜利、吾之失败，彼之手段切与实际、吾之方法过于空虚。无论如何，在两个国家敌对情形之下，中国之对付手段，实不能称为一般的排外行为。民国二十年来，每遇他国无端以暴力相加，吾全国人民即起而宣传抵制之，是他国之暴戾为"因"，吾国之抵制为"果"，试观吾国人民对于以善意待我之国家，始终以最诚恳最友谊之态度与之促进邦交，即足以证明"排外"一说完全无稽。尤使吾人认为最足遗憾者，即调查团将国民党与"排外"联为一体，每以国民党为反对外国势力之大本营。此对于本党诚属一种非故意的侮辱。调查团曾将本党所一致遵奉之主义略加研究乎？如其曰否，似不应轻率于报告书中发出此种论调；如其曰是，诚不能不谓为对于本党主义完全误解。本党总理所遗留之对外政策，处处离不开平等二字，如曰要求平等，即为排外，则非至中国沦为列强之附属国，则此处所谓"排外"将永不能与国民党脱离关系，亦将永不能与中国人民脱离关系也。调查团如能认识清本党主义为代表全国人民一致对内要求统一、对外要求平等之主张，并且认明本党之组织非但为政权之策源地，而且为民意之总渊[源]泉，自应对于本党以善意为怀，不当为无端之攻击，此吾人所亟欲辩白者一。次则对于抵制日货问题，十数年来，忽而开始抵制，忽而停止抵制，要以日本继续对华侵略之度数为衡，此其咎在于日本，绝不在于中国。调查团谓中国官方指使抵货运动云云，政府方面假定果有此等指使行为，亦必发生于日本军队继续侵占中国领土、继续杀戮中国人民之时。当此时也，中国人民所期求者为对日绝交，甚至对日宣战，中国政府仅从旁指挥人民抵制日货，使之纪律化，已觉过于软弱。此种指挥监督行为，在中日两国立于实际交战状态之时，是一种报复行为，完全与公法违背。调查团对于日本侵占吾领土之行为尚不绳之以责任，独对吾之经济抵制运动加以"责任"二字，在法律上、道德上及事实上均不得谓为公允。此吾人对于报告书不能辩白者二。（对于报告书建议部分之意见，另详本报明日社评。）

《中央日报》1932年10月4日第一张第二、三版

286. 调查团报告书发表后，罗文干昨发表宣言，日本一切军事行动决非自卫，所谓"满洲国"非独立运动产生，日对报告书将拟意见提国联

（中央社）外交部长罗文干昨（三）日发表对于国联调查报告书之宣言，原文如下：

国联调查团报告书业经公布，此乃李顿爵士与其同事诸君，数月来为国际和平而不辞劳瘁坚苦工作之结果也。

吾人犹忆去年十二月十日国联之所以决定派遣调查团，乃欲对于因日本侵犯中国领土而引起之局面，贡献一最后根本解决之办法。当白里安于是日提出派遣调查团之决议案于国联行政院，以备其考虑并采纳时，曾言调查团职务范围，在原则上极为广泛，任何问题，足以影响国际关系，而有扰乱中日两国间和平或和平所赖以维系之两国间谅解之虞，经调查团认为须加研究者，均不得除外。故就调查之职务而言，调查团所称得审查一切有关系之事实，并得以和平解决办法建议于国联云云，固为完全正确之解释。

试将报告书略加浏览，即觉有最显明呈现之两点，一为九一八日及九一八以后之一切日本军事动作均无正当之理由，不能认为自卫之手段，一为所谓"满洲国"者，并非真正及自然之独立运动所产生，而为日本军队及日本文武官吏操纵造作之结果。

报告书包含许多性质极重要之问题，现正在中国政府当局悉心考量之中。

日外务军部将设立特别委员会

【中央社上海三日电】　日联社东京江（三日）电，日本政府因于李顿报告书中，现出国联调查团之认识不足，拟制政府意见书，提交国联，由外务军部组织委员会，立即着手制作外务省之方针。第九第十两章，完全不理，唯根基于事实，反驳调查团之叙述，以期改正其认识。通阅李顿报告书，能发见调查团未能把握中国本体之多数事例，对于此等诸点，拟加最重之批判。

【中央社上海三日电】　日联社东京江（三日）电，日本对于李顿报告书之

意见,定于六星期内提出国联。外务省及参谋部、陆军省、军务局等为中心,准备制作意见书。

【中央社上海三日电】 日联社东京江(三日)电,外务陆军两当局,现正考虑起草日本对于李顿报告书意见书之委员人选。军部内部声称报告书充满误谬,且调查团仅以二星期之视察,断定满洲问题,殊不合现实情形,因此军部已发生要求国联再度调查之意见。

【中央社上海三日电】 日联社东京江(三日)电,李顿报告书发表后,日本各政党,均受大刺戟。今晨各报,如《朝日新闻》《报知报》《日日新闻》等,均加以痛烈之批评,谓其系错觉曲言认识不足,非礼愚蒙之报告书,其所觉后夸大妄想之梦,又揭明日本应退出国联之记事。贵族院及各政党,亦发表意见,非难调查团之无理解。

【中央社东京三日路透电】 日人称李顿报告之建议,如前半年提出,日方均可接受,但现日政府已承认满洲,日本不能接受矣。依照目前情况,为国联着想,最智之行动,应予满洲两三年之机会,观其成绩如何,然后再定满洲是否应在中国之下,实行自治,或竟行脱离中国独立云。

【中央社上海三日电】 日联东京冬(二)电,外务省译完李顿报告书后,将其译文分配陆海军省,由三省一齐开始检讨内容,并准备制作对其意见书,同时设立特别委员会,办理直接事务。对于国联之意见书,鉴于其重要性,非独由三省委员讨议,同时参考政党财界方面之意见,而协力制作。关系各方面阅览报告书后,所抱如次意见,故意见书亦以如次意为概准云。(一)李顿报告书之内容各部分过于表明感情,又有故意扩张批评事实之点,例如叙述中日两国在满洲历史的关系之章,即以英美法等自国殖民地实行之政治,于日本则视为不当,外务省拟列举一一具体的实例,与列国殖民政策互相比较,断然加以反驳。(二)报告书之结论全部日本对此不得不反对,尤其报告书不认将来日本在满洲之驻兵权,此事足证调查团对于日本在满历史的特殊性,及满洲治安现状完全无智识,陆军拟对此点加以反驳。

【中央社上海三日电】 日联社东京三日电。枢密院对于李顿报告书之意见,以为报告书之提要,大体与从来报纸迭次所报道者,无大差异。关于报告书现在未能急速发表意见,盖外务省发表之报告书为译文,如此重要报告书,一字一句,均有慎重意味。故对于原文加以充分之检讨后,始可谈论是非。国联空气,虽因此报告书将有任何变化,帝国政府承认"满洲国"之理由,及自从满洲事件发生以来,直至承认时之手续及方法,极为正当,并无被人非难之点。

【中央社东京三日路透电】 外务省发言人谈,日本之声明书,对于李顿报告最后两章,将不详细批评。因日本既已承认满洲,对于报告书之九、十两章,无庸详细批评云。日文报纸对于李顿报告,虽经表示不满,但措词尚称平稳。

【中央社东京三日路透电】 虽此间报纸,力诋报告书中所谓不利于日本及不适用各点,所堪注意者,即各报纸之目标,完全注重于日本所反对各点,可见日本各界详细研究报告书后,将略改其最初态度。然据一般人之推测,无论如何,满洲改为自治区,宗主权仍属中国一点,日本绝对不能接受,日本政府之政策,决不因此而更改,因日人感觉事成骑民之势,只有前进,前无回头路可走云。

各国之舆论对报告书多表赞扬

【中央社日内瓦三日路透电】 据一般人之意见,李顿报告利于中国,众认报告书为国联有史以来最堪注意之文件,措词审慎稳重,且就文学上言之,亦多精彩。全书长十万言,殆半似为李顿勋爵所草,其间虽有参杂他委意见,但一字一句,似均经过李顿之酌定。至于报告书内之建议,众认日本将不赞同撤退满洲军队,及完全更换满洲现有之政局,重新组织自治制度,使其合于中国主权及行政完整之原则。该报告建议召集顾问会议,当事两方,亦参加谈判。顾问会议之范围,报告书已加确定。此间预料中国谅不反对,在此情况下与日谈判。

【中央社伦敦三日路透电】 《泰晤士报》评李顿报告称,报告书之原则不难接受。但其结论,则因报告书之签字,与国联收到之时间上之距离,以致略失功用。且调查团于满洲事件爆发,五阅月后始达远东,而返欧日期复在日本承认满洲之前。因此之故,调查团之工作,颇受影响。目前之满洲,于实际上已成为日本之保护国矣。《泰晤士报》继言报告书对于日本之政治及经济权益,均有相当认识,而报告书之措词,非若法律上公断人之口吻,乃以友谊为立场,此则诚属可嘉。惟当前之问题,为依照目前情况,调查团之建议,是否仍可适用,或可立即促其实现云。

《泰晤士报》续称各中立政府,当以充分时间,研究报告书之意义,此事不宜仓促定夺。且需各国共同行动,单独外交行动之不智,甚显而易见云。《泰晤士报》末称国联于十一月前将不考虑李顿报告。国联之问题,乃保障国联会章之原则,而同时复不忽略满洲事件之事实。至于国联开始积极调解中日事件之时期,当在研究报告书之后,而不宜在考虑报告书之先云。

【中央社伦敦三日路透电】《每日电讯报》称李顿报告对于中日问题之是非曲直,作一诚恳清澈之断定,一方认定满洲脱离中国无效,一方承认日方利益,曾被中国摧残,故报告书之建议,顾全两国荣誉。惜日本承认满洲后,认定满洲问题已解决,未容第三方面置喙,故国联调解中日争端成功之成份极为微薄云。

《每日先锋报》称李顿之报告,已断定日本为戎首,此后西门外相对难继续袒护日方。如日本拒绝国联解决方案,国联必须采取第二步做法。不然,则绝对式之武力世界,势将重现云。惟《先锋报》所指之第二步办法为何,该报则未说,该报亦认国联解决中日事件之希望殊少。

【中央社伦敦三日路透电】《纪录新闻日报》,敦促首相麦唐纳,对于外交事件应起而运用其政治之势力。该报称英政府之对满洲事件,殊为软弱,迄今犹未与美国联合采取,足使列强接受,且使日方尊重之切实政策。李顿报告,乃国联权能之最大试验。为安全起见,各国应联合一致,英美之协调,尤为重要。麦唐纳政府,苟徒观望事态之发展,诚难称为代表全国之政府云。《晨报》则极端注重李顿报告书内所称,中国应有稳固中央政府之重要。《每日报》称调查团之建议,须有数年之交涉,会议始有成功希望。该报复劝西门外相,勿赞助任何举动,致使日本退出国联,而发生严重纠纷。

【中央社伦敦三日路透电】《满城街报》称,如调查团之入理与适中办法,能使日本此后之态度变而为有意识,则日本实得益不少。日本承认满洲之目的,在破坏调查团报告书之功用,此种阴谋,必不能使其成功。该报赞同调查团之意见,即日本目前在东三省之得势,并非日本之福,徒引起反响,及中日感情之破坏。国联盟约及非战公约之威信,如在远东被毁坏无余,则在世界无论何处亦无能为力矣。

【中央社纽约三日路透电】 此间各报之驻华盛顿记者,均谓美国务院,虽对国联调查团报告书,尚无表示,但美政府将利用其势力拥护调查团之主张,借可以和平方式,解决东三省纠纷。

纽约《泰晤士报》,谓该报告书极易明了,态度公正,且观察深澈,可表现调查团仍希望中日恢复邦交,且各国协力扶助中国,免除内战,树立稳定政府云。

【中央社纽约三日路透电】《讲坛报》谓日本未等调查团报告书之公布而

承认满洲,实为大错。满洲设立自治区,双方不准驻兵。既得中国许可,且获国际同情,即据军事眼光看来,亦较长期武力占据东三省为上策。因占据东三省,既不能得当地人民同情,徒引起中国恶感及国际疑忌。

【中央社柏林三日路透电】 国家主义派之机关报谈,国联调查团之工作,对远东问题之解决,毫无补益。

该报称调查团之建议,谓如中日两国不能同意时,国联可干预之。此说等于废话,因日本早已拒绝此种解决办法矣。

【中央社巴黎三日路透电】《巴黎时报》称李顿报告书,对于中日两方之态度公允不偏,殊堪钦佩。报告书提议中日直接解决纠纷,甚足赞同。因国际行动,徒使双方更趋激昂云。《小巴黎人报》,认为日本既不能撤销承认满洲,李顿报告书之结论,已成明日黄花矣云。

《中央日报》1932年10月4日第一张第二版

287. 伍朝枢等对报告书发表意见,谓尚能秉持正义与公道,但仍须自己努力救危望

【中央社上海三日电】 伍朝枢对报告书发表意见云:该报告书系调查团一种建议,国联会采用与否,尚不可知。本人在未读完该报告书以前,不能有所表示。惟该书叙述日本武力下之"满洲国",不足以代表三省民意等,均予日本以打击。至经济绝交,在国际上为吾国首先发明,欧美各国曾先后受到损失,故亟思制止。但此乃吾国最好武器,赖之足以战胜一切云。实业部部长陈公博,日前因公赴沪,并转往莫干山探视汪院长病,已于前天晚上十一时,乘坐夜快车返京。昨晨七时到达下关,乘车返香铺营私邸,稍事休息后,即赴实业部,出席纪念周报告。国联调查团之报告书,昨夜已经由外交部发表其节略,从内容方面观察,调查团尚能秉持正义与公道,但倚赖别人,终属空虚,国人仍得努力奋发,共同凭自己的力量,拯救危亡云云。

【中央社北平三日路透电】 张学良于昨晚接得李顿报告书一份,刻正审慎研究内容,不欲发表任何意见。东北外交讨论会定明日开会讨论李顿报告,决定态度。

【中央社镇江三日电】 苏主席顾祝同,谈中央对九一八事变应付方针,一面集中全国力量,沉着应付,一面诉诸国联,以求公判。现在国联调查团报告书已公布,其结论如何,姑不具论,总要自己贯彻中央对外方针,使世界公道主张能够实现,还须要靠自己努力。因为救国御难根本是自己责任,不能依赖任何人。所以无论报告书于我有利或不利,均应一本初衷,沉着应付,不为有利于我则骄嚣,亦不因不利于我而颓丧,始终本着中央既定方针,坚定镇静做去,自然整个计划可以完成,最终目的可以达到,希望全民众深刻注意。

《中央日报》1932年10月4日第一张第二版

288. 宋子文返京,晤罗商对报告书态度,汪院长患病暂难来京

代行政院长宋子文,赴沪办理财政上一切事务,公毕,于昨日下午三时廿分,偕张学良顾问端纳、秘书黄纯道等三人,乘塞可斯飞机离沪,至下午四时五十五分抵明故宫飞机场。宋氏等下机后,相偕坐汽车返北极阁私邸。闻将与外交部罗交斡晤商,对于国联调查团报告书公布后,我政府所采取之态度与意见。宋在京稍作勾留,返沪,或赴北平一行,尚未确定。中央社记者,在飞机场与宋部长作下列谈话。(记者问)国联调查团报告书,昨已公布,部长对此有何感想?(宋答)该项报告书,昨始阅及。书中对于我国所指示各点,与该团之提议,俟与罗(文斡)部长会晤后,再行决定。我政府对该项报告书所取之态度,个人暂不愿发表意见。(问)汪院长因病辞职,继任人选,中央有提及否?(答)外传汪院长赴莫干山系政治病,此全属子虚。现汪院长确实生病,在延医服药中,预料短期内恐不能来京,本人暂负代理之责而已。(问)三中全会有于本年十二月召集说确否?(答)本人尚未听闻。(问)我国东北海关移地征税后,日方对此作何态度?(答)日方对我东北海关移地征税,表面上认为系我国与伪组织之关系,并未表示何种态度。(问)山东义绅梁作友,输资救国,部长有所闻否?(答)昨天在报上,阅及此事,内容情形如何,俟晤梁后方可知悉。(问)部长将赴北平否?(答)暂且不去。谈至此,宋氏即登车返私邸。

(中央社)国联调查团报告书节要,业已公布,我政府之对策,亦亟待决定。

代理行政院长宋子文,以此特于昨(三)日下午五时许,由沪乘飞机抵京,晚间即邀请行政院各部会长罗文干、何应钦、顾孟余、陈公博等,在宋氏私邸会谈。席间罗外长有详细之意见报告,会谈历时颇久。今(四)日上午行政院会议时,将作正式之讨论。汇集意见后,提明(五)日之中政会讨论,同时并电汪蒋二氏,征求意见,期于最短期内,决定对策。现中枢各领袖,对报告书之节要,虽均浏览一过,但仍殷候详细审阅报告书之全文。外部现正赶速翻译,日内即可完竣云。

《中央日报》1932年10月4日第一张第二版

289. 日各政党对报告书大肆抨击,民政党讥谓纸上空论,政友会谓系越权行为

【中央社上海三日电】【日联社东京江(三日)电】 民政党本日关于李顿报告书发表如下声明书:李顿报告书,提议中日军由满洲撤退而以特别宪兵队维持秩序,然以宪兵队维持满洲千余万里广大危险地带治安,实系纸上空论,使南京政府掌握满洲主权,在其无力中央政府之下,实行自治政治,此乃一大错觉也。

【中央社上海四日电】【日联社东京江(三日)电】 政友会总裁铃木喜三郎,对于李顿报告书,发表意见,谓满洲问题,究竟系中国秕政之所产,故以此贫弱之调查,欲达到对于中国全土之正确观察及结论殆不可能。由和平机关之国联而论,真正关心事,为中国自体之最重形式,满蒙问题,不过系其一部而已。更不可思议者,为报告书之第九第十两章,及其他之点,其态度恰如裁判官,此全是越权行为。李顿等提议之解决办法,其动机与目的,在于中日国交之改善,与远东和平之恢复,其意可谓热心。然该案本身未合事实,殊为遗憾。中日俄三国已足解决此问题,国联如介入此间,则使事件愈形混乱,日本国民断然不许第三者之干涉,又不许世界任何国家蔑视如此国民的热烈感情。东京形势,非以此种办法能解决之简单事件,日本以当事国家之资格,处理问题。所谓国联者,毫无可根基之基础,国联如能信赖日本之判断与努力,则反能使中日国交改善恢复远东和平。

《中央日报》1932年10月4日第一张第二版

290. 美官方对报告书,认为观察极公平洽当,暂无举动候国联处置

【中央社华盛顿三日路透电】 美国官方认调查团报告书,为对东三省问题一极公平恰当之观察,且为真实图谋解决一世人公认之难题。美政府目前暂无举动,因国联既已开始调查此事,美国应静候国联之处置。

【中央社华盛顿三日路透电】 美政界对于李顿报告,得一良好之印象。认报告书援助胡佛及史汀生之外交政策,即凡以侵略行动取得之利益,中立国不应承认是也。国务卿史汀生刻正详细审阅李顿报告,明日或可发表意见。外交界咸认李顿报告甚为得体,且赞同中日直接解决纠纷。

《中央日报》1932年10月4日第一张第三版

291. 孙科今日招待记者,发表对报告书意见

【中央社上海三日电】 孙科定支(四)下午三时半,招待记者,对调查团报告书,发表意见。

《中央日报》1932年10月4日第一张第三版

292. 意报评国联,依赖强国为虎作伥

【国民社一日罗马电】 今日意大利泛系党最高评论会举行会议,墨索里尼主席。此次会议之召集,其目的实为讨论意大利此后对于国际联盟之态度,是否将略变更。而意大利半官式报纸《卜波罗报》,则特于此际表示意大利对于国联之不满。众意泛系党最高机关大约将赞成意大利之退出国联,今证诸《卜波罗报》之态度,此说遂益觉其可信。《卜波罗报》称国联已失败至无可如

何之地步,对于远东事件及军缩问题,尤足表示其软弱无能,而军缩问题之失败,亦足为国联之墓石云。《卜波罗报》继称国联苟欲自拯于破裂,则唯一方法为亟须自去其依赖强国之态度。盖今日之国联不啻强项国家所雇用之巡捕,徒为虎作伥,而不能为弱国方持公道也。《卜波罗报》谓:"此固法国之期望于国联者,惟意大利则反乎此。因吾人深觉国联应从事于一切阻碍和平陈腐不堪诸条约之修正。惟此种工作作能望诸彼全副武装私家雇用看守凡尔赛条约之巡丁乎。"

《中央日报》1932年10月4日第一张第三版

293. 调查团报告书,同志应详加研究,史维焕昨晨在市党部报告,并讲演劳资纠纷如何解决

南京特别市党部昨(三日)晨九时,举行纪念周,到委员周伯敏、史维焕、雷震。由周伯敏主席,史维焕报告,略谓本市四届委员选举结果已发表,三届正在结束中。今天可说与各位最后谈话的一天,同时今天各报已将国联调查团报告书要点披露,可以这一天很值注意。原报告书甚长。今后中日之能否和平解决,世界能否和平解决,或因此引发战争,均与此报告书有非常之关联。各同志应详加研究,以便贡献中央。(编者按:后略)

《中央日报》1932年10月4日第二张第三版

294. 社评:国联调查团报告书平议(下)

国联调查团报告书,关于解决中日纠纷所建议之办法,可分为两层讨论:一为恢复中国在东三省之主权,一为解决中日间之悬案。报告书之结论及建议中,对于此两事,均言之綦详。

调查团既已确定"满洲国"为日本军阀及日本文武官吏胁迫一部分中国傀儡所组成,所以认为承认满洲现在之政体,于国际义务之主要原则不符合,且侵害中国之利益,不顾满洲居民之愿望,即日本之永久利益能否籍伪组织以维

持，亦甚属疑问，所谓"满洲国"之必需取消，彰彰明甚。同时调查团认为恢复九一八事件以前之旧状，亦同样的不适当。在报告书之报告部分，历述事变以前东三省地方当局滥用私人、官僚腐化及行政窳败之遍布状况，而在调查期间且得到当地人民之重要申诉，凡此皆为吾人不容隐讳之羞耻。再则调查团认为此次中日冲突，与旧日之行政组织亦有直接关系，俨然以事变前之东省地方政府为铸成日本侵占满洲之因素。关于此点，调查团实未认清日本之侵略政策是固定不移的，除却东省地方政府俯首帖耳，顺从日本之意旨以蒙蔽中央政府缔结卖国密约，或让与主要权利，则日本随时随地皆可借端启衅。去年九月十八日借口"自卫"占领三省，以造成目前之局面，宁非明证？维持"满洲国"既为国际义务所不许，恢复事变前之原状，又为调查团所反对，然则东三省之统治问题，究竟如何解决。调查团于此提出之办法，为"在无背中国主权及领土完整之范围内，使满洲享有高度之自治，使未来之满洲政府享有自治权"。所谓自治，原有程度的区别，英国之殖民地亦享有自治权，曰自治殖民地，其自治之范围极大，与"独立"比拟已无极深之区别。中国正促进地方自治，此所谓之自治，仅引导人民运用参政权，凡此均属内政问题。调查团不惮烦劳，均一一规定于报告书中，而中央与地方权限之划分，且在原则上，为之厘定清楚，用心之苦，可以想见。

最足使人诧异者，即满洲自治政府产生之方式是也。揆诸常情，假定中国政府可能接受调查团此项建议而畀东三省自治权者，则东三省为中国之领土，东三省之人民为中国之人民，其行政机关之如何组织，应当完全取决于中国政府，他国断断乎不当干预。如容许他国干涉本国之内政，此被干涉国即绝无主权可言。然则调查团所建议之自治政府之组织程序，果如何者，曰由中日两国及中日两国各指定之当地人民代表组织一顾问会议，以讨论并详密建议设立一种特殊制度以治理东三省。调查团此项建议之谬误有三：一则承认日本此次以武力侵害中国，非但不当加以应负之责任，而且使日本可以借此获得干预中国内政之权；二则对于东省人民之知识程度臆断过高（实则全国如此），所以忽略本党训政宪政之固定程序；三则过于漠视中国政府，认为中国政府无统治东三省之充分能力。何况此项顾问会议之人选由中日两国平均主持，中国规定方法所选出之当地人民代表固为中国人民，而由日本规定方法所选出之人民代表，当然是被日本所利用之"伪国"傀儡，对吾为叛逆，对日为臣子。由此种复亲份子所组成之所以顾问会议，能否推诚相见，实属疑问。抑更有甚于此者,按照报告书之建议,此项顾问会议所自治政府之产生机关,自治政府产生以后,顾问会议是否继续存在,报告书虽无指示,然曾明白规定:关于将来该组所谓满洲自治政府时必须依照组成时之同样手续。是中日共同主持之顾问会议,不啻为满洲政府之立法机关。于此吾人不能不问调查团究竟认为东三省之统治权属于中国,抑或属于日本。如曰属于中日任何一国,则此种办法均觉不通;如曰属于中日两国,是承认中国之主权可以分割,中国之领土可以受他国之统治,天下宁有此等怪事。调查报告书尊重中国主权维持中国领土完整之说,岂非欺人之谈!

军人干预政治为中国二十年来混乱之惟一原因,不待调查团之揭发,早已成为人所共知之事实。然而军队之需要,主在国防,调查团在报告书中主张东三省由宪警维持治安,将东三省积[逐]渐化为非军事区域。此种建议对日本南满铁路区域内之驻军言之,当然含有真理,因彼辈驻军非但为当地治安之威胁,而且为侵略中国之第一道进攻线,此于九一八事变之事实,亦足证明。然而对于中国军队确属无谓之顾虑,以往抱不抵抗主义之东省军队,其不足侵害日本之利益,尤属明证。无论如何,苟不否认满洲应由中国收回,即当使中国在满洲境内有相当防备,俾不致再为日本无端侵占。如顾及日本军单方面之帝国国防问题,使一部分中国领土为不驻军区域,绝对不能谓为公允。所以关于满洲不驻军问题,九一八事变后之数月内曾有此同样之宣传,彼时全国舆论哗然,调查团此时重定于报告书中,其必遭中国全体人民之反对,更无容疑。再则关于将来之东省政府聘用顾问问题,调查团诸公其曾注意侵略中国最力之本庄繁与土肥原皆系张学良氏之顾问乎?此为顾问,抑系间谍? 日本人品格之卑污,以至于此,诚令人不寒而栗也。调查团在报告书中又为未来之所谓满洲自治政府指定三个外国顾问,其中二人由国联理事会所提名单中指派国籍不同之外外籍人员二名监督警察及税收机关,且在新政体试行期间,享有广泛权限。另就国际清理银行董事会提出之名单中指派一外国人,为东三省中央银行(是否全国中央银行之分行?)之顾问。此辈外籍顾问虽不能与日籍顾问相提并论,然东三省之财政与警备权,均将从此附以国际共管之色彩矣。呜乎,中国之主权!

关于中日悬案部份,报告书中主张由中日另订新约,以代替日本一九一五年胁迫北京政府以非法手续所缔破坏中国独立之"二十一条",以及一九零五年之中日条约。此项建议在原则上,对中日两国均称公允。然而中日两国均为独立国家，均享有缔约权，中日新约由中日两国在国联监督之下直接缔结为当然之途径。乃报告书中又复指定彼所谓"顾问会议"者商定新约，诚令人百思不得一解。抑又有甚于此者，调查团报告书建议在中日商约中载入中国政府担任在其权力之内，采取一切办法，禁止并遏抑有组织之抵制日货运动之规定，更使中国人民感觉难堪。此为报告书单独代替日本供[贡]献之办法，另在报告书第七章中曾有下列数语：

"为举世各国之利益计，调查团希望此项问题（抵货问题），应及早加以讨论，并以国际协约加以规定。"

调查团之深切注意抵货问题，由此可见一斑。然而抵货为人民之自由意志，政府绝无禁止之权。倘至中国与他国立于非常状态之时，其他报复、报仇等合法手段，尚可采择比较缓和之经济绝交，更非任何国家可得加以限制。国联调查团对于中国人民每至日本加紧侵略中国时之惟一抵抗武具，亦必于法律上设法为之解除，此种办法果如实行，能不招致中国四百兆人民一致之反对乎？

《中央日报》1932年10月5日第一张第二、三版

295. 调查团报告书，今日提中政会讨论，各国对报告书态度沉静，日朝野非难正协议对策

昨行政院讨论

（中央社）国际调查团报告书公布后，政府目前最注意之问题，殆为决定我方对报告书之意见。代理行政院长宋子文，前（三日）由沪返京后，当晚即于其私邸与行政院各部会长一度交换意见。昨（四）日上午行政院会议，外交部长罗文干即将报告书提出报告。席间各部会长，颇多发表意见，加以讨论。金以报告书原文甚长，内容亦殊繁复，决非一次会议所能讨论竣事，而决定具体之意见，故昨日会议未有具体之结论。宋代院长特于昨（四）晚七时在其私邸宴请各部会长及中央各要人，再作详细之讨论，交换意见，历时颇久，决于今（五）日提出政治最高机关之中政会例会讨论。现时中央各要人对报告书之内

容,一面逐日慎重检讨,并切望汪蒋二氏,电示意见。外交部方面各要员,尤不遗余力、详细研究,期于日内制定具体之意见书,呈由罗外长提请中央,作为有力之参考。至最后之意见,则由中政会集合各方之意见后,交行政院决定云。至报告书全文之翻译,经外交部三日来不断之努力,(今)日即可全部完竣。现已与大陆印书馆订定,即日开始付印三四千份,限三四日内装订就绪云。

（中央社）调查团报告书,虽已公布,但政府现正详细考量其内容,俾决定一致的具体意见,故政府负责人员,均不愿单独发表个人之意见。据记者从各方面探听非正式之意见,大致认报告书尚属公道。其中有若干点,我方必须提出异议与修正,但大体上可表同意接受。现时日本方面,对报告书大肆攻击,认为大蒙不利,不足引为解决东省问题之根据,且拟另具意见书,与调查团报告书对抗。各要人对此则并不惊异,良以调查团系国联所正式派出者。国联对东省问题之解决,自必以报告书之意见为准,则日本之意见书,不具法律之根据云。

【本社四日上海专电】 电通支（四日）东京电,日本对李顿报告书之内容,决草意见书,提出于国联理事会。关于军事行动,由陆军省陈述意见,其他部分以日本国策既已阐明,决一任外务省之裁量。惟陆军方面,以李顿报告书不承认九一八日本之军事行动为自卫手段,不仅认识不足,且为故意侮辱皇军之越权行为,非常愤慨。并谓调查团所以用此不逊之文字者：（一）以日军行动若为无计划的,不能如是成功之速。（二）过信中国方面之言,谓张学良于九月六日以后,隐忍自重,训令王以哲,不得与日军媾衅。（三）深信王以哲完全无抵抗之言等,此乃完全蔑视当时切迫之感情与空气,而为中国方面宣传所迷。当事变经过一年后之今日,调查团尚不理解皇军之行动,违反调查团之使命。其报告书之价值,实等于零云云。故陆军方面决将此见解加入意见书中。东京江（三日）汇市受报告书影响,美汇卖出为二十三美金半,买进八分之五,汇率软化,支（四日）卖出更跌至二十三美金。

日方异常不满

【中央社上海四日电】 日联社东京支（四日）电,日本朝野对于李顿报告书高唱非难之声,谓其没却调查团之使命。日政府本日阁议,对于报告书大加非难。荒木陆相报告满洲情形后,三土□相,关于列国对于报告书之反响,有所质问。内田外相对此答谓各国言论机关之言论,已见各报登载,当局目下正搜集各方面之情报，俟其完毕，即将报告。外相答辩之后，各阁员按照报告书各章错误之点，加以论难。荒木陆相谓报告书完全立于认识不足，不过系一旅行书而已，吾人对此无介意必要，应基于既定方针迈进为要。永井拓相冈田海相，亦论难其认识不足。日本政府之对策及方针由各阁员考虑后，将于下次阁议重行协议。

【中央社上海四日电】 日联社东京支（四日）电，内田外相及荒木陆相本日于阁议散后，与斋藤首相会见，三人鼎坐，关于李顿报告书作重要协议。

【中央社上海四日电】 日联社东支（四日）电，李顿报告书公表后，外务军部江（三）起分担事务。外务省特设委员会，定微（五日）开首次会议。外务省以该报告书文章虽好，然其用语措辞等，殊失中立的态度，对于日本有种种偏见。因此对于报告书中与事实相反之点、误解曲解等，将加以彻底的痛击。如国联不能得关于中国及满洲之正当认识，日本不辞与国联继续数年之抗争。

（中央社）某外交家研究日本反对调查团报告书之最大原因，不外下列二端：（一）报告书明认九一八事件之责任应由日本担负，叛逆组织之运动，非东三省人民之本意，而系日本一手所包办。因此日本自九一八起以迄于今之行动，完全违法。（二）调查团建议日本在东三省有经济权，但中日双方在东三省俱不得驻兵，因此日本在东三省一向所有之非法的政治权，将因日军之撤退而毫无保障，渐至消失；经济方面亦因日本自身之人力才力有限，难有发展。故对日方大为不利。某外交家关于第一点，认为日本自九一八以迄于今之违法行为已举世共鉴，现经调查团之切实证明，更百口莫辩。关于第二点日本在东三省驻扎重兵，横肆蹂躏，本无法律之根据，且日本已屡次表示对东三省无政治领土之野心，只求经济利益之保障，现时对报告书之建议，大肆反对，益使其狰狞面目，与侵略野心暴露无遗云。

东北叛逆意见

【中央社上海四日电】 日联社长春江（三日）电，满洲外交部对于李顿报告书，本日以谢介石之谈话形式发表声明书，其要旨如下：国联调查团于满洲独立之前来满，故虽经满洲政府当局种种说明，然报告书结论，无视此独立，殊为遗憾。满洲于调查团离满后，为强固国家基础起见，种种努力，财政上已见成效，现在考虑减轻国民之负担。至于治安问题，根基于最近成立之满日议定书，与日军协力，将行彻底扫荡匪贼。吾人目标之安居乐土之实现，亦不在远期矣。且日满关系,以议定书之成立已经明确调整。满洲与中国之关系,因有血缘关系,满洲愈发达,则中国人愈称赞新国,其人民之来新国者必多矣。然中国本身中央政府实何在处,尚未明了,与日有进步之满洲相比较,实有霄壤之别也。满洲现状,既然如此,且国联任务,应尊重世界和平,民族自决,人民安宁。如有任何团体、任何国家企图变更现状,而使国际关系更困难,对于三千万民众前途投以暗影,则吾人不得不反抗此种企图云云。

【又东京四日路透电】 日联社消息,满洲驻日全权大使鲍观澄谈,李顿报告书不值识者之注意,因全书对于满洲人之独立愿望一笔抹杀。鲍继言满洲当局对于李顿报告书毫不重视,仍将坚决进行,以冀达到创立"满洲国"之理想云。

【中央社上海四日电】 日联社沈阳支(四日)电,武藤声明谓此方对于李顿报告书之意见,非于接受其成文审慎研究后,不能发表本人对其感想。因报告书仍无把握问题之事实,认错事态,殊为遗憾。否认"满洲国"之独立,以日军驻扎满洲之事为"满洲国"成立之先决的原因,而欲转其责任于日本。其观察之错误,诚无以复加矣。使有日军之存在,对于新国之建设行动,与以便利,然新国以满洲一般民众之自由意旨成立为极明了之事实,即"满洲国"于三月一日成立,日本帝国于九月删(十五)承认,此乃俨然之事实,绝对不能变更之。

国联准备提出

【中央社上海四日电】 日联社东京支(四日)电,国联大会将于十一月寒(十四)开会,由理事会审议中日问题。日政府已经决定代表人选,依照既定方针,阐明日本立场,是正世界各国之认识。日本全权前已决定长冈、佐藤两大使及松冈洋右等三人,顷又决定加派驻英大使松平恒雄为全权。陆军代表土桥中佐及松冈洋右,定于本日删(十五)赴日内瓦。

(中央社)外交界息,国联调查团报告书,现已公布,国联方面,仍将按照预定之程序,于十一月十四日,由国联行政院首先开会讨论。盖调查团之派出,系由行政院所决定者。预料行政院之会议,对报告书必决定一具体之意见,然后提请国联大会讨论,或由国联大会交十九国委员会审查后,再由大会讨论云。

【中央社日内瓦四日路透电】 此间多认李顿报告援助中国,对于日方极为不利。但亦有见解不同者,例如波兰人士,则谓李顿报告书之佐证,实为援助日本,而其结论,则不利日方,若以结论及佐证对照,报告书之结论殊觉勉强云。波兰人士复谓报告明白表示中国不能恢复秩序或组织安常状态,且认恢复九一八前之原有状况,为不可能之事云。其他欧人方面,则认李顿报告书尤其是关于满洲自治之计划,可为解决方针之基本。众意李顿报告书,乃由审慎透澈及客观的调查所产生之沉着镇静,而合于实用之计划。

李顿返抵伦敦

【中央社伦敦四日路透电】 李顿勋爵昨返伦敦,李氏之长子及外相西门之代表等均赴码头欢迎。李顿与路透记者谈,调查团起草报告书时系受和平愿望所驱使,并无断定责任之意,凡读过报告书,对于此点必能明了。本人希望国联与全球之政治家以及舆论界,随从报告书之引导云。日方谓"满洲国"既已成立,日本不能接受报告书内之建议云云。李顿对于此点,并不表示惊愕。据谈调查团在东京时,日人已告知矣。但世界各国是否接受日方之论断,则系另一问题,此时未可知晓。本人但望中日两方可得相当材料,构造永久和平之基础云。

【中央社伦敦四日路透电】 此间著名政治观察者,对于李顿报告均不愿发表意见。据谈目前各报所登载者,仅为报告书之撮要。若作详细批评,必须审阅全文,此则需时颇多。且独考虑报告书内之建议,诚为未足,必须考量全文,然后对于个点之轻重远近,庶无误解云。英政府之态度,则为在国联未行讨论之前不作批评,亦不发表意见。

【中央社华盛顿四日路透电】 据各方面表示,美国对于李顿报告书,可称满意。美国政界在未知国联将采若何行动前,暂不发表意见。史汀生昨特回寓,静阅李顿报告书,旋赴白宫与胡佛总统谈约一小时后,复返寓继续审阅李顿报告。

【中央社巴黎四日路透电】 法国政界对于报告书之明白透澈表示赞扬,但此外不欲发表意见。据谈法政府理应信任调查团之报告,决无否认法政府代表克劳特将军之意云。

中央社柏林四日路透电。德国政界在未接到李顿报告全文前,暂不发表意见。或谓李顿报告因满洲最近之发展,应加修改云。

【中央社罗马四日路透电】 意国政界及舆论机关,对于李顿报告,均守缄默。

舆论毁誉参半

【本社四日上海专电】 伦敦电，李顿报告书，今日仍为世界各国所赞誉与诋毁。数种德国国家主义报纸意见深露，批评态度。有称："是项备忘条实一毫无价值文件。"更有称为："国联之笑话。"法舆论则以为报告书已觉过迟，意大利各报则全无若何批评。恐此时最有趣之事，即李顿爵士于江（三日）抵英京，李氏曾会及长子葛勃华尔斯子爵，与外长西门爵士之一代表。伦敦与华盛顿各官场，对于报告书皆不愿发表批评。史汀生在其书室中，曾废其全日云。据华人消息灵通者在伦敦舆论，大概总括言之，咸曰为（一种颇具政治家气色之报告），彼等以为李顿调查团业已解决一项十分艰难之工作，此实深明了者也。关于在所提出之满洲顾问委员会计划中日本干部人员之任命，则咸觉此种日人地位之优越将有予华人以叨惠，且将使此种建议，难以实行。

【中央社柏林四日路透电】 德国之左派与民主党之机关报，对于李顿报告，尚无批评。惟国家主义派之机关，则大肆抨击。有谓李顿报告，乃一毫无价值之文件，仅系国联惯有之勾当而已。德国与国联之关系，不久将达于危险时间，而于此时德政府之代表，亦签署于李顿报告书，诚为重大不幸云。

【中央社巴黎四日路透电】 巴黎时报称如日本尚未正式承认"满洲国"，则李顿报告之建议，或可为解决方针之基本。但此时若某取消"满洲国"，易以自治制度，日本将难同意。无论如何依照调查团建议之性质，日本将不至于退出国联云。

【中央社伦敦四日路透电】 此间消息灵通之华人，认李顿报告就全部言之，可谓合于政治家之态度。且谓调查团所负极难之任务，已本各委之良心办妥矣。惟关于将来满洲行政，报告书主张聘请充分日人顾问，此将触动华人厌恶之心，而使报告书内之建议，较难实现云。

【中央社伦敦四日路透电】 此间日人对于李顿报告，抨击甚烈。报告书内称日军佔领满洲前东北并无独立运动，日人对此尤为愤恨。日人称解决中日事件，如能进展，必赖于调查团之建议外，参合事实，不能徒从理想方面着想云。

《中央日报》1932年10月5日第一张第二版

296. 马部联合西路军沿齐克路两侧猛进，卜奎已陷重围 日军纷退黑郊，苏炳文部不日可克齐齐哈尔

【本社四日北平专电】 齐哈交通，陷（三十日）完全断绝。李海青占领安达车站后，日军连日调动忙，昂昂溪平贺旅团，感（二十七日）开沈阳，吉长线广漱旅团调奉山线，第二师团多门界右移长驻奉山线，长谷旅团开长春。

（又电）刘桂堂部已离热河，向广安集中，会合他部进攻日军，刘拟赴黑援马。

（又电）马占山电告所部与西路军联络，沿齐克路两侧猛进，卜奎已陷重围，日军为缩短防线，将齐克路部队集中黑郊。

【本社四日天津专电】 中东路富拉尔基、昂昂溪、齐克路一带，近二日来，连日均有战事。日伤兵连来哈埠者甚多，传齐齐哈尔不日可由苏炳文之护路军克服。

【本社四日北平专电】 吉垣郊外四五里，多被义军占领，上月文（十二日）吉垣西温德激战，日军以伪守备队为先锋，次晨日炮队参战，人民多惨死。伪吉府借日债度日，沈海路仅通三四十里，日入不过五十元。吉敦路每月可行车五六日，桥梁多毁，日甲车曾在前交河覆落，溺死四十余人。

【本社四日北平专电】 秦皇岛电，季汉东部冬（二日）克绥中，继以日援至，遂暂放弃。是役击落日机两架，义军指导委员王大观、徐春圃女士，联络后，与金家屯同时进攻，经刘振奎、刘广文，奋勇向前，始破通江口。

【本社四日上海专电】 热河朝阳日军乞援，秦皇岛日军已派机飞往侦察。

【中央社哈尔滨四日路透电】 俄文报载，义军业已占领横道河子，日军退一面。北满方面，呼兰亦被义军占领。日人消息，苏俄总领已向日方声明，传说苏俄援助满洲里一带之反正军队，全无根据云。又电，九月二十七日本飞机一架，于博克图西二十七英里降落，原因未详。日机旋被义军拆散，由西行火车载去。日驾驶员及侦察员之生死未明。

【中央社东京四日路透电】 去秋派往东三省增援之步兵第三十八旅，现已奉命由东三省开拔回朝鲜平日驻防地，该旅一部业已于二日开始回调。

《中央日报》1932年10月5日第一张第三版

297. 我国各方认报告是尚属公正，对广泛的自治及顾问会议，认为袒护日本均表示不满，根本解决尚待国人的努力

孙科发表两点感想

【中央社上海四日电】 支（四日）午后三时半，孙科在莫利爱路旧寓，招待沪新闻记者，报告对调查团报告书之两点感想，而对于调查团员等所献议之解决方案，亦有所详述。末并鼓励政府与人民，下收复东北失地的决心，为有效之准备。其言云：本人读报告书后，有两点感想，可为诸位报告。第一点，为东三省问题。自九一八发生后，以至于现在，其全般事态之进展，调查团虽在出事五月后始到达调查，但其叙述尚不失详尽。而对于此事件之是非判别，尚能主持公道。（一）如第四章内，指九一八满洲事变之发生，不承认为日本合法自行办法。（二）第六章对所谓"满洲国"认为并非东北人民自主之行动，故关于此事公道之主持，我人当认为比较满意。惟根据此种是非而建议之方案，所谓召召集顾问会议，及不主张恢复九一八事变前之东三省原状，似迁就暴力及已成之事实。关于不主张恢复以前状态，我人甚属疑问。调查团此种主张，系指九一八前中国之统治状态，抑或张学良之军人统治状态。如指前者，则与其自述有所矛盾；如系指后者，则似应明白指出，以免日人之误解也。第二点，关于满洲之广泛的自治及顾问会议之组织，其结果将使东三省与中国或中国之于东三省，成名存实亡之统治状态。盖在现况之下，日本实有巨大之势力，而顾问会议之组织，日本因其关系之密切，当得多数之席次。是则将来之东三省，名义上虽为中国不可分割之领土之一部分，其统治之形式，则为国际共管，而在事实上，则为日本代管。此二点，我人表示绝对失望。至报告书中所列制止抵货，系谋东北问题之易于解决之一种办法，殊不知此次抵货，实肇于九一八事件之发生。该案早一日解决，抵货早一日停止。今报告书不在解决东北问题根本上着想，舍本求末，徒制止抵货，本人殊以为不然。概括说，该报告书实大有利于日本，而我国仅得其名。乃日本朝野于公布后，一致表示反对，足

见日本早有并吞东北的决心,曩年日本并吞高丽,可为前车之鉴。故今若一味依赖国联,则必将仅得一失望之结果,此际惟有深望政府与全国民众努力。据本人所见,国联决不能根本解决此问题,解决办法当一视吾政府与民众努力之程度,一视国际间之态度云云。孙现无入京表示。

王正廷认为尚称公道

【中央社汉口四日电】 王正廷定鱼(六日)偕樊光赴平,出席中国大学董事会议,在平约留十余日即返京。记者支(四)日访王氏,叩其对调查团报告书之感想及意见。据答:(一)报告书认定九一八事变,日方之军事行动不能视为合法自行之办法,此点责任分明,调查团尚能主持公道。(二)认定所谓"满洲国"之构成,非根据东三省人民的意思,全系日本军队及日本文武官吏,以武力并利用不满以前地方政府之少数分子之名义及行动所造成者,此点亦颇为公道,足证公理尚存。将来吾人读过报告书全文后,尚可进一步知其内容用意之所在,再研究吾国应取之途径。故现只能述个人之感想,尚无若何意见之云。王氏并谓在此外交严重之际,国内应力谋团结,努力自存,不可专恃国联。但吾人对各国人士之同情互助,自应感谢。王氏末谓,欧战前德国外交家之运用权威,称雄一世,迄战败后,当时之外交家依然存在,而外交上之权威,已随国力而衰微,可见外交完全以国家力量为后盾。故吾人当大声疾呼,国内不可再有内战,庶保全国家元气,以图生存云。又王对孙科大陆联俄,海洋联英美之主张,后者表示赞同,前者谓尚须考量,盖虑因联俄而使共党在中国发展其势力,则得不偿失云。

胡适反对顾问会议

【中央社北平三日路透电】 胡适与路透记者谈,本人认李顿报告很公正的,尤其是第四第六两章。本人对于报告书内所列知适当解决应有之原则十项,亦为同意。但本人反对报告书内所主张顾问会议之组织,此项组织办法,袒护日本所造成之局面,此诚错误云。记者询以对于满洲组织特别制度之意见,胡答此项特别制度,似无严重反对之必要。胡认报告书内关于满洲将来地位之计划,谅系李顿、麦考益、希尼三人之主张,因依照此三委之眼光,中国将来之政治发展,将趋向联邦治一方,胡对此意见,表示同意。

张学良以为不失公正

【本社四日北平专电】 张学良对记者谈,对李顿报告书大体上不失为公正,用字委婉曲折,极尽斟酌,用心良苦,实为难能可贵。

《中央日报》1932年10月5日第一张第三版

298. 黄绍竑返京谈汪病,较前加剧尚须多日休养,交长无法兼代决再呈辞

(中央社)内政部部长黄绍竑,于二十九日赴莫干山视汪院长疾,昨(三日)晚十一时由沪趁夜快车返京。今(四日)晨七时许到达下关,随即乘车,返萨家湾私邸。稍事休息,即出席行政院会议,旋至交部处理部务。下午二时至内政部出席筹备各省自治部派委员会议。六时记者往访,探询赴杭会见汪院长各情。黄氏答复如下:(一)汪院长病确比前加剧,前患糖尿病未愈,现又加肝肿。观察形势,尚须多日休养,最近恐难来京。在汪院长休养期间,仍由宋副院长代行职务。(二)对于国联调查团报告书之态度,今行政院会议虽曾讨论,但此系整个国家对外问题,须由中央政治会议决定。在中央未规定态度以前,个人不便发表意见。(三)在沪会见孙哲生,因系私人拜访,未谈政治问题。故对彼出长行政院,及就任立法院院长各说,均未谈及。(四)代理交长,本人因事实上无法兼代,仍呈请辞职。交部之马凯合同,业已决定撤消。此种商业上之合同,既经发现其缺点,而由负责部会撤消或修改之,亦系常事。封锁东北电政,决定实行封锁后,便利义勇军及商民起见,得因性质变通办理。(五)中央各委在汉或在庐举行会议之说,本人在庐杭均未闻及云。

《中央日报》1932年10月5日第一张第三版

299. 昨中政会讨论报告书，决先交外委会审查，加推居正等为外委员会委员，推定汪罗宋等五人任常委

（中央社）调查团报告书节要公布后，行政院前（四）日例会已有所讨论，各部会长，亦两度非正式会商，交换意见，当一决定提请中政会讨论。昨（五）日中政会例会，外交部长罗文干，特往列席，首先提出报告，出席各委员，亦略有意见发表。当以案关重大，对利害关系，以及我方应付之方策，应先加以缜密之研究。经决议先交外交委员会审查，俟决定意见后，再提会讨论。并加推朱家骅、居正、陈果夫、叶楚伧、何应钦、贺耀组、黄慕松、朱培德等为外交委员会委员，推定汪兆铭、罗文干、宋子文、朱培德、顾孟余等五人为常务委员，轮流召集会议。闻昨（五）日下午三时，罗外长即在外交官舍召集第一次会议，讨论历时颇久。闻该会尚须经多次之会商，并征询汪将二氏意见后，始可决定具体意见，提请中政会讨论云。

颜惠庆表示意见

【中央社日内瓦五日路透电】 颜惠庆博士对于李顿报告向报界发表意见，据称：渠对于李顿报告书之披露甚为欢迎。报告书对于中国国家思想之发展，及国内之纷扰状态，均有叙述。如报告书对于日本之对外扩充政策，及国内之危机，亦有同样叙述。则中日纠纷之实在原因，更可明了云。颜继引报告书内之论断，证明日本对华之指责，全无根据。如此则日本之有心以武力及阴谋占领满洲，破坏国际条约，违反国际威权，以及世界舆论，殊为明显云。至于报告书内所提出解决原则，以及建议，颜认为其偏重所谓满洲事实者，而中日事件之是非，双方权益之条约根据，及关系条约之某项原则，反居于次要地位，颜对此引为遗憾。颜末称渠对于调查团所采政策之意旨，甚为欣感，中国政府当依亲邻敦睦之意旨，并为世界和平着想，充分研究报告书第九第十两章之建议云。

胡汉民纠正错误

【本社五日上海专电】 港电，胡汉民著论评报告书，谓既确认满案解决，

应合国联盟约、非战公约、九国协约条文所规定,乃又承认满政府存在,此不合理。自相矛盾之句,语竟联系而成,此调查报告。苟非文字技巧已穷,适用词句已尽,何至此极?我人认为此报告书为绝不必要。国联派遣调查团草此报告书几于为自毁其立场,暴露无维护正义主持公道能力。报告书又谓政治适当办法之最紧要事件,即为依据中山建议,以暂时的国际合作,促进中国内部之建设。我人当根据中山遗教,确认调查团之建议,为误解中山主张原意。中山拟具国际共同发展实业计划,系国际共同发展实业,非所谓政治适当办法之最终条件。中山之言曰,发展之权,操之在我则存,操之在人则亡,在事实上当无国际合作越俎代谋之可能与必要也。

日方针正在讨论

【中央社上海六日电】【日联社东京微(五日)电】 日政府对于李顿报告书之意见书大纲方针,将于五六两日之外务省委员会及七八两日之外务军部联席会议,可以决定。外务省拟于该大纲决定之后,即将电命日内瓦日本代表部考虑事前对策。

【中央社上海五日电】【日联社东京微(五日)电】 枢密院本日开会议,关于李顿报告书,非公式交换意见。外交出身之粟野慎一郎,发表专门的意见。有马、河合两大将报告军部方面情势后,各顾问均指报告书为异论,并加以痛击。十一时散会。枢府之意见,与政府与军部完全相同。提出意见书之期,日已迫近,且政府既定方针不改变,不问国联将采如何态度,宜应鞭挞政府,照此方针迈进云。

【中央社上海六日电】【日联东京微(五日)电】 外务省本日下午六时在外务次官官邸开首次委员会,商议日意见书之作为方针。有田次官、谷亚细亚局长、松田条约局长、白鸟情报部长、吉田大使、芳泽监畸两书记、松冈洋尤等出席。

【本社五日上海专电】【路透微(五日)东京电】 反对李顿报告书某部分之批评,虽未全息,但论调渐见和缓。外务省发言人,今晨对外报访员声称,报告书最后两章,虽可反对,但报告书含有许多建设性质之提议。草拟日本意见书,预备送交日内瓦之委员会,定将予以审慎之研究。陆军省发言人亦谓,报告书内描写中国状况,使人读之亦不为无益云。

【中央社伦敦五日路透电】 前国府顾问英人槐特爵士,与孟却斯特导报记者谈,调查团之立论,暗示中国内部虽亟须改革,但日本所采之行动,诚属违反国际义务。调查团之报告书之主旨，乃劝告日本重新考虑其对华政策。而日本则故意承认满洲掣肘国联，此乃当前问题之症结也。故国联及美国应谋方略，冀使东京听从李顿之报告，重行考虑其政策。余信日本不久将觉处于国际孤立地位，甚属危险。盖日本不能同时触犯苏俄、侮慢美国，以及漠视国联也。至于中国方面，则无论任何正党当权，人民决不容其承认满洲独立云。

《中央日报》1932年10月6日第一张第二版

300. 荒木诋毁李顿报告，谓为错误百出毫无重视必要，并讥笑国联无能力解决问题

【本社五日上海专电】【微（五日）东京电】 日陆相荒木昨夜向报界作半官宣言称，李顿报告书，实怀恶意，欲将满洲成为第二巴尔干，中国成为远东之土耳其。一般人士实太重视报告书，其实仅能视为参考资料。首八章纪经过之事实，而以渠目光所及，其中错误百出，须力驳斥。满洲问题，早由日满之议定书解决，如列强出而干涉，则将使满洲成一祸源，如昔日彼等之干涉巴尔干然。荒木又问满洲之治安是否仅以宪警之力，可以维持。继谓世界他出无有能以宪警维持治安者，即以欧洲而论，已可知矣。如列强必欲试之，是使满洲成为第二上海也。如欧美希图利用李顿报告书干涉远东事务，则此种企图，必坚决拒之。尤其因国联对欧洲问题，如法德争端，与法意争端等，由不能解决故也。

【中央社上海五日电】【日联社东京微（五日）电】 陆军当局因李顿报告书谓中国乃系一正在发展之国，且云过渡之期，本日特以谈话之形式，发表一文。略谓报告书中关于中国实情之述要，有多数疑问之点。兹将最近中国发生之若干事情，列记以资参考。该声明书乃揭山东、西康、福建等地方之战争，及湖北讨匪情形，国府行政改革问题之各派暗斗状态。最后又谓中国状态，既然如此，岂可认为如李顿报告书所判断中国现状比华盛顿会议当有进步耶？

【日联社东京微（五日）电】 荒木陆相支（四日）晚对于李顿报告书发表重要意见，其内容如下：世间对于李顿报告书重视过度，此不过系一种参考资料，毫无重视之必要。其内容自第一章至第八章，不过罗列事件之经过而已，且其大部分有误谬之点，殊为遗憾。对此谬误，非加以彻底反驳，恐其将误世界也。

本庄中将本日来晤，对于报告书之误谬，非常愤慨。谓其根据于何种事态，制成如此报告书？其内容之不能信用，可以知之矣。报告书尚未切实探索，今次事件之原因历史及国民性等满洲情形，既以日本承认"满洲国"之一事完全解决。中国方面如无国联之存在，不能对此发言。国联若以不记入此种情势之报告书企图解决，则愈使问题纷纠而已。国联在欧洲方面，犹未能解决德法关系，如此国联，岂能处理远东问题耶？各国苟以李顿报告书为金科玉条，对于满洲问题加以干涉，则满洲成为第二之巴尔干，或往时之土耳其。以国际宪兵维持满洲治安之办法，即使满洲仍为第二上海。满洲治安如能以宪兵确保，则世界各国可废除警察，组织自卫团。总之，满洲问题既由日满两国自行解决，故此种旅行记之法理论，决不能解决问题也。

《中央日报》1932年10月6日第一张第二版

301. 郭泰祺演说，中国履行国际义务，过去一年余付会费二百余万法郎

【中央社日内瓦五日路透电】 郭泰祺在国联大会第四委员会演说，称过去十七阅间，中国付与国联之新旧会费共达二百四十万金法郎。中国所担任李顿调查团之一部分经费，尚在此数之外。中国政府处于国难其间，政费百般紧缩，惟对于国联会费力图还清旧欠，可见中国履行其国联会员国义务之决心也云。郭主张国联自动缩减职员俸给，实行撙节，并使各项附属机关合理化。

《中央日报》1932年10月6日第一张第二版

302. 报告书全文译竣

中央社外交部翻译调查团报告书全文，昨（五）日已全部竣事，并开始付印，约本星期日可以就绪，下星期一分发云。

《中央日报》1932年10月6日第一张第三版

303. 罗文干昨召集外委，讨论对报告书方策，决由各委分拟具体意见，完全决定后提交中政会

（中央社）中政会外交委员会昨（六）日下午二时许，由罗文干氏召集，在外交官舍开会，讨论调查团报告书，我国应付之方策。在京各委员，均前往出席。金以报告书内容复杂，当经决定由各委员先行分别拟具体意见，俟综合后，再行讨论。闻该会今后将召集多次之会议，俟完全决定后，再提中政会讨论云。

（中央社）确息：关于我国对调查团报告书之意见，及应付方策，现时正由中政会外委会审慎商讨中，闻一时尚难具体决定，将来究否向国联提出具体意见书，抑或训令我国出席国联大会代表随机应付，现时亦在熟商之中云。

张学良昨招待中外记者

【本社六日北平专电】 张学良鱼（六日）晚六时招待中外记者，到五十余人。张报告三事：

（一）报告书仅见摘要，在政府未表示意见前，未便表示意见。虽不能全如吾人意见，但大体上尚满意。调查团对此问题极困难，但能如此，亦不便苛责，且此文章极委婉周到，颇使吾人钦佩。（二）故宫古物问题，全系外间谣言，绝非事实，易培基来平已晤晤见，声明绝对负责。（三）东三省义军问题，日人说东省人民极恨张学良，同时日人又说东省义军全为张指使。此两说极端冲突，东省人民既恨我，我又何能指使，此极明显，好处全为自己，坏事都归他人，此焉可能？个人对义军观察简单分四点：（甲）人民爱国心。（乙）义愤心。（丙）为求生存。（丁）不得不那样做，此纯系为自然之驱使而然。九一八前，东省固无忧乱，此极可证明；九一八后，日人强夺东省为己有，人民为自求生存，乃不得不争斗。如打猎鹿受伤前，彼知角为祟，乃至触碎宁牺牲而不求苟全，其理则一也。本人极愿南行与政府诸公，一商国是，但行期未定。鲁事可和平解决，洮南蒙军极活动，与义军有联络。

【本社六日北平专电】 汤尔和对报告书分两点观察，第一即日本自九一八以来，是否为自卫行动，所谓"满洲国"是否为东省人民公意，调查团最重要

之使命,即使世界确切明了此事之真相。第二为办法本少讨论之余地,我政府究竟至若何程度,姑不谈。自日本方面而言之,自不能承认,是无异人口之物,欲其吐出,苟非实力解决,可信断无此事。鄙以为办法一层,在我可暂缓援讨,吾人每好于文字上做工夫,现已非其时。若现在我国集中视线批评报告书之办法。匪但为时过早,且徒使调查团有两面夹攻之虞,似非外交之道云。

日反驳报告书方针决定

【中央社上海六日电】【日联社东京鱼(六日)电】 谓外务省微(五日)开第一次意见书起草委员会商议起草方针,历四小时始散,其拟定方针大体如次:报告书大体谬误之点,逐一列举反证加以论驳。关于军事行动部分,将在联席会议决定报告书之结论,全非实现,认为无价值,完全蔑视。对报告书不采日本及满洲方面提供之材料,而专用中国提出之无责材料一事,严重加以纠正。"满洲国"现状与制成,报告书当时,大有变化,故明示现在之新事实,方谈"满洲国"独立之确定。对于报告书否认"满洲国"独立之主张,加以启蒙的论证。除上项各方针外,更进一步指摘中国内政不统一之现状。声明日本公正外交政策,并说明国联与远东问题断绝关系之事,为解决问题最好方法之理由。

【本社六日上海专电】【电通鱼(六日)东京电】 草拟对李顿报告书之意见书之最初委员会,昨午后在外务次官宫邸开会。有田次官以下各委员出席协议之结果,决定大体方针,即:(一)对报告书中之误谬详记正确之事实反驳之。(一)关于日本军事行动之不当叙述,详细反驳之。(一)第九章及第十章之劝告案,全部抹杀之。(一)"满洲国"之独立,系根据"满洲国"住民自决的意志,应举事实证明之,以匡正报告书之错误。(一)宣明日本承认"满洲国"之必然理由,要求国联静观等。本日午后续开第二次会审议具体事项。

【中央社上海七日电】【日联社东京鱼(六日)电】 日本提出国联之意见书,外务省已于微(五日)晚开会决定方针,现对陆军当局进行交涉,要求召开联席会议。陆军鱼(六日)下午二时开参谋本部及陆军省之联席委员会,审议之结果,决定于七八两日召开正式联席会议,出席会议之委员会名单如下:外务省松冈洋右、有田次官、吉田大使、松田条约局长、谷亚洲局长、松岛欧美局长、武富通商局长、白凤情报部长、抨上东方文化事业部长及关系课长等。陆军省山冈军务局长、山下军事课长、铃木原两军事课员、本间新闻班长、矶田新闻班员。参谋本部永田第二部长、松本欧美课长、酒井中国课长、武藤中佐。

【中央社伦敦五日路透电】《泰晤士报》称李顿报告书，概括言之，在英国、日内瓦以及除日本外之其他关系各国，均已引起良好印象。众认该报告对于复杂之满洲问题，作一能干及坦率之剖解。日本斥报告书偏袒华方，此断不能承认。且无论任何最近之发展，均不足摇动报告书所根据之原则。第一在于解剖满洲情形之真实，第二在于建议之适合于实用，而富有建设之性质。日本若以征服满洲为目的，定遭当地人民之仇视。而满洲于地理上，复与中国本部毗连，难于分离，征服政策之不智，日本日后亦当了解。此时国联会员不必指责日本，应倾全力谋一同意之解决。但于原则方面，不宜再有妥协。各国外交家于谋李顿建议之实行，即为满洲人民谋福利云。

【中央社那不勒斯（意大利）五日路透电】 此间之《意尔麦丁诺报》，认李顿报告措词模棱，且其提出解决方针，毫无意义。该报称调查团赴远东时，并非谋"满洲国"问题之解决，实乃为国联从无办法中谋一办法，借以敷衍塞责云。

《中央日报》1932年10月7日第一张第二版

304. 沪各团体宣言，声述李顿报告袒日，对日人暴行竟无只字提及，应打消依赖自谋解决之道

【中央社上海六日路透电】 关于李顿报告，各团体今日发表宣言，声述中国信任国联之错误。据称日本虽迭次破坏国联约章，但国联未能根据国联会章及现行条约，制止日人之侵略。李顿报告偏袒日方，殊使中国人民失望。日本侵略上海，中国所受损害甚巨。东北方面，中国良民被日军屠杀者，其数当以千计。但李顿报告对于日军之暴行，竟无只字提及。李顿报告发表后，中国依赖国联之妄想当可打消，此后应谋自行解次之道。世界上无所谓正义，强权仍为公理云。该宣言最后促中国人民继续坚决抗日，并援助东北义勇军。

《中央日报》1932年10月7日第一张第二版

305. 日本军人野心方炽，对东北将更充实军备

【本社六日上海专电】 日陆军发表谓当局本年二月延期实行军事改革，盖当时因时局严重，不能实行军队之大变动，今日皇军一部队出动满洲，从事战争，又因"满洲国"之出现，日军负担防务之任。故暂时以维持"满洲国"治安为目的，实行在满洲兵备之充实，改善国军兵备等应急处置起见，决定八年度之此项经费，其大部分应属于满洲事件费云云。

《中央日报》1932年10月7日第一张第二版

306. 社评：注意日本军部之态度

据本社一日由上海转电东京电云："日本军部对李顿报告书意见如下：（一）调查团之使命，在调查满洲事变远因近因之一切原因。叙述结果于报告书中，则非其本来之任务。（一）满洲事变之原因，与其谓由满洲本身之事态，毋宁谓由中国本部政治之状态，故须着重国民政府不能统一事实及排日之运动。（一）李顿报告书不过使国联充分认识中国，以资国联之参考而已，若如所传之结论，则从调查团本来之使命观之，不得谓非越权之行为，故谓"满洲国"问题之日本政策，不得因报告书而受丝毫影响也。"

国际联盟之唯一使命，是确保国际和平，维持世界公道，故我国自暴日非法侵占东北以后，即根据国联盟约，交国联解决之。其信赖国联之本旨，与夫维持和平之苦衷，皆有事实，可以证明。国联自接受我国申请之后，虽优柔寡断，委曲求全，难满人意，而在日本视之，早已厌其非分干涉矣。日本外交上所取之方针，为主张直接交涉，排斥第三国干涉，故对国联之出而过问，有视为重演中日战争后德法俄三国之干涉辽东半岛割让问题者。一年以来，日本之攻击国联，不遗余力，良有以也。我人观其高唱退出国联之说，益可见其破坏和平，穷兵黩武之决心。其与国联成立之本旨，盖已愈趋愈远矣。

自一月十日国联理事会议决遣派调查团，以第三者之资格，实地调查中日间之争端，日本即惧真相暴露，表示不安。及调查团行抵北平，将赴东北之时，

日本复唆使傀儡,拒绝实地调查。遂有调查团中途折回之传说。嗣日方恐开罪联盟诸会员国,致不利于己,故最后又授意傀儡,准其前往调查。其畏惧调查团暴露侵略真相之心理,极为明显。九一八事件以后,日本一方掩饰东北之事实,一方努力国际之宣传。关外真相,无从测摸,结果乃是非颠倒,黑白不分。调查团受国联之委托,排除万难,前往调查,以期事变之真相,大白于天下。此我人之所期望,而日人之所憎恶者也。

在国联调查团之报告尚未正式公布以前,日本军部不满于调查团之口吻,已闻于世。"违背使命""越权行为"之语,竟公然出诸日本军部之口。日本军部消息之灵通,决断之迅速,皆出人意料之外。其"关于'满洲国'之日本政策,不得因报告书而受丝毫之影响"一语,已足表示其应付国联之决心。今后之国际问题,或即潜伏于此。固不待荒木陆相近顷之谈话,始足增加国联前途之困难。日本军部对外之态度,素极强硬,九一八以还,益形跋扈嚣张,其不甘就范于国联之主张,乃意中事。一年以来,日本政治之实权,全操军人手中,内阁其他各省,惟军人之马首是瞻,故今日决定外交政策之机关,不在外交部而在陆军部,故今后日本对外政策之转移,须视军部之态度而后定。

日本军部今日所取之态度,既如上述,今后之转移,不难预测,东亚和平之曙光,尚未可期。望我国人,速自警惕。毋谓李顿报告书,即能解决东北问题也。

《中央日报》1932年10月7日第一张第二版

307. 调查团报告应深切研究,中央军校特党部,昨通令全校学生

中央军校特别党部执行委员会,因鉴于国联对东省事件之报告书,业经发表,其节要亦经我外部译送京沪各报披露,该项报告书于国联解决中日问题之前途,至关重要,爰特训令全校党员云:"为令遵事。查国联调查团此次为东省事件,来华调查,其报告书节要,业经我外部译送京沪各报披露,本校党军日报,亦分日登载。虽国联对东省事件之处置若何,现尚未有具体之决定,然该报告书,要为国联解决中日问题之唯一重要参考材料。我国对日东省交涉,能

否胜利,国际正义能否伸张,与该报告书之关系,极为重大。本党同志对抗御暴日收复失地均有决心,而对此足以左右国际正义主张之调查报告,自应深切注意其报告之内容,研究应付之对策。为特令仰各该党部遵照,并转饬所属一体遵照。仍将研究结果,随时具报为要。此令。"同时该会定本星期六下午二时,在该校大礼堂,特请立法委员楼桐荪,来校讲演关于国联调查团报告之感想。

《中央日报》1932年10月7日第二张第三版

308. 唐绍仪对李顿报告不满,国内团结作有效之御侮,集中力量促成九国会议

【中央社广州七日路透电】 唐绍仪谈胡汉民认李顿报告内容自相矛盾,毫无价值,本人对胡氏之见解,完全同意。此时美国朝野,对于满洲事态之关怀,较前增加。我政府尤应放弃日内瓦方面之希望,而集中力量,促成九国会议之召集。或有主张联俄或联美者,但此时联合任何一国,均无效果。唯一之解决方针,在于国内团结,作有效之御侮。至于国际共管满洲,就中国主权之立场观之,与目前之满洲状况,无所分别云。

《中央日报》1932年10月8日第一张第二版

309. 日外军联席会议决定,抹杀李顿报告结论,对报告书内容完全推翻,狂妄已极视国联如无物

【本社七日上海专电】【电通鱼(六日)东京电】 日陆军方面,昨午后在参谋本部协议对李顿报告书,草拟意见书根本方针,结果决定大[六]项提出。据本日午后外军联席会议,决定:(一)抹杀李顿第九章第十章之结论。(一)认满洲独立及承认其独立,为解决满洲问题之唯一方法。(一)强硬主张中国非完全之国家。(一)中国之排日分子,为中国纷争之根源,如不根本解决,国

联所有手段,均无效果。(一)阐明关东军之军事行动,完全为自卫手段之发动。(一)报告书之证述中,有故意将个人之日本人及日本国家、日本官吏,混合为一之处,须彻底摘发而排除之等。又外务省之第二次起草委员会,昨未举行。

【中央社上海七日电】【日联社东京虞(七日)电】 军部检讨李顿报告书委员会,七日下午二时开会。参谋本部、陆军省各委员,出席讨论报告书。关于军事行动部分之误点,制成陆军对其反驳书,以备提出外务军部之联席会议。

【中央社上海七日电】【电通社东京阳(七日)电】 阳(七日)晨定例阁议,由内田外相说明各国报纸对李顿报告书之批评,谓大抵于日本不利。经各阁员交换意见后,佥以日政府方针既已确定,外国报纸批评如何,不足介意。继荒木陆相报告海拉尔方面义军状况,最后由堀切法制局长,说明外务省添设外交考查部之官制,当决定立取向枢府咨询之手续云。

《中央日报》1932年10月8日第一张第二版

310. 外委员会今日再开会,各委分拟对报告书意见,切望蒋汪二氏电示方针

(中央社)外交委员会,昨(六日)会议决定,由各委员分别拟具对调查团报告书意见。昨(七日)各委员,均埋头工作,闻今(八)日将再举行一度会议。各委员现均殷望汪院长、蒋委员长二氏之意见。行政院代院长宋子文,昨(七)日特为此飞沪征询汪氏之意见,蒋委员长方面亦去电征询,最近可望电示云。

《中央日报》1932年10月8日第一张第二版

311. 社评:报告书披露后,国联之行动如何

各方瞩目之国联调查团报告书,数日前既已公布于世界,按是项报告书之作用,仅为东北事件之最后解决,尚有待国联今后之努力。故数日以前,举世

延颈以望报告书之披露；今日以后，则宇内翘首以待国联实际之行动矣。

按照国联首次宣告之意义，实曾有维持盟约与主持公道之表示。本年二月十六日十二理事之申请书中，已有"凡有违反盟约第十款之规定，而致侵害任何国联成员国之领土完整及变更其政治独立者，国联会员国均不能认为有效，而任其实现"之表示。三月十一日之国联特别大会之议决案中，亦曾明白宣称："凡用违反联盟盟约及非战公约之方法所取得之地位条约及协定，联盟会员均不能承认之。"然试一回视国联历来所持之态度，吾人实不能不叹惜其或有公平正直之诚意，而绝鲜贯彻其主张之勇气。今调查团之报告书亦既宣称："'满洲国'之构成，其最有利之份子，实为日本军队之在场即日本文武官吏之活动。"故"'满洲国'不能认为真正自然之独立运动所产生"，而"确认满洲为中国不可分割之一部分"，因之"维持'满洲国'为不可能"。报告书又谓，日本武力强夺中国领土之一部分，且使其将中国分离宣布独立。此种行为，日本谓为合于国联盟约、非战公约及华盛顿九国公约之义务者，调查团则认为："实则各该约之意义，正在防止此种行为。"调查团之报告书，盖已明白声明日本占领我领土，显系违反国联盟约之规定，而承认此种违反盟约之行为（即承认"满洲国"）为不可能。报告书原文辞句虽多闪烁，而真意所在，尚可在字里行间窥其真际。虽然，细读报告书之末章，调查团曾建议满洲自治为解决中日争端之原则，是则调查团报告书中，一方既认满洲为中国不可分割领土之一部分，一方又因日本武力侵占，而提议减削中国在东北之统治权。调查团此种主张之动机，为忘却其使命而自陷于矛盾欤？抑因鉴于日本军阀之顽强，怯于守义之难，不得已而出此乎？

夫调查团之建议，既确认满洲为中国不可分割领土之一部分，是不啻暗示解决争端之条件，为遵守盟约之规定，以维持中国之领土完整。则国联之职责，即应在如何努力设法，使东北事件得以解决，盟约威严，赖以维持。然而国联今后之努力，能否有此圆满之结果以答副爱护国联企望国联者之所期。吾人鉴于国联以往之行动，实不能无疑。盖国联欲完成其所负之使命，应绝对恪守报告书中遵守盟约规定之原则为解决中日事件之根本。若迁就事实过甚，而尽弃其立足点之原则，是中日争端永无解决之望。

由此以观，报告书中所建议解决东北事件之办法，由中日两国共同召集一顾问会议，讨论并提出详密之建议，设立一种特殊制度以治理东三省。国联仅以第三者之资格，参预其间。须俟顾问会议有任何特殊之点，不克互相同意时，国联行政院方得根据指该会议提出之点，设法觅得一同意之解决办法。调查团此种建议，显系破坏中国之政治独立，与违反盟约第十条之规定。故行政院对此事之措置，与其千回百折，不如径在第十条范围以内，觅一解决办法，始可谓不辱其使命。

若更进一步国联果能毅然以解决东北之事件为己任，按照盟约第十五条所载解决争端之办法，根据上述调查团报告中尊重盟约之原则，从事"调解"或"说明建议"，国联若持此种态度，吾人自应钦佩其热诚与毅力。然使国联之"调解"，未能成立，国联之"说明建议"，因未得法定人数之通过，不能发生效力，而日本仍继续其暴行，国联将仍继续努力，以阻止日人之违法行为，决不袖手坐视东北事件之自然变化，此在报告书披露后，举世瞩目严重之问题也。

总之，国联对于东北事件，今后之责任，实至重大。甚望其最后之决心，作有效之行动。否则东北事件固不易解决，而盟约规定一任破坏，国联之威权益将坠落殆尽，而无恢复之一日矣。

《中央日报》1932年10月8日第一张第二版

312. 宋子文飞沪晤汪，征询对报告书意见，定今日晤谈下午即行返京

（中央社）代行政院长宋子文，因赴沪办理财政上要公，并慰问汪院长疾，于昨（七日）上午十一时五十分，乘塞［赛］可斯飞机，离京飞沪。同行者有中委褚民谊、秘书黄道纯等三人云。

【中央社上海七日电】 宋子文、褚民谊、王［黄］纯道、沈翊青，阳（七日）十二时二十分，乘赛可斯机抵虹桥机场。据谈：报告书尚在讨论中，来沪系征汪意见，即须返京云。

【中央社上海七日路透电】 宋子文、褚民谊下午由京乘飞机抵沪，宋谈此来特为探询汪精卫，对于李顿报告之意见。定明日与汪晤谈，下午即行返京云。

《中央日报》1932年10月8日第一张第三版

313. 日出席国联代表松岗将晤西园寺

【中央社上海七日电】【电通社东京阳(七日)电】 日本出席国联代表松岗洋右赴欧前,拟灰(十日)西下参拜伊势挑山神社后,将往京都与西园寺公会见。

《中央日报》1932年10月8日第一张第三版

314. 所谓"满洲国"其出生与将来——译自圆桌季刊秋季号

一、占领之蔓延

日军于上海郊外布置重兵之同时,尚努力扩展其侵略行动于满洲,此在最敏锐之远东事务观察者亦将引为骇异。

二月初旬,日军一师团循中东铁路向北移动,在哈尔滨近郊与中国军队正式接触。双方鏖战经时,华军虽奋勇应战,使敌方死伤綦重,卒以来势凶猛,分向东北西北两方撤退。日军遂占领哈尔滨,更建立政治机关及置设军事要害于彼,以资固守。

数星期后,经匆遽忙乱之筹备,于是所谓"满洲国""独立"国家者(满洲——著者特注)公然诞生于长春。当此同时,中东铁路沿线,独立队伍之混战,所在皆是,形势异常暴烈。日本军队将沿线一带自哈尔滨起由东而西任意毁坏,自此以后,日复一日,消息传来,不为拚死之散战,即为火车之出轨!军火之消耗虽多,卒系胜负莫决。

四月间日本更变北满军事长官,集中一师团于哈尔滨,同时于附近建筑一大飞机场,足容多数之轰炸机。

自日本变更沈阳之政局迄今将届一年,满洲秩序之紊乱,殆视日俄战争以来任何时期为甚。日人已承认现在满洲之队伍,有六师团之众。关于此类事件，日本决不致张大其词。在客岁年底出版《美国西伯利亚征讨记》一书中，命运多舛之远征联军中美军司令葛雷甫将军（General Graves），对于日本所采之方法，多所昭示。按照参加西伯利亚征讨各协约国所同意之分配额，日本只应摊派军队一万二千人。然彼表面上虽遵从协定，而实际上在一九二一年派遣于西伯利亚境内者总数达七万二千。据可靠观察者之估计，彼现时在满之军队，已有九万人之多。其主力部队将中东路西自满洲里东迄海伦穆稜全都实行军事占领，但即在目前，沿铁路各地，攻击日军之消息，几于无日无之。虽此等攻击恒遭拒却，然再接再厉，展转相循，每役之余，日军均报有死伤。

此间一般情形，似日趋于衰败。农夫不能播谷于春日，境内多处对于食粮之短缺均成严重问题，贸易及工业无不形停滞现象。

当日军队于二月间向北满移动之际，一般人信第二次日俄战争在所不免者，大都恐惧战机之立即爆发。中东铁路之军事占领，与铁道管理局俄员之冲突，逮捕哈尔滨之苏俄公民，日本参谋本部军官明白表示之意见，皆足为挑战之动机，顾犹有其他种种仇怨之原因在。现在建筑中自高丽商埠仁山至吉林之铁路，能将海参威之商业，大量剥夺。日本政治化之商务企业，已将松花江上俄罗斯运输机关之财产劫夺。医院、铁道房楼房及车站房屋均自中东铁路攫获。俄罗斯之利益，在日军前进中，几绝无存在之余地。

惟前途虽具有显然之危险，然绝未见任何意外事件之发生。俄罗斯确已作充分戒备。海参威炮台防务巩固，俄军亦集中于边界一带。但无论何处，一当冲突似将迫临之际，俄罗斯军队之在边境者常自该地段撤退。

虽然，档能之冲突势力，仍然存在。就中如人们假定攻击日军之中国义勇军常由俄罗斯得有军火及武装之供给一事，亦殊为日本所重视。

俄罗斯是否准备目睹日本——具有强烈的黩武政策之日本——造成其想望已久之军事重地于北满，日复一日排除俄罗斯在北满巨大生动之势力，复进窥蒙古，破坏中东路之经济价值，海参威之商埠繁荣，以及俄罗斯在北满所保有之强固经济地位，委系一答案尚不可知之问题。

方吾人考虑满洲争端之际，北满方面之日俄情势必首加注意，良以此等争端不但涉及中日间之关系，扩而充之，抑且影响世界和平与军缩问题。至华盛顿条约中政治条款之相互关系与夫军缩方案，则于本季刊六月号第五六五页已有说明，兹以限于篇幅，不复详及。

注：关于俄罗斯在北满之地位及中国对俄与对日态度迥不相同之有趣的

分析，可参看 Manchuria Crandle of Conflict-by Mr Owen Lattimore，1932。
（未完）

（续昨）

二、"满洲国"之出产

日本已造成一"新国家"，形式上号称"独立"，并宣称系根据"满洲三千万居民之意志"。中国废皇溥仪被用骗术自天津胁持至长春，授以登位御宝，俾充任"满洲国"之"行政首脑"。政府组织皆出于在满日本军事领袖之意旨，比较后进之军官对于一均政治计划之构制与执行，均参预其间，其操纵范围之广，凡西方人之未曾身历其境，目睹实况者，几难于置信。东京方面所获之官场布告，大都蒙掩事实，但新闻纸论著出诸实际上与满洲事务管理有关涉人物之手笔者，却有时揭开面幕。试一检本年五月十七日之伦敦《泰晤士报》即能洞察梗概。该报东京通讯员尝摘引日本花屋少佐（Hanaya 按花屋与参谋本部甚为接近，且与满洲事件之进行关系綦密），所作之论文，刊载于极有声誉之经济学报，花屋少佐详细描写"满洲国"政府之结构及其行动与政策之根源——"钢的骨干"——设有"中枢事务局"，由日本军官为参谋，得全权支配预算及行政，其下各部职权，均不过居于附庸地位。此种日本的"内在政府"由军事官佐陷潜其间，操持一切行政权能，实不啻一有趣之宪政实验，同时亦为便宜吞并之变相办法。

日本因对于世界大战后所签订之各种国际条约与协定参加"过于热切"——一著名的日本人辩护者之用语——以致处于非常困难之地位。故为获得其所欲之物，不能不加以另一名称，以为掩耳盗铃之地。

日本对于满洲，有种种目的之追求。此种事实，吾人或可同情。其平日处境所惮惧者惟俄罗斯，其状正与法兰西之居恒惮惧德意志相若。海参威之空军战备日形发达，颇足向东京施可怖之恫吓，惊破其居民之睡梦。舍此军事韬略上之迫切情形外，更有重大的经济宣传之压迫——兹所谓宣传未免言过其实，但有日本在满已具非常有价值之经济资财事实为佐证。质言之，日本对满洲之施行经济的及政治的统治，实于其人民之繁荣与幸福，有深切之关系。

彼现亦落西方国家之臼窠，已到达经济发达及组织之复繁时期，人口过剩为当然之结果。于是膨胀势力之欲望，不能自制。由于人口之压迫，产生极端紧张之感觉。日本已为无能连担之势力所困，其极大多数之人民，皆深信关于日本在满洲利益之"生死"理论之真价,实无足疑。

　　主要之争点——常所坚持者——初不在条约效力之问题。试审慎考虑,日本于客岁九月所取行动之纯粹法律立场,已未足令人信服,纵尽弃其违背向所承认之世界义务而取之行动一事实费论。条约及协定皆旨在诠释及规定若干人类之有关系。满洲之种种关系,则既去经行政机关之明白诠释,亦未有行政机关之规划周详。诚欲如著名之美国公法家所言:"在满洲一地,中国之权利,日本之利益与夫俄罗斯之雄志,皆针锋相对,若在欧美必常致诉诸战争耳。"(参看《亚细亚杂志》四号月 Mr. Chester H. Rowell 论文)

　　专就其可以诿责于政策者而论,则去年九月之事件,必当归责于中国仇视日本之政策及日本不顾条约义务维持其经济权利之决心。

　　"满洲国"之产生,关系造成日本所愿望之事态之尝试,同时使彼得保持其与列强相处之国际地位。(过去日本对于列强之好感,固尝努力加以培植)

　　虽然,吾人若将日本动机与居心之全部问题加以严正之考虑,则所当牢记不忘者,惟在彼现已处于深刻的政治骚乱之境。国内种种势力均在发动活跃之中,纵在富有经验之观察者,亦不能估量彼此间之强弱。近年来发生一大运动,反对现有资本制度及政党政治之全部□识——政党政客与私人商阀间之贿买结合——军界重心人物大部参加?国内极之感觉,对于一九二二年以来仿照西方新观念施用之对外政策,深恶痛疾——兹所谓观念乃系日本自遵行西方制度,国势日臻发达,且浸浸足与一九〇〇年之英吉利相颉颃[颃颃]时,由最近尚在领导外交政策诸人所竭诚采用,但未能深入国民心理中之观念。军界中人(直接对天皇负责,且为基础□□之日本宪法下威权异常之势力)对于国际观念,初不能具有新西方眼光。以此属望于彼,殊属不智。惟当深识不忘者满洲方面种种事件之趋向现时□达令人惊愕之程度,不但由于军队,抑且由于蜂群似之下级军官官吏及秘密工作之浪人,共同酿成之。彼等势力之大,影响之广,诚出乎意料之外。

　　当此情势下之一种结果,则为多数日本智识界人对未来之结局,感觉失望。彼等认为日本对满洲并无一贯或□□之政策。彼知彼所□要者维何,日本民众亦皆从事大规模之团结,为军人后盾,借以表现其本国膨胀国力与权威之政策。但军人及日本极大部分之民意均为开发满洲以谋日人利益,及防止本国腐败的政治制度输入满洲等欲望所迷惑。

　　此种因数乃存在于参谋本部所主张由高丽人及日本人大批移殖满洲不可

能之计划之后。亦即存在于彼等控制"满洲国"行政之日本"顾问"之行动之后。此等日本"顾问"均自驻满军队中所挑选委任,且系由各方抽拔而来——事[军]部本身、领事馆、南满铁道及商业阀系等方面。

在此场合,即只在此场合,"满洲国"政策与东京政府间有割裂之现象在。"满洲国"纵为日本的"Japanese",但决不至成为日本之一部,日本之"许多顾问"皆与本庄繁将军密切合作,而种种方面,卒未能与东京外务省观点相符。外务省内部亦诚有极强硬之一派,对于日本人在"满洲国"之雄心深表同情,然据美国最近刊布之报纸论文一则(美国合众社东京通讯员之考查报告,时在本月[年]七月六日),则日本多数高级军官之态度,固已声明较著。该文援引东京外务省某要员之言论,谈员反对"立时的外交上承认""满洲国",其所根据之立场,主要在于"对构造如彼匆遽,且出于日本军队及日本公民之久在满洲政界活动者所经营之现存'满洲国'政府,无论如何,不能满意"。其论旨大要得推断如次:

"满洲国"成群之日本顾问均非出于东京政府之选定,乃由于军队。此等顾问在军部之指挥下行事,并同情于军界,其工作之方案,在日本富有经验的政治家之考虑下,认为绝对不堪实行。

夫满洲之地位,自日本人之观点察之,或得形容之为棋局中"将军之受困"(Stale-mate)攻击继续进行,而建设的发展即为冲突的理想与失思维欠熟的观念之游戏。

最近关于中国海关事件,即足明白表现彼开发满洲事务者所采用之方法。日本"顾问"均决定夺取彼地之中国海关。横滨正金银行分行经理数人,均激于爱国义愤,任意□□□用卓著之银行正规业务,而□乖张之举措,截留海关税务司实际存储之税款。大连方面,虽依一九〇七年之条约,日本有保持中国海关行政完整之规定义务,日方官吏尚在此自中国租借之领土内,鼓励分裂之手段。东京出于逼不得已不能不维持所谓"满洲国""独立"之困难的假定。事态完成于先,彼则跋行追随于后,几已成为惯例。满洲中国海关之组织现时尚未完全破坏,哈尔滨及其他各处英国税务司官吏均被海淀区国警察厅所威吓,迫令交卸□□,而此"满洲国"警察厅,实受日本"顾问"之指导与督促。

满洲一地,若能建立新的中国行政制度,日本诚有良好机会,取得多方便利,以□其渴求之欲望。彼或得大□特□,表白其不满张学良所取方针千真万确之忧悃。然不幸因自己缺乏谨审之考虑,与夫日本军队业将数月前扶植之

"傀儡"国完全服属之行径。"满洲国"也者,在不获已仍留满洲之大部分智识界中国人心目中,已变成空洞的笑局,同时亦成彼等深恶痛疾之目标矣。(未完)

(续昨)

三、"满洲国"之将来

当目前此种纷乱时期,而欲对如此悲惨之事态,预言其结果,诚觉未免鲁莽。虽然,吾人却可作如是言,中国日本间之冲突,其讨论之时,恒多以条约议定书及法律方面之名词出之,实则此并非一法律的问题,而乃政治的及经济的问题。满洲方面所展开之情势,虽由某种条约形式与以掩护及使之迹近合法化,然实情固无与之平行之先例。日本所谓经济利益,每亦属于政治的性质。南满铁道乃政府中之政府(Imperium in imperio)与其情形酷似者,世界任何场合不能复见。

吾人于此,务当认清若干基本之论点。此时期内满洲之日本政策,其统治及管理,并不在彼能确认国际协定——世界进步之保障有赖乎是——重要性者之手。此等人物及为彼等背景之日本军阀主义,其构成之势力始足值吾人之估计。日本者,容或为今日世界唯一酷嗜战争之国家。

吾人纵舍列强军缩方案攸关之事实之重要性不谈,亦务当洞鉴日本对任何解决满洲情势之办法,凡足以阻挠其经济及政治之侵略暴力者,决无接受之可能。危险所在,乃在彼于形式上接受情势中之某种合法规定,而同时实质上轻傲狂肆推行其自己政策也。

另一方面,中国之呼吁于国联,初非受盟约所根据种种理想之激励,而国联遂被牵入勉为有效之工具,以拯援纠纷当事国之一方。惜乎无论中国,或日本,均未尝为切望联盟机关的保持与发展之观念所动耳。

最近似呈现一有趣之征象,中国与日本或将即时由直接谈判,完成彼等纠纷之浮面解决。中国方面,对满洲战场之热诚,已显然趋向减退。排货运动仍厉行于中国南部及循太平洋海岸线一带之华侨间。而上海一埠则已日向退衰,华北方面几不见所谓排货运动之存在。虽令中国政府制度无组织,然尚有异乎寻常之种族团结性存乎民间。一般的情绪,尚集中于满洲之争端。虽满洲在性质上属于远陲边土,其与中国彼此间究有重要之种族统一关系。拥护满洲境内武力抗日之运动,常出于非正式,并非政府所主持,但种族情绪之表现,断不能无限制的长取此实行示威之方式。目前虽金钱仍在募集,由上海银行界,汇寄马占山将军,而此间一般的表现,中国人似渐形疲怠于此。

在另一方面,排货运动之扩大与持久,及满洲当地散战袭击之成功,均足使日本知所警惕。假令中国方面能相机停止对义勇军部队之赞助,日本或当多少趋向于和解。在此情形下,当借法律的条件,以达此目的。倘能由合法条款实行和解,则中国方面必将迅即放弃冲突事实之观念。尤有进者,南京颇具迅速解决之愿望。双方之和解,或得由日本方面之抛弃"满洲国"的试验——多方惨败之试验——同时中国方面而主权机关承认日本之权利(不但承认一九一九条约之签字,抑且承认若干行政上之保障),得一解决。然有增无减之斗争——日本施用经济压迫,中国则奋力取消其压迫——仍将持续不已。

就情势言,荆棘纵横,困难盈前,固所不免,然仍不无几何希望在。无论如何,此系东方情形,种种方面无非我西方国家所能深切体认。对满洲施用所谓"自决",仅仅属一种空洞口号。该地过去因统治失当,所受之不良影响已多,时至今日,可信任何人之智虑,均不足担任其将来之进步。其未来政府之方式及该政府与中国及日本之关系,必有一人决定之。然仅凭东方人之智慧,断不能设计方案,产生一虽不能绝对完美亦当差强人意,纵未必通行无阻,亦至少无甚危险之机关。时殊事异,成功失败,均有待于将来,吾人谨拭目俟之。(著者草于中国一九三年七月十五日)(完)

《中央日报》1932年10月8—10日第一张第三版

315. 日陆海外三省昨开首次联席会议,讨论对意见书方针

【中央社上海八日电】【日联社东京庚(八日)电】 陆军、海军、外务三省联席会议,昨日下午七时在外务次官邸,开第一次会议,讨论日本政府对于李顿报告书之意见。出席者外务松冈洋右、谷亚洲局长、守岛第一课长、柳井第三课长,陆军省军务局长铃木原雨大佐。李顿报告书之意见书,主张日政府从来向对外声明之主义,迈进至最后地步,表示大国襟度,不采姑息态度。使各国认识,假使世界任何国家,处于日本立场而同其轨,则不得不认日本所取态度为公正妥当之至。晚十时会议始散,第二次会议将于文(十二)再开。新闻

班长参谋本部永田、第二部长松本、欧美课长大城户、中国班长海军省寺岛、军务局长盐泽、军事普及部长岛田、军令部第三班长等，根据于三省既定方针，审议起草意见书之根本方针，其结果决定依据如下本方针，制作意见书，日政府对于李以便准备各种事项及汇集各方面材料。

《中央日报》1932年10月9日第一张第二版

316. 报告书全文今日印就分发

（中央社）国联调查团报告书全文，已由外交部译竣，交大陆印书馆复印五千份，今（九）日即可装订就绪，后（十）日分发各要人研究，同时并出售，每部售价一元云。

《中央日报》1932年10月9日第一张第二版

317. 宋子文晤汪，汪对报告书意见由宋转达中央

【中央社上海八日电】 宋子文齐（八日）晨访汪征询对报告书意见，结果，汪意见由宋转达中央。在未转达以前，不宣布。宋拟灰（十日）返京。

【中央社上海八日电】 朱家骅齐（八日）来沪，定文（十二）日返京。

【又上海八日路透电】 代理行政院长宋子文，今晨与汪精卫晤面，关国联调查团报告书事，彼此交换意见。宋子文定十日返京。

【中央社上海八日路透电】 褚民谊向记者谈，汪精卫对报告书之意见，将由宋子文转达中央当局。汪病势有进步，一月后可起床，届时当返京供职云。

【中央社上海八日电】 褚民谊齐（八日）赴中央运动场表演国术，佳（九日）夜车返京。

（中央社）曾仲鸣、朱培德、马寅初、萧吉珊，今（八）日晚乘十一时快车赴沪公干。

《中央日报》1932年10月9日第一张第二版

318. 国际纠纷交非战公约国协商，英国联协会赞同史汀生见解，李顿爵士系该会执委会委员

【中央社伦敦七日路透电】 美国务卿史汀生，近谓非战公约，既为全球舆论所拥戴，故凡遇有国际纠纷，必交各签字国协商。借谋统一舆论云云。此间国联协会执委会，今日通过决议案，对于史氏之见解，表示热烈欢迎。唯美官方对于该决议案，尚无表示。按李顿勋爵、墨累爵士，及其他英国名流，均为国联协会执委会委员。美外部对于李顿报告书，尚未正式表示赞同。至于行政院考虑李顿报告时，美政府是否委派代表列席，日前亦未明白表示。

《中央日报》1932年10月9日第一张第三版

319. 英舆论界确认所谓"满洲"乃日本武力造成，国联状况：应受法律裁判！抑受武力支配？

【中央社伦敦八日路透电】 英国各著名周刊对于李顿报告均著长评，发挥意见。《旁观周刊》称"满洲国"乃日本武力所创造，此后亦将倚赖日军，以维持其目前之地位。吾人当前之问题，乃国际状况，是否应受法律裁制、抑受武力分配。如中日任何一方拒绝依照李顿报告内所提出之方针，参加讨论解决办法，则国联大会考虑中日事件时，应知有绝大危机，隐伏其间。李顿调查团已指出解决途径，倘日本愿意接受，尽可接受，而不失其国家之荣誉云。其他周刊多认李顿报告措词虽极稳重温和，但中日事件之事实，已被其暴露无遗，故报告书诚足激发全球舆论，世界良心挑战。如日本拒绝接受李顿报告，国联应宣告日本违犯国联会章、九国公约以及非战公约，并引用经济压力，强迫日本改变其政策。美国政府对于此种行动，业已声明援助国联。且就日本国内情形论之，各国若运用坚决压力，日本于短期内或可就范云。

《中央日报》1932年10月10日第一张第二版

320. 美国务院对李顿报告惊异，因发见载协约国出兵西伯利亚为美之主动

【中央社上海九日电】 华盛顿庚（八）电。美国国务院中人发见李顿报告中，称美国为一九一八年协约国出兵西伯利亚之主动者后，今日表示非常惊异。报告书在叙述北满情形时，声称当各国交换公文商榷西伯利亚及协约国利益之危机时，美国即提议干涉等语。惟美国务院中人对此仅表示惊异，不欲加以评论。有询其究竟者，则出示美政府所存档案，盖据一九一八年一月至七月间，美国与欧洲各国间往来公文，足证西伯利亚出兵之举，系协约国所提议，美国初时尚不欲参加，最后始允加入云。

《中央日报》1932年10月10日第一张第二版

321. 顾维钧访国联秘书长

（中央社）本社日内瓦特派员庚（八日）下午四时廿分电。（一）中国代表顾维钧庚（八日）访国联秘书长德鲁蒙及英国、捷克斯拉夫两国代表。

《中央日报》1932年10月10日第一张第二版

322. 日内瓦我国代表团昨招待新闻界

（中央社）本社日内瓦特派员庚（八日）下午四时廿分电。中国代表团定佳（九）招待各国新闻记者举行茶会，并将于下星期一二三分宴各国代表。

《中央日报》1932年10月10日第一张第二版

323. 日意见书廿日前制竣，对报告书彻底反驳，三省联席会决不变更立场，斋藤谈报告书对日极不利

【中央社上海九日电】【日联社东京佳（九日）电】 外务、陆军、海军三省联席会议，于虞（七日）商议制作日政府意见之根本方针，决定主张日本来所声明之立场。

【中央社上海九日电】 外务省亚细亚局，现由谷局长指挥全体职员，进行起草日本意见书，大约本月号（廿日）以前可制毕，即由松冈洋右携往日内瓦提出国联。据闻其内容大概如次：（一）意见书使各国谅解日本立场，全文长达十页。（二）对于李顿报告书加以彻底的反驳。（三）李顿虽视中国为无统制之国家，意见书更列举多数事实，证明此事。（四）说明国联无能力禁绝排斥日货行动。（五）说明日本军事行动，为纯粹之自卫行动。（六）指明"满洲国"确由住民之自由意志成立，并举多数历史上之先例。（七）主张国联不干涉中日问题之解决。

【中央社上海九日电】【日联社东佳（九日）电】 斋籐首相八日下午二时离京，赴一本松别墅静养身体，预定十日返京。首相在车中对日联社记者曰：李顿报告书，对于日本非常不利。然他国有种种意见，故此亦不得已。政府委托外务省，处理一切。外务省现与陆海两军开三省联席会议，锐意考究中。国联如何处理报告书，为一问题。日本当然依照既定方针行动，断无变动之事。设立日满经济统制调查委员会问题，现由次官会议协议中。调查会虽有办法，须与满洲先行商议，不能简单实行此事云。

《中央日报》1932 年 10 月 10 日第一张第三版

324. 日报卑鄙宣传，蒋委员长极愤恨，恶意造谣存心毒辣

【中央社汉口九日电】 沪日文《上海日报》，微（五日）载《蒋组织蓝衣社宣言放弃满洲》云云。东京《朝日新闻》，鱼（六日）又公然著论诬蔑。蒋对日人此

种恶意造谣,存心挑拨之行为,殊为愤恨。据蒋左右语记者,日报所制造之蓝衣社消息,月前亦曾大吹大擂,津《大公报》亦曾以此电询蒋委员长,经蒋复电痛驳,力斥其妄,谣诼遂息。现日方以调查团报告书于其不利,且我剿赤工作,极其顺利,行蒋集中力量,一致对外,故又放出无稽谣言,意图转移国际视线,根本推翻调查团报告书,并离间我国朝野感情,以遂其吞并东省之阴谋,其存心固属毒辣,殊堪痛恨,但手段则极其卑鄙,不值一笑云。

《中央日报》1932年10月10日第一张第三版

325. 日以全力应付国联,对侵略我东北各派一致,现内阁预算难关可渡过,松冈定期放洋应政友会之宴,谓将清算六十年来中日外交

【中央社上海十日电】【电通社东京灰(十日)电】 新要求额达十二亿数字之来年度预算,极与内阁运命有关。军部主张以租税能力为标准,附以限期之增税。高桥藏相对提高邮费奢侈税等,虽表示可以考虑,对所得税增税等,认此时有衰弱生产力之患,表示难色。民政党方面,于国家本位名目之下,采支持政府之态度。政友会则持严格批评的态度。故问题前途难关正多。惟李顿报告书发表后,全国国民对国联之非常紧张有排除国内政党政派之争之倾向。商工业者,亦觉悟以最大牺牲,打开日俄战争后最大之国难。故预算审议,虽有纷争,结果满洲事件费,与一般军事费,将分别审议,务使成立。元老重臣枢密院,与此方针根本一致,一面发行巨额之赤字公债,一面为或使程度之增税以谋预算之适合,而使政府得专竭尽全力应付国联。

【中央社上海十日电】【电通社东京灰(十日)电】 现内阁之预算难关,虽得未曾有,然因此预想斋藤内阁之倒塌,殊不得当。军部方面以斋藤内阁不可能者,其他内阁,亦不可能。虽有增税论与公债论之不同,结果可望妥协。政友会方面,亦知政党信用尚未完全恢复之今日,出于积极的倒阁运动,将蒙不利,势不得不采温和的态度,故通常议会,可望无事通过云。

【本社十日上海专电】 松冈谢政友会欢宴,言颜顾郭为华一等外交家,余赴国联不欲作技术争衡,惟愿以诚实与精神尽力,深信日本此会,留一大纪念

人类史上。

【本社十日上海专电】 东京电,范朋克家(九日)夜十时由神户乘昌兴公司日后号轮来沪,松岗[冈]饯行,松冈则定真(十一日)左右,携日本对报告书之意见书,首途赴国联。

【中央社东京十日路透电】 出席国联大会日代表松冈,定二十日左右放洋,政友会昨设宴为松冈饯行。

【中央社上海十日电】【电通社东京灰(十日)电】 政友会青(九日)晚开会送别松冈洋右。松冈答词,谓我等前途,仅有一条路而已,早无退却余地。此会议实为六十年来清算日本外交之重大时期,余信即为日本精神与欧美精神合组而成之会议。故此次会议并非技术外交,乃精神外交。伊藤述史于出发之际,参拜伊势大庙,哭三十分钟始止,其心境实为我八千万国民之心境云。

《中央日报》1932年10月11日第一张第二版

326. 宋子文昨携汪意见书返京,今日中政会付讨论,蒋电外部以中央意志为意志

(中央社)我国对调查团报告书意见,经中政会外交委员会研究后,外交会于过去一周间,曾数度会商,并由各委员分别草拟具体意见,现时仍在彼此交换商榷之中。行政院代院长宋子文前日特为此赴沪征询汪院长之意见,昨(十日)已返京后,于晚间邀请外委会各委员,再作一度之会商,并报告赴沪之经过。闻今(十二)日之中政会,将由外委会常委提出报告,但具体意见之决定,则尚略需时日云。

(中央)代理行政院长宋子文,日前飞沪慰问汪院长疾,并携带外交委员会前次会议对国联调查团报告书之意见,请汪氏审阅,并征询汪氏意见。宋以在沪接洽事毕,昨(十日)下午四时许携汪院长意见书与秘书黄纯道等,乘塞可斯飞机离沪,至五时十分抵京。闻宋将与外交部长罗文干等,再行会商,我国对于调查团报告书之意见云。

【本社十日上海专电】 宋子文灰(十日)晨再参观公路,午前回沪,午后四时飞京。

（中央社）国联调查团报告书全文，经外部译就复印五千份，现已校勘完竣，共长一百余页，今（十一）日可印刷装订就绪，外部将尽速分送全体中委，及各部会长官，以资详细研究，并定今（十一）日正式发表，同时出售，每份售洋六角。又外部在沪印刷之报告书，原文明后日亦可运京云。

　　复旦京社云，据外交界息，国联调查团李顿爵士报告书全文，正由大陆印书馆印制白皮书，总页数约一百二十余张，预计今（十一日）日可全部蒇事，即付装订。俟装订完毕后，今明日起分赠各方。中央各要人及在野学者名流，对报告书内容之批评，大致已如报载，政府对此事之表示，刻正在精密研究之中，不久当可宣布。蒋委员长对该书之内容，曾有电至外交部，大意为彼个人无单独表示，决以中央之意志为意志，绝无成见。如中央意向若何，盼随时电达等语。汪院长对此事，则尚无意见电达外部云云。

《中央日报》1932年10月11日第一张第二版

327. 顾维均对李顿报告书意见，可承认作国联讨讲之基础，但须保留批评并发表意见

　　【哈瓦斯社日内瓦九日电】　今晚中国代表顾维均，对国际报界代表，说明满洲问题及李顿调查团报告书。顾代表以为在国联会接受之各种问题中，当以满洲问题为最重要，因其牵及条约之尊重问题。而条约之尊重，实为国际合作之基础。此问题使国联感受困难，原非中国之过。盖中国对国联应负之义务，已一一履行，其对于争端自始即要求一和平解决之道。反之，日本对诺言，则未尝遵守。日本之军事当局，有意造成争端，而争端发生之结果，皆渠等所用心准备者。日本在满洲设立傀儡政府，继续使其政策，此不惟违反国联盟约及九国条件，且置其对国联行政院及对大会保证之言于不顾。日本国允许撤退其军队矣，乃不惟未尝如约撤退，反增加其人数。延至今日，且较最初增加三倍之多。顾氏又谓在一九三一年，日本酿成事变之前，满洲地方安宁，而秩序甚好。有为相反之言者，皆系诬蔑之词。满洲之扰乱，实日本所造成，诚有如李顿报告书所言者。又有谓满洲非赖日本不能发展者，顾者乃斥为诬妄。顾氏谓仅以铁路而言，日本乘日俄战争之胜利，将满洲铁路之一半，据为战利

品。然中国十年之间,曾造成铁路千余公里,约占满洲全部铁路之五分之一。而当其建筑之时,日人故与为难,犹不论焉。顾代表又谓日本垄断铁路之说,李顿报告书,亦曾与以证明。顾代表结论,谓此问题全部,不久又将由国联会行政院及大会加以讨论。中国对于行政院上年十二月十日创设李顿调查团之决议案,既已接受,且曾与调查团合作,故准备承认以该团之报告书作为讨论之基础,惟保留批评及发表意见之权。国联会如能为中日争端,求得一正直持久之解决办法,实中日两国之幸也。

《中央日报》1932年10月11日第一张第三版

328. 希尼氏确认东北人民反对伪国,中国放弃东北乃不可容之举,对日本移民东北认为不适合

【哈瓦斯社柏林九日电】 前德国殖民地总督李顿调查团团员希尼博士,发表对于远东之印象。因为满洲现有之困难,将继续至长远时期。在局势复归平静以前,日本必须大加努力。希尼复称满洲中国人民大多数不赞成"满洲新国",为不容否认之事实,故欲满洲问题之完全解决,必中日两国获到和平谅解而后可。最主要之困难,乃在使满洲与中国本部相分离。根据种种理由,中国若放弃在满洲之主权,似属不可容之举,然日本在满洲利益确甚巨大。就目前为止,所得之经验,满洲是否为适合于日本大批移民之区域,尚为一大疑问。就军略之观点而论,日本安全之念在此项事件中,实占主要之地位云。

《中央日报》1932年10月11日第一张第三版

329. 日反驳李顿报告书,作为附属文件备提交国联,今日续开会议起草意见书

【中央社上海十一日电】【日联社东京真(十一日)电】 外务省根基于外务、陆军、海军三省会议决定之方针,制作日政府对于李顿报告书之意见书。

现决定于文(十二)开第二次联席会议,审议起草原文。同时决定指出李顿报告书误谬之反驳书,作为附属文书,提交国联。

《中央日报》1932年10月12日第一张第二版

330. 国联邀李顿出席大会,参加讨论中日问题,我代表研究报告书

(中央社)本社日内瓦特派员十日下午四时四十分专电。国联已邀请调查团委员李顿勋爵等,出席下次大会,参加讨论中日问题。

(中央社)本社日内瓦特派员十日下午四时四十分专电。我国代表团,各代表及专门委员,佳(九日)晚研究李顿报告书,并决定向政府贡献意见。

《中央日报》1932年10月12日第一张第二版

331. 欧洲各国对伪组织无承认意,美参议员李德之谈话,俄外相声明无意承诺

【本社十一日上海专电】【国新纽约电】 美参议员李德,归自欧洲。据谈,倘国联不能解决满事,则国联本身亦将所余无几。现欧洲各国,无一有立即承认伪国意。国联对报告书态度,尚无从预测,并否认外傅美国已与英法商得同意说。

【中央社上海十一日电】【日联东京真(十一)电】 本日上午十时阁议开会,外相对于永井拓相之质问,谓俄国现无承认满洲之意,交换领事馆事不成问题。

《中央日报》1932年10月12日第一张第二版

332. 从铁路立场上观察调查团报告书，关赓麟氏在铁路协会之演词

国联调查团关于中日争议之调查报告书之发表已一周矣。其全文虽未得见，但读外交部公布之节略，其最要之建议载在九十两章者，已甚明了。铁路事件，在此整个大问题中，虽然系一部分之小问题，而不能不认为此次事件之导火线。又对方之南满铁路，实为策划此吞并满蒙事件之大本营。是以我国铁路界同人，不得不对此报告书，有深切之认识与研究也。

调查团之大意以为由各种条约合同，知日本所享绝无仅有经济权及行政权，与现在中国主张减少外人特殊利益者，绝不相容，在势不能不起冲突，是以认定此次事件之历史背景为中日两国在满之权益问题，故欲对两国之根本利益，予以调和，为可能解决办法。反言之，即仅能调停两方面之□，求一将来免生冲突之法，而依以前之责任解决。则隐然认为不可能者。其措词至妙，而用心其苦也。

节略发表后，吾国人士，上自党国要人，下至报章舆论，观察似不甚同。有认为比较满意者，有认为完全失望者。其实满意者，乃是悲观之反应；失望者，亦系倚赖之结果，皆非深切之认识，仅为客感之批评。或以为我国见为失败，必同时日本见为胜利，何以发表后我国尚无表示，而日本朝野已一致攻击，诋为毫无价值，越权行为，此言似乎有理。不知是非曲直，本非绝对，譬如两人诉讼，各有不是，法官乃权其责任之轻重，以为折衷之裁判而已。彼日本方俨以战胜国自居，军阀跋扈，民气嚣张，即使十之八九利于彼国，而对于其余十之一二，利于我者，依强国外交手腕，与其无穷之欲壑，亦必全力抗争，表示不满。此固不能引彼之不满，即为我之胜利也。平心论之，使日人不承认"满洲国"，则此次调查团之报告建议，可谓完全为日人之胜利。今日人所云第九第十章之建议绝不能接受者，乃谓此既承认之"满洲国"，已成事实，不能取消也。夫日人何尝不知，调查团之报告，计日可以到达公布，而必急急于此时承认者，其作用非止图破坏调查团之工作，实则为再进一步，更索大价，即以保障前此所得而已。彼东省之事，而锦州而上海南京而热河，皆此故智，务使事体扩大，而

后小小让步,使我国为所胁服,希望保全平津,不扰沿海而已足,则其计售矣。国联调查团圆滑之口吻,不负责之主张,纯然所谓八面美人,人人□其颜色者,皆以为爱我也。实则彼之不能主张以公断方式解决此案,不但明知各国力所不能,或者早已接有国联方面之默示,故直言不讳。且中国外交往往得一实亡名存之结果,能麻醉国民,暂时免于反对党之攻击,即已意满。调查团何尝不知,故以改东省自治政府国际合作为言,一方日人又激昂反对,谓之皆预构成,以待我之入其圈套可也。

调查团屡言,华府会议时,中国已踏入国际合作政策之途径,而以排外之宣传过甚,十年来乃无进步,故仍根据华府会议各国代表之主张,以扶助中国建设维持中国领土完整,为保持和平之必要条件,亦为此次解决惟一之善法。国际合作,吾人何尝不相对赞成,惟必须以权自我操为先决条件。今所拟之顾问委员会,乃以占有重要比例之日人为主,则是以实亡名存者愚我,以名亡实存者舐日,同时乃为各国本身利益打算而已。

吾意中国依此报告书之结果,其最大之失败,不在建议第九第十两章,而在撇开以前行动之责任,止注重以后不再发生此种行动之方法。盖吾人之比较满意者,仅在此证明中国无敌意而日本非自卫之一点,以其足以确定九一八事件之责任也。而报告书即亟亟声明对此责任问题,持之甚轻。此一言出,而我惨烈之数千同胞,损失之千万财产,无从索偿,无从抚恤。若果如此,则国联尚有何价值。故中日两国,对于报告,见解虽不同,而有一双方意见共同之点,即认识国联调查团已暴露其无解决满案之能力是也。

国联所以成立之宗旨,本欲不恃武力而别寻解决国际争议之法者也。然强国与弱国争议,强国不受公断之制裁,弱国又无抗拒之力量,则解决之法穷。彼各国之名流与报纸,咸责吾之倚赖性,以为各国绝无为远东事件出兵之理,非中国自身能拒敌,固无望于人之相助也。故今日之事,除战之外,已无他途,而中国现势之不能战,并对于东北亦不易公然讨伐,又无待再计而决。即使宣战以后,能有一二强国为我后援,亦必历相当时间。彼国见其形势为于己有利益,始□助我,此则不啻先等于孤注之一掷,为日人所已料定者。曾顾比利时,不决心牺牲为孤注一掷,则亦无由得全世界之同情,此则吾国当思所以自处也。

若必不能战,而犹欲委曲求全,则依调查团之建议,即假令日人能完全接受,而国家之主权经济国防损失之大,已不可胜言,其受害尤重者,当为铁路。

调查团建议之关于铁路者,摘其要点有四:(一)为中国保留之主权,可以管辖海关、邮政、盐务,或及于印花税、烟酒税,而独不及铁路,是除顾问会议,特予同意外,已包在其他一切权限之中,均归东三省自治政府。(二)为日本铁路守备队,应与其他两国之武装实力,一并退出东三省境内。(三)为另订铁路使用之协定,俾实行两国经济合作。(四)为变南满为营业性质,铁路地域范围内之地产市政,应另定特别制度,以保障日人及南满之利益。此第二第四□,皆日本所不愿□。而第三款,则于我国最不利,报告中所明指者惟此而已。若以吾人所观察而推度之,则殊不止此。

东三省划为自治政府,而顾问多数权又操于日人,则铁路方面所得之结果,其最明显易见者。(一)从前一切非法之条约,未能解决之交涉,关系铁路之屈辱条件,将悉于东省自治政府未成立前,由夜车国签约承认,视为既定事实。(二)一切铁路之损失及负担,为我国所不承认者,如洮昂工事费,四洮借款费等,亦皆如日人之意承认且了结了。(三)此后东省必根据合作宗旨,组成于日本最有利益之铁路网,于是东北各路尽成为南满给养线,即无所谓平等线问题,亦无所谓货物区域协定与运□协定等问题。(四)急筑吉会路线,打成一片,以便利军事,破坏两国国防。(五)与东北各线组织联运,且由大连、营口、安东水陆接运,而北宁咽喉受扼,日渐衰落。(六)北宁关外路线,将永不能收回,而有不得不归并他线之势。即中英借债权,亦不难因之而生变化。(七)热河方面拟筑之线,必急速成功,以威胁我国北方。(八)与大连竞争之葫芦岛港,势必破坏已有之工程,使无复竞争之用。(九)东省由铁路入关货物之运价,将完全操纵于日人之手。(十)东北各路,日人必借合作之名,希图握有自由徵发及占有之权。以上所推度,虽似言之过甚,而依日人强暴情形料之,殊不足为怪。然则吾国听国联之调停,即令日本不为已,其为愚于我国,仅铁路一端,已复如此,况日本尚严词相绝,各路依然在伪国之下,岂不更为所欲为乎。又况双方即有接近之可能,而交涉结果,亦必经年累□,总在日本布置完备之后,青岛收回之事,可以为鉴。此从铁路立场观之,至可为痛心棘手之点也。

国人责难政府,甚有以国联调查团忠□之言,为深中吾病者。虽吾国在革命之演进中,无可讳言,然此亦不能无辩。试细读报告书,即知其面目为袒□,而其精神为袒日。□□批评及主张,无不根据日人的□□,变换其语调,其措词巧妙,□□之者不觉。例如日人云我为无组织之国,报告则云必大多数民众具有国家观念而后能成真正统一之国家。日人云我军阀割据且事内战,报告则云对于各省之行政军队及财政要逐渐使其具有国家性质。日人□我排外,以□动列邦感情,报告则云国家内部建设需要列强之合作,故应先与邻邦维持良好友谊之关系,而置民族主义于后。日人云抵制日货,系国民党政府授意指挥,报告则云希望以后担保有组织之抵货运动不再发生,其言语之妙如此,故表面上似能主持公道,而实际则完全替日人说话。所不同者,同时为各国利益计,将□村理事之南满与我国铁路网合并为合办事业之政策,扩充之为国际合作。

然日人近水楼台,根深蒂固,殊不畏他国之夺其利,而必有种种抵拒之方法,况明许以多数顾问之大权乎。

此极甘之言,味其内容,无一非含有诬我谤我之意。吾人同不反对国联希望两国互谅合作之好意。而偏听之词,则亦何能忍受。顾毁辱之来,有可以言语辨之者,有不能以言语辨之,而必须以事实雪之者。彼日人之进于调查团逸言,固非政府及出席代表之空言所能办,惟在上下觉悟,举国一心,始有以证明而洗湔之耳。否则我方日言国人觉悟,废止内战,而一面由东战起,同时四川战又起,将令代表何词以自圆其说乎。

于铁路同人,勿以铁路在满案中已成附属之一小问题遂不进行研究也,须知两国如进行直接交涉,抑或双方接受国联调停,将来对于主权经济国防诸大计,无一事不与铁路有关。彼日本于承认"满洲国"以前,先以其管辖下之铁路,委托南满代行管理。又武藤专使以关东租借地总督名义,管辖南满铁路株式会社,是军事与铁路、日本铁路与"满洲国"铁路,已联成为一气。其布置之密,进行之速如此,我国则何如。政府有何根本计划,民众有何积极准备,国联以外有无新途径可循,美国再三声明,不承认既定之事实,而调查团认恢复原状为不可能,正与之相反。在此政府方沉默考虑之中,国民复毫无表示,我智识界,我铁路界,不能不负研究鼓吹领导之责也已。

《中央日报》1932年10月12日第二张第二版

333. 报告书全文今发表，已分送各院部会长研究，昨中政会并未提出讨论

（中央社）国联调查团报告书全文，外部译就付印后，前（十一）日已印就一部分，在沪添印之英文原文亦于前（十一）日运京，外部当即托中国航空公司飞机携带二份，分送上海汪院长及汉口蒋委员长，并分送外交委员会在京各委员。昨（十二）日已全部印就，当即分送各院部会长，以资研究。外部已定今（十三）日在京沪平津汉各地同时公布云。

（中央社）外交部自接到国联调查团报告书后，英文本即在上海付梓，中文本亦已译竣付印。现在两种均已印出一部分，定十三日开始出售。英文本定价大洋一元二角五分，中文本定价大洋六角。分在本京外部庶物科、上海外部驻沪办事处、北平外部档案保管处、汉口第三特区管理局等处出售。天津方面并拖［托］《大公报》代售，以便读者。闻京内外除政府主管当局外，均不赠送，一律价购云。

（中央社）我国对国联调查局报告书之意见，经中政会交外交委员会讨论后，虽经该会选次开会商讨，但以关系重大，且全文尚未发表，故各委之意见，虽交换颇多，但尚未能具体决定，昨（十二）日上午中政会开会时，并未提出讨论。下午四时罗文干氏又召集各委员在外交官舍开会讨论。闻尚须经数度会议，方可具体决定云。

又讯，外交委员会对报告书之意见，殷望汪蒋二氏有所发表。现悉蒋委员长仍在审慎研究之中。汪院长之意见，虽宋代院长日前赴沪时，颇多征询，但并未备有具体之意见书云。

（中央社）连日报载关于政府对调查付报告书之态度，颇多传说。又本月十日国民新闻社稿称，外交部高级职员，曾呈请罗部长，反对国联调查团建议等语。兹据外部发言人声称：调查局报告书，现正在政府当局缜密研究中，态度如何，亦尚在郑重决定。外间所传，大抵系猜测之词。至所传外部职员建议各节，尤无此事云。

《中央日报》1932年10月13日第一张第二版

334. 松冈洋右昨访谒西园寺，陈对国联意见

【中央社上海十二日电】【日联社京都文(十二日)电】 日本出席国联代表松冈洋右,真(十一日)下午往访西园寺,公开陈对国联意见,并听取西园等之意见后辞出。松冈回东京途中与记者:本人赴国联会议之决意,在纠正国联之认识不足。日本业已承认满洲,所取方针,唯一无二。日本国民比任何国民最爱和平,故承认满洲云。

《中央日报》1932年10月13日第一张第二版

335. 沪市民协会反对报告书，并请制止川鲁战事

【中央社上海十二日路透电】 市民协会昨电政府,反对李顿报告,并请当局即派重兵防守淞沪。又另电政府请制止川鲁两省内战,将关系军队,调赴东北抗日。

《中央日报》1932年10月13日第一张第二版

336. 日军部竟要求国联部静观，认报告书认识不足且不公平

【中央社上海十二日电】【日联社东京文(十二)电】 军部检讨李顿报告书,并研究对国联应取态度,最近要求国联静观满洲问题之意见,渐次有力。其所主张理由如下:(一)日本关于"满洲国"之国策,排挤国联或第三国等之一切干涉。(二)国联调查团之报告书,认识不足且不公平,其性质将使满洲问题,更为纠纷。(三)世界舆论关于李顿报告书之价值,均抱疑问,且国联静观满洲问题之说颇有力,美国亦渐增加此说。(四)列国舆论,多称"满洲国"

之发展,及日本对此经营,将归失败。然则列国更应傍[旁]观日满关系之变迁,然后决定国联态度。

《中央日报》1932年10月13日第一张第三版

337. 满铁组临时委会,研究报告书之反驳

【中央社上海十二日电】【日联社大连文(十二)电】 满铁临时组织委员会,研究李顿报告书中与满铁有关之部分,同时起草反驳书。此反驳书,将托松冈洋右带往日内瓦。灰(十)决定委员会之意见,真(十一)上午提交董事会议,请求核准。据闻其重要部如下:(一)报告书第三章中,关于满铁附属地行政权之记述,应加改正。(二)关于中日铁路问题之一节,加以反驳。

《中央日报》1932年10月13日第一张第三版

338. 胡汉民评论调查报告书,历数三点认为失当,并谓解决东北问题全在自救

(广州通讯)中央常委胡汉民,政躬违和,卧病香江,久不发表其政见,兹以国联调查团报告书,已于二日公布于世界,在中央依赖国联解决满案之今日,该报告书,自足惹起世界人士之注目,而其关于我国将来之命运,尤为重大,故特扶病草拟《评国联调查团报告书》一文,刊登于广州《民国日报》,指摘该报告书内容之荒谬,及昭示吾人今后应取之方针。兹录其全文如下:

举世瞩目之国联调查团报告书,经于一日公布,我人以受时间及空间之限制,截至今日,犹未观此报告书之全文。然就报章所载,则此所谓报告书之内容,亦足以窥见大凡。该报告书所提出之所谓能令满意解决满案之基础原则,计共十项,核其要点则:

(一)满洲问题之解决,其方案应合乎国联盟约、巴黎非战公约及九国公约条文之所规定,然亦必须承认日本在满洲之权利,并顾及第三方(指苏俄)之利益。

(二)应改革满洲政,俾符合中国主权及政府权之完整。然而政府又必须舍有大部分自治性质,期适合当地之环境及特性。同时中日两国间,最好能另订新条约,规定如何回复彼此在满之权利及责任。

(三)满洲应组织地方宪兵团,以维持地方之秩序,而确保"满洲国"境。又当与各关系国,订立一非侵略协定,以避免外来之侵略。同时依照孙逸仙博士之主张,由国际共同合作,以完成中国内部复兴。

调查团之所谓解决满案之基础,原则虽列为十项,而归纳之,则实为如右之三端,为报告书全文精萃所在。换言之,我中国政府,自九一八事变发生以来,徒事依赖国联,不图抵抗,不讲外交,不求办法,失土地至七千四百万方里之结果,即为获得如右之原则。今后之国联会,即将依据此上述之原则,进而解决(?)所谓中日满案之纠纷。故我人对于国联之态度,及此报告书之大要,未忍默尔,愿为单简之评述。

第一,我人在根本上认此国联调查团之报告书,为绝不必要。进言之,国联派遣调查团而草拟此报告,几于为自毁其立场,而暴露其无维护正义主持公道之能力。故国联而苟采取此项报告书,资为解决我东北问题之依据,实不啻自行宣告国联之破产。按国联盟约第十条"联盟会员国,应担任尊重保持各盟约会员国之领土完整,及现存政治之独立,以防御外国之侵犯",第十二条"联盟会员国中,倘有任何一国,漠视本约第十二条、第十三或第十五条约之规定,而迳向他一联盟国开战,则该国录认为即与其他联盟国全体挑衅。其他联盟国,全体应立即截夺与该国之商务或财政关系……凡遇此项事件,联盟理事会应尽其职,陈述意见通告有关系之各政府,使联盟国得以派遣任何有效之海军陆军,以保护联盟约章"。基于上述之规定,则自九一八事变发生,国联而诚维护盟约主持公道之决心,应立即采取有效之处置,严重制裁日本违约之暴行。然事实不尔,事变之始,既一再限令日本撤兵无效,则又于十二月十日,作此派遣调查团之空洞决议。我人或不愿过为苛酷之论,然迹国联此决议之用心,实不啻故意挨延时日,予日本以从容囊括我东北之时机。今日本已悍然承认其在东北之傀儡组织,又未闻国际出一言,以为纠正,而此内容无聊之报告书,国联乃尚允许日本为延期之讨论。日本此种全无公理之行为,何足深责,然国联有此举措,我人实深感其劣弱与无聊。

第二,就国际调查团之报告书言,则其内容之冲突矛盾,实不一而足。该报告书中,既已确认满洲问题之解决,其方案合乎国联盟约、巴黎非战公约及九国公约之所规定,乃忽又承认所谓"满州"政府之存在,谓此政府必须含有大部分自治性质,期适合当地之环境及特性。不特此也,且言满洲当组织地方宪兵师团,以维持地方之秩序,而确保"满洲国境"。此种不合理,自相矛盾之句语,竟联系而成,为一国联调查团之报告,苟非文字之技巧已穷,适用之辞句已尽,何至此极。国际盟约之内容如何,已如上文之所引述。至巴黎非战公约之精神,厥为确保世界和平。九国公约之要义,惟在维护我国领土主权之完整。我人试问日本在东北之暴行及其在上海平津各地所行引起之不断的骚扰,果已符合于巴黎非战公约之精神否?我人再问日本侵袭我东北,并造成傀儡组织,企图永久割据之行为,果已符合于九国公约之要义否?借曰不合,则解决所谓满案之文字,除国联及一切签字于公约之国家,一致奋起严重制裁日本外,更无其他应取之途径。我人根据过去一切历史的事实,确认东北为中国领土之一部,东北之主权及政权,应纯为中国政府所掌握。依此事实,我人当进而否认有所谓满洲政府之存在,及所谓"满洲国"境之存在。东北之权利及责任,惟中国有之,既无庸与日本协商,更无庸顾及所谓第三方面之利益也。

　　第三,东北问题之解决,果如国联调查团报告书所言,当顾全国联所谓第三方面之利益,我人在事实上,亦实无从諟认。我人认为东北问题果不幸而必致扩大,则此问题,应为整个太平洋问题之一,而非只为日本与所谓第三方面之问题,此我人所当郑重为国联调查团告者。其次国联调查团报告书中,谓当如孙逸仙博士所主张,由国际共同合作,以完成中国内部复兴。据中国电讯之所传布,即易其辞曰政治适当办法之最终要件,厥为依据孙中山先生之建议,以暂时的国际合作,促进中国之内部建设。使此消息而不误,则我人丁此场合,当根据孙中山博士之遗教,确认国联调查团之建议,为误解孙博士主张之原意,而严予纠正。孙中山博士拟具国际共同发展实业计划,系国际共同发展实业,而非所谓政治适当办法之最终要件。孙博士之言曰,欧战甫完之夕,作者始从事于研究国际共同发展中国实业,而成六种计划,盖欲用开战时宏大规模之机器,及完全组织之人工,以助长中国实业之发达,而成我国民一突飞之进步……惟发展之权,操之在我则存,操之在人则亡。此后中国存亡之关键,则在此实业发展之一事也。我人体察孙中山博士之遗教,则所谓国际合作,促进中国内部之建设者,论其时,则为欧战之后,而非东北沦陷、共匪遍地之今日;论其事,则为开发实业,而非从事作所谓政治适当办法之最终要件。尤要者,则必须权操在我。故在我国尚无强固之中央树立之先,在事实上,当无国际合作越俎代谋之可能与必要。

上述三端，仅其荦荦大者，其他小节，未遑评述。总言之，则以我人过去一年来之经验，不能不认国联处措东北事变之手段为失当，国联调查团之报告为无聊。我人更深信东北问题之最终解决，不在国联，不在所谓公约，而在我国人民最后之自决。领土之完整，主权之确保，非白纸黑字之条文所能胜任，非现时之国联所能负担。能胜任负担者，厥为我国民坚决之意志与抵抗之精神。换言之，亦即为由此意志与精神所产生之伟力。虽然就国联而言，苟诚不能负荷其维持正义之责任，则国联之信用，将尽行丧失，不复能起人些做之信仰，此我人所当为国联进最后之忠告者也。

《中央日报》1932年10月13日第二张第二版

339. 社评：李顿报告书中国可否接受

李顿报告书经吾外交部于本月二日正式公表之后，本报曾以客观态度，作一简赅之批评。时光推移，报告书公布至今，又逾旬日，依照国家规约，国家理事会行将开始讨论报告书内容，作最后之决定。吾国苟不否认国联尚有解决纠纷之能力，即应对于报告书确切认识之后，根据法律，权衡利害，定一具体之主张，然后方能运用外交，博得公平之解决。

报告书建议之办法，一言以蔽之曰：请中日两国在国联监视之下，开始交涉。而交涉之方式以所谓"顾问会议"为张本，交涉之事项，曰议定东三省之政治制度，曰缔结关于日本利益之中日条约，曰缔结中日和解、公开、不侵犯、互助条约以及商约等，且对于上述事项在原则上于报告书中一一加以规定。其中侵害中国主权，危害中国生存之处，凡稍有见识之士类能逐项窥破。然报告书中既经阐明多项建议并非不能改变，吾人自亦绝对不可视为金科玉律。

东省事变之责任问题，报告书之建议部分未曾提及只字，其足以开武力侵略恶例之处，已不能不为国联之威严万分痛惜。岂知更有甚于此者，则该报告书竟建议所谓"顾问会议"以造成国联与中日两国共管满洲之结局。反观报告书中，"无背中国主权及领土完整""坚持九国公约、非战公约、国联规约"等主张，凡数见不一见。试问一国某一定地方之统治问题，是否可以容许他国干预？假若容许他国干预,是否符合"无背中国主权及领土完整"之原则？调查团诸公既非昏昧,当不致于此作肯定之答案。退一步言之,假定将保全世界和平之非战规约及维持中国主权领土完整之九国公约完全废止,则日本亦断无取得分治满洲之权利。二十世纪之国际社会如果承认武力可以攫夺他国领土,或以攫夺领土为抢获权利之手段,则国际联盟即根本无存在之意义,中日纠纷更无容其解决之必要。况"顾问会议"之构成份子,除中日两国政府之代表外,更有所谓中日两国分别规定方法选出之当地人民代表,此在报告书本身为自相矛盾之主张,而在中国为不可忍受之侮辱。东三省为中国之领土,东三省之人民为中国之人民,此皆报告书确定之事实,日本政府根据何种权利可以支配中国人民之政权,在水深火热中之三省人民,除被日本蛊惑之少数傀儡外,其谁不愿与日本偕亡。由日本规定方法选出之代表当然为丧心病狂之少数傀儡,此犹不啻承认伪国之构成份子继续享有东三省将来之政权。调查团希图以国际力量扶持甘受日本玩弄而对本国叛逆之无耻傀儡,一方面固与日本以最大之协助,他方面国联之道义的立足点已毁灭无余,从此任何国家发生此等以卖国为荣之无耻叛逆,国联皆可与以援助矣。

解决中日悬案为消灭中日纠纷之基本办法,诚属不容隐讳之事实。然而中日悬案包括日本胁迫北京政府所缔结之非法条约以及由此等条约所发生之后果,其不包括东三省领土问题及东三省之统治问题,彰彰明甚。至于事变前东三省政况之腐败,虽不能加以隐讳,然蒙受腐败内政之弊害者,严格言之,限于中国人民,对于国际义务,初无违背。至东北失地归复之后,东三省之行政组织是内政问题,绝非外交问题。调查团鉴于往昔东三省地方政府之腐败,劝告中国将来改组东北地方政府则可,建议中日两国与国联集议治理东三省之特殊制度则不可。此种建议非但与国联理事会关于中日纠纷历届之决议案冲突,并且越过国联之权限,国联苟不否认中国尚为独立国家,中国之内政问题,即绝对不应干涉。何况由所谓顾问会议讨论东三省之统治问题,尤为中国人民所极端反对。

今日之关键,不在乎断断于报告书对我之有利有弊,而在乎迅速决定吾国对于报告书应持之态度。调查团既于报告书确定以下之事实:(甲)一九三一年九月十八日晚十时三十分日方之军事行动非属合法之自卫。(乙)日本自九一八以后之军事侵略均系一种精密预备之计划。(丙)"满洲国"政府之组织绝非三省人民之独立运动,乃日本一手造成之工具。吾人根据此种事实最少应有左列三项要求：

（一）明白规定东北事变之责任由日本担负，俾事变起后一年来之种种事项得一交涉之依据。

（二）中日悬案为构成此次事变之远因，而事变之促成毫无近因，纯系日本侵略计划之暴露。所以解决中日悬案虽为中国人民所同意，然不得认为日本侵略行为之胜利条件。解决中日悬案之先决问题为：（一）取消伪国。（二）撤退日本军队于南满国路沿线之内，其超过法定之兵额应退出满洲境。（三）中国方面得设法制止义勇军之军事动作。

（三）中日新约之缔结，以不违背国际公法且不危害中国之生存为原则。

此三项最低限度要求既符合国联理事会关于中日纠纷之历欠决议案，复无背于李顿报告书。在中国政府如不能完成此三项要求，即无以对人民；在国联如不能采纳此种要求更无以维持国联继续之存在。论者或惑于日本之胁迫恐吓，不惜作屈胜出之主张。此等畏缩苟安之心理，实为促成日本对我横暴之根本原因，要知日本之侵略目的绝不限于蹂躏东北。吾国如无坚持正义，起而对抗之决心，徒于此时作退一步之表示，无条件的接受报告书，故无论日本是否接受，其不能换得国联之同情，反足以促进国家之危机，概可断言。今日之事，惟有明白本国之利害，确定对付之方略，然后因时制宜，待机而动，始有外交之可言。坚持本国之权利，建树本国之尊荣，方能博得列强之敬重。此正吾国政治外交家发挥天才之时期，深盼其以精密之思想，大无畏之精神，竭全力以取得公平正义之胜利。

《中央日报》1932 年 10 月 14 日第一张第二版

340. 调查报告书昨发表，罗文干定今日飞汉谒蒋，某要人谈国人应取态度，日意见书草竣措辞横蛮

国联调查团报告书全文中英文两种，业已印就，于昨日由外部正式公布，并在该部及中央日报社出售。该报告书中文本，系用道林纸十六开精印，封面印有小党徽，甚觉美观。全书共二百二十八页。

内容检讨

内容除绪言外，共分下列十章。第一章，国近年变迁之概况，由一八四二年至现在，中国革命前后之情况，叙述甚详。第二章满洲之状况及其与中国其他部分及俄国之关系，此章对张作霖被害，张学良服从中央经过，亦有叙述。第三章一九三一年九月十八日以前关于满洲之争执，其中以铁道争执占大部分。第四章九月十八日及其他事变之叙述，此章对日军之侵占轰炸与及天津事件、义勇军之抵抗等，均有叙述。第五章上海，此章单述"一·二八"事件。第六章"满洲国"，中有一段谓"在'新国'组织中实际上操有最大权力之各总务厅，其厅长均属日人。"又一段谓："一般中国人对'满洲国'政府均不赞助，此所谓'满洲国'政府者，在当地中国人心目中，直是日人之工具而已。"第七章日本之经济利益与中国人之经济绝交。第八章在满洲之经济利益。第九章解决之原则及条件，内分两部分：（一）不能认为满意之解决办法，即恢复原状或维持"满洲国"。（二）圆满解决之条件：一、适合中日双方利益。二、考虑苏俄利益。三、遵守现行之多方面条约。四、承认日本在满洲之利益。五、树立中日间之新条约关系。六、切实规定解决将来纠纷之办法。七、满州自治。八、内部之秩序与免于外来侵略之安全。九、奖励中日间之经济协调。十、以国际合作促进中国之建设。第十章考虑及对于行政院之建议，内包含顾问会议、满洲自治及中日条约等。

（中央社）我国对国联调查团报告书意见，经中政会交外交委员会研究后，外交会已数度会商，但以关系重大，对各方意见，均应广为征询，尤以汪院长、蒋委员长之意见更关重要。但汪、蒋二氏，因甫阅全文，尚在详细研究之中，迄今尚未表示意见。外交部长罗文干氏，为此特定今（十四）晨乘塞可斯机飞汉，谒蒋委员长磋商意见。在汉留一日，明（十五）日乘原机返京。十六日再飞沪谒汪院长，磋商意见俾能具体决定云。

国人态度

（中央社）本社记者昨（十三）日晤［晤］政府某要人，叩询政府对调查团报告书商讨之程度。据称，政府对此现仍在慎重商讨之中，尚未有具体之决定。现在各方对报告书，已有极多之批评。或则谓每条每点，尚属公正；或则谓每章每节，断难接受。实则此种章节条文之讨论研究，尚非吾人目前精力所能集中。吾人今日所最应注意者，则为国际之空气，及日方之态度。调查团报告书，不过是向国联之一种报告而已，对于中日问题之解决，任将由国联大会讨论。如日方能改变其向来之倔强态度，在国联监视之下，谋中日问题之适当解决，则吾人应从大处落墨，在不丧权不辱国的原则之下，考虑解决之办法。如日方仍强蛮横，不顾一切，则吾人一面应妥筹对付，一面尤应随时注意国际形势，因此而发生之变化。如国际风云，因此而发生恶化，则我国对于一切准备，此时尤应为筹划云。

日人狂谬

【中央社上海十三日电】 日联社东京元（十三）电，日本政府提交国联对李顿报告书意见书，文（十三）起草完毕，即分配各方面，以资参考。其内容如次：（一）李顿报告书，全体充满偏见，且采国联不应有之不公平态度及观察，此我国殊属不愉快之事也。（二）报告书以日本军事活动，由铁路炸破事件惹起，至谓出于自卫行动之外，此种观察，完全蔑视本案背景之历史的事实。（三）报告书由日军军事行动迅速之结果，推察柳条沟事件，为计划的行动，此实其不知军队之性质也。（四）说明中国国状，披露其不统一，无秩序之事实，主张中国未成国家之事。（五）排日排货运动，为中国政府应负之责任。（六）报告书谓满洲未有独立运动，此诚为不知事实者之言，满洲既有多次独立运动，调查团信满洲籍住民一千五百人之投书，而蔑视"满洲国"当局之意见，殊属不谨慎，且轻视。（七）满洲共同管理，断不能实行，解决问题，要在整理中国内政，国际应协助援助此事。

【中央社汉口十三日电】 调查团报告书译本文（十二）寄到十册，尚有译本九十、英文本三十册，寒（十四）可到汉。元（十三）已由特三区市政管理局开始发售，购者踊跃。外部已电郭泰祺询需要数目即续寄。

《中央日报》1932年10月14日第一张第二版

341. 苏炳文电国联，报告日暴行，完善之区无不侵略，黑省各县均遭蹂躏，破坏东铁欧亚交通

【本社十三日北平专电】 苏炳文文（十二日）由海拉尔电国联，报告日军暴行，略谓：日以暴力占据满洲，凡属完善之区，无不受其侵略。黑省各县，均遭蹂躏。中东路、哈长哈绥两线破坏。近集兵力，迫我哈满线护路军，并派爆炸机六架，于阳（七日）、佳（九日）两日，将富拉尔基铁桥轰炸。复以大炮铁骑猛攻我军。我军本公理正义，与之周旋。且东铁为欧亚旅行孔道，日军任情将桥身全部炸毁，恢复困难，此责应由日负。又日人对红十旗人员，尤任意枪杀，尤悖人道云云。

《中央日报》1932 年 10 月 14 日第一张第二版

342. 宋子文昨到沪筹划财政，并与汪商对报告书意见

行政院代院长宋子文，于昨晨七时，偕秘书黄纯道等，乘自备塞可斯机飞沪。闻宋氏此行，系筹划财政，对报告书意见事，亦须与汪委员有所商谈，日内即行返京云。

【又上海十三日电】 宋子文等于元（十三）晨八时四十分，乘塞可斯机抵沪。据谈来沪系会商财政，报告书仍在研究中。汪精卫出洋与否，尚无所闻云。

《中央日报》1932 年 10 月 14 日第一张第二版

343. 日报又造谣，无稽谰言用心毒辣

【中央社上海十三日电】 东京《日日新闻》及大阪《朝日新闻》，本月二日载一日上海专电，蒋介石将派戴天仇赴日接洽直接交涉东三省问题，并带腹案五项云云。本社以此项消息，甚为奇突，特电蒋委员长询问。顷奉复电，根本否认，并谓日人报纸，近来屡次造谣，中伤个人，如谓本人主张放弃东三省之类，均属凭空捏造，别具作用，望国人切勿轻信此种无稽谰言云。

《中央日报》1932年10月14日第一张第三版

344. 英人眼光中之远东之真相

O. M. Green 原著

珍译

本文作者，昔曾任《字林西报》主笔多年，今已返英，在伦敦社会中，颇有"中国通"之声誉。今兹所作，命题为《远东之真相》，则氏之自命为了解远东真相者已无疑义，而此篇为其得意之笔，又可断言。惟就吾人观之，支离乖谬，荒悖绝伦之处，不一而足。盖因其成见在胸，牢不可破，以此而观察远东真相，乃无一是处可言。此篇之译，旨在使国人明了英国难死派对华之态度如何，及在华英侨对吾国之观察如何，亦聊为他山之石另备一格而已。

李顿调查团对于中日冲突之报告已于本月间（九月）到达日内瓦。种种问题前此常因囿于成见，而曲解纷陈者，今兹始得一确实有力与至公无私之观测，故其应为最有价值之工作无疑。所不幸者无论调查团所记载者如何，亦无论国际联合会所建议者如何，举不能转移日本曾明白宣告务依其自己主张之条件以解决满洲问题之决心。过去十二月之光阴，只使该种决心益超硬化，并未能加以变更。更直率言之，日内瓦苟未使事态变坏，亦至少顾虑过深，未免姗姗其行。

当七月初李顿调查团前往东京之际，彼等所得之感觉无异撞及石墙——

殷勤周旋，而顽执拒谏者，殆莫日本外相内田伯爵若。彼对调查团明白表示，日本之政策，乃依据"满洲国"独立之事实。数日后彼又公开宣告，日本已决定承认该新"国家"，所尚未泄露者，只承认之日期耳。

目前情势，日本政府似愈益趋向于满洲之企图，迥非去年秋间始料所及。其对宣告"满洲国"独立之愿望，亦异常热切。南京及国民党已常成为华北民众之怨府，过去长官张学良之与南京携手，纵使无此次日本造成之危机，亦迟早当遭排斥。"满洲国"政府固有若干幹贤硕望之中国人物参加。其尤者如国务总理郑孝胥乃一完洁无瑕之著名学者，国民党人曾一再罗致而卒未如愿。诚哉，吾人试回顾已往，即当客岁三月初旬，所谓"满洲国"也者，似已在热忱与挚意情态下开始其生命。新政府之构成，初意似将保持满洲为中国主权所有，第须中国对其本身之事务，处置完善，比较可以接受。一年前日本暴举爆发以后，鞅掌于沈阳者，尚为中国之政务委员会。上述意见，必为彼等所保持，惟究属如何始能实现，却始终无此机会。南京固不愿此间有和平，不惜利用种种机会从事蹂躏。拥护马占山将军——日本最痛恨之仇敌——加入新政府为陆军部长及黑龙江省长之尝试失败以后，其散处部队即循中东路一带劫掠，其出没无定，损害不□，有如南非洲得卫忒(De wet 或 De wette)之行径。虽此胆气迈壮之小战将——中国封疆之英雄——于七月间被杀(?)而其散处之独立部队断难消灭。诚如日本专家之意，欲图和平局面之恢复，非耗两整年之期不为功。地域如此其大，几三分之二为荒地，或则浓林密布，种种情形，在在于盗匪有利。

上海方面，因列强自愿负责担保秩序之维持，及中国军队驻守城厢以外规定距离之地段，停战于以告成，日本乃得撒手进行，集中其所有实力以对付满洲之匪军。日本之成功与否，全在其能否维持和平及繁荣，较旧政府为胜，然事态昭然，其所不能措手者即在此。"满洲国"之军队，由彼整顿训练期能助其攻击匪军者，常不愿应战。虽如日本某著作家之论调，彼已于满洲或插入，一"钢的骨干"——换言之，即彼曾于行政各部安置日本之驾驭人，然所得影响，适足证明南京方面对于"傀儡政府"之咒辱，而在其国家之眼光下，又为破坏名义上统治者之威权。

凡此种种皆所以使在满日人及日本国内舆论界之极大部分，加深其对承认新"国家"之欲望之事实。倘该步骤一经采取，则日本定能自动脱离一切之鞻轮，不复顾虑对华之谈判，其原当关念之国联规定，自此亦得置之不问。惟东京政府,尚徘徊踌躇,未取最后之步骤,其原因殆不外下举数端:其一对世界舆论,或尚有所猜疑(其在满洲境内之浪士对此固漠不关心);其二,或尚希望由扬言承认之恫吓,得使中国就范;第三,或因其顾虑日本在中国本部之其他巨大利益,盖彼间排货运动持久不懈,且变本加厉,非复呶扰胡闹,而乃能发生致命之影响也。

同时日本正在运其其始终贯彻之韬略,从事于"满洲国"之组织,且属望未来更多之成就。新国都安设于长春,该地适当南满中东两路之交会。财政遭其严格减缩,中国官吏平日好于官衙中收容闲散亲友之特权,均被裁撤。政府每一活动,无论中国人或外国人事实上均需与日本"顾问"接触——虽不必亲见其面。

重要之尤者,或当推日本现已获得全部之铁路系统一事,从此彼得完成自满洲中部之吉林东达高丽边境之界内(或称会宁)一路线,因是而取得进兵满洲之另一通道。此一步骤,彼必指为仅系履行中国人前此拒绝实行之旧时协定,以为辩护之地。此外自南满铁路之四平街起,迤北经洮南及昂昂溪,与中东路相交于齐齐哈尔,此重要路线,日本亦已取得。该路系中国备用日款而筑,内田伯爵对于并吞该路之辩证,其所取立场,则为中国对该项借款,既未给付利息,又未为原本之清偿。但铁路在战略上之重要性极大,盖设向来控制中东路之俄罗斯,一旦对日采取敌对行动,日本即能立进于齐齐哈尔阻拦俄罗斯生力军队之前进,同时截断其已在满洲境内部分之铁路。(未完)

(续昨)吾人若对过去数十年间之远东历史作渊广之观察,定有两主要之因素灼然呈现于眼前。一为日本热烈之爱国主张及其排外自封之态度,一则为中国有组织政府之日就腐败。自慈禧太后时,此现象即已开始,迨至近年,因常常假借外来种种互相冲突之理论,作有害无益之试验,此征象乃愈恶劣。

自卫之道,乃一切国家第一要义,而在日本人之心目中,无异为一种宗教。其中心集于天皇神圣之一身,自太阳女神世裔相传,三千年未尝中斩。民间相习之观念,以此为代表。彼等国家及种族之尊严,若外国人殴击一日本人,在日本将认为无上忤辱,此种事实关系似小而实足重视。日本自觉对于西方,毫无得益之处。彼所深忆不忘者,厥惟列强如何于一八五八年之条约,利用其昧无知,将其困束于治外法权(按应称领事裁判权)及关税协定之桎梏中。即在今日,彼犹见其国民遭英美之贱视,被拒于不列颠属地及美利坚国境。彼曾为大不列颠之忠实盟国,但当华盛顿会议后此同盟受英放弃时,彼乃深致怨于英国。时至今日,彼恒以为国民党之傲慢及违背条约义务,其责应由大不列颠不分皂白对华亲善之政策负之。

日本人因中国国是□□重受搅扰,殊无足疑。在中国人方面,认为日本是继续不断厕身其间,妄肆挑拨,务使中国长此贫弱长此涣散,此点似属可信。然试一察日本方面之事实,其所常欲表白者,即谓彼主要目的,在能于散漫之世界,尽其力之所能,获得若干巩固之基础,此或更为可信。

近年来更有□□□数使日本增加困难,一则为中国境内共产主义可怖之膨胀,一则为不列颠与美利坚彰明袒护中国之决心,不但对于国民党手中之任何□举任何侮辱及破坏条约均熟视无睹,抑且任令其作种种要求,只借亲善之美名,竟愿抛弃正当之权利及异常重要之保障。殊不知此种薛顺之优容,□裨实行。若云嘉惠于中国人民,正所以害之。

今日中国南部中部之共产党势力,乃世界和平幸福最大之恫吓。听人言此,谅非过当。究夫实际,共产党与土匪实无区别,此点盖可深信无疑。盖在中国此等人无非迫于饥馑之农民,交困于秕政、内战、苛税,乃至一九三一年可惊之洪水,不得不铤而走险,愿为其领导者。有一共产党机关,具有莫斯科之种种理论,有所谓青年运动妇女部,分布于中国许多重要市镇之支部及下级机关,甚至纸币、邮票亦皆自有之。赤色政府于一九二六——二七年由鲍鲁庭组织于汉口,寻因国民党之稳健派在蒋介石将军领导下反对莫斯科阴谋家,赤色机关残余人员遂纷纷逃窜。现则赤色运动,自其江西总部向东西两面蔓延,在过去数月间曾于扬子江以北之湖北、安徽及河南三省取得巩固之根据地。自一九二八年以来中国国民党曾四度大举讨伐共产党,即在目前,蒋介石将军尚亲临前线,督剿此六十万红军。然此等匪军出没不定,东剿西窜,其首领朱德、毛泽东过去又皆为别动散战之健将,南京方面之官军,每因饷糈不足,士无斗志,其误入歧途,投降于赤色旗帜之下者,不乏其人。假令共产党能攫获一大海口,如厦门或汕头,俄罗斯得经由该地运供军火,则彼等或将进而颠覆南京。

日本人所惧者,莫甚于所谓"危险思想"——所指共产党之宣传。过去一年中,日本国务中最重要之事件,当推社会之极形不安与经济急难。此中不幸之凶兆,即为最近的过去滨口、井上、犬养毅、团琢磨诸氏之遭暗杀。试披览一九三一年夏季日本之各种报章杂志,当时日本舆情鼎沸,竭力反对国民党(著者注:于此应牢记日本实有其真正理由,一方面仇恨中国国民党,另一方面顾虑日本在满洲之巨大财产)。此中最有趣味者,可注意其如何一再颁发宣言,谓中国迟早必受教训。同时对其本国民族精神及信誓之表征引为悲悼,务当为最大努力,恢复日本古代之气质。

当七月间李顿调查团会见内田伯爵之际,陆相荒木曾对调查团宣读一演讲稿,内容叙述假令满洲为俄罗斯所有,则今日情执将如何,又详及设立缓部国以抗御共产主义之种种功用。距此仅数星期前,亦已有对此同样问题之讨论,即为日本派遣出席国联代表松冈洋右氏所发,描摹日本之地位无异为抵挡苏维埃跂扈东亚之屏障。此种观念确有相当理由,无可否认。设自诺服给别尔斯克至塔什干之铁道(Novosibirsk Tashkent Railway)能告完成,将使苏维埃主义,直入新疆,由此颇易向东蔓延透过中国北部。关于中国中部之情形前已有所论列,于此吾人所欲补述者,乃自一九二五年以来,蒙古广阔疆域已实际上变成俄罗斯之一省份,同时所有沿中东铁路之北满地段,亦皆处于俄罗斯势力支配之下,彼日本之感觉不安,固自有原因在。(未完)

(续昨)□日本虽久加思虑,而实际上对满洲将何所事事,恐其本身尚未十分明了。已故首相犬养氏,曾于去年十二月,讥评并吞之概念,谓满洲之取得,始终为赔钱之事,日本必不愿视之为无上之赐与,日本所硁硁切望者,乃在条约及权利之负守,与失经济机会耳。此种观点,当为智慧之日本人士所共具。在另一方面,则有非常有趣味之国体,即西方各国尚未认识之所谓青年运动,该项运动所梦想者,为建设满洲真实独立国家,使成千之日本农民输入该。倘彼等不复重视其本国之故居,而愿与当地人民联合者,得听其落籍于满洲之新壤,俾能缔造一新国家或几万一新种族,人各安其生,乐其业,资本主义之压迫不复存迹于此。此等青年大多数均抛弃其在日本本国之地位而自告奋勇,愿为"满洲国"服务,并非俨然充任顾问,而以友朋与襄佐人自居。

但日本国内尚有第三种观念,当以文坛健将外交评论主笔之半泽氏为代表。彼于未来事态之预测,尝表示难于遵行断定。此种看法,实足代表少数上流人士之意见。半泽氏于叙述两月前中国之纷乱情形时,谆告国人日本分宜引导中国出幽谷而迁乔木,完成政治和辑经济丰赡之有秩序国家。彼又郑重声言,西方各国在中国无实际立场,亦无从事于此之义务。

此并不为新见解,惟其重行发现于今日,则不无足加注意之处。反对此种见解者,则以为中国人愿从日本之指导,恐决无其事。种族感情如彼其不相容,民族尊荣心如彼亦强烈。中国既[即]使已屡受挫于日本,即元代忽必烈大汗派遣征服顽凶岛夷之阿马达,亦遭溃败,但仍不失为一切重要上,远胜于日本之国家。在八世纪时,彼曾教授日本以艺术、文学、手工及宗教诸事也。

西方各国亦不能遵顺日本人之意旨,离东方而他顾。吾人兹将开始涉及目前亲切急迫之实际论点矣。日本于去年秋季,曾三次发表重要声明,两次在日内瓦,一次在东京,先后皆出诸已故首相犬养毅氏之口,恒谓日本誓守满洲"门户开放"及机会均等之庄严条款。然揆诸事实,乃有大谬不然者。今日满洲门户趋向于鬲闭之迅速,实足惊诧。《字林西报》哈尔滨访员六月二十六日之报告,曾刊载若干明显之例证,如所有"满洲国"之官署房屋自今以后,只能向日本保险,松花江右岸之专利权,业已授与一家日本航业公司。又中国商人大都受有警告,务当订购日本所能制造之一切商品,关于此类事件之报告,数睹不鲜。

其他各国对满洲之贸易,虽较日本为小,然已足为彼等商人反对此后遭受排斥之根据。近年以来,英国之毛织品渐能在满洲风行,此外更有一可惊之现象,然亦未尝非真确之事实,即英国对于其他若干种货品如铁制品、化学药品、颜料、烟草、纸烟及建筑材料等输往满洲之量,每超于日本。海关统一问题,亦非常重要,简要之争点乃如此者,近年来中国省方当局,往往或则叛离中央,或则取得南京许可,仅缴解关税借款利息之分担部分,而其余关余即留供自用。"满洲国"所拟采用者亦系此同样办法,乃南京颇不乐闻。因是"满洲国"假赖日本官吏之露骨援助,攫取各埠海关,罢黜外国关务司员,用迅雷不及掩耳之手段,建立其自己之关务行政。满洲、上海两地,人言凿凿,皆谓前途即将任命一日本人为海关总监督,以掌其事,但东京方面数次抗议此破裂海关统一之举,至少现时能使此项计划取消。然今日南京与满洲间,仍从事一般争点之争持,邮政管辖权,亦包括在内,使一般西伯利亚通讯者极感不便。

满洲之对外贸易,据最近统计,当中国全部百分之二十二,不但岁收之损失为中国极大之隐忧,而海关尤为中国财政之脊髓,其他种种国有税收机关均处于破碎之状态,仍能维持稳固者,惟此一机关耳。假令"满洲国"一旦分立,则其他接踵而至之反侧事件,恐不过时间问题。例如过去北方并未与南方合作,直至一九二八年始归属南方,恐未来又未必能长此相耐。又如广东常如中国其余部分以外之流浪区域,而现时又更积极"自外"于南京矣。为南京着想,诚以顺从其所不能变更之事态而接受"满洲国"所贡献之和解办法,较为得计。日本在华有巨大之利益,其恶见海关分裂之意念,必与任何国家相若。关于此点,东京方面之表示始终能顺乎理智。日本舆论界不无自由思想者,苟非为外

来之恫吓与毁辱所愚蒙,则彼等决不致不对侵略主义者,加以规范。(未完)

(续昨)在全部情形中,最可惋惜者,莫如史汀生氏之特乘李顿报告行将发表以前之时会,作正式之宣告。换言之,此即表示美国对凯洛格公约之解释,言词之间,显然系对待日本。今日吾人所当明了者,日本人对事件自有其见解,决不为外方刺激所搅乱。彼等之见解为其所有行为,始终只在自卫,并使公然破坏或拒绝,完成条约义务之中国就范,且更期为世界利益之保护人。吾人谓日人对上述要求可固执其主张者,并非谓日本毫无咎误,此点亟应明了。在日本人之心目中,国联仅似一破衣。彼美利坚茫不知择,紧闭其门户,拒纳"日出"国之岛人,初不足收箴戒之效。按一月七日史汀生所著之政论,美国将拒绝承认凡由与其对公约意见相反方法所造成之情势。然此并不能禁止美国商人之不与"满洲国"贸易,正如美之不承认苏维埃不能制止其国人与俄商作大规模交易也。美国或伤人列强,果将对日宣战,借以逐日本于满洲以外乎?于此只有唯一之答案。即在满洲方面之利益,因日本侵占直接所受之影响,远过其他列强之俄国,过去亦惟保持缄默,且有继续如此之趋势。

然则情势如此,岂终无希望乎?岂举世甘愿坐视此广漠无稽之满洲沃土被日本帝国所摄取,俨然成为正式之合并乎?由经济之观点言,事实上应承认,日本乃经营满洲境之前辈,允宜让其择肥自奉。彼尝明白表示,满洲为其生命之关键——其为剩余人口出路之成分尚少(因日本人之往该地者较少),而其为市场及原料来源之成分尤多。但就政治之观点言,则尚有其他足供考量之因数在,容或有一线之希望存焉。

日本一日不正式承认"满洲国"之独立——许多观察者皆信其不过利用承认以为恐吓之手段——则该地与中国分离之现象,一日不至陷于毫无补救,"满洲国"不过与近年来中国任何其他反侧部分处同样地位而略较显明耳。一九三〇年之华北冲突,去年之广东事变,甚至今日四川云南之风云,无不具有实际目的,几完全为独立国家之形式,解决办法仍不外乎成立挽救体面之协定。虽环境中充满主战派之呶扰与夫舆论之狂热——有类日本之自由主义者——足以阻滞进行,然双方均不乏诚意和解之中国人,徐图妥协。

其次,满洲在根本上及在人口上均系永属于中国,其痛恨国民党,与全中国所取态度相同。然若中国能成立比较能保持传统之政府,十八科行省均有恢复秩序之现象,则满洲殆将重返其羊棚,日本不能阻止之。良因满洲人既不似懦弱无能闭关自守之高丽人,亦不类遭苏俄吞并固陋弛懈之蒙古土人耳。

据老于评断者之意见，认为前途必有满洲要求重行与中国联合之日到来，而该日之在何时则有待乎中国。总之，满洲问题之解决，当于中国之国内状况中求之，他无所望耳。

另有少数人之看法，则又以为此不啻净土久经渴念之解决，投诸人类视力所及以外。中国今日之不能统一、和平与团结，为空前所未有，虽有种种运动，但毫无效果。虽常徘徊往复，但始终了无进步。但除开此种种足使吾人失望之事件外，现时颇似有比较高明之努力正在推进中，倘用之得当，异时或能有伟大之收获。

最近中国之混局有两大原因：一为国民党之将一切权力垄断，其又一则为假赖武力强迫统一之无谓企图，而所得影响适足以刺激各省当局，使其聚敛军队，力争独立。自上海方面战役停止以来——此次冲突实使中国惊怖异常——南京方面比较聪慧之领袖，皆明白表示，彼等将舍弃此种摧残之政策，集中目标于在其密切统辖下各省区秩序之恢复。至其他比较疏远之省份，则暂时听其各自经划，且期以时日，待彼等现有辖境繁荣之养成，借以吸收中国其他部分之归向。根此而来之现象，则为七月初旬蒋介石将军之召集南京以外智识界巨子举行会议，讨论如何能使行政由国民党（国民党为民族主义之核心，不能完全排除）与人民代表共同担负，盖将由此而完成去年国民会议之愿望。

倘此等趋势为真实不虚——其表示确能如此——则今后显已脱离南京方面前此强欲操持万能之态度，事实上必利于实行，其结果诚足热切属望之。虽然，新政府之负责人是否能无外力之援助而得成功，尚系迷疑不解之问题，吾人对中国之各友邦，不能不怀热切之愿望，希冀西方列强能设法负此援助之责。

彼等于集中扬子江流域之区域内，定能如此办到，谅无问题。中国人之需要援助，势所必至，但外交而开明者，允宜设法劝其早为此种之要求。最近国联对南京规谏之成功，即系一绝好之谈资。本此而助南京努力于改造工作，当艰难缔造之初年，既无重大之浪费，复无外来之侵凌，情势上非不可能。西方列强皆对中国负有道德上之责任，凡曾一考其史实者，举不能否认。列强既迫其开放门户，并将暴躁不靖之痘毒注入其中，而终乃未尝为其因是而发之瘟症谋镇平之道何也。今日之场合，洵为切实作为之时机，徒为满洲争端而作空洞之抗议，于事实无裨。其毋过重满洲之危急，亦于远东全部之幸福，与夫世界

和平恫吓之消泯二端,作深长思乎。(完)

《中央日报》1932年10月14—17日第一张第三版

345. 日外务省对报告书横加抨击,谓系排日分子所起草,并称我抵货为侵略国

【中央社东京十四日路透电】 外务省发言人称日政府审慎阅读李顿报告后,深信报告书大部分,乃调查团两专员所起草,一为华尔特杨格(Wal Ter-young),一为荷籍之某译员。该发言人指杨格为著名之排日分子,且谓日政府于声明书内,虽不正式抗议或提出两人之姓氏,但日政府认应说明以专员起草报告书之不公,因日本所允诺者,乃请公允不偏之调查团委员起草报告,并非请固执偏见之外人,越俎代庖也。日本声明书之内容,此时未容露布,但日方似将注重抵货问题,或将要求国联宣布抵货运动等于宣战。日外务省发言人慎重声明九一八之前两月,中国已实行抵制日货,故中国实为侵略国云。

《中央日报》1932年10月15日第一张第二版

346. 苏俄军事委员长抨击李顿报告书,谓系世界帝国主义与日帝国之妥协

【中央社莫斯科十四日路透电】 苏俄军事委员长,应苏联机关报之请特著论文一篇,评论李顿报告。观其言论,似指李顿报告暗图将苏俄军牵入漩涡。据称报告书完全不顾满洲事实,对于帝国主义者在远东之争执,竟然不提。苏俄在满,并非日本竞争之对方,但李顿报告对于苏俄极为注意,乃欲联合各国对俄冀免帝国主义自身之纠纷也。李顿报告一方欲利用日本帝国主义制止苏俄,一方复留余地,冀于必要时使苏俄与各国联合对日。简括言之,李顿报告乃世界帝国主义与日本帝国主义之妥协云。

《中央日报》1932年10月15日第一张第二版

347. 哈日报论日俄关系，日对和战已有相当准备，将依苏俄之态度决定之

【中央社哈尔滨十四日路透电】 日人经营之哈尔滨《泰晤士报》，今日载社论一篇，讨论日俄在满关系，略称日本已有相当准备，此后和战，将依苏俄态度决定之。第三国际，在满必须停止活动。苏俄如有扰乱满洲治安，日本不惜采取坚决行动云。该报继言第三国际企图怂恿中日宣战，使满洲状况愈加混乱，并使南京北平两方损失实力，中国共党，庶可乘机活动云。满洲日人报章，对于日俄关系，素无评论，故《泰晤士报》今日之社评，读者颇为注意。此间日人似信俄军事当局，企图唆使呼伦区域之蒙人，加入苏俄。

《中央日报》1932年10月15日第一张第二版

348. 湘省党部电国联，陈述对报告书意见，正当解决厥为恢复九一八前状态，对侵略之国家加以制裁用维正义

【中央社长沙十四日电】 湘省党部，元（十三日）电日内瓦国际联盟会对调查团报告书，陈述意见三点，大略如下：（一）日本处心积虑，甘为戎首之真相，及事变后，制造傀儡组织，破坏我领土完全，欺骗世界之技［伎］俩，既已大白于天下，国际间若尚有正义与公理，对于日本所负祸首之责任，及事变后一切侵略之行为所造成之罪恶，实不能置而不问以开凭借强权蹂躏他国领土与主权之恶例，因以危害今后世界之和平。（二）东省事变之责任已明，正当解决，厥为恢复九一八以前之原状，使情侵略野心之国家，知国际间尚有正义公理之制裁，不能无所忌惮，被侵略之国家，亦信国际尚有正义公理之保障，不至走向循环报复之一途，真正之和平，赖以确保，而国联尊严，亦可维持不坠。（三）中国国民对日抵货运动，实发生于日本，以暴力侵占我三省土地，杀戮我民众之后，若不责日人之侵略，而责中国国民之抵货，因果倒置，实非平民情之论，恳联盟深察中国国民运动真相，免滋误会。末谓中日纠纷正亟，东亚风云

将变，止祸变于眉睫，保和平于永久，胥惟国联尊重自身立场，确维正义公理，制裁强权使赖。

《中央日报》1932年10月15日第一张第二版

349. 罗文干昨抵汉谒蒋，商对调查报告书意见，罗谈国府意见即发表

【本社十四日汉口专电】 外罗晚六时往怡和邨晤蒋谈甚久，罗语记者，此行来汉晤蒋，商对报告书意见后，赴沪晤汪商洽，国府对报告书意见，一星期内可发表。

【本社十四日汉口专电】 外罗偕国际司长朱鹤翔、秘书长林椿贤，寒（十四日）午二时半由京乘塞可斯机飞汉，定当晚晤蒋委员长，征求对报告书意见。朱谈粤沪各要人，对报告书意见，已由外部情报司登记备参考，待征得蒋之意见，并在京各要人一度会议后，始可决定。国府对报告书之意见，罗定删（十五日）或铣（十六日）原机飞京将赴沪一行。

（中央社）外交部长罗文干，于昨（十四）日上午十一时一刻，偕参事朱鹤翔，秘书林椿贤，乘塞可斯机飞汉晋谒蒋委员长，磋商对于调查团报告书之意见。外部政次徐谟、常次刘崇杰、欧美司刘师舜、情报司长吴南如、秘书向哲濬等十余人，均赴明故宫飞机场欢送。罗外长临行语记者："余此次赴汉谒蒋委员长，系磋商对调查团报告书之意见，明（十五）日下午返京后铣（十六）日飞沪与汪院长磋商。俟各方意见集中后，始能确定具体之意见。"云云。

（中央社）政息：行政院代院长宋子文，前（十三）日赴沪。闻宋氏在沪，尚有数日之勾留，以候罗外长赴沪后，同往访汪院长磋商对报告书之意见云。

【中央社上海十四日电】 宋子文语记者，本人此次来沪，系与财部在沪各干员，商种种部务，如废两改元等，正积极筹划，未稍停。外传系来筹款，绝对不确。中央对报告书意见，现正由外委员会缜密商议，外罗寒（十四）飞汉，即为此事征询蒋委员长意见。外传汪将出国，本人未闻，或将离沪长期休养，想亦可能云。

【中央社上海十四日路透电】 今晚路透记者往访宋子文，宋谈汪精卫拟

出国休养事,彼毫无所闻。但谓汪病势颇重,或须长期静养。宋否认汪有暂时脱离政治生活之主张,并称此种传闻均毫无根据云。

《中央日报》1932年10月15日第一张第二版

350. 松冈定期赴日内瓦,斋藤勉以贯彻方针,意见书完成由松冈携往,内容有攻防两样之准备

【中央社上海十四日电】【日联社东京寒(十四日)电】 国联代表松冈洋右,决定马(廿一日)携日意见书,赴日内瓦。斋藤首相特于本日招待,筱(十七日)设宴。首相对待松冈,谓列国之中,误解日本对"满洲国"之态度者不少。日本自古以来,从未为自国利益,伤害他国,此事研究日本历史,则可明了。松冈代表,今次任务,极为重要,希对各国说明此事,并贯彻帝国方针。松冈答谓日本承认满洲后所行之路,唯有一条,吾人以堂堂正论,解决列国之误解,而期贯彻日本方针。

【中央社上海十四日电】【日联社东京寒(十四)电】 社会大众党顾问铃木文治,决定于巧(十八)与日本代表松冈洋右一行同赴日内瓦,其表面理由为出席明年二月开幕之国际劳工局理事会。众料铃木出席国际劳工劳工会议已有数次,英法德比诸国社会运动领袖中多知其人,到日内瓦后,在国联里面开始活动,亦未可知。

【中央社上海十四日电】【日联社东京寒(十四)电】 陆军海军外务联席会议,十三日下午七时在外务次官官邸举行第二次会议,关于第一次会议决定之意见书草案,协议之结果,意见书略见完成,更就细项加以修正后,征求各省意见为最后之决定。此项意见书,将提阁议,求各员同意后,由松冈洋右携往日内瓦。意见书原文百页左右,其内容不取反驳报告书之态度,但见攻防两样之准备,即对于报告书认识不足之点及误解事实之点,与以正当之认识,其错误之事项,加以细微之辩驳。意见书之重点,大体在于如次各项:(一)使国联正视诱发满洲问题之中国事态;(二)阐明"满洲国"成立之真相;(三)主张日军行动为当时应取之唯一手段。日政府将于国联大会开会之前,命松冈提交国联。此意见书,同时向世界公表其内容,俾世界各国谅解日本立场云。

【中央社上海十四日路透电】 日联社谓日本陆军省、海军省与外务省关于国联调查团报告书之意见完全一致,外务省已开始起草日本政府意见书诸项文件,将由松冈洋右带往日内瓦,松冈于本月二十一日启程赴欧。因该件异常重要,外相内田康哉拟亲呈日皇请示。据云日本意见书,并不驳斥报告书之内容,仅详细申述沈阳事变前之经过,及"满洲国"成立之情形、中国内乱及抵制日货运动,并谓日本在东三省之一切军事行动,均为当时之唯一自卫行动云。

《中央日报》1932年10月15日第一张第二版

351. 丁李通电,仗铁血与正义与日军抗战到底,请中央早颁讨逆令,并盼国人共伸正义

【本社北平十三日电】 (衔略)均鉴。日人蹂躏东北,瞬届一年。凡我同胞,莫不痛心。三省民众义勇军、自卫军,乘时而起,奋力抵抗,战况谅蒙洞鉴。士气之激昂,可见一斑矣。国联大会,主持公道,远涉重洋,实地调查,是非曲直,当有公论。乃日人欲用武力,威胁造成满洲帝制,竟于国联调查团报告书完成回欧之际,慨然承认伪国。似此强占我领土,侵害我主权,屡戮我人民,种种阴谋,惨无人道,不但诬蔑列强,至此已极。此而忍,孰不可忍。消息传来,群情愤恨,将士怒发上指,民众痛切危亡。东北人民,素性强悍,乡野壮丁,有枪者则入伍义勇军,无枪者则练习大刀队,行见三省各地,处处抗敌,三省人民,个个效命。敌竟恃其火器精良,我仗铁血与正义,及不灭之精神,军民团结,一德一心,除械弹之外,凡民间锹镐镰锄,皆堪作杀敌利器。自古以武力侵略他人土地,断难屠尽其人民。我三省人民不死,即可保持我三省不亡。况日本现在之人心,不是明治时代之人心,我国民气,已非庚子以前之民气,将来胜负谁属,可以立判。杜等起义之初,早抱牺牲决心,今既普天同愤,更当荷戈前驰。惟冀中央早颁讨逆明令,用张讨伐,力挽狂澜,以雪国耻。忍泪陈词,伏维垂鉴。丁超、李杜文(十二日)叩。

《中央日报》1932年10月15日第一张第三版

352. 英教授评论报告书，日若不更换方针前途将益恶劣，英美将于太平洋区内联合一致

【中央社伦敦十四日路透电】 齐门教授于本期新开辟通讯半月刊撰文一篇，述评李顿报告，略称报告书内，最有效之部分，即将"满洲国"之虚伪，暴露无遗。在此国家思想澎湃之二十世纪，欲强民众之所不欲，倒行逆施者，无不终归失败云。齐门教授虽认日本于日俄争战后，国家渐增富强，但日本之社会经济是否巩固，日本已否将其原有之宗族制度，设法使与今日之经济需要及思想潮流，较为调剂融合，此则极堪注意云。齐门教授论文中，其他警策句语，如李顿报告乃目前日本僵局之荣誉的出路，日当局素较列强谨慎，其将不及时回首。过去十二月间，日本在日内瓦之地位，为反常之变态。日本若不更换方针，前途将越恶劣。英美两国，势将于太平洋区域内，联合一致。英人性质，素不欲谈及裁制办法，但于危急时机将觉吾人文化之力量，诚可运用无穷云。

《中央日报》1932 年 10 月 15 日第一张第三版

353. 满铁狡词反驳李顿报告，昨已飞送东京

【中央社上海十四日电】 日联社大连寒（十四）电，满铁对于李顿报告书之反驳书，本日载飞机送往东京。

《中央日报》1932 年 10 月 15 日第一张第三版

354. 顾公使已递国书，颂词愿望和平与安全，法总统答词决维邦交

【中央社巴黎十四日路透电】 中国驻法公使顾维钧，业已呈递国书。顾之颂词，表示中国人民唯一之愿望，乃和平与安全二者，皆为国际条约所保障也。中国人民，极愿与他国人民密切合作，籍谋世界和平福利之进展，本人自

当力谋促进中法友谊云。法总统勒伯伦答称,法政府素决维持中法邦交之友谊,应请贵公使转达贵国主席。贵公使外交经验,素称丰富,且于国联所提倡之和平组织,殊多贡献,此后当能促进世界和平正义之工作云。

又本社特派赴欧记者十三日电。顾今日午后递国书,法总统答词称道顾在巴黎和会及国际联合会工作,对世界和平有所贡献。

《中央日报》1932年10月15日第一张第三版

355. 国联邀请李顿等出席会议,调查团可补充报告书意见,麦可益出席等于美国参与

【本社十五日上海专电】【路透删(十五日)日内瓦电】 国联行政院请满洲事件调查员李顿等出席于讨论调查报告书之会议,众信行政院此举,系慰李顿等之志愿,借可使之就众所欲询之各点,加以说明也。美委麦考益届时得列席,故美国于办理李顿报告书事,将切实参加。其他法德意三委亦将出席云。

【中央社日内瓦十五日路透电】 国联行政院,已请李顿等于讨论报告书时出席会议,众信调查团先有此种表示,盖欲发挥意见,以补报告书所不及者。此事最堪注意者,即美代表麦可益之出席,间接上等于美国参预会议。

《中央日报》1932年10月16日第一张第二版

356. 李顿演讲调查团工作,中日事件有巨大困难,但深信国联当能解决

【中央社伦敦十四日路透电】 李顿勋爵播音演讲调查团之工作,据称调查团所到各处,当地政府均甚注意调查团之任务,在满洲时极受款待,各委员几每夕赴宴,颇为劳顿云。至于解决中日事件之希望,李顿称目前犹有巨大困难,但本人深信国联积十二年之经验,当能解决是项困难云。

《中央日报》1932年10月16日第一张第二版

357. 罗文干定今晨飞京，昨再度谒蒋委员长，到京后即赴沪谒汪

【本社十五日汉口专电】 外罗删（十五日）晨赴武昌，视察高地两法院暨监狱，下午返汉，再度昭蒋委员长，商对报告书意见，已妥，罗定铣（十六日）晨飞京，篠（十七日）赴沪晤汪。

（中央社）罗外长前（十四）晨飞汉谒蒋委员长磋商对调查团报告书之意见，原定昨（十五）日返京，惟罗外长以在汉与蒋委员长磋商，尚未完毕，已电外部改今（十六）晨飞京云。

【（中央社）汉口十五日电】 罗文干删（十五）晨八时，偕朱鹤翔、杨贤渡江赴武昌高法院及看守所监狱视察，下午三时返汉。四时许赴怡和村，再度谒蒋，商询对报告书意见。谈一小时，始辞出。七时应特三区管理局长郭泰桢，约至特三区管理局晚餐。定铣（十六）晨八时乘塞可斯机返京，拟篠（十七）赴沪谒汪云。

《中央日报》1932年10月16日第一张第二版

358. 苏炳文、张殿九电国联，揭发日本违约暴行，东北被焚杀淫掠违背公理与人道，不独损害中国即外侨亦同被其祸，爰揭义旗为我三千万同胞求解放

【海拉尔十日通电】（衔略）各报馆均鉴。顷致国际联盟一电，文曰，本总副司令，受东北各地方民众代表之付托，及各军将领之推戴，于中华民国二十一年十月一日，在海拉尔就任东北民众救国军总副司令之职，谨于兴师除暴之前，特将年来日本违约暴行，及我三千万民众真正意旨，为全世界各友邦陈之。日本以侵略主义，强行占据中国东北，假借民意，威迫挟持溥仪，组织满洲伪国，迄今已逾一年。中国民众，既全体反对，而东北全境，更陷于永无止息之纷乱状态中。日本虽驻重兵，毫无维持治安能力，而变本加厉，倒行逆施，焚杀淫

掠，种种残暴，无一不出公理人道恒轨以外。现在东北居民，四分之三已不能生活。此种行动，损害中国领土主权之完整，已违反九国公约第一条，其不用和平方法解决争端，而擅动武力，破坏和平，则违反非战公约第二条。又侵及国联会员间之政治独立，不顾忠告，蔑视盟约，同时违反国联盟约第十条、第十二条、第十三条规定。而国际间迁延至今，毫无约束，制止日本暴行之能力。中国民众，实不能不取紧急有效之自卫手段。最近日本军阀，更悍然与满洲伪国缔结承认条约，独占东北利源，封锁国际商务，东亚局势，将触绝大危机。我东北民众，万难忍受。至日本迫令伪国，以民众自决，王道治国，开放均等，共存共荣，名假面具相号召，用以蒙蔽世界人之耳目，借以掩饰其强占东北之形迹，更作永久割据之根基。此种威胁强迫卑劣举动，我民众自始至终，未曾承认。炳文等职在军人，义当救国，爱本我三千万民众之嘱望，振旅东征，打倒日本之野蛮军团，必期解放全民，恢复领土，消灭伪国，建树和平。凡我友邦，应知日本军阀，不独损害中国，即外籍侨民亦同被其祸。倘不将其驱逐，中外咸感威胁。日韩暴军及其收买之华籍匪团，既均显然不能保持各城市安宁，东北地方，自今日起，惟有我民众救国军，为唯一之负责权力。凡我军所至，中外居民，一律保护。倘有阻碍我军行动，为日本侵略主义作工具者，无论任何国籍，概在碍难保护之列。又日本民众，对东北事变，并未获益，而负担增重，经济恐慌，失业日多，同受压迫，若是则我军直接为中国民族求自由，间接亦即为日本民众除暴政，更为世界一切民族求永久之和平。庶使我东北三千万民众之真正意旨，得揭扬于世界，不致为暴力所诬蔑。更希望与一切有觉悟争解放者，联合战线，前后夹击。此为东亚民众求生路而战，昭告世界，谨此宣言。东北民众救国军总总司令苏炳文、副司令张殿九叩，蒸（十日）印，谨电奉闻。

《中央日报》1932年10月16日第一张第二版

359. 对国联调查团报告书节略研究的意见

李仲公

吾人对于国联调查团报告书的研究，似应分为三点：

(1) 报告书对于东案的观察及评判如何？

(2) 报告书对于东案所建议的解决方案如何？

(3) 吾人对于报告书应决定的态度如何？

(一) 报告书对于东案观察及评判

报告书从第一章至第六章，吾人暂从"摘要"研究，如第一章对于中国现状的观察、批评，于失业寄以巷深之同情。第二章叙述东北的现状，虽承认"若无日本之活动，满洲不能引诱，并吸收如此巨额人民"，但同时确认"目下满洲之属中国，已为不可变易之事实"。第三章叙述九一八事变前中日之争执，而致感慨于日本在东三省取得权益之优异，特指出日人在九一八前全国已充满"解决一切中日悬案，必要时用武力解决等口号"，足为日本侵略东北实为预定行动之确证。第四章则断定日本对九一八事变，"系抱一种精密预备之计划，以因应该国与中国方面万一发生之敌对行为"，并就中国当时"对于日本军队并未作一致进行，或曾经许可之攻击"，以及"出之意外"的情形，以为"是晚日方之军事行动，不能视为合法自卫之办法"，尤足证明日本对九一八事变应负之责任。第五章叙述上海战事，第六章指出九一八后的满洲局面，其"组织"与"运动"，实为"一群日本官吏"的"图谋"与"实施"所造成。凡此符合事实，亦即不容变更事实之公正忠实的观察与评判，吾人当然表示满意，无复与辞。惟第七章对于华人之抵制日货运动，该调查团声明"非法运动，在所不免"！并以"中国政府因未曾充分制止此种举动，且对于经济绝交运动，并曾予以某种直接援助之故，应负责任"！调查团既确认日本为对华侵略国，于此种受侵略国在必然因果关系上所采取之经济抵制的手段，未敢遽加以明确合理之判断，不无遗憾。但其结论亦经说明："中国人民在不以越出国家法律范围之条件下，其个人拒绝购买日货，或以个人行动或团体行动宣传此项意见之权，无人可予否认。"即所称中国政府应负之责任，亦并未提议谓政府机关援助经济绝交之运动，系属不正当之事，但仅愿表面出之者，即官方之鼓励不无含有政府之责任耳，是"责任"云者，解释不过如斯。末节又述及："然而单独对于某一国家之贸易，实行有组织之抵制，是否合于睦谊，抑或与条约义务不相抵触，乃系一国际法之问题。"既曰"问题"，是所谓"责任"，即就调查团观察，犹属疑问。可见上节所称"非法"二字，亦正属于国内法的范围。故调查团于本章虽似有意提出"抵制日货"的责任，以与日本"侵华责任"相提并论，实则强词不能夺理，无论报告书如何善于词令，亦终不能自圆其说也。

（二）报告书对于东案所建议的解决方案

由上分析，调查团对于落案的调查，及其由调查而作成之报告书，在理论部分，殊少可以非议之点。即批评中国现状，吾人果虚心受善，只应引为诤言。独至第八章以后，调查团蔽于现实，怵于强暴，其希望中日合作，维持东亚和平之热心与诚意，固可钦佩，其为国联困难设想，亦至可谅。然而迁就事实太过，故第九章提出之"解决的原则及条件"，开始便有"问题复杂，现在吾人可对于过去之感想作一结束，而集中注意于将来"之转语。因而主张不宜恢复现状，竟谓："今日如将各该情形恢复原状，亦徒使纠纷重见，是仅就该案全部之理论方面着想，而未顾及其局势之真相也。"基此概念，故所提之十个"原则"，更由此"原则"而得到第十章总结之"审查意见及对于行政院之建议"而有所谓"顾问会议"之主张，遂至办法与理论有根本矛盾冲突之憾！平心而论，国联对东案一再延误，使东案至今日益陷于使国联无法解决之困境，则调查团为保持国联威信，既无勇气敢于建议采取进一步有效的制裁方法，则所谓"和解"亦只有一面用理论彰是非明责任借以保全国联主张公道，维护正义的面目，而一面则不得不迁就事实以图解决，以完成国联排难解纷，维持和平的使命。是调查团之建议，何尝不具苦心。顾吾人以当事国的立场，于领土、主权所关，则有万难接受者。调查团因不否认日本在东三省之所谓"特殊权益""特殊事实""特殊地位"，故在原则上承认日本在东三省之利益，谓："日本在满洲之权利及利益，乃不容漠视之事实，倘某种解决不能承认此点，或忽略日本与该地历史上之关系，亦不能认为适当之解决。"而在第八章中，又有"深信中日两国在满洲之经济利益，就其本身离开近年来政治事件而言，应入于互谅合作之途，不应发生冲突。欲求满洲现在富源以及将来经济能力之充分发展，双方修好，实为必要"之劝告语。夫日本在东三省是否果如日人主张之所谓"特殊权益""特殊事实""特殊地位"，正吾人力争而未解决之问题。币原五个原则，吾国不予承认，即是为此。即让百步言，亦只是限于经济的范围，而绝不容涉及政治的范围。在调查团眼光中，对此亦非无明确之分解，故第八章详述日本在满经济利益，而建议在东三省组织特别行政制度时，虽述及："但吾人仍承认满洲在日本经济发展上之重要性，日本为该国经济发展之要求，必建设一能维持秩序之巩固政府。"然亦不主张日本因经济关系而享有经济甚至政治管理权，是即就调查团承认日本在东三省地位的解释，其仅属于"经济"的关系，而不涉及"政治"的范围甚明。乃何以竟不主张"恢复原状",而建议"满洲自治"？且此所谓满洲自治制度之产生,竟不求之他种比较合理,而为华人易于接受之方式,必使日本对此政治根本组织得与中国有同等权力之参加。此乃明明违背国联盟约与各种公约,及破坏中国领土、主权、行政完整之条件,亦与报告书之论理的前提大相逕[径]庭！又所谓"顾问会议"的期限,亦无明确之规定。此种不合论理,损害吾国权益之主张,实为吾人所万不能接受者也。

但吾国主权,势所必争,而国联同情,亦所必顾。今日吾人对国联虽不愿仗义执言,以矛攻盾,但对于调查团所提示之原则,及建议之方案,其中关于政治的部分,不独涉及日本参加政治组织的条件,应根本反对。即对于所谓"外国顾问"广漠之权限,亦势难承诺。吾人固知今日世界在强力劫持之一,徒持理论不但无由转移国联之视听,或转失国联之同情。惟一个国家与民族之生死关头,吾人纵无力拒人豪夺横杀,亦断无伸头承刀之理。现日本势成骑虎,志在吞并,伪国承认,欲罢不能。就吾人观察,报告书建议之利于日本,已无俟言,而日阀方欲根本推翻,蹴之使碎,是东省运命,终惟有付之未来不可测之复杂变化之中。目前情势,吾既难忍痛迁就,国联亦已无能解决东省问题,则任提如何意见反对,终必无效。故书面之强硬反驳徒示无策,无宁嫁其责于日本;与其求现在之结束,无宁听日本之久占。盖留东三省为东方之阿尔萨斯罗林,总较之忍痛解决,使东三省强受国际条约束缚而永远沦为变相的国际共管之东方自治领之为有利也。由上研究,而吾人今日对该案应采取之态度,自有途径可寻。

（三）吾人对于报告书应决定的态度

今日国内及国际情形,以及国联解决东案之趋势及利害,既如上述。故各方意见,颇有主张政府对报告书宜暂持沉观态度,不作表示,而只出席代表团随机应付者。此其用意,亦不外本诸上述理由,及不得已而沉默之苦衷。亦有愤慨填膺,主张与日本同时提出有力的意见,表示根本反对者。就事论事,谁曰不然,顾东案形势,在现时既明明无和平解决之可能,空言反对,于事无裨,而全无表示,在日本所不能受者而我默然受之,非独无以平国人之悲愤,实亦有亏国家之地位与尊严。谓宜表示于部分拒绝之中,寓条件接受之意,其范围略如左:

（1）对于报告书理论部分——第一章至第六章,可表示全部接受并致感佩于调查团持论之公正及其对国联服务之忠实。惟对于第七章关于抵货责任之叙述须加以声明及纠正。

（2）对于报告书建议部分——第九第十两章，应要求部分的修正，即对于日本在东三省合法的经济利益的承认，及中日两国在东三省在相互谅解下经济的合作，乃至"满洲自治"的建议，无妨表示条件的接受，但对于日本参加之"顾问会议"，则应表示希望根本修正，采用合理，为中国易于接受的方法。

（3）根据门户开放政策，欢迎国际在东三省合作投资，但希望缩小"顾问"权限，适合总理"权操自我"的原则。

（4）最后仍表示始终维护国联，信赖国联，除希望容纳修正意见外，仍听国联公正之解决。

以上为予个人对于报告书节略研究之意见，以为采取如此态度，对内对外方能面面顾到，余地亦多。最后的希望，仍在国人根本觉悟，速起团结，一致努力，誓以民族铁血准备恢复此被强力占领之阿尔萨斯罗林而已。（完）

二一，一〇，九，于南京。

《中央日报》1932年10月16日第二张第二版

360. 社评：论"直接交涉"

所谓直接交涉，诚吾国独有之名词。一国与□国之间发生关系，必需以交涉之方式行之。两国或数国之间为达到利害相共或互相谅解之目的而开始谈判，此所谓谈判即交涉也。国际间为某项问题召集一项会议，国家派遣代表参与会议以发抒本国之意见，代表之派遣为交涉也。为国家之利害问题而发生宣言，为宣布某一定有法律效力之事项而发出通牒，为反对他国之某种行动而提出抗议，以至于交战期间之种种外交行为，均属交涉。交涉而必冠以"直接"二字，已觉意义重复，又必曰反对"直接交涉"是直无交涉之可言。盖国际间本无与所谓"直接交涉"相对之"间接交涉"，有则或指第三国出而劝解、调停，甚至于干涉，其不得称为间接交涉，与直接交涉之不能成为名词，意义正同。

我国自一九二一年华盛顿会议以来，"反对直接交涉"已成为天经地义之定律，每遇严重外交问题发生——特别中日间之外交问题，上自政府当局、名公要人、学术专家,以至于一般庶民,无不竞言反对直接交涉。偶有人主张交涉,亦必尽力避免直接二字。即如此,犹或撄民众之反感,指为大逆不道,甚哉此种错觉风气之不可摇撼也。考华盛顿会议时,与会诸国,惑于日本之诈术,曾主张将山东问题除外,由中日两国以交涉方式解决之,不啻划分一部分会议事项(山东问题)于会议之外,实诸国之偏袒见解,因日本意欲利用欧战后各国疲敝之时机,及中国无政府之状态,起而以暴力压迫中国。当时中国在法律上反对将山东问题划出会议之外,自然理直气壮,在利害上拒绝与日本开始交涉,亦属十分聪慧。然由此一得之计,遽然永远放弃独立国家所必备之外交权,殊不能不谓最大错误。

或曰日本之横暴,及国际社会之散漫,一如畴昔。假若以日本为交涉之对手方,则其结果或不免于城下之盟。此说果有真理,直无异谓中国为不能独立生存。所谓"城下之盟",诚属屈辱之至,然而是否接受屈辱条件,中国自有决定权限。如曰日本强迫接受,则日本只可强迫"迷梦皇帝"之独夫袁世凯,断不敢强迫有气血有智慧之四百兆华胄。对日交涉之标的,果不以某一人某一派之利害为权衡,而以国家利害为惟一前提。姑无论日本不敢骤以武力相加,即假定其施用暴力,试问人民血汗所养之数百万大军,留待何用?足以摇动日本经济组织之抵货手段,留待何用?解决国难,挽救挽救危亡之外交机能,留待何用?以立国数千年,号称独立国家之中国,不知打破屈辱观念,反预期屈辱而放弃外交权,此诚人群社会稀奇之悲惨现象。

假定对日交涉果有屈辱危险,而经他国调停干涉,始可免于屈辱乎?此种卑鄙信念之乖误,去年九一八事变以来,亦已充分暴露。国家疆土被人强占,无辜人民被人杀戮,财产事业被人毁坏,无端送达哀的美敦书,随时提出警告,国家民族之耻辱,尚有甚于此者乎?夫以维持和平为职志之国际联盟,延宕经年,调查报告之结果,请中日两国假所谓"顾问会议"为交涉之张本,充其量不过实现中日与国联共管满洲之局面而已。一年来国联熟视日本之强施横暴于中国,兜过若干圈子,归要到底,依旧为促使中日两国开始为国人夙所反对之所谓直接交涉,且增加以不能忍受之交涉条件——即将来日本规定方法所选出之满洲人民代表亦得参加会议。国人反对直接交涉之结果,增大国家之危机,延长日本之侵略,加厚国家之耻辱,除此之外,究何所得。

国人其尚有奋斗图存之信念乎?其尚肯承认中国为一独立之国家乎?苟答曰"是",请万勿永远放弃独立国家所必需具备之外交权能。对外交涉乃外交之最要部分,本国之利害惟本国知之最审,惟本国可以向对手方据理力争,第三者初无越俎之必要。倘交涉而归于失败,自可援用国际公约,请签约国出而主持正义,或另寻蹊径,请他国出而和解。凡此均属外交上正当程序,舍此不为,而必将关系国家存亡之问题,完全交付第三者代为处置,是直等于将国家之生命奉交他国。国家之耻辱,姑不必论,其为危险,亦无过于此者。虽然,言乎交涉,决非仅只派遣代表出席谈判之谓,而必需预有确定之政策,政策之决定,又必需经由法定之程序。在目前政治制度之下,外交政策必由政治会议之决定,立法院之审议,然后由行政院执行之。如此既不为少数人利害所左右,其成败利钝,均由全国上下负其责。交涉之人选必需目光远大,体魄雄厚,交涉之后盾,又必需全国一致。交涉归于失败,退可以请他国居间和解,进可以竭全力作最后之周旋,然后纠纷始有解决之希望,国家始有生存之可能。

《中央日报》1932年10月17日第一张第二版

361. 罗文干昨午飞京,对报告书与蒋有详细磋商,定明日赴沪谒汪具体决定

(中央社)外交部长罗文干氏,于十四日偕参事朱鹤翔、秘书林椿贤飞汉谒蒋委员长磋商对调查团报告书之意见,在汉二日,磋商颇详。罗外长一行遂于昨(十六)晨八时许,由汉乘塞可斯机飞京,十二时一刻到达明故宫飞机场降落。外次徐谟、刘崇杰等十余人,均赴机场欢迎。罗外长下机后,以旅途劳顿,即乘车反私邸休息。定今(十七)日乘车赴沪谒汪院长,再度磋商。有询以此次赴汉结果者,罗外长答称此次赴汉,与蒋委员长对报告书之意见,有详细之磋商,但内容如何,则非俟政府将整个意见具体决定后,不能发表云。

(中央社)外交部长罗文干,日前飞汉谒蒋委员长,磋商对调查团报告书意见,已于昨日回京。闻罗外长与蒋委员长商酌后,中央各要人,对报告书意见已趋一致。罗外长定于今(十七)日召集外交委员会,举行会议,报告赴汉与蒋委员长磋商经过。再作一度研究后,即于明(十八)日乘车赴沪,访晤汪院长,报告外委会各委员各委员及蒋委员长意见,并征询汪氏意见,俾作具体整个之决定,然后回京,提呈中央政治委员会议,讨论通过,训令我国出席国联大

会,颜、顾、郭三代表,依据中央意见,以资因应云。

《中央日报》1932年10月17日第一张第二版

362. 颜惠庆顾维钧分任国联大会及行政院代表,二人通力合作可谓相得益张彰

(中央社)本日报载国府命令准颜代表惠庆辞去国联行政院代表,由顾代表维均继任,外间颇有不明真相者,记者于外交部得悉颜代表自本年一月受任为国联行政院我国代表,本年九月又受任为国联大会我国首席代表,任重事繁,曾迭电政府请另派代表,分任其一。斯时顾维钧因调查团工作未竣,未能即日赴欧,故仍由颜惠庆兼任。现顾氏已抵欧洲,颜氏以此次国联行政院最重要之职责,即为讨论李顿报告书,最近国联且决定邀请李顿等出席讨论,顾氏为亲自参加调查工作之一人,对于前后情形,甚为熟悉。倘由彼出席,自属更为适宜,曾迭电推重顾氏,担任此席。政府现已征得顾氏同意,故即用命令发表。现在颜、顾二氏,一则担任大会首席代表,一则担任行政院代表,通力合作,可称相得益彰云。

《中央日报》1932年10月17日第一张第二版

363. 日外省最注意美国,认美态度足转移其他各国,对未来情势加以种种推测

【中央社上海十六日电】【日联社东京铣(十六日)电】 戊(十一月)寒(十四日)开会之国联大会,对于满洲问题决定如何命运,现今未许豫断。然此事实,系于国联原动之力英美两国态度之如何,故日外务省极端注意该两国将来对日行动。而此两国中,尤其美国最堪注目。美国对日态度,将于戊(十一月)齐(八日)举行之美总统选举结束后,或有一大变化。据日外务省之观察,今次大总统选举战,共和党旗色不振,苟若出现民主党政府,则从来对日积极

态度，即可清算。假使共和党再度胜利，现任国务院长之史汀生定要辞职，盖史汀生与胡佛总统之关系不圆满，且史汀生关于军缩问题、赔款战债问题，已有失败也。美国财界之舆论，反对美国之对日积极政策。美国若采静观态度，则英国决不致有单独对日之决心，而法国之态度不变，则其他诸国之饶舌，不能推翻大势。

《中央日报》1932年10月17日第一张第二版

364. 日军部又推测，俄决不承认为组织，谓俄须向美法借款，对李顿报告书沉默

【中央社上海十六日电】【日联社东京铣（十六）电】 军部对于俄国承认满洲问题，有如次意见：俄国非常关心日满议定书中满洲驻军一事。俄国五年计划之达成，需要巨款，因其有从美法两国借款之必要，缓和其从来对国联之态度，故对于李顿报告书，严守沉默。由此观之，俄国非在日俄不侵条约成立之后，决不有承认满洲之事。

《中央日报》1932年10月17日第一张第二版

365. 所谓"亚洲化政策"，日政友会用以应对新局势，铃木对调查团报告极不满

【中央社东京十五日路透电】 日本应采用亚洲化政策，以应付日本承认满洲后之新局势，上项为日本政友会大会决议案之一。按政友会为日本最大且最有势力之政党，该政党并主张日政府应实行新实业政策，促进日本与满洲之经济关系。

政友会总裁铃木宣称：日本政策一向皆站在公正不偏之立场，日本将来之政策，决无更改。彼对调查团报告书重大错误各点，表示不满，认为系调查粗心之结果。彼称报告书对根本解决中日纠纷办法，毫无建议，并谓彼深信国联

决不根据报告书,讨论中日问题,因酷爱和平之国联,决不采用愚笨政策,致引起重大纠纷也。铃木末谓无论国联之态度如何,日本之政策决不更改云。

《中央日报》1932年10月17日第一张第二版

366. 伍朝枢昨过京赴平,谈对外必须以自己力量贯彻主张,仍不团结勇于内战前途不堪设想

(中央社)中委伍朝枢因北上游历,前(十六)夜由沪偕夫人乘车来京。昨(十七)晨七时许,到达下关车站。外长罗文干与伍氏交谊素笃,特亲赴下关车站欢迎。下车后,即同乘汽车,至萨家湾外交官舍休息,并进早点,畅谈颇久。至下午六时许,伍氏夫妇即过江乘平浦车北上,直赴北平游历。中央社记者于昨(十七)晨八时许,赴外交官舍访谒伍氏,承接见并答记者之问如次。

伍氏谈话

(一)对于调查团报告书之意见,余在沪时,已略有发表,现无特殊意见。此事现由外交当局审慎筹划,必能应付裕如,余不拟向中央提出意见书。(二)此次国联大会对中日问题,将谋一适当之解决。此次大会前途如何进展,现时极难揣测。但英法两国之态度如何,最值吾人注意。盖英法为国联最有力之会员国,其势力常足以左右国联也。同时英法两国之态度,亦常以美国之态度为转移。故美国之态度如何,吾人亦不可忽视。总之,对于中日问题,吾人一面固应观察国际形势,一面应反求诸己,必须用自己之力量,贯彻自己之主张,始能得圆满之结果。世间未有本身不努力振作,而能得他人之同情援助者,此吾人所应深自警惕者也。(三)国联大会为期已迫,国际空气日趋紧张,闻日方对调查团报告书所提出之意见书,仍以中国为无组织无政府之国家为借口,而肆意攻讦。当此严重关头,吾国朝野如再不团结一致而仍勇于内战,则前途诚不堪设想矣。(四)美国此次大选,一般观察均以民主党罗斯福有获胜希望。民主党之对外政策向不若共和党之积极注意,故一般人以为万一民主党获胜,则其对外将改变现时之政策。据余个人观察,民主共和两党之政纲,在传说上并无根本之冲突,所不同者,只于每一政策施行时,互相攻击反对而已。

其实民主党亦并非不注重对外政策者,试观美国参加世界大战,即在民主党威尔逊总统当政之时,可以明显。故此次大选,如共和党获胜,自然仍一贯其向来之政策进行;如民主党获胜,则其对外政策,恐将以罗斯福个人及其政府之外交当局所抱之主张而定。(五)余最近在沪并未与汪先生会晤,出国之事,亦只于报上见之。关于琼崖特区长官一职,余始终未往就任。经陆海两军之纠纷后,琼崖之行政财政,现由广东省政府直接管理。(七)余等此次北上游历平津,纯为私人之旅行性质,别无其他任务。勾留时期之久暂,全视游兴而定。余离平津已十六寒暑,不知今日景况,又如何也云云。言次不胜唏嘘感慨之至。谈至此,记者即辞去。

《中央日报》1932年10月18日第一张第二版

367. 调查团出席国联,日方谓仅供咨询不能主动发言

【中央社十七日路透电】 日联社消息,关于调查团委员于下届国际大会讨论中日问题,出席会议事,据官方所知,各委将仅于大会有所询问时,加以答复,不能主动发言。各委出席之地位,并非代表各该国政府,只以代表资格发言,不足认为政府之发言人。各委如有逾越此种范围,日本将向国联抗议云。

《中央日报》1932年10月18日第一张第二版

368. 罗谒蒋返京后外委会讨论,对报告书意见集中,罗定今晚赴沪谒汪

(中央社)外交部长罗文干氏,前(十六)日由汉返京后,以对调查团报告书意见,已于蒋委员长详细磋商,有召集外交委员会各委员开会再度研究之必要。适中委伍朝枢氏,昨(十七)晨由沪来京,罗外长乃于正午,在广东酒家,欢宴伍氏及外委会各成员。至下午三时,齐赴外交官舍,开会讨论。除在京之外委会委员居正、朱家骅、陈公博、何应钦、朱培德、陈果夫、陈昭宽、贺耀组等,均一直参加外,伍朝权氏亦为外委会委员之一,故亦由罗外长邀请,参加讨论。

席间首由罗外长报告赴汉与蒋委员长磋商之经过，各委员亦相继有所讨论，至六时许始散。闻各委员意见，现已大致集中，但以须与在沪之汪院长磋商，俾作最后具体之决定，故罗外长决于今（十八）晚夜车赴沪，谒汪磋商。至伍朝权氏则已于昨（十七）日下午七时渡江，借其夫人，乘车赴平云。

《中央日报》1932 年 10 月 18 日第一张第三版

369. 楼桐孙评调查团报告书，迁就事实之两原因，各国均沾其益挽救经济恐慌，解决中日纠纷消弭东顾之忧

　　南京特别市党部，昨晨九时举行纪念周，到委员周伯敏、楼桐孙、黄仲翔及全体工作人员，由周伯敏主席，楼桐孙报告。略谓：李顿报告书，最近已全文发表，这书将来，在世界外交史，要占着重要的地位。所以大家应该仔细的研究。全书内容，材料精确，文字婉转，结构严密，一字一句，也不苟且，不失为近代世界外交上一篇很好的文章。

　　在未下批评以前，应该有两点先要明了：（一）这书是什么人做的？（二）为什么要这些人来做？谁都晓得这书是英美法意德五国的代表，同时并参加有美荷两专家的意见做成的，所以这书在根本上是具有国际性的。如果站在国家的立场上来观察，则结果一定要失望，这是应该明了的第一点。

　　其次五国的代表，是去年十二月十日国联议决派定的，但最初的动机是出于日本。日本于去年十一月间，提议请国联派调查团到东三省及中国本部调查，原意是很险毒的。后来经我国代表的力争及锦州事变的扩大，所以直至十二月十日，才得修正通过。调查团的任务有二：一是调查中日发生纠纷的种种情形，一是考虑可能的永久解决的办法，同时主席并声明调查团是顾问性质，无权可以干涉当事国。调查团所建议的意见，并非强当事国以必须接受，当事国有考虑接受与否之权。这次报告书，是从中日复杂的纠纷中，理出一个头绪，拟定一个调查的方案，建议于国联。国联将根据建议，提出国大会，复建议于双方当事国。调查团是不直接负责任的，这是应该要明了的第二点。

　　我们研究调查团报告书，要用国际的眼光，才能明白这书真面目所在。调查团报告书，我们不满意，日本更是攻击不遗余力，苏俄则认为是帝国主义宰

割中国的一种把戏。但除开这三国，全世界舆论，几乎一致拥护，表示赞成。我们预料国联大会，对于报告书的建议，一定大体可以通过。我们要研究这个建议，何以得到欧美人的欢迎，我们如果用国际的眼光，更易得到其原因所在。依我个人的意见，原因有二：

其一是经济的原因。几年来世界经济恐慌，各国都陷于非常不景气的现象中，依今年三四月间国联的统计，全世界失业的工人，约有四千万之多。此外银行以及工商业之倒闭的，更不知多少。经济恐慌如此，实为前此所未有，经济学上有所谓定期恐慌与"循环恐慌"，即平均每九年或十年间即有一回经济恐慌。欧美自工业革命后，每少则七年，多则十一年，即要闹一回。恐慌期间，大都不久延。但这次恐慌，已互数年之久，到现在却还没有脱离恐慌的厄运，可算是最严重的，从来所没有，欧美人都感到重大的痛苦。刚刚这时候，亚洲的中日两国，又发生了严重的纠纷。如果引起战争，恐怕又更增加世界经济恐慌的程度。而且东三省的面积和法德两国一样大，土地肥沃，物产丰富，在欧美人的眼光，是解决世界经济恐慌最好的地方。如果照报告书建议的办法，东三省变为无军备自治区域，银行、铁路、实业都有各国顾问参加，则东三省在不久之将来，一定很为繁荣，世界各国都得以均沾其益，世界恐慌或者因此得以挽救。

其二是政治的原因。军缩问题，十余年来仍无一点结果，世界各国因军备之故，人民负担加至不能再加，政府财政几乎均陷穷境。各国政府与人民，并不是没有军缩的诚意，实在因为世界上仍留有许多可以引起大战的种子，如最近欧美尚有许多的暗潮，德国要求军备平等也，引起欧洲很严重的局面。此外远东中日两国的纠纷，不能解决，太平洋的风云，终必日紧一日，列强不能无所顾虑。然中日之纠纷十分之七八在于东三省问题，东三省问题解决，其他中日间纠纷就不难迎刃而解，太平洋战争即可不至爆发。如此列强消弭东顾之忧，军缩问题必可得到相当的成功。军备的负担减轻，世界经济繁荣，即有恢复的希望。

基于以上的两种原因，调查团报告书其中遂不无许多矛盾。调查团既认为东三省领土属于中国，九一八事变日军非出于自卫所必需，满洲于伪国出于伪造，据此前提，三岁小孩亦能决定应该如何处置，就是（一）日本应立即撤兵，（二）傀儡组织立即取消，（三）东北事变一切损害，日本应负全责。乃结论并不这样，便因为不是站在公道的立场，而是迁就目下的事实云云。

报告毕，即礼成散会。

《中央日报》1932年10月18日第二张第三版

370. 宋子文等昨晨返京，谓汪决赴德疗养与政局完全无关，对报告书意见外委会缜密考虑中

行政院代院长宋子文、秘书长诸民谊、内政部长黄绍雄、铁道部次长曾仲鸣、禁烟委员会委员长刘瑞恒等一行，前日由沪乘夜快车于昨晨七时许抵京。在和平门下车后，即乘车各返私邸休息，九时至行政院参加例会。各报社记者，以对汪院长出国就医事，均极关切，争欲一探究竟，故昨晨聚于行政院者可二三十人。散会后，向各要人实行保卫，详细叩询。兹汇志各要人所谈如下：

宋子文谈话

宋代院长答记者所问如次：汪院长确因病体，亟须治疗，决出国一行。经诺尔医生诊治之结果，认为汪院长之病，以在德国最著名之热带病医院疗治最为适宜，故汪院长决赴德就医，但行期则尚未确定。行政院职务，余当然负责代理。各部会仍维持现状，决无变动。对于调查团报告书之意见，外交委员会现仍在审慎研究中。盖一面对于国内意见，无论赞成抑或反对，均须加以缜密考虑，以期完全集中，而趋一致。同时有若干问题，必须与在日内瓦之我国代表磋商，故何时始可具体确定，现尚难言。行政院各部会长，以汪院长出国在即，决于日内赴沪一行，对各种问题，有所磋商云。

曾仲鸣谈话

曾氏云：汪院长之病，较前未有变化，但若不疗治，绝无痊可之望。经诺尔医生之诊治与劝告，决出国就医。汪夫人伴往，此外尚有秘书数人随往，余则留京照常服务。行期尚未确定，但诺尔医生，则希望汪院长早日启程，俾能速愈，返国供职。就医一地，大约为德国，惟亦未完全决定。就医时期之久暂，须视治疗进展程度而定。中央已给汪院长假期三月，如三个月内能完全告痊，当即返国，否则或略需延长。在汪院长出国期间，行政院职务，仍由宋副院长代理，决无变更。中央各部会长，因汪院长出国在即，均拟前往一晤，日内即行赴沪，并非举行任何正式会议云。

褚民谊谈话

褚氏云：汪院长已决出国，此行全为就医，别无其他作用，行期尚未完全决定。病愈后，即行返国。在三中全会前，政府绝无变更。孙哲生先生来京与否，余因在沪未与其晤面，故不知悉。

《中央日报》1932年10月19日第一张第二版

371. 国联各种会议，我国代表均已派定，国联政院会及特委会议程决定

昨日行政院会议，决议特派顾维钧、郭泰祺为出席国联特别大会代表，顾维钧为国联行政院代表。据外部息，我国出席国联行政院代表，原为颜惠庆氏，颜氏以兼任国联大会首席代表，职务繁重，故特电政府推荐顾维钧氏自代，业经国府于日前明令发表，故昨日行政院会议，再为正式之决议。至国联特别大会我国代表原为颜惠庆、罗春[忠]诒（驻丹麦公使）、王麟阁（驻西班牙代办）等三人，现罗王二氏呈请辞职，故由行政院改任顾郭二氏充任，颜氏照旧充任首席代表。至国联大会代表，则早由政府任命颜顾郭三氏充任，由颜氏任首席代表云。

（又讯）国联大会原定每年举行一次，本届大会已于前日闭幕，对于中日问题，因日方要求展期讨论，故本届大会未曾提出，改于十一月十四日先由国联行政院会议讨论。因此次会议所讨论之主要议题，即为调查团报告书，而调查团又系国联行政院所派遣者也。此次国联行政院会议，既由政府派定顾维钧氏为代表，当由顾氏参加会议。俟国联行政院对报告书决定意见后，再提十一月底之国联特别大会讨论。届时即由颜顾郭三氏出席会议，而由颜任首席代表云。

《中央日报》1932年10月19日第一张第二版

372. 外委会昨再度讨论报告书，宋子文将汪氏意见提出报告，俟各部会长谒汪后确定方针

（中央社）我政府对于调查团报告书之意见，经罗外长赴汉，与蒋委员长磋商后，已趋一致，外委会前（十七）日并开会磋商。昨（十八）晨宋代院长等一行返京后，下午又再度讨论，外委会各委员均往参加。宋代院长等因在沪已与汪院长有所商谈，故将汪院长之意见，亦提出略有报告。今（十九）日之中央政治会议，或将提出讨论，但因仍有与汪院长再度磋商之必要，故具体之意见，仍须俟行政院各部会长谒汪返京后，始能确定云。

《中央日报》1932年10月19日第一张第二版

373. 日俄订约问题，日官方意见纷歧，有谓空泛无实效不必商订者，有谓维持远东和平所必需者

【中央社东京十八日路透电】 于国联大会即将举行，满洲代表谢介石，由长春抵此，及日本驻俄大使广田应召回国之时，此间充满日俄商订《互不侵犯条约》之空气。报界消息，日本官方意见极不一致，有人感觉此种条约空泛无实效，既已有凯洛格非战公约之签订，《互不侵犯条约》似无商订之必要，且苏俄政府与第三国际关系过密。另有人表示该条约为维持远东和平之必需者，因欲维持远东和平，苏俄、日本与满洲应先有相当谅解也。

《中央日报》1932年10月19日第一张第三版

374. 国联大会主席赞颂李顿报告书,谓乐于向双方当事国提出

（中央社）政府本日接日内瓦中国代表团电称,国联大会十七日开会时,大会主席宣称,关于远东纠纷,本会期内有一极重要事项,即李顿报告书之发表是也。该项报告纪载详晰,能使吾人对于满洲极复杂之情势,将有较前此更明了之了解,且含有数种关于和平解决之极有价值的提议。此后之特别大会,当必乐于向双方当事国提出云。

《中央日报》1932年10月19日第一张第三版

375. 谢逆抵东京,定今日进见日皇

【中央社上海十八日电】【日联社东京篠(十七)电】 谢介石一行,篠(十七)晨九时半到东京。一木宫相、内田外相及朝野名人等,莅站欢迎。谢等分乘汽车赴帝国饭店。

【中央社东京十八日路透电】 满洲外交部长谢介石,定明(十九)日进谒日皇,面呈谢意。

【中央社神户十七日路透电】 伪外长谢逆与其子及随员十五人今(十七)日早抵神户,乘专车往东京,星期二晨可到。

《中央日报》1932年10月19日第一张第三版

376. 昨行政会议，加派顾郭出席国联特委会，并派顾为国联行政院代表，通过河套宁夏调查团章程

行政院昨开第七十二次会议，出席黄绍竑、朱家骅、陈公博、石青阳、刘瑞恒、罗文干、何应钦、宋子文、陈绍宽，列席甘乃光、周启刚、郑天锡、褚民谊、彭学沛、石瑛、曾仲鸣、俞飞鹏，主席代院长宋子文，纪录刘泳阊、胡迈、朱宗良、张昌言、赵家杰。

甲、报告事项

（一）各部会各省市政府呈送工作报告计十一件。（二）外交部罗部长呈，为出席国际联合会特别大会代表除颜惠庆一员，应继续出席，无庸另加任命外，其余代表二员，拟请改派驻法公使顾维钧，及驻英公使郭泰祺充任，请鉴核示遵案。（三）外交部罗部长呈，为国际联合会行政院代表颜惠庆，因事繁，无力兼顾，电请另行派员，拟请照准，所遗国际联合会行政院代表，查有现任驻法公使顾维钧，堪以派任，请鉴核任免案。（四）军政部何部长，报告制止四川及山东军事经过情形案。（五）外交部罗部长报告西藏情形案。（编者按：后略）

《中央日报》1932年10月19日第一张第三版

377. 汪即将出国，宋子文等昨晚赴沪，罗文干定今晨飞沪谒汪，商承要政并再征报告书意见

代理行政院长宋子文、秘书长褚民谊，暨教育部长朱家骅、实业部长陈公博，铨叙部长钮永建，以汪院长出国就医，日内即将成行，所有中央一切大计，急需面晤会商，有所遵循，爰于昨日下午十一时，搭乘京开夜快车，联袂赴沪，以便晤汪面商，便道送行。外交部长罗文干，特往车站送行。

又各部会长，均拟前往一晤，已定今晨乘机飞沪。外长罗文干，亦决同行，对调查团报告书意见，与汪有所磋商。现外交委员会对报告书之意见，已大致集中，俟与汪院长作最后之商谈后，即可具体决定，将提出下星期三（廿六）之

中央政治会议通过后训令日内瓦我国代表团,昨日之中政会,则并未加以讨论。

宋子文谈

中原社记者于宋氏上车时,作如下谈话:(记者问)副院长今晚赴沪,其任务可得问欤?(宋氏答)余今晚赴沪,因汪院长即将出国,故前往送行,乘便对行政院事务,亦有所商谈。(问)各部会长将于明日赴沪,在汪未离国前,在沪开一非正式会议,对于今后政院职务,亦将作详细之商谈,确否?(答)各部会长明日赴沪,纯为送行,并无会议。(问)汪院长此次出国,有否预定期限?(答)汪院长已向中央请假三个月,出国休养,目前当以三个月为期,但须视病体如何为标准。倘三个月病可痊愈,当即返国。(问)副院长今日赴沪,何日可返京?(答)俟送汪院长放洋后即返京。谈至此,已届开车时间,记者即辞退。

陈公博谈

陈公博于车次对记者谈,予(陈自称)此次赴沪,除送汪院长出国,及磋商政务外,将各方对国聊调查团报告书意见向汪作一具体之报告,并征汪意见,以便中央早日决定对策。至汪院长出国日期,闻已定二十二日,乘法国邮船"爱德来朋"号赴欧,入热带病研究院治疗所医治。陪往者有汪夫人陈璧君女士,医师一人,秘书陈允文等三人。汪氏俟病稍愈后,当即返国。我等俟汪院长离沪,即行返京云云。

罗文干谈

中原社记者于车站与外长罗文干谈话如下:(记者问)部长今晚是否赴沪?(答)余此刻系送宋副院长及陈部长赴沪。(问)然则部长将于明(二十)日赴沪?(答)大约明天。(问)我国对调查团报告书之意见是否带沪征求汪院长意见?(答)大约明日前往。(问)闻各部会长以汪院长出国在即,拟明日赴沪送行乘便对今后政院事务,亦将有所讨论,确否?(答)各部会长将于明(二十)日赴沪送行,并商承政务云云。

《中央日报》1932年10月20日第一张第二版

378. 美总统竞选人对中日事噤若寒蝉，深恐所言认为将来外交政策，但美人终不容长此默尔无言

【本社十九日上海专电】 美国此次总统选举竞争中，各方演说，对于外交关系，因顾忌远东紧张之政局，多不欲坦然自由讨论。惟至今日，以远东形势益见紧张，已有曩曾参加一九二二年华府会议者数人，公开讨论日本对于满案各正式宣言，以为其中有数起，已明白表示，日本不欲遵守九国公约条款。即各候选总统，亦已大有不得不讨论满洲问题之趋势。一般选举运动领袖，已承认都城之内，刻正到处有人讨论日本在一九二二年是否故意欺骗美国，诱其拆废一部分战舰，使非律滨失去保护。有国际著名律师某君，并认日本所称九国公约，其商订此约之谈判中，并未包含远东目前情形之说，直与当时谈判之正式纪录，大相矛盾。惟美国此时对于满案及远东问题，虽不愿竞选总统者默尔而息，但当事者仍多顾虑，深恐此时所言，被认为将来登台后外交政策之根据。故共和党方面已承认胡佛总统，当此选举运动紧急关头，已受若干障碍，以为日本之承认"满洲国"，已使许多主笔及其他著名领袖人物怀疑胡佛主义（即宣告不承认武力所得土地）之效能。但总统又不便畅然讨论此事，因其言论将被认为政府之政策故也。又民主党亦同具此心理，深恐此时罗斯福之所言，一旦登台后，外交政策将受其牵制。虽然，以美人受于满案与远东问题之注意，急欲一聆候选总统之意见，恐终不容其长此默尔无言也。

《中央日报》1932年10月20日第一张第二版

379. 对李顿报告日意见书，改由吉田携往

【中央社上海十九日电】 日讯。日政府对李顿报告意见书原拟马（廿一）由松冈携往，现发见更应考虑之事项，须详密研究，马（二十一）前不及翻译印刷竣事，故内田外相决将意见书概要而告松冈，意见书全文，则改由俭（二十八）启程之驻意大使吉田携往。

《中央日报》1932年10月20日第一张第二版

380. 有吉昨访张学良等,高谈中日利益均赖和平,并认目前形势较前进步

【中央社上海十九日电】【日联社北平皓(十九)电】 有吉公使昨日访问各国公使,今晨十一时偕矢野参事及通译官一名,往顺承王府访张学良,次访市政府卫戍司令部等华方机关,致新任之词。

【中央社北平十九日路透电】 日使有吉明谈,中日关系,兹已逐渐进步。据渠观察,不至人何变故,使之更换趋势。中日两国利益,均赖和平状况,即满洲亦然。热河问题,虽属严重困难,但嗣后定能解决。中国如不采取行动,"满洲国"目前亦不至于有何动作云。有吉继称日本在中国南北,均有重大利权,极愿中日关系长久亲睦云。有吉昨访各国公使,今日谒张学良、王树常、周大文等,在平约留一星期返沪。

《中央日报》1932年10月20日第一张第三版

381. 汪昨晚发表告别书,对李顿报告书不满其建议,应矫正国联制裁力之薄弱,战争与和平均需团结一致

【中央社上海二十日电】 汪院长号(二十)晚发表告别书,全文如下:当九月初旬,兆铭患病增剧,请假调理。以为静养旬日,即可痊愈。及十月初旬,四医生诊断书发表后,始知病势严重,且有出国疗治之必要。中央遂宽予假期,俾得从事医药。当此国事危急,恝然舍去,实乖素愿。但与其困卧床褥,因循无补,不如从医所言,暂时出国,以谋专门治疗,或得康复,以继续为国事努力。铭卧病以来,时承同志垂问,久稽答复,至歉于怀。今当暂别,谨述鄙见数事,以当面谈。兆铭自去岁十月,由广州至上海,今岁一月入京,以至于今,共赴国难之志始终未有变易。惟政治设施,十未达一,内疚神明,非言可喻。夫政治不修明,则虽欲共赴国难,亦苦无所借手。然政治上之张弛缓急,各同志间见解容有异同,则又不可不以共赴国难之念,驱之于一致。此两者似相矛

盾,实则相成。所愿诸同志精诚不懈,而审慎从事。中央政治会议常务委员,本为蒋胡两同志及兆铭三人,胡同志久未赴京,兆铭今又因病旷职,致蒋同志独任其难,思之感然于心。而兆铭抱病以来,行政院职务,得宋副院长毅然代理,俾得安心疗养,诚不胜感谢。

国联调查团报告书,病中已得披阅,兹述其感想如下:第一,中国政府此次将对日案件提交国际联合会,立场与方法,实为最合理。及最合法者,盖国联盟约,为今日世界会员各国及赞成国联盟约者,所应共同遵守之惟一法律。惟世界各国,能共守此约,然后世界之和平,方得维持。中国政府,始终不忘保持和平,故将此案件,提交身负保障和平责任之国际。

第二,实行国联盟约为国联所负之责任。自中国政府提出此案后,国联历次决议案,亦皆根据国联必须实行盟约之原则。此次调查之派遣,在调查事实之真相,及决定责任之谁属。

第三,调查报告书于事实之叙述,及东北事件因果之观察,明白公允。对于日本蓄意破坏中国领土完整,以遂其侵略政策,认为该团预定之计划一点,尤为明确,值得吾人对调查团之努力及公平判断,以予赞赏。惟于此尚不能无憾者,即调查团于叙述事实后而建议之解决方法,似觉于其自述之事实不相符合耳。

第四,由报告书立言之意旨言,调查团似明白以法律政治及道德上之全副责任,加诸日本。且知调查团于日本过去在东三省所作为及所图谋者,认为远东一切祸乱之源。而于所谓"满洲国"者,亦明认为仅由日本武力哺育而成之傀儡组织。然调查团于此不敢责令日本担负此次事变之完全责任,乃不惜迁迴曲折,以提出所谓和平的和解办法。倘使调查团此种建议而为国联所完全接受,则适足表现国联虽有公平之观察,及对于正义之同情心,而其制裁力不足以副之。不仅世界和平,全失保障,即国联所引为职志之消弭国际纠纷,亦无从贯澈。中国为和平前途计,对于此点,不能不唤起世界对此之深切注意。

第五,我国今应郑重考虑者,当前问题之对付方法,战争乎?和平乎?由前之道,则凡过去日本武力攫夺而去者,亦由武力恢复之,此由武力以求公道也。由后之道,则由和平以求公道,其最要方法,在接受国联对于我之同情心。而于其制裁力之薄弱,则求所以矫正而增益之,以期得最后之胜利。惟无论如何均须政府人民团结一致,否则言和平则滥唱高论,无裨实际,言战争则又不能自整其一致之阵容,是益促吾国家之危亡而已。过去失败之造成,其原因殆不外乎此,今后能不蹈此覆辙,则所获多矣。

第六,团结即是力量,今日救亡之道,团结一致而已。同志与同志之间,政府与人民之间,中央与地方之间,均当视此为天经地义,而一致以赴之。至于地方与地方之间,因地盘冲突,而发生内战,则尤不容于中国。彼躬冒大不韪而甘为戎首者,适足自灭耳。

以上鄙见所及,聊述梗概,惟垂鉴之,幸甚。二十一年十月廿日汪兆铭谨启。

《中央日报》1932年10月21日第一张第二版

382. 中央对李顿报告书已分拟对案,某中委谈审慎研讨情形,在国联开会前应守沉默

(中央社)自国联调查团报告书公布以来,国人均以该书内关系极为重大,莫不悉心研讨,而于中央对该报告书所取之态度,尤为关心,记者特于昨(二十)日趋访中央某委员,叩询中央对该报告书之意见,蒙发表左列之谈话:

自调查团报告书送达中央后,中央政治会议之外交委员会,即开始为审慎之研讨,开会多次,初则为大体之讨论,继则对报告书中第九第十两章各要点,作详晰之研究。此种研究讨论之基础为与国民意一致,力争我国在东三省主权领土之完整,同时谋适应国际之情况。

依上述之基础,对于调查团建议案所自出之原则,凡有妨害于我国主权领土之完整者均明白表示不能接受。有认为事属内政,应出以自动者,均予以合理之对案。有在无害主权领土范围以内,拟予以原则之接受。其他节目,亦均经相当之研究。但认为在国联尚未开会以前,实有临时应机暂守沉默之必要。

至于报告书第八章,及其以前各章所含调查观察部分,固亦有错误,但大体尚且称平允。吾人于此除对于必要声明者外,不特不愿似日本方面之无理抨击,且亦认为识其经过之苦心。但外交之成败,全求诸己,未有己不自振,而能求振于人者。故我国上下于此一方自当寻求外交胜利之途径,一方仍当积极以谋国力之充实,乃克有济焉。

《中央日报》1932年10月21日第一张第二版

383. 松冈昨赴欧，日对国联态度强硬，既定事实绝对不许变改，最后手段不辞退出国联

【中央社上海廿一日电】 日讯，日阁议马（廿一日）正式决定日本对国联方针及对李顿报告书意见书后，手交松冈洋右，携往日内瓦，同时内田外相接见松冈，训令日本代表团对国联之方针，其内容如次：（一）中日问题，因有国联之干涉，不能早时解决，反使事态，更趋纠纷，而致远东和平之变化，故日本恳切说明此项事情，希望国联静观大势。（二）中日间之一切悬案，由中日两当事国直接交涉。（三）日本尊重国联之权威，不采蔑视李顿报告书之态度。（四）日本对国联最强力主张之点，为如国联对于"满洲国"独立之俨然事实，实行任何术策，日本绝不让步。且日本承认"满洲国"之事实，及结成日满认定书之事实，绝对不许改变。若在国联当局采取蔑视此种事实之态度，则日本不辞出于最后手段退出国联。

【中央社上海廿一日电】 日讯，东京马（廿一日）电。松冈洋右马（廿一）晨九时二十分，由东京车站出发，临行时发表声明书，谓：余自奉命以来，迭次明言，此次大会，毫无日本与各国相争之问题。日本照正路行动，而以承认"满洲国"之事实，表明此信念。故现在所留存之问题，为说明不得不发生欧洲事件之理由而已。欧美各国人虽难谅解东方事情，然苟以诚意恳切说明远东情势，及满洲特殊事情，，则必有被正当认识之一日。日本国民对于诸外国为和平的国民之事，历史上已有证明。故在现下时局，最关心世界和平，而为此与各国协力，固不待言云。

《中央日报》1932年10月22日第一张第二版

384. 社评：国际果能解决中日问题否

国际联盟处置中日问题之步骤，已将达到最后阶段，始终信任国际之中国，其迫不及待之情绪比较以往十数阅月尤为激烈。此时中国人士所急待追

求之问题,即国联理事会能否根调查报告书所记载之事口作公平合理之决议?倘日本竟仍以武力为万能,一方面坚持满洲之现状,他方面继续扩大其军事行动,国联究将维系正义,对日本作进一步之表示?抑屈从日本而竟以报告书中与事实矛盾之建议方法为解决之惟一蹊径?凡此数问题,萦绕于中国人民之脑际,萦绕于关心中日事件友邦人士之脑际,各谋寻求其解答而不得,即主持国联之各列强与中日两国政府,其各自寻求其最后满意解答之情,亦正复同之。

一九三一年九月十八日以来,全世界人士积渐承认日本之横暴为不可挽救之事实,而恬不为怪。所以调查报告书公布之后,虽其建议之解决辩法与其所确定之事实如此悬殊,即吾国人士亦不无作退一步着想而认为可以部分的接受者,此在日本自然十分满意。然而此等由麻木而厌倦而退让之表现,是否可以代表人类之理性而永久不变,诚属疑问。东北事变之造成,系日本有计划的侵略行为,在中国毫无引起此种侵略之口实,已为国联调查团一再声叙于报告书中。按诸公法,揆之常情,日本自应负国际侵权之法律责任。第三者苟欲出而调解,亦必先使日本停止其军事行动,撤退其军队,取消其军事占领期间以暴力造成之种种事实,然后方能言中日交涉,然后方能作公平之解决。倘反其道而行之,将日本单方面无端侵略所造成之局面,误认为中日宣战以后日本胜利之结果,又以日本之侵权行为胁迫中国接受屈辱条件之把柄,由此以行,即能于表面上使中日两国暂时相安,然终不得谓为最后之解决,即可断言。

在日本方面所期求于中国者,果为经济利益之保全,则调查报告书缔结中日新约之建议,已足以满足日本之期望而有余。调查团于建议之所谓"顾问会议"中必须使日本分享统治中国之权利,斯可谓毫无意义。假若日本表面上扬言在中国无领土野心,骨子里抢占中国之领土而不让出,斯中日问题之解决,将更为辽远。要知中国政府之信任国联,出之以至诚,假若国联于最近之将来宣告其无解决中日纠纷之能力,则彼时中国全国之气象必为一变。如中国联合一致与日本作长久之对峙,则日本之国难视中国之国难将更为严重。夫未来之事虽不能臆断,然目前迹象之可睹者,日本军队之被困于东北义勇军,以及其国内经济状况之凋敝,盖皆足使目光远大之日本人士引为隐患。日本所赖以侵略中国者将为向外借债,然其一年以来对华非人道行为,对国际间屡失信用,均将为举借外债之最大阻障。在此等情势之下,日本之力竭声嘶,恐将远在中国之先。

日本对国联一再表示强硬，自属其外交上狡诈之惯技。苟日本认清目前之国际情势，尚不容实施其征服世界之狂妄计划，则其利用国联解决中日问题之意念，自可推见。吾人所再三致意于国联者，即请国联了解中国民族绝不屈服于任何武力之下。东北三省一时之丧失，实中国守土军队自动退出，而非日本军事胜利之收获。即如目前中国政府虽尚未至武力收回失地之时，而实际上东北三省境内三分之二之疆域，早已入于中国人民自动组结之义勇军统辖之下。国联果能了解，中国民族潜在之毅力，即应诱导日本略为接近于正义，庶乎得一双方满意之解决方案。如必以报告书中建议之顾问会议为解决之张本，而必使日本借此次侵略行为获得分治中国领土之权利，则中日问题绝无解决之希望。盖违背正义之解决，日本可以满意，而中国断难接受也。

《中央日报》1932年10月22日第一张第二版

385. 罗文干谈政府对报告书态度，决以不背国际条约及中国主权，同时又巩固远东和平者为原则

【中央社上海二十一日电】 外长罗文干，马（二十一日）在沪发表谈话如下：余此次来沪，因汪院长出国养疴，动身在即，特偕政府同人前来送行，并商谈外交情势。李顿报告书，当然亦为讨论问题之一。（记者问）政府对于李顿报告书之态度究竟若何？已否决定方针？（罗氏答称）政府对于李顿报告书之态度，汪院长已于其发表告别书中，指陈梗概。兹所欲言者，政府对于此案应付之方法，虽已议定，而运用之际，仍需随机应变，相时度势而出之。但我固有抱定之原则，将千变而不易。本年八月廿八日向中外宣言中所申述之四项原则，是此项宣言，已为世界各国所深切注意。其中最重要之一条，即为"解决现在时局之合理的办法，必须以不背国联盟约、非战公约，及九国公约之文字精神，与夫中国之主权利，与同时又巩固远东永久之平者，为必要条约"。总之，步骤容因时而异，原则将始终不渝。今日可为诸君告者，即此政府所抱定之一贯的原则。至详细步骤，恕不能于此时发表者也云云。

《中央日报》1932年10月22日第一张第二版

386. 法国与中东路之关系

Harry Paxton Howard 原著，陈家熙译

报章所载东方汇利银行代表之被派至满洲，显示法国代表旧道胜银行，而努力于获得中东路之管理权。但中东路之建筑，系根据中俄条约。该路从前曾受俄人全权管理，数年前因苏维埃政府对华采取新政策，于是改由中俄联合管理局，统辖一切。该路历史既然如此，则与法国有何关系，当为世人所注意之问题。

中东路之建筑，系在一八九六年中俄秘密条约缔订后。该条约曾有如下的规定，若日本侵略中国或俄国领土时，该路得作为海陆军运输之根据地。虽然如此，该条约之军事上之目的，从未实现，而该路则因秘密条约之缔订，建筑成功，以供装运军队与粮食之需。此项秘密条约，从未人开，直至二十五年后，华府会议举行时，才行宣布。

华俄银行成立

中东路之建筑与管理，均根据中国政府与华俄银行——该银行系一俄国公司于订约前数月，才行立案——互订之条约。该条约规定"为该路建筑与管理起见"，华俄银行得设立公司，名中东路公司，至该公司之章程，"须依照俄国铁路之惯例"，而其股份亦惟"中俄两国人民，方可取得"。

建筑此路之资本，由俄国所出，据华府会议专门委员会的报告："此路建筑费用，全由俄国政府供给，而其建筑，亦由该政府假中东路公司之名义，为之指挥与监督。维其如此，故事实上该路确为俄国政府之财产。至于中国，则依据一八九六年之原始条约，当有'最后承继权'。"

中国方面利益

中国人并未担任中东路公司股份，然而一八九六年的条约，则有如下的规定："中国政府应向华俄银行缴纳关平银五、〇〇〇、〇〇〇两。当该路全线完工，交通开始之时，中东路公司应付关平银五、〇〇〇、〇〇〇两，与中国政府。"此种规定，只不过是一种帐目上之记载而已。华俄银行，只责成中东路，

缴纳关平银五、〇〇〇、〇〇〇两,但并未规定中国政府资本之付现。不但如此,而且自一八九六至一九一六年,该银行还发给中国政府股息五、三七二、七五〇、四三两。

一九一一年,华俄银行与北方银行合并,改名为道胜银行。迨一九一七年,苏俄革命爆发,该银行即被新政府没收。因没收,忽发现该银行受法国的保护,且其总行设在巴黎等事实。基此事实,法国与中东路之关系,遂大白于天下。然而,按照中东路条约,惟中俄两国人民,方有取得该路股份之权。如此,道胜银行显然不能要求所有权。但在一九一八年,北京政府惟利是图,且富于媚外心理,一切一切,全受外人——特别是日本——的支配。结果,竟有特别条约的缔订。

道胜银行条约

当时的北京是日人与俄人反革命阴谋的中心区域。俄国帝制派,本无所代表,此次遽然召集"道胜银行股东大会",并声称该银行总行,设在巴黎等情。这些股东,包含该银行代表一名,及中东路公司股票执有人七名。股东分子如此构成殊无异承认:凡中东路公司所有股本均存储于在彼得格拉(Petrograd)之道胜银行,而此银行以俄国国立银行,为其分行者。中东路董事九人内有二人,连同中国董事长一人,均曾出席"股东大会"。由此"股东大会"选举中东路新董事会。

法国既如此竭诚维护,北京政府既如此庸弱,道胜银行一转瞬间,即作为中东路公司的主人翁。加之一九二〇年北京政府与该银行订立条约,更认该银行的地位为合法。按该条约的规定:由该银行指派中东路董事五人,中国指派董事四人、董事长一人。此外,该银行付与中国关平银五、〇〇〇、〇〇〇两,连同自通车时起,至一九二〇年止,百分之六的复利。这么一来,北京政府不得不抛弃其模棱两可的态度。

中俄条约新订

中俄条约实行四年,直至北京政府表现充分勇气,与苏维埃政府订立条约,将中东路问题,暂作解决时为止。于是,该路遂变为中俄联合企业,受苏俄的管理,并高董事会,俄董事五人,华董事连同董事长共五人。且规定,该路之将来,须由中俄两国决定,第三者不得参加。

法国和日本，均曾一度设法阻碍中俄亲善者。当一九二四年，中俄条约正在进行之间，法国自以为是中东路惟一股东，故抗议迭出，几成巨轶。但中国是时颇有勇气，对法国此种行为，毫不理会，并根据原始条约的规定，以为佐证。道胜银行，甚至在中俄条约签订后，还向中国外交部抗议，还声称系中东路股东的代表，还否认中俄条约为有效。

一九二四年五月，当中国俄条约在北京缔订时，适法国印度支那总督墨林（Merlin）游历日本，且受日本当局的热烈欢迎。因此，遂起离奇谣传，以为墨氏之游历日本，其真正目的，在于与日缔结特别条约，共同维护两邦特殊利益：日本维护其在北满之特殊利益；法国则维护其中东路之特殊利益。然而，法日究竟有无密约，至今尚未正式宣布，但无论如何，将来终有水落石出的一天。

法国现在要求

后来道胜银行清理账目，宣告停业。继之而起者，为东方汇利银行。因此，过去几个月，就有法国财政界在满洲活动的象征。有此象征，更使人注意法日对于北满缔有秘密协定的谣传。法国著名财政家罗雪尔男爵（Baron Routhschild）曾游历满洲，曾与大连日本新闻记者谈话，而且日本新闻记者，曾引证罗氏之"法国财界亦正打算投资满洲"一语。同时，法国报章亦登载法日共同协议，由法国借债与新"满洲国"的消息，虽此消息曾被正式否认。（未完）

（续昨）中东路之地位

二月前，东方汇利银行代表曼森纳（Massenet）至满洲，与"满洲国"议事。曼氏目下尚在辽宁。当曼氏离开东京以前，《巴黎时报》驻东京记者，甚至作如下的报告："曼氏已遄赴满洲，俾便讨论法国对中东路之利益问题。倘若满洲政府之态度表示满意，则关于借债以维持该路之要求，当有良好结果，并且还可再行商议举债，亦属意中事。"

此外，《孟鸠斯得卫报》，对于曼森纳的活动，也有如下同样的记载："曼氏的主要任务是维护法国对中东路的要求，并商议缔订类似一九二〇年北京政府与道胜银行缔订的条约，以撤销一九二上年关于中东路之中俄条约。"

无论如何，曼氏之在满洲，其目的纯为提出旧道胜银行股东的要求，并企图向中东路有所获取。此种要求——就是中俄的宝贵企业，让与法国银行——颇有承认的可能，因为现在"满洲国"正急于向法国借债，中东路或为此种债务的代价。

日本与俄国

然而真正问题还在于日本与俄国。苏俄是否能允许此种宝贵的企业被人白白夺去，而不加反抗？一九二九年的事业曾表示：俄国对于此种企业，确有所放弃，而且仅坚持应得之一半利益。但是与东省华方军队开战，其性质自然与日人开战不同。

然而，将来局面，或不至于如此（不至于流血）。日人深知俄国军队的力量，绝不为强占中东路，而甘作祸魁，亦不至为法国银行家而出此残忍手段。关于北满问题，我们只能猜想法日的默契，但日本决不为东方汇利银行之故，而向苏俄开战。

无论如何，在满洲诸事之进展，决不取直进的方式。日本或者不至负强占中东路之责。负此责者，或为"满洲国"。"满洲国"本被日本顾问所操纵，将来当能另设诡计的。

即使如此，但强占一层似乎不至实现。就"满洲国"自己武力来说，俄国攫得该路，必无绝大困难。万一"满洲国"有强占该路的企图，俄国或一试其身手，亦未可知。反之，以法国占有权之请求者的见解，决无为该路而酬报俄国的一回事。

妥协是否可能

俄国或日本，无一愿意为中东路而擅启战机。既无战机当为妥协。但何种妥协为可能？日本无疑的渴望该路之管理，若将来自觉实力充足，帝国范围扩大，且欲求永久占据远东俄罗斯，非完全管制满洲，重新编制其权力不可。

但目下日本不必为此路付款。按照条约的规定，惟中国可赎回此路。"满洲国"即为中国，将来或有此声明。在事实上，一九二四年苏维埃政府曾与北京和辽宁方面订有条约。若俄国为该条约的缔约国，则此难关，便可安然渡过。但中东路为俄国与海参崴及人口日增之远东直接交通要道，设中东路落入日人之手，则俄国国防，便发生绝大危险。至于日本，曾拒绝与俄国签订互不侵犯条约。

法国又将如何

此外,尚有一更可能的一点——实是极麻烦的一点。若"满洲国"与法国银行缔结条约,并授后者以中东路的事实上管理权,那么,该路就变为法国的财产。此时,苏俄欲重得该路,势必与法国冲突。否则,法国即不能保护其银行家。法国若诉诸武力,则真的战争,即于此开始。

所以,日法两国的"谅解",非常重要。该两国在一九〇七年所订条约,是互相承认彼此在中国东北与西南的利益,互相担保彼此地位的巩固,和在亚洲领土上的权利。既有此种条约,则就日人观察,对于现在局势,法国必拥护日本在满洲的特别利益和地位。

因上述种种利益和关系,法日缔结条约——不管其条约如何秘密——实属可能。回忆前例,便知此言之非谬。为一九二七年秘密条约,法国曾允在和平会议中拥护日本对山东之要求,而且诚挚的履行其诺言。一九二一年,似乎又有一种密约,内中规定:法国拥护日本在西比利亚的要求(此时法国与英国已有密约,系规定分割俄国者),并予日本以管理中东路的权利。但此项密约,究竟系何密约?我们只能猜度,不能武断。不过我们知道,在已往八年间,由墨林游历日本时起(翌年即有以德川公爵为首领的日本代表团之被派至印度支那的一回事),法日两国代表在巴黎确有不断的秘密谈判。表面上,此种谈判,是解决日货输入印度支那的税率。此外法国军阀,颇表同情于日本军阀。去冬,路透社曾作如下的报告:"白里安受法国参谋部之压迫,或变更态度,亦未可知。……不论白氏对国联同情心如何深切,但他终须实行其政府的意旨。"又关于中国向国联申诉事,摩迩(Gilbert Mvrray)也说过这样的话:"现在,特别在法国,有种恶意的运动。此项运动,关于法国军备事项之极右派,应负传播反国联偏见之责。"

二次世界大战

然而,法日是否能缔结军事协定,此刻尚未分晓。在一九二一年,他们连同别国,曾有一度合作,做过反俄的事,但现在实情,凡关于中东路与满洲政府者,不妨在此作公平的叙述。"满洲国"目下急需款子,但日本财政亦万分拮据,所能帮助于该国者,只在于军事上。至于法国投资家,其所投资,原以有无公平担保为转移,此刻亦有卷入漩涡之势。法国的资本与日本的枪弹和隐谋,或可联合,作成强有力的集团。倘将来真战争爆发,法国必准备协助日本,作殊死战。

但是法国若起冲突,势必牵入其他欧洲国家。当时,难免发生第二次世界大战,国联恐又要派遣调查团了。(译自本月八日《密勒氏报》)(完)

《中央日报》1932年10月22—23日第一张第三版

387. 粤省市党部驳斥调查报告书,认为违反国联盟约精神,收复失地惟有奋起抵抗

(中央社)广州通讯。广东省市党部,以调查团报告书立言矛盾,畏惧强权,因特通电全国痛斥其荒谬,并冀国人及早觉悟,奋起抵抗。其电文如下:

(衔略)溯自暴日入寇东北,边陲失陷,国濒危蹙,薄海震惊。本会目睹艰虞,管见所及,以为时至今日,正义破产,公理失障,非以实力抵抗,无以挽救危局。而国联则柔懦不振,决议不行,坐视日本日益展进其侵掠之范围,未闻依约执行有效之处置,及举国际共见之事实,派员调查,使日本得以乘间完成其制造傀儡承认傀儡之诡计。吾人静候国联解决,一再隐忍,今者国联调查团之报告,业经披露,吾人就报所载择要,觉其所陈,冲突矛盾,自毁立场,解决原则,徒利日寇。事关党国存亡,难安缄默,谨陈所见,希国人留意焉。吾人以为调查团之最大使命,乃在调查满案之责任问题。今报告书既知中国并无进击日军,及危害日侨之企图,日方系抱有精密预备计划,其军事行动,不能视为合法自卫。则衅由彼启,责任分明,调查团应建议国联会,依据盟约第十六条之规定予以制裁,执行历次决议,限令撤兵,恢复九一八以前原状,然后再讨论赔偿中国人民生命财产,及其他一切之损失。遏制日本之野心,保障世界之和平,今报告书置此不论,已属可怪,更不料其所谓适当之权利,及第三方面之利益,召集奇怪之顾问会议,组织特殊制度之政府,由外人教练宪兵,维持治安。关于东三省行政长官之任命,税收之分配,治安之维持,须由外人主持监督。而此政府由行政机关以至中央银行,更须聘相当之顾问,以日人占重要之比例。旁及日人之住居权、租地权、领事裁判权,东北经济实业之开发,日本可以自由参加,更须担认禁止国联抵制日货运动。吾人阅览之余,直觉比日本所提出之廿一条件,有过之而无不及。似此而谓可以符合国联盟约、九国公约、非

战公约,岂非矛盾之极耶? 夫报告书开宗明义,既承认东三省完全为中国领土,满洲傀儡组织之成立,及现在之政权,不能认为真正及自然之独立运动所产生,则可知领土主权之所在。举凡政治上、经济上之支配措施,唯中国政府始有权力决定之,万无受国际缚束之余地。而当地人民之所坚决要求者,乃在日本军队之撤退,傀儡组织之取消。既无自治政府之企图,更无独立之倡议,则所为广泛范围之自治政府,谁起而自治之,毋宁迳称为国际共管,日本代管之愈也。即退一万步而论,所谓顾问代表之产生,亦殊滑稽。盖东三省为中国领土,中国代表已可代表当地人民,若更选举代表二人与中国代表共议,则不特承认东三省具有国家主体,并且承认其有双重之国际人格,在公法上宁有是理也。至于担任制止人民抵抗日货,则人民卖买自由,实为各国通例,中国政府万难负担此项责任。关于报告书误解总理遗教之部分,已经胡汉民先生纠正。总之,综览此报告书,冲突矛盾,不一而足。

上陈仅其荦荦大者,忖其用意,明知满案起于日本帝国主义者之蓄谋侵略,衅由彼启,世界洞悉,不能为讳。而于日本暴力,只得以空言慰解中国,使东三省仍保少许之宗主权,暗则改变傀儡组织之形式,俾得存在,并使目前操纵中国东北政权之日本顾问,维持其地位,以实利赠送日本,希望日本不为已甚,借以支持国联之生命耳。虽此为调查团所建议,尚有待于国联会之决定,然深恐调查团实已受国联之暗示,故翼国联之拒纳建议,伸张正义,乃是痴人妄想。处此危急存亡、千钧一发,吾人若非痛涤倚赖求怜之谬见,继续总理大无畏之精神,立大决心奋起抵抗,讨伐叛逆,恢复失地,无以维持中国领土之完整,主权之独立。祸迫眉睫,痛哭陈词,惟我国人共起图之。中国国民党广东省党部、广州市党部寒(十四)叩印。

《中央日报》1932年10月22日第二张第二版

388. 王正廷谈远东问题,英美法关系最切应加注意,李顿报告应注意九十两章

【中央社上海廿二日电】 王正廷语记者,国际最近情势,与远东关系最深切者,厥惟英美法三国。英一切权力,悉操诸保守党。该党对远东问题态度,

世所尽知。但自由党势力,亦不可侮。故英国态度,至堪注意。美对远东,素极关切,现因忙于选举,未再作鲜明表示。美现正拉拢法国,美法能否一致对付远东问题,大可注意。义虽关系较浅,其态度亦不可忽视。至我国与俄复交,计亦良得,且可免日俄互相利用之虞云。王正廷对李顿报告书意见,谓当注意九十两章之结论。调查团所拟之解决办法,日决不肯接受,我当局亦以该报告书中与我国主权有冲突之点,应加以严重注意云。

《中央日报》1932年10月23日第一张第二版

389. 对中日问题,法报一改已往态度,认中国乃在改进中之统一国家,严斥日侵略东北欧洲将受影响

【中央社上海二十三日电】【巴黎养(二十二日)电】 法国报纸对于中日问题,现一改其已往态度。当沪战时,法国著名女记者安朱里曾每日在《小巴黎人报》发表意见,谓日政府已不能应付袒护军人之暗杀团,除非国联强迫日本,尊重非战公约及缩减军备计划。仅要求别国不增加军队,实为无用。现赫里欧所领导之急进共和党机关报,曾发表研究中国真象[相]之极长论文,谓目下中国是统一及在改进中之国家,并说明日人垂占满洲及攻击上海之原因。日人虽善用金钱收买报纸,谓中国土匪遍地,日本乃为远东之模范文明国家,但吾不相信日人侵占满洲,即为完结中日问题,侵占满洲不过中日冲突之开端,将来欧洲亦要受此冲突之影响,此为吾人发表国真象[相]之原因云。

《中央日报》1932年10月23日第一张第二版

390. 日外侨异想天开,竟认东北为买卖商品,由日向国联提议买收,亚泥斯等何侮我太甚

【本社二十二日上海专电】【养(廿二日)东京电】 大阪神户外侨商业会议所长亚泥斯与惹姆士两人,曾在沪发表一中日问题解决办法,马(廿一日)将

该案电致各国政府,以资参考。其内容要旨如下:(一)日政府提议国联买收"满洲国",而由国联说伏中国政府接收日本此项提议。(二)如中日两国政府同意此项卖买之直接交涉,则停止李顿报告书为中心之一切行动。(三)国联慎重考虑日本在满立场及其特种权益,决定中日两方可能同意之价格。(四)国联决定日本在满洲财政上之利益、投资及其他各种资产之价格,而由买收价格中扣除此数。(五)日政府于一定期间内(譬如廿五年),对中国政府按年付款。(六)列国以如次条件借用买收资金:(甲)各国陆军势力一律缩小百分之二十五。(乙)日政府实行门户开放、机会均等主义。(丙)满洲关税收入中,以其一部分付外债。(七)日政府与中国政府协力弹压"满洲国"内共产主义之传播与匪贼行为。(八)在东京或其他适当地,即时召开国际会议,商议买收满洲之预备交涉。

《中央日报》1932年10月23日第一张第二版

391. 西南对报告书将发二次通电

【本社二二十二日上海专电】 港电。西南对报告书二次通电正起稿,俟敬(二十四日)中委联席会修正发表。港《公论报》载列强共同干涉华政治五年计划,被令停版两月。

《中央日报》1932年10月23日第一张第三版

392. 台维斯对松平表示,对中日问题主静观,美步调将与各大国一致

【本社二十二日上海专电】【电通养(二十二日)东京电】 美政府于原则上维持李顿报告书,而对理事会当不为能力的行动。二十日伦敦会议时,松平氏与台维斯两氏之会议,台氏对松平氏谓满洲问题,在国联似不能急速解决,依余私见,则时日经过后,问题当可自然解决云。似维持欧洲之静观论,而此意见,非只台氏一人之意见,似为欧美大使之定见也。故美国政府于国联,其

步调将与各大国一致。又台维斯氏若罗斯福当选大总统,则将被举为修补国务卿,故其意见相当有力。

《中央日报》1932年10月23日第一张第三版

393. 市执委会议决请中央提修正报告书意见,驳斥东北自治顾问会议二点,确定国防计划期限积极实行

南京特别市党部执委会,昨(二十二日)下午一时,开第一百零六次会议,出席委员黄仲翔、周伯敏、楼桐孙、赖琏、朱芸生,主席黄仲翔。兹探录其重要事项如后:

(一)呈请中央令饬外交当局,对于报告书各章,分别提出修正意见,于东北自治及顾问会议二点,尤应严加驳斥。

(二)第十区执委会,呈请转呈中央,速定临时及长期国防计划,确定期限,积极实行案,转呈中央。

(三)第十区执委会,呈为报载江苏鸦片公卖,应请中央严禁止,并将人依禁烟法严惩案,转呈中央。

新执委开首次谈话会

又南京特别市党部第四届执行委员,昨(二十二日)晨九时,开第一次谈话会,出席委员周伯敏、谷正鼎、彭赞汤、袁野秋、张元良、方治、雷震,列席委员陈独真、罗素约、刘恺钟,主席周伯敏。首由主席报告关于本市党部过去经费状况,次各委员对于扩充党务费活动费等有所讨论,最后推周伯敏、张元良两委员办理接收事宜,并定本月二十五日(星期二)上午九时,正式开第一次会议云。

《中央日报》1932年10月23日第二张第三版

394. 侨胞声讨胡适，见强权则崇拜弃公理如弁髦

（中央社）海外华侨刘成燦等，昨日通电声讨胡适拥护国联调查团之建议，电文如下：

各报馆、各机关、各团体暨海内外同胞公鉴：昨读胡适拥护调查团建议，设立东省自治政府，解除东省中国武装之邪说，令人发指（此项邪说，经由郑螺生、方之桢、林有壬诸同志驳斥，载在各报）。查胡适为一极端"为我"主义者，其心目中无所谓民族主义，无所谓国家，其视东三省主权之丧失，不若其视薪水折减之重要，见强权则崇拜，弃公理如弁髦。故时而捧陈逆炯明，称叛逆为革命；时而拥护废帝溥仪，颂竖子为圣明；时而事段祺瑞，俯首帖耳，于伪善后会议中，以领每月若干之豢养费。泊乎北伐告成，变为颂扬总理，以示皈依，而图柄政。及见所求不遂，忽而非难本党，以欺民众，而盗虚名。迹其一生行为，实属学界蟊贼。此次卖国主张，尤有附逆嫌疑。愿为爱国同胞，一致驱此败类。华侨刘成燦、黄绩熙、马立三、林泽臣同叩。养（二十二日）

《中央日报》1932年10月23日第二张第三版

395. 日本外相发布外交方针，以退出国联为要挟，主张远东事由远东自理，援助伪组织促列国承认

【本社二十三日上海专电】 东京电，日内田外相发表外交根本方针：（一）不变更以国际协调精神进行，排斥消极主义，努力于积极解释列国猜疑与误解。然遇不合理态度时，或将脱出国联。（二）期确定远东事由远东自理之原则，对列国栽植此种信念。（三）援助"满洲国"发展，促成列国承认。（四）期待中国建立强固中央政府，因此乃不啻与关系列国为国际的援助。

斋藤之谬论

【本社二十三日上海专电】 东京电，日本首相斋藤谈：（一）国联对策，不

在多言，除披沥诚意，使国联理解日本态度外，别无对策。报告书固有谅解日本态度处，但认识不足之纪述过多。中国为无秩序无统一国家，调查团于此程度内，似已认识。至所谓中日直接交涉，非俟中国之真统一，国内秩序足以维持，但到底无望。（二）日俄间如有风云，彼此不利，故两国互相理解，乃为必要，余意日俄不互侵条约，实为有订立必要。

【中央社东京二十三日路透电】 日首相斋藤谈：（一）列强苟切实认定满洲经济之发展，及治安之维持，必须日本援助，则满洲问题自可解决。（二）日俄缔结非侵略条约，倘对于两国利益确实有利，日本当不疑虑。关于此事，政府正在审慎研究云。

【中央社上海二十四日电】 日联社叶山漾（二十三日）电，斋藤首相，于养（二十二日）下午三时半偕夫人，由东京来叶山别庄。首相在车中谈时局问题，谓日本对国联之政策，除披沥诚意，使各国谅解日本立场之外，无别对策。李顿报告书，如万宝山事件之记述，不听当事朝鲜人之说明，而采用华方之言，日本非说明此等认识不足之事，而使列国明白日本态度之公正，及其自治的处置不可。调查团似认中国无秩序无统一之国，对于如此中国，实行直接交涉，实不可能之事也。如中国实现统一，则无论何时可以实行中日直接交涉。总之，此系时期之问题。如在国联方面，能谅解非有日本之援助，不能维持满洲治安，或满蒙成为安乐之土，则无问题。日俄之间，为避免发生问题，订立不侵犯条约，是一良好方法，故此问题，当加研究。时局匡救事业，已在全国各地，一律实行，但因地方当局，不惯土木事业，未能顺利进行，余信明年成绩必有进步云云。

英报之抨击

【中央社伦敦二十三日路透电】 观察报社评，称日本前曾以脱离国联为要挟，日代表团兹以起程赴欧，此种恫吓，当不实行。吾人认此为数月以来最好之消息，盖放弃傲慢态度，乃调解成功之要素也。松冈虽曾声言，不能接受李顿建议之第十项，但国际外交，岂若是幼稚，因为松冈之声明，惊惶失措耶？吾人对于日内瓦即将开始之谈判，觉有希望云。

《中央日报》1932年10月24日第一张第二版

396. 日本之陆军

记者

"军备是民族精神的表现",听过日本军人演说的,大概都知道这句话。日本既以军备代表民族精神,那么,他的民族精神究竟是怎样,当然可由其军备状况窥得,现在记者且把日本陆军的情形来介绍一下。

(一)统帅权与编制权

日本陆海军的统帅权,根据宪法,归于天皇。日本宪法第十一条明白规定"天皇统帅陆海军",这无非指天皇为陆海军大元帅而言。所谓军令权者,就是指此。至编制权,也是附于统帅权的。日宪法第十二条规定:"天皇陆海军之编制及常备兵额。"所谓编制大权者,关于军队之编制,管辖区域之决定,兵器之整顿,军队之教育等一切事项,差不多都包括在内。居国务大臣地位的陆海军大臣,只负辅弼之责而已。根据日本内阁官制第七条:"事之属于军仅宜上奏者,除依旨下付内阁以外,得由陆海军大臣报告于内阁总理大臣。"关于军机或军令,陆海军大臣不经内阁总理大臣,可以直奏天皇,普通谓之"帷幄上奏"。帷幄上奏,由其本来性质而言,纯然属于军令之范围,故其有帷幄上奏之权能者,亦唯以限于军命机关之参谋总长,及海军军令部长为正则,然以实际之习惯,陆军大臣及海军大臣亦自认具有此项权能。

(二)参谋本部之性质

日本统帅陆军之中央机关,为参谋本部,长官为参谋总长;统帅海军之中央机关为军令部,长官为军令长官。参谋本部条例说:"参谋总长,直隶天皇,参划帷幄之军务,掌国防及用兵之计划,统辖参谋本部。"海军军令部条例说:"海军军令部长直隶天皇,参帷幄之机务,统理海军军令部之部务。"所谓帷幄,是指天皇在陆海军大元帅之地位而言。所谓参划帷幄之军务或机务者,是指在辅弼天皇统帅大权之责任而言。反之,陆军大臣及海军大臣,不以军令机关为本来之职务,以国务大臣之一员在国务上负辅弼大权在任。这是日本宪法上特别的地方,也就是日本军人所以跋扈的原因。参谋本部的任务,在平时是调查内外之军事地理资源、运输、交通及拟定关于国防用兵之计划，战时则与海军军令部共负用兵作战之重任。

(三) 元帅府与军事参议院

参谋总长、陆军大臣、教育总监，虽则是日本陆军最高统辖者，与日本军队之指导者，可是在此三者之上，还有一个军事上之最高顾问机关叫做元帅府。列于元帅府的陆海军大将，特赐元帅之称号，由天皇特赐元帅佩刀及元帅徽章为军人之最高名誉。元帅得奉天皇之旨，以最高权威行陆海军之检阅。现在日本的元帅府以陆军大将奥保巩、载仁亲王、上原勇作，海军大将井上良馨、东乡平八郎五人组织之。

军事参议院以元帅、陆军大臣、海军大臣、参谋总长、海军部长以及其他特任军事参议官之陆军海军将官组织之，在天皇之下，应重军务之咨询。但必须待天皇之咨询，然后开会讨论敷陈意见，其议长以参议官中任期最久者充之。议长得因紧急之事件，不经院议，直应咨询。所咨询于军事参议院之最重要事项，率为陆海两军相关系之事项，得以陆军或海军之单方参议官开会决定之。

(四) 陆军教育之系统

日本的军事教育之中央统辖机关，叫作教育总监曾。这教育总监部也是独立的，直隶天皇，管理全国之军事教育，除却参谋教育之陆军大学、海军大学以及过渡时期的航空教育之外，都归教育总监部管理。里面分作本部、骑兵监部、炮兵监部、工兵监部、辎重兵监部，分掌各科之专门教育。属于总监部的学校有十二种，所有陆军幼年学校、陆军士官学校、陆军炮工学校、陆军骑兵学校、陆军重炮兵学校、陆军工兵学校、陆军户山学校、陆军通信学校、陆军自动车学校，都归教育总监部管理。此外还有陆军飞行学校、陆军工科学校、陆军经理学校、陆军军医学校、陆军兽医学校、宪兵习练所等几个特殊学校，也是属于教育总监部管理的。其中最足使我们注意的，就是陆军士官学校，所有日本的将校，没有不出自这个陆军士官学校，所以日本一旦作战，在军事指挥上很容易得到统一的便宜。

(五) 陆军省之组织

日本陆军军政和中央统辖机关，叫作陆军省，长官叫作陆军大臣，以国务

大臣的地位占内阁阁员的一份子,关于军政事务是对天皇直接负责的。陆军省的组织,在大臣之下分别如左:

一、大臣官房,掌管机密事项及文书纪录、庶务等事项。

二、人事局,下分补任课、恩赏课。

三、军务局,下分兵务课、征募课、防备谭、马政课。

四、整备局,下动员课、统制课。

五、兵器局,下分枪炮课、器材课。

六、经理局,下分主计课、监查课、衣粮课、建筑课。

七、医务局,下分卫生课、医事课。

八、法务局,掌军法事项。

陆军省以外的机关,如陆军航空本部、陆军技术本部、陆军科学研究所、陆军技术会所、陆军造兵厂、干住制械所、军马兵器厂、陆军卫生材料厂、陆军被服厂、陆军粮秣厂、筑城部、陆军运输部等也都归陆军省管辖。日本陆军省规模之大,可想而知。(未完)

(续昨)(六) 陆军之编制及国防布置

关于日本陆军之统帅机关、军政机关、教育机关、特务机关的大略,已在上面说过,现在且把军队的编制,及国防的布置来介绍一下。日本的军队,可以分作九种,他的名称如左:

(一) 朝鲜军司令部。

(二) 台湾军司令部。

(三) 关东军司令部。

(四) 师团。

(五) 台湾守备队。

(六) 独立守备队。

(七) 台湾及满洲之重炮兵大队。

(八) 宪兵队。

(九) 支那驻屯兵。

师团是日本军事战略单位,不论平时战时,都是军队编制的中心。师团长直隶天皇,统率部下诸部队,隶属于师团长的部队军如左:

一、师团司令部:下分参谋部、副官部、兵器部、经理部、军医部、兽医部、法务部。

二、步兵旅团二（荐一部分有战车队）。

三、骑兵联队一。

四、野炮兵联队一（其一部有独立山炮兵联队、骑炮兵大队、野战重炮兵旅团、重炮兵联队、高射炮联队之一队或数队）。

五、工兵大队一。

六、辎重大队一。

七、一部分之师团有飞行联队、气球队。

隶于师团长之机关如左：

一、要塞司令部（仅一部分之师团有之）。

二、联队区司令部（关于征兵召集以及在乡军人之事务皆由联队司令部掌管）。

三、卫戍病院。

四、陆军监狱。

平时一师团之人数在万人左右，一到战时，则增加到一倍或一倍以上。至于各师团之布置如左：

师团之名称	师团司令部之地点	管辖区域
近卫	东京	拱卫京畿
第一	东京	东京府、琦玉县、山黎县、神奈川县
第二	仙台	宫城县、福岛县、新潟县
第三	名古屋	爱和县、岐阜县、静冈县
第四	大阪	大阪府、兵库县、和歌山县
第五	广岛	广岛县、岛根县、山口县
第六	熊本	熊本县、大分县、宫崎县、鹿儿县、冲绳县
第七	旭川	北海道厅桦太
第八	弘前	青森县、岩手县、秋田县、山形县
第九	金泽	石川县、富山县、岐阜县之一部、福井县、滋贺县
第十	姬路	兵库县之一部、鸟岛取县、冈山县、岛根县之一部
第十一	善通寺	香川县、爱媛县、德岛县、商知县
第十二	久留米	福冈县、山口县之一部、长崎县、佐贺县、大分县之一部

第十四	宇都宫	茨城县、栃木县、郡马县、长野县
第十六	京都	京都府、滋贺县之一部、三重县、奈良县
第十九	罗南	其部队曾驻罗南、咸兴、会宁
第二十	龙山	其部队分驻平壤、龙山、大邱、大田、马山

日本之要塞，共有十七个，在本国者十二，在朝鲜者二，在台湾者二，在我国租借地者一，各置司令官，属各师团管辖，其名称如左：

要塞名称	所属师团	司令部所在地
东京湾	第一	横须贺市
文岛	第一	东市府小笠尔父岛大村
由良	第四	兵库县津名郡由良町
奈美大岛	第六	库鹿儿岛县大岛郡东方村
丰豫	第六	大分县北海部郡佐贺关町
津轻	第七	函馆市
下塞	第十二	下关市
对马	第十二	长崎县下县郡鸡知村
佐世保	第十二	佐世保市
长崎	第十二	长崎市
台岐	第十二	长崎县台岐郡武生水町
舞鹤	第十六	京都府加佐郡余内村
镇海湾	朝鲜军	庆尚南道昌原郡镇海面
永具湾	朝鲜军	咸庆南道九山府
基隆	台湾军	基隆市
澎湖岛	台湾军	澎湖岛马公街
旅顺	关东军	旅顺市

朝鲜军司令部与台湾军司令部的编制，与师团司令部相似。本来日本在朝鲜的军队，仅十九、第二十两师团，但自东北事变以后，据日本人报告已增到四师团，实际或不止此数。日本陆军平素以朝鲜为第一防线，在去年九一八以前，已指定平壤为陆军军事中心，种种布置，自非他处可比。台湾军司令部在澎湖群岛，担任台湾之防卫。台湾守备队，由步兵两团、山炮兵一营组织而成，可以说是一个混成旅，是日本在热带地方的唯一战斗部队。关东军司令部，是日本在满洲军队的中枢机关，司令官直隶天皇，在关东洲及南满洲的日本军队

皆由他统率,九一八事件的罪魁就是这关东军。独立守备队,由步兵六营组织所成,归关东军司令部统率,服务于铁道之守备,居关东军之一线。(未完)

(续昨)日本现在的陆军常备兵力,经过大正十一年(一九二二年)及十四年的两次大整理之结果,由二十一师团减至十七师团,军官与士兵的人数,共计十九万八千八百名,总兵力约二十三万人。兹将其兵的种类及队数,表列如左:

兵种	团数或营数	连数	兵种	团数或营数	连数
步兵	七〇团	七〇六	铁道兵	二团	一六
骑兵	二五团	七〇	电信兵	二团	一五
野炮兵	一五团	九〇	航空兵	八团	二六
山炮兵	四团一营	二二	气球兵	一营	二
骑炮兵	一营	二	辎重兵	一五营	三〇
野战重炮兵	八团	四四	战斗车队兵	七队	七
重炮兵	三团八独立营	三四	高射炮队	一团	四
工兵	一七营	四八			

(七)帝国在乡军人会

日本的常备兵,虽仅二十万人左右,可是预备兵的数目,达两百万人。在乡军人会的会员,是由预备的以及退伍的将校准士官兵士等组织所成,创设于明治四十三年(一九一〇年)十一月三日,以体奉圣旨,锻炼军人精神,增进军事能力为宗旨。

(一)事业。在乡军人会为达到所定之目的,举行左列之事业,但其他事业之适合于该会之目的者,亦得行之。

(子)勅谕、勅语、诏书之奉读式或四方拜。纪念节、天长节、明治节以及宫中有关系之礼式,当日举行遥拜仪式。

(丑)锻炼军人精神,研究军事学术。

(寅)在该会创立纪念日,举行纪念礼式。

(卯)记念过去之战役,帮助战役死亡者及因公务而死者之祭典,优待遗族及伤兵或病兵。

(辰)使会员整顿应召时之准备,及帮助召集之事务,在征兵检查及点阅之时,负指导之责。

（巳）对现役兵补充兵之入营者或补充兵未入营者施行军事教育，且欢迎入营者与欢送退伍者。

（午）帮助青年训练所，协力于青年团员及少年团员之指导。

（未）努力风教改善，帮助社会公益事业，维持公安援助非常时期之救护事业。

（申）谋会员之和睦，助成社会之协调，并讲究会员相互扶助之道。

（酉）应会员及其家族并现役者家役之必要，而扶助之，参与会员及现役者之葬仪并慰借其遗族。

（戌）为修养精神，增进智识，连络会员起见，得举行演讲，并履行杂志。

（二组织）

（子）推戴皇族为会总裁，置会长为会中最高之顾问，受陆军大臣之监督。设事务所于东京，称为本部。会本部以联合支部、支部及联合分会、分会组之。

（丑）联合支部以各师管辖区域内之支部组织之，以师团司令部少将副师长为联合支部长。

（寅）支部以各联队区域内之联合分会，或分会组织之。

（卯）联合分会以各郡或相当区域内之分会组织之，以联合分会评议会所推荐之正会员为联合会会长。

（辰）分会以市町村及相当区域内之会员组织之，以分会评议会所推荐之正会员为分会会长。

（巳）置审议会为本会之最高咨询机关，置评议会为本会联合支部、支部联合分会，分会为决议机关，置理事会为执行机关。

在乡军人会，虽以不干预政治为标榜，但实际上在政治方面很占势力。日本军人干涉政治的时候，动即以在乡军人为背景，像去年九一八事件发生的前后，在乡军人会大肆活动，而且活动的成绩，非常可观。因为日本无论那个偏僻的村落，在乡军人会的分会总是有的，所以他的势力非常普遍，活动力量也非常可怕。日本陆军军人的势力，所以远驾海军军人势力之上者，这在乡军人会是很有关系的。同时在日本即不是军人，凡有功于军事，或具其他相当条件者，亦可推举为名誉会员，或特别会员。简单的来说一句，日本全国国民，皆可以把他拉来作在乡军人会的会员，他的未来活动，很值得我们的注意。（完）

《中央日报》1932年10月24—26日第一张第三版

397. 日采取积极政策，对国联将先发制人，希望国联不采切实际行动，对我民众抵货认为宣战，英报论日本前途：或为公平之解决 或为全世界公敌

【中央社东京二十四日路透电】 国联大会开会时日本谅将采取较为积极政策，以收先发制人之效。在日内瓦方面，日方将侧重日本行动之事实上根据，而不重叙严格法理之理论。松冈洋右之英语辩论，素称流利，届时与中国代表，必有一番剧烈舌战。日本政府对于松冈甚为倚重，希望松氏于公开辩论时，鼓其如簧之舌，激动大会之各国代表。据记者探寻所得，松冈将竭力声述中国之乱态，力持解决中国事件之基本条件，乃先组织有力之中国中央政府。且为援助国联、打破目前僵局起见，松冈将声述自李顿报告书起草完毕后，满洲之经济财政以及行政种种之进步，故将主张国联目前不应采取任何切实行动，只须注意满州之发展。至于李顿提议之中外合作，松冈将表示赞同，且将声明日本准备参加。松冈携欧之日政府声明书，内容痛诋中国之抵货运动，及中国之混乱，认此为满洲事件之基本原因。该声明书将请国联之抵货运动与宣战，同为非法举动云。

（中央社）国联行政院会议已定十一月十四日举行调查研究团报告书，以谋中日问题之适当解决，殆为此次会议唯一之重要工作。闻日方对此次会议，仍抱定其倔强横蛮之态度，将极力阻止国联会议，以调查团报告书为讨论中日问题之根据。如不能实现此项计划，将极力诋毁李顿报告书，称为不公，而要求国联另派调查团，以遂其延宕之阴谋云。

【中央社伦敦廿四日路透电】 松冈社[①]日内瓦消息，此间报界及政界，均较注意，尤其注意松冈离日本时所发表之宣言，反对调查团回复东三省主权与中国之建议。但各界对其意见，并不认为重要。新闻纪录报谓吾人并不重视松冈此时之言论，但极注意其抵日内瓦后之意见。该报觉对调查团报告书研究时间愈久，愈觉其眼光之远大，且日本去年在日内瓦所争者，报告书中均予以接受。日本之前途，或为公平之解决，或为全世界之公敌，即日本军人亦应

[①] 编者按：原文如此。

准许松冈以相当和平办法解决一久悬难了之案。

《中央日报》1932年10月25日第一张第三版

398. 我方对报告书意见，明中政会议可通过

（中央社）我方对国联调查团报告书，经中政会交外交委员会讨论后，先由各委分别草拟意见，并由罗外长于前次赴汉时，征求蒋委员长之意见。此次各部会长赴沪，送汪出国，又有所商谈。汪院长之意见，已于其告别书中详述无遗。故外委员会已将各方意见完全集中，将提出明（二十六）日之中政会报告，当可顺利通过，即由外交部训令后日内瓦我国代表团云。

《中央日报》1932年10月25日第一张第三版

399. 美人眼光中之中日纠纷真相

G. Warren Heath 原著

幼农

本篇载九月份《现代史料》杂志中，编者附注曾谓此种论调，实为美舆论界希有之主张，颇足一新读者之耳目。则在美人观之，此篇论断之不尽不实，已属实情，例如攻击中国行政之腐败，于指摘商标局收税机关之余，甚至谓厘金之征收，即外货亦不能免。尤其怪诞者，厥惟其对日方，行动之袒护。于上海之暴行，则谓系势所必需；于满洲之吞并，则谓系列强所希望；于国际责日之违背条约，则谓即美国已往之行为亦所难免；于满洲地位之考量，则谓其事实上早已脱中国而独立，满洲之恢复原状，于中国无丝毫价值可言；于各国态度之推测，则谓苟"满洲国"之成立，秩序安全能实现于满洲，则各国必发达，朝野人士必乐从。是其观察点之若何模糊不清，概可推知。以如是态度而犹自称为"亲华者"，抑何颜之太厚。惟其于行间字里，时致希望中国统一之情，谓"苟欲得世界同情，必须先整理自身"，要亦应为国人之所拜嘉也。

关于所谓上海事件，报章发表过许多文章，其中大部分的性质，都是对日

本的指摘。同情之心已发达至极度,几每一美人,均感觉中国乃好战狂之日本军权下无辜受害者。至于上海战役,设中国方面胜利,结果又将如何,则鲜有顾虑及之者。

从许多方面看来,中国应受怜恤,她常为内战所割裂,其人民则恒于自私自利政治家下过其贫穷悲苦之生涯。但我们不要太容易相信,以为中国之受其邻邦的压迫是值得列国道德的赞助。中国人并不如人们所想像,是毫无罪愆的。我们要知道中国多年来,常能以巧计获得国际同情,而尤以美国为最。中国的政治家,一度曾用此法而得手,今则再三重弹老调,使人厌倦。

即使我们对日本在上海所取极端手段,不加赞同,而于其攻击闸北,认为太甚,但日本之为此举,乃所必需,则吾人大可承认。虽然历史上中国人,乃以诚实和平公正著称,但今日之中国人,已非昔日一语千金之中国人可比。余今所欲提出者,仅中国法庭对外人之待遇。南京商标局之腐化行为,多数中国官吏之不可容忍的敌视态度,对于外国人商人所加之小小麻烦,中国各方排外空气之流行,及撤消领判权运动之过度鼓励是。

为了解上述事件,及其与中国领袖因要求不遂而生之怨望的关系起见,吾人应当认识,中国方在试行近代化事业。近数年来,南京方面曾努力循西方规范,重造中国,期中国主权得全部恢复。

中国领袖所怀疑莫释者厥维西方人对彼等之努力为何抱持怀疑态度。他们始终不解,为何他们所称"旧制度已由新者代兴"一句话,竟会成为疑虑与保留集中之点。实则理由至为简单。根据以往的经验,外国人知道中国所谓的新制度,不过是换汤不换药的旧制度之驴蒙虎皮。而且在现行状态下,无论其法律规定如何良好,决不能在全国施行。故仅仅笔尖上之改革,殊不能弥补新旧两者间之鸿沟。在努力使中国成为近代国家之进程中,中国领袖对于下举事实,太过忽视,即仅仅文字上之颁布,不能使法律发生作用,而无必备之施行机关与高度训练人员,则法律之实行,亦不可能。当吾人发现南京政府之统治权,不过限于中国三数省分,全国交通之利便,极形缺乏,统一之语言无有,内战常在酝酿,共匪之祸日兴,则仅仅现丰之法律条文,自不能证明中国领袖宣称中国业已巩固为事实。

一个最好例证,即废除厘金——一种对各华卖价收税的捐税,始于太平天国之乱,原系暂时计划,以济地税之不足,而充军需者。此制之兴,原定为暂时办法,而对外人货物并不征收。但厘金现尚未废除而外货亦未邀免,结果各省长官,竟以此为营利之源。事实上各进口货,既须输入中国内地,于是过一道关口,即受一度剥削。经此等之榨取,一种货物,到达其目的地以前,所缴出者常达其原费之数倍。为便利货物通行起见,南京政府提出关税自主,以为废除厘金之条件,即以由增高关税而得之余羡,津贴各省因裁厘而受之损失。

后来中国已获得关税自主,而法律也颁布了。但除此以外,什么事也没有实现。各省长官,继续征收厘金及其他新增地方租税。南京政府也收盗匪们对于通过其盘据区域的货物,也收取税捐,以为安然通过之保证。假使南京政府,有能力促法律实行,对于中外人士,委实是一件恩赐。商人们的不幸,法律竟不能实施。

在过去二年以内,还有一个处理一应医药用具输入出卖的法律公布。该法之意旨,在对一应上述用具,作有效之管理。因规定制造人必以各种出品之样式,送交卫生署分析,并附缴手续费若干。设一种出品,业经核可,则一允许出售之特许状,即将颁给,对于此类法律,当然无所谓反对。但不幸南京政府对此不能公平施行。此法之实施,结果不仅将启非法敛钱之路,而且使种种不公平不合理之势力,渗入其间。各大中外商家,深鉴此等事实之严重,因屡次提出反对,结果此法之施行,遂无定期延搁。

如上所述,南京之商标局,非常腐败,下举例证,屡见不鲜。即对于中国出品商标之注册,虽属假冒影射,亦与承认,而对以前业经给予外国商人之注册权,则往往与以取销[消],以偏袒参加竞争之中国商人。

日本商店常以不名誉之方法,将下等货物,装饰如著名西洋高贵货品,欺瞒顾客,以图渔利。关于此点,吾人早有叙评,但中国商人亦正采取此同样试验,且或变本加厉。因为由经验昭示,他们知道像这样做,是决不致受到惩罚的。差不多所有外国出品,售卖之时,均有假冒影射者出现。有的是包扎装饰上相同,有的是商标无异,而且此等卑鄙的侵害行为,还不限于不负责任的小商家。

比方在最近期间,余曾至中国经理一著名美国产品,该产品在南京商标局亦早经注册有案,但仅在上海一埠,余已发现此项商标聪敏的影射至三十二种之多。犯此项罪者,其中有一家,即是中国某著名百货商店。余因尽力使其改变式样,避免侵害之嫌,惟殊无成效。凡可以和平处理此事而同时又不致损及该百货商店营业之方法,均经援用,结果吾乃以将此事移请法院相恫吓,而该店某职员竟讥笑吾曰:"汝外人以为可使中国裁判官信汝之言,而使中国著名

大商店败诉乎？"（未完）

　　专就领事裁判权而论，中国之力求取消，日甚一日。对于中国最后之应取消是项特权，吾人无可否认。但是照其目前状况而论，领事裁判权撤消之于外人，无异自杀，是不仅就商业立足点而言，即彼辈之生命安全，亦如是也。前此有多种例证，表示英美政府均准备放弃其在中国之领判权。设此两国对中国要求一旦接受，则日本自亦不得不接受。由她在上海的行为，日本已使全世界的目的，注意该地。她屡次阻止我们允许中国的要求，而且使全世界各国注意下列的事实：领事裁判权的撤销［消］，会使上海一任匪党纵横——身着制服，礼貌上可呼之为军人，而内心中时思劫掠，此饶富城镇之匪徒。

　　常常有人说，日本的行为，是受领土野心所鼓动。假使对日本可以这样说，那吗［么］，对其他各国也可以如此说，日本仅仅追随其导师的步武罢了。大不列颠同法国，在他们各自的历史上，均曾采行过同一的政策。最近数年，美国干涉尼加拉瓜Nicaragua及巴拿马Panama的事件，在吾人心中，印象尚印。无论我们认中日事件，是否与上相类，在日本人眼目中看来，他们是有前例可援的。日本常常声称其在满洲之特别利益范围，此行为正与美国在门罗主义下要求有特别势力相同。专就日本进兵满洲的借口而论，当然日本军部实施行若干诡谲手段。惟对日本全体，余以为不能加以侮蔑。

　　依据条约规定及门户开放主义承认违犯庄严盟约，但我们应当记得北美合众国与其他国家相同，对中国及满洲是特则感觉兴趣，认为其产品之良好销场。为求所有国家均得于自由公平之基础上一致参加起见，以条约规定一切及宣布门户开放政策，为美国着想，自属合理。我们再不要以为上项政策的目标，只在防止中国的征伐。总之，在我们尚静侯时机无所作为之时，对日本确实应该容忍些。无论如何，她是说了又做了，表示她有肃清现行状况的志愿，抑且实际地为我们解决了难问题。

　　当去年在中国时——在中日纠纷尚未发动以前的几个月——我由上海驻守英军情报队队长，得到消息，说满洲就有变乱发生，而日本将以"防卫财产"为口实，进行侵占。因此我们一定要知道，大英政府及我国政府（美），事先已知道日本意欲所为者何事。在那时候既无抗议提出，所以我们狠有理由可以相信，英美政府已默许行将发生的事变，并狠愿意接受因日本行动而能获得的利益。

　　姑置日本进兵的其他理由不论，日本如此行为的主要动机，是对俄国的深切恐怖,这一点却是实在的,两国都久已垂涎满洲。假使俄国得遂所愿,则日本的殖民将受制止,而俄国对中日共产行为之指导,将更有效,而日本的生存,根本将受迫胁。反之,日本先著祖鞭,已设立一缓冲国 Buffer State,其功用不仅可阻止俄国对远东势力之益形发展,并可满足日本本身的领土扩张与殖民。假使满洲之攫得,足以满足日本之欲望,而日本能使满洲的混乱,恢复治安,则我们不妨承认她这宗扩充事实,可以使远东问题无尽的纠纷,告一终止。

在日本进兵以前,满洲确实在一种可疑的奇异状态之下。虽然是中国之一省,但久已徒具空名。这块富饶的区域,具有经商与内部发展之最佳可能性者,多年以来,已为匪党劫持,货币价值,亦异常跌落。实际上满洲成为一个与封建部落无殊的所在,由一个以重税苛捐盘剥人民,至于不能忍受的军人来统治。除了关税,那是这位军人不敢全部攫取者外,满洲之于中国,几无价值可言。在中国人治理之下,改进与实际革新,是毫无希望的。

在中国外侨界中,常常有一种论调,说满洲应加肃清,使其天然财源与外人贸易可以发展。因此日人之占领,将为一良好之事件。假使世界其他各国,均可享受平等特权,关于外国商人在满未来的地位如何,各文意见至为纷歧。有人以为当日本统治满洲时,外人利益的弔钟,开始发响,如高丽以前所曾经历。同时另有一般人,又以为当法律秩序较前完好时,贸易必发展,且必较前更有利。

为了解上海发生的事件起见,我们当回忆一年前高丽排华的暴动,使中国发生抵制日货潮——一个狠[很]危险的潮动。日本人多方受到刺激,乃侵占满洲。在中国,一个排货运动,并不常常表示爱国的主张,也并不是常常经人民竭诚的赞许。这种运动,常足使一般表面佯为赞助,而暗中私进日货的商人发财。总之,中国每一次排货运动,恒使那般以此为专业的人获大利。因为他们一方可以私吞为此捐集的基金,一方可以没蚀发卖封存仇货的款项。

这宗排货,从任何立场看来,都是不对的,并明白反映出中国人不顾外人的财产权。上海各地,常有日货被扣,以武力解送至反日总部。为免除疑忌起见,该部常以扣货之一部销毁,但大部分均经改头换面,另行出卖。有多少商人以营运日货为主,更无虑千万。因此,此其所谓排货者,其所造成之困难,不仅日人痛苦,即华人亦自深被其害。

在一月时,事态愈坏。有许多变故,表示双方均无信用,而日本海军司令乃严词恫吓,要挟非法排货制止。结果,冲突遂生。两造之何方,应负开衅之责，无人知之，双方均称系被人挑衅。也许双方都说谎话，这是可能的。除开了少数接济外，淞沪将士，慷慨应战，竟不能施。结果和约签字，全世界至为中国挥泪悼惜。

假使中日之间已再没有战事，中国的内战，又有发生之可能，虽然南京政府当局，已正式宣称，此后决不用武力解决内部问题。于此，余可以公告世界曰，现存政府，其力不足以统一全国，及实行其独裁。其结果将何如乎？土匪之继续加剧，共产活动之日益狂热，及全国之或将分裂为完全独立省区或自治邦而已。如目前之现象，及数年内情势之推测，单一政府之统治中国，事实上已不可能。深悉中国大势者言，此后之混乱，将因演化为三政府而平息，即华北政府以北平为都，华中政府以南京为都，华南政府以广州为都是也。设此等局势完成，中国或可得一解救。惟照目前现象，一切改变，似仍为巩固政府之方面努力耳。

余仍为一亲华堵，余亟愿中国能巩固并具有 能维持全局扩为华人外人保安全的政府。惟设中国果欲得世界之同情，必须先整理自身，停止混乱，不再以乙制甲，操纵其间，最要者更在中止该国排外的精神。如此，则当其尽力抵拒帝国主义者侵略时，才有值得列国道德协助的价值。

《中央日报》1932年10月25—26日第二张第二版

400. 英对李顿报告意见，在国联未考虑以前不宣布

【中央社伦敦廿五日路透电】 外相西门，昨在下议院宣称在国联未考虑李顿报告以前，政府不宜宣布对于李顿之整个报告，或对于某项提案之意见。保守党议员问英政府已否采取行动，使满洲关税，解与中国政府？西门答称，满洲当局前曾声明承认满洲海关应摊之外债额数，但迄今犹无具体办法，惟满洲当局，曾以某项关款汇至上海云。

《中央日报》1932年10月26日第一张第二版

401. 日所谓驻满大使，日政府将正式任命武藤，谢逆任务完毕启程言旋

【中央社东京廿五日电】 报载日关东司令部，由沈迁长春后，日政府将任武藤为正式之驻满大使，武藤已派要员，由沈返日，与政府详细接洽，并讨论日满商业问题。

【中央社东京廿五日路透电】 日联社消息，谢逆在日任务告完毕，明日首途回满。谢将在西京勾留两日，定十一月一日在神户乘轮回满。

《中央日报》1932年10月26日第一张第二版

402. 希尼论中日问题，将危及世界和平

【哈瓦斯社柏林二十四日电】 国联会满洲调查团团员希尼，今日在德国殖民协会全体大会演讲调查团在远东行动，对于满洲问题解决宣言如下：日本承认满洲为独立国，在李顿调查团报告书缮具后，故欲按调查团指示之意向解决此项问题，绝不可能。盖中国对东三省主权，不愿放弃也。然欲为此问题觅一和平持久解决办法，又非由中日两国根据调查团之建议，以求妥协不可。近代之满洲，由中日两国之合力而成，其大多数居民为中国人，而地方之发展，则深赖日本之投资，及其铁路之组织。由前途言，两国大有合作之必要。希尼又谓中日争执，如不解决，则不惟大有害于世界经济，且将危及远东与世界之和平云。

《中央日报》1932年10月26日第一张第三版

403. 社评：自救

国联调查报告书公布以后，国内的舆论有两种极端的表示：一则以为报告书不公允，应当起而反对，对于他人主张可以接受的言论，也不惜加以攻讦；一则以为报告书虽然不利于中国，但是不应当冒犯国联，而且预料日本必然破坏国联这个计划，中国正可以屈从国联的建议，换得国联的好感，这一派的主张甚至于说反对报告书等于自杀。一年以来，国人受尽了日本的蹂躏与惨害，既无抵抗的决心，复无抵抗的实力，所以日久天长，中国的民气已经由悲愤转为销[消]沉，由销[消]沉趋于冷静，绝不像民十六七北伐成功期间那样的卤莽鼓噪。所以对于报告书颟顸的反对空气殊无足虑，而认为反对报告书就等于自杀的主张，却很值得注意。

假定"自杀"这个比喻是不可违犯逻辑的，又假定反对报告书等于自杀的主张是合理的，那就应当问何等的政策不算自杀，进一步说怎样应付目前的难局，才是自救。失望得很，代表这个比喻的一派主张，非但未曾积极的提出自救的办法，而且将"反对报告书就等于自杀"的理由也没说明白，结果合以常识判断报告书而提出异议，是同样的无意义。他们虽然认为反对报告书就等于自杀，却也觉得报告书是不能满足我们的意，不过他们所以晓得不满意而又不表示反对的唯一理由，就是一个预先假定的大前提，以为"调查团这个办法是实行不了的，日本总要奋勇当前的担负破坏这个计划的责任的，则中国政府不可不取对于报告书相当好意的态度"。记者细绎这个假定的大前提，真是百思不得其解。从表面观察，日本的目的果如她一向的表示，在于取得在华的合法权利，那末报告书的建议已经满她的愿望而有余，因为所谓合法权利仅指经济而言，报告书已替她在东北增加了政治的权利。从书面观察，日本侵吞中国，征服世界的狂妄计划，如果实有其事，则聪明的日本人要实现计划，也绝不会没有一定的步骤，报告书的建议实际上等于把东三省让给她，她正乐得接受好意，作第二步侵略的准备。何苦内受义勇军的狙击，外冒国际的不韪？进一步假定说她要继续着蛮干到底，自然报告书将要归于无效。我们就是屈意接受也没什么利益，至多换得国际间如国人所想像的怜悯。何况以上所说的都是揣测之词，都是假定臆说，而日本究竟要破坏报告书，还是要接受它，必先搜集近世的国际档案作一番周密的研究,然后再看理事会将来决定以后的日本的态度。这个时候的推测都是靠不住的,拿靠不住的推测来决定自己意向的准备,实在太不聪慧,太不合理,这还是脱不掉老庄传授给我们的无为而治的思路,合"半部论语治天下"同样的不适用于二十世纪的中国,把这种听天由命的态度引用到外交上去,结果真要应验民族自杀的比喻。

国人素重感情,不尚理智,于是不知不觉的误认其他民族也是如此,这种错误见解自然影响到对于国家的观念。某甲吃了某乙的大亏,自要某丙出来对某甲排解说,某乙是不对的,社会上都很赞助你(某甲)宽宏大量,自应让某乙一步,某甲自然会心满意足的。假若他国人士遇到此等事件,某甲所要求的是赔偿道歉,某丙如果调停亦必先提出合理的条件,某乙如果真的理曲,自然接受要求,结局彼此谅解,握手言好,其间毫无感情作用。讲到国家的利害,向来以代国家抢土略地的为英雄,翻开欧洲十八世纪以前的历史,海盗封为贵族,贵族就是海盗的纪录,何胜胪举,但他们国内私人间的往还确是维持十足的绅士气。总而言之,国家的事情以利害为前提,赞誉毁谤的顾虑,究属其次。东北事变以后国际舆论确是痛诋日本,而同情中国。但是中日问题如果从此结束,讨便宜的是日本,吃亏的是中国。何况理智发展的民族看得是非利害很重,你如果以屈从迎奉为取得好感的手段,只有换的他们的卑视,玩弄与窃笑。何况以放弃权利为取得同情的代价,他们更认为是愚蠢,是归于淘汰的民族的行为。关于这一点,希望国人切实想一想。

论到报告书应否接受的问题,一味的反对接受,固然觉得暴躁无理,但是整个的接受,更是愚蠢,本报关于这个问题曾已三次著论力陈利害,用不着重为叙述。现在各方等候的报告书的效力问题,一方面取决于对立的中日两国,他方面取决于国联理事会。报告书不是什么金科玉律,调查团诸公在报告书中已透露出可以伸缩办理的余地,中国政府,自有根据本国利害提出要求的权利。至于民意的表示,自非过分偏激,正可引为外交的后盾。如果误以为反对报告书某种有失公允之主张足以开罪于国际社会,反对者并非自杀,而误认为自杀者却是卑怯。要知卑怯时被杀的先声,比较自杀更觉可卑。一个人的心理陷于卑怯之后,极易堕落,一个民族如果卑怯,简直不能继续生存,鼓噪的民气应当革除,卑怯的心理更是万万要不得。

《中央日报》1932年10月27日第一张第二版

404. 我国对报告书意见外部已训令代表团，凡妨害我国主权领土完整者，均分别明白表示不能接受，策应国联外委会全权处理

（中央社）我国对国联调查团报告书之意见，经中政会交外交委员会研讨后，外委会数度会商，对报告书之大体及第九第十两章各要点，均作详细之研究，并征询汪蒋二氏及各方之意见，现已确定，并已有外交部训令日内瓦我国代表团，遵照应付。闻中政会以外交运用，贵在迅捷。外交委员会各委员，多系中政会委员。对付国联大会之方策，应由外委会全权处理。故对报告书之意见，昨（廿六）日中政会未曾讨论，今后亦不再提出讨论。闻外委会今后于必要时，将随时召开会议，共商策应。至外委会所决定之意见，与汪院长告别书中所发表者，及本社二十日所载中央某委员之谈话，大致相同。即对于调查团建议案及建议案所自出之原则，凡有妨害我国主权领土之完整者，均明白表示不能接受。有认为事属内政，应出以自动者，均提出合理之对案，有在无害主权领土范围以内，拟予以原则之接受，但外交之成败，全求诸己。除一面力求外交胜利之途径外，一面仍当积极以谋实力之充实云。

《中央日报》1932年10月27日第一张第二版

405. 松冈经莫斯科时将竭力拉拢苏，所谓不侵条约将作初步谈判，并以通力合作四字欺骗苏俄

【本社二十六日上海专电】 日外交当局宥（二十六日）发表非正式意见。（一）一般不侵犯条约，认为尚无缔结之必要，尤其于第三国际问题，更有研究之余地。（二）日军在北满国境攻击义军时，为防止与俄军发生不幸事件起见，缔结不侵犯协定，当无不可。惟此是日俄两方军事当局间所定之事，而不能当外交交涉。

【中央社东京二十六日路透电】 关于日俄缔结不侵略条约事，传日本政

府,已决于十二月中旬,开始初步谈判。届时加拉罕或将来日,进行会议。闻谈判之目标,包括下列各点:

(一)日本购买中东铁路。(二)解决苏俄及满洲之界线。(三)日本在俄之渔油及森林权。(四)日本供给苏俄器械及其他物货援助苏俄之五年计划。松冈赴欧,经过莫斯科时,将与俄正副外交委员长李继诺夫,及加拉罕举行重要谈话,讨论缔结不侵略条约,及苏俄承认满洲之进行,且将探询苏俄可否派员出席下届国联行政院会议。闻俄国迟疑未敢承认"满洲国",乃因顾虑日满条约,附带妨害苏俄政治经济利益之协定。松冈抵俄后,当竭力打破俄方此种疑问,以日俄亟应通力合作,游说苏俄。

《中央日报》1932年10月27日第一张第三版

406. 对李顿报告日本意见书,经廿八日阁议决定后,即交吉田携往日内瓦

【中央社上海二十六日道】 日讯,日政府对李顿报告书意见书,提(二十八日)阁议决定后,当晚即交吉田携往日内瓦。该书全文,提出国联行政院,同时在日内瓦及东京公表内容。外务省因其全文计有八十四页,将另制简明提要公布。

《中央日报》1932年10月27日第一张第三版

407. 英对中日问题态度,主张依报告书建议直接谈判,提议包含美俄之国际委会

【本社二十七日上海专电】 电通东京电,本月敬(二十四日)发行之华盛顿杂志基督警告、载伦敦特电谓英政府对于李顿报告书,传有如下之意志,已由堀内纽约总领事电达外务省云:(一)英政府无条件维持报告书,而英国于日本在满权益及其特殊地位则承认半载以来声明、对于日本之行动,虽理解其

系非得已,但对其方法则抱不满。(二)英政府认报告书第九章之解决方法系适当,而劝中日主直接交涉。对于直接交涉之困难,则鉴于上海事变当时领事团会议之效果,提议设立包含美俄之国际委员会。惟日外务省对之现未加以批评,惟对于国际委员会,则当然反对也。

《中央日报》1932年10月28日第一张第二版

408. 日本人欺骗欧人,日内瓦日报洞若观火

【哈瓦斯日内瓦二十六日电】《日内瓦日报》发表一文,评论日本,略云日本欺骗欧人,谓日本为反对布尔希维克主义及保障秩序之干城,而日本之作战,在反对受布尔希维克化之中国。日本之取得满洲,乃在预防布尔希维克主义之前进。故欧洲应感谢日本,须知如此云云,全为欺人之谈。中国政府对共产主义并不表同情,由其用兵剿共可以证之。日本在莫斯科派大使,而中国无之。中俄外交关系,断决已数年之久,故南京受苏俄影响之说,实为不确。日本谓其侵略行为,可以消灭中国之共产主义,则全为无稽之谈。且不惟不能消灭共党,反足助桀为虐。盖共产主义之得以蔓延中国者,实由于人心之不安,人心已不安矣,日本又从而侵略之,杌陧之情形,不更加甚乎。且中国政府从事"剿共",已大费周章,而日本又从旁生事,则中政府尚能专意"剿共"乎。凡此皆足证明日本之侵略,不啻援助中国之共产。日本又谓该国虽与苏俄发生关系,然其用心仍在仇视苏俄,此言更不可信云。

《中央日报》1932年10月28日第一张第二版

409. 日外务省对史汀生演讲不满,史谓不认以武力变更之政治结果,讥其言有政治的意味

【中央社上海二十七日电】 日联社东京感(二十七日)电,美国国务院院长史汀生宥(二十六日)在教会评议会演说中日问题,谓美国不认以武力变更之政治的结果。日外务省当局对于此言,抱如次意见:史汀生今次演说,与从

来彼所主张者无异。大总统选举在即,其言中有政治的意味,亦不难推想。各国正在慎重研究自国对于李顿报告之态度时,美国独先表示最后的态度,殊缺妥当。

《中央日报》1932年10月28日第一张第二版

410. 日态度强硬,国联如要求取消对伪国之承认,已训令松冈代表与以反对投票

【本社二十七日上海专电】 华联社东京通讯,日政府十月马(廿一日)开定期阁议决定交与松冈代表训令之内容如下:

(一)于十一月寒(十四日)必开之第六十九次理事会,辅助长冈常任理事,若有必要,亦可代理长冈理事,出席理事会,当日政府意见书说明之任。

(二)至临时总会时,可不必拘泥于向来之弃权方针,且得放弃今春以来所取态度之取态度之规约第十五条适用保留之主张,为今后代表参加于赞否采择之表决。

(三)关于"满洲国"问题,务使缔约国各代表充分认识,不坚拘于从来之技术的方面,不仅止于外交折冲,须立脚于大局的政治的见地为多方面的交涉,关于此等手段及方法,不可误会。

(四)至审议李顿报告书要依照日本意见书之主张,加以反驳以补该报告书之不足,尤其对报告书发表后,于满洲所发生之新事实详细说明,对各国代表要以启蒙的态度临之。

(五)满洲问题之解决,须静观人态之推移,然后下以最后的审判。其先解决问题,宁在使中国本土得完成近代的主权国,对此若肯以联省为中心,予以国际的援助,则日本政府已有欣然协力之用意。

(六)倘欲以无统制之中国国民政府之主权,使还之于"满洲国",则远东之和平,必至送转,故当主张"满洲国"成长要任其民族自决。

(七)然则联盟倘若要求日政府取消"满洲国"之承认时,断然加以反对,自不待言。万一联盟若要议决不承认"满洲国"时,应堂堂予以反对投票。

《中央日报》1932年10月28日第一张第二版

411. 史订生重要演说，美国拒绝承认侵略所得利益

【中央社丕兹堡廿七日路透电】 美国务卿史订生，昨晚演说，称非战公约，倘有被破坏之危险时，各缔约国，理应互商联合世界舆论，对付未来之危险。余深信保持世界和平，应有美国之合作。美国拒绝承认凡借侵略所获之任何利益。此种态度已使条约之神圣，更为牢固，诚堪视为国际非战运动重要之发展云。

《中央日报》1932年10月28日第一张第三版

412. 李顿报告书，国联行政院及十九人特委会，研究三星期后再召集全体会，国联望美俄能派非正式代表

【中央社日内瓦二十八日路透电】 据最可靠方面消息，国联行政院及十九人特别委员会，将慎重讨论李顿调查团报告书。经三星期之研究，再招集国联全体会议。

国联当局各重要人物，目前正在考虑以何种方式，使美国与苏俄均可有代表加入讨论调查团报告书。关于此点，国联方面已有相当工作。闻调查团中之美国代表马考益将军，将出席一切会议，共同讨论该报告书。按调查团报告书中，曾说明欲谋以有效方法解决东三省问题，必得有美国与苏俄之合作，故国联当局期望美俄二政府派非正式代表参加讨论。

《中央日报》1932年10月29日第一张第二版

413. 吉田昨夜离东京，携意见书赴日内瓦，昨经阁议即奏请日皇裁可，抨击李顿报告书强词夺理

【本社二十八日上海专电】【电通二十八日东京电】 日政府对李顿报告书之意见书昨已脱稿，提出本日定例阁议，得各阁员之承认，由内田外相携入宫中奏请日皇裁可，交今夜出发东京之吉田伊三郎大使携往日内瓦，提出国联事务局。此意见书系以英文草成，共约百页分为：一、绪论；二、九一八之事件；三、关于中日间满洲之悬案；四、"满洲国"；五、结论等五章。其要点如下：（一）九一八事变及其后日军在满洲之行动，不外严格的自卫权之行使而已。而报告书之结论，竟谓此举逸出自卫权之范围，乃系根据中国一方之材料而论断者。况是否为自卫行为仅能由当事国政府决定，此为恺洛格所明白主张。若能阐明事变前中日间之紧张状态，无论何人，亦当支持日本见解。（二）新国家成立之初，由先进国参与援助，即在欧美其例正多。报告书乃指为"满洲国"之建设，系在日本参谋本部指导之下，可谓谤吾日本。（三）报告书对于不能承认中国为有组织之国家之事实，过于轻视，惟此事实为远东和平之祸根。故声述近代中国政府之无统制状态，以纠正国联之见解。（四）报告书关于中国排货问题，论中国政府之责任，太不充分。排货乃为与中国政府一身同体之国民党所指挥命令，为对日本之非武力侵略行为。国联关于此点，置诸不问，非所以保持国联规约之神圣。（五）报告书所陈述之解决劝告案，在日本已正式承认"满洲国"之今日，不能实行。论断中国政府无统一力之调查团，反欲置"满洲国"于中国政府之下，实前后矛盾。此种劝告，惟有招致将来之纠纷与危险而已。日政府确信满政府问题之解决，惟有承认"满洲国"及由中日满三国协调之折冲而已。

《中央日报》1932年10月29日第一张第二版

414. 京商界将筹设拥护国联盟约分会，冀以经济封锁制裁策略，促醒暴日武力侵略迷梦

上海商学各界，前以日人挟其暴力，剪我疆土，凡属血气之伦，无不愤慨填膺，爰发起组织拥护国联盟约委员会，作拥护国联盟约之运动，冀以经济封锁之制裁策略，促醒其武力侵略之迷梦。成立以来，积极工作。今该会为在各重要省市地方普设分会，特于昨日推派委员骆清华、陆文韶、郑澄清、叶家兴、谢仲乐、马少荃、金国祥等十余人，来京接洽设立分会。骆等于昨（二十八）日午前九时，赴京市商会接洽，由该会常务委员徐明扬、穆华轩二人接待，晤谈颇久。徐等表示，谓首都商民爱国未敢后人，对于筹组拥护国联盟约委员会南京分会，极表赞成，拟于日内即召集全市各业同业公会代表讨论进行云。又闻骆等以在京任务，业已接洽完毕，即于昨日分头转赴津浦及京沪两路沿路商镇接洽，期于各该地，亦筹设分会，以资策应云。

《中央日报》1932年10月29日第二第三版

415. 吉田告日人勿乐观，国联态度目下无从预想，妄论我方策动多不正处

【本十九日上海专电】【通艳（廿九日）东京电】 日吉田大使，于昨夜九时出发东京驿，由敦贺经西伯利亚赴日内瓦，预定十一月十五六到日内瓦。若理事会照预定于十四日开会，大使拟将意见书由莫斯科空中运往。吉田大使出发后，在车中语记者，关于国联态度，闻联盟国间有主张静观论者，惟日本方面乐观均失之过早，盖国联有国联异特之空气，国联将出如何之态度，目下无从预想。李顿根［报］告书第九章解决原则与条件，及第十章结论，均明记不得不考察报告书作成后之新事态（即日本承认"满洲国"），故理事会将如何处置，殊堪注目。报告书指摘日本在满洲之特殊立场，而承认之，此为部分的可取之点，惟因中国方面之策动不正之处甚多，余决由参与员之立场，纠正其谬，而阐

明正当之主张。在理事会将列位松冈全权或长冈全权之背而出席,甚或有背后耳语之必要,亦未可知。总之如何进展,刻尚不明,在理事会未决定原则的方针以前,当不致移交总会云。

《中央日报》1932年10月30日第一张第二版

416. 日对报告书意见书,由长崎运交有吉转交我国

【本社廿九日上海专电】 日对报告书意见书及附带书总共十余通,艳(二十九日)装三大箱,由长崎交长崎丸运交有吉公使,上面均加密封,由有吉公使转交国民政府。

《中央日报》1932年10月30日第一张第二版

417. "东北事件之第二步办法",李顿之愤语,各国对国联组织所经过牺牲,较日本对东北牺牲更为沉痛,各国决心维护国联组织

【中央社伦敦二十日路透电】 本期《旁观周报》揭载李顿勋爵之论文一篇,题为《满洲事件之第二步办法》。李顿略称,吾人于完毕调查团任务时,具有两种感想:(一)就国联致调查团训令之措词观之,国联对于满洲事实似为隔膜,但实际上国联并非若是昧于事实。(二)吾人深信国联期望吾人帮助恢复和平状态以及和平所倚赖之好感。凡批评调查团报告书为过于理想而不适实用者,应注意上述两点。吾人并不期望调查团之报告书引起中国或日本热烈之赞同,且不信满洲问题之永久解决方案,立可达到。吾人深信者,乃解决满洲之方案,可于世界共同负责维护和平之制度内寻获之。日本单独承认"满洲新国",非但不使报告书变弱,且使之更为有力。故出席下届国联大会之各国代表,不宜因日本承认满洲而稍减其自信。各代表之需要者,乃信仰国联之原则,并决心以此原则引用于中日事件。国联亟应全体确定可以适用于中日

争端之原则,并制定讨论细目之程序云。李顿旋对于外间斥调查团漠视事实之批评,加以辩述。据称国联之存在,以及九国公约与非战公约之义务,亦皆重要事实,未容轻视。认定各国互相缔结之义务,坚持尊重和平之工具,并非迂阔之理想,诚乃实际之急务也。日人对于满洲之意见,吾人已于报告书内纪述之矣。吾人为责任所驱应提出一事以促日本外交当局之注意,此即各国对于近代文化生死所系之国联组织所经过之牺牲,较诸日本为满洲所牺牲者更为深巨沉痛。故各国亦抱同样决心,维护国联组织云。

《中央日报》1932年10月30日第一张第三版

418. 国联行政院讨论李顿报告会期,仍视日意见书达到迟早为转移,日方传国联将另组特别委员会

【中央社上海三十日电】【日讯东京陷(三十)电】 国联行政院会议原定十一月寒(十四日)开会讨论李顿报告书,惟据日代表长冈昨电外务省称:行政院议长凡勒拉,曾通告长冈,谓行政院预定寒(十四日)开会,惟可以议长权限,展期一星期,日政府意见书,究竟何时可到日内瓦,视到达时期如何,拟将行政院延至马(二十一)开会,望日本迅速答复。内田接电后,与外务省首脑部协议后,即电复长冈,谓日政府意见书大纲已由松冈携往,十一月青(九日)可到日内瓦。吉田所携往者,仅将大纲修正若干部份而已,行政院如急于开会,修正部份可以电达,故日本无要求行政院会议延期之必要,但议长如必待吉田所携意见书正文到达,始行开会,日本当然亦不反对云。

【中央社上海三十日电】 日讯。国联对于中日争执之最后判定如何现在完全不能预测,国联及各国政府,均彼此注目对方态度,观望形势,盖美国总统选举战、德国对国联军备均等问题,及日英美法意五国海军军缩会议等之结果,不许乐观。最近英美两国秘密进行运动,关于军缩问题及满洲问题,互相联合对付日本,此项运动,似已有相当进步。美军缩代表台维斯,最近在伦敦、巴黎、日内瓦各地奔走之事实,颇惹起外交界注目。美国此种策动之结果,发生如何效果,未许判定。然综合英美方面与政府有连[联]络之舆论所表示之片鳞,英美两国对于中日问题,似在研究如次两种办法,即:国联为避免与日本

正面冲突,以至崩坏其本身起见,在大会组织一种特别委员会,委托审议李顿报告书与中日两国对此意见书,此其一也。国联为以中日直接交涉解决问题计,并为使此交涉发生最有效的结果起见,由国联会员国中选出与中日两国有密接关系之国组成一种国际共同委员会,以斡旋中日交涉,并监视其进行。然据日当局意见,如国联蔑视中日问题之复杂的特殊性与现实,而将此问题不付任何条件交托简单的国际委员会以谋解决,日本难应此种提议云。

【中央社东京二十九日路透电】 吉田大使携日声明书赴欧,临行时谈日本对李顿报告书,并不全部反对,因报告书内颇有中肯之语也。例如(一)中日争执所含之问题,非如外间传述之简单。对于历史背景,先须研究透彻,方可发表切实意见。(二)中日冲突并非一国于未采用国联会章内所规定之一切和解机能前,即对他国宣战之问题,亦非一国武力侵略他国疆界问题,因满洲主要情况为世界绝无仅有之情况也。(三)日本在满权益之复杂,可征中日在满政治、经济、法律关系性质之特殊云云。吉田郑重声明,日本应力向国联阐明日本之立场。

《中央日报》1932年10月31日第一张第二版

419. 报告书发表后我局势进展,国际间我处于有利地位,剿匪奏功内部益安定,某要人到沪后之谈话

【本社三十日上海专电】 由京来沪之某要人谈,近自报告书发表后国内外局势显然有良好进展,一方因国际形势不利日本,吾国所处地位渐见有利,另一方面,豫鄂皖三省"剿匪",已奏犁庭扫穴之功,长江局势暨京畿一带,因而益见安定。汪虽出洋疗疾,尽能为中央在外交方面,作有益努力,此事对于其日内瓦之行见之。次如川鲁纷乱,虽觉略有破绽,但不久即可次第和平解决。预料国联开会前,定能集中力量与外交方面。现四强国渐趋一致,日本对国联态度,忽变为"慎重合作"及"诚恳洽商",可见其渐趋温和之一斑。我对报告书意见大体决定:(一)于我有利者接受之。(二)观察未周者辩而明补益之。(三)大部有利而未能完善者,要求修正之,或附议可予商议之保留。总以不丧失主权,顾全事实,利用国际间良好环境,以期待完善解决为要策。若如胡

适所论者固多流弊,但若一味的并其公正有利之点亦反对之,岂应付外交之富乎?日方现因社会革命潮之膨胀,军队两派之对立,财政预算之难关,国际空气之恶劣,军人行动掣肘甚多,故对热河华北实不能再有此举动。

《中央日报》1932年10月31日第一张第二版

420. 日对李顿报告意见,日内即由日使馆转交我政府

【中央社上海三十日路透电】 据可靠方面消息,日本政府对李顿报告书所拟就之意见书全文,业于昨(三十)日下午由东京送达上海日使馆办事处,日内即可转送南京中国外交部。虽日本意见书内容,详细情形无从探悉,据云与日本当局屡次所发表意见相同

《中央日报》1932年10月31日第一张第二版

421. 日方否认意见书寄沪

【中央社上海三十一日路透电】 日使署驻沪办事处本晚正式否认,日本对李顿报告之声明书誊本,已由日本寄到上海云云。上述谣传,系于昨晚由日人方面传出。

《中央日报》1932年11月1日第一张第三版

422. 日本政府对报告书意见,某要人痛加驳斥,中国未臻完全统一一半由日人破坏,我民众排日乃其武力侵略之结果,日承认为组织足增加报告书力量

报载日本政府对于李顿报告书之视察,业已制成文件,通过阁议,并已向日内瓦寄出,记者昨日特访某要人,叩询其对于日本观察内容之意见,某要人

谈话如下：

日本政府对于李顿报告书之所谓观察，据悉共分五章，其第一第二两章系关九一八事件及"满洲国"问题。查调查团报告书对此两点业已有明白之裁定，如关于九八一事件，调查团宣称："日军在是夜所采之军事行动，不能认为合法之自卫手段。"关于"满洲国"之成立，则认系由于"日本军队之在场及日本交文武官吏之活动"，"不能认为由于真正的及自然的独立运动所产生"。乃日本于此，仍哓哓置辩，颠倒黑白，终恐不能掩尽天下人之耳目也。

关于日本观察第三章攻击中国为不统一无组织之国家一节，某要人宣称：中国今日苟尚未能臻于完全统一之地位者，半由于中国正在演进时期中所发生之现象，半由于日本操纵干涉阴谋破坏之所致。试略举近年来最明显之事例以证之，如民国十七年日本出兵山东，以阻挠国民军为统一中国而北上之师，致造成举世皆知之济南惨案。又如同年日本官吏力阻张学良氏之易职，不使其归附中央形成中国统一之局面。至本年唆使"满洲国"独立，则日本构煽动中国内乱之阴谋已达于顶点。试再引调查国报告书中之纪载以实之，则该报告书第一章中有云："南京政府正在将重要赤军渐次消灭之际，乃因他处于事变不待不停止攻势，将大部分军队撤回，斯时石友三在北方变叛……同时又有沈阳九月十八日之事发生，赤军受上述情形之鼓动，复取攻势，为时不久，而前此战胜之结果，均消失无遗。"报告书此节可以说明中国历年勘乱统一事业累败垂成之故矣。关于日本观察第四章中所称之中国人排日问题，本年八月二十九日外交罗部长曾向中外宣言，申述原则四项，其中一项有云："在日本武力侵略造成之现状下，而欲中国人民对日本人民表示最敦睦之友谊，诚属万不可能。改进与恢复中日两国人民之关系，是在日本自为之。"解铃系铃，愿日人深自猛省。

日本观察第五章中称，自日本承认"满洲国"而调查国之报告已不复适用。关于此点，李顿爵士最近在英国《旁观周报》所发表之论文，曾有正确之解答。其言曰："日本单独承认'满洲国'之事，实毫不足以减弱报告书，抑且适足以增加其力量。是故出席未来国联大会之代表，不必因此项举动而自减其对于任务之信仰。"日本常称调查团书报告书偏于理论而远于事实，李顿爵士亦有言曰："国际联盟、非战公约及九国公约之存在，亦同为事实而不可加以蔑视。"其言可谓严峻。

总之，事实最为雄辩。日本借武力侵略中国，当世界正论之前，犹复不知反省，徒欲仗恃宣传，中伤中国，冀以蒙蔽世界，掩饰其侵略之罪恶，适见其心劳日拙而已。

《中央日报》1932年11月2日第一张第二版

423. 日准备世界大战积极扩充海军，共需经费四万六千万元

【本社一日上海专电】 日海军省现正请政府核准海军补充程序，拟分四年建造八千五百吨之巡洋舰两艘，八千吨之飞机母舰一艘，驱逐舰七艘，五千吨之埋雷舰一艘，扫雷舰与鱼雷舰数艘，飞机五分队。此项新程序，乃在一九三零年伦敦海军协定所定限度以内，共需经费日金四万六千万元。其中三万六千万乃造舰费，余一万万乃供添置飞机五分队之用。海军省现正谈判支用一九三三年海军预算经费，其数共日金四万八千七百万元。其中四千二百万将充新程序，第一年经费以二百万元购买飞机，余充造舰费。按报载之消息，海军省曾加以否认，指为非确，但一般人士皆信此条消息，乃根据于锐敏的预测云。

《中央日报》1932年11月2日第一张第二版

424. 国联行政院会议延期问题，为便各国集中力量我不反对 但日方情报谓大国对日妥协

【本社一日上海专电】 据日内瓦代表部致日外务省情报，国联理事会大国方面，谓与日本主张发见政治的妥协点，圆满解决卒见多主不急遽审议报告书，将预定理事会延至二十一日开会。目下此等空气，颇为浓厚。前日理事会议长凡勒拉爱兰首相，谓能以议长之权限，展期一周，质问长冈代表，日本方对此意向如何。外务省亦察知此种空气，结果惟小国方面急进派主张预定于十四日开会，于三日内结束，移交总会，遽速决定，加重压于日本。大国方面对小

国此种策动，正在极力抑制。即在日本亦坚持必须理事会充分讨论，决定根本于会后，再移交总会态度。至日本代表部在理事会之任务发配，大体第一日理事会之总括论，由长冈代表任之。至审议报告书，入具体的讨论时，由松冈代表出席。具体的详细纠正报告书之错误，一面由松平大使、长冈代表，与英外相西门、法首相赫里欧，为侧面的折冲。佐藤述史则专与国联当局，及小国方面交涉，分别向列国及国联阐明日本之立场。

（中央社）国联行政院会议原定本月十四日开会，日昨电传行政院会议主席凡勒拉，向日代表表示，可将会期略为延展。闻日内瓦我国代表团，对此事亦有电来京报告。据外交界观察，凡勒拉之延期表示，并非应日方之请求，而系出于国联之本身问题，盖国联此次会议对中日争端，势必努力以谋适当之解决，但目前国际多事，大有难使国联集中精力应付之苦。第一军缩问题如不能先告一段落，则英法两国断难全力顾虑中日问题。第二美国大选本月八日虽举行初选，但十四日以前，尚难完全选定，对远东问题亦不能放胆应付。故延期之表示，实为国联本身欲谋集中力量解决中日问题之故。但究否延期，现时尚未完全决定。据此间观察，若事实上确有延期之必要，则其期间至多亦不过一星期，改于最初拟议之十一月二十一日举行。闻我国政府对于行政院会期仍希如期举行，但国联集中力量解决中日争端之原因，而必须将会期稍形展延者，则亦不坚决反对云。

《中央日报》1932年11月2日第一张第二版

425. 社评：国联之试金石，将出日本舆论所料乎？

国际联盟之产生，为欧洲大战之结果，此虽三尺之台，莫不知之。溯国联成立，仅十易寒暑，而先后加盟之国，以达五十有四。以今日世界国家数目之比例示之，则加盟之国，已超全世界独立国家百分之八十又八。若能长此一帆风顺，则举世界全体之国家，加入国联，其为期当不在远。此乃近世文明之进步，实亦人类酷爱和平之表现。英国著名国际法学专家亚滨哈姆（Oppenheim）视国联规约，乃今日国际团体成文之宪法。其倚重国联，可想而知。而国联所负国际和平之使命，决非过去其他国际基体，所可同日而语也。

自保障人类和平之国联规约,被九一八事变蹂躏以来,世界和平之局,顿起波纹。而最堪注意之日本,于国联调查团报告书发表之后,不论言论机关、政府当局,无不异口同声,表示反对之意。近更添派代表,应付国联,准备对满洲问题,在国联取反攻之势,以达其先发制人之目的。盖日本人心目中之国联,乃完全列强把持之机关,故日本人之观察国联,仅就列强之利害关系,以绳国联之态度。至于公理云何,和平云何,自非日本所愿过问,而于国联创设之本旨,与夫所负之使命,在日本人视之,更以为无足轻重。且根本认定国际之间,只有利害,并无公理。故东北事件,日人虽铸成国际道德法律上之大错,而在日人心中,则以为国际间之是非,无不可以手段及利害转换之,由是最近对于国联之观察,极抱乐观。

　　记者最近考日本各大新闻,以及鼓吹外交政策之外交时报,其对于国联之观察,大抵注重于组成国联之重要国家,与非盟员国北美之态度。约而论之,日人对外之观察,有如下列:(一)英之所以忌日本在满洲之行动者,第一惧日本在远东势力之澎涨[膨胀],第二则英若默认日本在满洲自由行动之时,将来太平洋一带,英国之利益,必被波及。一旦日本在太平洋自由行动之时,则澳洲、新西兰、香港、新嘉坡、印度等处必受压迫。故为英国计今日必借国联之力,以抑制日本在满洲之活动。然英人未始不知日本人性格,假使日本在满洲之势力,被英驱逐,日本非至败亡,必不甘心,而将变更方针,杀开血路,先制英国在东亚之死命,以作报复之手段。且英在西藏,近亦鼓吹独立,别有企图。则英人对于日本,为其自身将来之行动辩护起见,自亦不愿在今日有何坚决之态度,故在日本人视之英国必屈服于日本者以此。(二)若言法国,则对远东问题,最大之恐惧,莫如东洋之民族主义运动。盖东洋民族主义运动,一旦成功,其影响必及于印度支那,而法国在东亚之殖民帝国危矣。故法国欲巩固其原有之地位,势不能不结日本之欢心。且军备问题,日法主张,完全相同,此日法同盟之说,所以盛传一时。(三)至于美国,原非国联之盟员国家,与国联不能发生直接关系。然日美形势,自史丁生数次发表宣言以来,在表面视之,似已益越紧张。然在上述之日本舆论观之,日美无论如何,尚不至开战。夫美国不满于日,然必谓其不惜对日一战,恐美亦有所惮而不为。因日美战争之结果,必致两败俱伤,一无所获,而英在太平洋上,反得收渔人之利。此在眼光灵敏之美国,自不肯出此。日本一般舆论由上述之论据而得一结论曰,世界今日之列强,莫过于英美法,然此三国者,皆对日本无可何如者也。其余二三等国家,所谓余予碌碌无足道矣,由是而意气扬扬曰:今日决定国联之命运者,乃视乎日本之态度而定。

夫日本舆论今日对国联之观察,可谓志得意满,目空一切者矣。夫国际间之正义与公理,自历史上观察,原极渺茫而不可捉摸。然而蔑视信义,不顾条约尊严,如日本此次在我东北之作为,则旷古尚无其偶。国际盟约者,二十世纪西方文明之结晶品也。西方人论政治,常言正义无权力则不行,权力无正义则为暴虐,其论国际亦然。数世纪来国际和平运动之主旨,皆在谋混合正义权力于一途。故自来国际组织对于法规之执行,独于制裁一点付之阙如,而国联盟约独有第十六条经济绝交之规定,用意所在,即欲以国际间之权力,辅助国际间正义之伸张。夫东北事变发后已逾一年,今者调查团之报告书,既已草毕,贡之于行政院,则国联对于东北事件之最后解决,已为期不远。此次国联之命运,果如日本舆论所预测,国联之列强如英如法,皆将为本身利害关系而屈伏于日本乎?盟员国内除几个列强国之外,遂无人能左右国联之命运乎?姑无论英法之眼光,不致如日人所言者之浅短,即若干强国皆袖手而不顾矣,则其余五十余盟员国,遂尽能默然无动乎?今年淞沪战事起后,国联特别大会中各小国在会中之紧张鼓噪,其在精神上与日本之打击不可谓小。由此一点以观,正义之一手抹煞,不能如日人所期望之易,已可断言,何况英法等国在远东之利益,与日本在东北之暴行不能相容,即弃公理正义而不言,即就利害立场而论,亦万无向日本屈伏之理,则日人今日之所谓乐观,其自欺欺人者乎,抑神智昏迷而语无伦次乎。二者之中,必具其一。

虽然,日本人对国际形势之未可乐观,虽如上述,而吾国则自九一八以来所受国联之教训,更不能不力求在我,继续为最后之准备,此则吾人对自己民族及世界文明所同负之责任也。

《中央日报》1932年11月2日第一张第二版

426. 日俄互相疑忌，缔约之说系日方所放空气，日所提两要求俄万难承认

（中央社）日俄缔结互不侵犯条约，日来甚嚣尘上，且有下月开始谈判之说。值此国联行将开会解决中日争端之际，此事颇堪注意。记者今（一）日往访外交界某委员，叩询究竟。据谈，日俄缔约之消息，纯为日方所传出，极为明显。日俄在东三省利益之冲突，亦尽人皆知。苏俄因其五年计划，尚未完成，为避免于此时与日方正面冲突起见，最初本有与日方缔结互不侵犯条约之要求。日本驻俄大使广田由俄返国后，亦力向军部促其实现，而以苏俄承认叛逆组织，为交换条件。但日军部深悉日俄冲突终于不可避免，极不愿于此时缔约，使其军事行动自受束缚，而坐观苏俄五年计划之完成，以贻来日大患，故对广田之建议，未加理会。最近日方鉴于国际地位之孤立，国联会期又迫在眉睫，故尽量放出日俄缔约之空气。测其用意，亦无非借此对国联加以威胁。总之，所谓日俄缔约之谈判，能否实现，系一极大之疑问。纵令实现，则对缔约时之种种困难问题，能否解决，更为一极大之疑问。如日方请苏俄放弃共产宣传之必然的要求，及苏俄于缔约前先行承认叛逆组织之条件，均为苏俄所万难承认，而为日俄亲善之极大障碍。观于日方反对邀请俄美参加国联会议一举，即可见日俄非真能亲善者云云。

《中央日报》1932年11月2日第一张第二版

427. 顾公使演讲，中国与世界和平，中国能循序发展，世界繁荣始可期

【哈瓦斯社巴黎三十日电】国际无线电演讲会，请中国驻法公使顾维钧氏对美国民众，讲演中国与世界和平及繁荣之关系，已志前电按此会系美国前驻瑞典公使赖尔逊摩里斯氏所创办，顾氏受该会之约，特于本日在巴黎殖民地无线电台，用英语演说，播送美国。其演词大意如下："中国于一九一二年推翻

专制,由数千年之帝国,一跃而为亚洲第一共和国。革命成功,忽忽已二十年矣。由此根本改造,产生无数之困难问题,但舁假以时日,而不横加干涉,其前途固大有希望,此吾人所深堪自信者。吾人之目的有二,即:对内建设统一,而强固之共和国;对外与远近各国,共谋世界之和平及繁荣是也。夫中国物产富饶,若加以开拓,而提高其四万五千万人民之购买能力,则各国货物在中国境内,必能畅销。由国际贸易言之,此实绝无仅有之良好市场。以故中国之能循序发展,实与世界和平及繁荣有绝大关系。反之,中国若不能自作主张,则此绝大市场,即难对世界开放。盖由历史上证明,凡土地旧属中国者,一经割让于人,则边关深锁,商贾出入不复自由,而对一切国家工商业平等待遇之原则,在名义上虽不放弃,而在事实上则不啻完全推翻。以故门户开放主义在中国能否维持,全视中国之能否独立,与夫中国之能否不受任何外国之干涉及箝制以为断。中国之前途,不独为各国繁荣之所系,且为世界和平之所系,而后者尤为重要。盖世界不和平,则各国无由繁盛也。满洲问题所以如此严重,而有凶险之朕[征]兆者,其故在是。若此项问题不能迅速按中国领土完整之原则予以解决,则太平洋之繁荣,绝无希望。推而言之,即世界永久和平,亦绝无希望矣。"吾人所当注意者,为顾氏说明中国在满洲之主权,与对华贸易之各国利益有联[连]带关系之一点。又中国屡次抗议向系援引凯洛克非战公约及国联盟约,而此次顾使,则因听其演说者为特别注重保全中国市场之民族,故其演词着重于华府九国公约,及该约基本所在之门户开放主义也。

《中央日报》1932年11月2日第一张第三版

428. 法远东问题专家劝日人勿徒恃毅力,东北人民对国家观念岂易改变

【哈瓦斯社巴黎卅一日电】 远东问题专家狄博斯克,在《时报》上发表一文《论满洲问题》。狄氏首先叙述渠与中国顾维均、颜惠庆、王廷璋及李石曾诸要人谈话,所得之印象,略云:"与诸公相别已久,今日重逢,自然欣慰。除此以外,尚有令予色喜者,即中国各要人之心理,均极愿暂失常态之中日关系,得以恢复均衡是也。以予观之,朕兆之佳,无逾此者。"狄氏又谓:"无论为中国或日

本言之，暂时迁延，实为最良方法，亦即两国间维持和平最有效之方法。就目前而论，已有组织之方法，不间断经营满洲，中国尚无此力量。至于日本，则吾人当告以某某项动作，类皆不能得到代价。而国家行动，尤当顾及其财政能力，徒恃毅力，殊不济事也。即如目前日本小农，因各银行不愿从新放款，不能不求助于国家。此时其能攻击满洲之义勇军，即若干人故意称的匪徒者，以虚掷无数之金钱乎？中国人民大批移殖满洲，其人数在两千五百万至三千万之间，今后尚有同等数目之移民，又安能改变其国家观念。"狄氏论及中日报纸对李顿报告书之论调，谓渠本人之结论，与中日两国舆论所发表之结论，相去不远。狄氏最后又归纳全文意思云："当事国双方似均希望空气复归晴和，吾人亦希望下月日内瓦得于清明之空气中重行开会讨论此事也。"云。

《中央日报》1932年11月3日第一张第二版

429. 日对报告书意见书，内阁康哉在阁议席上说明，将同时在日本日内瓦发表

【中央社上海二日电】 日联社东京冬（二日）电，内田外相东（一日）在日内阁会议时，说明日本政府对于李顿报告书之意见书甚详细。其内容由绪论及五章而成，其顺次如下：绪论；第一章中国；第二章满洲；第三章九一八事件及其后之军事行动；第四章新国家；第五章结论。其标题为"对于一九三一年十二月十日理事会决议，任命调查委员会报告书之意见书"。全文一百三十页，每页十行，每行三十语。此意见书提出国务理事会，同时公表其内容最重要之部分如次：（一）第十章中之诸提议，写系事实上变相的"满洲国"国际管理办法，"满洲国"及日本断不能接受此提议。（二）诸提议至少以两当事国均有强硬且可信赖之中央政府为必要条件，如将此项诸提议适用于"满洲国"，则使争执更为混乱。（三）报告书中撤退满洲军队，以国际宪兵队维持该地和平与秩序之提议，以不适合于现在事态，且诱致一般不安于混乱，能使委员会所企图之恢复原状辩法更为困难，故日本最希望迟用此提议。

中央社东京二日路透电。外相内田康哉向阁议报告日本对李顿报告之意见书，提交国联后，将同时在东京及日内瓦发表。日意见书除绪论及结论外，

共有五章。意见书特别注重国际共管满洲为日本及满洲所不能接受。至于撤退日本军队，日本认为此将引起混乱状态，日本政府亦不能接受云。

《中央日报》1932年11月3日第一张第二版

430. 美远东政策，无论共和党抑民主党当选，均本其传统方针不与变更

【中央社上海二日电】 国民社华盛顿东（一日）电。现距美国改选总统初选期不过一星期，据此间可以负责任方面意见，不问初选结果何若，美国远东政策，似将继续不变。下届政府无论属于共和党或民主党，料将坚持太平洋传统政策，即条约之神圣、贸易之门户开放及中国领土之完整是也。且美国目下之满洲政策，系严格的，政府绝未参加党见。故当上届国会开会期内，共和民主两党有势力之参众议员，未尝加以严厉批评，即在民众方面料亦为一般舆论所赞许。惟现行政策之效能，实完全系于舆论。此间有若干要人，认为倘政府更易后，民众对于满洲时局之反响或有用新方法表现之可能，因胡佛总统与参院外交委员长波拉，俱阴阻民众之抵制日货倾向。苟主持外交者，一旦易人后，民间或将重生一非正式抵制日货之新情感，亦未可知。至就贸易方面论，政府之税迭，当然将引起增进太平洋贸易之新希望。惟关更之修改，对于全部远东贸易影响颇微，因远东许多重要物产，美国本不课税，即对于农产品，当亦不致加高。又共和民主两党，亟欲扶助银价，设法提高，以谋美国西部产银十州之福利。但中国虽为银本位国，据此间专家所闻华人意见，则其最所冀望者，仅为银价之稳定而已。又关于军备问题，不问共和党或民主党柄政，料将继续努力于限制军备，惟在今后数年内，或将见美国之缜密讨论其海军政策，亦未可知。第此事须视军缩会议结果，及满洲争执今后之进展以为转移耳。又关于海岛政策，两党意见绝殊，此于远东关系将不无反响。民主党政纲主张菲岛独立，共和党政纲则未提及。又共和党政纲主张檀香山政府方式仍如旧贯，民主党政纲虽未明言，而该党领袖惠廉在上届国会任众院领土委员长时，曾提出一案，主张檀岛立法制度大事改革，抑遏日侨之潜势力云。

《中央日报》1932年11月3日第一张第三版

431. 现今日俄关系之评判——对于几个疑问的答复

苏俄驻日大使杜洛耶诺夫斯基著，罗理译

(一)日俄战争果不可避免乎？

最近"日俄国交的危机""日俄战争不可避免"等言说甚嚣尘上，然余以为此等言说皆缺乏确乎不拔的根据。吾人于此，殊有检讨此种流言特别盛行于日本的原因之必要。

原来战争之兴，多系两国或数国间在其所谓生命线上之经济的、政治的利害发生冲突时，用以为解决矛盾之方法。

吾人可举出许多例证，近者如世界大战之勃发，乃因各国间已有本质的政治的、经济的矛盾明白存在之故。德国欲夺取从来在英国手中的世界霸权，抱起而代之的野心，并实际地已实行此种政策。又在德法之间，对欧洲大陆的争霸战，已展开于各部面，舍战争外，别无解决此等政治经济的矛盾之方法，故世界大战终于不免。

如此之例，稍远者可见于极东的历史，如日俄战争是。当时日本取大陆政策，不仅并吞朝鲜，且图囊括满洲；同时帝国主义的俄罗斯亦策谋极东发展，欲获所谓不冻港。此两个政策的冲突，遂惹起了日俄战争。

吾人且观察近来极东形势，日俄两国间有与此同样的利害矛盾、政策冲突乎？逼出日俄战争的同样原因亦存在于现今两国之中乎？

若假定在现今日俄关系下，曩之帝俄代今之苏维埃联邦而存在，则不能不说日俄间战争的危险性已有多量存在。

然今之苏联，非曩之帝俄也。今之苏联原则地实行和平政策，对他国领土毫无野心，既无采取对满洲发展策的意志，复无此必要。不唯此也，苏联且有其自身之经济建设事业——应倾注国力，举国一致向前迈进。彼有此社会主义建设之大事业横亘于前，遑能计及其他哉？

诚然，近年的世界恐慌，对于苏联的国民经济确有相当的影响，但因苏联的国民经济与其他各国的国民经济有本质的差异，故如在各国所见到的生产的合理缩少和失业人数达数百万之现象——经济恐慌的基本现象，不能发见于苏联。反之，苏联的生产却以空前的速率增大，而失业者亦自一九三〇年以来事实上无一人存在。

彼陷列国于失望的深渊的经济恐慌,于苏联的对外贸易,不过波及了若干影响而已。例如列国对苏俄购买力的减少,即苏俄对外输出的减少,及与此相伴,而生之苏俄输入额的减少是也。

这样的世界经济恐慌的影响,决不会威胁苏联国民经济的基础。曩昔国民经济受了极端的破坏的时候,我苏联尚且耐过了多年的列国的经济封锁,何况今日的苏联国民经济比之当时已强化数倍乎!? 五年计划将于四年间——正确言之,为四年又一季之间观其实现,而自明年一月实施的第二次五年计划,亦当然与第一次五年计划相同,可信其能急速的实现也。

苏联国民经济如此顺调发展的事实,便是使苏联的对外进出,向他国领土的发展,化为无意义的经济基础。率直的说,苏联本身并无依恃经营他国领土以求解消的内在矛盾,苏联更无可放弃自己的平和政策的理由。

是故日俄两国间绝无可为战争原因之经济的矛盾与政治的冲突。

(二) 西藏问题与英俄关系

最近报载英国援助西藏军,着手于所谓"大西藏"的建设,西藏军相继侵入中国的西域。与此种新闻消息相关联,吾人于报纸上可见如下之意见,即世人认英国的企图,在于构筑对苏联的豫[预]防线,防卫苏俄势力之向中国侵润。但余对英国在西藏实行何种政策,如何援助西藏军,尚不知其详。

唯余殊不信英国系为对苏联布设豫[预]防线,而在藏进行何等事业。何则? 此种企图最低限度亦可谓为文不对题也。

吾何所据而云然,盖因苏联对满洲既无进出之必要,同样对西藏、对中国亦绝无侵略之企图故也。

因西藏军最近活动而起的英俄关系恶化的流说,纯为无稽的臆测,毫不足信,不能不认为别有用心。(未完)

(续昨)

(三) 对俄战争论与苏联的舆论

苏联的平和政策,在他巩固的社会、经济、政治的基础之上,这样的表示了确实的存在,凡是有切实观察事实能力的人,必能肯定苏联正在实际的贯彻平和政策。尤以满洲事件勃发以来,苏联终始一贯采取对满不干涉政策,已为全世界所共知的事实。不料最近极东方面,日俄战争不可避论,仍依各种形态,流布甚广,甚至日本政界有力人士亦屡屡发表此种重大的意见,日本各种言论机关亦不惜费去许多篇幅为之宣扬!

然而此种挑拨煽动的论调,于我苏联之舆论,实予以极深刻的刺激。夫负有应谋日俄两国亲善关系益臻紧密的责任之政治家以及为人民喉舌的新闻记者,竟取此等思虑不周的态度,自我苏联民众的立场而观,诚为极堪忧虑的事实。

试易地以处,向使苏联有力政治家中之一人,于其言论机关上,力唱对日战争不可避论,对日战争决行论,请问日本舆论将有如何反响?吾意必将刺激日本朝野的神经无疑!

直至现在,列国有责任政治家之中,尚无一人公然发表日本与某国战争必不可避之意见,仅美国务卿史汀生氏曾有过一次暗示的声明而已。然而日本言论界对之,曾如何激动其神经,当尚为读者诸君记忆中新鲜之印象也!

而在我苏俄舆论之前,最露骨的对俄战争不可避论,从数量上言是繁多,从时间上言是继续不断地在向前展开。试观我苏联的反响态度,吾等将惊怪我苏联国家,何其神经之迟钝冷静一至于此!

日本的第二次日俄战争不可避论,由政界有力人士借一切言论机关广为流布的事实,于苏联舆论实为极不愉快,而且最阻害日俄亲善关系健全发达之不幸事件。

（四）苏维埃联邦与日美战争

史达林曾说过,日美间的矛盾是在太平洋上之基本矛盾。在此意义上,可说日美战争可能性未被排除。然此亦非谓日美战争必发生于最近的将来也。

纵令日美间有发生战争的一天,我苏联的平和立场亦依然不变。余意苏联的敌人设欲将苏联卷入战争的漩涡,实不得不费尽重大的精力!

（五）对国际联盟的关系

其次不能已于一言者,当此日本对国际联盟关系尖锐化之际,苏俄对国联的态度果何如乎?

传闻自最近日本承认"满洲国"来,日本与国联的关系异常尖锐化。然我苏联一如世界周知,与彼国际联盟原则上毫无若何共同之点,苏联始终为完全立于联盟羁绊外的国家。苏联决不为国联之态度所左右,随时随地均将贯彻其自己的政策。

（六）极东增兵的理由

日本的对俄战争论者动辄指摘苏联的极东增兵，而极力张大其意义，甚至如三十万赤军与数百架飞机已集中于极东的报告，流传如飞！

据余所见，在俄领极东地方有过若干部队的调动，当属事实。此在现今极东国境的状态，第一为保守国境之不被侵犯，第二为防止满洲匪贼之遁入苏联国境，借以解除其武装，无论如何此皆国防上之必要的准备。

余与日本某重要将领会谈之际，曾说过"若君于同一情势之下，受命为苏联极东军司令官，恐君亦未必不断行国境增兵"。此将领不唯未及反驳余之质问，且从而首肯。

事实上，照现在的情势，苏联为保守国境，实不得不改编在极东的武力。

第二，苏联极不愿与他国战争，终始坚持贯彻自己平和政策之意志，对于日本以及其他任何国家，均无开战的理由。

虽然，若我苏联国境的不可侵性被侵犯时，则我全苏维埃联邦自应有起而对抗，以确保自国利益之准备！在极东地方的若干部队的移调，纯为欲达此目的所必要的行动。现我等已充分具有能够完成此任务的确信！

当然，说到苏联与其攻击国孰强的问题，各人的意见均不相同，结果恐怕只有待战争终了时，此问题始能完全解决。然若仅为兴味计，则以不妄行实验，或轻启战端为善！（未完）

（续昨）

（七）关于大亚细亚主义运动

现今大亚细亚主义主张在日本盛极一时。关于大亚细亚主义与苏联观念形态间之关系，有人屡屡向余质问，因此遂忆及大阪《朝日新闻》记者布施胜治氏与史达林的谈话，传闻史达林与布施氏初次会面时即说："余亦亚细亚人也，不可不将我们很显著的是亚细亚人之一事实放入考虑之中。"

余虽不详知日本的大亚细亚主义是取如何立场，具体何种目的，但若大亚细亚主义的主张是以亚细亚诸民族的自决，或各国的亲善为基础，则殊足加深对苏联的亲善关系，我等更无任何可反对的理由。

(八)"满洲国"与外蒙古

日本之承认"满洲国",余虽认其为去年九月满洲事件之不得已的必然结果,但此承认的前途,其影响乃至终局如何,非暂作静观,莫能正确断定。

就中关于满洲独立问题,更有慎重观察民族自决原则实现到何种程度,及其系用何种形态去实现之必要。盖民族自决原则虽佳,但非真挚考虑不可也!

于此,关于"满洲国"与外蒙古姑略涉及。外蒙古与苏联互相保持完全的独立,在外蒙古境内虽一苏联士卒亦无之,而且双方关系最为亲密!

若以日本与满洲的关系,与之对比,则大相径庭!在满洲地方,以前已有日本军队驻屯,今后依日满议定书之规定,即用条约的形式,日本军之"满洲国"驻在权已被确认。仅观此一事已可知日本与满洲之关系,迥异外蒙之与苏联。

其次关于"满洲国"之将来,余意其将来系于日本对满政策如何者为多,即"满洲国"的将来大半以日本对"满洲国"取如何政策为定也。当然,日本以外各国,如苏联、如中国及及其他国家之态度如何,对"满洲国"之将来亦有甚大的影响无疑。

日本之对满政策,仅就现在而论,尚未完全成立,用怎样的形态及方法去实施经济政策,似尚未决。所可大体断定者,即此对日本可供给工业原料之满洲,其各种产业能发展到若何程度,须视日本之对满经济政策,即日本是对满洲能投多少资金而决定也。

(九)苏联承认"满洲"乎?

现在苏联与"满洲国"之关系,可说是进行无阻,例如中东铁路,"满洲国"代表已替代中国代表取得苏联的承认。其次,领事的交换亦已实现,两国间事实上的关系,进行甚为圆滑。

至若关于完全的外交关系之设定,则余以为苏联犹须深切注意观察"满洲国"今后之态度,更慎重考究环绕"满洲国"的日本、中国及其他各国与苏联之关系。又在最近,须要慎重研究的若干外交文书业已发现。

"满洲"对苏联的态度,已往殊不能认为亲密。固然最近有多少改善处,然尚有时采取充满疑惑的形态。故"满洲国"今后的态度亦为决定苏联承认"满洲国"可能性之一个重要因素,值得充分的注意!

不用说,苏联与对其他一切国家一样,对"满洲国"亦极端希望确立平和亲善关系,增大相互间的理解。

(十) 日俄关系应取的道路

以上,吾人关于日俄关系之一切方面,分析其消极的要素,道破日俄关系绝无酿成如一般论者所唱的危机之客观的理由,并曾叙述在苏联方面,主观的,亦最严峻的拒绝对日战争。

具有世界大战的惨淡经验之吾人,极思避免无何等理由的战祸,且进而选择确立与发展健全亲善关系之道!

余深信欲谋实现日俄共存共荣,第一须努力使两国经济的益增发展!

最近日本有力实业家松方幸次郎氏,成功了日俄石油协定之缔结,不能不说是在此方面有重大意义的事实。何者?此协定不唯有益于苏联国民经济之发展,且改善在经济恐慌漩涡中痛切寻求新市场之日本财界的立场,巩固了健全的亲善关系之经济的基础故也。

吾人鉴于一方苏联国民经济的发展今后日趋旺盛,他方日本财界具有优秀的技术与完备的生产设备的事实,不能不断言今后日俄两国经济的接触之前途实有绝大的可能性,是即两国和平关系有最巩固的发展之可能性也。

最大限度的活用此可能性,以加深日俄两国民的亲善——是即两国民趋向共存共荣最捷的途径!(完)

译自日本《中央公论》□月号。

《中央日报》1932年11月3—5日第二张第二版

432. 国联行政院会议展期,决本月廿一日开会,对李顿报告书作初步讨论,各国对维护国联态度一致

展期原因

(中央社)外交界息:国联行政院原定本月十四日开会,兹已改于二十一日举行。闻展期之原因,确为等候军缩会议及美国大选之结束,以便集中力量,谋中日问题之适当解决,并非由于日本之要求,故我政府亦不反对。闻行政院

于二十一日开会后，对李顿报告书将立时提出，作初步之讨论。行政院之会期，大约不至太久。俟将李顿报告书审查后，即附以审查意见，提请十九国委员会讨论，然后再提国联特别大会讨论。我方对应付此次国联会议之方针，早经外委会决定，由外部训令日内瓦我国代表团，现正静候会议之开幕，为国家民族之生存作殊死战云。

【中央社东京三日路透电】 日本政府对于国联行政院展期延缓一星期开会之提议，表示欢迎，因吉田大使携日本意见赴欧，须十一月十六日始可抵达日内瓦，且日本于必要时，或将修改意见书之内容。

日意见书

【中央社日内瓦三日路透电】 国联行政院决定展缓至十一月二十一日，开始讨论李顿报告。按行政院前次会议原定十一月十四日重行集会，嗣因日代表长冈以日本对李顿报告之意见书，须十一月十六日始可抵达日内瓦，故行政院复决定于必要时展缓一星期开会，惟此乃最后之延期也。

【中央社上海三日电】 日讯，东京江（三日）电。国联行政院延期一周开会，各国代表以熟读日本意见书之机会，自于日本有利，惟吉田携往之意见书正本，又发生数处须增补修正，已急电吉田，告以应修补各点。

【哈瓦斯社日内瓦二日电】 国联行政院将于十一月廿一号开会审查李顿报告书一层，业志本社两日前所发电报，此项日期现已正式确定。日本某非正式通信机关，本日宣称：日政府欢迎国联行政院延展一星期，再行开会。因日本对李顿报告意见书，交由吉田大使携带来欧，吉田于十一月十六日以前，尚不能到日内瓦。日本前派松冈代表携带意见书，有修改必要。行政院展期开会，可使日本从事此项修改。吾人又知国联特为中日争端而组建十九委员会，应于行政院闭会后，即行集会，于十二月以前，无实现可能。如此则国联非常大会，又将如何？以意度之，一至十二月，则年关伊迩，非常大会召集，恐在疑似之问。由此而观，李顿报告书虽不能即谓其将延至明年一月或二月，始由国联特别大会讨论，然自形势观之，亦非不可能也。

列强态度

（中央社）国联行政院会议，已定本月二十一日开会讨论李顿报告书中日问题之争端，已入于最紧张之阶段。我国政府对应付此次国联会议之方针，除早经外委会决定,由【外】交部训令日内瓦我国代表团外,对于国际形势之转变,仍然用尖锐之眼光,全力注意。日内瓦代表团与外交部间之电讯,每日来往均甚频繁。闻各强之态度,已日趋鲜明。法国对维持国联尊严之政策,已确立不摇。英美之意见,亦趋同一途径。美国之大选,无论胜利属于民主党抑或共和党,其传统之外交政策,决不致有何变动。对于中日问题,最重要之一幕,即所谓"满洲国"问题,各国对美国务卿史汀生所历次宣布之,不承认侵略之结果一节,现已完全一致云。

《中央日报》1932年11月4日第一张第二版

433. 英上院辩论中日事,咸认东北问题极严重,对李顿报告暂守缄默

李顿报告各派一致称赞

【中央社伦敦三日路透电】 上议院昨晚辩论满洲问题,反对党领袖彭逊贝勋爵,请求政府宣布对于李顿调查团报告之态度,彭力赞李顿报告之得体,且郑重申述英国于国联开会时,应领导各国谋获满洲之解决。彭称国联行动之迅速,有时虽未能满足吾人之期望,但此次中日纠纷,国联能集关系各方互相讨论,可谓已获一重大之胜利。日本事势,已有变迁,吾人似可相信日军人之举动,非得全国热烈之援助。本人深信列强无须采用激烈言词归咎任何一国,只须尽力合作,当可达到解决满洲问题之目的云。

罗迪恩勋爵继起发言,据称满洲纠纷最大之问题,及其解决方案,是否可使国际和平之组织更进一步,抑使吾人退入国际争战之途径,九国公约、非战公约以及美国务卿历次之宣言,对于满洲问题之解决,均备有力之工具,只须吾人之运用得法,持以毅力而已。倘上述条约,失其效用,远东势将沦于长时期之混战,日人之战斗心理日趋浓厚。关怀时事者,时以为忧。中国青年,近亦日趋激昂,或有放弃宪政发展,而谋报复之虞,除非满洲之症结,完全消灭。华盛顿会议所缔结之国际约章,势将成为废纸,而缩减海上军备,亦非放弃不可。如此则军缩问题,与非战公约之前途,以及英帝国太平洋属地之前途,均

难设想矣。本人深望政府注意满洲问题关系之严重,各国须具决心,积极进行,以谋解决云。

次工党亚兰勋爵发言,敦促政府表示任何解决方案,若不严令关系各方遵守国际义务,英国政府均不认为满意。薛西尔勋爵亦做同样请求,促政府早日宣布援助国联之决心。

李顿勋爵对于罗迪恩申述满洲问题关系严重一节,表示赞同,并谢上议院对于报告书之赞许。渠认此时勿须催促国联讨论报告,因行政院已定期开会矣。李顿续称国联如非各会员国全体同意难施任何办法,故渠并不希望政府此时发表确定之意见,因各国事先若自加缚束,反碍将来之进行。但渠认满洲事件,若再延宕下去,极为危险云。李顿尚谓调查团于某时期内,颇欲草拟较为详细之建议,但后复决定仍以注重紧要原则为得体。李顿末称渠愿外相西门,接受调查团之报告书为赴日内瓦辩护之要点云。

海尔山姆勋爵代表政府答复议员之质询,海氏对于报告书之措词明白稳健甚为赞扬。海氏最后声称,在国联未考虑报告书前,政府对于整个之报告书,或对于其中建议,均难发表意见,因满洲事件所包括之问题巨大,必须于相当时期相当地点讨论,庶各国不至因事先所发表之意见而自作束缚。

最后反对党领袖彭逊贝起称,李顿似谓外相西门将以调查团报告书为辩护之纲领,渠聆此语,甚为欣慰云。

外部宣传不居领袖坡位

【本社三日上海专电】 英外部今日在国会上院宣传,英国对于满洲问题,宁将与他国同意,遵行一简单政策,不欲自居于解决此问题之领袖地位。一时全院报以采声。按英外部此项声明,系答复波森伯议员之询问,由外部准备答案后,交海尔珊在上院宣读。波森伯尝谓渠颇有理由,可信向日本军阀决裂进攻之举,外界不甚热烈赞成,目下全世界已有一种感想,以为国际联合会应认保卫其所代表之国际法,乃其主要职责。今日海尔珊答称英国立场既不拥护李顿报告书,亦不反对,我国目的,不欲在日内瓦有何活动之步骤,惹他人注目,致群认英国为首先发动,或居领袖地位。我国宗旨不愿有一单独政策,宁与他国联合,觅一简单之政策,而可视为整个国联之政策者。英政府为谋获得此种政策起见,将劝中日两国同行该政策云云。今日李顿勋爵亦曾参加讨论,声称国联苟欲满意解决满洲事件,必须有完全之一致,倘各代表胸中预先有一既定政策，其势必难获得一致。此种复杂问题，将非此拒彼允，趋向各异者，所能解决。吾人此时苟不能坚决与智巧的处理此纠纷之局，远东定将有长时期之混乱与战争。盖中国迟早必将振兴，彼后起之青年，或将开始准备报仇与战争之政策也。

《中央日报》1932年11月4日第一张第三版

434. 国联讨论李顿报告，美将与国联密切合作

【中央社上海五日电】 国民社日内瓦江（三）电。据此间可靠方面，预料美国与国联，对于处理李顿报告书之策略，仍将继续密切合作。并闻美国将派欧洲军缩会议之观察员台维斯，将兼任国联观察员，参加行政院本月马（二十一）召集讨论李顿报告书之大会云。

《中央日报》1932年11月5日第一张第二版

435. 日人惯造谣，谓冯北上与复辟有关，冯已电复罗文干否认

【中央社北平四日路透电】 日人近传冯玉祥北上与复辟运动有关，罗外长电冯查询。冯已复电否认，且提及往事，证明造谣者无稽。冯提及民十五年驱逐溥仪及倒吴佩孚两事，证明其无帝制观念。李顿报告书内称冯玉祥于1924年背叛吴佩孚，冯认此与事实不符，应请政府设法更正，因1924倒吴乃与总理合作，援助革命云。

《中央日报》1932年11月5日第一张第二版

436. 日内瓦人观察，日人之野心，已由侵略我国东北变为东亚门罗主义

【中央社上海四日电】【国民社日内瓦江(三日)电】 此间现认日代表此次赴日内瓦正式讨论李顿报告,足见日本外交已改取一新政策,将由代表日军在满作战辩护,一变而以东亚民族之保护人自居。纵日本人之亚洲门罗主义,迩来尚无正式宣示,而一般观察时局者,料在此次会议席上,将闻黄色人种之重梁等辞句。惟当此资格最老与最聪明之帝国建造者,即"英国",方以卸去〇〇〇治权自慰之际,而日人尚欲背荷帝国主义之重担,诚令此间观察时事者,不胜惊异。目前日陆相荒木贞夫,在日文杂志上发表一文,有东亚国家受白色人种之压迫、虐待,此乃不能否认之事实,日本不应再坐视而不为之所等请愿。现日本外交政策,已由专事保护满洲广大利益,变为东亚门罗主义,现此间批评日本政策者,皆为日人所称"亚洲为亚洲人之亚洲"一语,其意义即等于"亚洲为亚洲最强民族之亚洲"。观此足见日本侵略东亚大陆之野心,业已举世皆知。因此日内瓦方面,反对日本者皆称日人殆已遗忘欧战时干涉欧洲事件,向协约国商得秘密谅解,取得太平洋德属岛屿之时。日人现既代管太平洋德属岛屿,已与欧洲政治制度牢固系锁,非先舍弃代管岛屿,不能对于欧洲过墙拔梯云。

《中央日报》1932年11月5日第一张第二版

437. 英舆论界评英政府缺乏毅力，谓对中日事件应采坚决态度

【哈瓦斯社伦敦三日电】 《孟却斯脱保卫报》评论国联会行将审议李顿报告书一事,要求英国政府,乘此时机,决定采取坚决态度。该报并发一疑问,谓:"吾人将继续觅求一毫无实效之妥协案乎,抑将采用一种至为确切之妥协乎?"该报又谓:"吾人从事迁延,为时已久。"该报追述伦敦政府,因缺乏毅力,

对于美国所建议或所赞成之建议,曾两次阻其成功。又作结语云:"侵略国之尊严,较之数千百万人民之生命及自由,当有轻重之别。中日争端,不惟关系远东和平,而国联会与非战公约是否有效,亦将于是觇之"云云。

《中央日报》1932年11月5日第一张第二版

438. 郭泰祺赴日内瓦前,与记者谈中日事,彼深信国际合作

【中央社伦敦四日路透电】 中国驻英公使郭泰祺于赴日内瓦前,语路透记者,吾人始终深信国际合作。郭称关于中日问题,中国准备接受符合国际约章及中国领土行政完整之合理解决云。

《中央日报》1932年11月5日第一张第二版

439. 松冈抵莫斯科晤李维诺夫,声称未负谈判使命,希冀苏俄承认傀儡

【中央社上海四日电】 日讯莫斯科江(三)电,松冈洋右一行二十余人,江(三)晚九时抵莫斯科。苏俄外交部代表、日大使馆员等,莅车站欢迎。松冈预定在此留居两日,以个人资格会见外交部长李维诺夫,及次长加拉罕,谈日本在国联之立场,及其他问题。关于承认"满洲国"、日俄不侵条约等问题,亦将表示意见。松冈今晚对人曰,苏俄承认满洲,对于远东及世界和平,必有大贡献云。

【中央社上海四日电】 国民社莫斯科江(三日)电,松冈洋右今日向美联社记者否认,渠将与俄当道邮递侵犯条约及承认满洲伪组织问题,但此行将进见苏俄外交委员李维诺夫,以私人谈话性质,作非正式之接洽,并谓渠或将个人同意此种条约。松冈声请世界人士,及各国新闻记者,对余小驻莫斯科,未免过于重视。有《纽约论坛导报》通讯员,其至远赴离此一千哩外之史维罗夫

斯克，询余过莫斯科时，是否将谈判不侵犯条约及劝苏俄承认"满洲国"。余告以此行唯一职务，在出席国联大会，未奉与苏俄政府直接谈判之命。惟在莫斯科余将以私人资格，非正式讨论此等问题。余希望一谒史丹林，但并非进行谈判。余固将叩询苏俄未承认"满洲国"之原因，余此非谈判也。又谓余抵日内瓦后，将发一正式声明，申述日本对李顿报告之态度。途中拟在柏林勾留一日。驻法大使长冈亦崛，可于半途同行赴日内瓦云。

《中央日报》1932年11月5日第一张第二版

440. 李顿定期演讲中日问题

【中央社伦敦五日路透电】 李顿爵士定十一月九日向众议院中保守党之外交委员会，演讲中日问题。该委员会之中国级组长宾德登（译音），被推为主席。闻众议院之深悉远东形势者，对调查团认中国政局不定，为百祸之根一点，极为注意。李顿爵士对此点将予以充分发挥云。

《中央日报》1932年11月6日第一张第二版

441. 松冈滞留莫斯科，促俄订不侵犯条约，加拉罕提议日方不能接受，松冈利诱苏俄承认伪组织

【本社五日上海专电】【国新支（四日）莫斯科电】 据可靠方面传出，苏俄外副委员加拉罕，曾向日本出席国联代表松冈洋右表示，愿见日俄不侵犯条约早日签订，但提出若干提议，有非松冈所能完全接收者。当初两人预期谈话三十分钟，嗣乃延长至两小时而别，并订歌（五日）继续晤商。松冈与加拉罕晤谈后，复访外交委员李维诺夫谈话，内容未系悉，但亦近一小时别，料所商主要问题当在不侵犯条约云。

【中央社莫斯科五日路透电】 日本特派员松冈洋右，决暂不赴日内瓦，拟在莫斯科稍留数日，与李特维诺夫及加拉罕作私人谈话。

【中央社上海五日电】【国民社南京支（四）电】 松冈洋右在莫斯科便遍

访俄要人，虽自称仅系友谊与非正式之谈话，而日本各大报连接近政府各报在内，莫不期望此举能获巨大结果。据报载，其访问俄人之主要目的，除接洽不侵犯条约外，大致尚有二种：一为向苏俄解释日本与"满洲国"之关系，消除俄人之疑忌；二为深测俄政府被邀参加会议讨论外顿报告书之态度，先加以疏通。此外再不于消释俄人之疑忌之后，乘间以合作开发满洲为饵，劝苏俄承认伪组织。按加拉罕前在驻华大使任内驻北平时即与松冈相识，两人既有旧谊，此次不难畅所欲言，故日人对于松冈在俄谈话期望颇奢云。

中央社上海五日电。莫斯科支（四日）电，松冈洋右以国联行政院展期，决在俄待吉田抵俄，同于佳（九日）离俄。

《中央日报》1932年11月6日第一张第二版

442. 中日问题各国咸认事态复杂，有待于政治的解决，日派出多人侧面折冲

【本社六日上海专电】【电通东京电】 马（廿一日）所开之国联理事会，对于"满洲国"问题之解决，究采如何之根本方针，现尚难预料。惟各国之态度，皆认事态有复杂性，除对报告书维持外，回避明白表示态度。然总统合各方之情报，则英法等国，以为日本既以承认"满洲国"，报告书与日本之主张，显系全不相容，故如斯问题非以理论所可解决，当然须待于政治解决，方与日本代表之侧面的政治折冲，有甚大之期待。外务省亦深知此种空气，故以松平驻英大使对西门外相，松冈全权对法国首相赫礼欧，并以佐藤驻比大使与伊藤述史对付国联及各小国方面，更以出渊驻美大使，于十一日出发，返任之际，经过欧洲，在日内瓦与美代表诺门台维斯会见，将为侧面的折冲云。

《中央日报》1932年11月7日第一张第二版

443. 日又传国联将组国际委员会，不自动作制解决办法，将怂恿两国直接交涉

【中央社上海六日电】 日讯，东京六日电，国联理事会开会在即，国联解决满洲问题，能否维持其体面，且使中日两国满足，各方面均注意此问题。最近美国军缩代表台维斯与英法两首相会见。又冬（二日）英国上院讨论满洲问题。因此国联拟行之方针，渐此明了，即国联拟为避免问题愈形复杂起见，先将理事会之提引交大会附议，而理事会所能行动之范围，邀与中日问题有直接关系之国家，组织一种国际委员会，以谋解决方法。然以从来国联所采态度观察，此种委员会似不自动作制解决办法，但尊重中日两国之立场，怂恿两国之直接涉，亦未可知。

《中央日报》1932年11月7日第一张第二版

444. 日使有吉定今日返国，拟定对我外交政策，放弃武力使国联无所借口，以权利均分使英美勿反对，收买我舆论缓和抗日抵货

【本社七日上海专电】 日使定庚（八日）返国。向政府贡献对华外交政策，主张：（一）放弃武力政策，以政治手腕解决华北与热河问题，而设法使张学良自愿放弃东三省，使国联方面无所借口，且可稍缓关外义军之仇敌心理。而我政府则以全力开辟满洲，移民垦殖，如三年后热河与华北，可不费一弹，不加一矢，垂手而得。[（二）]美英之在中国华北利益，其地位与日处于平等线，故我政府宜以权力均分为主，使英美各国沉寂其坚决反对之空气。一面则以和平亲善政策，使中国政府及民众，更改其抗日主张。此计若行，则关外之中国义军，必因关内之断绝供给，而自趋灭亡，"满洲国"政府基础，亦将因之而益形巩固。（三）收买中国舆论，使执笔者对于我方秘密，加以审慎，不予披露，贱卖日货之华人商店，不予检举。盖中国民众之反日态度，所以得有今日之坚

决勇毅者，类皆报界执笔者为之领导，故我政府对于此辈宜加收买。又日本对华贸易，向居优越地位，自沈案沪案相继发生后，中国民众乃群起作抵货运动，以致侨商之对华贸易，一落千丈，商厂停工，轮船减班，其所受之损失，直开中国民众自有抵制日货运动以来新纪录。仅上海一埠，因华商退货，而致堆积之货物，已达日金百万元以上。虽华北一带，形势稍见缓和，但我国货物，仍不能畅销于中国市场。今如欲挽回此种危机，决非减折成本及增加佣金两办法所能解决者。第一须先从缓和中国民众反日情绪入手，即停止对华扩大军事行动是。第二须请政府豁免征税，则成本自属轻减，推销自易。第三政府须以全力协助在华侨商，恢复其固有对华贸易地位。以上数点，亟应请我政府加以慎重考虑，而予以施行。

《中央日报》1932年11月8日第一张第二版

445. 松冈又以退出国联恫吓，要求国联尊重日本的意见，讥笑美国所持态度为傲慢，基于莫名其妙的正义观念

【中央社莫斯科七日路透电】 日本特派员松冈，向日本记者谈，如国联仍坚持其已过之态度，日本退出国联为毫无疑义之事。维持世界和平与增进国际友谊之最重要点，在日本尊重国联意见，而同时国联亦须尊重日本意见。

【中央社上海七日电】 日讯，莫斯科鱼（六日）电，松冈洋右谈美国政府，自满案发生以来，所取态度，基于如次两种理由：（一）美国忧虑"满洲国"之成立，阻害美国远东贸易，且违反门户开放原则。（二）莫名其妙的美国式国际正义观念是也。关于第一项理由，余劝美国暂时静观事态之推进，然美国抱怀如此杂念，不免过早。第二项美国人特有之独善其身的国际正义观念，只以自己之行动为正当，而断定他国所为全部失当，其态度实不得不谓傲慢之极，此问题除待美国人民自行反省外无他种方法云。

《中央日报》1932年11月8日第一张第二版

446. 各国意见一致，不承认伪国，原则上接受李顿报告书，此次国联大会能收实效

（中央社）国联行政院会议，已定本月二十一日开会，讨论李顿报告书。在提请国联特别大会讨论之前，将先送十九国委员会加以研究。闻大会会期，最早须至今年年底，或明年正月。据外交界可靠消息，国联方面因鉴于过去历次决议案，未能见诸实行，此次大会，对中日问题，将用全力对付，以求适当解决。第一步先谋各国之意见完全集中，俾此次大会之决议案，能实际发生效力，不使此足以影响远东和平之纠纷长此牵［迁］延。现时各国，对不承认所谓"满洲国"，及原则上接受李顿报告书，意见已趋一致，惟对于解决中日问题，究用何种办法，尚需详细考虑。故预料此大会必须费相当之时间，始能告一结束。至我国应付此大会之方策，外委会所决定者，系对日内瓦我国代表团之一种训令，俾于讨论李顿报告书时，我代表团得根据此项训令随机应付，并非向国联会议提出意见书云。

《中央日报》1932年11月8日第一张第二版

447. 法言论界揭发日人野心，谋联合各民族成一大帝国，以亚洲主义反抗西方文明

【哈瓦斯社巴黎五日电】此间经济界言论机关《消息》报登载一文，评论中日两国关系，署名者为狄沙拉氏。其内容系就日本人所表示之意见，以说明日本外交政策。其扼要之言即："日本所之进行者，并非仅以一种大规模之举动，攫得新市场。日本之所为，乃为远东一大帝国之学术综合运动。"又云："日本最近对满洲之举动，意在恢复秩序，诚有如李顿报告书所言者，以故日本行动所关者，为整个之亚洲问题。按日本政治家意见，日本不能不求发展，而其发展之方法，可资选择者有二，或向太平洋各外国属地发展，或向东亚细亚发展，日本所决定者为第二方向。此种发展，共有两个阶段，日本目下之行动，或

即其第一阶段,亦未可知。所即谓向东亚发展,即向大陆发展之意。若加以精密研究,则知此种发展,必然遭到困难。日本在满洲组织强固之铁路网,占有军略上之根据地,必能在东亚控制时局,此于日本海相冈田对议院之宣言可以见之。冈田之言曰:'奖励满洲武装移民,政府认为与其政策相合。'日本军力准备,虽有世界恐慌,仍不断进行。与军事准备同时并进者,尚有心理上之准备,日本拟俟征服满洲之后,联合各种民族,如蒙古人、满族人及俄人而成一大帝国。顾日本人之希望,犹不在此。其意尚欲乘苏俄及宗教运动之时,利用近代化之神道主义以广宣传。日本之计划,大抵如此。日本之所以如是者,实因其移民在澳洲、加拿大、美国及苏俄到处受阻,故转而向大陆进攻。其实有此计划之时,国内财政上及社会上感到困难,当然不小。第吾人所当注意者,即日本所提倡者,乃以亚洲主义反抗西方文明之物质主义,此种趋势,实甚危险,吾人要不可忽视之也。"云。

《中央日报》1932年11月8日第一张第二版

448. 段祺瑞更正日方之造谣,昨电罗文干否认出山

日前日人造谣,谓冯玉祥北上将联合北方将领,拥段出山。外交部罗部长曾于前日特电段氏,询问真相。昨接段自北平电复,力事否认。略称,此说绝无所闻。衰老之身,自顾不暇,安肯作蚕自缚等语。近来日人在华通信社,恣意造谣,中伤中国,据闻此系日人有组织有目的之动作。所谓北方军人拥段出山之说,即其一段。自经冯玉祥氏发电否认后,日人通信社,仍宣传如故。此次又经段氏再加否认,日人造谣益获反证。闻政府方面已予注意,将严加取缔云。

《中央日报》1932年11月8日第一张第二版

449. 市商会痛暴日破坏和约，成立拥护国联盟约分会，秉商人自决宗旨对日将施经济封锁，昨通过章程推陈心言等五人为常委

南京市商会，为根据贸易自由之原理，秉商人自决之宗旨，对于破坏和约之暴日，实施经济封锁，并应拥护国联盟约委员会之主张，筹设拥护国联盟约会南京分会，特于昨（七）日午后三时，在该会会议厅，召集全市各业同业公会主席委员，举行京分会成立大会，并讨论市民马锡侯反对房捐案。到社会局科长旷运文、宪兵司令部刘英杰、警厅陈振宗、各公会代表及市民马锡侯、高本恭等六十余人，主席穆华轩。开会如仪，首由主席报告开会宗旨，随即开始讨论。

决议案件

（一）市商会提议，具首都拥护国联盟约委员会章程，请予核议案。决议原案通过，并转呈市党部、市社会局备案。（二）首都拥护国联盟约委员会常务委员，应如何推定案。决议，用提名举手法推选，先选十人，再行推定五人。结果，陈心言、穆华轩、徐明扬、胡启阀、马俊等五人当选为常委。

房捐问题

继即讨论房捐案，首由主席报告，谓此案本须讨论，因适接社会局来令禁止，故关于此项提案，惟有暂停，并将社会局来令宣读一过。随即介绍社会局旷科长，对此事作详细解释。略谓关于解决房捐之适当办法，现正力谋进行等语。各代表当纷纷起立答辩，旷遂允转达市长核办，惟仍不允讨论，但各代表仍纷纷发表意见。至此主席乃将此案经过报告一遍，当非正式决定与法律人情，均可顾到之折衷办法，由商会先招集市民谈话后，再召集各业工会代表同至市府谋商解办法云。五时半，乃宣告散会。兹将盟约分会章程刊之如左：

分会章程

首都拥护国联盟约委员会章程。
第一条，本会以拥护国际联盟保持领土完整达到世界和平为宗旨。

第二条，本会根据贸易自由之原理秉商人自决之宗旨，以对于破坏和约之日本实施经济封锁为任务。

第三条，本市各业同业公会，凡赞成本会宗旨，遵守本会誓约者，均得加入本会为会员。

第四条，本会事务所，假在南京市商会内。

第五条，本会设执行委员无定额，其人选由各业同业公会主席或推派代表一人担任之。

第六条，本会设常务委员五人，处理会务。于必要时得增设之。

第七条，本会为策进会务起见，得设名誉委员及设计委员，由常务委员议决聘任之。

第八条，名誉委员、设计委员之人选，不限国籍业别。

第九条，加入本会之各业同业公会，应设置干事部执行本会决议，定名为首都拥护国联盟约委员会某某业干事部。

第十条，本会不收会旨，其经费得向赞助团体募捐。

第十一条，本会成立年限，以日本确能遵守国联盟约、返还侵地时为止。

第十二条，对日经济封锁实施方案，暨各项办事规则另定之。

第十三条，本章程经呈请主管党政机关核准备案后施行。

《中央日报》1932年11月8日第二张第三版

450. 日积极排美，美大使将重行抗议，日舆论主张对外侨征特税，美人认其意专对美侨而发

【本社八日上海专电】【国新社庚（八日）东京电】 据此间非正式消息，日本之排美宣传，已达或将使美大使向日外务省重行抗议之程度。美大使署虽不信日极端国家主义派之排美活动，能得多数国民之参加，但当然不乐见其报纸及名人演说，时有排美之举。第美大使葛茨非至遇有确可抗议之处，不轻赴日外部也。最近尤使美人不悦，认为日本国家主义派之愚妄态度者，则有《国民新闻》社论，主张对于外侨征收特税，其理由以为日本放弃金本位后，日币对于外币之汇价狂跌，对于外侨，自可征抽特税。该报此论，虽对一般外人

而言，但其措辞专就日金与美币比较，故美人认其意专对美侨而发，为排美宣传之一种云。

日俄猜忌，缔约绝不可能

（中央社）日本出席国联大会代表松冈洋右，道经莫斯科与苏俄外交委员会副委员长加拉罕，数度会晤，企图缔结互不侵犯条约。但双方均力避居于主动地位，松冈亦坦白述明缔约之障阻，故双方会晤毫无结果。据熟悉日俄关系内幕者谈，苏俄深知此时与日本正面冲突殊为不利，故缔结不侵犯条约，当然乐为。但日方要求苏俄先行承认叛逆组织，苏俄为则绝难同意。至日本内部对缔约一事，意见亦不一致。文治派主张立即缔约以免外交孤立，军人派则不愿无条件缔约，致束缚其军事行动。总之，双方利害冲突，各怀胎鬼，缔约绝不可能。松冈此行亦不过虚张声势，不得不失望离俄矣。

【哈瓦斯社巴黎七日电】《时报》社论对松冈洋右之谈话加以批评，谓："观苏俄坚欲于订立多种互不侵犯条约，吾人心中至少以为苏俄之意，欲在目前树立保障，以避免战争一切危险。苏俄对于此种条约，似属特别重视，其政识目标所在，若果如一般人所云，则吾人不妨加以策验。第有一种条件，不可忽略，即对于革命性质之政策，须严密防范，勿使乘我不备，而为我国之患是也。欧洲各国因此种政策蒙受不利其事，盖已累见不鲜矣。"云云。

日代表团讥笑李顿报告

【哈瓦斯社莫斯科七日电】　国联下届特别大会，日代表松冈洋右顷对《巴黎时报》记者云："吾之任务，在赴日内瓦说明世人应了解而尚未了解之日本地位。吾人以为"满洲国"之创设，为时局稳固之一种要素，大局之澄清及远东之和平，均利依赖焉。吾人试以满洲与中国之情形相比较，则"满洲国"之进步，显然可见。假使"满洲国"如吾人所希望能树立一有秩序能统一而行法治之模范，则日本人固首先欣幸者。予在莫斯科拟多住若干日以便参加革命十五周年纪念。日本侨民在满洲地方，为中国军民所包围者，苏俄与[予]以援助，并表示同情。予特乘此机会，向李维诺夫及加拉罕表示谢忱。"关于日俄互不侵犯条约一层，松冈仅谓："关于此事之谈判当以通常外交手续行之。"又向时报记者附加一语："日本代表团人员，对于李顿报告书不无嘲笑之意。"云云。

《中央日报》1932年11月9日第一张第二版

451. 美代表之出席国联，日又表示不愿非会员国参加

【中央社上海八日电】 日讯，东京庚(八日)电。行将开会之国联理事会，有无美国代表之出席，颇为各方注目。日本与前次会议同，仍不愿非会员国代表之参加。据外务省七日接到日内瓦日代表团报告，秘书长特拉蒙对秘书局长泽田言明，国联招请美国代表问题，现尚未成问题。

《中央日报》1932年11月9日第一张第二版

452. 献计谋我，有吉昨返国，预定旬日后再来华，某要人谈有吉阴谋

【中央社上海八日电】 有吉庚(八日)晨偕书记官冈崎乘长崎丸返日，报告我国最近情形及外交方针，预定旬日后回华。

(中央社)日使有吉昨(八)日由沪返日，向政府贡献外交政策，主张放弃武力政策，以政治手腕解决华北与热河问题，消灭我抗日空气，断绝义勇军接济，并收买舆论。据某要人谈，日使此项策略，实较武力政策更为恶毒。盖日使经一月来向我全国各地视察之结果，深知我全国民气之激昂，决非武力所可压抑，而关外义勇军之忠勇抗日，尤使日军疲于奔命，必须立时改用亲善之假面目，始能将九一八事变后武力侵略之结果，稳固保持。国人对有吉此种阴谋，应加以深切之注意云。

《中央日报》1932年11月9日第一张第二版

453. 冯玉祥发表通电主张五点

【中央社北平八日电】 冯玉祥因外罗电询日传拥段谣言真相，江(三日)发表长篇通电，申述个人意见，原文用语体文，四千余言。主张(一)实现统一政治；(二)厉行民主政治；(三)发展建设事业；(四)转移对内仇杀，捍御外侮；(五)认清客观环境，一方严整反帝国主义战线，一方厉行革命外交等语。

《中央日报》1932年11月9日第一张第二版

454. 美对远东政策不变，大选之初选昨已开始举行，无论何党上台对外策仍旧

(中央社)四年一度之美国大选，于今(八)日开始初选，全世界之政治家现均集中目光，注视于最后胜利之究将谁属。据某外交家观察，民主党获胜之成分似较深厚，但共和党根深蒂固，最后结果恐仍须剧烈竞争后，始能分晓。如民主党果真获胜，则罗斯福政府之对外政策，与胡佛政府时代必无多大变更，尤其对远东问题，仍将与国联保持合作态度，或且更将密切。盖国际联盟之最初发起人，为民主党执政时之威尔逊总统，而民主党近年来对威尔逊总统之政策，并未放弃也。

【中央社纽约七日路透电】 美国明日之选举，关系甚巨，或认为美国历史上最重要选举之一，故全国人民兴奋异常。胡佛与罗斯福竞选甚烈，均作最大之努力，借谋获选。惟据美报界要人赫斯特所办各报之预测，罗斯福可操胜算。据称罗斯福可于五百三十总统选举票中，获三百五十票，胡佛可得一百八十一票，民主党于全国四十八州中，可于三十六州内胜选云。

【哈瓦斯社尼加拉圭京城七日电】 总统选举最初所得结果，自由党候选总统萨加巴，获得一万一千票之大多数。

【哈瓦斯社纽约七日电】 民主党虽预言胜利，但共和党候选人胡佛总统，仍极自信。当彼在加利福尼亚洲之柏尔萨尔多地方投票时，沿途受有热烈之

欢迎。民主党候选总统,昨日在海特公园之私宅休息,并准备在纽约州作最后一次演说。参议员波拉之态度,仍为一哑谜,但据吾人所知,彼素来竭力反对废止禁酒令。最近波拉在下伊达何州演说中,曾为现政府辩护云:"现政府不负经济恐慌之责,彼以恐慌之责,加诸现政府者,实未了解引种问题。"云。

《中央日报》1932年11月9日第一张第三版

455. 国民外交协会昨发表宣言,对报告书敬谢其好意,拒绝侵我主权之建议,望国人自觉速谋抵抗

深为感谢,查明许多真相

中国国民外交协会,顷发表对国联调查团报告书宣言,原文如下:

国际联合会,以调查报告书公布于世界。原来此项报告书,不过对于国联行政院之一种材料,在未经会议以前,向例不为公布。今国联首先发表,使世界认识国联对于东三省事件之态度。吾国虽被害者,固应以好意对之也。报告书于东三省事件,查明许多真相,于日本之侵占东三省,认为决非出于自卫,于满洲伪国之设立,认为日本之工具,于东三省之土地,认为确系中国领土之延长,于东三省之人民,确于河北、山东无差异,认一千九百十五年之条约(即二十一条)为重要之悬案,因此条约而发生无穷之争执,此种客观的公平判断,在国际间不易获见,吾人不能不深为感谢。

万难接受,为大战之导线

报告书既认明此真相,于此而生之原则,与建议乃处处迁就既成事实,于日本之武力侵占,不嫌曲予保持,于中国之领土主权,略不顾及。其所谓顾问会议时,不惟事不可能,其终极或造成一国际共管之局面,此则中国所万万不能接受者也。夫国联之职责,在于维持世界之和平。日本以暴力侵占中国之领土,当然负破坏和平之责任。若于其侵占之事实,而得国联正当之承认,不仅和平失其期望,祸乱必日见增加。影响所及,第一,使国联盟约、九国公约、非战公约本身先失其效用。第二,以由不正当之权原,共同治理一区域,又参

以多边式之国际关系，决不能臻于治安，且时时含有重大之危险性。第三，一千九百十五年之条约，为中国不能承认之条约，其成为悬案者，更不待论。今取而加一层保障，正所谓在中国境内，造成一日本民族之国家，自然益增中国民族之反感。第四，划分一国之领土，作成一特别区域，无异为世界作成一祸乱之泉源，将见未来之东三省，不啻欧战前之波赫二州，及严尔萨士劳伦两省，终为欧战之导线，即为显著之实征。此皆吾国不能接受报告书之理由，其关系亦不仅吾国也。

摧折强暴，端赖自身力量

在调查团之意，或者以为国联使命，在于维持和平，故不惜屈从强国苟且一时。不知中国与日本，同为国联会员，国联对两国之责任，当为同等，断不能以被侵占者为牺牲。同时日本对于国联两次撤兵之决议并未遵从，今乃转而曲认其侵占之事实，是无异自关其口齿。况中国之责望于国联者，为求公理之伸张，非战败之求和。报告书表面标一维持中国领土行政完整之原则，建议书乃一一打消，名实乖异，自必在在陷于穷境。盖世界惟公理可求和平，先拟定一不公平之事实，决无由而促和平之实现也。

我国遭遇暴力，以公理和平望之国联，途径固未稍差，然事实上早已至无可忍耐之境。今报告书虽未经国联会议，所谓公道和平之程度亦略略可见于此，吾国人当已憬然自觉。盖吾国之领土，为武力所侵占，惟自身之力量，足以收之回复一年以前之原状，摧折强暴之野心，以维持世界之和平，亦不得不借径于抵抗之一途。吾人敬谢调查团之好意，同时拒绝报告书之建议。

《中央日报》1932年11月9日第二张第三版

456. 美总统罗斯福当选，所得票数超过以前纪录，远东外交政策将无变更

【本社九日上海专电】【纽约佳（九日）电】 今晨将近九时，罗斯福已获选美国大总统，以继胡佛之任。胡佛已承认失败。今晨一时，国会选举报告如下：众院，民主党获一零七席，共和党获三一席，尚有二九七席结果未悉。参

院,民主党获九席,共和党获一席,尚有二四席结果未悉。

又电,今晨一时三十分,共和党已呈溃败之象。盖罗斯福已在三十八州胜利,共得选举院票四三四票,胡佛仅在六州胜利,共得选举院票七十票。

又电,今晨二时左右,据未完全之选举报告观之,罗斯福已得选举院票四百五十三票,胡佛仅得七十八票。胡佛总统对于失败泰然处之,胡佛已以贺电致罗斯福曰:"余谨贺君,获为国勤劳之机会,窃愿君从政顺利。凡吾人目的相同之事,愿竭棉[绵]薄以为君助。"罗斯福当选消息一到,日本朝野异常欢喜,以为民主党对满政策,必不致如史汀生强硬。关于税关政策,胡佛欲用封锁提高关税,阻止日本商品。罗对日感情颇好,于贸易上甚与帮助。故今晨股市及蚕丝市价大涨。日外部闻罗斯福将得胜,对满案甚表示乐观,谓罗必采自由主义外交,对远东政策,将停止干涉,严守美洲门罗主义。如此,则满案解决,亦有利于日。对满案美若采取消极政策,经济界亦必受大影响。

【本社九日上海专电】 华盛顿电,此间政界领袖保证民主党总统之新猷,行将先见于外交问题及内政之带有国际关系者,除禁酒问题外,当未必有急剧变更。一般之熟谙时事者,亦感料柄政者虽易人,而旧政府政策殆将一仍旧贯,仅有些微变更而已。第一外交政策中之远东问题,胡佛尝竭力反对变更条约地位,民主党政纲中亦曾默予赞同。闻罗在在选举运动以前,即已密切注意远东之事件,料当不变前政府政策。因此产生所谓咨商主义者,即主张苟有危及现行条约情形时,各签约国必须互相咨商举行会议。此项政策,且据接近罗者言,罗之外交人物,应久于其任,不宜轻事更迭,故料格罗仍驻日,詹森仍驻华。

【中央社纽约九日路透电】 罗斯福今日发表谈话,谓承国人对余(罗氏自称)信任,心有如此诚恳之表示,余深知所负责任之重大,将勉尽薄力为国效劳。

罗占优势,全国热烈拥护

【哈瓦斯社纽约九日电】 昨晚十一时三十九分,胡佛总统共得三五六九七〇,其政敌民主党候选罗斯福,共得五一五二三二四票。按美国总统选举人(美国选举总统,系间接选举制,兹所谓总统选举人,乃选民选出之代表,担任投票选举总统者),总数为五百三十一人,截至目下止,已选出者共有二百二十七人,其中十二人属于共和党(即拥护胡佛者),二百十五人属于民主党(即拥护罗斯福者),其余之三百〇四人,尚未选出。

【中央社纽约八日路透电】 今日全国开始选举。西部各州,阳光照耀,天气甚佳。东部各处,则云天阴郁,但尚无雨。众料美国农民,以此次选举关系綦切,无论晴雨,必踊跃投票。外间推测,仍认罗斯福可操胜算。据称罗氏与胡佛胜选之成份,为八与一之比。

【中央社纽约九日路透电】 本部各州之选举,结果尚未揭晓,罗斯福能否获选,此刻犹难确实断定。但就大体言之,罗氏大有希望。若竟改选,则将成为选举历史上绝大之奇绩[迹]。此时罗氏于二十八州内,占有优势。该二十八州,共有总统选举票二八四票。胡佛于七州内占优势,该七州共有总统选举票八十八票。南部各州,素为民主党之根据地,故胡佛在南部甚为失利。

【中央社纽约九日路透电】 此次美国大选,民主党所得票数恐将打倒一切已往最高纪录。一九二八年胡佛氏曾得二千一百万票,此次罗斯福氏有二千六百万票,超过旧纪录约五百余万票。选举票单位共有五百三十一,而民主业已占有四百七十二二。

【中央社纽约九日路透电】 美国大选之结果,民主党完全占优势,全国拥护该党之热烈,有如山倾。今晨一时半,罗斯福氏占优势者,已有二十八省之多,而胡佛氏仅有六省。共和党候选人胡佛氏,已草就祝电,庆贺罗斯福氏大选胜利。

罗氏当选,日内瓦甚欢欣

【中央社日内瓦九日路透电】 罗斯福氏获选为美国新总统消息传抵日内瓦后,此间各界均甚欢欣,觉此次选举结果,实为美国将采取同情欧洲困难地位态度,及美国将与国联更形亲切合作之一预征。无论台维斯是否返美,就国务卿职,或留欧任美国代表,台维斯之人格及议论,均足以鼓励军缩会议之进行。关于东三省问题,国联当局深信民主党将仍根据史汀生之外交政策,决无重要变更。

【哈瓦斯社纽约九日电】 胡佛总统,已于昨晚十二钟时,宣告放弃竞选。

【哈瓦斯社伦敦七日电】 英国舆论,对美国总统选举,极端注意。一般民众眼中所见者,不过禁酒派与反禁酒派之争。而在识见高明者,则因总统选举而虑及三种重大问题:(一)战债问题,此事现应由美国发动,方能讨论。(二)军缩问题,关于此层,如仅系陆地军备,则任何计划,英国均无异议。若涉及海军,则英国态度比较不易应付。(三)关税问题,美国税则,为英国保护政策之出发点,若干人士颇以英政府厉行保护制为忧。如美国能参加世界经济会议,并赞成减轻保护政策而低减关税,则英国之主张保护政策者,或亦可以和缓。甚至有人谓美国如能如此,则全世界关税壁垒,或可由此低减云。

经济衰败,为一重大关键

【哈瓦斯纽约八日电】 美国选举人,经剧烈之选举竞争以后,乃于今日选举新大总统。此次选举,殆以经济衰败为最大关键。盖失业工人一千一百万人,在选举人总数四千七百万之中,约计四分之一,对于选举结果,当有重大影响。故据多数政治观察家之推测,胡佛总统之命运将取决于中西部五州之投票。此五州者,即米苏果、米立尼阿、阿哈阿、印地安那、伊亚华是矣。以上各州之农工业,感受经济恐慌,足使共和党遭遇从来未有之厄运。总统选举,虽非由选举人直接投票,乃由选举人选举代表而任其选举总统,但明日投票结果,可知新总统之谁属。盖此项选举代表,乃按照选举人所指定之候选人而投票也。在大总统及副总统之选举中,各州所选代表人数,系与各该州在参众两院代表名额相等。依此计算,全国各州共有代表五百卅一人,以过半数而论,至少当有二百六十六票,方能选出元首。

《中央日报》1932年11月10日第一张第二版

457. 松冈在俄谈判无结果,俄认缔结不侵犯条约,与承认傀儡不能分开

【中央社东京九日路透电】 松冈洋右在俄之谈判,似无结果。据外部所得报告,苏俄认缔结日俄不侵犯条约,及承认满洲两事,不能分开谈判,应谋同时解决。而日本方面,则认此二事为单独问题,并无连带关系。日政府负责员称,苏俄承认满洲,不应以缔结不侵犯条约为条件。盖日俄两国是否缔结此约,应就条约本身之利益而定,不能以该条约为苏俄承认满洲之代价云。

《中央日报》1932年11月10日第一张第二版

458. 日对报告书，铃木在日文译本作序论，述日当局一部分之见解，反对与欢迎完全系私见

（中央社）自国联调查报告书全文发表后，日本外务省，予以迻译，业已完成，由东京朝日新闻印行，其篇首并冠以铃木文四郎所著之序论。按铃木氏服务东京朝日新闻社有年，曾任该社社会部长，暨出席伦敦、华盛顿各军缩会议及凡尔赛会议特派员，现任该社整理部长，暨论说委员，其著书足可耸动听闻。此次所著报告书日文译本之序论，叙述日本当局一部分对报告书之见解，于此可知，何者为日本人欢迎，何者为日本人反对。兹特迻译如下：

为供读者之参考起见，特将我国（日本）政府当局一部分对于本报告书之批评，即自日本方面观察，认为妥善与否各点，摘列于左：

认为妥善之各点

一、中国之内乱状态。关于论述中国之内乱状态，殊为适切，其于认识中国之实情，颇为明确。以满洲事变之远因，在中国无秩序无主见之混乱。并指摘各国均受中国内乱之损害，就中日本所感之痛苦，较任何他国为甚。

二、满洲之历史。日本于日俄战争，由俄国手中夺得满洲。以日本之资本技术，用于南满铁路各处，乃成关东洲，以及其他铁路附属地之特殊区域，借以维持治安。汉人苦于内乱，求此北方之乐土，陆续迁来，乃有今日之繁荣。报告书叙述此节，谓在日俄战争前后，满洲已为中国之所抛弃矣。

三、满洲之排日与抗日行动。列举近年来排日热度特高，甚至采取有害南满铁路之铁路建设政策。对于日本依照各种条约及协定所取得特权之利用，已渐有不予承认之倾向。并认张作霖蔑视日本劝告，勿从事关涉党派的斗争，专心努力开发满洲之意。张学良效其父之所为，亦不纳日本具有诚意之忠告。又认中国方面对侨满韩人之压迫与迫害，系有组织的，并有颁发排日的训令之事实，足证中日关系之紧张，并非因日本有何积极的行动而起。

四、张作霖张学良时代满洲之内政。据报告书所述，关于张作霖、张学良时代满洲之内政有云："拥有常备军约二十五万人，并有大兵工厂所。据闻所

耗经费,已逾银币二万万元之巨,推算军事费,已达全部经费百分之八十。以其余额充行政、警察、司法、教育等费,万难敷用。甚至官吏薪俸,亦不能发给。而一切权力,于少数军人之手,惟有乞助彼辈,始能获得官职。其引用亲戚私人,腐化恶劣之政治,不一而足,自势所难免。"调查团认为对于此种秕政,怀抱异常不平者,已遍布于各地矣。并云此种情形,不独见诸满洲,实为中国全部施政之真相。又列举征收重税,仍感不足,而滥发不兑现纸币,以供军饷等事。(未完)

(续昨)认为不妥之各点

一、调查委员越权之态度。依照调查团成立时之文告,该团显未受托编制解决中日纠纷之方案,而该报告书所列之解决方案,虽亦引用上述文句,自为辩解,惟该团表现裁定中日两国纠纷之态度,失之太过,熟览该报告书,令人感觉该团早有先入为主之成见,殆似得到结论后,乃着手探求凭证欤。外国各报,亦多有批评调查委员过于袒护中国者。

二、认满洲为中国之一部。该报告书以满洲大多数居民系属汉族为理由,谓"完全为中国之一部",此说殊未合乎逻辑也。

三、满洲事变与军事行动。第四章关于满洲事变之纪[记]述,多有不顾事变之真相之叙述。关于九月十八日事件,开宗明义即谓:"九月十九日星期六晨,沈阳居民睡梦方醒,惊悉全城已入日军掌握。"此语含义甚深。又云日军慎重准备,应付中日两军间万一发生之敌对行动,此计划于十八日至十九日之夜,见诸实行迅速而且正确云云。究若九一八事变乃系日本之计划的行动也者。对于中国方面,则断定中国军队,既未攻击日军,尤于其时其地并无危害日人生命财产之计划。其结论则谓九月十八日下午十时至十时半,在路轨上或路轨旁发生炸裂之事,虽无疑义,惟铁轨纵有破坏,实际上并未能阻止长春南下列车之准时到站,断不能引为军事行动之理由。故前节所述日军在是夜所采之军事行动不能认为合法之自卫手段。虽然本调查团之为此言,并不摒弃下列之假定,假定为何,即当时在场之日本军官,或者系认为自卫而出此也。

又谓路轨破坏甚少,故不得谓为自卫行动。中国方面,毫无抵抗,并未开火。即使有开火者,亦非受有命令进攻。因受日军攻击及嗣后之行动,致使其周章狼狈云云。其口吻等于为中国作辩护也。

四、轰炸锦州。报告书叙述轰炸锦州之事,谓日军对于毫无抵抗之锦州市

民,突以飞机轰炸,炸弹落于医院及大学等处,并下断语,谓以武力轰炸民政机关,不得谓为正当云云。(未完)

(续昨)而于日军何故施以轰炸之原因,则并无一言提及。盖张学良之政权既被摈而离沈阳,乃在锦州设立民政机关,谋集匪贼残兵,威胁南满铁路沿线。日军探悉其事,乃用飞机前往侦察,散放传单。声明日军对于良善市民,决不加以危害。飞机因遭中国军队射击,不得已始出而应战。其结论对于以上各节,置之不问,宛若日军毫无理由,而向锦州市民施以轰炸也者,此说吾人断难容认。尤以调查团所用为唯一之证据,乃系中国政府顾问美人路意斯于十二月十二日赴锦州调查所得之件,其所提出之证据中医院被炸之照片,仅炸毁室内,而屋顶及天花板,均无异状,甚属滑稽,不仅认识不足已耳。

五、居民对于"满洲国"之态度。报告书谓调查团为欲察知居民对"满洲国"之意向,排除万难与实业家、银行家、教员、医生、警察、商人各界秘密会见。又就一千五百五十封匿名信件,加以判断,深悉官吏、实业家、商人、农民等,对于新国均怀敌意,投来信件。除两封外,其余对于日本及"满洲国"均极度表示敌意。且假定此种信件,皆属真实,且系自发的意思云云,恐系漏叙上述匿名信件之前提,乃系"除两封外,其余似皆受张学良指挥而作者"。调查团负有重大责任,乃拾此无稽匿名信件为证据,其不谨慎之态度,断难令人谅解者也。又对于张学良辖下要人尽逃之后成立之满洲独立运动,竟谓"前在满洲从未闻有独立运动,由于日本军队之在场始成,可能毫无疑义"云云,作讥笑之看法,且臆测日本参谋本部,援助指挥满洲之独立运动,此为日本政府最不能忽视者也。

六、抵制日货与行使武力。抵制日货既认为系属形成南京政府之国民党所组织统制命令,以胁迫的方法强行之不法行为,而其结论乃谓中日两国在经济上有不得不互相依赖之关系,乃一方采取武力,一方则采取经济抵制力量,以相抗持。在此时期,两国间殊无实现经济接近之可能。至中国之抵制日货,日本从未使用武力。对于经济抵制,只用外交手段而已。报告书故意不提此节,其所予读者之印象,宛若每遇经济抵制,均必行使武力也者。

七、安全保障问题按诸法律。按诸法律"满洲国"为中国之一部分,但调查团既认满洲自身处于自治之状态,而一面则反对"满洲国"之成立。又谓恢复原状,亦徒使时局纠纷。至对于满洲应如何处理一层,所提出安全保障之方案,则谓"对于安全问题,所用解决方法,与世界其他各地所采取之手段相似者,乃为日本之利益"。观察满洲四围状况乃作此语,殊过于空泛也。

八、解决中日纠纷。报告书所列举中日纠纷之解决方案十项,其中最堪主义者,为承认中国在满洲之宗主权,谓"应该更为足以适应东三省地方情形与特性之高度自治权"。此说苟在满洲事变勃发之时,或尚有考虑之余地,殊未可科[料]。惟今日日本业经承认"满洲国",无论其为宗主权或自治区域,均已不能存在。以日本之立场,对此问题,或其他之劝勉,均已无考虑之余地矣。

九、对于内部治安及外来侵略之保障。此种方案,乃以满洲为无军备区域,而以有效之地方宪警,维持其内部秩序。按调查团曾云满洲有二十万之正式军队,此外尚有相当多数之警察。以二十五万之正式军警,尚至秩序紊乱,治绩莫举,若于此时撤去所有一切武装队伍,而欲以宪兵维持秩序,实百思莫得其解者也。(完)

《中央日报》1932年11月10日第一张第二版

《中央日报》1932年11月11—12日第一张第三版

459. 史汀生宣称美远东政策无变更,共和党决不遗留困难问题,卸任以前循现行政策合作

【中央社上海十日电】 国民社华盛顿九日电。美国务卿史汀生,今日表示共和党政府,决不留困难问题交于民主党解决。史氏会向新闻记者声称,渠认就可能方面尽力协助民主党,乃渠之职务。并表示关于远东问题,双方政策实际毫无殊异。人谓渠在卸任以前,将循现行政策,尽力合作,以谋移交之便利。又参议员史汉生,外间咸有参院外交委员会新主席之目,今日亦称在远东政策上,即有变更,亦极微细。惟菲独立问题,在本届国会内,恐或未必能解决,因新当选之议员,或将与现有旧议员意见,未必尽同也。

我外交部将电贺罗斯福

(中央社)美国大选,现已揭晓,民主党候选人罗斯福战胜胡佛,膺任下届总统。外交部即将去电致贺。此间外交部对罗斯福之当选早在意料之中,并不惊异,并信任罗斯福总统就任后,其对外政策与胡佛总统时代必无多大变

更,而对中日问题必与国联更形密切合作。因国联之发起人,即为民主党执政时代之威尔逊总统。而民主党年来政策,仍默守威尔逊总统之政策,毫无变更也。按美国宪法,胡佛总统于明年三月间始行满任,罗斯福将于斯时正式就任总统之位。在罗斯福就任之前,胡佛仍照常视事,但其一切行政,将与罗斯福商酌后进行。故国联对中日问题之调解,仍可毫无间断停顿云。

【中央社上海十日电】【世界电讯社巴黎灰(十日)电】 欧洲各国对美国选举总统甚为注意,均谓罗斯福当选,美国不但不能变更其已往对于中日问题之政策,且更能拥护国联,以解决中日问题。台维斯有将任美国务卿或驻伦敦或驻巴黎大使之说。罗斯福向即主张用国联盟约及非战公约,为抵制暴日及保全中国领土之工具,彼当选总统,自当为有效之主张。罗氏并曾一再声明,将来定当依照史汀生所定对中日问题方针进行,绝不允许任何国家用武力得到他国领土为有效,更不承认破坏非战公约国家,在他国所得到之一切权利。

日本方面对罗当选态度

【中央社上海十日电】《大美晚报》灰(十日)社论,谓美大选揭晓后,日方颇有因史汀生将去,表示欣幸者。实则美对远东政策与其谓为个人的表示。毋宁谓为整个的国家态度。中日事件发生后,美国种种举措实为此种态度的前展。新总统于竞选前后对远东问题曾作精密研究,主张因袭现行政策,不予更变。且共和民主两党,自以后者倾向较左,故对远东政策殆将趋于硬化,决不致如日人所希望之一变而为和缓云。

【中央社东京十日路透电】 日联社消息,罗斯福当选美国总统,日本商人颇为愉悦,日本银行总裁土方久雄谈美民主党之胜选,对于全球或将有利。因美国经济状况,如能稳定,日本及其他政府对于经济凋敝及其他国际问题,均可采取一定政策。但民主党对于关税,难于十分减低,因美国商人素谓外汇低落,美商所受外货竞争甚烈云。东京商会会长乡诚之助谈罗斯福之获选,当使美金融更为活跃,并恢复各方信用。

《中央日报》1932年11月11日第一张第二版

460. 张学良昨由平飞汉，谒蒋宋商外交财政

【本社十日北平专电】 张灰(十日)晨偕刘多荃谒蒋宋。

【本社十日北平专电】 张佳(九日)晚宿颐和园，灰(十日)晨九时，由清河乘机飞汉谒蒋商外交财政计划。卫队统带刘多荃及副官数人随行。张原定庚(八日)飞汉，因事未行，继以蒋电促，乃决定灰(十日)往。行前召于学忠、万福麟、何柱国、王树常，说明赴汉之意，命于等分别负地方治安责任，军分会事交万荣主持。约删(十五日)前由汉返平。又张、万、于、王、班禅、朱庆澜，定文(十二日)晚四时，在顺承王府茶会招待各界。

【本社十日徐州专电】 张学良随员刘云清谈，张爱国热忱，较任何人为重，故不时接济义军饷械，俾坚持抗日，使全国得展缓动员之机。

【本社十日徐州专电】 张学良随员刘云清、刘奎明等七人，乘福特飞机，由美人巴尔驾驶，六日由平南飞，十一时半抵徐，降落添油，五十分赴京转汉。据谈，张偕朱光沐、刘多荃等，乘大号福特机九时由平起驶，约二时可到徐。是否降落，或由郑飞汉，不得知。惟张晤蒋，系商东北国防大计及华北治安状况，未便发表。记者侯至下午四时，张机尚未到。

【本社十日北平专电】 张赴汉谒蒋，除商洽外交财政外，并侧重于军分会之本人责任问题。

《中央日报》1932年11月11日第一张第二版

461. 松冈今日抵巴黎，将集合大使公使等，协议对国联之对策

【中央社上海十日电】 日讯。松冈洋右真(十一日)可抵巴黎，文(十二日)元(十三日)两日集合驻欧大使松平、长冈、佐藤、矢田、崛田等，以日政府意见书为中心协议对国联行政院及大会之对策。集议后各使即返回任所，于行政院开会二三日前，再集日内瓦，俟吉田抵日内瓦后再作二次集议。

【中央社上海十日电】 日讯。华沙佳（九日）电，松冈羊右本日上午访问波兰外相别克、国联代表拉金斯基、东洋局长开尔等会谈，以中日问题为中心之外交诸问题后，出席外相欢迎会。下午五时日本公使招待。今晚十时五十分乘车赴柏林。

【哈瓦斯社华沙九日电】 国联会特别大会日本代表松冈洋右，业于昨晚十时抵华沙，将在此间停留数日。松冈抵埠之后，即接见新闻记者，并向其发表宣言。其内容关于日本之满洲政策，与渠在莫斯科所发言者，完全符合。至关于日俄两国互不侵犯条约之谈判，则拒绝发表任何意见。

《中央日报》1932年11月11日第一张第二版

462. 日方传称各使斡旋中日交涉，在沪或东京开国际委员会，并已反对不容第三国参加，国联会与美俄未来之合作

【中央社上海十一日电日讯】【东京真（十一日）电】 国联理事会开会在即，且美国选举已有结果，其对远东政策，略能推察，于是以英法为中心之国联内部，对于解决满洲问题之关心，俄然增加。即在欧洲伦敦、巴黎、日内瓦方面，进行之解决中日问题方法，除中日两当事国外，更以国联中与远东问题有密接关系之英法德意诸国及美国，组织一国际委员会，处理问题，以免殊无关国际之小国之干涉。在远东方面，亦反映此种空气，英法驻华公使，最近在北平、上海、南京各地，奔走于中日之间。日本政府决定根据于有吉公使关于南京、上海、北平方面之报告，及英美法方面情形，慎重考虑对策。

【中央社上海十一日电】 日讯。日外交当局对驻华英美法意德公使，以斡旋中日交涉为目的，在上海或东京开包括九国公约签字国与苏俄之国际委员会之拟议，表示反对，其理由谓满洲事件与上海事件不同，绝对不容第三国之加入云。

【哈瓦斯社日内瓦十日电】 国际联合会秘书长德鲁蒙爵士，顷已出发赴伦敦。行政院行将开会，讨论满洲事件之前，德鲁蒙爵士，乃有此行，颇足引起种种臆度。据一般人推测所得之结论，谓国联会秘书处对于中日问题，业已重

行活动,并欲试探各国政府之意志。兹有一事,大足引起注意,则国联会与美俄两国未来之合作是矣。美国与国联合作,系属已见之事。忆在中日争议中,美国曾遣派观察员列席。最初所遣派者,系吉尔白,后系道威斯将军。但此项合作,似属不甚彻底,未有多大效果。至于俄国,则李顿报告书,力以满洲事件中苏联政治经济上之利益关系重要为言,意谓满洲事件之解决,非由苏俄参加不可。至苏联以何种形式,与国联会合作,则尚待研究。行政院对此问题,既已让于特别大会办理,当其开会时大概仅由中日两造提出说明,而由各大国发表一二宣言,然后即将全案卷宗移交十九国委员会,以便提交特别大会,似此苏联合作,或不至在行政院实现矣。

《中央日报》1932年11月12日第一张第二版

463. 挟策而归之,有吉抵东京,谓日人忧虑过度,竟希望中日人均冷静

【中央社上海十一日电】 日讯,东京真(十一日)电。驻华公使有吉明,真(十一日)晨九时抵东京车站。据谈,解决中日问题,现有设立国际委员会之说,但余未闻其事。英法方面,提出此议,时期尚早,一切问题,已移日内瓦,非在该地讨论一度,不能解决。日本对于中国问题及国联态度,忧虑过度。然中国态度泰然,其政治归政治,商业归商业,人人义务,颇为整然。中国共党势力,从渐次扩大,然蒋介石有实力镇压。中国国内虽乱,然对外一致行动,故不可轻视。日本对华政策,币原外交与内田外交,其精神完全同一,均望中日之共存共荣。余在中国语中国要人及言论界,希望停止彼此无用之抗争,而得同意,今后讨论中日问题,两国人均以冷静态度为要。

《中央日报》1932年11月12日第一张第二版

464. 王正廷谈最近外交，美与国联更将合作外交以求诸己，经济绝交接济义军为我唯一出路，日吞东省犹如吞炸弹

前外交部长王正廷氏，昨晨由沪乘夜军抵京，即赴寓邸休息。下午二时召集胶济铁路理事会开会，商洽整理问题。六时许即渡江乘平浦车赴平公干，约一周后返京。中央社记者昨晨往访王氏于寓所，即询王氏对最近外交之意见甚详。兹记王氏所谈如次：（一）此次美国大选罗斯福战胜胡佛，膺任总统，早在意料之中。美国近年来经济之不景气，造成人们对胡佛总统不满之空气，实为此次大选胜负之关键。民主党此次于参众两院之选举，亦大获胜利，今后之行政，可畅行无阻。罗斯福总统之对外政策，，预料与胡佛总统时代，必不至有何变更。对国联之合作，因民主党向来主张加入国联，故今后必更形密切。对于远东问题，美国今后究抱何种态度，此与继任之国务卿个人之主张，有极大之关系。照现在之情形观察美国继任国务卿之人选，以台维斯之机会为最多。但任用之权，全操总统之手，究为何人，现难确断。但继任国务卿对史汀生所历次宣布不承认侵略之结果与尊重中国领土主权的独立完整之主张，则可确信必不致改变。日方所传美国今后对远东问题将抱不干涉主义，此不过日方之片面乐观而已。总之，对于中日问题，吾人一面固须极力运用外交，但最要者，任在依靠自己。如吾人能充分发挥自己之力量，则外交自有办法。故现时之首要工作，应亟谋整个党之精诚团结，及政府与人民之切实合作。（二）国联已定本月二十一日开会，此次会议，对中日问题，势必设法谋一适当之解决。据予之观察，国联对李顿报告书之主张，必不肯放松。但国联有如一个无法警之法庭，对纠纷之是非曲直，虽能秉公判断，但被告不服时，因无法警，遂无法执行。国联历次决议案之未能实行者，即此故也。故对于中日问题，吾人一面固应诉诸国联，一面尤应反求诸己，发挥自己之力量。溯自九一八事变发生以来，国人厉行经济绝交，日人已受极大之影响。而东北义勇军之忠勇抵抗，尤使日军疲于奔命，现在不但北满方面日军无法应付，即南满方面日侨亦不能安居乐业。回忆币原任日外相时曾对南陆相称："如欲吞并满洲，尤如吞一炸

弹。"此言现已灵验矣。国人如能长期实行经济绝交,与不断的接济东北义勇军,则日本以东三省为一块面包而吞进者,终必觉的是一个炸弹而吐出矣。(三)近来外传国联将组织一个国际委员会,解决东北问题。据余个人之观察,此说不为无因。盖东北问题,中日直接交涉既绝不可能,而国联决议,因无实力援助,又不能执行,则组织一国际委员会,设法解决,自为必然之途径。此说果确,则中日问题恐非短期间所可解决矣。日本之重视东三省十倍于山东,而山东问题之解决历时达八年之久,则东三省问题之解决,须费相当之时期,亦系意中之事,所谓国人应筹备长期抵抗者,其真义即在此也。(四)中俄复交,余认为可以进行。国人所顾虑者,恐复交以后共产党将更形活跃。其实共产党之能否活跃,全在吾人之能否控制。如政府能尽力开辟道路,多为人民谋生计之途径,则共产党自无发展之可能。现各省"赤匪",经蒋委员会长亲自征剿,行将消灭,故中俄复交,可毫无顾虑。至日俄缔结不侵犯条约,据余观察,双方利害冲突,水火不能相容,缔约决不可能。外间所传,不过日方故意宣传,在外交部虚张声势而已。(五)三中全会开幕,余决来京出席。此次全会对外交内政,均将详细讨论。余已准备提案二件,届时提出会议云。

《中央日报》1932年11月12日第一张第二版

465. 日驻英大使松平赴巴黎晤松冈,拟回英后再赴日内瓦

【哈瓦斯伦敦十日电】 日本驻英大使松平,于星期六上午赴巴黎,与派赴日内瓦陈述日本对李顿报告书意见之松冈洋右会晤。与大使同往者,大约尚有派赴巴黎日本大使馆之某参赞。松平于下星期开始时,仍回伦敦,稍缓再赴日内瓦,以便主持军缩会议,日本代表团并参加十一月廿一日开会之总委员会。至携带东京最后关于海军军缩训令之拿加诺海军大将,则将于二十二日行抵日内瓦。伦敦日本官场以为在列强发表意见之前,日本将不提出任何建议,必俟列强所提建议,与日本见地相去太远时,日本代表始提出东京所定计划云。

《中央日报》1932年11月12日第一张第三版

466. 国际委会在酝酿中，是否组织由特别大会决定，我国对此议暂不表示意见

（中央社）日来盛传国联对中日问题，将组织国际委员会，设法解决。至国际委员会之组织，除欧洲各大国外，并将邀美俄两国加入。兹据外交界息，此项拟议，现正在酝酿之中，尚未有具体之决定。国联鉴于历次决议案，均因日本之倔强，未能实行，拟议组织国际委员会，邀俄美加入，以期增厚实力，谋一可以切实实行之适当解决办法，亦不为无因。无论国联将来是否采用此项制度，其预定之讨论中日问题之程序，及原则上接受李顿报告之决定，决不致变更。国联行政院仍于二十一日开幕，讨论李顿报告，签其意见后，即提十九国委员会讨论。故国际委员会是否组织，将由特别大会决定云。闻日方对此项拟议，竭力反对，盖日方之态度，始终横蛮，认叛逆组织为既定之事实，中日问题应由中日直接交涉，不容第三者置喙。至我方对此项拟议之应付方案，因现时尚未接得正式报告，不知其真实性之程展，暂不表示云。

《中央日报》1932年11月13日第一张第二版

467. 各国公使日内来京，于国联会议期间就近接洽，日方捏造之谣传完全不确

国联会议为期已迫，各国驻华公使，除法使早已来京外，其余各使，日内均将由平来京，俾于国联会议期间，得与我政府就近接洽，并向该国政府传达消息。按国际惯例，使馆应设于驻在国之首都，但各国驻华公使，以我首都设备不周，迄未南迁。此次来京执行任务，事极平常，日方竟因此捏造种种谣传，完全不确云。

《中央日报》1932年11月13日第一张第二版

468. 松冈在法对我诋毁，向各国记者宣传我国紊乱，谓我敌人非日本而为自己

【本社十三日上海专电】【国新元（十三日）巴黎电】 日本出席国联代表松冈洋右抵巴黎后，各国新闻记者往晤者，不下百余人，其目的在于侦探日本在国联讨论李顿报告时将采取之立场。乃访问结果，松冈仅予各记者一缮就谈片，重申日本在满洲军事行动理由。对于李顿报告仅称内有若干部分，为日本所同意，其余则殊难赞同，将在国联说明日本所认为谬误地方等语。至松冈答复各记者口头询问，殊为审慎，仅竭力宣传远东之混乱状况，且多荒谬之语。兹略述数则，以见日代表在欧宣传之一斑。如松冈答某记者云，我国对于远东时局，应比西方人民知之更晰。又谓欧美各大国驻海陆军在华，业已三十二年，曩时用以保护本国官吏。欧美各国在中国利益，较为轻微，故对中国情形，视为偶然，无甚重要。日本则不能认为偶然事件，视为非常重要。又谓欧美各国在华侨民总计尚远不逮日侨之多，中国之情形，已达爆发点。九一八之事变，不过促成一种行动。而中国若干旧军阀，造成多年根深蒂固之混乱，实为此种行动之背景。中国之仇敌，乃中国自己，而非外人等语，极诋毁能事，以为掩饰。彼残暴侵略地步，我人不可不亟谋所以应付之道也。此外松冈又重申日现在和平及拥护门户开放政策，代伪组织宣传。

【中央社巴黎十三日路透电】 日本特派员松冈洋右已抵此，并向英美法报界发表谈话，松冈称日本政府并不完全反对李顿报告书，有数点日本并表示满意。此次国联行政院在日内瓦开会时，日本代表团拟向国联说明调查团错误之处。日本政府深信关于远东情形，日本人比西洋人的观察要彻底些。西洋人看中国内部紊乱情形，认为一不关重要事件，但日本人之看法，则绝不相同。中国之仇敌，乃中国人本身，而非外国人。日本与满洲当局，正从事肃清土匪丛生之地，深信可于最近期内，将东三省变为全中国最有秩序最安全之地。凡目前中国与外国所订一切条约，满洲决遵守，并保持门户开放主义，且门户开放主义亦为日本所主张最力者。

《中央日报》1932年11月14日第一张第二版

469. 解决中日问题国联有重要提议，日本外务省与各机关商对策，对李顿报告反对溯及既往

【中央社上海十三日电】 日讯,东京元(十三)电。国联当局,最近关于解决中日问题,有重要提议。至日外务省、日本政府拟与有关系各机关,慎重商议此事。日方对于解决中日问题,已决定二大原则：(一)日本大体承认李顿报告中关于九一八以前中日关系,及日本在满洲特殊性之趣旨,但严重禁止溯及过去之事实,而讨论中日两方之责任问题。(二)中国之安定对于远东及世界和平上甚为必要,故国联为改善将来之中日问题起见,讨论有效的办法,日本将于国联大会根据于此原则进行讨论。

【中央社东京十三日路透电】 近传国联将组织国际委员会,策划满洲事件之解决方案。日官方表示日本将反对此种委员会之组建,因此委员会若告成立,势将干涉"满洲国"之独立。

《中央日报》1932年11月14日第一张第二版

470. 松冈洋右抵巴黎时之状况

【哈瓦斯社巴黎十二日电】 日本下议院议员、前南满铁路副总裁,现任国联日本首席代表松冈洋右,顷于本日午前十一时廿分抵巴黎。日本驻法大使长冈、驻比大使佐藤、驻瑞士公使矢田、国联日本事务局长泽田,及驻法大使馆参赞等,均赴北车站迎迓。松冈氏偕佐藤将军暨前任柏林日本大使馆秘书芳泽,曾在柏林小住,俾与现在德京之"满洲国"代表丁士源相会晤,并访问德国外长牛拉脱,与之会谈满洲问题,继乃往汉堡城参观商港。当松冈在柏林时曾向德国重工业机关报《日尔曼总报》发表谈话,据称莫斯科之行,系属私人性质,但曾与苏俄政府主要人员自由谈话,以期改善日俄两国关系。松冈又谓际此日本舆论,对于苏俄较为有利,日本货物输入俄国,望能继续增加。旋谈及"满洲新国"之树立,讲日本当采取种种手段以扶植之。该报记者向松冈询问

"满洲国"在关税上,是否以优惠税则给日本。松冈答称,"满洲国"此项意志,非渠所知。又"满洲国"按照门户开放原则,当以同等权利给予列强。至"满洲国"行将向日本举款之说,未经松冈证实。至满洲商务情形,松冈认为满意。又谓"满洲国"倾向在上海之价值,较之中国银元为高。旋谈及"满洲国"军队,松冈谓此项军队,现有十万员名,系由多数日本教练官加以训练。至日本对李顿报告书之态度,此限不必道及。渠意世界一国,若与他国签订协定而承认其独立,国联会未便作何决定,不宜加以过问云。

《中央日报》1932年11月14日第一张第三版

471. 拥护国联盟约会昨举行第一次常会,推定穆华宣等起草宣言

首都拥护国联盟约会,昨日下午二时在市商会会议室举行第一次常务会议。到常委吴书人、穆华轩、胡启阀、马俊、夏荣堂等。由吴书人主席,朱瑞清记录。讨论事项:(一)本会秘书应聘案,议决聘请汪绍生、朱瑞清两同志为本会秘书。(二)本会主席应推定案,议决推吴书人同志为本会主席。(三)本会图记应刻用案,议决由本会自行刻用,并呈报市党部、市社会局备案。(四)本会应通告各业同业公会,迅速成立干事部案,议决通过。(五)本会开始工作日期,及成立经过情形,应函知拥护国联盟约委员会总事务所案,议决通过。(六)常委会议日期规定案,议决每星期二、五开会一次。(七)本会宣言应拟定案,推穆华轩、胡启阀、吴书人拟定,交下次会议核议。迄至三时许,始告散会云。

《中央日报》1932年11月14日第二张第三版

472. 解决中日问题，国联将组新委员会，新委会内包括美俄代表，日本政府正在极力反对

【本社十四日上海专电】 伦敦电。非官场方面预料，国联将通过李顿报告书首八章，将最后两章交新组委员会审查。新委会将包括美俄代表在内，且负有尽量据报告书提议谋取解决方法。

（本京消息）关于国联设立国际委员会解决中日争端之拟议，官方昨（十四日）接东京报告称，日政府对此极力反对。据日方观察，设立国际委员会并邀俄美二强参加，不啻以全世界之实力压迫日本，此与日本向来反对第三者干涉中日问题之主张大相径庭。且就国际委员会之性质而论，该会负解决中日争端之全权，除于窒碍难行时，重行提请国联解决外，该会所决定之办法，将立即付诸实行，不再通过国联。此种大刀阔斧之办法，与日本之延宕政策又背道而驰，故日本对此项拟议决尽力阻其实现云。

国联会议已迫在眉睫，闻日本所定之对策，决严重反对溯及过去之事实及责任问题，而专就现在之事实，从事讨论。顷据外交界某要人语记者，日本图规避讨论过去之事实与责任，显见其胆怯心虚。关于九一八事变之经过与责任，李顿报告已有公正之纪述，日本虽欲逃避而不可得。中日问题必须根据过去之事实与责任，始能得公正之解决，此为一定不易之理。故对于中日纠纷之责任问题，我代表团势在力争。因责任问题而引起之赔偿要求，我代表团亦必提出。再日本认叛逆组织为既成之事实，殊不知此种叛逆组织，纯为日本凭借武力一手所造成，如日本军队一旦撤去，此种叛逆组织，将立即消灭，故不得认为既成之事实，而九国公约、非战公约、国联盟约方为举世所公认之事实，不容忽视。总之，日本此种横蛮无理之态度，不过与正义作最后之困斗，决难为举世所承认云。

国联会议，定于本月二十一日讨论李顿爵士报告书，各国驻华公使及代办，为咨询我政府之态度，并采访我全国舆情，以供各本国政府参考起见，定于本星期五联袂南来。闻同行者，有美德荷三使及英代办。预定在京约有一月余勾留，俟国联大会闭幕后，再行返平云。

《中央日报》1932年11月15日第一张第二版

473. 日人将对国联示威，各派联会举行演说会，唤起国民对满之主张

【中央社上海十四电】 日讯，东京寒电。各派联合会，定寒（十四日）起举行演说大会，唤起国民对于满洲问题之主张，会期四日。又于号（廿日）在芝公园举行国联对策国民大会，对于国联实行示威。

《中央日报》1932年11月15日第一张第二版

474. 国际委会渐趋成熟，美俄加入增厚国联力量，我外交委会正审慎研究

外交界息，国联设立国际委员会解决中日问题，因本身力量薄弱，日本态度强横，颇感棘手，早有邀请美俄参加国联会议以期增厚实力之意。但日方以美俄两国非国联会员国之理由加以反对，遂有另行设立委员会之拟议，将来国联开会后，各国对此项委员会如能一致同意，即断然设立，不因日方之横蛮反对而中止。至我国对此项拟议之意见，将由外交委员会审慎研究后，训令日内瓦代表团应付云。

国联所以主张产生国际委员会之原因，有下列数点：（一）国联对于中日问题虽经数度讨论，终以日方强词反对，难达解决之愿望，遂不得不另辟途径，以增厚国联之力量，而使中日问题有解决之段落。（二）成立国际委员会于国联范围之外，非国联会员之美俄二国亦能加入讨论。日本在此会议中再事反对，则美俄等国亦将不满于日而一致对付之，是日本树敌愈众、顾忌愈多。（三）此会除讨论中日问题外，并将讨论及远东之整个问题，得于国联以外共谋维持远东和平。（四）讨论中日问题仍以李顿报告书为根据，第二步即能提出九国公约箝制日本。（五）国联委员国既参加此会，国联本身之意见仍得间接提出，无异美俄等国援助国联，而使国联力量在无形中增加。

我国对于此事，曾由中央各要人慎重考虑。目前之趋势如国际委员会有

直接解决中日问题之权,而仍以李顿报告书为讨论之根据者(即东北领土行政主权属于中国为原则),大致可以赞成。若此会对于中日问题仅作研究或调解性质者,则会议前途既鲜有效,此会组织徒有形式,殊非我国之愿望。

孙科畅谈国际形势

【中央社上海十五日电】 孙科删(十五)语往访记者,本人对三中全会提案,系就前所发表之救国纲领加以修正,现已草竣。孙氏谈及国际形势,谓美俄复交不久可实现;法美接近亦有显著表示。李顿报告书发表后,日本日趋孤立。国联开会前各关系国正分头接洽,同时允日方展缓开会要求,使日有转圜余地,不致太难堪。以情形观之,年内难有如何进展。在国联未决定办法期间,东北义勇军之直接抵抗,无抵制运动之消极抵抗,自系无办法之中最好办法。总之,国际形势当看英法美是否有一致拥护非战公约、九国公约之决心与精神,如能一致,无论用何方式,均足以制裁日本。日阀现虽仍高唱武力,但观其财政枯竭及人民之不安,可见其难以支撑之苦况。我国于此如能力谋政治巩固,则对内对外均有办法矣云云。

松冈商定诡辩阴谋

【本社十五日上海专电】【华联东京电】 据日外部息,松冈洋右抵巴黎后,与长冈、佐藤两代表,及石原、冈田海军代表,磋商对国联策略。讨论十六小时,已得下列策略:(一)欧美各国代表间,有主张迁延行政会议时日,但日代表反对此种策略。(二)日之对国联策略根本政策,决定贯彻日本一切要求,否则退出国联。(三)以公开接洽为本,不采阴谋或诡计。(四)国联会章第十五条适用问题,日不争形式,集全力讨论实质问题。(五)代表之言动须一致,如有异见者则开除,借以维持代表部之结束。(六)定十一月巧(十八日)将政府意见书交给国联秘书处。(七)伪国代表丁士源之出席问题,如国联空气对日不坏,则主张出国联招请参加,否则不必提起,惹起各国反对。(八)日代表抵日内瓦时,发出告世界及告日本国民之声明书。

【本社十五日上海专电】 据东报载称,马(二十一日)在日内瓦将开之国联理事会,松冈预定之演说内容如次:(一)日本军之行动,全部出于自卫。(二)因日本军之军事行动,促成"满洲国"独立,虽有前后相关,其实出于华人之自决,与日政府无涉。(三)华人之独立,是中国内乱不息而使然,非日本军部所手创。(四)承认"满洲国"暨日本在东洋所负之重大使命。(五)对满案国联须静观其自然之推移。(六)如此法不适宜,则请指示妥善办法。

《中央日报》1932年11月16日第一张第二版

475. 日对李顿报告意见,修正及追加意见均已终了,昨日电送日内瓦日代表团

【中央社上海十五日电】 日讯,东京删(十五)电。日政府对李顿报告书之意见书,加以修正或追加意见,业于灰(十日)完全终了。删(十五)下午电达日内瓦代表团,将于巧(十八)提交国联秘书处。而正式提交理事会之时期经种种考虑之结果,决定于号(廿日)下午四时提出,同时由秘书处分配各理事。

《中央日报》1932年11月16日第一张第二版

476. 松冈失败后,日政府将再度尝试,太田赴俄履新将再谈缔约

(中央社)日本企图苏俄承认叛逆组织,而以缔结互不侵犯条约为勾引之活动,自松冈洋右离俄后,已全盘暴露失败。闻日本新任驻俄大使太田,日内启程赴俄履新,将作再度之尝试。据外交界观察,日俄利害根本冲突,松冈所不能为者,决非太田所能为。益以美俄关系日渐密切,新膺美国总统之罗斯福氏就任后,传将正式承认苏俄,此为美国外交政策更趋积极之表示。日本企图掩饰其国际地位之孤立,将欲盖弥彰云。

《中央日报》1932年11月16日第一张第二版

477. 日外交上多一利器，日内瓦与东京间，无线电话已成功

【中央社日内瓦十六日路透电】 日内瓦与东京间之无线电话，今晨首次试验，结果满意。各方因国联即将讨论李顿报告，对此新闻之电讯交通，甚为赞许。

《中央日报》1932年11月17日第一张第二版

478. 国联调解东北问题，召集特别大会经过，我代表团已制成报告书

（中央社）日内瓦特讯，国际联盟关于东北问题之特别大会，因日本之要求，延期至十一月廿一日起讨论调查团报告书。连日我国代表团，已准备一切，除提出各种说帖外，并将国际联盟召集特别大会经过，制成报告，内分（一）特别大会召集之缘起，（二）特别大会开会之情形及其组织，（三）中日代表在特别大会之演说词，（四）特别大会工作之进行。兹绍介于下，可供国人注意东北问题者之参考也。

一、特别大会召集之缘起

此次特别大会，系因中国政府按照盟约第十五条第九段之规定，向行政院提出请求而召集，目的在解决自上年九月十八日以来所发生之一切中日纠纷。查事变之开端，系一九三一年九月十八日下午十时，在沈阳附近之日本正式军队，忽向华军攻击，并轰炸中国兵营及兵工厂。在四十八小时内，已占据沈阳、长春、宽城子、安东、吉林等处，及各重要地点，情势严重，日增无已。其时适国联第十二届大会，正在日来弗开会，我国代表施肇基氏，遵照政府训令，根据盟约第十一条之规定，将日军侵犯东省事件于九月二十一日提出行政院，并请其立即采取有效办法，（一）防止事件扩大，（二）恢复原有状况，（三）决定赔偿

中国损失之数目及性质。行政院迭开会议讨论，旋于九月三十日通过一议决案，对于日本代表声明日本在中国并无领土野心，及开始撤退日军，又中国代表声明保护日侨各节，予以查明，同时并请中日两国勿将事件扩大，而实行上述之声明云云。该议决案，经行政院全体通过，行政院主席并将经过情形向大会报告。

日政府接受此议决案后，不但未能践言撤兵，反积极扩大军事行动，遣派飞机，轰炸锦州，并散布传单，公然反对中国当地合法政府，情形愈趋严重。行政院复于十月二十二日开会，由主席提出议决案一件，其中要点，系请日本立即开始撤退军队，须于下届行政院开会（十一月十六日）以前，完全撤尽。该议决草案，经行政院表决，全体十四国代表中有十三国代表投票赞成，惟日本代表表示异议。按照法定手续，该议案未得全体造成，在法律上不生效力。然十四国代表中经十三国代表之同意，亦可表现世界之公论而发生一种道德上之势力也。

日本政府对于行政院之意见悍然不顾，其在东省之侵略行为，有增无已。当行政院于十一月在巴黎开会时，日军乃有进占齐齐哈尔之举。此种行动，不但违背行政院之议决案，且与日代表之迭次宣言不符。行政院在巴黎经过长期之讨论及斡旋，始通过一议决案，请中日双方采取必要方法，实行九月三十日之议决案，俾日本撤军之举，早日实现。并任命一"五人调查委员会"，前往出事地点调查真像［相］，并将结果报告行政院，中日双方均可派一顾问，襄助该委员会之进行。日本于行政院开会后，又复违反其声明，派兵攻取锦州。我省在东省之合法政府，自此毁坏无遗矣。

本年一月行政院在日来弗开第五十六届会议，中日问题亦在讨论之列，我国代表由政府改派驻美公使颜惠庆博士出席。其时适日本海军又在上海开衅，攻击闸北、吴淞等处城镇。繁华之地，化为战场。我国人民生命财产之损失，不知其数。我国政府见数月以来，国联根据盟约第十一条极力调解，不但毫无效果，战事范围反日见扩大，认为有向联合会提出盟约第十条及第十五条之必要，当由颜代表于一月二十九日，致函国联秘书长，略谓兹遵照本国政府训令，特行通告如下：（一）联合会两会员间之争端已成事实，此项争端即丰在于中日两国之间，因日本侵犯中国领土及行政之完整与政治之独立而发生。（二）该争端并未事先按照盟约任何条款，提交公断或法律解决。（三）该争端已达到一种程度，中日关系有立时破裂之虞。（四）中国现请将盟约第十及

第十五两条之规定,适用于上述之争端,并将此事正式呈交行政院,以便根据该两条规定,采取合宜及必须之办法。(五)因此之故,中国将自九月十八日始以迄现在止,凡中国在盟约第十一条之下,所呈交行政院一切关于此项争端之宣言及文件,作为本案之陈述等语。

行政院于一月念九日开会,颜代表将中国提出盟约第十及第十五条之意见,加以申述,行政院接受中国之请求。复以上海形势之严重,由秘书长立即组织一调查委员会,即以各国驻沪领事,充任委员,调查沪事真像[相]。该委员会将调查结果,先后两次报告行政院,历述沪事经过情形。谓闸北吴淞均有战事,大炮飞机概行参加,但攻略之权,系操诸日人之手。又谓日人屠杀华人之案甚多云云。二月二日英代表向行政院报告,英美两政府经法义德政府之赞助,向中日两国提出要求:(一)停止一切冲突及军事之预备。(二)中日双方退兵,以便保障租界安全,及划定中立区域。(三)按照巴黎非战公约及行政院十二月九日议决案之精神,即刻开始商议解决中日间一切问题。(未完)

(续昨)中国政府对于上述提议表示完全接受,而日政府对于其中要点则完全拒绝。总之,上年九月十八日以来,日人在中国侵略行为,节节进展,而对于国联及列强之调停,则虚与委蛇。行政院迭开会议,通过议决案事件,亦无补于时局之恶化。我国既已向国联先后提出盟约第十一条、第十条及第十五条解决此案。查第十五条第九段之规定,行政院及争议国之任何一造,均有将争议提出大会之权。但如有争议国动议,须自第十五条提出行政院之日起,十四日内行之。我国为行使此项权利起见,于二月十二日限期未满之前,向行政院提出申请书,略谓行政院根据盟约第十、第十一及第十五等条之规定,受理中日争议,按照第十五条第九段之规定,行政院有将争议提交大会之权。又争议国之一造,在将争议提出行政院之十四日内,亦可将此争议提交大会。兹因限期强迫促,特行申请,将该争议提交大会。倘行政院有意自行提出,则中国政府将上述之申请撤消等语。

行政院于二月十九日开会,主席称本日开会系讨论中国政府依据盟约第十五条第九段之规定,请将中日争议送交大会解决。本人对于此事之办法,已拟就议决案一件提请公决。该议决案当即通过。其大意谓行政院决定特别大会应按照第十五条第九段之规定,受理中日争议,该大会定于三月三日召集。在未召集以前,行政院仍继续维持和平,并请双方争议国按照第十五条第二段之规定,将争议各事实汇编说明书,早日送交秘书厅,以供大会参考等语。

查我国说明书于提出盟约十五条之时,虽其间材料缺乏、即已着手编纂,嗣于二月二十二日勉强编就,送交国联秘书长。其内容分为五部分,分:(一)序言。(二)历史之背景。(三)自1931年九月十八日以来所发生之事实。(四)日本辩护其政策之理由。(五)结论,末附各项重要参考文件。凡关于此次日人侵犯中国原委,叙述详明、读者咸能了然于事实之经过也。

(二) 特别大会开会之情形及组织

一九三二年三月三日,国际联合会特别大会开幕,受理中日争议。是日上午十一时由法代表彭古(M. Paul Boncour)以行政院主席资格充任临时会长,宣布开会,致开会词。略云自联合会成立以来,召集特别大会此为第二次。忆第一次特别大会充满欢迎一欧洲大国入会之希望,其中亦经过许多国难,而卒能排除之。现在该大国业也已经参加国联大会及行政院与我辈合作,盖已数年于兹矣。此次特别大会之环境为一痛苦之悲剧,因数月以来,两联合会会员国,而同时又为两行政院会员国彼此发生冲突。行政院对于此项冲突,未尝置身事外。该院解决国际纷争已非一次,均能化险为夷,但此次争端之严重实为先前此未有。因出事地点距此比较远,而案情又较复杂,冲突国之一方因社会改革发生内乱,而国境内又因条约关系,外人有驻兵之权。此类事实,他国罕有其例,更有幸灾乐祸之辈,乘此时机,作不利于联合会之宣传。须知现在世界各国,实彼此互相倚赖。太平洋两岸之炮击,可引起全世界之恐慌,塞尔维亚之枪声,遂发生世界之大战,乃其惯例。吾侪工作之规则,须有伸缩性,然后可以因时制宜,以求适合此项特别案件之政治环境焉。行政院以前根据盟约第十一条,处理此事,又经声望案著之白里安氏主持会务可为庆幸。世有讥评吾辈办事迟缓者,盖未注意按照该条之规定,凡行政院有所议决,须得全会员国之同意,两造国亦在其内。设此案未经联合会处理,则冲突之大,受祸之深,恐尚不止今日之现状。倘联合会在欧战之前,即已存在,则其效力至少可以减轻灾祸之实现。

行政院业已遣派调查团,前往东省调查,其职权已明白规定。余侪因受办事迟缓之批评,前已言之,在盟约第十一条之下,凡有议决须得两造国之同意。又此案发生之始,行政院即认为须得美国合作。美国非联合会会员国,诸事进行手续,未能较此为速。沪事发生后,更引起行政院适用盟约第十五条其规定较为严厉,不但对于可发生之冲突,须加干涉,即已发生之冲突,亦须令其停止。日本代表对于该条之引用，最后未加反对。行政院根据该条，立即任命驻沪各国领事，充当调查团委员，调查当地发生冲突突情行。该团业将调查结果，报告行政院。又盟约第十条亦经引用，该条担保会员国领土完整，及行政院独立，日本对此已声明尊重。现在沪事已有和平解决希望，余以为大会现在之环境，已较召集时为佳，对于行政院所进行之经过，业已了然。嗣后如何维持和平与荣誉，是在大会诸公之努力耳云云。

大会按照惯例，组织审查证书委员会，审查各国出席代表全权证书，当任命古巴、丹麦、拉特维亚、墨西哥、坎拿大、和兰、罗马尼亚、暹逻八国代表为该委员会委员。审查之结果，下列各国代表均有合格证书：

南非联邦、阿卑西尼亚、亚尔那尼亚、奥国

澳大利亚、比国、坎拿大、智利

中国、苛仑比亚、古巴、捷克

丹麦、哀斯它尼亚、芬兰、法国

德国、英国、希腊、瓜蒂马拉

海地、匈加利、印度、爱尔兰

义大利、日本、拉特维亚、尼卑利亚

尼修安尼亚、卢森堡、墨西哥、和兰

纽丝纶、那威、巴拿马、波斯

秘鲁、波兰、葡萄牙、罗马尼亚

萨尔瓦道、暹逻、西班牙、瑞典

瑞士、乌拉圭、委利瑞拉、巨哥斯拉夫

下列五国迄未呈交代表出席证书：阿根廷、它米利加、丰都拉斯、尼亚拉瓜、巴拉圭。

大会用秘密投票选举大会会长结果如下：投票国四十七，大多数二十四，比国代表希孟得四十五票，当选为本届特别大会会长，当即就会长席。大会继续选举大会副会长，按照当年大会惯例，副会长为六人，但因此次会议特别重要，经会长提议，由六人增至八人，众无异议。主席又向大会报告，中日两国代表，均表示不愿作候选人，其苦衷当为众所共谅等语。大会仍用秘密投票法选举八副会长，结果如下：法代表彭古得四十五票，瑞士代表穆塔得四十四票，英代表西门得四十三票，瑞典代表雷末得四十四票，义代表格兰第得四十票，墨代表渥泰格得三十九票，德代表白鲁宁得三十七票，波斯代表西巴波第得三十六票。

三月三日下午大会开第二次会议，大会会长根据大会办事处之建议，拟请大会组织一总委员会，凡出席大会之国，均可参预[与]讨论全体问题，并将结果随时报告大会裁决。此项提议，经大会通过照办。

(三) 中日代表在特别大会之演说词

此次特别大会之召集，系根据中国之请求，故大会成立后，会长即首先请我颜代表发言，表明中国之意见。颜代表当即登台演说，开始即谓上海停战之议已告决裂，情势紧急，请大会采取有效办法，务使停战之举，得以按照英国驻沪海军司令，召集中日双方代表所议定之原则，早日实现云云。

颜代表将上海情形报告后，随即向大会正式演说。其词略云：余以一伟大民族之名义，当历史中最危难之时期，来此向诸君陈述。盖中国之生成问题，已完全托付于代表五十五国之大会，请其主张公道焉。自中日冲突发生以来，中国即将此事提交行政院，并接受任何和解之方法。五月之中，行政院会员，曾尽力调停，殊足感谢。行政院受理此案之初，系按照盟约第十一条之手续，然情势日趋严重，中国不得已又引用盟约第十及第十五两条，目的在增厚行政院之势力。而此案亦因之提交本届特别大会，因此事关系盟约签字国之全体，初不限于行政院之少数会员。

是以中国于法定期限内，请求召集，俾能行使联合会最高之权力。此次日人侵犯中国之事实，详见中国代表专呈递之说明书，吾当述其梗概于此。中日两国为联合会会员，所不同者日本在行政院占有常任席，而中国则居非常任席。中日两国虽有若干交涉未经解决，但彼此均有在和平友好之时，乃日人未经宣战，亦未警告，忽于上年九月十八日夜，向华方开始军事攻击。现在中国二十万里之领土，完全被占，国都南京亦被轰击。上海为东方最大海港，乃中外商贾云集之区，竟发生欧战以后最大战争。

当东省事件发生之时，中国政府即命令前方军队，不许抵抗，以免事态扩大，一面根据盟约第十一条之规定，申诉于行政院，请其采取必要办法，制止暴行，恢复原状，赔偿相当损失，并声明愿接受行政院任何建议。行政院迭开会议，讨论此案，于九月三十日、十月二十四日、十二月十日后通过议决案，请双方不得将事件扩大，并令日军早日撤退。乃日本对于行政院议决案，毫无尊重之意，仍节节进逼，并占据中国各城，齐齐哈尔及锦州均先后陷落。近更扰及宁沪,中国政府不得已,遂将盟约第十及第十五两条,提出行政院以为解决中日问题之助。秘书长立即组织一委员团调查沪事真像[相],而英美两国政府,亦同时提出双方停战办法。中国表示完全接受,日本对于重要各点,则概行拒绝。(未完)

(续昨)行政院各会员除中日两国外,于本年二月十七日向日本提出劝告,请其尊重该国所处国际上之地位,及巩固世界对于该国之信仰。日政府对此仍置若罔闻,次日又向驻沪华军提出哀的美敦书。行政院于二月十九日开会,主席因沪战在数小时内即将爆发,特向日代表作最后之忠告,请其急电政府,暂缓哀的美敦书期限,以便调解。不意此项呼吁,卒难挽回日本人之野心。战事重开,较前尤烈。日本人屡次增援,仅上海一偶[隅],其军队已过十万。中国政府为保护人民与领土起见,决定抵抗。但华军为顾全租界安全,对于敌军尚未能施以痛击。余当郑重声明,倘将来租界安全发生影响,中国政府不能负责。

在东省方面,日本人又有侵占哈尔滨之举,并扶助独立运动,实为违反盟约第十条,保全会员国领土完整和行政独立之规定,中国政府当然不能承认。总之,自中日发生以来,中国对一协联及列强之调停完全接受,日本则拒绝之。现在中国之立场,为(一)催请特别大会按照盟约规定,决定中日争议。(二)中国请出席大会诸代表,尽力首先制止冲突,次则使日军撤退,再则用和平办法,解决中日一切争议。凡侵犯中国主权及违反国际公法,不能认为东省及上海事件之解决。(三)请诸君承认联合会盟约业已破坏。(四)请诸君宣布在中国各地发生之中日冲突,中国实不负丝毫责任,并一面为道德势力之动员,吾侪深信此项道德势力,能解决此次争端也。中国虽为此次日人侵略之牺牲者,但对于日本人民并无天然不解之仇。吾人并须努力,以谋人类全体之幸福。因此之故,吾人愿在公理之下,祈求和平焉。

其次演说者为日本代表松平氏。首谓据上海来电,日本驻沪陆海军军司令,已训令前方军队,倘华方不加攻击,应即停战。次谓日本为行政院会员国,此次与其同僚会员国发生龃龉,参与特别大会,殊为遗憾。上海租界一部向归日人防护,此次因自卫而用兵,实为不得已之事。自一九一一年以来,中国国家主义日益膨胀,恢复国权之运动,习而成风。如取消不平等条约之类是也。此种观念,甚属自然,即各国人民亦多表同情者。但中国欲达此目的,宜先努力改良内政。然事实则相反,自拳匪之乱后,在天津附近二十华里内华人不得驻兵,在沪各国驻兵总数已达一万八千,扬子江内亦许各国军舰游弋,有时因保证各该本国人民生命财产之故,而与华军冲突,亦为习闻之事。此种特别情形,在他国实罕其例。近年以来,中国内争不绝,武人专横,各据一地,以争权夺利为目的,此非实行国家主义之正轨。由此产生排外之举动,各国侨民多有受害者。排日之举,尤为激烈。数年以来,组织排货机关,以及其他侵犯条约权利之举,不胜枚举。国民党对于排货机关,辄予襄助。该党地位与中国政府,实无多异。倘人民有不遵从排货者,则予以非法之惩罚,此上海及他处发生之事也。

一月九日,中国某报刊布论文,侮辱天皇之尊严,日侨对此,极为愤慨。同月十八日日僧数人,在上海附近被华人殴打,一僧丧命,余均受伤。群情激昂,驻沪日领睹此情形,遂向中国市长提出要求数项。旋得复文,概行接受。不谓中国第十九军对于市长所接受之条款,置诸不理,反向上海附近集中军队,向日人为对敌之准备,更利用便衣军队,混入租界,向日军及日侨间中袭击。上海人民恐慌已极,不但日人为然,即其他外人亦莫不如此。日本海军陆战队,前往守卫地点,须经过中国界线,事前经通告中国官厅,以免冲突。不意华方置之不顾,仍向日军开枪。日军还击,遂发生冲突。后经列强调停,暂时休战。华方又复失信,向日军开炮,战事重开。其时日军人数不过四千,中国第十九军人数则有三万人,众寡悬殊。日军遂不得已用飞机轰炸,但其目的物则严格限于军事方面。然其他各处亦有涉及者,乃不胜遗憾之事也。

停泊南京之日军,曾受狮子山中国炮台之攻击,日舰不得已而还炮,旋经和平了结。二月七日日政府决计遣派陆军赴沪保护日侨,但对于上海并无政治野心。同时为和平计,并向中国提议,请华军退步若干里,则日军可以停止进攻。不幸中国未能接受,日军因地势关系,进展甚缓,华人则宣传其胜利,以图伤害日军之声誉。二月下旬英国驻沪海军司令曾邀集中日双方代表,商议停战办法,结果分电两国政府核示,卒未批准。然此并非正式会议,故中国对于日方之指摘,未为适当。传闻三月二日,华军已退后,日军长官当即命令停止攻击。现在中日停战会议,已定期开会,希望获得圆满之结果。

余更将日本政府对于事之态度,向大会明白宣布:(一)倘上海日侨和租界之危险已除,日军拟立即停战;如上海地方恢复和平状态,则日本陆军当即撤回本国。(二)日本拟与列强代表开一圆桌会议,采取将来保障列强权利办法。(三)日本绝不因现在情形在沪有任何领土及政治野心,并拟接受二月二十九日行政院之决议案。停战问题,可由双方军事长官就地磋商办法。

至东省问题,日政府认为此事不在大会讨论之列,但因中国代表提及,余当引据日本外相一月二十一日在元老院之言,以表日政府之态度。其言曰,中国为日本之邻邦,经济政治均有特别关系,尤以东省更为重要。该处日本臣民有百万之众,并拥有租借地、铁道、矿山等权利。近年华方不记东省之历史,及日人之贡献,处处施以压迫,违反条约规定,迭经抗议无效,情势日趋严重,适有九月十八日炸毁南满铁道之事变。嗣后情形,举世皆知,无庸赘述。东省为远东和平之锁钥,日本曾尽力使中国内乱未蔓延于该处。倘中国能尊重条约,决不致有九月十八日之事发生。日政府对东省并无土地野心,并继续维持门户开放之原则,使该地为一和平之区域,以供中外经济之发展焉等语。现在国际联合会已遣派调查团,前往出事地点调查真相,庶中日问题可得一最后解决,吾侪应静候其结果。故此次特别大会不宜重加讨论,否则反为不利。总之,此次中日争端,实为前此不幸之环境所酿成,各友邦亦深为注念。余希望此事不久即可和平解决,庶东亚前途,可由黑暗而入光明之境也。

大会会长聆听中日代表演说词后,宣言现大会决定组织一总委员会,次日开会讨论全部问题,如各国代表不拟在大会演说,则于明日总委员会开会时再行发表意见。众无异议,此提议通过。

(四)特别大会工作之进行

大会之工作,系委任一总委员会,讨论进行,已如前篇所述。该委员会中包括全体会员国代表,于三月四日开第一次会议,决定主席,即由大会会长兼任。会中以沪事紧急,仍首先讨论停战问题。主席称日代表昨在大会发言,日军已有停战之命令,今日中国代表来函,亦称华方业已停战,惟日军仍向华军攻击等语,似此情形,殊属不幸。我国颜代表当即发言,谓双方消息各执一词,非由中立国派员调查,难明真相,拟请驻沪英美法海军长官,就近确查,是否战事业经停止,以便商议停战办法。余以为大会宜将停战原则,训令中立国人员,而撤离兵问题,当然包括在内。一俟此项办法成立,然后召集所谓上海会议,庶有成功希望云云。秘书长称,秘书厅已电上海调查团询问消息,如有回报,当转呈大会等语。英法义三国代表,均谓极愿将所得上海可靠消息,供给大会。日代表称,日军已停战,倘日本更拟前进,何必停止攻击。兹闻华军亦已停战,不胜欣悦。目前问题为恢复和平,故日本提议圆桌会议,讨论此点及撤兵问题等语。其时适我国代表团收到国内来电三通,称日军仍着着前进,并到有大指援军,情势颇为紧急。当由颜代表在会宣读,请大会特别大会注意,务请设法实行停战,并令日军早日撤退。须知诸事若能由当地军事当局,自行解决,则中国何必请求召集大会耶。日代表辩称,此次援军,系日前战事紧急时所派,不过现在始到沪,行将撤退,此事决不能妨害停战之进行云云。主席宣称,目前消息不佳,大会责任应首先防止战事重开,请暂时停会,以便草拟议决案,众赞成。(未完)

(续昨)旋由主席将其所拟之议决案提出委员会,其文曰:"大会迫忆二月二十九日行政院议决案中之提议,及不妨害下列各项办法:(一)请中日政府立即采取必要办法,确保实行两方军事长官所发之停战命令,如大会所闻者。(二)请在上海租界有特别利益之各国,向大会报告,是否上节之要求已经实行。(三)提议中日双方代表进行商议,并以上节所述各国之军民官吏之襄助,订定办法,切实停战,并规定日军之撤退。大会并希望上节各述之各国,向大会报告此项报告商议之进步。"日代表表示按受议决案中第一第二两节,惟对于第三节提出修改议案如下:

"(三)提议中日双方代表进行商议,并以上节所述各国之军民官吏之襄助订定办法,切实停战,并规定关于日军之撤退及华军将来之地位条件与详情。"

主席发言,谓日本修改案与原文出入甚大,条件二字,或含有政治条件之意义,以此为撤兵之条件,殊非议决案起草人之本意。旋经瑞士代表 m. motta、捷克代表 mB, enes[m. Benes]相继发言,主张照议决草案原文通过,日本代表亦未坚持修改,当即通过。旋由主席召集大会,将该议决草案付表决,全体一致通过。日本代表亦未坚持修改,当即通过。旋由主席召集大会,将该议决草案付表决,全体一致通过。我国颜代表发言,表明中国之意见,略谓按照议决案原文及会长之解释,其第三节所称之"商议"系指停战之磋商,而非上海会议,因此会议当在停战商议后始能进行。中国接受该议决案,系根据瑞士、捷克两代表所立之原则,盖联合会会员国均经盟约保障,防御外来侵略,决不能出任何代价,以为外兵撤退之交换也。

三月五日总委员会开第二次会议,仍讨论上海停战问题。秘书长首先报告,谓昨日大会通过之议决案,与在上海有特别利益之各国有关,故将原文送转美国政府。现据复称,美政府已训令美国驻沪陆军长官,加入各国中立人员,随时襄助一切。以上为此次特别大会对于沪事所采之办法。其次讨论者为中日冲突之整个问题,各国代表相继演说,发表意见,兹择其重要者分述于次。

那威代表勃兰特朗云:中日问题甚为复杂,势难有充分时间彻底研究。惟联合会之信用与威权,已因此事频于危险,则不能否忍之。行政院初疑按照盟约第十一条第一段及第十五条第三段之规定,以调和之精神,解决此事,但毫无结果。现在大会亟宜采取办法,停止战争,及解决争议,盟约第十五条第四段已有明显之建议。倘任何争议国不遵守此项建议,则联合会自可按照盟约,采取正常办法。

苛仑比亚代表雷斯梯波云:现在联合会似尚未至宣布何方为挑礼国之时期,但须预备在相当时机为此宣布,以免为人揣测,有所畏而不敢也。盟约第十条当适用于东省问题,兹余重述秘鲁代表曾在行政院声明四点:(一)一国无权以兵力占据他国领土担保条约之实行。(二)一国无权占据他国领土,直接交涉条约在法律上之效力。(三)一国保护在他国之本国侨民,须尊重该国之统治权,并不能认应用兵力为正当。(四)一国在他国虽有某种权利,但无权以兵方占有该国之财产。

瑞士代表穆塔云:按照盟约第十五条有两种手续,一为调和手续,一为建议手续。如第一项失败,则用第二项禁止他国对于服从联合会之国挑战。须知第十五条之后,尚有第十六条存在也。第十二条规定公断及由行政院调解之办法,此条似未注意。按照盟约规定,虽有时可用武力,但各国均为巴黎非战公约签字国,业已宣布废弃战争,故正当防卫之语,非经过盟约中各种和平及保护之手续,概行适用后不得据此为口实。和平为世界各国共同之利益,尤为小国生死之问题。倘各小邦对于盟约所规定之办法已失信用,必不得已而求安全之道于他途也。尤有进者,此次中日争端之整个问题,均已提交联合会,非仅限于上海一隅之事。现为世界各小国道德势力动员之时,各大国亦有各种方法,供大会之应用。联合会之道德及政治势力,惟一致之意见及共同之行动,可以保存焉。

西班牙苏乐塔云:现在之问题,乃联合会生死之问题,故联合会须根据盟约之规定及世界舆论之精神,积极行动。姑不论问题之实际如何,余以为宜将地方上军事冲突事件,一变而为万国公共讨论之问题,并提出下列之三原则:(一)大会宜根据盟约要求,在开议之前,将上海及东省之日军撤退争执之事实,留俟撤兵后或定期撤兵后再行讨论。(二)盟约第十条之规定为联合会重要之原则,大会各成员国宜根据行政院十二会员所定之主旨,明白宣布,不能承认违反盟约及非战公约以兵力取得之任何政治与行政上之变更。(三)西班牙对于组织不甚完备之国家,足以减轻或申缩盟约义务之论调,声明保留。至中日争端,此议是否适用,姑不具论。倘一国家因组织不完备,而希图改善,则盟约上之国际事务,必须充分维持。如有因一国组织不完备,而发生争端,则此争端应提交日来弗解决之。

捷克代表彭纳斯云:捷克为联合会会员之一,对于此项严重问题,极端注意,并以为联合会应充分履行其义务,不但因盟约之故,亦因其在道德上之地位也,是以和平必须维持。此外尚有两要点:(一)中国及日本应知在原则上联合会之对待中日,亦与对待他国无异。(二)从国际上观之,在中国发生特别情形,但联合会之原则,必须无条件一律尊重之。

匈牙利代表波洛云:前数日会议讨论上海问题之议决案时,主席对于日本代表提出之修改案所持之态度,极可钦佩,因此事关系一会员国之军队侵占他会员国之领土之是否合法问题。至谓因一国组织不完备遂为他国侵犯其主权之口实,可谓毫无理由。此种责备,应于该国未入联合会以前表示,如该国实缺乏组织,而反能在行政院中占有一席,又将何词以解耶?余更拟询问何人有权能决定一国组织之情形,而不犯偏袒之嫌耶?联合会成立,业已十二年,宜向世界作一良好之楷模,以杜绝各种讥评焉。

英代表西门云:此次中日问题,不仅关系远东和平,亦关联合会之生死。经现在之讨论,益信联合会为不可少之机关,并为世界将来之最大希望者。余对于瑞士代表所云大会第一责任为调和一语,极表赞成。盟约第十五条第三段明白规定,此项调和之手续,惜乎目下之战云所蒙蔽耳。现在大会之工作,虽无论若何艰难,幸有两造国之代表出席,不无便利之处。至上海问题,幸有关系各国人员,从旁襄助和议,以求解决争端。更有一重要之事,大会应加注意者。各国代表对于中日争议,现无庸加详判,然不妨对于解决争议之办法,作一宣言,如此则联合会之根本原则,可以益臻巩固。盖盟约不许各国用第十二条和平手续以外之方法,向他国申其枉屈,凡违反盟约第十条及巴黎非战公约所发生之事变,决不能得各会员国之承认,甚望各国代表赞成此议。

法代表彭古云:法国对于大会解决中日纷争之任何良善方法,均拟接受。各国代表所表示者,与法国之意见正同,而大会之议决亦与行政院之努力相类。虽现在之消息颇多矛盾,而双方军队之前线偶有冲突,盖为事实所不免。所幸战事已告停止,而大会对于行政院之努力,极端赞助。现在公众意见,拟立即设法使双方成立和议,以免战争重开。此固一隅之事,而呈交大会之全部问题,尚不止此。英代表之主张,由大会发表宣言,表示意见,虽全案之事实真相尚不可知,然对于原则因可进行,尤以盟约第十条之规定为重要。余对于组织一委员会,继续大会之工作,观察远东事变之建议,极端赞成。但此委员会并非发挥大会之威权,不过遵照大会所定之方针,在大会休会期中执行职务耳。(未完)

(续昨)义大利代表洛索云:意国对于各国代表在大会发表之言论,极为满意。义大利在中国亦为有特别权利国家之一,当以公正态度,尽力襄助,务使盟约之原则,得以维持,故对于英代表之主张,尤表赞成。大会现在第一点似可以调和者之资格,如盟约第十五条第三段之规定处理此事。第二点为注意实行二月二十九日行政院决议之成效。第三点须记切行政院按照盟约第十一条所遣派之代表团,已至中国。大会按照上述步骤进行,并非谓将来即不采用他项办法,盖大会之权利与责任,须按照盟约第十五条各节,次第继续进行,提议须稳健,议决须冷静,实行须坚定,三者乃成功之要素也。

德代表卫素克云:当中日问题发生之初,德代表即在行政院,表示双方须立即停止冲突。行政院亦致力于此,亦得列强之赞助。现闻战事业已停止,则可进一步以谋根本之解决。此事已非局部问题,须由联合会以和平方法解决之。现在之讨论或有裨益于将来,盖事前之防止,胜于事后之补救也。

此外各国演说者尚多,大致均主张维护和平,拥护盟约,其词冗长,兹不备述。我国颜代表畅聆各国代表之言论后,复于三月八日在总委员会发言表示政府之意见,略谓连日各国代表发表之政见,均以为联合会必须依照盟约行事,而现在之情势,则较恢复远东和平尤为严重。按照盟约第十五条第一为调和办法,倘大会引用调和办法而失败,则必须援用该条所规定之一切办法以及其他各条之办法。有人在会献议,大会应发表一宣言,其内容与一月八日日美国致日本之通牒相似,并谓大会行动,倘更进一步则不免蹈预怀偏见判断案情之嫌。须知中国所望于大会者,并非对于不明之事实,令其预下判断,乃对于日本用兵力占据中国领土,及公然不欲将争议提交公断种种破坏盟约之举,加以承认是也。凡此事实,无庸调查,即可证明。

日本常提出各种理由,以资辩护,而忘却盟约之义务,用和平手续以解决国际纷争焉。一国用兵力希图解决纠纷,断无任其军队占据他国土地,静候和平调查,及解决此项纠纷之理。行政院所通过关于遣派调查团之议决案,将撤兵与解决争议两事,判别甚明,规定该调查团之遣派,并不妨害九月三十日决议案中日人撤兵之义务。是以遣派调查国之目的,在对于中日纷争为一最后之解决,而非迁延外兵之侵占,此乃行政院之用意。中国政府甚望大会能将此意,付诸实行。现余愿向大会为最后之申述,请其为保存国联之威权与荣誉计,并为维持盟约与国际公法之尊严计,采取必要之行动焉。总委员会经数日之讨论,各国对于解决中日问题之主张,业已明了。主席综合各方之建议,拟定议决草案一件,于三月十一日提交委员会审核。各代表讨论后,略加修改,于本日下午五时五十分召集大会,由会长将决议草案宣读一过,请众投票表决。出席大会之代表除中日两国代表未加入投票外,其余四十四国代表均投票赞成会长云。按照大会规则第十九条第五段之规定,凡各国代表未加入投票者,以缺席论。因此之故,上述之决议案,认为业经大会全体通过矣。该议决案云:

第一章,大会认为盟约之规定,完全适用于此次争议,尤以下三点为甚:(一)尊重条约之原则。(二)联合会会员国有尊重并保存所有联合会会员国领土完整、政治独立,及反对外国侵略之责任。(三)联合会会员国有将彼此间之任何争端,提交和解之义务。采取前行政院会长白理安氏一九在五年十二月十日宣言中所定之原则,追忆行政院十二会员本年二月十六日致日政府之申请书中,引用此项原则之事实。其文云,凡违反盟约第十条之规定,侵犯联合国任何会员国之领土完整,及变更行政独立之举,各会员国绝不能认为有效。以为上述防范国际关系及和解联合会会员国间争端之原则,完全与巴黎非战公约符合。该公约乃世界和平之柱石,其第二条云,订约国承允其彼此间所发生之争执,不论性质原因若何,仅可用和平方法解决之。提交大会之争端,除俟决定办法解决外,特此宣言,上述各原则及各项规定之有拘束性质,及联合会各会员国有不得承认违反联合会盟约及巴黎非战公约所订之一切条约或协定之责任。

第二章,大会确认以兵力压迫任何一造,解决中日争议,乃违反盟约之精神。追忆行政院一九三一年九月三十日经两造同意所通过之议决案;追忆本大会一九三二年三月四日所通过之决议案,经两造之同意,实行停战撤退,日军并查照列强在上海有特别利益者,预备赞助此举,仍在必要时请其会同维持军队撤退地段之秩序。

第三章,大会因中国政府一月二十九日要求将盟约第十五条规定之手续,适用于此项争议。因中国政府二月十二日要求按照盟约第十五条第九段之规定,将此次争议提交大会,并因行政院二月十九日之议决,认为中国政府请求目的之整个争议,均已提交大会,故大会有适用盟约第十五条第三段规定之调解手段,并于必要时适用同条第四段规定之建议手续等义务,决定组建一"十九人委员会",以大会会长充任主席,行政院各会员(中日代表除外)为委员,其余六委员则用秘密投票法选举之。该"十九人委员会"代行大会职务,并受大会之监督,处理下列事项:(一)从速报告停战,及按照一九三二年三月四日大会议决案,订定办法,实行停战及撤退日军各情形。(二)观察一九三一年九月三十日及十二月十日两次行政院决议案之实行。(三)按照盟约第十五条第三段之规定,并经过两造之同意,极力实行解决此次争议并向大会报告。(四)于必要时建议咨询国际法庭之意见。(五)于需要时按照盟约第十五条第四段之规定,草拟报告书。(六)于必要时建议任何紧急办法。(七)从速向大会呈交第一次事务进行之报告书,至迟以一九三二年五月一日为度。大会请行政院将一切应转达大会之有关文件,连同该院任何意见,送交十九人委员会。大会仍继续在开会时期,倘会长认为必要时,可随时召集会议。

上述之议决案,在大会付表决时,我国颜代表未加入投票,已如前篇所述。颜代表于议决案表决后,向大会发言表明意见,略谓本人未加入投票,并非含有反对之意,实以尚未奉到政府训令之故。此次大会会长暨各国代表所持之公正态度,与具有之同情应付中日问题,实足感谢云云。我国政府训电于闭会后即奉到,对于大会之决议案,表示接受,当由颜代表向大会代达此意。

日本此次亦未加入投票之原因,亦经该国代表在总委员会表示其意,以为该议决案中各种原则,日本极表赞同。但日本此次参预大会,对于盟约第十五条适用于东省事件一节,曾加保留,而该议决案中涉及中日全体问题,是以日本不愿加入投票云云。大会通过该议决案后,即遵照该议决案第三章之规定,组织十九人委员会,选举其中之六会员。会长提议适用大会选举行政院非常会员规则,用秘密投票法选举之,众赞成。兹将选举之结果纪[记]述于下:

总票额四十六,大多数二十四。瑞士得三十八票,捷克得三十五票,苛仑比亚得三十一票,葡萄牙得二十六票,匈牙利得二十四票,瑞典得二十四票,以上六国获有大多数票,均当选为十九人委员会会员。十九人委员会经大会组

织就绪后,当即遵照上述议决案指定之方针执行职务,大会即暂时休会。至嗣后十九人委员会暨大会开会情形,容再继续报告。(完)

《中央日报》1932年11月17—21日第二张第二版

479. 国联行政院将先讨论调查团报告书,拟使美俄加入十九国委员会,中日代表对程序将有争辩

【中央社日内瓦十七日路透电】 国联行政院定下星期一(二十一日)集会讨论中日问题,众认此次会议将为国联史中最重要一幕。调查团委员四人(除美国代表团外)均出席,以备行政院之咨询。李顿定星期日晚在国联短波无线电台播音演讲。

【中央社日内瓦十七日路透电】 日政府对于李顿报告之意见书,定明日分送国联行政院各会员国,二十一日正式公布。日意见书,仅对李顿报告一至八章发表日方意见、报告书最后之两章,将置之不论。据国联秘书处称,国联行政院集会时,首将讨论中日纠纷之起因。至于补救办法,须待耶稣诞后方可开始讨论。国联方面现正考虑最善方法,使美国及苏俄参加讨论李顿报告。目前有三项可能计划:(一)邀请美俄以参预员资格,加入十九国委员会。(二)邀请美俄加入特别顾问委员会。(三)于国联以外召集独立会议,讨论满洲问题。众料中日代表对于程序问题,定将发生冲突。中国代表对于行政院此后处置中日问题之权限,似怀疑问,谅将主张由十九国委员会或国联特别大会处置中日问题。日本代表素不承认十九国委员会,定将坚持由行政院设法处置云。

国联委会利害,全在我人自决

(中央社)国联行政院会议,三日后(廿一)即将在日内瓦开幕,日来对于国际委员会之传说甚嚣尘上。关于此次国联会议之趋势,及设立国际委员会对我利害如何,中央社记者顷向外交界要津探悉,国联现时对我空气颇为良好。此次行政院会议对于中日争端,决以李顿报告书为讨论之根据。开会后将首先听取中日两方对李顿报告书前八章事实部分之意见,至九十两章建议

部分因不含硬性的限制性，故采用与否，行政院将不加决定。行政院会期约有两周之久，俟将各方建议汇集后，即送十九国委员会讨论。十九国委员会加以研究后，即签注意见，送国联特别大会讨论。国联特别大会之期，大约须延至明年正月。关于解决中日问题之办法，是否采用国际委员会之制度，即由国联特别大会决定，现时国联对此项拟议，空气颇为浓厚，大有实现之趋势。惟此项决议，现尚未见诸事实，故我外交委员会虽已加入研究，但接受抑或拒绝，现尚未加决定。

按国联最初本有邀请美俄两国参加国联特别大会之意，但日本以美俄两国非国联会员国之理由，加以□□，国联此项计划，遂无法实现。但中日争论与美俄两国均有关系，而国联本身力量薄弱，历次决议案，均因日本态度之横蛮倔强，无从执行，又非邀请美俄两国参加，以期增厚实力制裁日本不可，故国联遂有设立国际委员会之拟议。此项委员会，系国联另行设立之机关，邀请美俄参加，日本虽欲坚决反对，但决无理由可以阻止其实现。故明年国联特别大会开会后，如列强意见一致，此项委员会势将断然设立。惟美国新任总统罗斯福，于明年三月四日方始就职，故国际委员会之设立，或将在罗斯福就任以后，亦未可知。

至设立国际委员会对我之利害一节，就其性质而论，有美俄两国参加，对日本施以威力之压迫，且国际委员会所决定之办法，将立即见诸实行，不若国联会议之决议案，可以延宕不理，此与日本向来所采用之延宕政策，及不许第三者置喙之主张根本冲突，实为日本所最畏忌而必加以反对。但我国之观察不应如此，国际委员会对我究属有利，抑或有害，全在我国人之自取自决。盖国际委员会如果设立，为期尚有三四个月之久，我国人民对此未来之时间，如何运用，即为利害之分歧。

自九一八事变发生以来，全国人民愤激之余，厉行经济绝交，日本经济已受极大之打击，益以世界经济之不景气之影响，与日货对欧美销售之停滞，及日本巨额军费之支出，日本经济现已达极度紊乱之境地。例如汇兑在九一八事发以前，日金一元值国币二元四角者，现已只值九角，且有跌至八角之倾向；美金一元，昔时只值日金二元者，现已增至四元八九角。故日本政府所举之内外债，无形中增加一倍以上。同时日本之国家预算，不敷达九万万日元之巨，且工商业凋敝，国民经济已趋破产之地步，国人如能继续厉行经济绝交，再坚持三四个月之久，则日本经济必至不可收拾之地步。

再就东北义勇军而论,日军黩武一载,对我义军,非特未能消灭,且义军声势日趋浩大。现在北满方面,日军已无法应付;南满方面日侨不能安居。且东北难民,因受日军之蹂躏,无法谋生,均愤而参加义勇军。叛逆军队反正者,亦日有所闻。如国人对义军之接济,源源不绝,则日军必有疲于奔命之一日,而引起日本人民对政府一致之反响。故未来之三四个月,实为我国国家民族生死存亡及外交胜负之关头。如国人能一致自谋自决,发挥自己之力量,则国际委员会召集之时,不待列强之压迫,我国已自能制裁暴日云。

《中央日报》1932年11月18日第一张第二版

480. 苏炳文电告国联,声明未与日言和武力抗日,日人无赖作强迫民意勾当,义军冰天雪地下单衣应敌

【本社十七日北平专电】 苏炳文删(十五)电国联,声明绝未与日人言和,始终抱定武力抗日,并叙明日人请求妥协经过。

【中央社北平十七日电】 苏炳文寒(十四)电平,宣布日求媾和被拒绝经过,并报告日人以李顿报告书谓"满洲国"之成立,非出民意,特于本月东(一日)派员分赴辽吉黑三省,强迫各法团出具伪证书,意图欺骗,请力予辩正。

【中央社上海十七日电】 日讯,东京篠(十七日)电。丰野军曹指挥之骑兵三十人,及水户高崎宇都宫各联队中选拔之步兵数百人,由大岛特务曹长领率,由东京赴满洲。

【中央社北平十七日电】 日逆军近又进窥热蒙,日机删(十五)飞索洮线侦炸武兴昂化一带,时有激战。义军于冰天雪地中,单衣应敌,情殊可悯云。

【中央社北平十六日电】 日本欲掩饰其在东北之暴行,近又别生狡计,强令各县工商农教会各法团具文省府,声明海淀区国之成立,纯系民意请愿,并未受日本丝毫压迫与授意,并痛驳李顿报告书等情,盖欲将各县呈文汇集一起,携赴日内瓦,以为辩驳证据。绥中各法团,于今已将该项呈文发出矣。

又电。日本逼迫各机关各法团,出具请愿书,向国联要求承认"满洲国",以表示"满洲国"之成立,是东北三千万人民的意志,是东北民众厌恶旧军阀所促成云云。此种请愿书,系各法团各机关各具文签章,由日本人监视作成者。

【中央社东京十七日路透电】 沈阳电,自称内蒙十三旗代表之蒙古王公若干人,在郑家屯会议,通告国联,谓中国压迫异族,蒙人被迫与满洲合作创立"满洲国"。满洲情形,已形稳定。李顿报告,完全蔑视蒙满民意云。

(中央社)东北国民救国军指挥总监部驻京通讯处,接到天津十六日下午二时电。(一)辽西民团多归附救国军从事抗日工作,义县著名民团牛马会,尤与救国军切实合作。日军惧甚,因收买汉奸,多方破坏。但人心未死,不为所用。朱霁青令军事特派员佟玉书,率同邵振九部,真(十一日)夜袭击打通路八道壕,敌方损失颇巨。(二)沈阳来人谈,日军部发表十月东(一日)日起至世(卅一日)止,东北敌军与各地义军作战六十八次,就中辽西方面占四十次。北满泰安镇、讷河拉哈、克山、富拉尔基等地,战事更为激烈,敌伪伤亡殊众,开往赴援之军士,莫不面带愁容,恐不能生还。黑龙江伪省长韩云阶,以齐齐哈尔被包围,屡图潜逃,均为日军截阻不果云云。

《中央日报》1932年11月18日第一张第二版

481. 日对报告书意见,外务省昨正式发表,除二点外余经逐章批驳,认李顿报告无一顾价值

【本社十八日上海专电】 日政府对报告书之意见书,其复修正点全部完举,正本已到日内瓦日代表部,并完毕提出国联事务局之手续,巧(十八日)已由外务省发表,意见书大要如下:

绪论,李顿报告书中,为日本能所满足者下列两点,即(一)承认中国分裂混乱为无政府状态之事实,(一)承认中国排斥日货,受南京政府之奖励赞助,且为用非法手段加暴力而过行之事实。然大体于日不利,于华有利的证佐之一而七提案。此次李顿委会派遣之初,即抱一一国军队侵略异邦之先入为主观念,又无何等适当之方法以匡正之,故得如此不合法之结论。意者该委员等不懂华语,滞在期间又短,或为其原因之一。

第一章,中国。中国虽为曾被统一之国家,而没有存在之事实,现在则不过一广大地域之名称而已。然中国虽在不统一无政府状态,而欧美人对其为国家而存在之观念,不能拔去。领土不可侵之原则,虽为神圣,然能适用无政府

之无政府状态的国家,已早非国家矣。统一中国之最后政府,即袁世凯之共和政府崩溃后,中国已无政府存在,国家自亦同时停止。华府会议承认中国有统一政府存在之协议,此为中国坠下之原因。中国不过一个之希望理想而已,绝非国家,列国承认南京政府就其权威范围所及而承受之而已,满洲自然不在其范围之内。即李顿报告书,亦不承认满洲在南京政府指挥之下。

第二章,满洲。满洲有初即离中国本土而独立存在。自清朝成立,虽一时合并,清朝死亡,自然分离。张家二代,并未受中国本土何等拘束。一九二八年,张学良虽与南京政府有多少之联络,然并非为单一国家之结合。况因国家二代之暴政独立之机运,自然于满洲之民间酿成之。

第三章,九一八事变及后之军事行动。委员会虽承认铁道爆损,然谁实为之,并未言明,又断定日本军之行动超越自卫范围。然假令日本当时不采紧急措置,日本必从满洲被送而去。委员会断定偏重中国方面之说明,而不知中日间之紧急事态,系因从来中国方面继续的攻击态度过展之结果所致,委会对于此层漠然视之。又谓轰炸锦州,为不当然日本之行动,乃系海牙条约所承受之正当行动。

第四章,新国家报告书。关于新国家似断定为日本军所创造,而对于日本政府及军司令部曾严命日本人即个人的,亦不许参加满洲政治运动之事实,则视若无睹。报告书又断定满洲住民,不愿在日本支配之下,然不能作为希望恢复无政府状态,及南京政府支配下之解释。若满洲住民希望张氏政权之恢复,何以张氏政权被满洲驱逐。委会断定日本创造"满洲国",是对此层,未加考察。报告书不承认外国军队存在下之如斯结果,然此限于外国军队有敌意时言之。例如爱斯宾尼亚革命,系于美国海军援助之下行之,竟亦即时承认。要之,"满洲国"为满洲人所支配,即中国人因能安定,故亦希望欢迎之。

第五章,结论。报告书中第九章、第十章,系筑于以上误谬之上之结论,尤以因满洲新国家之成立与调查委员会之调查,当时事势一变,故其指示对于问题之解决,已无一顾之价值。根据上述理由,确信中日纷争之根本解决,须列国正确认识中国与满洲之实现,而育成"满洲国"始能保臻远东恒久之和平,以及世界和平。

《中央日报》1932年11月19日第一张第二版

482. 西班牙代表力主取消日本承认伪国，各小国多赞成其主张

【本社十八日上海专电】 日内瓦西班牙代表马德里，猛烈运动取消日本之承认伪国，各小国多赞成马主张，一般对继理事会所开之总会，甚为重视。

《中央日报》1932年11月19日第一张第二版

483. 国联组国际委会，我国尚未接正式通告，日报载法使征意见说不确，政府对此事并未正式讨论

国联组织国际委会，解决中日纠纷之说连日甚嚣尘上，而各方更盛传我国已考虑某种应付策略。记者特于昨日往访外部某要员，致询真相，兹志其所谈要点如下：关于组织国际委员会，解决中日纠纷之说，国联方面，曾有此种空气。自日本某报登载南京电讯，谓"法使于本月九日访问罗外长，征求对该会之意见后"，俄国及他国各报驻东访员，根据该消息转电莫斯科，辗转记载，遂由一处之空气，而造成全世界之空气。实则不但法使未悉此事，而中国政府亦始终未接到国联征求意见之正式通告。外间所传政府对该会之种种意见，尤非事实。至外委会方面，对国联此种空气，容或作相当交换意见，然正式付诸讨论决定对策，固尚过早也云云。

《中央日报》1932年11月19日第一张第二版

484. 国联行政院否认所谓"满洲国",全案移交前将有明白表示,李顿定今日离英赴日内瓦

（中央社）外交界确息,国联行政院二十一日开会,讨论李顿报告书时,将首先听取中日两方对前八章的意见,尤其对第六章"满洲国"特别注意。现国联各会员国对此节之意见,除日本外,已完全一致。认李顿报告书中所述"满洲国"之各节,均系忠实真确之记载。在行政院将全案送交十九国委员会以前,行政院将有正式之表示,明白否认所谓"满洲国"之存在。十九国委员会及特别大会开会时,亦将根据此点,为讨论之基础云。

【中央社伦敦十八日路透电】 李顿定明日赴日内瓦,出席行政院会议,以备行政院之咨询。闻其他委员虽在日内瓦,但不出席会议。于必要时,李顿将召集各委员讨论行政院质询问题。各委共同拟定答复后,由李顿向行政院口头报告。

【中央社日内瓦十八日路透电】 国联秘书处昨日发表颜代表的通牒内称,据海哈电称满洲之日军松木师团奸淫掠夺,凶恶之极。日爆炸机于十月二十六日在海拉掷弹,并散传单,谓将以大炮飞机轰炸扎[扎]兰屯、博克图、满洲里及海拉尔等处,使成一片瓦砾。查上述等地均非战区云。

【中央社上海十八日电】 日讯,东京巧（十八）电。日政府对李顿报告书之意见书,定本日下午提交国联秘书处,然国联日职员泽田节藏现与国联当局商议发表之时间,尚未最后决定,大约在马（廿一日）晨十时发表,同时在东京亦发表。

【中央社上海十八日电】 日讯,京巧（十八日）电。日人冒用北满俄侨名义制作反驳调查团报告书意见书,送往日内瓦,现已在哈收买失业白俄签字。

【哈瓦斯社伦敦十七日电】 据《民声日报》驻日内瓦访员所得消息,谓有一种隐示,国联会行政院在下星期以内,仅讨论李顿报告书之一部分,其余各章,则留待明年一月再加研究。又谓国联非常大会,不致开会,至少明年二月或三月以前不致开会。该访员并称,日本不愿行政院将李顿报告书移交非常大会讨论,英国外相西门,似亦赞成此种见解云。

《中央日报》1932年11月19日第一张第二版

485. 国联行政院明日讨论中日问题，日方自知情虚会前对我狂吠，同时哀恳英法帮忙但似无望，中日代表将力争程序问题

【本社十九日上海专电】 东京电第六十九次　国联行政院，定马（二十一日）上午十一时在日内瓦开会，凡勒担任议长。日外部初对国联前途甚表示乐观，乃自巧（十八）日以来，所接电报均与所期相反。初定行政院取决拉拢英法，可以支配全局。巧（十八日）以来，形势一变，加盟各国多愤英法历来多滥用国联压制小国，因此各小国团结意外坚固。依赖英国政策，恐难达到所期目的。国联大会，已避开以秘密会为主之利诱政策，势将宣告破产。日外部接到此种消息异常沉寂，政界亦颇悲观云。

【本社十九日上海专电】 国联行政院星期一开会，程序问题之争论，将为会场中之要点。日本以讨论不出行政院会场为利益，而中国则要求将李顿报告书，提交十九国委员会，或召集国联大会之特会讨论之。盖强于主义而弱于责任之许多小国，其参加十九委员会，与国联大会，将益于中国，而使全部问题，获有更迅速而更严密之处置也。故星期一之讨论，将燃及国联盟约第十条第二十二条与十五条之解释。其最后办法，或出于提交专家审查决定之一途。又据日外交界息，日外交部对付国联，注意秘密接洽，松冈担任对英，长冈对法，吉田对意，松冈注意活动以拉拢大国压迫小国为基本策。昨日下午三时半，松冈与长冈两代表访问英外长西门，恳托英国忆念同盟旧谊，救日本目前之急。日本对欧洲问题，可以取冷静态度，对满政策，则不得不热狂。如各大国不能为情，骑虎之势，所趋莫测，带半哀求半恫吓。对法国则再三提议法日同盟，以制德俄为饵。由大国而小国，刚柔并用，恫吓利诱，用尽外交惯技，以期脱险，回避大会讨论满案云。

【中央社日内瓦十九日路透电】 国联行政院于星期一（二十一）日开会议，中日两国代表将力争程序问题。日本代表团要求一切中日问题，由国联行政院讨论；而中国代表团，则要求将李顿调查团报告书交十九人特别委员会，或召集国联全体大会讨论之。其理由因十九人特别委员会，及国联全体大会

中，小国代表甚多，各小国一向均同情于中国，且多主张以迅速及积极方式解决中日问题。关于程序问题之争辩，将引起国联盟约第十条、第十二条及第十五条之解释问题。至最后无法解决时，或将根据法理表决之。

日意见书不值一笑

（中央社）日政府对李顿报告之意见书，昨（十八日）已由日代表团提交国联秘书处，并由日外务省公布要点，对我横加诬蔑，措词荒谬绝伦，态度横蛮，无理达于极点。闻该项意见书全文，并未正式送达我外交部，但本月一日当该项意见书通过日内阁，经我政府探悉其内容时，即由政府某要人，加以痛驳。据外交当局意见，李顿调查团系国联行政院所正式派出，并经由中日两国同意，派员参加，具有法律上之根据。至日政府之意见书，虽对我肆意狂吠，并无法律之根据，无足轻重。其次李顿调查团在起草报告书之前，曾尽量听取中日两国代表之意见，日代表吉田并曾尽量提供说帖，但李顿调查团以日代表所述各节，均非事实，未予采纳。日政府现时所发表之意见，均系经李顿调查团所摈弃者，显见其毫不确实。至我政府对日意见书，是否有再加驳斥之必要，俟见其全文后，再行决定云。

【中央社上海十九日电】记者皓（十九）访某友邦外交家，叩其对于日本意见书之观感，承答甚详，略谓日本意见书摘要，已见报载，其措词命意殊属荒谬。日方目的，无非欲避免九一八事变之责任，并希图推翻李顿报告书，对东北事件之忠实严正记载，一面竭力侮辱中国为无统一政府之国家，甚至谓中国并非国家，不过为一广大地域之名词，冀卸除破坏国际公约责任，转移国际观听。惟国联各会员国早洞悉此情，对于所谓"满洲国"，已决定以李顿报告书为根据，正式否认，日本之意见书徒逞强辩奚益。某外交家又谓国名政府建立南京，为世界万国公认之事实。日本意见书独谓中国非国家，实属侮辱中国整个民族。该意见书中又谓轰炸锦州，为海牙条约所承认之正当行动，尤不知何所据而云然。吾人但知国际公约即国际公理，非日本一国所能增损其毫末也云云。记者又晤外部某要员，知罗外长对日本荒谬绝伦之意见书，正草驳斥宣言，不日即可发表云。

郭氏驳斥松冈谬论

【中央社日内瓦十八日路透电】中国驻英公使兼国联行政院会议代表郭

泰祺氏,对日本代表松冈谈话作如下之批评,谓日本军人之舌人,现向各国记者表示,日本在东三省一切行动,纯系出于自卫,而中国内政几近无政府状态。郭氏谓中国向以文人治国,非若日本随时以屠杀手段解决政治纠纷,此种现象已成为日本近代政治舞台上之惯技,中国政府控治武人势力之能力,与日本政府相比较,最低限度,于最近八个月内,亦可谓不弱于日本。

【中央社日内瓦十八日路透电】 日本出席国联行政院会议代表松冈洋右,今(十八)日向各国记者谓,有人曾以为日本为为中日纠纷中之侵略国,其实适得其反。日本年来屡次受中国之各种侵略,日本军队并未侵占外国土地,日本军队早已驻于东三省境内,保护日本已有之权利。中国在东三省之主权,不过虚有其名。日本之立场,并不违反任何其他国家之政策,甚至与中国人本身之立场亦无违反处。东三省内部之不安,实为世界和平之危机。目前东三省之新政府,既可保护当地人民财产生命之安全,亦可维护外侨利益。日本政府疑继续其在三省之试验事业,由日本地位着想,日本别无其他办法。

《中央日报》1932年11月20日第一张第二版

486. 日国联代表松冈任全权,阁议后外务省已发训令

【中央社上海廿日电】 日讯,东京皓(十九)电,日政府关于国联代表主席全权问题,原拟推定松冈洋右担任,惟因从来有种惯例,及其他理由,颇难推定。然巧(十八)阁议排除一切障碍,决定任命松冈为主席全权。外务省即时发训令,致日内瓦日本代表团。

《中央日报》1932年11月20日第一张第二版

487. 国联日代表播送国联消息

【中央社上海廿日电】 日讯,东京皓(十九日)电,国联日代表定马(廿一日)起,每日以无线电播送国联理事会情形及其所发表意见,时间在上午六时

半起至七时为止,其顺次为马(廿一)松冈,养(廿二)佐藤,漾(廿三)长冈,敬(廿四)松平。

《中央日报》1932年11月20日第一张第二版

488. 郭泰祺昨访美代表,交换对东北问题意见结果圆满

【中央社上海二十二日电】 本社日内瓦皓(十九)下午三时三十五分专电,郭泰祺皓(十九)访美代表台维斯,交换对于东北问题之意见,结果圆满。郭语中央社记者,各国人士对于我国东北义勇军之抵抗,及全国一致经济自救之方法,均认为系解决东北问题之重要关键。据本人观察,日本目下战略,厥为多方阻碍日内瓦之进行,同时谋迅速的消灭我义勇军云。

《中央日报》1932年11月20日第一张第二版

489. 内瓦空气沉闷,各国对报告书态度,多数仍为自己利害着想,欲求外交胜利惟有自助

(中央社特派赴欧记者通信)第十三届国际联盟大会,已于无精打采中在十月十七日闭幕矣。万目睽睽之满洲问题,竟应日本之要求,延期至四星期后讨论,甚矣联盟之日暮途穷也。

西俗以十三为不祥,此届适逢中日纠纷日趋尖锐,几使联盟根本动摇,若冥冥中有数存焉。其实联盟早成欧洲之联盟,此种东亚难题,衷心非渠所愿闻。然中国既已提出,并且一力仰仗,则为继持门面,又无词可以拒却。况多与强国为邻之弱小,眼看日本不宣而战,为欧战后开一恶例,群为不寒而栗。故捷克、西班牙诸国代表,在行政院中大为疾呼,直诉日本为戎首,且怂恿中国代表提出联盟公约第十六条,加以膺惩。事后且语人曰,吾人非援助中国,乃援助自己。弱小苟无联盟,将不能安枕。联盟利在大事化小,小事化无,而彼等偏欲将范围扩大,形式加重,此更使维持世界和平之纸老虎,为之头痛而无可如何。

自李顿报告书发表后,世人莫不以多大兴味适之。各国立场不同,故批评极不一致。英德则态度暧昧,无所可否。美国则视英国为转移,希望有联合行动。义国则谓为双方敷衍之巨著,其结果仍等于零。法国则谓现状乃中国内乱所造成,未免不顾事实。俄国则谓置满洲于国际共管之下,无异对彼挑衅。自吾辈眼光观之,以第三者之实地调查,证明日本之破坏一切条约,表面上未尝不于中国有利。如谓(一)日本所借口之□案并非真确,(二)九一八事件日本并非出于自卫,(三)日本一切之行动乃预定之计划,(四)"满洲国"系日本所伪造并非中国人民之意。建议中不仅主张日本撤兵,且应并南满铁道沿线之兵而尽撤之。从措词之反面寻求,已明白宣布日本罪状。盖既非自卫,即是侵略;既非东北人民之意,即破坏中国领土完整。所可憾者,即查明九一八事变责任全在日本,而又以实际利益相诱,希望其与中国妥协。国联已早令日本撤兵,有煌煌议案可稽,乃又主张中日两国在东北均不驻军。且此次调查,以东北为主体,何又插入国际合作,谋中国之改造云云。凡此皆自相矛盾、不能自圆其说者,其所以曲折迂回,想出此侵略势力已成下之折中办法。其最大关键,在以列强自己之利益为中心。故将报告书细加推阐,即发见其虑周藻密。目前慷中国之慨,以小惠给予日本,使中国门户洞开,不许一人独占,其结果必陷日本穷促于孤岛,难圆其大陆政策之梦。故建议果一一见诸实行,于中日为两败俱伤。日本志在独霸亚东,控制宇内,而此种野心以后决不便出诸口,即从中国所得之小惠,列强亦分杯羹。中国则任人摆布,失其自由,吃眼前亏,自无可逃,吁可畏也矣。

欧洲近况有附带一述之必要。德国要求军备平等,无异遗法国一矢,故台维斯与赫里欧之行踪,最为时人所注目。四强会议乎?三强会议乎?洛桑乎?海牙乎?在予草此文时,尚在继续接洽中。夫法国欲保持既得权益,故利在维持盟约,德国反是。此事表面英国虽为调人,而实际可左右者厥为美国。日本之侵占满洲,显违门户开放主义。美国之欲维持太平洋政策之尊严,自乐得法国同样之保证。故裁兵问题能得一转圆之法,则欧洲暂得小康,可分其视线于东亚,日本在国际共同监视下或可稍稍敛手也。

"万木无声待雨来",此为日内瓦之近况。日本代表团已由主张上海国际都市化之松冈洋右,与偕调查团赴东北之吉田伊三郎领率而来,则日退出联盟之说,至此更足证其为虚声恫吓。同时又雇上海《远东时报》主笔美人芮氏来此宣传,某夜招待各国记者,述及渠系"满洲国"之代表,美人群嗤之以鼻。中国记者直斥曰,予知君所代表者非"满洲国"乃金钱耳。芮氏老羞成怒,遂自灭电灯而散。日人在此间以重金结纳各国记者,助彼造谣。又以英法文刊二诋毁中国之书籍,一名《中国之近况》,一名《日本与满蒙之关系》,分送书肆报摊售卖,不取值。其他类此之方法甚多,不值细述。中国代表团唯恐世人为一面之词所惑,不得已亦在预备刊物数种,叙日本国情及军人之跋扈之真相,证明其未必为有组织之国家,留待大会时散布。据熟谙日本情形者多数推测,日人决不接受李顿报告书,将取延宕手段,诿其责任于中国,曰我接受报告书,其如对方无人可以接洽何,政府有此力量乎。

中国代表团租格郎路十八号为办事处,颜惠庆代表亦即居内,其他代表及职员则或住旅馆,或住公寓,每月开支仅足与日代表团之汽车费相埒耳。

下月大会除颜氏仍为首席代表外,又加推顾维钧、郭泰祺二氏为代表。顾氏曾偕调查团赴东北,已内定先出席行政院,俾随时对东北问题,加以解释。此外则有副代表驻丹麦公使罗宗[忠]诒、驻荷兰公使金问泗、驻瑞士代表办胡世泽、驻德使署参事梁龙诸氏,专门委员燕京大学教授徐淑希、《外交月报》主笔王大桢、铁道部技监颜德庆、外交部国际司长钱泰、亚洲司长沈觐鼎、驻英使署一等秘书夏晋麟诸氏等,从旁襄助。颜氏以善辩能言著闻,与希腊捷克诸代表同以个人干练之才,在联盟为中外人士所钦佩。其他有声国际,或有专门研究,要皆一时人选,与挂名而不做事者不同。说者谓自有联盟以来,似以此次中国代表团为优秀也。

综合多数中外人士之意见,金谓东北问题,,既非短时间所酿成,即非一朝一夕所能解决。希望联盟为中国收回失地,无殊纸上谈兵。今日中国唯一出路,只在召集贤能,会于首部,充实政府,负起责任,同时以全力援助义勇军,与抵制日货。舍此以外,别无良策,语云天助自助者。即使日本如何悔悟,或联盟不惮牺牲,然中国至少亦须表显今后确有操纵一切之能力。故吾人翘足以望,不在外交之胜利,而在内部之合一。与其恨外人无公道,何如自己振作,亦做些建设事业,以杜塞诅咒者之口。应知对内无办法,对外不会有办法也。(十月二十五日日内瓦)

《中央日报》1932年11月20日第二张第二版

490. 首都商界将电请国联一致主持公道，并电我国各代表于大会时，据理力争俾收复东北失地，电全国各人民团体一致主张

首都商界拥护国联盟约委员会，现以国联行政院即将于本月二十一日举行大会，讨论调查团报告书，关系至重且巨，特草拟各项电文，分致国联行政院，希望各委员，本和平初衷，一致主持公道。并电我国代表团各代表，于大会时，务须据理力争，俾达收复东北失地目的。此外，并电全国各省市人民团体，一致主张。上项电文，昨日正在修撰中，约今日（二十）即可发出云。

《中央日报》1932年11月20日第二张第三版

索　引

A

阿比留乾二　151

艾克福　25

爱敦　38,65

爱珲（瑷珲）　42,131

爱斯特（亨斯托、艾斯特、艾斯东）　103,195,196,217

爱牙木（哈姆士）爱治　66,80,295

安达　146,340

安达谦藏　170

安东　30,31,42,49,53,54,59,67,68,73,131,132,268,273,375,525

安福素　25

安捷里诺　80

安乐　68,125,229,441

安庆　145,245

安托泥（Antonines）　136

安朱里　437

岸本广吉　132

昂昂溪　340,390

奥保巩　443

B

巴尔　346,347,512

《巴尔的摩太阳报》　133

《巴黎日报》　237

《巴黎时报》　327,432,499

巴士特和夫（巴斯地霍夫、巴西霍夫）　79,284,286

把斯特　62

白里安　133,134,149,152,153,156,265,313,323,434,528

白鲁宁　529

柏拉德　290

班禅　512

班恩斯（比恩士、彭纳斯、Benes）　61,290,534,536

阪谷希一　151

包德尔（波特）　241,249,254

宝吉　151

保雷　207

葆康　150,151

《报知报》　324

鲍澄　150

鲍观澄　228,254,270,337

鲍鲁庭　391

鲍威尔　259

鲍文樾　192

北戴河　1,62,90,92,96-98,103,
　　104,106,109,120,123-125,
　　128,164,169

北方银行　431

北京饭店(北平饭店)　1,17,21,72,
　　92,96,102,103,128,132,186

北票　101,122

《北平导报》　289

本庄繁(本庄)　25,99,100,119,
　　209,223,333,347,361

本庄完　151

毕德(毕德尔)　195,217

别克　513

宾德登　491

滨田国松　172

波拉　111,143,478,502

波拉地(勃雷特)　54,72

波利蒂斯　282

波洛　536

波那帕脱(Bnaparte)　139

波森伯　487

伯力　203,242,301

勃兰特　535

勃鲁士　109

博克图　340,546

《卜波罗报》　330,331

C

Chester H. Rowell　360

蔡廷锴　198

柴田翰长　286

长春　18,31,46,49,50,54,55,59,
　　60,64,67,72,73,78,85,100,
　　119,151,164,193,219,220,
　　223,224,227,228,239,241,
　　250,254,255,270,303,304,
　　336,340,357,359,390,419,
　　456,508,525

长笠木良明　150

《朝日新闻》　275,324,367,388,482

朝阳　101,102,120,121,340

陈璧君　6,14,15,35,72,422

陈独真　439

陈访先　46

陈孚木　35

陈公博　35,225,327,414,421,422

陈果夫　344,414

陈焕然　217

陈家熙　430

陈铭枢　3,8,12,14

陈绍宽　421

陈石泉　22,25,46

陈树人　35

陈希曾　186,187,192

陈筱庄　197

陈心言　497

陈一郎　246

陈宜春 62
陈允文 422
陈振宗 497
程振钧 125
程志远 150
赤塔 203
褚民谊 2,418,421
川上市松 151
崔兴植 99,100
村角克卫 151

D

达剌谟(Durham) 143
《大公报》 368,377
大连 13,18,26,30-32,39-44,46,48-50,53-57,59,63-65,68,73,74,78,83,87,88,92,99-101,125,131,132,164,178,181,184,191,200,207,239,241,249,250,254,255,258,266-269,273-275,280,361,375,379,401,432
大陆印书馆 335,364,370
《大美晚报》 511
大迫幸男 151
大桥忠一 151,267
戴季陶(季陶、戴天仇) 388
戴世英 247
但那黎 64
岛崎庸一 151
道胜银行 430-432

德额 151
德尔福门 80
《德华日报》 62
德明饭店 186,187
德业里 80
《德意志普通报》 166
狄博尔 103
狄博斯克 476
狄沙拉 495
丁超 400
丁鉴修 67,150,275
丁士源 519,523
东北民众救国军 403,404
东方汇利银行 430,432,433
东三省官银号 53
东乡平八郎 443
东印度公司 136
董霖 46
杜格司莱瑞 195
杜洛耶诺夫斯基 479
端纳(端挪、端讷、多纳、唐纳) 3,4,12,17,102,103,182,195,196,328
段祺瑞 440,496

E

额勤[勒]春 151
恩培 151

F

Freda White 110

伐勒拉（代勒拉、凡勒拉、凡勒）
　　251，271，279，282，287，290，
　　467，471，472，547
樊光　342
范崇武　217
范朋克　209，369
方治　207，439，512
飞师尔　25
非战公约（凯洛格公约、巴黎公约、白
　　里安凯克格非战公约）　71，
　　112，114，115，118，119，133，
　　134，142，149，152－158，171，
　　173－175，177，183，234，237，
　　259，283，294，308，311，320，
　　326，345，355，365，379－382，
　　394，404，419，429，437，463，
　　467，470，476，486，490，502，
　　511，521，523，527，535，536，538
费路得　104
丰臣秀吉　126，139
冯汉清　150
冯鹏翥　247
冯玉祥　30，35，38，488，496，501
福德馆店　197
傅冠雄　96，188，190，200
傅小峰　217
傅朱泮　147
富拉尔基　340，387，543

G

G. Warren Heath　450

嘎利德　25
甘乃光　35，421
甘粕正彦　151
冈田良平　219
高本恭　497
高谷大次郎　151
高纪毅　13
高凌百　15，16
高桥余庆　151
高野忠雄　151
戈登　136
戈公振　200，215
格兰第　259，529
葛勃华尔斯　339
葛茨非　498
葛拉夫　25
葛雷甫（Graves）　358
葛流　31
葛先华　217
葛祖燨　188，199
《公论报》　438
宫格利恩　286
古比尔　54
谷正鼎　439
顾孟余　35，72，329，344
顾善昌　4，12，188
顾树森　192
顾维钧（顾少川）　2，4，5，8，12－14，
　　16，17，20，21，23－27，29，34，
　　37，38，45，47，60，63，64，86，90，
　　92，96，98，102－105，108，120，

123,125,126,128,143,147,148,160,163,164,168,169,177-182,185-187,190-193,196-200,215,248,285,297,366,401,411,418,421,475,552

顾维新 4

顾祝同 328

《观察报》 278

《观客》 19

管原重雄 172

贵福 150

郭恩霖 151

郭尚文 151

郭泰祺（郭复初） 28,72,119,129,130,160,172,240,252,283,347,418,421,490,549,550,552

国联盟约 11,19,54,65,66,110,112,115,119,121,130,156,161,167,171,189,235,237,251,283,290,294,297,311,320,326,345,351,355,370,379,380,404,407,425,429,435,465,474,476,497,498,502,511,520,521,547,548,553

国民饭店 216

H

Harry Paxton Howard 430

哈尔滨 18,31,46,49,50,54,59,62-64,67,73,80,100,102,125,131,132,150,151,213,228,229,233,273,303,304,340,357,358,361,393,397,531

哈同扣斯 104

海参崴（海参威） 164,178,203,242,358,359,433

海尔山姆 487

海尔珊 487

海兰泡 242

韩复榘 27,30,34-38

韩国独立党 99

韩云阶 543

杭州 245

何成濬 2,5,190

何键 247

何士（河士、赫塞尔、哈斯、赫赛） 3,4,12,15,17,20,56,64,86,90,91,104,105,108,124,181,184,195,197,204,210,214,218,230,284,285,297

何应钦 2,5,72,329,344,414,421

何柱国 60,61,121,125,512

贺耀组 344,414

赫德 40,136

赫礼欧（赫里欧） 149,158,239,273,282,287,437,472,492,551

赫士 137

赫斯特 501

横田三郎氏 321

虹口公园 92,99,100,181

呼兰 340

胡佛 58,141,155,158,174,264,

265, 289, 330, 338, 412, 423, 478, 501, 503 - 506, 510, 511, 515

胡佛主义 237, 423

胡汉民 205, 248, 344, 353, 379, 436

胡筠 217

胡迈 421

胡摩尼 245

胡女木兰 205

胡启阀 497, 520

胡世泽 552

胡适 21, 342, 440

胡以瑷 151

葫芦岛 296, 375

湖南人民抗日救国会 145

户泉宪溟 151

花轮义敬 250

华俄银行 430, 431

华懋饭店 12, 196, 197

华盛顿会议(华府会议) 52, 135, 177, 299, 311, 346, 374, 390, 408, 409, 423, 430, 486, 544

槐特 345

荒井静雄 151

黄纯道 328, 369, 387

黄富俊 151

黄绩熙 440

黄慕松 344

黄南屏 248

黄起中 244

黄绍雄 2, 4 - 6, 35, 417

黄信珍 217

黄仲翔 415, 439

黄宗法 60

汇丰银行 125

惠廉 478

J

吉勃生(吉尔白) 58, 514

吉尔勃 211

吉田伊三郎(吉田) 18, 22, 23, 27, 36, 37, 56, 62, 64, 76, 96, 98, 106, 120, 186, 195, 197, 208, 297, 345, 349, 423, 460, 464, 465, 467, 468, 485, 492, 512, 547, 548, 551

吉兴 150

《纪录新闻日报》 326

季汉东 340

济南 27, 30, 35 - 37, 62, 96, 103, 104, 204, 218, 246, 255, 470

加拉罕(加拉亨) 279, 460, 490 - 492, 499

江海关 280

蒋梦麟 21

蒋作宾 83, 86, 122, 211, 213, 232, 283

《交易所邮报》 165

结城清太郎 151

捷喜林 269

金璧东 151

金国祥 465

金井章次　150

金问泗　20,182,244,253,552

金正顺　99,100

金卓　151

津海关　59,280,281

《经济学家》　158

井上良馨　443

九国公约　3,7,9,11,12,43,47,50,
54,71,75,76,81,83,88,89,91,
93,95,110-112,119,121,127,
129,130,167,171,172,174,
175,177,179,183,189,206,
219,220,223,225-227,229-
239,243,259,264,289,293,
294,308,309,312,315,320,
355,365,379,381-383,404,
423,429,435,467,470,476,
486,502,513,521-523

九江　2,3,5,6,216

久富治　151

酒井辉马　151

居正　147,344,414

驹井德三　150

菊竹实藏　151

K

开尔　513

阚锡　273

考尔兹（方格基、考尔资、柯资厄、实柯泽）　80,106,108,109,217

柯立志　156

可克兰　207

克劳斯（克劳塞、克劳德尔、克劳特尔、克劳氏、克劳特）　108,109,
123,182,207,294,297,338

克礼　184

克里扶伦　263

寇蒂斯　140

旷运文　497

L

拉金斯基　513

拉莫吞（Lambton）　143

赖琏　439

蓝浦森（蓝溥森）　116,129

蓝渭滨　245

勒伯伦　402

雷末　529

雷斯梯波　535

李德（李特）　239,264,265,270,
273,296,372

李调生　15

李东园　46

李杜　400

李顿（莱顿）　1,3,12,13,16,18,20,
22-24,27,39,43,49,58,60-
62,64-66,74-78,82,83,86,
87,90-92,97-99,102-110,
116,117,120,123-125,128-
130,132-134,143-146,148,
149,162,163,168,173,174,
177-182,184-186,188-190,

192,193,195-197,199-201,
204,205,207-209,211,215-
217,221-223,225,226,229,
230,237,240,243,248,251,
252,257,264,265,269-273,
276-278,282,284-290,293,
295,297,323-327,329,330,
335-339,342-347,349-354,
356,363,365-368,370-372,
378,379,382,384,386,388,
392,394,396,401,402,411,
412,415,420,423,424,426,
427,429,436-438,441,449,
455,456,460,462-470,477,
484-489,491,495,499,514-
525,540,542-544,546-548,
551,552

李奉昌　99

李莘侯　125

李馥荪　72,125

李海青　340

李济深　2,4-6,12,35

李龙发　100

李铭书　151

李彭　248

李绍庚　150

李盛发　99

李盛元　99

李石曾　2,4-6,14,17,96,476

李维诺夫(李特维诺夫)　490,491,
499

李亚　230

李延年　245

李翼中　248

李仲公　404

李宗仁　205,248

励志社　8,15,188

栗山茂二　151

笠木良明　151

梁龙　552

梁作友　328

林椿贤　398,410

林德莱(林德之)　59,74,75

林肯　263

林权助　40

林实　253

林泽臣　440

铃木文四郎　507

铃木文治　399

铃木喜三郎　329

凌升　151

刘秉璋　151

刘伯英　147

刘成燦　440

刘崇杰　3,4,8,12,14-17,20,46,
60,185-187,190,192,196-
200,215,227,232,233,288,
398,410

刘大钧　12

刘广文　340

刘桂堂　340

刘家鸾　197

刘绛雯　218

刘恺钟　439

刘奎明　512

刘兰荪　96

刘乃藩　56,57,62

刘瑞恒　417,421

刘师舜　398

刘世忠　151

刘蔚凌　147

刘絜敖　217

刘一麟　217

刘英杰　497

刘泳闾　35,421

刘橘业　151

刘云清　512

刘振奎　340

刘仲崔　217

柳相根　99,100

柳泽保惠　172

龙井村　131,132,268,273

龙潼林　25

楼桐荪（楼桐孙）　353,415,439

陆企云　291

陆文韶　465

路易十四　139

路意斯　509

《伦敦汇闻报》　269

《伦敦晚报》　239

罗春[忠]诒　418

罗德密尔　239

罗迪恩　486,487

罗理　479

罗斯福　263,413,414,423,439,501,503-505,510,511,515,524,541

罗素约　439

罗文干　2,3,6,12-14,17,21-25,27,29,34,35,37,38,43,56,72,73,91,131,172,178,179,182,183,185-188,190,198-200,215,227,232,269,288,320,323,329,334,344,348,369,377,384,385,398,403,410,413,414,421,422,429,488,496

罗雪尔（Routhschild）　432

罗振玉　151

罗宗[忠]诒　552

《洛加兰齐吉报》　211

洛索　537

洛阳　28,147,160,216,244

《洛阳日报》　244

洛兹柏雷（Rosebery）　143

骆清华　465

M

马达利亚加（马利亚加、马德里）　48,61,545

马鹤天　244

马俊　497,520

马柯迪（亚特罗万蒂、马莱斯各狄）　182,196,200,215,294,297

马立三　440

马少荃　465

马锡侯　497

马寅初　364

马愚忱　46

马占山　28,64,130,274,340,363,389

麦丁拿　282

麦考益(马考意)　56,60,182,196,200,215,295,297,342,402

麦克唐纳(麦唐纳、麦克唐纳尔)　155,163,262,273,326

《满城街报》　326

《满城卫报》　237,238

满洲里　31,50,62-64,67,197,213,340,358,546

曼德　38

曼森纳(Massenet)　432

梅乐和　43,44,50,56,63,67,68,72,125,131,132,239,241,249,280

梅那　66

梅特涅　167

《每日电闻报》　252

《每日电讯报》　326

《每日捷报》　133

《每日快报》　144

《每日先锋报》　326

门罗主义　109,166-168,274,453,489,504

《孟鸿斯得卫报》　432

《孟却斯特导报》《孟却斯特指导报》

《孟却斯德指导报》)　91,130,173,211,252

《孟却斯脱保卫报》　489

米恩　84

《密勒氏报》　435

民政党　170,329,368

明治制糖会社　172

摩迩(Mvrray)　434

莫泰(穆塔、Motta)　112,529,534,535

墨林(Merlin)　432,434

墨索利尼(墨索里尼)　141,330

牧野克已　151

穆华轩　465,497,520

N

拿加诺　516

纳恩　84

难波胜　151

内田康哉(内田)　26,27,49,74-76,78-80,83-88,90-93,99,100,104,122,146,162,163,166,167,171-177,179,180,190,191,203,208,209,211-213,219,224,238,243,250,289,294,295,316,320,335,336,354,389,390,392,400,420,423,427,440,464,467,477,514

嫩江桥　303

牛马会　543

牛庄　30,31,59,125,131,132,207,
　　　252,268,273,280
纽拉兹(牛拉脱)　282,519
《纽约论坛导报》　490
钮永建　421
诺尔　417
诺克斯　59,60

O

O. M. Green　388
Owen Lattimore　359
《欧夫(译音)报》　238

P

潘兴　259
《旁观周报》　466,470
彭古尔(彭古,M. Paul Boncour)
　　　111,112,528,529,536
彭位礼　217
彭学沛　421
彭逊贝　486,487
彭赞汤　439
皮尔特(贝尔、皮亚特、贝尔特、白尔
　　　特、皮而特)　20,47,60,64,78,
　　　80,85,178,197
迫喜平次　151
朴资茅斯条约(扑资茅斯条约)　79,
　　　300,301
浦洁修　218
溥仪　7,11,71,224,227,228,233,
　　　239,255,261,304,359,403,
　　　440,488

Q

齐门　401
齐默—特色木勤　150
齐齐哈尔　213,233,303,304,340,
　　　390,526,530,543
齐亚诺　188,191,196,200
祁伟落　25
前所　60,95,110,125,157,166,
　　　168,278,290,293,309,395,
　　　454,485,523
钱密　182
钱泰　20,217,552
钱新之　12
钱永铭　147,160
青岛　1,18,34,38,86,87,90-92,
　　　96,98,101,103,104,127,246,
　　　255,375
犬养毅　7,116,391,393

R

惹姆士　437
《日尔曼总报》　519
日冈惠治　151
日美协会　31,166
《日内瓦日报》　461
《日日新闻》　324,388
荣孟枚　151

S

萨利斯布里(Salisbury) 136
三谷清 150
森田成之 151
沙乐 215
山海关 46,57,64,121,239
山崎元干 286
珊姆尔 45,59
商震 21
上村伸一 56
《上海日报》 367
上野巍 151
上原勇作 443
邵元冲 35
邵振九 543
佘凌云 245
社会大众党 399
沈鸿烈 92,98,104
沈觐鼎 16,178,185-187,190,198-200,244,253,552
沈阳 13,18,25,39,46,47,50,52,60,61,64,99,121,171,207,224,233,235,236,238,244,248,250,254,270,296,298,303,304,337,340,357,389,400,470,508,509,525,543
沈翊青 356
施德潜 217
施肇夔 3,12,17,96,103,104,120,123,177,190,204,253

石本事件(石本) 100-102,107,120,122
石滨知行 274
石井菊次郎 166
《石井—兰辛条约》 127
石青阳 72,421
石瑛 421
《时潮》 158
史达林 481,482
史汉生 510
史密士 3,5,6
史汀生 32,58,111,116,119,133,134,137,142,143,145,146,148,149,152,158,174,175,183,184,190,230,237,243,264,265,289,295,330,338,339,365,394,412,461,481,486,504,505,510,511,515
史维焕 331
寿聿彭 151
顺承王府 17,20,21,24,29,424,512
松方幸次郎 484
松冈洋尤 345
松木侠 150
松平恒雄 337
宋振榘 46
宋子文 3,5,14,17,21,22,24,29,30,34,38,39,41,59,62,125,186,190,197,198,200,210,215,225,227,244,267,280,

328,329,334,344,354,356,
364,369,387,398,417,419,
421,422

苏炳文　340,387,403,404,542

苏乐塔　535

粟野慎一郎　345

绥中　60,340,542

孙激　151

孙科(孙哲生)　24,205,330,341-
343,418,523

孙其昌　150

孙中山(孙逸仙)　299,312,380,381

T

台安县　102

台维斯(道威斯)　438,439,467,
488,492,493,505,511,514,
515,550,551

泰安　21,29,30,36,543

《泰晤士报》　32,109,110,145,195,
229,237,241,242,265,325,
326,350,359,397

汤尔和　23,348

汤玉麟　101,102,121

唐宝潮　120

唐聚五　100,102

唐有壬　35

特拉蒙(德拉蒙、德鲁蒙、特鲁蒙)
250,251,257,282,366,500,513

藤山一雄　151

田中都吉　274

佟济煦　151

佟玉书　543

土方久雄　511

W

瓦房店　49,55

《外交月报》　552

万宝山　302,441

万福麟　17,29,196,512

汪精卫(汪兆铭、兆铭)　2,5,10,11,
14,17,21-23,25,34,37,38,
72,186,188,191,197,198,200,
215,227,344,356,364,387,
398,424-426

汪绍生　520

王大观　340

王大桢　217,552

王广圻　20,60,96

王建今　246

王锦霞　248

王景歧　17

王静修　150

王君　15

王恺如　104

王麟阁　418

王青　147

王树常　424,512

王树翰　8,14-16,21,24,56

王惕　151

王廷璋　476

王文田　217

王怡群 247
王以哲 1,45,335
王玉珂 30
王云五 245
王章端 62
王正廷 253,342,436,437,515
威尔逊 259,414,501,511
隈元四郎 151
韦焕章 150
韦礼德 25
卫素克 537
魏络索 25
温鹏九 217
温应彪 217
温应星 196,217
文星三 247
《文艺春秋》 274
文元模 217
闻承烈 104,105
渥泰格 529
乌吉密河 102
芜湖 245
吴南如 56,288,398
吴佩孚 102,488
吴书人 520
吴秀峰 45,64,108,184,197
五十岚保司 151
伍朝枢 248,327,413,414
武藤信义（武藤，武籐） 120,126,146,159,160,162,163,193,219,220,224,227－229,238,250,270,305,337,350,376,456

X

西巴波第 529
西门 59,60,84,117,130,163,252,282,326,338,339,455,472,487,492,529,536,546,547
西乡隆盛 126
希孟（西姆士、薛蒙） 18,61,62,65,68,69,111,112,284,287,290,529
希尼（史尼、希勒） 105,182,197,207,297,342,371,456
熙洽 150
夏晋麟 552
夏荣堂 520
《先锋讲坛报》 174,237
《先锋日报》 173
《现代史料》 450
乡诚之助 511
向井俊郎 151
向哲濬 16,183,185,188,199,398
萧化 217
萧吉珊 364
萧继荣 1,4,12,57,62,96,109,177,182,188,190,196,217
萧同兹 200
《小巴黎人报》 327,437
谢介石 23,55,150,203,239,250,267,336,419,420
谢清 244

谢仲乐　465

谢祖尧　247

新井宗治　151

《新闻纪录报》《《新闻纪录日报》《新闻纪录》）　97，173，207，265

《新政治家》　19

兴城　60

修长兴　151

须崎治平　151

徐春圃　340

徐明扬　465，497

徐谟　16，35，185，188，192，198－200，215，220，227，232，288，398，410

徐绍乡　150

徐淑希　552

徐希明　245

徐永昌　247

徐源泉　2

徐州　22，38，188，245，512

许绍棣　245

薛西尔　173，287，487

Y

亚滨哈姆（Oppenheim）　472

亚尔薛西　282

亚加可汗　283

亚兰　487

亚里斯多德　139

亚泥斯　437

严文郁　217

严藻影　217

阎传绂　150

阎锡山　59，247

颜德庆　56，57，62，66，96，177，180，217，552

颜惠庆（颜骏人）　18，65，66，68，70，112，160，192，240，251，257，272，284，290，344，411，418，421，476，526，552

演固尔　273

《燕京日报》　289

杨爱源　247

杨格（杨华特、华尔特·杨格）　79，120，125，396

杨锦昱　247

杨贤　403

杨之宏　217

姚可昆　218

姚锡九　217

业喜海顺　151

叶楚伧　217，344

叶家兴　465

叶南　217

伊籐述史（伊藤述史）　242，369，492

伊雅格　104

怡和村　186，192，403

易培基　348

《意大利日报》　243

《意尔麦丁诺报》　350

音隽明　147

尹奉吉　99

应格兰 25
应尚德 188,198,199
营口 18,49,53,54,100,151,207,221,375
拥护国联联盟 148
永田久治郎 151
游弥坚 3,4,12,17
有吉明 198,199,201,205,210,212,281,424,514
于冲汉 150
于学忠 29,60,196,512
于芷山 150
余铭 291
余念兹 245
俞飞鹏 421
榆关 45,56,57,60,61,120,197,266,267,273,280,281
虞洽卿 253
宇俸美之 286
喻育之 247
袁金铠 150
袁野秋 439
原武 150
《圆桌季刊》 135
《圆桌杂志》 232
源田松三 151
约翰 12,63,73

Z

载仁 443
臧式毅 150

泽田节藏 546
曾仲鸣 6,14-17,20,21,25,28,29,34,35,37,38,72,364,417,421
詹森 25,504
詹侥武 245
张昌言 421
张达时 244
张殿九 403,404
张福运 125
张公权 125
张海鹏 150
张鸿烈 104
张惠长 6
张杰谋 217
张景惠 150
张开连 247
张明潽 151
张伟斌 62,197
张苇村 37,246
张汶 57,62,204
张祥麟 4,17,86
张学良（张汉卿） 4,12,14-17,20-22,24,25,30,34,35,37,38,80,98,101,103,104,120-122,182,184,186,192,195-197,209,292,300,301,327,328,333,335,341,343,348,361,385,389,424,470,493,507,509,512,544
张燕卿 150

张贻侗 217
张益三 151
张永惠 217
张元良 439
张宗昌 102
张作霖 79,80,300,301,385,507
张作相 17
章元瑾 217
赵戴文 247
赵德健 151
赵家杰 421
赵鹏第 150
赵欣伯 150
镇江 17,245,328
正金银行 31,125,280,361
郑澄清 465
郑垂 151
郑家屯 543
郑莱 125
郑礼庆 57,96,103
郑天锡 421
郑孝胥 150,220,224,227,228,389
郑禹 151
政友会 77,169,170,172,173,329,368,369,412
植田贡太郎 151
中岛比多吉 151
中国航空公司 183,185,288,291,377
中国银行 31,53
《中央公论》 484
中野琥逸 151
钟贤英 217
周伯敏 331,415,439
周大文 22,25,46,424
周龙光 30,288,291
周启刚 421
周象贤 62
周学昌 46
朱光沐 512
朱鹤翔 96,106,188,398,403,410
朱霁青 543
朱家骅 25,35,344,364,414,421
朱经农 247
朱培德 344,364,414
朱庆澜 512
朱瑞清 520
朱世全 96,106,188,199
朱芸生 439
朱兆莘 248
朱宗良 35,421
竹内德三郎 151
《自由西报》 291
邹恩元 217
左迪如 104

图书在版编目(CIP)数据

《中央日报》报道与评论. 中 / 屈胜飞，孙绪芹，
颜桂珍编. — 南京：南京大学出版社，2019.12
（李顿调查团档案文献集 / 张生主编）
ISBN 978-7-305-13316-9

Ⅰ. ①中… Ⅱ. ①屈… ②孙… ③颜… Ⅲ. ①中国历史—史料—民国 Ⅳ. ①K258.06

中国版本图书馆 CIP 数据核字(2019)第 234424 号

项目统筹	杨金荣
装帧设计	清　早
印制监督	郭　欣

出版发行	南京大学出版社		
社　　址	南京市汉口路 22 号	邮　编	210093
出 版 人	金鑫荣		

丛 书 名　李顿调查团档案文献集
丛书主编　张　生
书　　名　《中央日报》报道与评论（中）
编　 者　屈胜飞　孙绪芹　颜桂珍
责任编辑　黄隽翀

照　　排　南京南琳图文制作有限公司
印　　刷　南京爱德印刷有限公司
开　　本　718×1000　1/16　印张 38.5　字数 630 千
版　　次　2019 年 12 月第 1 版　2019 年 12 月第 1 次印刷
ISBN 978-7-305-13316-9
定　　价　180.00 元

网　址：http://www.njupco.com
官方微博：http://weibo.com/njupco
官方微信号：njupress
销售咨询热线：(025) 83594756

* 版权所有，侵权必究
* 凡购买南大版图书，如有印装质量问题，请与所购
　图书销售部门联系调换

定价:180.00元